AF653905

आसन प्राणायाम मुद्रा बन्ध

आसन प्राणायाम मुद्रा बन्ध

स्वामी सत्यानन्द सरस्वती

योग पब्लिकेशन्स ट्रस्ट, मुंगेर, बिहार, भारत

बिहार योग विद्यालय द्वारा

प्रथम प्रकाशन 1969
पुनर्मुद्रण 1971
द्वितीय संस्करण 1973
पुनर्मुद्रण 1976, 1979, 1986, 1990, 1992, 1995, 1996, 1997, 1998, 2000, 2001, 2003, 2004, 2005, 2006

योग पब्लिकेशन्स ट्रस्ट द्वारा

तृतीय संशोधित एवं परिवर्धित संस्करण 2006
चतुर्थ संशोधित संस्करण 2015

ISBN: 978-81-85787-52-7

प्रकाशक एवं वितरक—योग पब्लिकेशन्स ट्रस्ट,
मुंगेर, बिहार, भारत
मुद्रक—थॉमसन प्रेस (इंडिया) लिमिटेड,
नई दिल्ली

वेबसाइट: www.biharyoga.net
www.rikhiapeeth.net

सविनय समर्पण

स्वामी शिवानन्द सरस्वती के चरणों में
जिन्होंने स्वामी सत्यानन्द सरस्वती को योग के रहस्यों की शिक्षा दी

नमो नारायण

योगविद्या भारतवर्ष की सबसे प्राचीन संस्कृति और जीवन-पद्धति है तथा इसी विद्या के बल पर भारतवासी प्राचीनकाल में सुखी, समृद्ध और स्वस्थ जीवन बिताते थे। जब से भारत में योग विद्या का ह्रास हुआ, तभी से भारतवासी गरीब, दुःखी और अस्वस्थ हैं। पूजा-पाठ, धर्म-कर्म से शान्ति मिलती है और योगाभ्यास से धन-धान्य, समृद्धि और स्वास्थ्य। भारत में सुख, समृद्धि, शक्ति और स्वास्थ्य के लिए हर व्यक्ति को योगाभ्यास करना चाहिए।

स्वामी सत्यानन्द सरस्वती
रिखियापीठ, 2005

विषय-सूची

आमुख

आसन प्राणायाम मुद्रा बंध का प्रथम संस्करण 1969 में प्रकाशित हुआ, जो 1969 में बिहार योग विद्यालय, मुंगेर में स्वयं स्वामी सत्यानन्द सरस्वती द्वारा संचालित नौ मासिक शिक्षक प्रशिक्षण सत्र में उनके द्वारा प्रदत्त शिक्षाओं पर आधारित था।

पुन: 1973 में इसका दूसरा पूर्णतया संशोधित एवं परिवर्द्धित संस्करण प्रकाशित हुआ, जिसका आधार वह सामग्री थी, जो 1970-71 में संचालित संन्यास प्रशिक्षण सत्र में श्री स्वामीजी से प्राप्त हुई थी। यही वह अन्तिम सत्र था जिसमें श्री स्वामीजी ने स्वयं प्रशिक्षण दिया था।

बढ़ती माँग तथा विश्वविद्यालय स्तर की पुस्तक की आवश्यकताओं को ध्यान में रखकर स्वामी सत्यानन्द सरस्वती के उत्तराधिकारी स्वामी निरंजनानन्द सरस्वती के मार्गदर्शन में इसका सर्वांग संशोधन एवं परिवर्द्धन किया गया।

आसन, प्राणायाम, मुद्रा, बंध और षट्कर्मों की शिक्षा के लिए वर्तमान में इसका उपयोग पूरे विश्व में अभ्यास सम्बन्धी मुख्य पुस्तक के रूप में किया जा रहा है।

आसन प्राणायाम मुद्रा बन्ध के प्रथम संस्करण के बाद से आज तक योग के प्रति रुचि में आशातीत विकास हुआ है। फलस्वरूप इसका उपयोग प्रत्येक देश के आश्रमों, केन्द्रों तथा योग विद्यालयों में एक मानक ग्रंथ के रूप में हो रहा है। इसमें प्रस्तुत योग की विधियों का उपयोग विविध क्षेत्रों, जैसे, शिक्षा, चिकित्सा, क्रीड़ा, मनोरंजन और वाणिज्य में उत्साहपूर्वक किया जा रहा है।

मानव जीवन के सभी क्षेत्रों में योग उपयोगी है। इस संशोधित संस्करण में आसन, प्राणायाम, मुद्रा, बन्ध और षट्कर्म के अभ्यास दिए गए हैं। ये सभी अभ्यास शरीर, मन और ऊर्जा तंत्र को शुद्ध करते हैं, जिससे ध्यान की उच्च साधनाओं तथा लौकिक चेतना की अन्तिम अनुभूति के लिए तैयारी होती है। सूक्ष्म शरीर में स्थित चक्रों तथा दूसरे पक्षों की भी संक्षिप्त चर्चा एक अध्याय में की गई है। योगाभ्यास के क्रम में या बाद में पड़ने वाले प्रभावों पर विश्व के वैज्ञानिकों और चिकित्सकों द्वारा शोध किये जा रहे हैं। और उनके परिणाम बता रहे हैं कि शारीरिक और मानसिक स्वास्थ्य को पुन: प्राप्त करने और उसे बनाये रखने के लिए योग एक प्रभावशाली साधन है।

योग के विद्यार्थियों, आध्यात्मिक साधकों और योग के गहन अध्ययन में रुचि रखने वालों के लिए आसन प्राणायाम मुद्रा बन्ध की संरचना की गई है। यद्यपि अनेक स्वास्थ्यकर्मी शारीरिक, मानसिक एवं मनोवैज्ञानिक असंतुलन से परेशान लोगों के लिए अभ्यास सूची तैयार करते समय इस पुस्तक से मार्गदर्शन प्राप्त कर रहे हैं, ये अभ्यास मुख्य रूप से स्वस्थ व्यक्तियों के लिये हैं, रोगियों के लिये नहीं।

योगाभ्यास सीखते समय किसी सुयोग्य योग शिक्षक से मार्गदर्शन लेना चाहिए। जिन व्यक्तियों को स्वास्थ्य सम्बन्धी विशेष समस्या है या जिस समय अधिक देखभाल की आवश्यकता होती है, जैसे, गर्भावस्था, उस समय व्यक्तिगत मार्गदर्शन चाहिए, न कि किसी पुस्तक से सीखे हुए अभ्यास, इस पुस्तक से भी नहीं। व्यक्तिगत विकास के लिए योगाभ्यास और जानकारियाँ इस पुस्तक में हैं। समर्थ शिक्षक के मार्गदर्शन में निष्ठापूर्वक योगाभ्यास करने से ये विधियाँ आपकी चेतना को विकसित करेंगी।

भूमिका

> योग अतीत के गर्भ में प्रसुप्त कोई कपोल-कथा नहीं है। यह वर्तमान की सर्वाधिक मूल्यवान् विरासत है। यह वर्तमान युग की अनिवार्य आवश्यकता और आने वाले युग की संस्कृति है।
>
> – *स्वामी सत्यानन्द सरस्वती*

योग सम्यक् जीवन का विज्ञान है, अत: इसका समावेश हमारे दैनिक जीवन में एक नियत चर्या के रूप में होना चाहिए। यह हमारे व्यक्तित्व के शारीरिक, प्राणिक, मानसिक, भावनात्मक, अतीन्द्रिय और आध्यात्मिक, सभी पहलुओं को प्रभावित करता है।

योग शब्द का अर्थ 'ऐक्य' या 'एकत्व' होता है और यह संस्कृत धातु 'युज्' से बना है, जिसका अर्थ होता है 'जोड़ना'। इस सायुज्य या 'जोड़ने' को आध्यात्मिक शब्दावली में व्यष्टि चेतना का समष्टि चेतना से मिलन कहा जाता है। व्यावहारिक स्तर पर योग शरीर, मन और भावनाओं में संतुलन और सामंजस्य स्थापित करने का एक साधन है। आसन, प्राणायाम, मुद्रा, बन्ध, षट्कर्म और ध्यान के अभ्यास से यह संतुलन पाया जा सकता है तथा उच्चतर सत्ता के साथ एकत्व स्थापित हो, उसके पूर्व यह अनिवार्य भी है।

योग-विज्ञान का प्रभाव व्यक्तित्व के सबसे बाह्य पक्ष–शरीर से प्रारम्भ होता है, जो अधिकतर व्यक्तियों के लिए एक व्यावहारिक और सुपरिचित आरंभिक बिन्दु है। इस स्तर पर असंतुलन का अनुभव होने से अंगों, पेशियों और तन्त्रिकाओं के कार्यकलापों में सामंजस्य नहीं रह जाता, वे एक-दूसरे के प्रतिकूल कार्य करने लग जाते हैं। उदाहरणार्थ, अन्त:स्रावी प्रणाली के

अनियमित होने से तन्त्रिका-तन्त्र की कार्यकुशलता इतनी कम हो सकती है कि रोग होने की सम्भावना हो जाती है। योग का लक्ष्य शरीर के विविध कार्यकलापों के बीच पूर्ण सामंजस्य स्थापित करना है ताकि वे सम्पूर्ण शरीर के हित में कार्य करें।

स्थूल शरीर से प्रारम्भ कर योग मानसिक और भावनात्मक स्तर की ओर अग्रसर होता है। अनेक लोग दैनिक जीवन के दबावों और आपसी व्यवहारों से उत्पन्न भय और मानसिक रोगों से पीड़ित होते हैं। योग समस्त व्याधियों को निर्मूल तो नहीं कर सकता, परन्तु उनसे जूझने की प्रामाणिक विधि प्रदान कर सकता है।

स्वामी शिवानन्दजी योग की व्याख्या करते हुए कहते हैं– *"योग विचार, वाणी और कर्म के बीच समन्वय और सामंजस्य स्थापित करता है या मन, भावना और कर्म के बीच सामंजस्य का नाम योग है।"* योगाभ्यास से भावनात्मक, मानसिक और शारीरिक स्तरों के आपसी सम्बन्धों के प्रति सजगता का विकास होता है। साथ ही यह सजगता भी आती है कि इनमें से किसी एक में असन्तुलन उत्पन्न होने पर अन्य भी प्रभावित हुए बिना नहीं रहते। क्रमश: यह सजगता अस्तित्व के सूक्ष्म क्षेत्रों को समझने की क्षमता प्रदान करती है।

योग की कई शाखायें हैं–राज योग, हठ योग, ज्ञान योग, कर्म योग, भक्ति योग, मन्त्र योग, कुण्डलिनी योग और लय योग आदि। कई ग्रन्थों में इनकी विस्तृत व्याख्या है। हर व्यक्ति को अपने व्यक्तित्व एवं निजी आवश्यकता के अनुरूप इनमें से स्वयं के लिए उपयुक्त योगों का चयन कर लेना चाहिए। बीसवीं सदी के अन्तिम पचास वर्षों में विभिन्न योग पद्धतियों में से हठयोग की लोकप्रियता में सबसे अधिक वृद्धि देखी गयी, किन्तु जैसे-जैसे अधिकाधिक लोग योगाभ्यास के प्रति उन्मुख हो रहे हैं, योग सम्बन्धी अवधारणा का विस्तार हो रहा है और योग के सम्बन्ध में जानकारी भी बढ़ रही है। प्राचीन ग्रन्थों के अनुसार षट्कर्म (शुद्धिकरण की क्रियाओं) को ही हठयोग कहा जाता है। किन्तु आज हठ योग के अन्तर्गत आसन, प्राणायाम, मुद्रा और बन्धों को भी सम्मिलित कर लिया गया है।

योग का इतिहास

आज जिस योग से हम परिचित हैं, वह दस हजार वर्षों से भी पूर्व भारत एवं विश्व के अन्य भू-भागों में तान्त्रिक सभ्यता के एक अंग के रूप में विकसित हुआ था। हड़प्पा और मोहनजोदड़ों (जो अब पाकिस्तान में हैं) में पुरातात्त्विक

खुदाइयों में देवी-देवताओं की अनेक मूर्तियाँ मिली हैं, जो शिव और पार्वती से मिलती-जुलती हैं, उन्हें विभिन्न योगासनों में तथा ध्यान की मुद्राओं में अंकित किया गया है। ये भग्नावशेष प्राग्वैदिक युग के लोगों के निवास-स्थान रहे हैं, जो सिन्धु उप-महाद्वीप में आर्य सभ्यता के प्रसार के पूर्व यहाँ रहा करते थे। पौराणिक परम्परा के अनुसार शिव योग के संस्थापक कहे जाते हैं और पार्वती उनकी प्रथम शिष्या मानी जाती हैं।

भगवान शिव परम चेतना के प्रतीक के रूप में जाने जाते हैं। पार्वती परम ज्ञान, संकल्प और कर्म की साकार प्रतिमा मानी जाती हैं और वही समस्त सृष्टि की कर्तृ भी कही जाती हैं। इस शक्ति या ऊर्जा को 'कुण्डलिनी शक्ति' भी कहते हैं, जो सभी जीवों में प्रसुप्त है। पार्वती समग्र विश्व-ब्रह्माण्ड की मातृ-शक्ति भी समझी जाती हैं। जीवात्मा, जो नाम और रूप के जगत् से आबद्ध है, उनकी कृपा से मुक्त होकर परम चेतना के साथ युक्त हो जाता है। अपनी सन्तान के प्रति प्रेम और करुणा के वश में हो उन्होंने तन्त्र के रूप में अपना गुह्य मोक्ष-ज्ञान उसे प्रदान किया। यौगिक विधियों का स्रोत तन्त्र है, अत: योग और तन्त्र को एक-दूसरे से पृथक् नहीं किया जा सकता है, जैसे शिव को शक्ति से अलग नहीं किया जा सकता।

तन्त्र दो शब्दों 'तनोति' और 'त्रायति' से बना है, जिनका अर्थ क्रमश: 'विस्तार' और 'मोक्ष' है। इस प्रकार तन्त्र चेतना के विस्तार और ऊर्जा की मुक्ति का विज्ञान है। तन्त्र संसार में रहते हुए भी सांसारिक बन्धन से मुक्ति का मार्ग है। तन्त्र का प्रथम सोपान शरीर और मन की सीमाओं एवं क्षमताओं का ज्ञान प्राप्त करना है। उसके बाद वह चेतना के विस्तार और ऊर्जा की मुक्ति की विधियों की जानकारी प्रदान करता है, जिनके द्वारा व्यक्तिगत सीमाओं को पार कर उच्च सत्ता की अनुभूति प्राप्त की जा सकती है।

मानव-सभ्यता के प्रारम्भ में योग का उत्थान तब हुआ जब मानव अपनी आध्यात्मिक क्षमता का ज्ञान प्राप्त कर उसे विकसित करने की विधियों की खोज करने लगा। सम्पूर्ण विश्व में प्राचीन ऋषि-मुनियों द्वारा योग-विज्ञान का क्रमिक विकास किया गया। योग के तत्त्व को विविध प्रतीकों, रूपकों और आलंकारिक भाषाओं के माध्यम से समझाने का प्रयास किया गया है, इसीलिए योग रहस्य की झीनी चादर से ढका हुआ प्रतीत होता है। कुछ परम्पराओं की मान्यता है कि मानव-जाति को उसके दिव्य स्वरूप की पहचान कराने के लिए प्राचीन ऋषियों और महात्माओं को योग ईश्वरीय वरदान के रूप में प्राप्त हुआ।

प्राचीनकाल में योग की विधियों को गोपनीय रखा जाता था, उन्हें न लिपिबद्ध किया जाता था और न खुलेआम प्रदर्शित ही किया जाता था। गुरु द्वारा शिष्य को मौखिक रूप से ही विधियाँ बतायी जाती थीं। इस प्रकार उनके अर्थ और उद्देश्यों की सही जानकारी हो जाती थी। व्यक्तिगत अनुभव के आधार पर आत्मदर्शी योगी और ऋषि जिज्ञासुओं को सही मार्गदर्शन प्रदान करते थे और उनकी भ्रान्ति, गलतफहमी तथा अत्यधिक बौद्धिक चिन्तन को दूर कर दिया जाता था।

प्राचीन तन्त्र-शास्त्र और उसके बाद वेदों में सर्वप्रथम योग का उल्लेख मिलता है। सिन्धु घाटी सभ्यता के उदय काल में ये ग्रन्थ तैयार हुए थे। इन ग्रन्थों में विशेष अभ्यासों का उल्लेख नहीं है, पर प्रतीक रूप में योग को दर्शाया गया है। वास्तव में, वेद की ऋचायें ऋषियों को गहरे ध्यान या समाधि की महादशा में सुनायी पड़ी थीं, इसलिए इन्हें अपौरुषेय शास्त्र कहा जाता है। कुछ समय के बाद उपनिषदों में योग का अधिक स्पष्ट और पारिभाषित करने योग्य स्वरूप प्रकट हुआ। उपनिषद् ग्रन्थों को वेदान्त कहा जाता है, जिनमें वेदों का सार निहित है।

महर्षि पतंजलि ने राजयोग पर प्रतिपादित अपने 'योग सूत्र' में योग की निश्चित, एकीकृत और व्यापक परिभाषा देकर योग-प्रणाली को एक संहिता का स्वरूप प्रदान किया है, जिसे अष्टांग योग के नाम से जाना जाता है। अष्टांग योग के अन्तर्गत यम, नियम, आसन, प्राणायाम, प्रत्याहार, धारणा, ध्यान और समाधि आते हैं।

ईसा पूर्व छठी सदी में भगवान बुद्ध के प्रभाव से ध्यान और आचार-शास्त्र को प्रमुखता प्रदान कर योग के प्रारम्भिक अभ्यासों और क्रियाओं की अनदेखी कर दी गयी। किन्तु भारतीय मनीषियों ने शीघ्र ही इस दृष्टि की सीमा को पहचान लिया। योगी मत्स्येन्द्रनाथ ने स्पष्ट रूप से कहा कि ध्यान के अभ्यास को प्रारम्भ करने के पूर्व शरीर और उसके तत्त्वों की शुद्धि आवश्यक है। उन्होंने नाथ सम्प्रदाय की स्थापना की और एक योगासन-मत्स्येन्द्रासन उनके नाम पर प्रसिद्ध हुआ। उनके प्रमुख शिष्य गोरखनाथ ने हठयोग पर स्थानीय भाषा और हिन्दी में पुस्तकें लिखीं।

भारतीय परम्परा में शास्त्रीय वचनों को सर्वप्रथम संस्कृत भाषा में लिखा जाता था। कुछ ग्रन्थ प्रतीकात्मक भाषा में लिखे जाते थे, ताकि विशेष योग्यता रखने वाले व्यक्ति ही, जो शिक्षण-कार्य में जाने के लिए तत्पर हों, उन्हें

समझ सकें। हठयोग के महान् ज्ञाता स्वामी स्वात्माराम ने 'हठयोग प्रदीपिका' संस्कृत में लिखी, जिसमें उन्होंने योग के विषय में उपलब्ध सभी सामग्रियों को सम्मिलित किया। इसी क्रम में उन्होंने हठयोग से यम और नियम की प्रधानता को कम कर दिया, जो प्रारम्भिक साधकों के मार्ग में एक बड़ी बाधा बन कर खड़े थे। हठयोग प्रदीपिका में स्वात्माराम शरीर से ही प्रारम्भ करते हैं और बाद में जब मन अधिक स्थिर और सन्तुलित हो जाता है, तब आत्म-नियन्त्रण और आत्मानुशासन की चर्चा करते हैं।

योग की प्रासंगिकता–आज के सन्दर्भ में

आज जब हम इक्कीसवीं सदी में प्रवेश कर गये हैं, योग हमें एक बहुमूल्य आध्यात्मिक विरासत के रूप में प्राप्त हुआ है। यद्यपि योग का मुख्य विषय आध्यात्मिक पथ के उच्चतम शिखर पर चढ़ना है, तथापि यौगिक अभ्यासों से उनके आध्यात्मिक उद्देश्यों के अलावा हर किसी को प्रत्यक्ष एवं सुनिश्चित लाभ प्राप्त होता है।

शारीरिक एवं मानसिक शुद्धता और प्रबलता योग की सबसे महत्त्वपूर्ण उपलब्धियों में से एक है। सामंजस्य एवं एकीकरण के सिद्धान्तों पर आधारित होने के कारण ही यह इतनी सशक्त एवं प्रभावकारी विद्या है। चिकित्सा वैज्ञानिकों के अनुसार तन्त्रिका-तन्त्र और अन्तःस्रावी ग्रन्थियों में सन्तुलन स्थापित करने के कारण ही यौगिक चिकित्सा-प्रणाली सफल हो सकी है, क्योंकि शरीर के अन्य अंगों और प्रणालियों पर इसका सीधा प्रभाव पड़ता है।

बीसवीं सदी में तनाव और कोलाहलपूर्ण सामाजिक जीवन में अधिकतर लोगों के लिए योग स्वास्थ्य रक्षा एवं पारिवारिक मंगल का साधन था। कार्यालय में लम्बे समय तक बैठने और मेजों पर झुक कर दायित्वों को निभाने से उत्पन्न दिनभर की थकान और परेशानी को आसनों का अभ्यास अवश्य मिटा डालता है। काम से अवकाश के घटते समय की पूर्ति शिथिलीकरण की तकनीकों द्वारा की जाती है। रात-दिन मोबाइल फोन की घनघनाती घण्टियों और चौबीस घण्टे की व्यावसायिक आपा-धापी के बीच योग व्यक्तिगत जीवन में राहत पहुँचाता है और कर्म में भी कुशलता लाता है।

इक्कीसवीं सदी में व्यक्तिगत आवश्यकताओं की पूर्ति के अतिरिक्त योग सामाजिक कुरीतियों से जूझने की भी शक्ति प्रदान करता है। ऐसे समय में, जब विश्व पुराने मूल्यों को नये मूल्यों से प्रतिस्थापित किये बिना ही उन्हें अस्वीकार

कर चौराहे पर किंकर्त्तव्यविमूढ़ खड़ा है, योग लोगों को अपने वास्तविक स्वरूप से जुड़ने का साधन प्रदान कर रहा है। अपने वास्तविक स्वरूप से जुड़कर लोग इस वर्तमान युग में सामंजस्यपूर्ण अभिव्यक्ति के लिए सक्षम बन सकेंगे और जहाँ करुणा का नामोनिशान भी नहीं बचा है, वहाँ उसका आविर्भाव होगा। निश्चय ही आज मानवीय संवेदना का चारों ओर अभाव ही दिखायी दे रहा है।

इस परिप्रेक्ष्य में योग साधारण शारीरिक व्यायाम नहीं है, वरन् एक नवीन जीवन-पद्धति को स्थापित करने का प्रभावकारी साधन है, एक ऐसी जीवन-शैली है जिसमें जीवन की बाह्य एवं आन्तरिक वास्तविकताओं का सुन्दर संयोग होता है। निश्चय ही यह जीवन-शैली एक ऐसी अनुभूति है जिसे बुद्धि से नहीं समझा जा सकता है। अभ्यास और अनुभूति के आधार पर ही इसे जीवन्त और समझने लायक बनाया जा सकता है। किन्तु इस विद्या की जागृति का काल आरम्भ हो चुका है।

आसन

हठस्य प्रथमांगत्वादासनं पूर्वमुच्यते ।
कुर्यात्तदासनं स्थैर्यमारोग्यं चांगलाघवम् ॥ 1:17 ॥

आसन को हठयोग का प्रथम अंग कहा गया है।
आसन करने के बाद शरीर और मन में स्थिरता आती है, रोग से मुक्ति प्राप्त होती है और अंगों में हल्कापन आता है।

हठयोग प्रदीपिका

'आसन' वह स्थिति है, जिसमें आप शारीरिक और मानसिक रूप से शान्त, शिथिल, स्थिर एवं सुखपूर्वक रह सकें। पतंजलि के योग-सूत्र में योगासन की संक्षिप्त परिभाषा इस प्रकार दी गयी है – *"स्थिरं सुखं आसनम्"* – वह स्थिति जो सुखद और स्थिर हो। इस प्रकार हम देख सकते हैं कि ऐसी स्थिति में योगासनों का अभ्यास लम्बे समय तक एक स्थिति में आराम से बैठने की क्षमता के विकास के लिए किया जाता है। साधकों को ध्यान की अवस्था में इसकी बहुत अधिक आवश्यकता होती है।

राजयोग में आसन का अभिप्राय बैठने की स्थिति से है, जबकि हठयोग में इसका तात्पर्य कहीं बढ़कर है। आसन शरीर की वे विशिष्ट अवस्थाएँ हैं, जो नाड़ियों और चक्रों को खोलती हैं। वे उच्च जागरूकता प्राप्त करने के साधन हैं। वे हमारे शरीर, श्वास, मन और उसके परे की शक्तियों की खोज के लिए सुदृढ़ आधार प्रदान करते हैं। हठयोगियों का अनुभव है कि आसनों के द्वारा शरीर पर नियन्त्रण विकसित कर लेने के पश्चात् मन पर भी नियन्त्रण प्राप्त कर लिया जाता है। अत: हठयोग में आसनों का स्थान सर्वोपरि है।

योगासन परिचय

पतंजलि के योग सूत्र में योगासन की संक्षिप्त परिभाषा है– *"स्थिरं सुखं आसनम्"*, अर्थात् वह स्थिति जो सुखद और स्थिर हो। इस परिप्रेक्ष्य में एक स्थिति में लम्बे समय तक सुखपूर्वक बैठने की क्षमता विकसित करने के लिए आसनों का अभ्यास किया जाता है, जो ध्यान के लिए एक आवश्यक योग्यता है। राजयोग में आसन को स्थिरतापूर्वक बैठने की अवस्था माना गया है।

इसके विपरीत हठ योगियों की मान्यता है कि विशिष्ट आसनों द्वारा नाड़ियों में ऊर्जा के प्रवाह को निर्बाध बनाया जा सकता है और चक्रों को जाग्रत किया जा सकता है। उनका अनुभव रहा कि इन अभ्यासों के द्वारा शारीरिक नियन्त्रण विकसित कर लेने के पश्चात् उन्होंने मन और ऊर्जा पर नियन्त्रण प्राप्त करने की क्षमता भी प्राप्त कर ली। शरीर, श्वास, मन एवं उससे उच्चतर अवस्थाओं के अन्वेषण के लिए सुदृढ़ आधार का निर्माण कर योगासन उच्च सजगता प्राप्त करने का साधन बन चुके थे। यही कारण है कि हठयोग के प्राचीन ग्रन्थों, जैसे, हठयोग-प्रदीपिका में आसनों के अभ्यास को प्रमुखता प्रदान की गयी है।

योग के ग्रन्थों में उल्लेख है कि प्रारम्भ में चौरासी लाख आसन थे, जो जीव की चौरासी लाख योनियों के प्रतीक हैं। मोक्ष प्राप्ति के पूर्व हर जीव को इन सभी योनियों से होकर गुजरना पड़ता है। ये आसन प्राणी की प्रारम्भिक अवस्था से मोक्ष की अवस्था तक के प्रगतिशील विकास को प्रकट करते हैं। युग के अनुरूप ऋषियों एवं योगियों ने क्रमश: आसनों को रूपान्तरित किया और संख्या घटाते-घटाते कुछ सौ के अन्दर ला दिया है। यहाँ सैकड़ों आसनों में से सर्वाधिक उपयोगी मात्र चौरासी आसनों पर विस्तार से चर्चा की गई है।

इनके अभ्यास द्वारा क्रम की प्रक्रिया को तीव्र कर एक ही जीवन में कई जन्मों की प्रगति को प्राप्त किया जा सकता है।

पशु भंगिमा

इस पुस्तक में वर्णित कई आसन पशुओं की भंगिमाओं को दर्शाते हैं और उनका नामकरण भी उन पशुओं के नाम पर किया गया है। ऋषियों और योगियों ने सूक्ष्म निरीक्षण द्वारा यह जाना कि पशु अपने शरीर और परिस्थितियों के साथ तालमेल बैठाकर सुखपूर्वक जीवन व्यतीत करते हैं। अनुभव के द्वारा वे समझ गये कि आसन-विशेष का प्रभाव कैसा होता है और आसनों के अभ्यास से किस प्रकार हार्मोन के स्राव को नियंत्रित एवं प्रभावित किया जा सकता है। उदाहरणार्थ, खरगोश की भंगिमा का अनुकरण कर शशांकासन में एड्रीनलिन के प्रवाह को प्रभावित किया जा सकता है, जो कि 'संघर्ष-पलायन प्रक्रिया' को नियन्त्रित करता है। पशुओं की विभिन्न भंगिमाओं का अनुकरण कर ऋषियों ने अपने स्वास्थ्य-रक्षण का उपाय खोज निकाला था और इसके द्वारा वे प्रकृति की चुनौतियों का मुकाबला करने में सक्षम हुए।

योगासन और प्राण

'प्राण', जो चीनी औषधि शास्त्र में 'कि' या 'चि' के समतुल्य है, सम्पूर्ण शरीर में व्याप्त है। शरीर में इसका प्रवाह नाड़ियों के माध्यम से होता है। नाड़ियों के द्वारा ही सभी कोशिकाओं के कार्यकलाप नियन्त्रित होते हैं। प्राण के प्रवाह में रुकावट उत्पन्न होने से शरीर में कड़ापन आता है और उसमें विषाक्त तत्त्व जमा होने लग जाते हैं। प्राण-प्रवाह आरम्भ होते ही ये विषैले तत्त्व दूर हो जाते हैं, परिणामस्वरूप सम्पूर्ण शरीर-संस्थान स्वस्थ हो जाता है। पहले जो आसन असम्भव प्रतीत होते थे, शरीर में लोच आ जाने से उन्हें सहजता से किया जा सकता है, इसी के साथ स्थिरता विकसित होती तथा सौम्यता आती है। प्राण की मात्रा में वांछित वृद्धि हो जाने पर शरीर की ऐसी अवस्था हो जाती है कि आसन, प्राणायाम और मुद्रायें सहज ही होने लग जाती हैं।

योगासन और कुण्डलिनी

योग का अन्तिम लक्ष्य मनुष्य में कुण्डलिनी शक्ति, विकासात्मक ऊर्जा की जागृति है। आसनों के अभ्यास से चक्र क्रियाशील होते हैं और कुण्डलिनी

द्वारा उत्पादित शक्ति सम्पूर्ण शरीर में पहुँचती है। इस उद्देश्य की पूर्ति के लिए लगभग पैंतीस आसनों का उपयोग विशेष रूप से किया जाता है–मणिपुर चक्र के लिए चक्रासन, विशुद्धि के लिए सर्वांगासन, सहस्रार के लिए शीर्षासन, आदि। अन्य आसन नाड़ियों का नियमन और शोधन कर सम्पूर्ण शरीर में प्राण के संचार को बढ़ाते हैं। हठयोग का मुख्य उद्देश्य है, प्राणिक एवं मानसिक शक्तियों की पारस्परिक क्रियाओं-प्रक्रियाओं के बीच सन्तुलन स्थापित करना। यह कार्य सिद्ध हो जाने पर अभ्यास से उत्पन्न आवेग सुषुम्ना नाड़ी को जाग्रत करते हैं। मेरुदण्ड के केन्द्रीय मार्ग, सुषुम्ना नाड़ी से होकर कुण्डलिनी शक्ति सहस्रार तक गमन करती है, तत्पश्चात् मानवीय चेतना के उच्चतर केन्द्र प्रकाशित होते हैं। अत: हठयोग न केवल शरीर को मजबूत बनाकर स्वास्थ्य में सुधार लाता है, वरन् मानवीय चेतना के क्रमिक विकास के लिए उच्च केन्द्रों को भी जाग्रत करता है।

योगासन और शरीर-मन का सम्बन्ध

मन और शरीर दो अलग तत्त्व नहीं हैं, हालाँकि हम सामान्य रूप से ऐसा व्यवहार करते और सोचते हैं, मानो ये अलग-अलग हों। मन का स्थूल रूप शरीर है और शरीर का सूक्ष्म रूप मन है। आसन का अभ्यास इन दोनों के बीच समन्वय तथा सामंजस्य स्थापित करता है। शरीर और मन, दोनों के भीतर तनाव या गाँठें उत्पन्न होती हैं। प्रत्येक मानसिक गाँठ के संगत एक शारीरिक, पेशीय गाँठ भी पैदा होती है, इसी प्रकार प्रत्येक शारीरिक गाँठ के समतुल्य मानसिक गाँठ या ग्रन्थि उत्पन्न हो जाती है।

आसनों का उद्देश्य इन ग्रन्थियों (गाँठों) को खोलना है। शारीरिक स्तर पर कार्य कर आसन मानसिक तनावों को दूर करता है, यानी शरीर के द्वारा मन में प्रवेश करता है। उदाहरण के लिए, भावनात्मक तनाव और दमन से फेफड़ों, मध्यपट (डायफ्रॉम) और श्वास-नलिका के सहज कार्यकलाप में अवरोध उत्पन्न हो जाता है, जिसके फलस्वरूप श्वास सम्बन्धी व्याधि के रूप में एक दुर्बलकारी रोग हो सकता है।

पेशीय गाँठें शरीर के किसी भी भाग में उत्पन्न हो सकती हैं–गर्दन का कड़ापन, जैसे, सर्वाइकल स्पॉण्डिलाइटिस, चेहरे का कड़ापन, जैसे, तन्त्रिकाशूल आदि। प्राणायाम, षट्कर्म, ध्यान और योगनिद्रा के साथ कुछ चुने हुए आसनों का अभ्यास शारीरिक तथा मानसिक, दोनों स्तरों

से इन गाँठों को दूर करने के लिए सबसे अधिक प्रभावशाली होता है। परिणामस्वरूप, सुप्त ऊर्जा मुक्त होती है, शरीर की प्राणशक्ति जाग्रत होती है, शरीर संस्थान सुदृढ़ होता है, मन हल्का, रचनात्मक, उल्लासपूर्ण और संतुलित हो जाता है।

आसनों के नियमित अभ्यास से शरीर पूर्ण स्वस्थ बना रहता है और अस्वस्थ शरीर में भी स्वास्थ्य के लक्षण प्रकट होने लग जाते हैं। आसनों के अभ्यास से प्रसुप्त शक्ति जाग्रत हो जीवन के प्रत्येक क्षेत्र में अधिकाधिक आत्मविश्वास की अनुभूति प्रदान करती है।

योगासन और व्यायाम

योगासनों को प्राय: शारीरिक व्यायाम समझ लेने की भूल हो जाती है। ये व्यायाम नहीं हैं, बल्कि ऐसी विधियाँ हैं जो शरीर को ऐसी अवस्था में ले जाती हैं जहाँ सजगता, शिथिलता, एकाग्रता और ध्यान के द्वार खुलते हैं। इस प्रक्रिया का एक भाग है नाड़ियों तथा आंतरिक अवयवों को फैलाकर, उनकी मालिश कर तथा उन्हें जीवन्त बनाकर अच्छे स्वास्थ्य की प्राप्ति कराना। इसलिए आसन व्यायाम का पूरक है। दोनों के भेद को समझने के पूर्व व्यायाम को ठीक से जान लेना आवश्यक है। व्यायाम शरीर पर हितकारी दबाव डालता है। इसके बिना पेशियों की क्षति होती है और हड्डियाँ दुर्बल हो जाती हैं, फेफड़ों की ऑक्सीजन ग्रहण करने की क्षमता कम हो जाती है, इन्सुलिन के प्रति असंवेदनशीलता हो सकती है और अचानक सक्रिय होने की शारीरिक मांग की पूर्ति की क्षमता समाप्त हो जाती है।

आसन और व्यायाम जिस प्रकार शरीर की क्रियाविधियों को प्रभावित करते हैं, उनमें कई भिन्नताएँ हैं। योगासन करने पर श्वसन और चयापचय धीमा हो जाता है तथा ऑक्सीजन की खपत एवं शारीरिक तापमान में गिरावट आती है। व्यायाम के समय श्वास और चयापचय की गति तीव्र हो जाती है, ऑक्सीजन की खपत बढ़ जाती है और शरीर के तापमान में भी वृद्धि हो जाती है। योगाभ्यास अपचय को रोकता है, जबकि व्यायाम उसे बढ़ाता है। इसके अतिरिक्त, आसनों की रचना इस प्रकार की गयी है कि ग्रन्थियों तथा आन्तरिक अवयवों पर उनका विशेष प्रभाव पड़ता है और साथ-ही वे तन्त्रिका-तन्त्र में विद्युत-रासायनिक क्रिया में परिवर्तन लाते हैं।

योगासनों का वर्गीकरण

आसनों को तीन समूहों में विभाजित किया गया है–प्रारम्भिक, मध्यम और उच्च आसन समूह। समूह-विशेष के सभी आसनों का अभ्यास करना आवश्यक नहीं है। अधिकतम लाभ प्राप्त करने के लिए व्यक्ति-विशेष की आवश्यकता के अनुरूप संतुलित कार्यक्रम का नियमित अभ्यास करने का सुझाव दिया जाता है।

प्रारम्भिक समूह के आसन उन्हें करने चाहिए जिन्होंने पूर्व में कभी योगासनों का अभ्यास नहीं किया है, जो किसी रूप में अशक्त, कमजोर या बीमार हैं, और इस कारण कठिन अभ्यासों को नहीं कर सकते हैं। ये अभ्यास कठिन अभ्यासों की अपेक्षा अधिक लाभ देंगे। इस समूह में प्रारम्भिक आसन-विधियों को रखा गया है जो शरीर और मन को उच्च आसनों और ध्यान के आसनों के लिए तैयार कर सकें। ये अभ्यास किसी भी प्रकार से उच्च आसनों से निम्न कोटि के नहीं हैं। ये शारीरिक स्वास्थ्य के सम्वर्द्धन के लिए बड़े लाभकारी हैं। विशेष रूप से अनुभवी अभ्यासी इनका गहरा तथा सूक्ष्म प्रभाव अनुभव करेंगे। इस समूह में पवनमुक्तासन समूह, नेत्रों के व्यायाम, शिथिलीकरण, ध्यानाभ्यास के पूर्व और ध्यानाभ्यास के समय के आसन, वज्रासन समूह के आसन, खड़े होकर किये जाने वाले आसन, सूर्य नमस्कार और चन्द्र नमस्कार रखे गये हैं।

मध्यम आसन समूह में वे आसन रखे गये हैं जो अपेक्षाकृत कठिन हैं और वैसे लोगों के लिए अनुशंसित हैं जो प्रारम्भिक समूह के आसनों को बिना असुविधा या कष्ट के कर सकते हैं। इन आसनों के लिए अधिक स्थिरता, एकाग्रता और श्वास के साथ समन्वय की आवश्यकता होती है। इस समूह के अन्तर्गत पद्मासन में किये जाने वाले आसन, आगे और पीछे की ओर झुकने वाले आसन, मेरुदण्ड मोड़कर किये जाने वाले आसन, सिर के बल किये जाने वाले आसन और सन्तुलन के आसन सम्मिलित हैं।

उच्च आसन समूह वैसे लोगों के लिए है जिनका अपनी पेशियों और तन्त्रिका-तन्त्र पर भरपूर नियन्त्रण है और जिन्होंने मध्यम समूह के आसनों को साध लिया है। इन आसनों को आरम्भ करने के लिए साधकों को अधिक परेशान नहीं होना चाहिए। किसी कुशल व्यक्ति के निर्देशन में ही इन्हें आरम्भ करना चाहिए।

गतिशील एवं स्थिर योगासन

गतिशील अभ्यासों में प्रायः शरीर शक्ति के साथ गतिशील रहता है। इनका उद्‌देश्य शरीर को लचीला बनाना, रक्त संचार की गति को तीव्र करना, मांसपेशियों और जोड़ों में लोच लाना, प्राण-प्रवाह के मार्ग में आए अवरोधों को हटाना और शरीर के विभिन्न भागों में रुके हुए रक्त में संचार लाना है। ये आसन त्वचा और मांसपेशियों को पुष्ट करते हैं, फेफड़ों को शक्ति प्रदान करते हैं और पाचन एवं मल-निष्कासन प्रणालियों की गति को बढ़ा देते हैं। प्रारम्भिक अभ्यासियों के लिए गत्यात्मक आसन बड़े लाभप्रद होते हैं। इसके अन्तर्गत पवनमुक्तासन समूह, सूर्य नमस्कार, चन्द्र नमस्कार, गत्यात्मक पश्चिमोत्तानासन और गत्यात्मक हलासन आते हैं।

स्थिर आसन मध्यम और उच्च अभ्यासियों द्वारा किये जाते हैं। प्राणिक और मानसिक शरीरों पर इनका अधिक सूक्ष्म और शक्तिशाली प्रभाव पड़ता है। ये शरीर में थोड़ी गति या बिना गति लाये ही किये जाते हैं और शरीर कुछ मिनटों के लिए प्रायः एक ही स्थिति में रहता है। इनका उद्‌देश्य आन्तरिक अंगों, नाड़ियों और मांसपेशियों की हल्की मालिश के साथ-साथ सम्पूर्ण शरीर के स्नायुओं को विश्रान्ति प्रदान करना है। ये मुख्य रूप से मन को शांत रखने से सम्बन्धित हैं और अभ्यासी को ध्यान जैसे उच्च अभ्यासों के लिए तैयार करते हैं। इनमें से कुछ आसन प्रत्याहार की स्थिति उत्पन्न करने में विशेष रूप से सहायक हैं।

अभ्यासियों के लिए सामान्य निर्देश

अभ्यास प्रारम्भ करने के पूर्व निम्नांकित निर्देशों को पूरी तरह समझ लेना चाहिए। यद्यपि कोई भी व्यक्ति आसन का अभ्यास कर सकता है, किन्तु वे वास्तव में तभी लाभकारी और प्रभावशाली होते हैं जब उन्हें सही तैयारी के साथ उचित प्रकार से किया जाय।

श्वास-प्रश्वास–हमेशा नाक से श्वास लीजिए, जब तक कि इसके विपरीत कोई विशेष निर्देश न दिये गये हों। आसन-विवरण में जिस प्रकार निर्देश दिया गया हो, श्वास को उसी प्रकार आसनों के साथ जोड़िये।

सजगता–आसनों के लिए यह उतनी ही आवश्यक है जितनी अन्य योगाभ्यासों के लिए। आसनों के अभ्यास का उद्‌देश्य व्यक्तित्व के सभी स्तरों–शारीरिक, प्राणिक, मानसिक, भावनात्मक, अतीन्द्रिय

और आध्यात्मिक–को प्रभावित करना और उनमें समन्वय तथा सामंजस्य लाना है। प्रारम्भ में ऐसा प्रतीत होगा कि आसनों का सम्बन्ध शारीरिक स्तर से ही है, क्योंकि वे शरीर के विभिन्न अंगों का संचालन करते हैं। परन्तु यदि उन्हें सजगता के साथ जोड़कर किया जाय तो व्यक्तित्व के हर स्तर पर उनका गहरा प्रभाव पड़ता है।

इस संदर्भ में सजगता का अर्थ है शारीरिक गतिविधि, आसन की अवस्था, श्वास-नियंत्रण और आसन के साथ उसका समन्वय, मानसिक गणना, शरीर में उत्पन्न होने वाली संवेदनाओं, प्राणों की गतिविधि पर ध्यान देना, शरीर के एक क्षेत्र या चक्र विशेष पर एकाग्रता और सबसे महत्त्वपूर्ण तथ्य, अभ्यास के दौरान उठने वाले विचार या भाव को सचेत होकर नोट करना। मन में जो भी विचार स्वत: उठें उन्हें जैसे-का-तैसा स्वीकार कर लेना। अभ्यासों से अधिकतम लाभ प्राप्त करने के लिए यह सजगता आवश्यक है।

दायीं अथवा बायीं ओर–निरन्तर सजगता की आवश्यकता के उदाहरण के रूप में, अधिकतर दायें हाथ से काम करने वाले लोग दायीं ओर से आसन आरम्भ करने में सुविधा अनुभव करते हैं, क्योंकि आदतवश यह भाग अधिक विकसित होता है। किन्तु एक बार आसन सीख लेने के बाद बायीं ओर से आरम्भ करना अच्छा रहेगा ताकि बायीं ओर का भी विकास हो।

शिथिलीकरण–आसनों के अभ्यास के क्रम में किसी भी समय शवासन किया जा सकता है, विशेषकर तब जब शारीरिक या मानसिक थकान का अनुभव हो। आसन-कार्यक्रम के समापन पर भी शवासन करना चाहिए।

अभ्यास क्रम–षट्कर्मों को पूरा कर आसन प्रारम्भ करना चाहिए और उसके बाद प्राणायाम, तब प्रत्याहार, धारणा और फिर अन्त में ध्यान।

विपरीत आसन–विशेषरूप से मध्यम और उच्च-स्तरीय समूह के आसनों के अभ्यास के समय कार्यक्रम का निर्धारण इस प्रकार से होना चाहिए कि पीछे की ओर झुकने वाले आसनों के तुरंत बाद आगे की ओर झुकने वाले और आगे की ओर मुड़कर किये जाने वाले आसनों के बाद पीछे की ओर मुड़कर किये जाने वाले आसन किये जायें। उसी प्रकार शरीर के एक ओर के लिए जो आसन किया जाय, उसे शरीर के दूसरी ओर भी दुहराया जाय। विपरीत आसन का अभ्यास शरीर को पुन: सन्तुलित अवस्था में लाने के लिए आवश्यक है। इस पुस्तक में वर्णित कुछ आसनों के लिए विशेष प्रकार के विपरीत आसन बताये गये हैं।

अभ्यास का समय– भोजन के बाद के समय को छोड़कर दिन में किसी भी समय आसन का अभ्यास किया जा सकता है। वैसे सर्वोत्तम समय सूर्योदय के दो घण्टे पूर्व से सूर्योदय तक का होता है। इस काल को ब्रह्म मुहूर्त कहते हैं। यह समय उच्च योगाभ्यासों के लिए सबसे अधिक उपयुक्त है। इस समय वातावरण शुद्ध और शान्त रहता है, उदर और आँतों की गतिविधियाँ रुक चुकी होती हैं, चेतना के स्तर पर मन की कोई गहरी छाप नहीं होती और वह पूरे दिन की तैयारी के लिए विचारों से शून्य रहता है। सम्भवत: प्रात:काल योगाभ्यासी सन्ध्या बेला की तुलना में अपनी मांसपेशियों में अधिक कड़ेपन का अनुभव कर सकते हैं। सायंकाल पेशियों में काफी लोच आ जाती है, फिर भी प्रात:काल को ही सबसे उपयुक्त समय मानकर उसी की अनुशंसा की जाती है। सायंकाल सूर्यास्त के आस-पास दो घण्टे का समय भी अभ्यास के लिए उपयुक्त है।

गर्भावस्था– गर्भावस्था के दौरान बहुत से आसन सहायक होते हैं, परन्तु अभ्यास से पहले प्रसव कराने वाली दायी, चिकित्सक या योग्य योग शिक्षक से परामर्श लेना आवश्यक है। जोर न लगायें। गर्भावस्था के अन्तिम दिनों में सिर के बल किए जाने वाले आसन न करें।

आयु सीमा– विभिन्न आयु-वर्गों के सभी स्त्री एवं पुरुषों द्वारा आसन किये जा सकते हैं।

अभ्यास का स्थान– ऐसे खुले हवादार कमरे में आसनों का अभ्यास कीजिए जहाँ का वातावरण नीरव और शान्त हो। घर के बाहर भी आसन कर सकते हैं, किन्तु परिवेश सुखद और रमणीय हो, जैसे, वृक्षों और फूलों से युक्त रम्य उद्यान। तेज वायु, सर्दी, प्रदूषित वायु, धुएँदार या दुर्गन्धियुक्त वातावरण में अभ्यास न करें। घर के साज-सामान, आग या अन्य किसी ऐसी चीज के आस-पास अभ्यास न करें जो आपके अभ्यास में बाधक बने। शीर्षासन जैसे आसनों को करते समय इस पर विशेष ध्यान देना है। गिरते समय किसी वस्तु से टकरा जाने पर कई ऐसी दुर्घटनाएँ हो जाती हैं। जब तक असह्य गर्मी न हो बिजली के पंखे के नीचे अभ्यास नहीं करें।

कम्बल– प्राकृतिक सामग्री से बने कम्बल को मोड़कर अभ्यासों के लिए प्रयोग में लायें। यह शरीर और पृथ्वी के बीच ऊर्जा-रोधक का काम करता है। स्पंजवाली गद्दी या हवा भरी हुई गद्दी का प्रयोग न करें, क्योंकि इनसे मेरुदण्ड को पर्याप्त आधार नहीं मिलता।

वस्त्र–आसन करते समय ढीले, हल्के और आरामदायक वस्त्र पहनना अधिक सुविधाजनक रहता है। अभ्यास प्रारम्भ करने के पूर्व चश्मा, कलाई घड़ी और आभूषण उतार दें।

स्नान–अच्छा होगा कि आसनों से पूर्व शीतल जल से स्नान कर लें। इससे आसनों के प्रभाव में वृद्धि होगी।

पेट को खाली रखना–आसन प्रारम्भ करने के पूर्व मूत्राशय और आँत को खाली कर लेना अच्छा रहता है। कब्जियत हो तो दो या तीन गिलास कुनकुना नमकीन जल पीकर शंख प्रक्षालन अध्याय में दिये गये आसन, जैसे, ताड़ासन, तिर्यक ताड़ासन, कटि चक्रासन, तिर्यक भुजंगासन और उदराकर्षण आसन का अभ्यास करें। इससे कब्जियत दूर हो जाएगी। यदि नहीं होती, तो पवनमुक्तासन भाग 2 के आसनों का अभ्यास करें। आसन के पूर्व शौचालय जाने का एक समय प्रतिदिन के लिए निर्धारित कर लें। शौच के लिए दबाव न डालें, पूरे शरीर को शिथिल रखने का प्रयास करें, कुछ सप्ताह बाद प्रतिदिन उसी निर्धारित समय पर स्वत: पेट खाली होने लग जायेगा। आँत को खाली करने के लिए रेचक औषधि का उपयोग न करें।

खाली आमाशय–आसन करते समय पेट खाली रहना चाहिए और इसको सुनिश्चित करने के लिए भोजन करने के तीन या चार घण्टे बाद ही अभ्यास आरम्भ करना चाहिए। सूर्योदय पूर्व अभ्यास की अनुशंसा के पीछे भी यह एक कारण है, क्योंकि आमाशय इस समय निश्चित रूप से खाली हो जाता है।

भोजन–आसनों के अभ्यासियों के लिए भोजन के कोई विशेष नियम नहीं हैं, परन्तु उनके लिए यह अधिक हितकर होगा कि वे प्राकृतिक खाद्य-पदार्थ ग्रहण करें और खान-पान में मध्यम मार्ग अपनायें। सामान्य प्रचलित धारणा के विपरीत योग यह नहीं कहता कि शाकाहारी भोजन अत्यावश्यक है, यद्यपि योगाभ्यास की उच्च अवस्थाओं में इसकी अनुशंसा की जाती है। भोजन के समय यही सलाह दी जाती है कि आधा पेट भोजन से भरें, एक चौथाई पानी से भरें और शेष एक चौथाई खाली छोड़ दें। अपनी भूख मिटाने के लिए तो भोजन करना ही चाहिए, लेकिन इतना अधिक नहीं कि भारीपन और सुस्ती का अनुभव होने लगे। जीने के लिए खायें, खाने के लिए नहीं जीयें।

यदि आसन विशेष रूप से आध्यात्मिक लक्ष्य की पूर्ति हेतु किये जा रहे हों तो वैसे भोजन, जो पाचन-प्रणाली में अम्लता या वायु उत्पन्न करें, जो भारी, वसायुक्त और मसालेदार हों, उनसे बचना ही चाहिए।

तनाव से बचना–आसन करते समय कभी अधिक बल का प्रयोग न करें। प्रारम्भिक अभ्यासियों को ऐसा लगेगा कि उनकी मांसपेशियाँ कड़ी हैं, परन्तु कुछ ही सप्ताह के नियमित अभ्यास के बाद उन्हें यह देखकर आश्चर्य होगा कि उनकी मांसपेशियाँ लचीली हो रही हैं।

निषेध–वे लोग जो हड्डी टूटने अथवा आमाशय में घाव (अल्सर), टी. बी, आँत उतरने जैसे दीर्घकालिक रोगों से पीड़ित हैं, उन्हें आसनों का अभ्यास प्रारम्भ करने के पूर्व किसी योग शिक्षक या चिकित्सक से परामर्श अवश्य लेना चाहिए। शल्य-क्रिया के बाद स्वास्थ्य लाभ कर रहे व्यक्तियों पर भी यही नियम लागू होता है। प्रत्येक खण्ड की भूमिका में तथा आसन के साथ दिए गए निषेधों को भी ध्यानपूर्वक देखें।

सिर के बल किये जाने वाले आसन–हृदय-रोग, उच्च रक्तचाप, धमनी काठिन्य, ग्लूकोमा, कान के तीव्र संक्रमण अथवा मस्तिष्क के किसी रोग से पीड़ित व्यक्ति को सिर के बल किए जाने वाला कोई आसन नहीं करना चाहिए। सर्वाइकल की समस्याओं से पीड़ित व्यक्तियों को ऐसे आसन नहीं करने चाहिए जिनसे गर्दन पर भार पड़ता हो।

जिन आसनों में सिर धड़ से नीचे रहता हो, उनका अभ्यास करते समय सिर के बल किए जाने वाले आसनों के खण्ड में दिये गये सामान्य निर्देशों का पालन करें।

आसनों का समापन–शरीर के किसी भाग में अधिक पीड़ा का अनुभव होने पर वह आसन करना तुरन्त बन्द कर दें और यदि आवश्यक समझें तो चिकित्सक की सलाह लें। किसी भी आसन में यदि कष्ट का अनुभव हो तो उस स्थिति में अधिक देर तक न रुकें, आसन समाप्त कर दें।

आसन

प्रारम्भिक आसन समूह

पवनमुक्तासन समूह

पवनमुक्तासन समूह एक सर्वाधिक महत्त्वपूर्ण अभ्यासों की शृंखला है, जिनका मानव शरीर और मन पर गहरा प्रभाव पड़ता है। इस प्रकार विभिन्न प्रकार के शारीरिक-मानसिक रोगों के योगोपचार और स्वास्थ्य-संरक्षण के लिए ये बड़े उपयोगी अभ्यास हैं। स्वामी सत्यानन्द सरस्वती की शिक्षाओं में यह एक विशेष देन है। योगासनों की सुदृढ़ आधारशिला रखने हेतु इनकी नितान्त आवश्यकता है। शरीर की गतिविधियों और व्यक्तित्व के विभिन्न स्तरों पर उनके सूक्ष्म प्रभाव के प्रति सजगता विकसित कर आसन के निहितार्थ को समझने हेतु पवनमुक्तासन का अपना अलग महत्त्व है। प्रारम्भिक अभ्यास के रूप में यह बड़ा उपयोगी है, क्योंकि यह शरीर के सभी मुख्य जोड़ों को लचीला बनाता और पेशियों को विश्रान्ति प्रदान करता है। इस समूह के आसनों को हर व्यक्ति कर सकता है, चाहे वह नया अभ्यासी हो या दक्ष, युवा हो या प्रौढ़, बीमार हो या बीमारी से निकलकर स्वास्थ्य-लाभ कर रहा हो। ये अभ्यास सरल, हल्के और आरामदायक हैं, केवल इसलिए कभी इनकी उपेक्षा नहीं होनी चाहिए और न ही इनको हल्के ढंग से लेना चाहिए।

संस्कृत में इन्हें सूक्ष्म व्यायाम कहा जाता है। 'पवन' शब्द का अर्थ 'वायु' अथवा 'प्राण', 'मुक्त' का अर्थ 'छुटकारा' और 'आसन' का अर्थ शरीर की एक विशेष स्थिति है। इसलिए पवनमुक्तासन का यह अर्थ भी है, आसनों का समूह जो शरीर और मन से अवरोधों को दूर कर ऊर्जा के प्रवाह को उन्मुक्त करता है। कभी-कभी गलत भंगिमा, शरीर के क्रियाकलापों में गड़बड़ी और मनोवैज्ञानिक या भावनात्मक समस्याओं या असन्तुलित जीवन शैली के कारण ऊर्जा का प्रवाह अवरुद्ध हो जाता है। इसका प्रारम्भिक प्रभाव कड़ेपन, पेशीय

तनाव, उचित रक्त-संचार के अभाव और छोटे-मोटे क्रियात्मक दोषों के रूप में दिखाई पड़ता है। यदि इन अवरोधों में वृद्धि हो जाये तो किसी अंग, जोड़ या शारीरिक अवयव की कार्यक्षमता में ह्रास होगा या वह रोग ग्रस्त हो जायेगा। पवनमुक्तासन के नियमित अभ्यास से शरीर से ऊर्जा-प्रवाह का अवरोध दूर हो जाता है और नये अवरोध उत्पन्न नहीं होते। इस प्रकार सम्पूर्ण शरीर संस्थान में ऊर्जा-प्रवाह को नियमित और सुस्थिर कर यह समग्र स्वास्थ्य में सुधार लाता है।

मनोकायिक पक्ष

आधुनिक युग के अधिकांश रोग मनोकायिक प्रकृति के होते हैं। इन व्याधियों की चिकित्सा लक्षणों के आधार पर दवाओं द्वारा की जाती है, जो रोग की जड़ तक अपना प्रभाव नहीं पहुँचा पातीं। यदि ये आसन सही विधियों का उपयोग करते हुए प्रतिस्पर्धा जन्य तनाव से दूर रह कर शान्त वातावरण में किये जायें, तो ये न केवल शारीरिक पेशियों को आराम पहुँचाते हैं, बल्कि विश्रान्तकारक आवेग मस्तिष्क तक पहुँचाकर मन को भी विश्रान्ति प्रदान करते हैं। आसन के साथ श्वास और सजगता को जोड़कर मन को सतर्क रखा जाता है, जिससे वह तनाव और परेशानियों में भटकने नहीं पाता। इस प्रकार, इन आसनों की प्रकृति शारीरिक कम और मानसिक अधिक है। यदि इनका अभ्यास सही ढंग से किया जाए तो ये मन को विश्रान्ति प्रदान करते तथा स्वचालित तंत्रिकाओं, हार्मोनों के स्राव और आन्तरिक अवयवों के कार्यकलापों में सामंजस्य स्थापित करते हैं। दाहिने हाथ से काम करने वाले व्यक्तियों को सामान्यत: लगता है कि दायीं ओर से आरम्भ करने से इन्हें जल्दी सीखा जा सकता है। आदतों के प्रभाव को संतुलित करने के लिए इन्हें फिर बायीं ओर से भी अभ्यास करना चाहिए।

तीन समूह

पवनमुक्तासन को तीन मुख्य समूहों में बाँटा गया है–गठिया-निरोधक समूह, पाचक/उदर-अभ्यास समूह और शक्ति-बन्ध। ये तीनों समूह एक-दूसरे के पूरक हैं। सम्पूर्ण शरीर में ये ऊर्जा के स्वतंत्र प्रवाह को तीव्रता प्रदान करते हैं। अभ्यासियों को सलाह दी जाती है कि वे प्रमुख आसनों को प्रारम्भ करने के पूर्व इन तीन समूहों के आसनों में दक्षता प्राप्त कर लें। पवनमुक्तासन भाग 1, 2 और 3 के आसनों का कुछ महीनों तक दैनिक अभ्यास कर लेने से सम्पूर्ण मनो-शारीरिक संस्थान को नयी शक्ति और गहरी विश्रान्ति प्राप्त हो

जाती है, जो उच्च आसनों के अभ्यास के लिए आवश्यक है। प्रत्येक समूह के आसनों का अभ्यास दिये गये क्रम से ही करना चाहिए। उच्च योगासनों में बहुधा शारीरिक शक्ति की आवश्यकता पड़ती है और शरीर एवं मन पर उनका गहरा प्रभाव पड़ता है। इस पक्ष को ध्यान में रखते हुए सही ढंग से आगे की तैयारी करनी चाहिए।

पवनमुक्तासन भाग 1

वात निरोधक समूह

इस समूह के आसन शरीर के जोड़ों को ढीला और मांसपेशियों को लचीला बनाते हैं। जो व्यक्ति वातरोग, गठिया, उच्च रक्तचाप, हृदय-रोग या ऐसे रोगों से ग्रस्त हैं, जिनमें श्रमसाध्य व्यायाम की सलाह नहीं दी जाती, उनके लिए ये आसन अति उत्तम हैं। ये शरीर के जोड़ों में व्याप्त ऊर्जा-अवरोधों को दूर करने में विशेष रूप से सहायक होते हैं। साथ-ही ये सामंजस्य, आत्म-सजगता तथा आत्म विश्वास बढ़ाते हैं।

सजगता

अभ्यास तीन प्रकार से किये जा सकते हैं :

1. वास्तविक शारीरिक गतिविधि, शरीर के विभिन्न घटकों, जैसे, अस्थियों, जोड़ों, अस्थिबन्धों, मांसपेशियों आदि के बीच पारस्परिक क्रिया एवं शरीर के अन्य अंगों के सापेक्ष होने वाली गतिविधि के प्रति सजगता और प्रत्येक पूर्ण आवृत्ति की मानसिक गणना। इसके अतिरिक्त मन में उठने वाले विचारों के प्रति भी सजग रहना चाहिए। अभ्यास की इस विधि से मानसिक शांति, संतुलन और एकाग्रता का विकास होता है, जिससे भौतिक शरीर में सामंजस्य की प्राप्ति होती है।
2. सजगता और श्वास के ताल-मेल के साथ। ऊपर वर्णित शारीरिक गतिविधियों के प्रति सजगता के अतिरिक्त प्रत्येक शारीरिक गतिविधि को श्वास की गति के साथ लयबद्ध किया जाता है। इससे शारीरिक गतिविधियाँ धीमी हो जाती हैं, जिसके कारण मस्तिष्क तरंगों की गति भी धीमी हो जाती है, परिणामस्वरूप

विश्रान्ति और सजगता में और वृद्धि होती है। यह अभ्यास-पद्धति शारीरिक और प्राणिक स्तर पर अधिक प्रभाव डालती है तथा शरीर में सामंजस्य लाने और उसे पुन: प्राणिक ऊर्जा से परिपूर्ण करने एवं आन्तरिक अंगों की क्रियाशीलता में सुधार लाने के लिए विशेष रूप से उपयोगी है। प्रत्येक आसन के साथ दिये गये निर्देश के अनुसार श्वसन करना चाहिए। साथ ही यदि अनुभवी अभ्यासी उज्जायी प्राणायाम की श्वसन विधि अपनायें तो और अधिक लाभ होगा। यह नाड़ियों में प्रवाहित होने वाली प्राण-ऊर्जा को प्रभावी ढंग से जाग्रत और सन्तुलित करता है।

3. शरीर में प्राण के प्रवाह के प्रति सजगता के साथ। प्राण को शरीर में झुनझुनाहट के रूप में अनुभव करना चाहिए। अभ्यास से आप इसके प्रति संवेदनशील हो जायेंगे। मानसिक रूप से हल्केपन के साथ एकाग्रता, भावनात्मक ताजगी व ग्रहणशीलता भी अनुभव करेंगे।

अभ्यास के क्रम में विश्राम

प्रत्येक दो या तीन अभ्यासों के बाद शान्तिपूर्वक प्रारम्भिक स्थिति में बैठ जायें, आँखें बन्द कर लें, और स्वाभाविक श्वसन के प्रति, शरीर के जिन भागों में अभी गति हुई उनके प्रति और मन में आने वाले विचारों या भावनाओं के प्रति सजग हो जायें। एक-दो मिनट के बाद पुन: अभ्यास आरम्भ कर दें। इससे न केवल शरीर को विश्राम मिलेगा, वरन् आन्तरिक ऊर्जा-तरंगों और मानसिक एवं भावनात्मक प्रक्रियाओं के प्रति सजगता का विकास होगा। यह विश्राम काल उतना ही महत्त्वपूर्ण है जितना कि आसन। अत: इसकी उपेक्षा नहीं करनी चाहिए।

आसन करते हुए किसी भी समय यदि थकान का अनुभव हो तो शवासन में विश्राम करें। कार्यक्रम के अन्त में तीन से पाँच मिनट तक शवासन करना चाहिए।

प्रारम्भिक स्थिति

पवनमुक्तासन भाग 1 के सभी आसन जमीन पर प्रारम्भिक स्थिति में बैठ कर किये जाते हैं (रेखा-चित्र देखें)। शरीर को ढीला छोड़ देना चाहिए और किये जाने वाले आसन से सम्बन्धित पेशियों का ही उपयोग करना चाहिए। ऊपर बताये गये निर्देशों के अनुरूप ही आसनों के अभ्यास के प्रति पूरी सजगता बनाये रखनी चाहिए। अधिकतम लाभ के लिए आँखों को बन्द रखना चाहिए। यन्त्रवत् आसनों का अभ्यास न करें, अभ्यास के दौरान पूरी तरह सजगता बनाये रखें।

प्रारम्भिक स्थिति

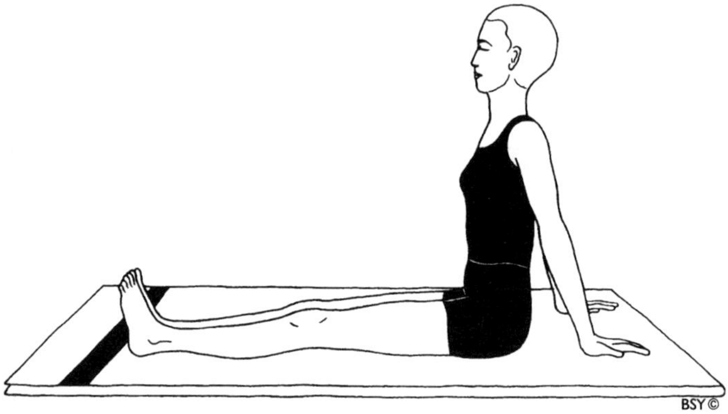

प्रारम्भिक स्थिति

पैरों को शरीर के सामने फैलाकर बैठ जायें। दोनों पैर एक साथ हों, परन्तु एक-दूसरे का स्पर्श न करें। हथेलियों को दोनों बगल में नितम्बों के ठीक पीछे जमीन पर रखें।

पीठ, गर्दन और सिर एक सीध में रहें।

कोहनियों को सीधा करें।

भुजाओं का सहारा लेते हुए थोड़ा पीछे झुक जायें।

आँखें बन्द कर लें और सम्पूर्ण शरीर को इसी स्थिति में ढीला छोड़ दें।

पादांगुलि नमन और गुल्फ नमन

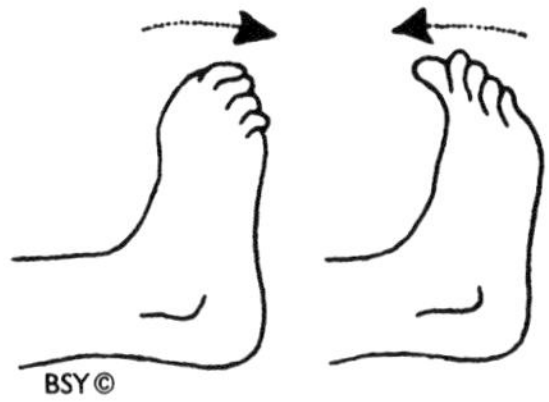

अभ्यास 1

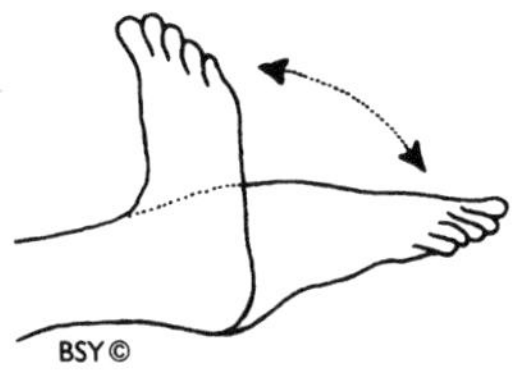

अभ्यास 2

अभ्यास 1: पादांगुलि नमन

दोनों पैरों को सामने फैलाकर, एक साथ रखते हुए प्रारम्भिक स्थिति में बैठ जायें। हाथों को नितम्बों के थोड़ा पीछे बगल में रखें।

पीठ को भुजाओं का सहारा देते हुए थोड़ा पीछे की ओर झुकें।

मेरुदण्ड को सीधा रखें।

पैरों की उँगलियों के प्रति सजग रहें। पैरों को सीधा और टखनों को शिथिल एवं स्थिर रखते हुए दोनों पैरों की उँगलियों को धीरे-धीरे आगे और पीछे की ओर झुकायें।

प्रत्येक स्थिति में कुछ क्षण रुकें। इस प्रकार दस आवृत्तियाँ करें।

श्वसन–पैरों की उँगलियों को पीछे की ओर झुकाते समय श्वास लें। उँगलियों को आगे की ओर झुकाते समय श्वास छोड़ें।

सजगता–श्वास और गतिविधि से उत्पन्न खिंचाव पर।

अभ्यास 2: गुल्फ नमन

प्रारम्भिक स्थिति में बैठे रहें।

दोनों पंजों को टखनों के जोड़ों से झुकाते हुए धीरे-धीरे आगे और पीछे मोड़ें। पंजों को आगे की ओर तानते हुए जमीन को छूने का प्रयास करें और फिर उन्हें घुटनों की ओर वापस मोड़ें। प्रत्येक स्थिति में कुछ क्षणों तक स्थिर रखें। दस आवृत्तियाँ करें।

श्वसन–पंजों को पीछे की ओर झुकाते समय श्वास लें। पंजों को आगे की ओर झुकाते समय श्वास छोड़ें।

सजगता–पंजे, टखने, पिण्डली तथा पैर की पेशियों या जोड़ों के खिंचाव और श्वास पर।

गुल्फ चक्र

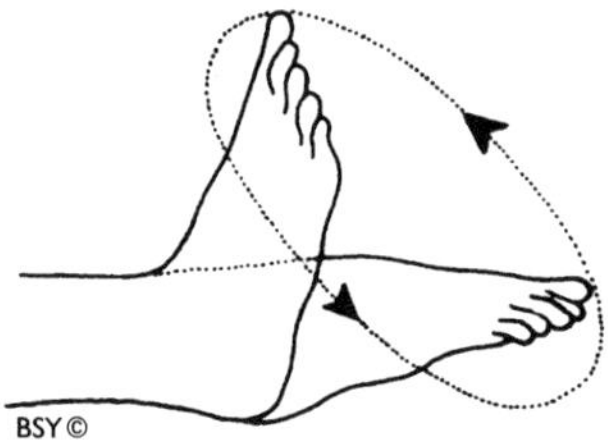

अभ्यास 3: गुल्फ चक्र

प्रारम्भिक स्थिति में बैठे रहें।

पैरों को सीधा रखते हुए, एक-दूसरे से कन्धों की चौड़ाई के बराबर दूरी पर रखें।

पूरे अभ्यास के समय एड़ियों को जमीन पर रखें।

चरण 1: दाहिने पंजे को टखने से धीरे-धीरे दस बार दायीं ओर वृत्ताकार घुमायें और उसके बाद दस बार बायीं ओर घुमायें।

यही अभ्यास बायें पंजे से भी दुहरायें।

चरण 2: पंजों को एक साथ रखें।

दोनों पंजों को एक-दूसरे से स्पर्श कराते हुए एक साथ एक ही दिशा में धीरे-धीरे घुमायें।

घुटनों को न मुड़ने दें, पैरों के घुमाव पर ध्यान दें।

दस बार दायीं ओर और दस बार बायीं ओर वृत्ताकार घुमाते हुए यह अभ्यास करें।

चरण 3: पंजों को एक-दूसरे से अलग रखें।

दोनों पंजों को टखनों से एक साथ विपरीत दिशाओं में घुमायें।

दस आवृत्तियाँ एक दिशा में और दस आवृत्तियाँ विपरीत दिशा में करें।

श्वसन–पंजों को ऊपर की ओर ले जाते समय श्वास लें।

नीचे की ओर लाते समय श्वास छोड़ें।

सजगता–श्वास और पैर को घुमाने पर।

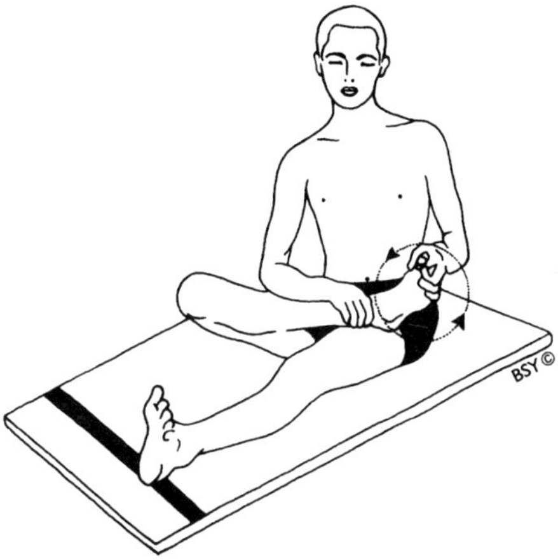

अभ्यास 4: गुल्फ घूर्णन

प्रारम्भिक स्थिति में बैठे रहें।

दाहिने घुटने को मोड़ें और पंजे को नितम्ब की ओर ले आयें।

फिर घुटने को दायीं तरफ झुकायें और यदि कष्ट न हो पंजे को धीरे से बायीं जाँघ पर रखें।

यह निश्चित कर लें कि टखना जाँघ से इस तरह बाहर हो कि बिना अवरोध के पंजे को घुमाया जा सके।

दाहिने गुल्फ (टखने) को दाहिने हाथ से पकड़कर उसे सहारा दें।

दाहिने पैर की उँगलियों को बायें हाथ से पकड़ लें।

बायें हाथ की सहायता से दाहिने पंजे को टखने से दस बार एक दिशा में और दस बार उसकी विपरीत दिशा में वृत्ताकार घुमायें।

बायें पंजे को दाहिनी जाँघ पर रख कर इस अभ्यास को दुहरायें।

श्वसन–ऊपर की ओर घुमाते समय श्वास लें।

नीचे की ओर घुमाते समय श्वास छोड़ें।

सजगता–श्वास और पंजे को घुमाने पर।

लाभ–पंजों और पिण्डलियों के सभी आसन अवरुद्ध लसीका (लिम्फ) और शिरा-रक्त को वापस ले जाने में सहायक होते हैं। इस प्रकार वे थकान और ऐंठन को दूर करते तथा शिरावरोध (थ्रोम्बोसिस) से बचाव करते हैं, विशेषकर शल्य-क्रिया के बाद शय्याग्रस्त रोगियों में।

अभ्यास 5: जानुफलक आकर्षण

प्रारम्भिक स्थिति में बैठे रहें।

दाहिने जानुफलक को जाँघ की दिशा में पीछे की ओर खींचते हुए, घुटने के चारों ओर की मांसपेशियों को संकुचित करें।

संकुचन को 3 से 5 क्षण तक मानसिक गिनती करते हुए रोकें।

संकुचन को मुक्त कर दें और जानु-फलक को अपनी सामान्य स्थिति में वापस आने दें।

यह अभ्यास 10 बार करें। फिर बायें जानुफलक से 10 बार इसे दुहरायें और उसके बाद दोनों जानुफलकों से एक साथ अभ्यास करें।

श्वसन–संकुचन करते समय श्वास लें।

घुटने की पेशियों को मुक्त करते समय श्वास छोड़ें।

सजगता–श्वास और संकुचन पर।

जानु नमन

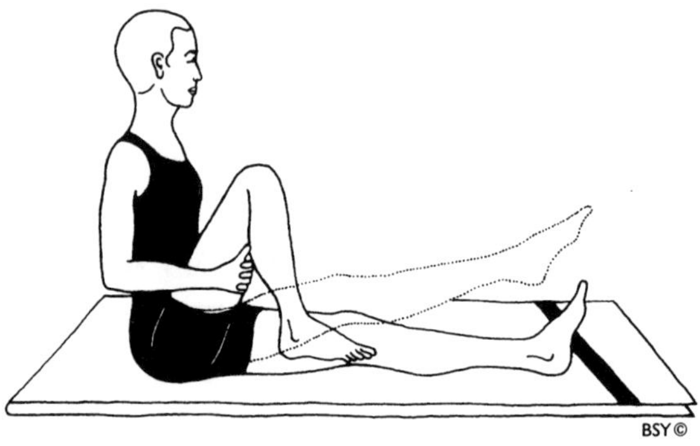

अभ्यास 6: जानु नमन

चरण 1: प्रारम्भिक स्थिति में बैठे रहें। दाहिने घुटने को मोड़ें और दाहिनी जाँघ के नीचे दोनों हाथों को आपस में फँसा लें।

जानुफलक को ऊपर खींचते हुए दाहिने पैर को सीधा करें।

हाथों को जाँघ के नीचे रखे रहें, किन्तु भुजाओं को सीधा करें।

एड़ी को जमीन से लगभग 10 सेन्टीमीटर ऊपर रखें।
फिर से दाहिने पैर को घुटने से मोड़ें ताकि जाँघ छाती के समीप और एड़ी नितम्बों के निकट आ जाय।
सिर और मेरुदण्ड को सीधा रखें।
यह एक आवृत्ति हुई।
दाहिने पैर से दस आवृत्तियाँ और फिर बायें पैर से दस आवृत्तियाँ करें।

चरण 2: दोनों घुटनों को एक साथ मोड़ें, और जाँघों को छाती के समीप लाते हुए पंजों को नितम्बों के सामने जमीन पर रखें।
जाँघों को पीछे से पकड़ें।
पैरों को थोड़ा-सा जमीन से ऊपर उठायें और नितम्बों पर संतुलित करें।
बिना कष्ट के पैरों को जितना सीधा कर सकते हैं करें।
भुजायें स्वाभाविक रूप से सीधी होंगी जबकि हाथ जाँघों को सहारा देते रहेंगे।
पैरों की उँगलियाँ आगे की ओर रहें।
हाथों और भुजाओं का सहारा देते हुए शरीर की स्थिरता को बनाये रखें।
सिर और मेरुदण्ड को सीधा रखें।
इस स्थिति में कुछ क्षणों तक रुकें। घुटनों को मोड़ें और एड़ियों को जमीन से थोड़ा ऊपर रखते हुए पैरों को प्रारम्भिक स्थिति में वापस लायें।
पैरों की उँगलियों को पीछे की ओर वापस खींचें।
यह एक आवृत्ति हुई।
पूरे अभ्यास के दौरान एड़ियों को जमीन से ऊपर रखते हुए 5 से 10 आवृत्तियाँ करें।

श्वसन–पैरों को फैलाते समय श्वास लें। पैरों को मोड़ते समय श्वास छोड़ें।

सजगता–श्वास, घुटने के मोड़ने तथा उससे सम्बन्धित गतिशीलता और सन्तुलन पर।

सावधानियाँ–इस अभ्यास में अधिक श्रम लगता है, अत: उदर की पेशियों की दुर्बलता, पीठ-दर्द, उच्च रक्तचाप या हृदय-रोग से ग्रस्त व्यक्तियों को यह अभ्यास नहीं करना चाहिए।

जानु चक्र

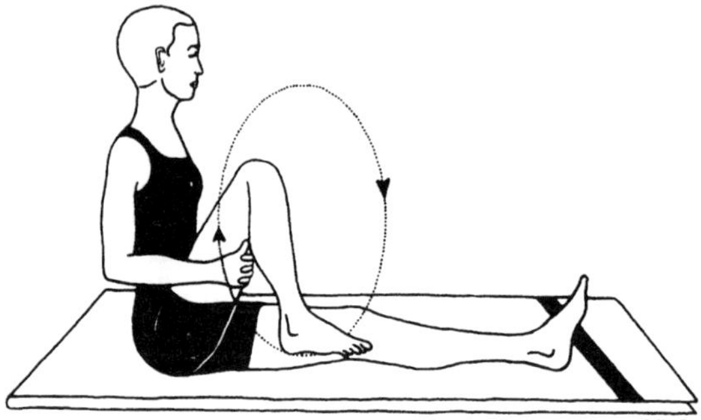

अभ्यास 7: जानु चक्र

प्रारम्भिक स्थिति में बैठ जायें।

दाहिने घुटने को मोड़ें और जाँघ को छाती के पास ले आयें।

हाथों को दाहिनी जाँघ के नीचे रखें और उँगलियों को आपस में फँसा लें या भुजाओं को आर-पार ले जाते हुए कोहनियों को पकड़ लें।

दाहिने पंजे को जमीन से ऊपर उठायें।

पैर के निचले हिस्से को घुटने से वृत्ताकार रूप में घुमायें।

ऊपर की ओर ले जाते हुए जब पैर सबसे ऊपर पहुँचे तो उसे सीधा करने का प्रयास करें।

पैर का ऊपरी हिस्सा और धड़ पूर्णतः स्थिर रहने चाहिए।

दस बार दायीं से बायीं ओर तथा फिर दस बार बायीं से दायीं ओर घुमायें।

यही क्रिया बायें पैर से दुहरायें।

श्वसन–पैर को ऊपर ले जाते समय श्वास लें।

नीचे की ओर लाते समय श्वास छोड़ें।

सजगता–श्वास, गति और पूर्ण वृत्त बनाने पर।

लाभ–चूँकि घुटने का जोड़ किसी सशक्त पेशी के सहारे के बिना सम्पूर्ण शरीर का भार वहन करता है, उसमें चोट, मोच और अस्थिसन्धि शोथ (गठिया) होने की सबसे अधिक सम्भावना रहती है। घुटनों के सभी आसन चतुःशिरस्क पेशी और घुटने के जोड़ के चारों ओर के अस्थि-बन्धों को मजबूत बनाते हैं। ये आसन उपचारात्मक ऊर्जाओं को सक्रिय बनाकर घुटनों के जोड़ों को नव-जीवन प्रदान करते हैं।

अर्द्ध तितली आसन

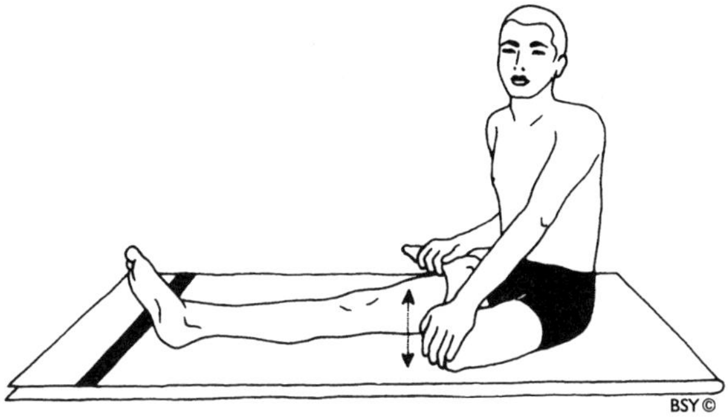

अभ्यास 8: अर्द्ध तितली आसन

प्रारम्भिक स्थिति में बैठ जायें।

दाहिने पैर को मोड़ें और दाहिने पंजे को आराम से बायीं जाँघ के ऊपर रखें।

दाहिने हाथ को मुड़े हुए दाहिने घुटने के ऊपर रखें।

बायें हाथ से दाहिने पंजे को पकड़ें।

यह अभ्यास आरंभ करने की स्थिति है।

चरण 1: श्वास की लय के साथ

श्वास लेते हुए धीरे-से दाहिने घुटने को वक्ष की ओर ऊपर उठायें। श्वास छोड़ते हुए घुटने को धीरे-से नीचे की ओर दबायें और घुटने को जमीन से स्पर्श कराने का प्रयास करें।

धड़ को स्थिर रखें।

इस क्रिया में किसी प्रकार बल का प्रयोग नहीं करें।

पैरों की पेशियों को निष्क्रिय रखते हुए दाहिनी भुजा के प्रयास से घुटने को ऊपर-नीचे करें।

धीरे-धीरे दस बार घुटने को ऊपर-नीचे करें।

सजगता–घुटने, गुल्फ और नितम्ब-जोड़ के संचालन और जाँघ के भीतरी भाग की मांसपेशियों की विश्रान्ति तथा श्वास पर।

चरण 2: श्वास की लय के बिना

दाहिने पैर को बायीं जाँघ पर रखे हुए उसी स्थिति में रहें।

दाहिने पैर की पेशियों को जितना सम्भव हो शिथिल करें।

दाहिने हाथ से दाहिने घुटने को नीचे की ओर दबायें और घुटने को जमीन

से स्पर्श कराने का प्रयास करें।
बल का प्रयोग न करें।
घुटने को स्वत: ऊपर उठने दें।
केवल दाहिनी भुजा के प्रयोग से यह क्रिया की जा रही है।
शीघ्रतापूर्वक 30 बार घुटने को ऊपर-नीचे करें।
श्वसन सामान्य और अभ्यास से असम्बद्ध रहे।
बायें पैर से चरण 1 एवं 2 तथा घुटनों को सीधा करने की प्रक्रिया दुहरायें।
(नीचे दी गयी अभ्यास टिप्पणी देखें।)

सजगता–घुटने, गुल्फ और नितम्ब के जोड़ की गति और जाँघ के भीतरी भाग की पेशियों की शिथिलता पर।

लाभ–ध्यान के आसनों के लिए घुटने और नितम्ब के जोड़ को ढीला करने के लिए यह एक उत्तम प्रारम्भिक आसन है। जो लोग पैरों को मोड़कर सुखपूर्वक नहीं बैठ सकते हैं, उन्हें प्रतिदिन प्रात: और सायं अर्द्ध तितली आसन करना चाहिए।

अभ्यास टिप्पणी–चरण 2 को पूरा करने के बाद पैर की जकड़ को ढीला करने के लिए धीरे-धीरे सावधानीपूर्वक पैर को सीधा करें।
एक बार पैर को मोड़ कर एड़ी को नितम्ब के पास लायें।
पैर सीधा करें।
इस प्रक्रिया के द्वारा जानु-सन्धि सही ढंग से अपने स्थान पर आ जायेगी।

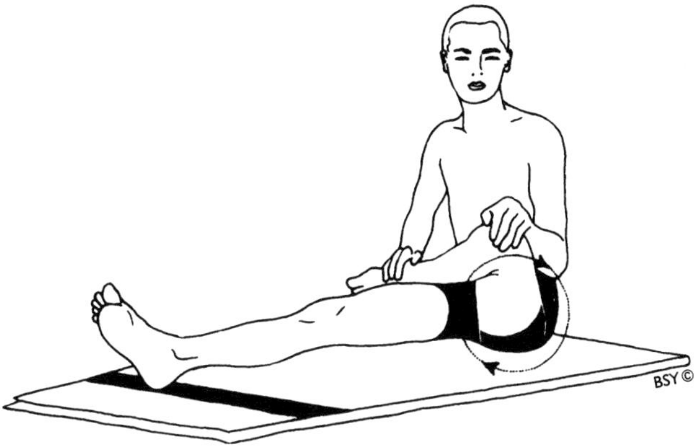

अभ्यास 9: श्रोणि चक्र

अर्द्ध तितली आसन की तरह प्रारम्भिक स्थिति में बायीं जाँघ पर दाहिना पंजा रखकर बैठ जायें।

दाहिनी भुजा की पेशियों का उपयोग कर दाहिने घुटने को वृत्ताकार घुमाते हुए बड़े-से-बड़ा वृत्त बनाने का प्रयास करें।

तर्जनी को बाहर की ओर रख सकते हैं, यह वृत्ताकार गति को पूर्ण बनाने में सहायक होगी।

दस चक्र दायीं से बायीं ओर तथा फिर दस चक्र उसकी विपरीत दिशा में घुमायें।

पैर को धीरे-से सीधा करें।

बायें पैर से इसकी पुनरावृत्ति करें।

श्वसन–घुटने को ऊपर की ओर ले जाते समय श्वास लें।

नीचे की ओर लाते समय श्वास छोड़ें।

सजगता–श्वसन, घुटने, गुल्फ और श्रोणि-सन्धि के घुमाव पर।

पूर्ण तितली आसन

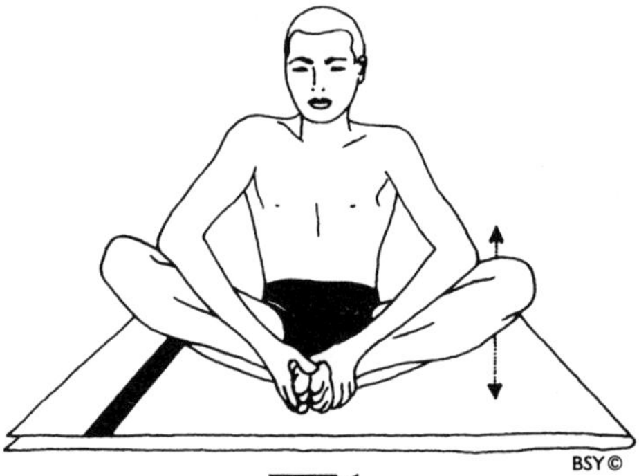

चरण 1

चरण 2

अभ्यास 10: पूर्ण तितली आसन

प्रारम्भिक स्थिति में बैठ जायें।

घुटनों को मोड़ें और पैरों के तलवों को एक साथ मिलायें। जितना सम्भव हो एड़ियों को शरीर के निकट लायें।

भीतरी जाँघ की पेशियों को पूर्णत: ढीला छोड़ दें।

चरण 1: दोनों हाथों से पंजों को कसकर पकड़ें।

धीरे-धीरे घुटनों को ऊपर-नीचे करें।

बल-प्रयोग न करें।

30 बार घुटनों को ऊपर-नीचे करें।

चरण 2: पैरों के तलवों को एक साथ मिलाये रखें।

हाथों को घुटनों पर रखें।

हथेलियों का उपयोग करते हुए घुटनों को धीरे-से जमीन की ओर दबायें और उन्हें पुन: ऊपर की ओर आने दें।

इस गतिविधि में बल-प्रयोग न करें।

10 से 30 बार इसकी पुनरावृत्ति करें।

पैरों को फैला कर विश्राम करें।

श्वसन–अभ्यास से असम्बद्ध सामान्य श्वसन।

सजगता–श्रोणि सन्धि, गति और शिथिलता पर।

सीमायें–सायटिका और कमर-दर्द से पीड़ित व्यक्ति को यह अभ्यास नहीं करना चाहिए।

लाभ–पद्मासन और ध्यान के अन्य आसनों के लिए पैरों को तैयार करने के लिए दोनों चरण आवश्यक हैं। भीतरी जाँघ की पेशियों में बहुत तनाव रहता है, जो इन आसनों से दूर हो जाता है। लम्बे समय तक पैरों पर खड़े रहने और लम्बी सैर से उत्पन्न थकान भी इनसे मिट जाती है।

मुष्टिका बन्धन

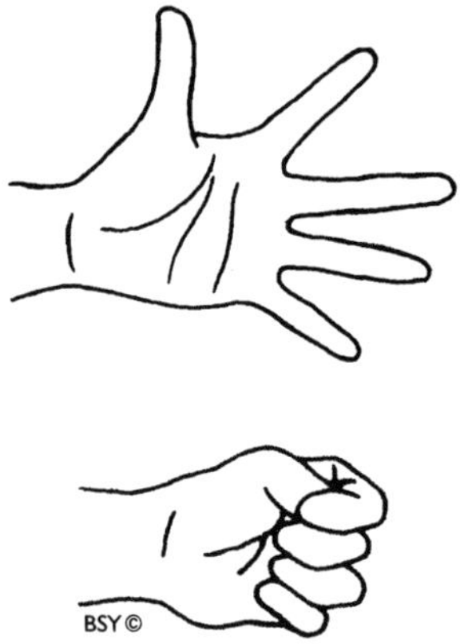

अभ्यास 11: मुष्टिका बन्धन (मुट्ठी बाँधना)

प्रारम्भिक स्थिति में अथवा पालथी मार कर बैठें।

शरीर के सामने कंधे की ऊँचाई पर दोनों भुजाओं को सीधा फैला लें।

हथेलियों को जमीन की ओर खुला रख कर उँगलियों को जितना सम्भव हो अलग-अलग कर फैलायें।

अँगूठों को अन्दर रखते हुए कसकर मुट्ठियाँ बन्द करें। अँगूठों के चारों ओर धीरे-से उँगलियों को कसें।

पुन: हाथों को खोलें और उँगलियों को फैलाकर तानें।

अभ्यास की दस आवृत्ति करें।

श्वसन–हाथों को खोलते समय श्वास लें।

हाथों को बाँधते समय श्वास छोड़ें।

सजगता–श्वास, खिंचाव से उत्पन्न सम्वेदना और गति पर।

मणिबन्ध नमन

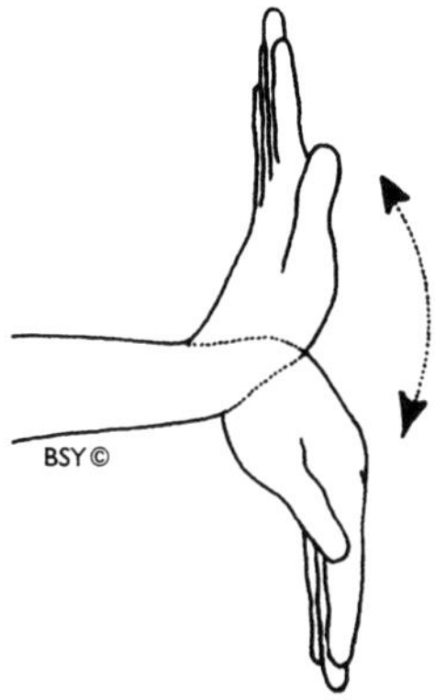

अभ्यास 12: मणिबन्ध नमन

प्रारम्भिक स्थिति में रहें अथवा पालथी मारकर बैठें।

शरीर के सामने कन्धों की ऊँचाई पर भुजाओं को सीधा फैलायें।

पूरे अभ्यास के समय हथेलियाँ खुली और उँगलियाँ सीधी रहें।

हाथों को कलाइयों से ऊपर की ओर मोड़ें, मानो उँगलियों को छत की ओर रखते हुए हथेलियों से दीवार को दबा रहे हों।

हाथों को कलाइयों से नीचे की ओर मोड़ें ताकि उँगलियों का संकेत जमीन की ओर हो। अभ्यास के समय कोहनियों को बिल्कुल सीधा रखें।

उँगलियों के पोरों अथवा उँगलियों को नहीं मोड़ें।

हाथों को अगले चक्र के लिए पुन: ऊपर की ओर मोड़ें।

दस आवृत्तियाँ करें।

श्वसन–ऊपर की ओर मोड़ते समय श्वास लें।

नीचे की ओर मोड़ते समय श्वास छोड़ें।

सजगता–श्वास, कलाई के जोड़ और भुजा के अग्र भाग की पेशियों के खिंचाव पर।

मणिबन्ध चक्र

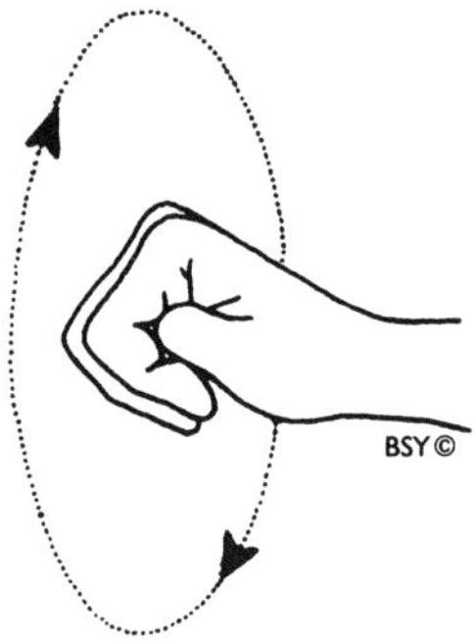

अभ्यास 13: मणिबन्ध चक्र

प्रारम्भिक स्थिति में रहें या पालथी मारकर सुखपूर्वक बैठें, किन्तु पीठ सीधी रखें।

चरण 1: दाहिनी भुजा को कन्धे की ऊँचाई पर आगे की ओर फैलायें। अँगूठे को भीतर रखते हुए दाहिने हाथ की मुट्ठी बाँधें। यह प्रारम्भिक स्थिति है। मुट्ठी को धीरे-धीरे कलाई से चारों ओर वृत्ताकार घुमायें। यह ध्यान रहे कि घुमाते समय हथेली नीचे की ओर रहे। भुजाएँ और कोहनियाँ बिल्कुल सीधी और अचल रहें। जितना बड़ा वृत्त बनाना सम्भव हो, बनायें। दस बार दायीं से बायीं ओर तथा दस बार बायीं से दायीं ओर घुमायें। इस अभ्यास को बायीं मुट्ठी से दुहरायें।

चरण 2: मुट्ठियाँ बाँधकर दोनों भुजाओं को शरीर के सामने फैलायें। भुजाओं को कन्धों की ऊँचाई पर सीधा रखें। दोनों मुट्ठियों को एक साथ एक ही दिशा में घुमायें। दोनों दिशाओं में दस-दस बार अभ्यास करें।

चरण 3: चरण 2 की तरह अभ्यास करें। दोनों मुट्ठियों को विपरीत दिशा में एक ही साथ घुमायें। दोनों दिशाओं में दस-दस बार अभ्यास करें।

लाभ–हाथों और कलाइयों के आसन सम्बन्धित जोड़ों के सन्धि-शोथ में लाभदायक होते हैं। लम्बे समय तक लिखने, टाइप करने, आदि से उत्पन्न तनाव को भी दूर करते हैं।

कोहनी नमन

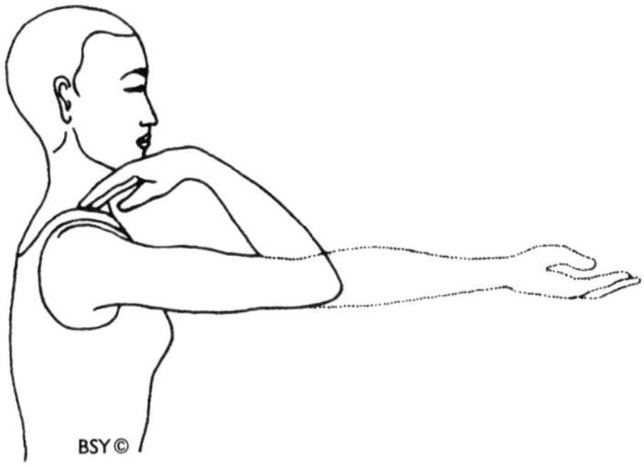

अभ्यास 14: कोहनी नमन

चरण 1: प्रारम्भिक स्थिति में रहें अथवा पालथी मारकर बैठें।
शरीर के सामने कन्धे की ऊँचाई पर भुजाओं को फैला लें।
हाथ खुले रहें और हथेलियाँ ऊपर की ओर हों।
कोहनियों से भुजाओं को मोड़ते हुए उँगलियों से कन्धों का स्पर्श करें।
कोहनी से ऊपर की भुजा को जमीन के समानान्तर रखें।
भुजाओं को पुन: सीधा करें।
यह एक चक्र पूरा हुआ।
इसकी दस आवृत्तियाँ करें।

चरण 2: कन्धों की ऊँचाई पर दोनों भुजाओं को बगल में फैलाकर हथेलियों को छत की ओर रखें।
भुजाओं को कोहनियों से मोड़ें और उँगलियों से कन्धों का स्पर्श करें।
कोहनियों से ऊपर की भुजाओं को जमीन के समानान्तर रखें।
पुन: भुजाओं को दोनों बगल में फैलायें।
इसकी दस आवृत्तियाँ करें।

श्वसन–भुजाओं को फैलाते समय श्वास लें।
भुजाओं को मोड़ते समय श्वास छोड़ें।

सजगता–श्वसन, कोहनी के जोड़ व भुजा की पेशियों की गति पर।

कोहनी चक्र

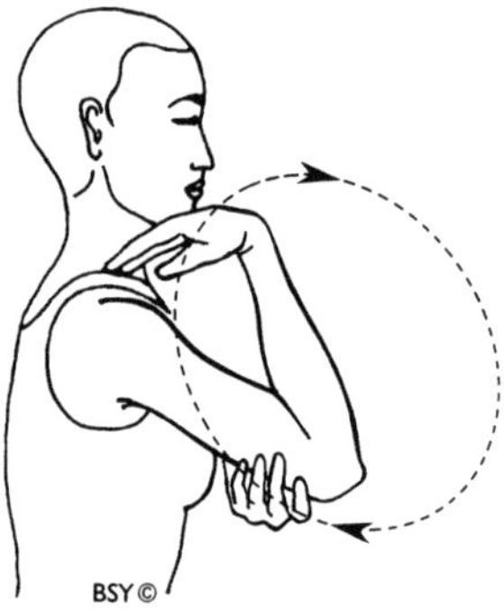

अभ्यास 15: कोहनी चक्र

प्रारम्भिक स्थिति में रहें अथवा पालथी मार कर बैठें।

शरीर के सामने कन्धे की ऊँचाई पर दाहिनी भुजा को फैला लें।

दाहिना हाथ खुला अथवा हल्का-सा बन्द रहे।

दाहिनी भुजा के ऊपर के भाग को बायें हाथ से सहारा दें।

दाहिनी भुजा को कोहनी से मोड़ें, कोहनी के जोड़ को इस प्रकार घुमायें कि कोहनी से नीचे की भुजा तथा हाथ दायीं से बायीं ओर घूमें।

कोहनी से ऊपर की भुजा स्थिर तथा जमीन के समानान्तर रहे। गतिशीलता लयबद्ध होनी चाहिए। घुमाते समय हाथ की उँगलियाँ दायें कन्धे का लगभग स्पर्श करेंगी।

धीरे-धीरे दस बार दायीं से बायीं ओर, फिर बायीं से दायीं ओर अभ्यास करें।

धीरे से दायीं भुजा को नीचे ले आयें।

इसी प्रकार दूसरी तरफ अभ्यास को दुहरायें।

श्वसन–ऊपर की ओर उठाते हुए श्वास लें।

नीचे की ओर लाते हुए श्वास छोड़ें।

सजगता–श्वास के साथ कोहनी के जोड़ को घुमाने और कोहनी से ऊपर की भुजा को स्थिर रखने पर।

प्रकारान्तर: आरम्भ में बायें हाथ से कोहनी से थोड़ा ऊपर दायीं भुजा को सहारा दिया जा सकता है ताकि पूरे अभ्यास के दौरान कोहनी से ऊपर की भुजा स्थिर रहे।

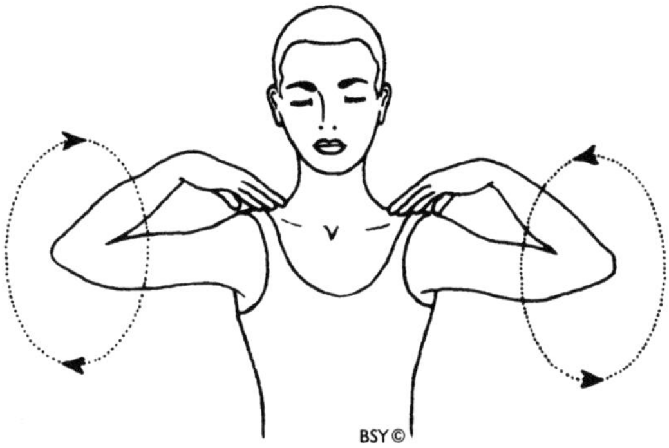

अभ्यास 16: स्कन्ध चक्र

चरण 1: प्रारम्भिक स्थिति में रहें अथवा पालथी मारकर बैठें।
दाहिने हाथ की उँगलियों को दाहिने कन्धे पर रखें।
बायें हाथ को बायें घुटने पर रखें और पीठ सीधी रखें।
दाहिनी कोहनी को एक बड़े वृत्ताकार में घुमायें।
दस बार दायीं से बायीं ओर एवं दस बार बायीं से दायीं ओर घुमायें।
बायीं कोहनी से अभ्यास की पुनरावृत्ति करें। यह सुनिश्चित करें कि सिर, धड़ और मेरुदण्ड सीधे तथा स्थिर रहें।

चरण 2: बायें हाथ की उँगलियों को बायें कंधे पर और दाहिने हाथ की उँगलियों को दाहिने कन्धे पर रखें।
दोनों कोहनियों को एक साथ घुमाते हुए एक बड़ा वृत्त बनायें।
कोहनियों को आगे की ओर लाते समय वक्ष के सामने उन्हें आपस में स्पर्श कराने का प्रयास करें और ऊपर उठाते समय कानों को स्पर्श करने का प्रयास करें। पीछे की ओर ले जाते समय भुजाओं को पीछे की ओर तानें और नीचे लौटते समय बगलों का स्पर्श करें।
धीरे-धीरे दस बार दायीं से बायीं एवं दस बार बायीं से दायीं ओर घुमायें।

श्वसन–ऊपर की ओर उठाते हुए श्वास लें।
नीचे की ओर लाते हुए श्वास छोड़ें।

सजगता–श्वास और स्कन्ध संधि के चारों ओर के खिंचाव की सम्वेदना पर।

लाभ–कन्धों के आसन वाहन चालन और कार्यालय के कार्यों से उत्पन्न दबाव को कम करते हैं। सर्वाइकल, स्पॉण्डिलाइटिस और कन्धे के अन्य कष्टों में आराम पहुँचाते हैं। ये कन्धों और वक्ष को सुडौल बनाए रखते हैं।

ग्रीवा संचालन

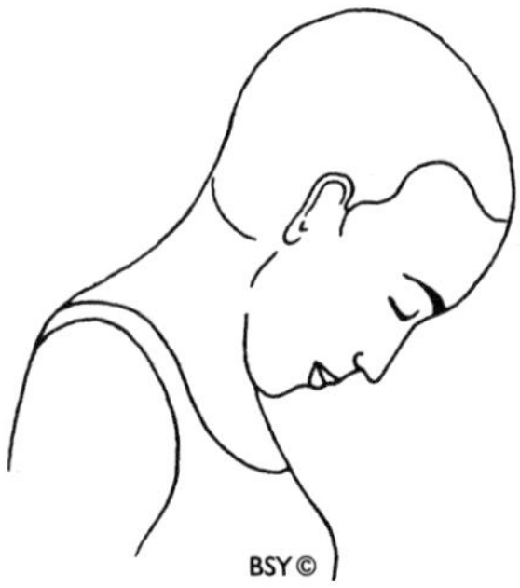

चरण 1

चरण 2

अभ्यास 17: ग्रीवा संचालन

चरण 1: पालथी मारकर बैठें और हाथों को घुटनों पर ज्ञान अथवा चिन्मुद्रा में रखें।

आँखों को बन्द कर लें।

धीरे-धीरे सिर को आगे की ओर झुकायें और ठुड्ढी को वक्ष से स्पर्श कराने का प्रयास करें। फिर सिर को जितना सम्भव हो पीछे की ओर झुकायें, पर जोर न लगायें।

गर्दन के आगे और पीछे की पेशियों के खिंचाव और गर्दन की कशेरुकाओं के ढीला होने का अनुभव करें।

दस बार अभ्यास करें।

श्वसन–पीछे की ओर झुकाते समय श्वास लें।

आगे की ओर झुकाते समय श्वास छोड़ें।

चरण 2: आँखों को बन्द रखते हुए इसी स्थिति में रहें।

चेहरा सीधा सामने की ओर रहे।

कन्धों को शिथिल करें।

धीरे-धीरे सिर को दाहिनी ओर झुकाएँ और सिर को बिना मोड़े अथवा कन्धे को बिना ऊपर उठाये दाहिने कान को दाहिने कन्धे से स्पर्श कराने का प्रयास करें।

सिर को बायीं ओर झुकाएँ और बायें कान को बायें कन्धे से स्पर्श कराने का प्रयास करें।

जोर न लगाएँ, कन्धे का स्पर्श करना आवश्यक नहीं है।

यह एक चक्र हुआ।

दस चक्र अभ्यास करें।

श्वसन–सिर को ऊपर उठाते समय श्वास लें।

दायें-बायें झुकाते समय श्वास छोड़ें।

सजगता–श्वास और गर्दन की दोनों ओर की पेशियों के खिंचाव से उत्पन्न सम्वेदना पर।

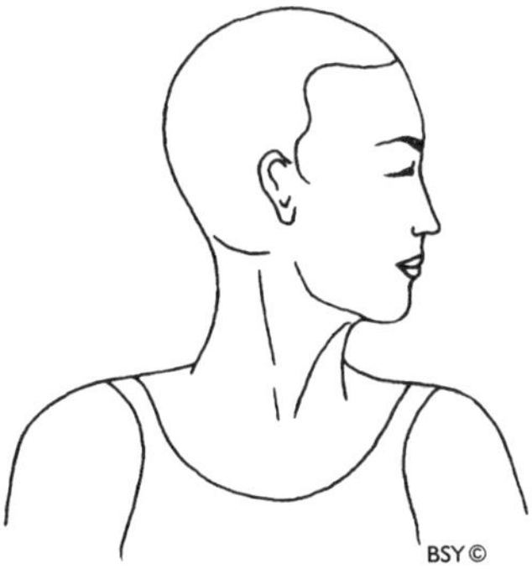

चरण 3

चरण 4

चरण 3: इसी स्थिति में बैठे रहें।

सिर को सीधा और आँखों को बन्द रखें।

धीरे-से सिर को दाहिनी ओर इस प्रकार मोड़ें कि ठुड्ढी कन्धे की सीध में आ जाय।

गर्दन की पेशियों के तनाव में कमी और गर्दन के जोड़ों में ढीलापन महसूस करें।

धीरे-धीरे आराम से सिर को बायीं ओर मोड़ें।

जोर न लगायें।

दोनों ओर दस-दस बार अभ्यास करें।

श्वसन–सिर को सामने लाते समय श्वास लें।

दायें-बायें मोड़ते समय श्वास छोड़ें।

चरण 4: आँखों को बन्द रखते हुए पूर्व अवस्था में रहें।

धीरे-धीरे, आराम से, लयात्मक ढंग से सिर को नीचे की ओर, दाहिनी ओर, पीछे की ओर और उसके बाद बायीं ओर वृत्ताकार घुमायें।

गर्दन के चारों ओर स्थानान्तरित होते हुए खिंचाव और गर्दन के जोड़ों और पेशियों में आ रहे ढीलेपन का अनुभव करें।

दस आवृत्तियाँ दायीं से बायीं ओर तथा दस आवृत्तियाँ बायीं से दायीं ओर करें।

जोर न लगायें।

यदि चक्कर आने लग जाए, तो आँखों को खोल लें और उस दिन अभ्यास न करें। अभ्यास के बाद गर्दन सीधी रखें, आँखें बन्द कर लें। सिर और गर्दन में होने वाली सम्वेदना के प्रति सजग हो जायें।

श्वसन–सिर को ऊपर ले जाते समय श्वास लें।

सिर को नीचे लाते समय श्वास छोड़ें।

सजगता–श्वास और गति पर।

सीमायें–बुजुर्ग व्यक्तियों और निम्न रक्तचाप, बहुत उच्च रक्तचाप अथवा बहुत बढ़े हुए सर्वाइकल स्पॉण्डिलाइसिस के रोगियों को गर्दन के इन चारों अभ्यासों को नहीं करना चाहिए। इन समस्याओं के लिए विशेषज्ञ का परामर्श लेना चाहिए। सर्वाइकल स्पॉण्डिलाइसिस के रोगियों को गर्दन आगे झुकाने वाला अभ्यास बिल्कुल नहीं करना चाहिए।

लाभ–शरीर के विभिन्न अंगों-उपांगों को जोड़ने वाली सभी तंत्रिकायें गर्दन से होकर जाती हैं। इसलिए देर तक मेज पर काम करते रहने से गर्दन और कन्धों की पेशियों में तनाव उत्पन्न हो जाता है। ये आसन सिर, गर्दन और कन्धों के आस-पास के तनाव, भारीपन और कड़ेपन को दूर करते हैं।

पवनमुक्तासन भाग 2

पाचन/उदर समूह

इस समूह के आसन विशेष रूप से पाचन-तन्त्र को सशक्त बनाने के लिए हैं। अपच, कब्ज, अम्लता, अधिक वायु या गैस, भूख की कमी, मधुमेह, पुरुष या स्त्री की प्रजनन-प्रणाली की गड़बड़ी और स्फीत शिरा से पीड़ित व्यक्तियों के लिए ये बड़े उपयुक्त अभ्यास हैं। ये उदर प्रदेश के ऊर्जा-अवरोधों को भी दूर करते हैं।

सजगता

पूरे अभ्यास के दौरान निम्नांकित पर अपनी सजगता बनाये रखें–

1. गति
2. श्वसन
3. अन्त:-उदरीय दबाव
4. मांसपेशियों के खिंचाव

अभ्यास के क्रम में विश्राम

अभ्यास आरम्भ करने के पूर्व शरीर और मन को शान्त एवं शिथिल करना चाहिए। शवासन के अभ्यास से यह स्थिति निश्चित रूप से प्राप्त होती है। इसके अतिरिक्त आसनों के बीच भी शवासन में लेट कर थोड़ी देर शरीर को शिथिल कर लेना चाहिए। सामान्यत: एक मिनट या तीस सैकण्ड का विश्राम भी पर्याप्त होता है, किन्तु अच्छा होगा कि श्वास-प्रश्वास की गति सामान्य होने तक विश्राम करें।

अधिक जोर न लगायें

इस समूह के आसन प्रारम्भ करते समय यह परामर्श दिया जाता है कि एक ही बार में सभी आसनों को नहीं करें, विशेषकर उन आसनों को जो दोनों पैरों से एक साथ किये जाते हैं। अच्छा यह होगा कि एक बार में एक अभ्यास को चुनें और उसे पूर्व के अभ्यासों के साथ जोड़ दें। पवनमुक्तासन भाग 2 समूह के आसनों के अभ्यास में अधिक प्रयास की आवश्यकता होती है, और इससे पीठ के निचले भाग पर जोर पड़ सकता है। इसलिए अपनी शारीरिक क्षमता के प्रति सजग रहें और अभ्यास के दौरान अधिक जोर न लगायें।

सीमायें

उच्च रक्तचाप, गम्भीर हृदय रोग, पीठ-दर्द, जैसे, सायटिका और स्लिप डिस्क के रोगी या जिसने हाल ही में पेट की शल्यक्रिया करायी हो, उसे ये अभ्यास नहीं करने चाहिए। इस सम्बन्ध में कोई संदेह हो तो कृपया अच्छे चिकित्सक से परामर्श लें। जिन आसनों में पैर सिर के ऊपर उठाये जाते हैं, उनके लिए सिर के बल किए जाने वाले आसनों में दी गई सावधानियों को देखें और साथ में प्रत्येक अभ्यास के साथ दी गई सीमाओं को भी देखें।

प्रारम्भिक स्थिति

ये सभी आसन पीठ के बल लेट कर किये जाते हैं। दोनों पैरों को एक साथ एक सीध में रखें। दोनों भुजायें बगल में, हथेलियाँ जमीन पर और सिर, गर्दन तथा मेरुदण्ड एक सीध में रहेंगे। आसन के लिए एक मोटी दरी अथवा कम्बल का उपयोग अवश्य करें, विशेषकर सुप्त पवनमुक्तासन और झूलना-लुढ़कना आसनों में, जिनमें शरीर को मेरुदण्ड की कशेरुकाओं पर सन्तुलित किया जाता है। दायें हाथ से काम करने वालों को लगेगा कि दायीं तरफ से आरम्भ करने से अभ्यास सुगमता से सीखा जा सकता है। उन्हें फिर बायीं ओर से भी अभ्यास आरम्भ करना चाहिए ताकि हाथ-पैर, तन्त्रिकाओं तथा आदतवश व्यवहार का संतुलित विकास हो।

पादोत्तानासन

चरण 1

अभ्यास 1: पादोत्तानासन

चरण 1: प्रारम्भिक स्थिति में लेट जायें, हथेलियाँ जमीन पर रखें।

श्वास लेकर दाहिने पैर को आराम से जितना सम्भव हो ऊपर उठायें, पैर को शिथिल और बिल्कुल सीधा रखें।

बायाँ पैर सीधा और जमीन के सम्पर्क में रहे।

इस स्थिति में 3 से 5 सैकण्ड तक रुकें और श्वास को रोके रखें।

श्वास छोड़ते समय धीरे-धीरे पैर को जमीन पर लायें।

यह एक चक्र हुआ।

इस अभ्यास को दाहिने पैर से दस बार और फिर बायें पैर से दस बार करें।

यदि पीठ कमजोर हो तो बायें पैर को मोड़ा जा सकता है ताकि पँजा जमीन पर रहे और घुटना ऊपर हो।

श्वसन–पैरों को उठाते समय श्वास लें। पैरों को ऊपर रखते हुए श्वास रोके रहें। पैरों को नीचे लाते समय श्वास छोड़ें।

सजगता–पैरों की गति को श्वास-प्रश्वास के साथ समकालित करने पर। पैर में जहाँ खिंचाव हो रहा है वहाँ पर।

सीमायें–यह अभ्यास उच्च रक्त चाप अथवा पीठ की गम्भीर बीमारी, जैसे, सायटिका और स्लिप डिस्क से पीड़ित व्यक्ति को नहीं करना चाहिए।

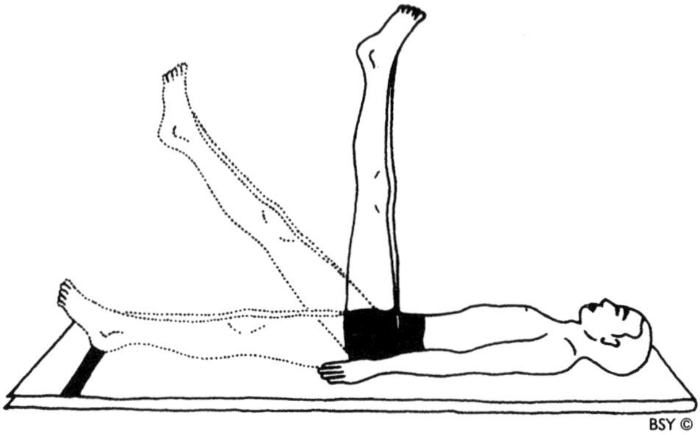

चरण 2

चरण 2: दोनों पैरों को एक साथ उठाकर भी इसको दुहराया जा सकता है, परन्तु जोर न लगायें।

ध्यान रहे इस अभ्यास में अधिक परिश्रम लगता है।

नितम्बों को जमीन से ऊपर न उठायें।

श्वसन–प्रारम्भिक स्थिति में श्वास लें। पैरों को ऊपर उठाते समय श्वास रोके रखें।

पैरों को नीचे लाते समय श्वास छोड़ें।

सजगता–पैरों में उत्पन्न खिंचाव तथा पीठ एवं उदर के पेशीय श्रम और पैरों की गति को श्वास-प्रश्वास के साथ समकालित करने पर।

लाभ–यह आसन उदर की पेशियों को सुदृढ़ बनाता और अंगों की मालिश करता है। यह पाचन-तन्त्र, पीठ के निचले भाग, श्रोणीय एवं मूलाधार प्रदेश की पेशियों को सुदृढ़ बनाता और अंग-भ्रंश को ठीक करता है।

अभ्यास टिप्पणी–प्रत्येक चक्र में पैरों की ऊँचाई को क्रमश: बढ़ाते हुए पादोत्तानासन की पुनरावृत्ति की जा सकती है।

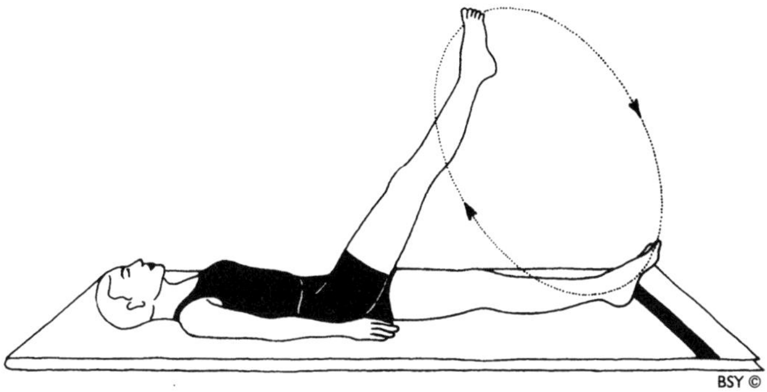

अभ्यास 2: चक्र पादासन

चरण 1: प्रारम्भिक स्थिति में लेट जायें।

घुटने को सीधा रखते हुए, दाहिने पैर को जमीन से 5 सेन्टीमीटर ऊपर उठायें।

पूरे पैर को दाहिनी ओर से बायीं ओर घुमाते हुए बड़े-से-बड़ा वृत्त बनाते हुए दस बार घुमायें।

पैर को घुमाते समय एड़ी का जमीन के साथ स्पर्श न होने दें।

विपरीत दिशा में भी दस बार घुमायें।

बायें पैर से इसकी पुनरावृत्ति करें। पहले दाहिनी ओर से बायीं ओर, फिर विपरीत दिशा में।

अधिक जोर न लगायें।

उदर श्वसन द्वारा श्वास-प्रश्वास की गति सामान्य होने तक विश्राम करें।

चरण 2: दोनों पैरों को एक साथ ऊपर उठाकर भी इस को दुहराया जा सकता है, किन्तु जोर न लगायें। ध्यान रहे इस अभ्यास में बहुत श्रम लगता है।

पूरे अभ्यास के दौरान पैरों को सीधा और एक साथ रखें।

दोनों पैरों को दाहिनी से बायीं ओर और फिर विपरीत दिशा में तीन से पाँच बार घुमायें। पैरों को घुमाते समय बड़े-से-बड़ा वृत्त बनायें।

श्वसन–पैरों को ऊपर उठाते समय श्वास लें। पैरों को नीचे लाते समय श्वास छोड़ें।

सजगता–पैरों को घुमाने, नितम्बों एवं उदर पर पड़ने वाले प्रभाव और पैरों की गति को श्वास-प्रश्वास के साथ समकालित करने पर।

सीमायें–उच्च रक्तचाप अथवा पीठ की गम्भीर बीमारी, जैसे, सायटिका या स्लिप डिस्क के रोगी को यह अभ्यास नहीं करना चाहिए।

लाभ–नितम्ब-सन्धियों, मोटापे तथा उदर एवं मेरुदण्ड की पेशियों की शक्ति बढ़ाने के लिए लाभप्रद।

पाद-संचालनासन

BSY ©

अभ्यास 3: पाद-संचालनासन

चरण 1: प्रारम्भिक स्थिति में लेट कर शरीर को विश्रान्त करें।

दाहिने पैर को ऊपर उठायें।

घुटने को मोड़ते हुए जाँघ को वक्ष के निकट लायें।

पैर को सीधा करते हुए पूरा ऊपर उठायें। फिर पैर को आगे की ओर बढ़ाते हुए सीधा नीचे लायें।

पुनः घुटने को मोड़ें और उसे वक्ष के निकट लाकर साइकिल चलाने की क्रिया पूरी करें।

अभ्यास के दौरान एड़ी का स्पर्श जमीन से न हो।

दस बार सीधा और दस बार उल्टा पैडल घुमाने जैसा घुमायें।

बायें पैर से इसकी पुनरावृत्ति करें।

श्वसन–पैर को सीधा करते समय श्वास लें।

घुटने को मोड़ते समय और जाँघ का वक्ष से स्पर्श कराते समय श्वास छोड़ें।

चरण 2: अब दोनों पैरों को उठायें और साइकिल चलाने की तरह क्रमानुसार घुमायें।

दस बार सीधी और दस बार उल्टी दिशा में घुमायें।

श्वसन–सम्पूर्ण अभ्यास के दौरान श्वास-प्रश्वास सामान्य।

चरण 3: दोनों पैरों को उठायें और पूरे अभ्यास के दौरान उन्हें एक साथ रखें। पीछे की ओर ले जाते समय दोनों पैरों को घुटने से मोड़ते हुए जितना सम्भव हो वक्ष के निकट लायें और आगे की ओर लाते समय पैरों को पूरी तरह सीधा कर लें। घुटनों को सीधा रखते हुए, जमीन से ठीक ऊपर पहुँचने तक पैरों को धीरे-धीरे एक ही साथ नीचे करें। इसके उपरान्त घुटने मोड़ें और उन्हें वक्ष के निकट वापस लायें।

इस अभ्यास को 3 से 5 बार आगे की ओर और उतनी ही बार पीछे की ओर साइकिल चलाने की तरह करें।

अधिक जोर न लगाएँ।

श्वसन–पैरों को सीधा करते समय श्वास लें।

पैरों को वक्ष के पास से मोड़ते समय श्वास छोड़ें।

सजगता–श्वास और पैरों के संचालन की सहजता एवं समन्वय पर, विशेषकर विपरीत दिशा में पैरों के संचालन के समय। विश्राम के समय उदर, नितम्ब, जाँघों और पीठ के निचले भाग पर सजगता बनाये रखें।

सीमायें–उच्च रक्तचाप अथवा पीठ की गम्भीर बीमारी, जैसे, सायटिका या स्लिप डिस्क के रोगी को यह अभ्यास नहीं करना चाहिए।

लाभ–नितम्ब और घुटनों के जोड़ों के लिए लाभप्रद है। उदर एवं पीठ के निचले भाग की पेशियों को सुदृढ़ करता है।

अभ्यास टिप्पणी–पूरे अभ्यास के समय सिर सहित शरीर के शेष भाग को जमीन पर सीधा रखें। प्रत्येक चरण का अभ्यास पूरा करने के बाद प्रारम्भिक स्थिति में विश्राम करें, जब तक कि श्वास-प्रश्वास की गति सामान्य न हो जाय। यदि उदर की पेशियों में ऐंठन महसूस हो तो गहरी श्वास लें, धीरे-से उदर को बाहर की ओर फैलायें और तब श्वास छोड़ते हुए सम्पूर्ण शरीर को शिथिल करें।

अधिक जोर न लगायें। विशेषकर तीसरे चरण में, जो कि बहुत श्रमसाध्य अभ्यास है।

सुप्त पवनमुक्तासन

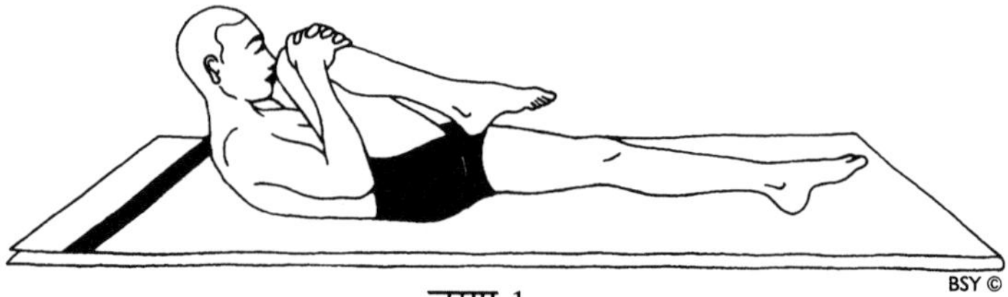

चरण 1

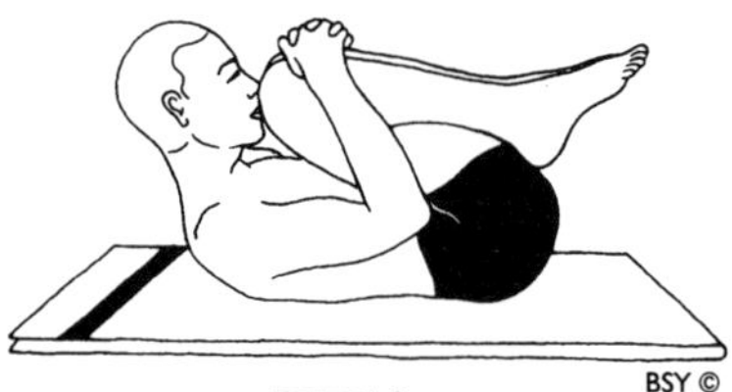

चरण 2

अभ्यास 4: सुप्त पवनमुक्तासन

चरण 1: प्रारम्भिक स्थिति में लेट कर शरीर को विश्रान्त करें।
दाहिने घुटने को मोड़ें और जाँघ को वक्ष के निकट लायें।
दोनों हाथों की उँगलियों को फँसाकर दाहिने घुटने के पास कस कर पकड़ें।
बायें पैर को सीधा कर जमीन पर रखें। गहरी श्वास लेकर फेफड़ों को जितना सम्भव हो, भरें।
श्वास छोड़ते हुए सिर और कन्धों को जमीन से ऊपर उठायें और बिना जोर लगाए नाक से दाहिने घुटने का स्पर्श करने का प्रयास करें।
अन्तिम स्थिति में कुछ क्षणों तक रुकें। फिर धीरे-धीरे श्वास लेते हुए प्रारम्भिक स्थिति में लौट आयें। शरीर को शिथिल करें।
दाहिने पैर से 3 बार और बायें पैर से 3 बार इसे दुहरायें।

अभ्यास टिप्पणी – यह ध्यान रखें कि जो पैर सीधा है, वह जमीन के सम्पर्क में रहे।
दाहिने पैर से ही अभ्यास प्रारम्भ करना है, क्योंकि यह सीधे अधिरोही (ऊर्ध्वगामी) वृहदान्त्र को दबाता है। उसके बाद बायें पैर से अभ्यास करें, क्योंकि इससे अवरोही (निम्नगामी) वृहदान्त्र दबता है।

चरण 2: प्रारम्भिक स्थिति में रहें।

दोनों घुटनों को मोड़ें और जाँघों को वक्ष के पास लायें।

हाथों की उँगलियों को आपस में फँसाकर घुटनों के ठीक नीचे पिण्डलियों के ऊपरी भाग को दोनों हाथों से कसकर पकड़ें।

गहरी श्वास लें। श्वास छोड़ते हुए सिर एवं कन्धों को उठायें और नाक को दोनों घुटनों के बीच के स्थान पर रखने का प्रयास करें।

श्वास को कुछ क्षणों तक बाहर रोक कर मानसिक गणना करते हुए सिर और कन्धों को इसी स्थिति में रखें।

श्वास लेते हुए धीरे-धीरे सिर, कन्धों और पैरों को नीचे लायें।

यह अभ्यास तीन बार करें।

सजगता–श्वास, उदर के दबाव और गति पर।

सीमायें–उच्च रक्तचाप अथवा सायटिका और स्लिप डिस्क जैसे रोगों से पीड़ित व्यक्तियों के लिए यह अभ्यास वर्जित है।

लाभ–सुप्त पवनमुक्तासन पीठ के निम्न भाग की पेशियों को मजबूती प्रदान करता है और मेरुदण्ड की कशेरुकाओं को लचीला बनाता है। यह उदर और पाचन-अंगों की मालिश करता है, इसलिए वायु-विकार और कब्ज को दूर करने में बड़ा प्रभावी है। नितम्बों की पेशियों और प्रजननांगों की मालिश कर यह नपुंसकता, बन्ध्यापन और मासिक-धर्म सम्बन्धी समस्याओं के निदान में सहायक है।

झूलना लुढ़कना आसन

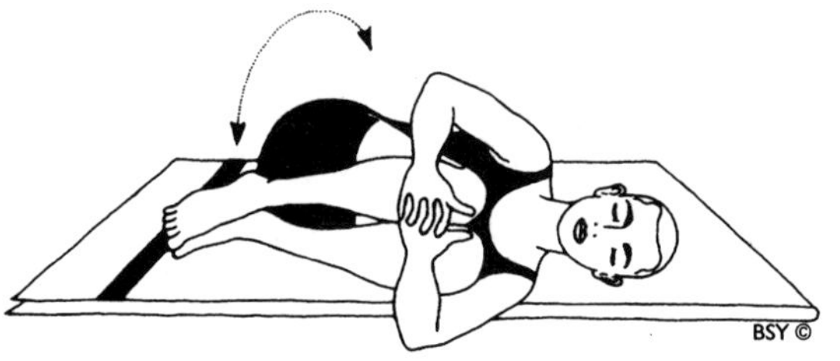

चरण 1

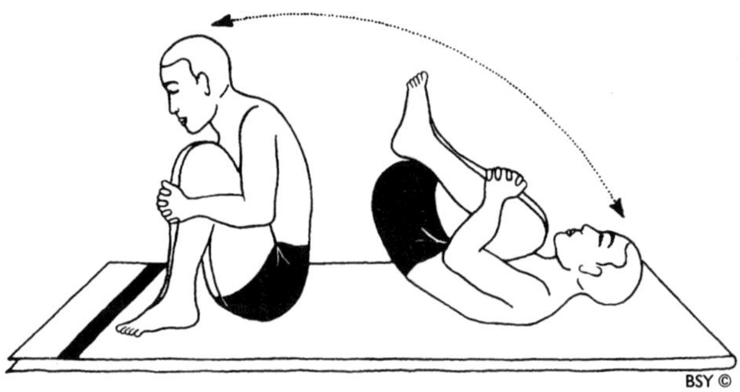

चरण 2

अभ्यास 5: झूलना लुढ़कना आसन

चरण 1: पीठ के बल सीधा लेट जायें। दोनों पैरों को मोड़ते हुए वक्ष तक लायें। दोनों हाथों की उँगलियों को आपस में फँसाकर घुटनों के पास पैरों को कसकर पकड़ें।

यह प्रारम्भिक स्थिति है।

शरीर को क्रमश: दाहिनी और बायीं ओर लुढ़काते हुए, पैर के बगल के हिस्से को जमीन से स्पर्श करायें। 5 से 10 बार यह अभ्यास करें।

श्वसन–एक ओर लुढ़कते हुए श्वास छोड़ें। मध्य में आते हुए श्वास लें। दूसरी ओर लुढ़कते हुए श्वास छोड़ें।

चरण 2: नितम्बों को जमीन से थोड़ा ऊपर रखते हुए उकड़ूँ बैठें।

दोनों हाथों की उँगलियों को आपस में फँसाकर घुटनों के ठीक नीचे पैरों को कसकर पकड़ें।

सम्पूर्ण शरीर को मेरुदण्ड पर आगे-पीछे लुढ़कायें।

आगे की ओर लुढ़कते समय पाँवों पर उकड़ूँ बैठने की स्थिति में आने का प्रयत्न करें।

पिण्डलियों के ऊपरी हिस्से पर हाथों की पकड़ के कारण यदि ऐसा करने में कठिनाई का अनुभव हो तो घुटनों के नीचे जाँघों को बगल से पकड़कर यह अभ्यास करें।

5 से 10 बार आगे और पीछे लुढ़कें।

श्वसन– पीछे की ओर लुढ़कते हुए श्वास लें। आगे आते हुए श्वास छोड़ें।

सजगता– गति के समन्वय पर।

सीमायें– पीठ की गम्भीर बीमारी में यह आसन नहीं करना चाहिए।

लाभ– यह आसन पीठ, नितम्ब और कटि-प्रदेश की मालिश करता है। प्रातः जागरण के तुरन्त बाद करने पर यह अभ्यास अत्यन्त लाभप्रद होता है।

अभ्यास टिप्पणी– इस अभ्यास के लिए कम्बल को दो-तीन तह में मोड़कर प्रयोग में लायें, ताकि मेरुदण्ड को किसी प्रकार की क्षति न पहुँचे। पीछे की ओर लुढ़कते समय सिर को आगे रखना चाहिए। यह सावधानी रखें कि सिर जमीन से न टकराये।

सुप्त उदराकर्षणासन

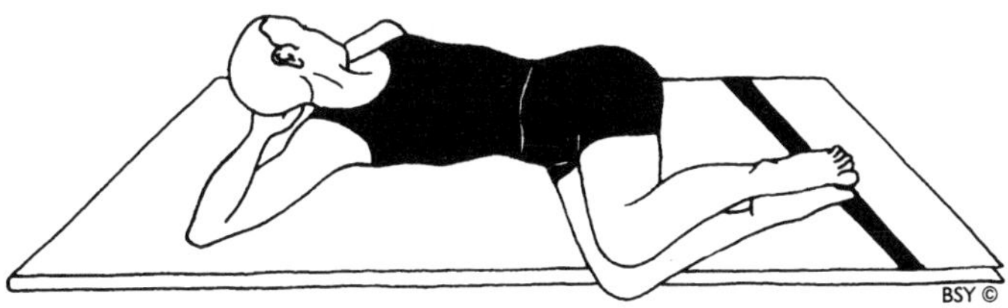

अभ्यास 6: सुप्त उदराकर्षणासन

प्रारम्भिक स्थिति में लेट कर शरीर को विश्रान्त करें। घुटनों को मोड़ें और पैरों के दोनों तलवों को नितम्बों के पास जमीन के सम्पर्क में रखें।

पूरे अभ्यास के दौरान घुटनों और तलवों को साथ-साथ रखें।

दोनों हाथों की उँगलियों को आपस में फँसाकर, हथेलियों को सिर के पिछले भाग के नीचे रखें। कोहनियाँ जमीन के सम्पर्क में रहें।

श्वास लें और श्वास छोड़ते समय घुटनों को जमीन पर लाने का प्रयास करते हुए, धीरे-धीरे पैरों को दाहिनी ओर झुकायें। दोनों पंजे एक-दूसरे के सम्पर्क में रहेंगे, यद्यपि बायाँ पंजा जमीन से थोड़ा ऊपर उठा रहेगा।

इसी के साथ सिर और गर्दन को पैरों की विपरीत दिशा में धीरे-से मोड़ें। इससे सम्पूर्ण मेरुदण्ड में एक-सा घुमावदार खिंचाव उत्पन्न होगा।

अन्तिम स्थिति में श्वास को तीन सैकण्ड तक मानसिक गिनती करते हुए रोकें।

श्वास लेते समय दोनों पैरों को ऊपर उठाते हुए बीच में लायें।

कन्धों और कोहनियों को पूरे अभ्यास के दौरान जमीन पर रखें।

एक चक्र पूरा करने के लिए बाँयी ओर इसकी पुनरावृत्ति करें।

5 चक्र पूरे करें।

प्रकारान्तर: घुटनों को मोड़ें और जाँघों को वक्ष तक लायें। उँगलियों को फँसाकर उन्हें सिर के पीछे रखें। कोहनियों को जमीन पर रख कर शरीर को एक बगल से दूसरी बगल में लुढ़कायें।

श्वसन– पैरों को जमीन की ओर झुकाते समय श्वास छोड़ें।

अंतिम स्थिति में श्वास को रोकें।

पैरों को ऊपर लाते हुए श्वास लें।

सजगता– मेरुदण्ड एवं उदर की पेशियों के घुमावदार खिंचाव और श्वास के प्रति सजगता रखें।

लाभ– यह आसन उदर की पेशियों और अंगों में अच्छा खिंचाव उत्पन्न करता है, जो पाचन क्रिया में सुधार और कब्ज के निराकरण में सहायक है। मेरुदण्ड की पेशियों के घुमावदार खिंचाव से देर तक बैठने के कारण उत्पन्न दबाव और कड़ापन दूर होता है। नितम्बों से पंजों की दूरी मेरुदण्ड के घुमाव की स्थिति को निश्चित करती है। यदि पंजे नितम्बों से 60 सेन्टीमीटर की दूरी पर हैं तो पीठ का नीचे का भाग प्रभावित होगा। जैसे-जैसे पंजे नितम्बों के निकट आते हैं, मेरुदण्ड का ऊपर का भाग प्रभावित होने लगता है। जब पंजे नितम्बों से सटे होते हैं तब हृद्जालक के क्षेत्र में प्रभाव पड़ता है। इसलिए हर बार पंजों को 3 सेन्टीमीटर आगे बढ़ाने से प्रत्येक कशेरुका प्रभावित होगी, जिससे पूरे मेरुदण्ड में लचीलापन आएगा।

शव उदराकर्षणासन

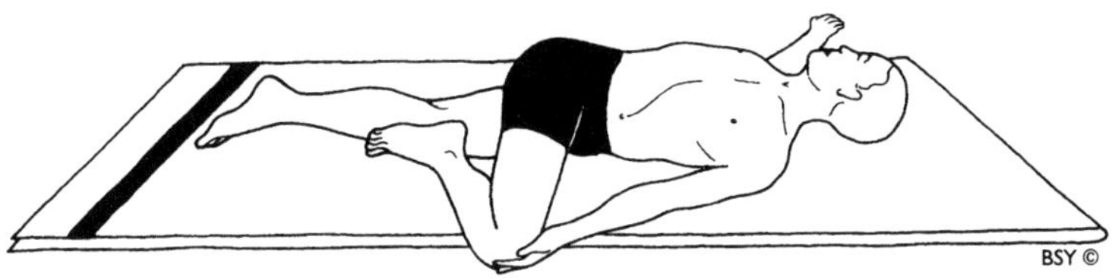

अभ्यास 7: शव उदराकर्षणासन

पीठ के बल लेट जायें। पैरों और पंजों को एक साथ रखें।

दोनों भुजाओं को कन्धों की सीध में फैलायें, हथेलियों को जमीन की ओर रखें।

दायें पैर को मोड़ें और पैर के तलवे को बायें पैर के घुटने के पास रखें।

बायें हाथ को दाहिने घुटने के ठीक ऊपर रखें।

यह प्रारम्भिक स्थिति है।

दायें पैर को मोड़े रखकर, पैर के तलवे को बायें घुटने के सम्पर्क में रखते हुए दाहिने घुटने को शरीर के बायें तरफ धीरे-धीरे झुकाते हुए जमीन पर ले आयें। साथ-ही सीधी बाँह की ओर देखते हुए सिर को दाहिनी ओर मोड़ें और दाहिने हाथ की मध्यमा उँगली पर दृष्टि केन्द्रित रखें।

बायाँ हाथ दाहिने घुटने पर और दाहिनी भुजा एवं कन्धा जमीन के सम्पर्क में रहें। अन्तिम स्थिति में सिर को मुड़े हुए घुटने की विपरीत दिशा में मोड़ें और दूसरा पैर पूरी तरह सीधा रखें।

इस स्थिति में जितनी देर तक आराम से रह सकें, रहें।

सिर और घुटने को बीच में लाते हुए प्रारम्भिक स्थिति में लौट आयें।

दाहिनी भुजा को कन्धे के समानान्तर फैलायें और दाहिना पैर सीधा करें।

विपरीत दिशा में इस अभ्यास को दुहरायें।

दोनों तरफ एक-एक बार अभ्यास करें, धीरे-धीरे अन्तिम स्थिति में अधिक समय तक रुकने का प्रयास करें।

श्वसन–प्रारम्भिक स्थिति में श्वास लें।

घुटने को जमीन पर लाते समय और सिर मोड़ते समय श्वास छोड़ें।

अन्तिम स्थिति में धीरे-धीरे, गहरी श्वास लें।

शरीर को बीच में लाते समय श्वास लें और पैर सीधा करते समय श्वास छोड़ें।

सजगता–भुजाओं, कंधों तथा पीठ के शिथिलीकरण और श्वास पर।

क्रम–यह आसन आगे और पीछे झुककर किये जाने वाले आसनों को करने के बाद अथवा पीठ के निचले भाग पर दबाव डालने वाले आसनों के बाद अथवा कुर्सी पर या ध्यान के आसन में लम्बे समय तक बैठने के बाद करना चाहिए।

सावधानियाँ–यह आसन कटि-सन्धि की विकृति को दूर करता है। यदि अभ्यास कष्टप्रद प्रतीत हो, तो इसे बन्द कर देना चाहिए।

लाभ–जकड़न और थकान से छुटकारा मिलता है। पीठ के निचले भाग को विशेष लाभ प्राप्त होता है। इसकी मालिश जैसी क्रिया के प्रभाव से श्रोणि और उदर के अंग मजबूत होते हैं।

नौकासन

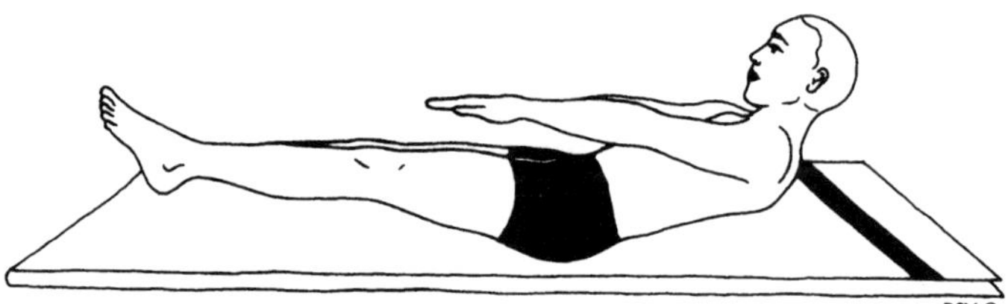

अभ्यास 8: नौकासन

प्रारम्भिक स्थिति में लेट जायें।

पूरे अभ्यास के दौरान आँखें खुली रखें।

गहरी श्वास लें। श्वास को रोक कर पैरों, भुजाओं, कन्धों, सिर और धड़ को जमीन से ऊपर उठायें।

कन्धों और पैरों को जमीन से 15 सेन्टीमीटर से अधिक ऊपर न उठायें।

शरीर को नितम्बों पर संतुलित करें और मेरुदण्ड को सीधा रखें।

भुजाओं को भी उसी ऊँचाई पर एवं पैरों की उँगलियों की सीध में रखें।

हाथों को खुला रखते हुए हथेलियाँ जमीन की ओर रखें।

दृष्टि पैरों की उँगलियों की ओर रहे।

अन्तिम अवस्था में रहते हुए श्वास रोकें। मानसिक रूप से 5 तक (या सम्भव हो तो उससे अधिक) गिनती करें।

श्वास छोड़ें और धीरे-धीरे जमीन पर वापस आ जायें। इतनी सावधानी रखें कि जमीन पर वापस आते समय सिर के पिछले भाग को चोट न पहुँचे।

सम्पूर्ण शरीर को शिथिल करें।

यह एक चक्र हुआ।

3 से 5 चक्र अभ्यास करें।

प्रत्येक चक्र के बाद शवासन में लेट कर विश्राम करें। श्वास अन्दर लेते समय उदर को फैलाएँ, जिससे कि उदर की मांसपेशियाँ शिथिल हो जाएँ।

प्रकारान्तर: ऊपर बतायी गयी प्रक्रिया की पुनरावृत्ति करें, किन्तु शरीर की ऊपर उठी हुई स्थिति में मुट्ठियों को भींचें और शरीर को अधिक-से-अधिक तानें।

श्वसन–शरीर को ऊपर उठाने के पूर्व श्वास लें।

शरीर को उठाते, तानते और नीचे लाते समय श्वास को रोकें।

प्रारम्भिक स्थिति में आकर श्वास छोड़ें।

सजगता–श्वास, गति, मानसिक गणना और अन्तिम अवस्था में शरीर पर (विशेषकर उदर की पेशियों पर)।

लाभ–यह आसन पेशीय, पाचन, परिसंचरण, तन्त्रिका और अन्त:स्रावी तन्त्रों में क्रियाशीलता लाता है, सभी अंगों को पुष्ट बनाता है और आलस्य एवं तन्द्रा को दूर करता है। यह तन्त्रिकीय तनाव को दूर कर गहन विश्राम प्रदान करने में विशेष रूप से सहायक है। गहन विश्राम की प्राप्ति हेतु इसे शवासन के पूर्व करना चाहिए। प्रात: जागरण के तुरन्त बाद यदि यह आसन कर लिया जाये तो शरीर और मन को पूर्ण ताजगी प्राप्त होती है। यह आसन उन महिलाओं के लिए भी लाभकारी है जो गर्भधारण की तैयारी कर रही हैं। गर्भावस्था के द्वितीय त्रिमास के दौरान भी इसका अभ्यास किया जा सकता है।

पवनमुक्तासन भाग 3

शक्ति बन्ध के आसन

इस आसन समूह का सम्बन्ध शरीर में ऊर्जा-प्रवाह में सुधार लाने और तन्त्रिकीय-पेशीय-गाँठों को समाप्त करने से है। ये आसन मेरुदण्ड के ऊर्जा अवरोधों को भी दूर करते हैं, फेफड़ों और हृदय को सक्रिय बनाते हैं और अन्त:स्रावी ग्रन्थि-प्रणाली के कार्यों में सुधार लाते हैं। इस समूह के आसन उन लोगों के लिए बहुत उपयोगी हैं, जिनकी प्राणशक्ति क्षीण हो गयी है और पीठ का लचीलापन समाप्त हो चुका है। ये आसन मासिक धर्म-सम्बन्धी समस्याओं में विशेष उपयोगी हैं और श्रोणीय अंगों एवं मांसपेशियों की मालिश करते हैं। गर्भाधान के पश्चात् इनका अभ्यास किया जा सकता है। इससे ढीली हुई मांसपेशियाँ पुन: सुदृढ़ बनती हैं।

यदि शरीर स्वस्थ एवं कार्यक्षम हो तो सीधे ही शक्तिबन्ध के आसनों का अभ्यास आरम्भ किया जा सकता है, किन्तु यदि कोई गम्भीर बीमारी हो तो चिकित्सक का परामर्श लें। प्रत्येक अभ्यास के साथ दी गई सीमाओं को भी ध्यान से देखें।

दायें हाथ से काम करने वालों को दायीं ओर से आसन आरम्भ करने में सुगमता लगेगी। हाथ-पैर, तन्त्रिकाओं और आदतवश व्यवहार को सन्तुलित करने के लिए, उन्हें बाद में बायीं ओर से भी अभ्यास आरम्भ करना चाहिए।

रज्जु-कर्षणासन

अभ्यास 1: रज्जु-कर्षणासन

जमीन पर बैठ जायें, पैरों को सीधा एवं एक साथ रखें।

आँखें खुली रखें।

कल्पना करें कि शरीर के सामने एक रस्सी लटक रही है।

श्वास अन्दर लेते हुए दाहिना हाथ उठाकर, लटकती हुई रस्सी को जितनी ऊँचाई से सम्भव हो, पकड़ें। कोहनी को सीधा रखें।

ऊपर की ओर देखें।

श्वास छोड़ते हुए दाहिनी भुजा को नीचे लायें और ऐसा अनुभव करें कि आप रस्सी को पूरे बल के साथ नीचे खींच रहे हैं। दृष्टि को हाथ की गति के साथ धीरे-धीरे नीचे लायें।

बायें हाथ से इसकी पुनरावृत्ति करते हुए एक चक्र पूरा करें।

दोनों भुजाओं को एक साथ गतिमान न करें। 10 चक्र अभ्यास करें।

श्वसन–भुजा को ऊपर उठाते समय श्वास लें।

भुजा नीचे लाते समय श्वास छोड़ें।

सजगता–श्वास, गति और पीठ के ऊपरी भाग एवं स्कन्ध-पेशियों के खिंचाव पर।

लाभ–यह आसन स्कन्ध-सन्धियों को लचीला बनाता और पीठ के ऊपरी भाग की पेशियों में खिंचाव उत्पन्न करता है। यह वक्ष को सुदृढ़ बनाता और वक्ष की पेशियों को पुष्ट करता है।

गत्यात्मक मेरु वक्रासन

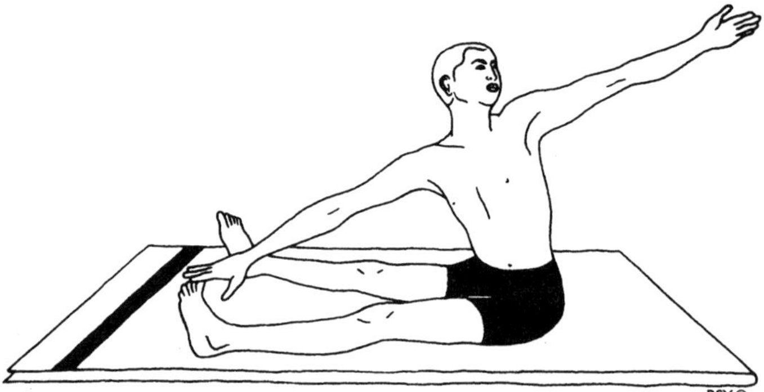

अभ्यास 2: गत्यात्मक मेरु वक्रासन

दोनों पैरों को सामने फैलाकर जमीन पर बैठ जाएँ।
पैरों को जितना संभव हो, एक-दूसरे से दूर रखें।
घुटनों को न मोड़ें। भुजाओं को कन्धों के समानान्तर फैलायें।
भुजाओं को सीधा रखते हुए बायीं ओर मुड़ें और दाहिने हाथ को बायें पैर के अँगूठे के पास लायें। जैसे-जैसे धड़ बायीं ओर मुड़ता है, बायीं भुजा को सीधा रखते हुए पीठ के पीछे तानें।
दोनों भुजाओं को एक सीध में रखें।
सिर को बायें मोड़ें और तने हुए बायें हाथ को देखें।
फिर बायीं ओर मुड़ें और बायें हाथ को दाहिने पैर के अँगूठे के पास लायें। दाहिनी भुजा को सीधा रखते हुए पीठ के पीछे तानें। सिर को दाहिनी ओर मोड़ें और तने हुए दाहिने हाथ को देखें।
यह एक चक्र हुआ।
10 चक्र अभ्यास करें।
धीरे-धीरे आरम्भ करें और क्रमशः गति बढ़ायें।

श्वसन–मेरुदण्ड को अधिक से अधिक आकुंचन प्रदान करने के लिए मुड़ते समय श्वास छोड़ें और सामने की ओर लौटते समय श्वास लें।

सजगता–श्वास, मुड़ने की गति और मेरुदण्ड की कशेरुकाओं एवं पेशियों पर पड़ने वाले प्रभावों पर।

सीमायें–पीठ के रोगों से ग्रस्त लोगों को यह आसन नहीं करना चाहिए।

लाभ–यह आसन कशेरुकाओं को शिथिल और पीठ के कड़ेपन को दूर करता है।

चक्की चालनासन

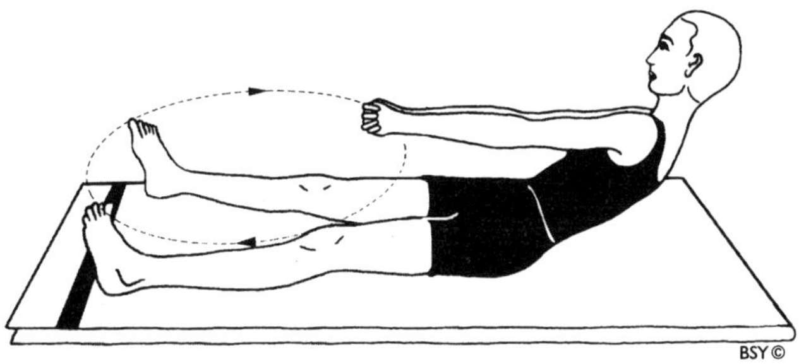

अभ्यास 3: चक्की चालनासन

पैरों को सामने फैला कर बैठ जाएँ। उनके बीच पर्याप्त दूरी रखें। दोनों हाथों की उँगलियों को आपस में फँसा कर भुजाओं को वक्ष के सामने फैला दें। पूरे अभ्यास के दौरान भुजायें सीधी और भूमि के समानान्तर रहें, कोहनियों को नहीं मोड़ें।

जितना संभव हो, आगे की ओर झुकें। कल्पना करें कि आप पुराने ढंग की चक्की चला रहे हैं।

दाहिनी ओर घूमें ताकि दोनों हाथ दाहिने पैर के अँगूठे के ऊपर से होते हुए अधिक-से-अधिक दाहिनी ओर जा सके।

पीछे की ओर जाते समय, जितना सम्भव हो, पीछे झुकें। शरीर को कमर से गति देने का प्रयास करें। पुन: आगे की ओर झुकते समय, भुजाओं और हाथों को बायें पैर की उँगलियों के ऊपर से घुमाते हुए सीधे बैठने की स्थिति में वापस आयें।

एक बार घुमाने से एक चक्र पूरा होगा। 5 से 10 बार दायीं से बायीं ओर और फिर उतनी ही बार विपरीत दिशा में अभ्यास करें।

श्वसन–पीछे की ओर जाते समय श्वास लें। आगे की ओर झुकते समय श्वास छोड़ें।

सजगता–श्वास, गति, पीठ के निचले भाग, नितम्बों और श्रोणीय प्रदेश पर।

लाभ–यह आसन तन्त्रिकाओं, श्रोणीय अंगों और उदर की मालिश के लिए उत्तम है। मासिक-धर्म के चक्र को नियमित करने में यह बड़ा उपयोगी है। गर्भाधान के प्रथम तीन महीने में यह आसन किया जा सकता है। प्रसव के बाद स्वास्थ्य-लाभ के लिए भी यह उत्तम है।

नौका संचालनासन

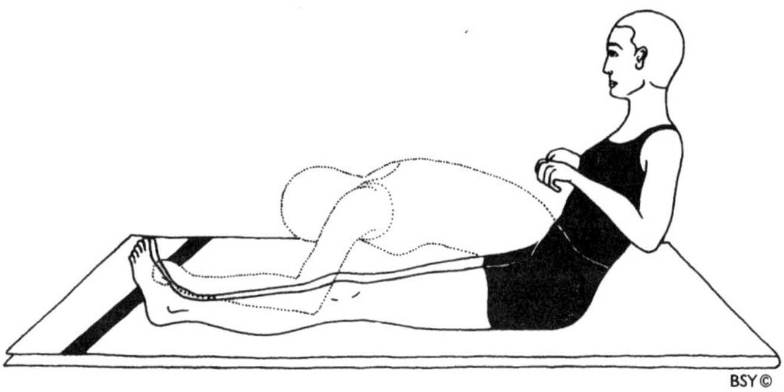

अभ्यास 4: नौका संचालनासन

पैरों को सामने की ओर सीधा फैलाकर बैठ जाएँ। नाव चलाने की क्रिया की कल्पना करें।

हथेलियों को जमीन की ओर रखते हुए हाथों को ऐसे कसें जैसे पतवारों को पकड़ रहे हों।

श्वास छोड़ें और भुजाओं को सीधा करते हुए जितना आराम से सम्भव हो, कमर से आगे की ओर झुकें।

श्वास लेते हुए हाथों को कन्धों की ओर वापस खींचें और अधिक-से-अधिक पीछे की ओर आयें।

यह एक चक्र हुआ।

प्रत्येक चक्र में दोनों हाथ पैरों और धड़ की बगल से होते हुए एक पूर्ण वृत्त का निर्माण करें।

पैरों को पूरे अभ्यास के दौरान सीधा रखें।

5 से 10 चक्र अभ्यास करें।

अब नौका संचालन इस प्रकार विपरीत दिशा में करें जैसे कि आप विपरीत दिशा में जा रहे हों।

5 से 10 चक्र अभ्यास करें।

श्वसन– पीछे की ओर जाते समय श्वास लें।

आगे की ओर आते समय श्वास छोड़ें।

सजगता– श्वास, गति और पीठ के निचले भाग तथा श्रोणि-प्रदेश पर।

लाभ– इस आसन का प्रत्यक्ष प्रभाव श्रोणि और उदर पर पड़ता है। यह इन क्षेत्रों के ऊर्जा-अवरोधों को दूर करता है। स्त्री रोगों में विशेष लाभदायक तथा प्रसवोत्तर-काल में स्वास्थ्य लाभ के लिये उत्तम है। यह कब्ज भी दूर करता है।

काष्ठ तक्षणासन

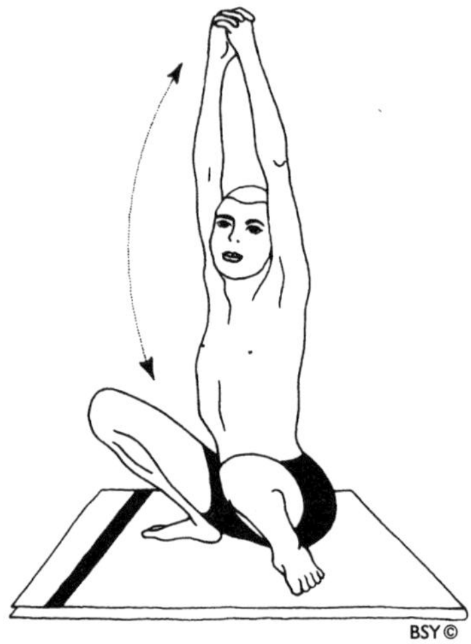

अभ्यास 5: काष्ठ तक्षणासन

उकड़ूँ बैठ जायें। दोनों पंजों के बीच डेढ़ फुट की दूरी रखें। तलवों को जमीन पर रखें।

घुटने पूरी तरह मुड़े हुए और एक-दूसरे से अलग रहें।

दोनों हाथों की उँगलियों को आपस में फँसाकर उन्हें पैर के पंजों के बीच जमीन पर रखें। भुजाओं को सीधा करें और पूरे अभ्यास के दौरान उन्हें सीधा रखें तथा कोहनियों को घुटनों के बीच रखें। आँखें खुली रखें। लकड़ी काटने की क्रिया की कल्पना करें। मेरुदण्ड को ऊपर की ओर तानकर भुजाओं को जितना सम्भव हो ऊपर उठाएँ और सिर के ऊपर से पीछे की ओर ले जायें। हाथों की ओर ऊपर देखें।

भुजाओं से नीचे प्रहार करें, मानो लकड़ी काट रहे हों। फेफड़ों से वायु को निष्कासित करने के लिए 'हा' की ध्वनि करते हुए श्वास बाहर छोड़ें। हाथों को पंजों के बीच जमीन पर वापस लायें और सिर को सीधा करें। यह एक चक्र हुआ।

5 से 10 चक्र अभ्यास करें।

श्वसन–भुजाओं को ऊपर उठाते समय श्वास लें।

भुजाओं को नीचे लाते समय श्वास छोड़ें।

सजगता– श्वास, गति और कन्धों एवं पीठ की ऊपरी पेशियों के खिंचाव पर।

सीमायें– घुटनों की समस्या अथवा सायटिका से पीड़ित रोगी को यह अभ्यास नहीं करना चाहिए।

लाभ– यह आसन श्रोणि-मेखला को लचीला बनाता और श्रोणि-पेशियों को पोषण प्रदान करता है। दोनों स्कन्धास्थियों के बीच की पेशियों पर, जहाँ सामान्यत: हाथ नहीं पहुँचते और साथ-ही कन्धे के जोड़ों एवं पीठ के ऊपरी भाग की पेशियों पर इसका विशेष प्रभाव पड़ता है। निराशा को दूर तथा मन को हल्का करता है।

अभ्यास टिप्पणी– जिन्हें उकड़ूँ बैठना कष्टदायक प्रतीत होता है, वे खड़े होकर इसका अभ्यास कर सकते हैं। लेकिन इससे लाभ कम होगा।

नमस्कारासन

अभ्यास 6: नमस्कारासन

पैरों के बल जमीन पर उकड़ूँ बैठ जायें और दोनों पंजों के बीच लगभग 60 सेन्टीमीटर की दूरी रखें। घुटनों को दूर-दूर रखें और कोहनियाँ से घुटनों को अन्दर की ओर से दबायें।

दोनों हाथों को वक्ष के सामने प्रार्थना की मुद्रा में जोड़ लें।

यह प्रारम्भिक स्थिति है।

आँखें खुली या बन्द रख सकते हैं।

श्वास लें और सिर को पीछे की ओर झुकायें। साथ-ही-साथ कोहनियों से घुटनों पर बाहर की ओर दबाव डालते हुए दोनों घुटनों को एक-दूसरे से जितना सम्भव हो दूर ले जाने का प्रयास करें।

गर्दन के पीछे के भाग में दबाव महसूस करें। श्वास रोक कर इस स्थिति में तीन सैकण्ड तक रहें।

श्वास छोड़ें और भुजाओं को सामने की ओर सीधा करें।

साथ-ही-साथ भुजाओं के ऊपरी भाग को घुटनों से अन्दर की ओर दबायें। सिर आगे की ओर झुकाते हुए ठुड्ढी को वक्ष से स्पर्श कराने का प्रयास करें। इस स्थिति में तीन सैकण्ड तक श्वास रोक कर रहें। पुन: सिर को पीछे ले जाते हुए प्रारम्भिक स्थिति में वापस आयें।

यह एक चक्र हुआ।

5 से 10 चक्र अभ्यास करें।

श्वसन–हथेलियों को एक साथ वक्ष के सामने लाते समय श्वास लें। भुजाओं को सामने की ओर फैलाते समय श्वास छोड़ें।

सजगता–गर्दन के पिछले भाग तथा ऊरु सन्धि में उत्पन्न खिंचाव और, (आगे झुकने की स्थिति में) पीठ के ऊपरी भाग एवं स्कन्ध-पेशियों की शिथिलता तथा श्वास पर।

सीमायें–घुटनों की समस्या तथा सायटिका के रोगी के लिये यह अभ्यास वर्जित है।

लाभ–इस आसन का गहरा प्रभाव तन्त्रिकाओं और जाँघों, घुटनों, कन्धों, भुजाओं एवं गर्दन की पेशियों पर पड़ता है। यह नितम्बों के लचीलेपन को बढ़ाता है।

वायु निष्कासनासन

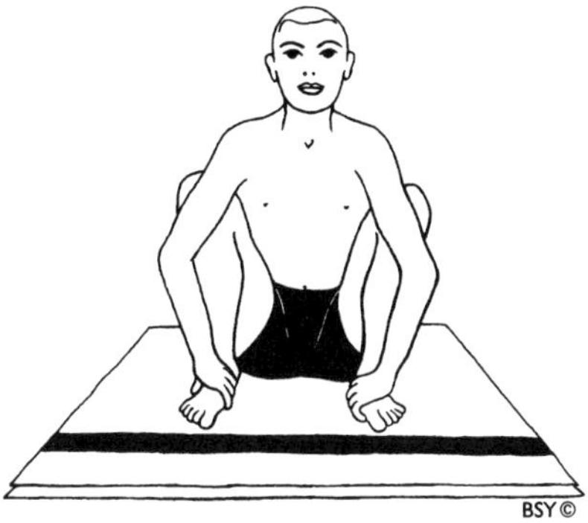

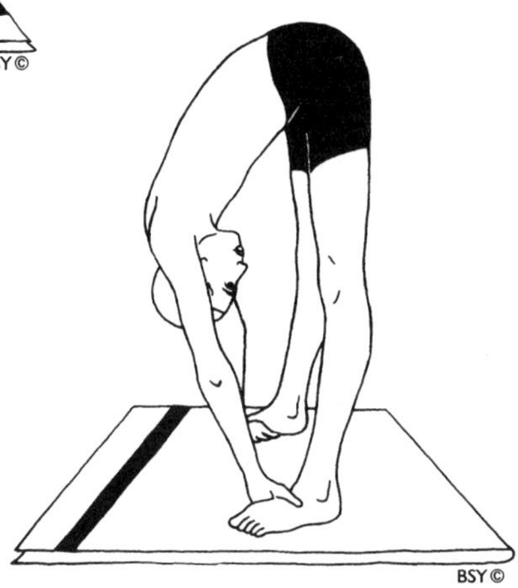

अभ्यास 7: वायु निष्कासनासन

पंजों के बीच दो फुट की दूरी रखते हुए उकडूँ बैठें।

हाथों की उँगलियों को तलवों के नीचे और अँगूठों को ऊपर रखते हुए पंजों को अन्दर की तरफ से पकड़ें।

कोहनियों को थोड़ा-सा मोड़कर भुजाओं के ऊपरी भाग से घुटनों के भीतरी भाग पर दबाव डालें।

पूरे अभ्यास के दौरान आँखें खुली रहेंगी।

सिर को पीछे ले जाते हुए श्वास लें। दृष्टि ऊपर की ओर रखें।

यह प्रारम्भिक स्थिति है।

सिर को और अधिक पीछे की ओर ले जाने का प्रयास करते हुए तीन सैकण्ड तक श्वास रोकें।

श्वास छोड़ते हुए, घुटनों को सीधा करें, नितम्बों को उठायें और सिर को घुटनों की ओर आगे झुकायें।

मेरुदण्ड को और अधिक झुकाते हुए तीन सैकण्ड तक श्वास रोकें। अधिक जोर न लगायें।

श्वास लेते हुए प्रारम्भिक स्थिति में लौट आयें।

यह एक चक्र हुआ।

5 से 10 चक्र अभ्यास करें।

श्वसन– पंजों के बल उकड़ूँ बैठते समय श्वास लें।

उठी हुई स्थिति में श्वास छोड़ें।

सजगता– उकड़ूँ बैठने तथा प्रारम्भिक स्थिति में गर्दन के खिंचाव और उठी हुई स्थिति में मेरुदण्ड के झुकाव एवं श्वास पर।

सीमायें– घुटनों की समस्या, सायटिका, अति उच्च रक्तचाप या धमनी काठिन्य रोग से पीड़ित व्यक्ति को यह अभ्यास नहीं करना चाहिए। सिर के बल किये जाने वाले आसनों की सावधानियाँ यहाँ लागू होती हैं।

लाभ– नमस्कारासन की भाँति इस आसन का लाभकारी प्रभाव तन्त्रिकाओं तथा जाँघों, घुटनों, कन्धों, भुजाओं और गर्दन की पेशियों पर पड़ता है। श्रोणी के अंगों और पेशियों की मालिश होती है। यह अभ्यास सम्पूर्ण मेरुदण्ड और दोनों भुजाओं तथा पैरों की पेशियों को बराबर खिंचाव प्रदान करता है। सभी कशेरुकायें और जोड़ एक-दूसरे से खिंच जाते हैं ताकि उनके बीच का दबाव संतुलित हो जाय। साथ-ही मेरुदण्ड की सभी तन्त्रिकाओं और उनके आवरणों में खिंचाव आता है और उनका पोषण होता है। यह वायु विकार में भी लाभप्रद है।

कौआ चालासन

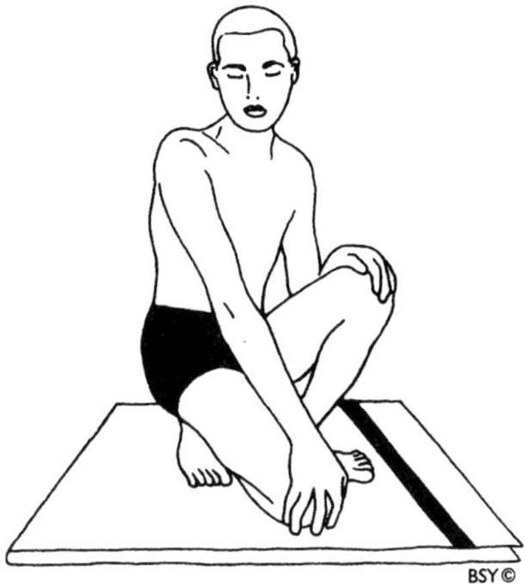

अभ्यास 8: कौआ चालासन

उकड़ूँ बैठ जायें। पैरों के पँजों के बीच थोड़ी दूरी रखें और नितम्बों को एड़ियों के ऊपर रखें। हथेलियाँ घुटनों के ऊपर रखें।

उकड़ूँ बैठ कर ही कुछ कदम चलें।

घुटनों में लोच बनाये रखें ताकि नितम्ब एड़ियों पर से न हिलें। पैरों की उँगलियों अथवा तलवों, दोनों में से जिस पर चलना अधिक कठिन हो, उसी पर चलें।

जैसे ही आप एक कदम आगे बढ़ायें, दूसरे घुटने को जमीन पर ले आयें। 50 कदम तक जितने कदम चल सकें, चलें और उसके बाद शवासन में विश्राम करें।

श्वसन–पूरे अभ्यास में सामान्य श्वास।

सजगता–चलते समय–गति की सहजता पर।

शवासन में लेटने पर–हृदयगति, अथवा श्वास और पीठ के निचले भाग, नितम्बों, घुटनों और टखनों पर पड़ने वाले प्रभावों पर।

सीमायें–घुटनों, एड़ियों या पंजों के रोगों से ग्रस्त व्यक्तियों को यह आसन नहीं करना चाहिए।

लाभ–यह आसन पैरों को ध्यान के आसनों में बैठने के लिए तैयार करता है, और पैरों में रक्त-संचार की वृद्धि करता है। यह कब्ज को भी दूर करता है।

उदराकर्षणासन

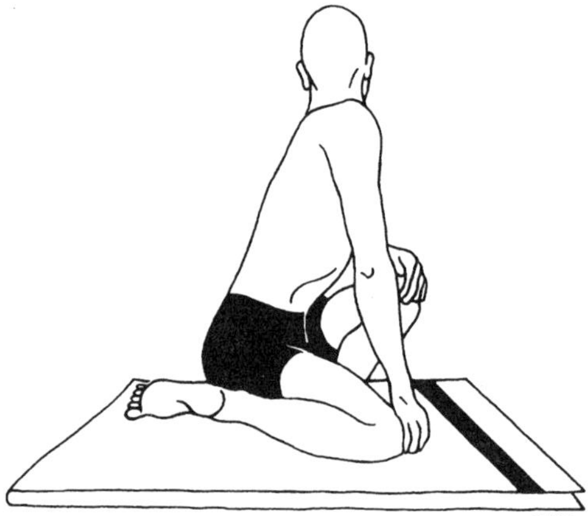

BSY ©

अभ्यास 9: उदराकर्षणासन

उकड़ूँ बैठ जाएँ। पंजों के बीच थोड़ी दूरी रखते हुए, दोनों हाथों को घुटनों पर रखें।

गहरी श्वास लें।

दाहिने घुटने को बायें पंजे के पास जमीन पर लाएँ, और श्वास छोड़ें।

बायें हाथ का उपयोग उत्तोलक की तरह करते हुए बायें घुटने को दाहिनी ओर दबायें, साथ-ही बायीं ओर मुड़ें।

दाहिने पंजे के भीतरी भाग को जमीन पर रखें।

दोनों जाँघों से उदर के निचले भाग को दबाने का प्रयत्न करें।

बायें कन्धे के ऊपर से देखें।

अन्तिम स्थिति में श्वास को 3 से 5 सैकण्ड तक बाहर रोकें।

प्रारम्भिक स्थिति में लौटते समय श्वास लें।

एक चक्र पूरा करने के लिए विपरीत दिशा में अभ्यास की पुनरावृत्ति करें।

5 से 10 चक्र अभ्यास करें।

सजगता– गति के साथ तालमेल रखते हुए श्वास पर और उदर के निचले भाग के खिंचाव एवं दबाव पर।

सीमायें– घुटनों अथवा सायटिका रोग से ग्रस्त रोगी के लिये यह अभ्यास वर्जित है।

लाभ–उदर सम्बन्धी रोगों के लिए यह आसन बड़ा उपयोगी है, क्योंकि यह एकान्तर क्रम में इस क्षेत्र के अंगों एवं पेशियों में खिंचाव लाता और दबाव डालता है। यह कब्ज भी दूर करता है।

टिप्पणी– *शंखप्रक्षालन के लिए किये जाने वाले आसनों में यह भी एक है। यह सावधानी बरतें कि पीठ पर अधिक खिंचाव न पड़े, क्योंकि इस समय शरीर अधिक हल्का और लचीला होने लगता है।*

आँखों के लिए यौगिक व्यायाम

अपनी दृष्टि में सुधार लाने के लिए कई लोग चश्मा या कॉन्टैक्ट लेंस लगाते हैं। चश्मे से दृष्टि-दोष दूर नहीं होता है। वास्तव में चश्मा लगाने से आँखों की समस्यायें प्राय: बढ़ती ही जाती हैं और बराबर लेंस की शक्ति बढ़ाने की आवश्यकता आ पड़ती है।

दृष्टि-दोष अनेक कारणों से उत्पन्न होते हैं–कृत्रिम और मद्धिम प्रकाश, देर तक कम्प्यूटर का प्रयोग, टेलीविजन या वीडियो देखना, अपौष्टिक भोजन, निरंतर देर तक कार्यालय में काम करने और अध्ययन करने से पेशियों की क्षमता में ह्रास, मानसिक एवं भावनात्मक तनाव, शरीर की विषाक्त अवस्था और आयु में वृद्धि।

प्रकाश की समस्या का समाधान तो बिल्कुल सरल है। पर आहार की समस्या थोड़ी जटिल है और यह न केवल आँखों के स्वास्थ्य को, वरन् सम्पूर्ण शरीर को प्रभावित करती है। आहार को सुपाच्य बनाकर और भारी, अपच्य, चर्बीयुक्त, मसालेदार, डब्बा बन्द, संसाधित एवं पूर्व से पैक कर रखे हुए भोजन से परहेज करने पर दृष्टि-दोष में सुधार लाया जा सकता है। इसके लिए शाकाहारी भोजन की अनुशंसा की जाती है। कम-से-कम मांसाहार में कमी लाने का प्रयास होना चाहिए।

सामान्य लोक धारणा के विपरीत लम्बे समय तक अध्ययन करने से दृष्टि में दोष नहीं आता, बशर्ते कि अध्ययन काल में मन और आँखें विश्रान्त रहें। तनाव रहने पर अल्प काल के अध्ययन से भी आँखों पर जोर पड़ सकता है। विश्रान्ति, सजगता और सही शारीरिक भंगिमा के साथ पढ़ने-लिखने की क्षमता का विकास करना चाहिए। पढ़ना प्रारम्भ करने के पूर्व यदि आँखों में मानसिक

या पेशीय तनाव महसूस करें, तो कुछ मिनटों के लिए शशांकासन कर लें। इस आसन से मन को शान्ति और आँखों को विश्रान्ति प्राप्त होगी।

चश्मे पर निर्भरता को कम करने का प्रयास करें? अति आवश्यक होने पर ही इसका उपयोग करें। विश्राम के समय या जब सम्भव हो चश्मे को उतार दें। इससे नेत्रों को सामान्य स्थिति के साथ सामंजस्य बैठाने और सामान्य ढंग से काम करने में मदद मिलेगी। ऐसा माना जाता है कि प्रात:काल या सूर्यास्त के समय घास, बालू अथवा खुली जमीन पर खाली पैर चलने से नेत्रों पर विश्रान्तिदायक और लाभदायक प्रभाव पड़ता है। पैरों के तलवों और मस्तिष्क के दृश्य-क्षेत्रों के बीच प्रतिवर्ती या सहज सम्बन्ध के कारण ऐसा होता है। जो लोग प्राय: जूते-चप्पलों से पैरों को बाँधे रहते हैं, उनके लिए खाली पैर घास पर चलने की अनुशंसा विशेष रूप से की जाती है।

सूर्योदय या सूर्यास्त के समय सूर्य को देखते हुए एक सरल सूर्य-स्नान भी कर सकते हैं। आँखें बन्द कर लें। महसूस करें कि परा-बैंगनी किरणें नेत्रों को सहला रही हैं, उन्हें विश्रान्ति प्रदान कर रही हैं।

उपचारात्मक योगाभ्यास– ग्लुकोमा, ट्रैकोमा (रोहा) और मोतियाबिन्द जैसे रोगों को छोड़कर सबसे प्रचलित नेत्र-दोषों का सम्बन्ध आँखों की पेशियों की क्रियागत त्रुटियों से होता है, यह स्थिति दीर्घकालिक मानसिक एवं भावनात्मक तनाव के कारण और बिगड़ जाती है। निम्नांकित सरल अभ्यास आँखों की पेशियों की विविध प्रकार की विकृतियों और गड़बड़ियों, जैसे, दूर दृष्टि-दोष, निकट दृष्टि-दोष और भेंगापन को दूर करने में सहायक होंगे।

नेत्र सम्बन्धी व्यायामों को नियमित रूप से धैर्य और लगन के साथ करना चाहिए। तुरंत नीरोग या सुधार होने की आशा नहीं करनी चाहिए। नेत्र-दोष कई वर्षों में प्रकट होते हैं, इसी प्रकार सुधार के लक्षण परिलक्षित होने में भी कुछ महीने या उससे अधिक समय लगेगा ही। आशा रखें, सुधार अवश्य होगा, क्योंकि कई लोगों ने यौगिक जीवन-पद्धति अपनाकर अपने दृष्टि-दोष को दूर किया है अथवा अपने चश्मे का नम्बर कम कराया है।

तैयारी– अभ्यासों को प्रारम्भ करने के पूर्व आँखों में ठण्ढे जल के कुछ छींटे डालना लाभप्रद होता है। हथेलियों में थोड़ा जल भर लें और बेसिन के पास खड़े होकर आँखों में छींटे मार लें। दस बार ऐसा करने के बाद व्यायाम प्रारम्भ करें। इस प्रक्रिया से आँखों की पेशियों में रक्त-संचार में वृद्धि होगी और आँखों को पोषण प्राप्त होगा।

सीमायें–जिन्हें नेत्र सम्बन्धी गम्भीर रोग या दृष्टि-दोष, जैसे, ग्लुकोमा, रोहा, मोतियाबिन्द, दृष्टि-पटल-विलगन, दृष्टि पटलीय धमनी अथवा शिरावरोध, आइराइटिस, केराटाइटिस अथवा कंजंक्टिवाइटिस (आँख आना) हो, वे किसी नेत्र-विशेषज्ञ से सलाह लेकर ही ये अभ्यास करें। सिर के बल किया जाने वाले आसन और कुंजल क्रिया इन रोगों की अवस्था में सर्वथा वर्जित हैं। यौगिक जीवन-प्रणाली और सुपाच्य शाकाहारी भोजन से निश्चित रूप से लाभ पहुँचेगा।

अभ्यास टिप्पणी–नेत्र व्यायाम निर्धारित क्रमानुसार ही करने चाहिए। इस समूह के सारे अभ्यास दिये गये क्रमानुसार प्रातःकाल एक बार और/अथवा सायंकाल एक बार करने चाहिए।

सबसे महत्त्वपूर्ण बात जो ध्यान देने की है, वह यह कि अभ्यास-काल में पूर्णतः तनाव रहित और शिथिल रहना चाहिए। अधिक जोर न लगायें, क्योंकि इससे नेत्रों को थकान और क्लान्ति होगी।

चेहरे की पेशियों, भौंहों और पलकों को पूर्णतः तनावमुक्त रहना चाहिए। प्रत्येक अभ्यास के बाद नेत्रों को बन्द कर लगभग आधा मिनट विश्राम करना चाहिए। इस समय हथेलियों को आपस में रगड़कर आँखों पर रखा जा सकता है। अभ्यास के समय चश्मा उतार देना चाहिए।

आँखों पर हथेलियाँ रखना

अभ्यास 1: आँखों पर हथेलियाँ रखना

शान्त बैठ जायें और आँखों को बन्द कर लें। हथेलियों को आपस में कसकर रगड़ें और जब वे गर्म हो जायें तो उन्हें धीरे-से बन्द आँखों की पलकों पर रखें। पलकों पर अनावश्यक दबाव न डालें।

अनुभव करें कि ऊर्जा हाथों से निकलकर आँखों में जा रही है और आँखों की पेशियाँ तनावमुक्त हो रही हैं।

सुखद अन्धकार में आँखों को सींचा जा रहा है।

जब तक हथेलियों की गर्मी आँखों द्वारा अवशोषित न हो जाय, तब तक हथेलियों को आँखों पर ही रखे रहें।

तत्पश्चात् आँखों को बन्द रखते हुए हथेलियों को नीचे कर लें।

पुन: हथेलियों को आपस में जोर से रगड़ कर गर्म कर लें और उन्हें बन्द आँखों के ऊपर रखें। (याद रखें कि नेत्रों को हथेलियों से ढकना है, न कि उँगलियों से।)

इस प्रक्रिया को कम-से-कम तीन बार दुहरायें।

लाभ–गर्म हथेलियों से पलकों को ढकना आँखों की पेशियों को विश्रान्ति और पुनर्जीवन प्रदान करता है। यह श्वेत पटल (कॉर्निया) और लेंस के बीच प्रवाहित जलीय द्रव का संचरण बढ़ाता है। इससे दृष्टि-दोष में सुधार होता है।

अभ्यास टिप्पणी–सूर्योदय या सूर्यास्त के समय सूर्य के समक्ष खड़े होकर करने पर इस अभ्यास से अधिक लाभ होता है। बन्द पलकों पर पड़ने वाली उष्णता और प्रकाश के प्रति सजग रहें। ठीक सूर्योदय या सूर्यास्त के समय ही कुछ क्षणों के लिए सूर्य की ओर सीधा देखें, अन्यथा सूर्य की ओर कभी सीधा नहीं देखें।

अभ्यास 2: पलकों को झपकाना

आँखों को खुला रखते हुए बैठ जायें।

पलकों को जल्दी-जल्दी दस बार झपकायें।

आँखों को बन्द कर 5–6 शान्त श्वास लेते हुए विश्राम करें।

फिर जल्दी-जल्दी 10 बार पलकें झपकायें और उसके बाद आँखें बन्द कर विश्राम करें।

इस प्रक्रिया को 5 बार दुहरायें।

लाभ–दृष्टि-दोष से पीड़ित कई लोग अनियमित और अस्वाभाविक ढंग से पलकें झपकाते रहते हैं। इसका सम्बन्ध आँखों में आदतन तनाव की स्थिति से है। यह अभ्यास आँखों के स्नायुओं को विश्रान्ति प्रदान कर पलक झपकाने की सहज क्रिया को स्वाभाविक रूप में लाने में सहायक होता है।

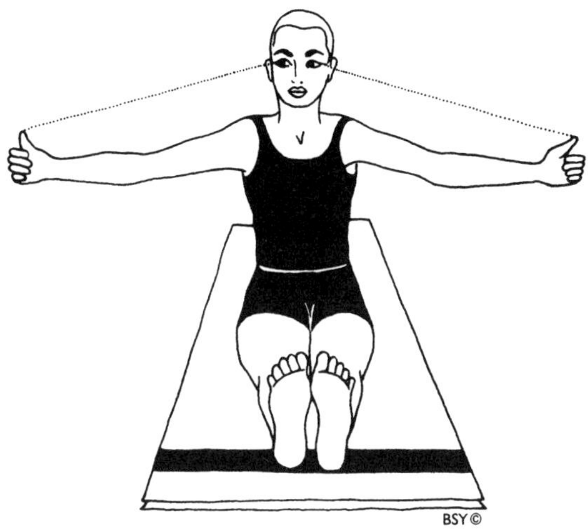

अभ्यास 3: दाएँ-बाएँ देखना

पैरों को सामने सीधे फैला कर बैठ जाएँ।

भुजाओं को कन्धों की ऊँचाई पर दोनों ओर सीधे फैला दें।

अँगूठे ऊपर की ओर रहें।

जब सिर सीधा सामने की ओर हो, तब अँगूठों को दृष्टि-पथ की परिधि में रखें। यदि वे दृष्टि-पथ में नहीं हैं, तो उन्हें थोड़ा सामने लायें ताकि स्पष्ट दिखाई पड़ें। सिर हिलना नहीं चाहिए। आँखों की सीध में किसी निश्चित बिन्दु को सीधे देखें। सिर को इसी स्थिति में रखें। फिर सिर को घुमाये बिना ही आँखों को क्रमशः निम्नलिखित स्थानों पर केन्द्रित करें–

क) बाएँ हाथ का अँगूठा

ख) भ्रू-मध्य (भौंहों के बीच का स्थान)

ग) दाएँ हाथ का अँगूठा

घ) भ्रू-मध्य

ङ) बाएँ हाथ का अँगूठा

सिर और मेरुण्ड को सीधा रखते हुए इस चक्र को 10 से 20 बार दुहरायें।

अन्त में आँखों को बन्द कर उन्हें विश्राम दें।

आँखों पर हथेलियाँ रखने का अभ्यास कई बार किया जा सकता है।

श्वसन–सीधे देखते हुए श्वास लें। दृष्टि को बगल में ले जाते समय श्वास छोड़ें। श्वास लेते हुए केन्द्र में आयें।

लाभ–निरन्तर पढ़ने-लिखने से आँखों के स्नायुओं में उत्पन्न तनाव से इस अभ्यास द्वारा छुटकारा मिलता है। यह भेंगापन भी नहीं होने देता तथा उसमें सुधार लाता है।

अभ्यास टिप्पणी–यदि भुजाएँ थक जायें तो उन्हें दो तिपाइयों का सहारा दिया जा सकता है।

सामने और तिरछे देखना

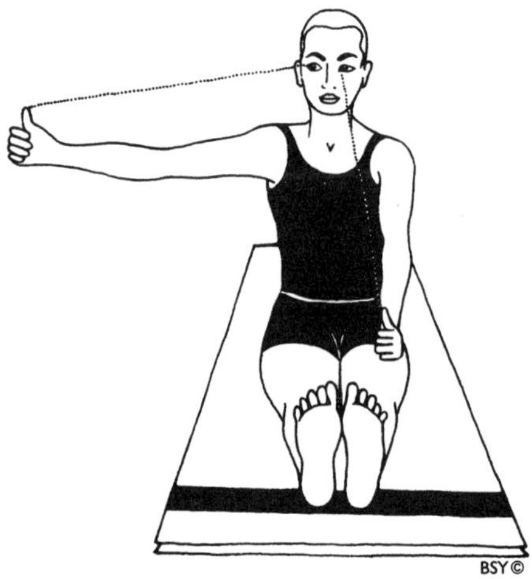

अभ्यास 4: सामने और तिरछे देखना

अभ्यास 3 की स्थिति में ही रहें, लेकिन बाएँ हाथ को बाएँ घुटने पर इस प्रकार रखें कि अँगूठा ऊपर की ओर रहे।

दायीं भुजा को दायीं ओर फैलाकर इस प्रकार रखें कि अँगूठा ऊपर की ओर रहे। सिर को बिना घुमाए आँखों को बाएँ अँगूठे पर केन्द्रित करें, फिर दाहिने अँगूठे पर, और फिर बाएँ अँगूठे पर वापस लायें।

इस प्रक्रिया को 10 बार दुहरायें और फिर आँखों को बन्द कर विश्राम करें।

इस प्रक्रिया की पुनरावृत्ति बाएँ हाथ को बायीं ओर फैलाकर करें।

सिर और मेरुदण्ड को पूरे अभ्यास के दौरान सीधा रखें।

अन्त में आँखों को बन्द कर उन्हें विश्राम दें।

आँखों पर हथेलियाँ रखने का अभ्यास कई बार किया जा सकता है।

श्वसन–सीधे देखते समय श्वास लें।

नीचे देखते समय श्वास छोड़ें।

तिरछा देखते समय श्वास लें।

लाभ–सामने और तिरछे देखना मध्यवर्ती और पार्श्ववर्ती पेशियों के समन्वय में सुधार लाता है।

दृष्टि को ऊपर-नीचे करना

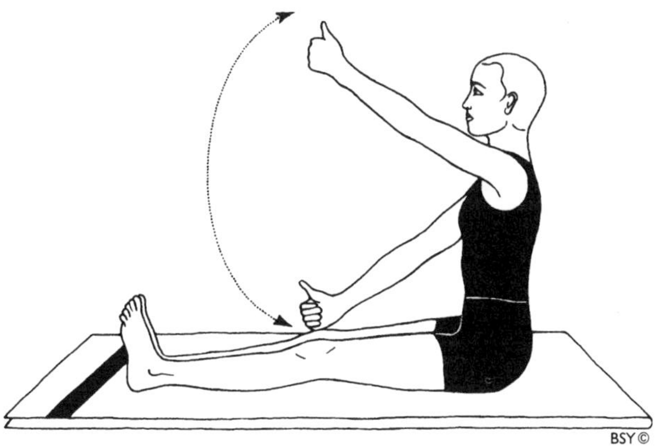

अभ्यास 5: दृष्टि को ऊपर-नीचे करना

अभ्यास 4 की शारीरिक स्थिति में रहें।

दोनों मुट्ठियों को इस प्रकार घुटनों पर रखें कि अँगूठे ऊपर की ओर रहें।

भुजाओं को सीधा रखते हुए और अँगूठे की गति पर दृष्टि केन्द्रित करते हुए, धीरे-धीरे बाँये अँगूठे को ऊपर उठायें।

अँगूठे को अधिकतम ऊँचाई तक उठाने के बाद धीरे-धीरे प्रारम्भिक

स्थिति में लौट आयें, और पूरे समय सिर को बिना हिलाए आँखों को अँगूठे पर केन्द्रित रखें।

दाहिने अँगूठे से इस अभ्यास को दुहरायें।

प्रत्येक अँगूठे से 10-10 बार यह अभ्यास करें।

सिर एवं मेरुदण्ड को पूरे अभ्यास के दौरान सीधा रखें।

अन्त में, आँखों को बन्द कर उन्हें विश्रान्त करें।

आँखों पर हथेलियाँ रखने का अभ्यास कई बार दुहरायें।

श्वसन–दृष्टि ऊपर ले जाते समय श्वास लें। दृष्टि को नीचे लाते समय श्वास छोड़ें।

लाभ–दृष्टि को ऊपर-नीचे करने का अभ्यास नेत्र गोलकों के ऊपर एवं नीचे की पेशियों में सन्तुलन लाता है।

दृष्टि को वृत्ताकार घुमाना

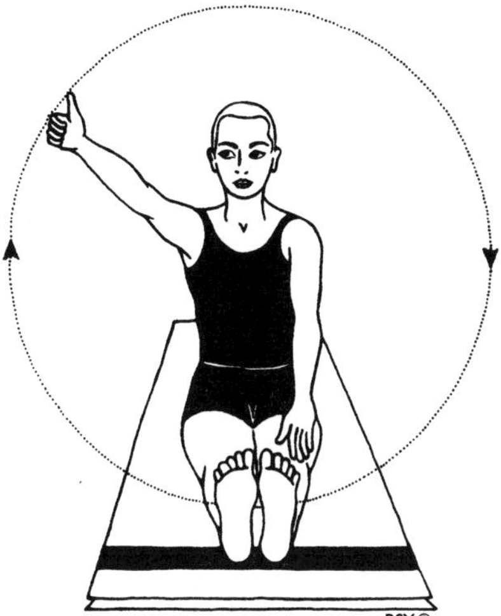

अभ्यास 6: दृष्टि को वृत्ताकार घुमाना

शरीर को अभ्यास 5 की स्थिति में ही रखें।

दाहिना हाथ दाहिने घुटने पर रखें। बायीं मुट्ठी को बाएँ पैर से थोड़ा ऊपर रखें, अँगूठा ऊपर की ओर एवं कोहनी सीधी रहे।

अब एक बड़ा वृत्त बनाते हुए बायीं भुजा को पहले बाएँ, तब ऊपर, फिर दाहिनी ओर ले जाते हुए अन्त में प्रारम्भिक स्थिति में आ जायें। सिर को बिना हिलाए आँखों को अँगूठे पर केन्द्रित रखें।

इसे 10 बार बायीं ओर से तथा 10 बार दायीं ओर से वृत्त बनाकर दुहरायें।

इस अभ्यास को दाहिने अँगूठे से भी दुहरायें।

सिर और मेरुदण्ड को पूरे अभ्यास के समय सीधा रखें।

अन्त में, आँखों को बन्द कर उन्हें विश्राम दें।

आँखों पर हथेलियाँ रखने का अभ्यास कई बार करें।

श्वसन– वृत्त के ऊपरी भाग का निर्माण करते समय श्वास लें। नीचे के भाग को पूरा करते समय श्वास छोड़ें।

श्वास को सहज और वृत्ताकार गति के साथ समकालित रखें।

लाभ– दृष्टि को वृत्ताकार घुमाना आँखों के चारों ओर की पेशियों के कार्य-कलापों के सामंजस्य में सुधार लाता है।

प्रारम्भिक नासिकाग्र दृष्टि

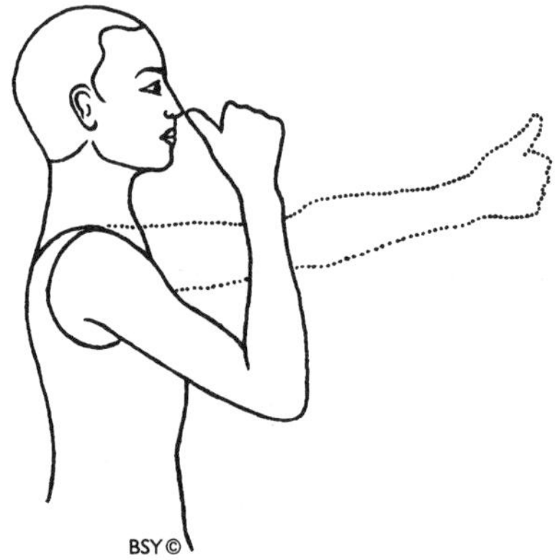

अभ्यास 7: प्रारम्भिक नासिकाग्र दृष्टि

पैरों को सामने फैलाकर अथवा सुखासन में बैठें।

बायीं भुजा को सीधा और ठीक नाक के सामने रखें।

बायें हाथ की मुट्ठी बना कर अँगूठे को ऊपर की ओर रखें।

दृष्टि को अँगूठे के ऊपरी भाग पर केन्द्रित करें।

भुजा को मोड़ कर धीरे-धीरे अँगूठे को नासिकाग्र पर ले आयें, दृष्टि अँगूठे के ऊपरी भाग पर ही केन्द्रित रहे।

नासिकाग्र पर अँगूठे को रखते हुए कुछ क्षण ठहरें और इस बीच दृष्टि अँगूठे के ऊपरी भाग पर केन्द्रित रहे।

धीरे-धीरे भुजा सीधी करें, पर दृष्टि अँगूठे के ऊपरी भाग पर ही बनी रहे।

यह अभ्यास का एक चक्र हुआ।

10 चक्र पूरे करें।

पूरे अभ्यास के दौरान सिर और मेरुदण्ड सीधा रखें। अन्त में आँखों को बन्द कर विश्राम दें। आँखों पर हथेलियाँ रखने का अभ्यास कई बार दुहरायें।

श्वसन– अँगूठा नाक की ओर लाते समय श्वास लें। जब अँगूठा नासिकाग्र पर रहे तब श्वास अन्दर रोकें।

भुजा सीधी करते समय श्वास छोड़ें।

लाभ– यह अभ्यास आँख की पेशियों की विस्तार और दृष्टि केन्द्रित करने की क्षमता में सुधार लाता है।

अभ्यास 8: नजदीक और दूर देखना

खुली खिड़की के पास खड़े हो जाएँ या बैठ जाएँ, जहाँ से क्षितिज स्पष्ट रूप से दिखायी देता हो। भुजाएँ बगल में रखें।

5 सैकण्ड तक नासिकाग्र पर दृष्टि केन्द्रित करें।

उसके बाद क्षितिज में किसी दूर की वस्तु पर 5 सैकण्ड तक दृष्टि केन्द्रित करें।

यह प्रक्रिया 10 बार दुहरायें।

आँखों को बन्द कर उन्हें विश्रान्त करें।

इस समय हथेलियों को आँखों पर रखने का अभ्यास किया जा सकता है।

श्वसन–पास देखते समय श्वास लें।

दूर देखते समय श्वास छोड़ें।

लाभ–अभ्यास 7 के समान ही, किन्तु इसमें आँखों की इन पेशियों की गति का परास बढ़ जाता है।

अभ्यास टिप्पणी–सभी 8 अभ्यासों को पूरा करने के बाद शवासन में लेट कर कुछ मिनटों तक विश्राम कर लें।

शिथिलीकरण के आसन

शिथिलीकरण के आसनों के महत्त्व पर जितना प्रकाश डाला जाय, वह कम ही होगा। आसन-सत्र के प्रारम्भ और समापन के समय तथा जब कभी शरीर में थकान का अनुभव हो, इन आसनों का अभ्यास कर लेना चाहिए। प्रथम दृष्टि में ये आसन बड़े ही सरल प्रतीत होते हैं, किन्तु इन आसनों को बिल्कुल सही ढंग से करना कठिन है, क्योंकि शरीर की सभी मांसपेशियों को सचेत होकर शिथिल और तनावमुक्त करना होता है। प्राय: ऐसा लगता है कि मांसपेशियाँ तनावमुक्त हो गयीं, परन्तु वास्तव में उनमें कड़ापन बना रह जाता है। यहाँ तक कि निद्रावस्था में भी शिथिलीकरण भ्रामक होता है।

इस अध्याय में वर्णित आसनों से शरीर को सही शिथिलीकरण प्राप्त होता है, जिसकी उसे नितान्त आवश्यकता रहती है। उठने-बैठने की दोषपूर्ण एवं असामान्य भंगिमाओं के कारण पीठ की पेशियों पर अधिक दबाव पड़ता है, जिसका निराकरण पारम्परिक ढंग से पीठ के बल सोने या लेटने से नहीं हो पाता है। अत: पेट के बल किये जाने वाले कुछ विश्रामदायक अभ्यासों से मेरुदण्ड और उससे सम्बन्धित संरचनाओं को सुखद शिथिलता प्राप्त होती है। पीठ या मेरुदण्ड से सम्बन्धित समस्याओं से ग्रस्त लोगों के लिए इन आसनों की अनुशंसा विशेष रूप से की जाती है। ये आसन दिन में किसी भी समय सुखदायक अवधि तक किये जा सकते हैं। इन आसनों को शिथिलीकरण की दैनिक क्रियाओं के साथ भी जोड़ा जा सकता है।

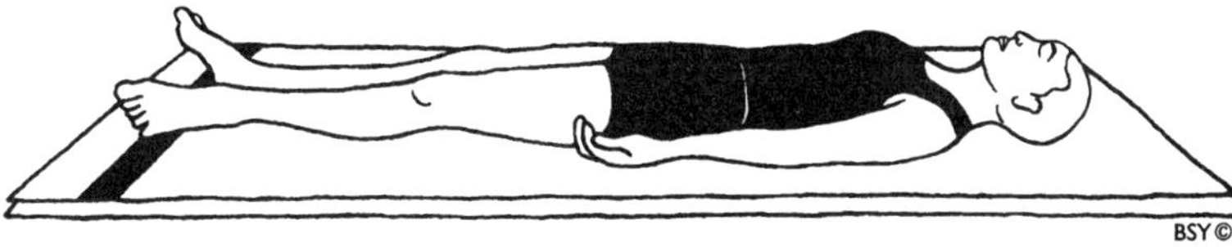

शवासन

पीठ के बल सीधा लेट कर भुजाओं को शरीर से 15 सेन्टीमीटर दूर रखें। हथेलियाँ ऊपर की ओर खुली रहें। आराम के लिए सिर के नीचे पतला तकिया या कम्बल को मोड़कर रख सकते हैं।

हाथ की उँगलियाँ थोड़ी मुड़ी रहें।

पंजों को आरामदायक स्थिति में एक-दूसरे से थोड़ा अलग कर लें और आँखों को बन्द करें।

सिर और मेरुदण्ड एक सीध में रहें।

ध्यान रखें कि सिर एक तरफ या दूसरी तरफ न झुके।

सम्पूर्ण शरीर को शिथिल करें और शरीर की सारी हलचल बन्द कर दें। स्वाभाविक श्वास के प्रति सजग हो जाएँ और उसे लयपूर्ण एवं सहज होने दें। कुछ समय पश्चात् पुन: शरीर और आस-पास के वातावरण के प्रति सजग हो जायें और धीरे से उठ कर बैठ जायें।

श्वसन– स्वाभाविक और शान्त अथवा श्वासों की उल्टी गिनती 27 से आरम्भ करें और शून्य तक ले जायें। मानसिक रूप से दुहरायें, "मैं श्वास ले रहा हूँ 27, मैं श्वास छोड़ रहा हूँ 27, मैं श्वास ले रहा हूँ 26, मैं श्वास छोड़ रहा हूँ 26" इस प्रकार शून्य तक।

यदि मन भटक जाता है और अगली संख्या भूल जाते हैं तो गिनती पुन: 27 से प्रारम्भ करें। यदि मन को कुछ मिनटों तक श्वास पर टिकाया जा सके तो शरीर तनाव मुक्त हो जायेगा।

अवधि– समय की उपलब्धता के अनुसार। सामान्यत: जितना अधिक समय देंगे, उतना अच्छा रहेगा, परन्तु आसनों के अभ्यास के बीच एक से दो मिनट का शवासन पर्याप्त है।

सजगता–शारीरिक–पहले पूरे शरीर को शिथिल करने पर और फिर श्वास पर। आध्यात्मिक–आज्ञा चक्र पर।

लाभ–यह आसन सम्पूर्ण मनोकायिक संस्थान को तनावमुक्त करता है। इसका अभ्यास मुख्य रूप से सोने के पूर्व, आसन-अभ्यास के पूर्व, मध्य और अन्त में, विशेषकर सूर्य नमस्कार जैसे गत्यात्मक आसनों के पूर्व; और जब अभ्यासी शारीरिक एवं मानसिक थकान का अनुभव करे, तब किया जाना चाहिए। इससे शरीर के प्रति सजगता बढ़ती है। जब शरीर पूरी तरह विश्राम की स्थिति में आ जाता है, तब मन की सजगता में वृद्धि होती है, जिससे प्रत्याहार की अवस्था आती है।

अभ्यास टिप्पणी–प्रयास रहे कि अभ्यास के दौरान शरीर में कोई हलचल न हो, क्योंकि हल्की हलचल से भी पेशीय संकुचन उत्पन्न होगा। प्रत्येक श्वास-प्रश्वास के साथ व्यक्तिगत मन्त्र का जप कर सकते हैं।

अधिकतम लाभ प्राप्त करने के लिए, दिनभर के कार्यों से थकान के बाद अथवा सोने के ठीक पहले या ध्यान से पूर्व शरीर को तरो-ताजा करने के लिए इस तकनीक का उपयोग करना चाहिए।

टिप्पणी*– इस आसन को मृतासन भी कहा जाता है।*

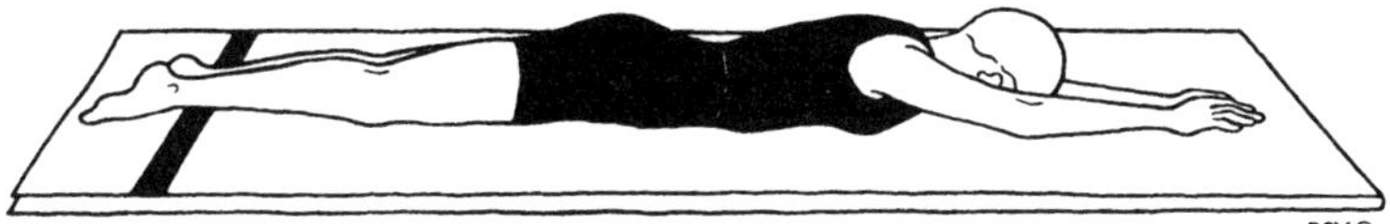

अद्वासन

पेट के बल लेट जाएँ।

हथेलियों को जमीन पर रखते हुए दोनों भुजाओं को सिर का स्पर्श करते हुए सामने की ओर फैला दें।

ललाट को जमीन पर रखें।

शवासन में बतायी गयी विधि से सम्पूर्ण शरीर को शिथिल करें।

यदि श्वास लेने में कठिनाई हो अथवा किसी प्रकार की घुटन हो तो वक्षस्थल के नीचे एक तकिया रख सकते हैं। कुछ समय पश्चात् शरीर और वातावरण के प्रति सजग हो जायें और धीरे से आसन का अभ्यास समाप्त कर दें।

श्वसन–स्वाभाविक और लयपूर्ण। उदर को जमीन पर धीरे-से दबाते हुए शवासन की ही तरह श्वासों की संख्या की गिनती करें।

अवधि–रोगों की चिकित्सा के लिए शिथिलीकरण हेतु जितनी देर तक सम्भव हो, यह आसन करना चाहिए। किसी आसन के पूर्व या मध्य में कुछ मिनटों का अभ्यास पर्याप्त होगा।

सजगता–शारीरिक–श्वास और सम्पूर्ण शरीर के शिथिलीकरण पर।
आध्यात्मिक–आज्ञा अथवा मणिपुर चक्र पर।

लाभ–स्लिप डिस्क, कड़ी गर्दन अथवा सामने की ओर झुके हुए लोगों के लिए उपयोगी है।

अभ्यास टिप्पणी–शवासन की तरह श्वास के साथ मन्त्र का जप कर सकते हैं।

ज्येष्टिकासन

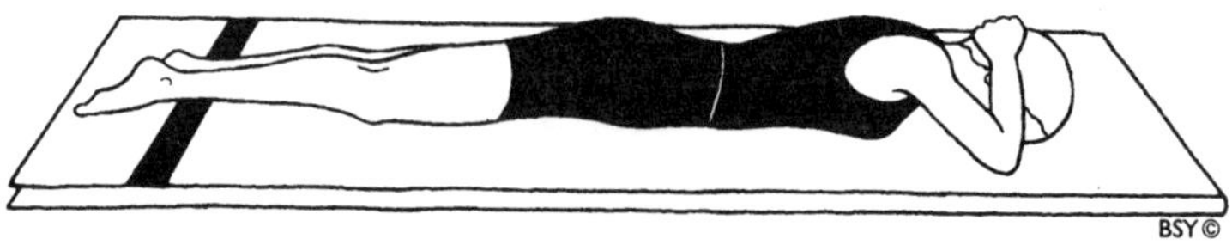

ज्येष्टिकासन

पैरों को सीधे रखते हुए पेट के बल लेट जाएँ। ललाट जमीन पर टिका रहे। हाथों की उँगलियों को आपस में फँसा लें और हथेलियों को सिर या गर्दन के पीछे रखें।

कोहनियों को जमीन पर टिका दें।

शवासन में बतायी गयी विधि से सम्पूर्ण शरीर को शिथिल करें और श्वसन प्रक्रिया के प्रति सजग हो जाएँ। कुछ समय पश्चात् पुनः शरीर और आस-पास के वातावरण के प्रति सजग हो जायें और धीरे से आसन का अभ्यास समाप्त कर दें।

श्वसन– स्वाभाविक और लयपूर्ण।

सजगता– शारीरिक – श्वास और सम्पूर्ण शरीर के शिथिलीकरण पर। अनुभव करें कि हथेलियों की गर्मी से गर्दन एवं सम्बन्धित क्षेत्र के तनाव पिघल कर दूर हो रहे हैं।

आध्यात्मिक – आज्ञा अथवा मणिपुर चक्र पर।

लाभ– यह आसन मेरुदण्ड से सम्बन्धित सभी शिकायतों, विशेषकर सर्वाइकल स्पॉण्डिलाइटिस और कड़ी गर्दन अथवा पीठ के ऊपरी भाग के कष्ट को दूर करने में सहायक है।

प्रकारान्तर: यह आसन दोनों हाथों की उँगलियों को आपस में फँसा कर, उन्हें ललाट के नीचे रख कर भी किया जा सकता है। हथेलियाँ ऊपर की ओर रहें।

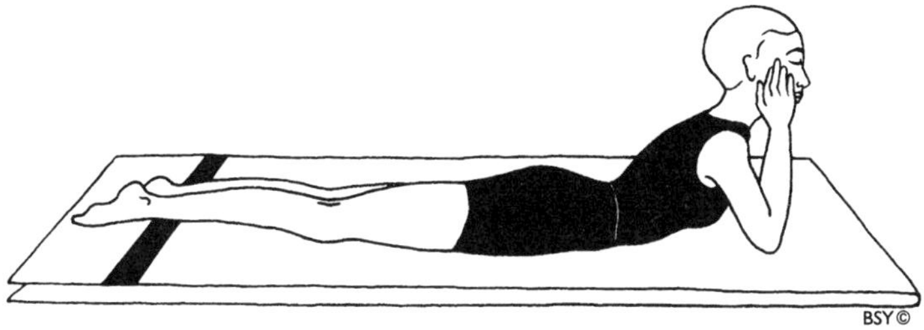

मकरासन

पेट के बल सपाट लेट जायें।

कोहनियों को जमीन पर रखते हुए उनके सहारे सिर और कन्धों को उठायें और ठुड्ढी को हथेलियों पर टिका दें।

मेरुदण्ड को अधिक लाभ पहुँचाने के लिए कोहनियों को एक साथ रखें। गर्दन पर दबाव की अधिकता को कम करने के लिए कोहनियों को थोड़ा अलग कर लें। मकरासन में दो बिन्दुओं पर प्रभाव महसूस होता है-गर्दन और पीठ का निचला भाग। यदि कोहनियाँ सामने वक्ष से अधिक दूर हों तो गर्दन में तनाव महसूस होता है, यदि उन्हें वक्षस्थल के बहुत निकट लाया जाए तो पीठ के निचले भाग में अधिक तनाव महसूस होगा। कोहनियों की स्थिति को इस प्रकार समायोजित कर लें कि इन दोनों बिन्दुओं पर सन्तुलित प्रभाव पड़े। आदर्श स्थिति यह है कि सम्पूर्ण मेरुदण्ड समान रूप से तनावमुक्त हो जाय।

सम्पूर्ण शरीर को शिथिल छोड़ दें और आँखें बन्द कर लें। कुछ समय पश्चात् शरीर और वातावरण के प्रति सजग बनें और धीरे से आसन का अभ्यास समाप्त कर दें।

श्वसन– सहज, सामान्य और लयपूर्ण, अथवा श्वास लेते समय अपनी सजगता को मेरुदण्ड में पुच्छास्थि से गर्दन तक और श्वास छोड़ते समय गर्दन से पुच्छास्थि तक घुमायें। कल्पना करें कि मेरुदण्ड में श्वास ऊपर-नीचे आ-जा रही है। यह प्रक्रिया इस क्षेत्र में स्वास्थ्यवर्द्धक शक्ति को कार्यशील बनायेगी। तनाव के कारण पीठ के निचले भाग में होने वाले दर्द से आराम के लिए

उस क्षेत्र में एकाग्रता को बढ़ायें और महसूस करें कि प्रत्येक श्वास-प्रश्वास के साथ वह फैलकर विश्रान्त और तनाव मुक्त हो रहा है।

अवधि–जितनी देर सम्भव हो।

सजगता–शारीरिक–श्वसन क्रिया, पीठ के निचले भाग पर एकाग्रता और सम्पूर्ण शरीर के शिथिलीकरण पर।

आध्यात्मिक–मणिपुर चक्र पर।

सीमायें–पीठ की समस्या, जैसे कमर की अत्यधिक वक्रता वाले अभ्यासी को यदि दर्द महसूस हो, तो इसका अभ्यास न करें।

लाभ–स्लिप डिस्क, सायटिका, पीठ के निचले भाग के दर्द अथवा मेरुदण्ड की किसी भी गड़बड़ी में यह आसन बड़ा प्रभावकारी है। इन रोगों से पीड़ित व्यक्ति को इस आसन में लम्बे समय तक रहना चाहिए, क्योंकि इससे कशेरुक स्तम्भ को स्वाभाविक आकार ग्रहण करने में सहायता प्राप्त होती है और यह मेरुदण्डीय तन्त्रिकाओं को दबाव से मुक्त करता है। दमा और फेफड़ों के अन्य रोगों से पीड़ित लोगों को यह सरल आसन नियमित रूप से श्वास की सजगता के साथ करना चाहिए, क्योंकि इससे फेफड़ों में अधिक वायु का प्रवेश होता है।

मत्स्य क्रीड़ासन

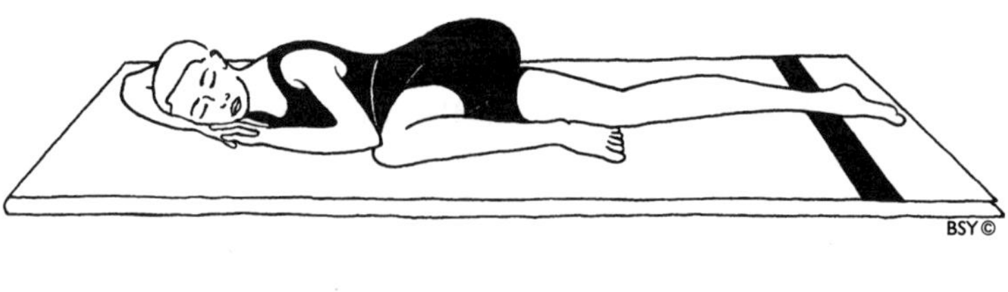

मत्स्य क्रीड़ासन

पेट के बल लेट जाएँ, हाथों की उँगलियों को फँसा कर सिर के नीचे रख लें। बाएँ पैर को बगल की ओर मोड़ कर बाएँ घुटने को पसलियों के पास ले आएँ।

दाहिना पैर सीधा रहेगा।

भुजाओं को बायीं ओर घुमायें और बायीं कोहनी को बाएँ घुटने के पास टिकायें।

सिर के दाहिने भाग को दायीं भुजा के मुड़े भाग पर रखें, अथवा अधिक आराम के लिए भुजा पर थोड़ा नीचे टिकायें।

अन्तिम स्थिति में विश्राम करें। कुछ समय बाद करवट बदल दें।

यह स्थिति क्रीड़ारत मछली के समान है। कुछ समय पश्चात् शरीर और बाह्य वातावरण के प्रति सजग बनें और आसन का अभ्यास समाप्त कर दें।

श्वसन–स्थिर अवस्था में सहज एवं सामान्य।

अवधि–दोनों करवट में जितनी देर तक कर सकें, करें। इस आसन में सो सकते हैं और आराम भी कर सकते हैं।

सजगता–शारीरिक–श्वास और सम्पूर्ण शरीर के शिथिलीकरण पर।

आध्यात्मिक–मणिपुर चक्र पर।

लाभ–यह आसन पाचन-क्रमाकुंचन को उत्प्रेरित करता है। यह पैरों के स्नायुओं को शिथिल कर सायटिका के दर्द से आराम दिलाता है। पीठ दर्द के रोगी, जिनके लिए आगे झुक कर किये जाने वाले आसन वर्जित हैं, पीछे झुक कर किये जाने वाले आसनों के बाद मत्स्य-क्रीड़ासन को विपरीत आसन के रूप में कर सकते हैं। यह मूलाधार से तनाव को दूर करता है। गर्भावस्था के अन्तिम महीनों में पीठ के बल लेटने पर मुख्य शिराओं पर दबाव बढ़ सकता है और रक्त संचार में व्यवधान पड़ सकता है। ऐसी स्थिति में, यह आसन विश्रान्ति, शयन अथवा योग निद्रा के लिए आदर्श सिद्ध हो सकता है। मुड़े हुए घुटने और सिर को अधिक आराम पहुँचाने के लिए एक तकिये का सहारा लिया जा सकता है। यह आसन कमर के चारों ओर की अतिरिक्त चर्बी का पूरे शरीर में पुनर्वितरण भी करता है।

ध्यान के आसन

ध्यान के आसनों का मुख्य उद्देश्य है साधक को लम्बे समय तक शरीर को बिना हिलाये-डुलाये और बिना कष्ट दिये बैठे रहने की क्षमता प्रदान करना। शरीर के कुछ समय तक स्थिर और शान्त रहने पर ही ध्यान की अनुभूति प्राप्त की जा सकती है। गहरे ध्यान के लिए मेरुदण्ड का सीधा रहना आवश्यक है, परन्तु कुछ ही आसन इस शर्त को पूरा करते हैं। इसके अतिरिक्त, ध्यान की उच्च अवस्थाओं में साधक शरीर की पेशियों पर से अपना नियन्त्रण खो देता है। इसलिए ध्यान का आसन ऐसा होना चाहिए, जिसमें बिना किसी प्रयास के शरीर स्वतः एक स्थिति में रह सके। प्रश्न उठ सकता है, शवासन में ही क्यों न ध्यान के लिए लेटा जाए, क्योंकि यह सभी आवश्यक शर्तें पूरी करता है? उत्तर बड़ा सरल है, शवासन में नींद आ जाने की अधिक सम्भावना रहती है। ध्यान के विभिन्न चरणों में बढ़ते हुए प्रतिक्षण सजग और सावधान रहने की आवश्यकता होती है, जो सफल ध्यान की ओर ले जाते हैं।

स्वामी शिवानन्द जी आसन और ध्यान के सम्बन्ध में कहते हैं, "आपको ध्यान के किसी आसन में शरीर को बिना हिलाये-डुलाये पूरे तीन घण्टे तक स्थिर बैठने की क्षमता प्राप्त करनी होगी। तभी आप सच्ची आसन-सिद्धि प्राप्त कर सकते हैं और प्राणायाम एवं ध्यान की उच्च अवस्थाओं की साधना करने में सक्षम हो सकते हैं। आसन में स्थिरता प्राप्त किये बिना आप ध्यान में अच्छी प्रगति नहीं कर सकते हैं। आसन में जितनी अधिक स्थिरता प्राप्त होगी, उतना ही अधिक अपने को एकाग्रचित्त एवं अपने मस्तिष्क को एक बिन्दु पर केन्द्रित होने योग्य बना सकेंगे। यदि आप किसी आसन में एक घण्टे के लिए भी स्थिरतापूर्वक बैठ सकें, तो आप मन की एकाग्रता प्राप्त कर आत्मिक आनन्द की अनुभूति प्राप्त कर लेंगे।"

प्रारम्भिक अवस्था में अधिकतर लोगों को एक आसन में दीर्घकाल तक बैठने में कठिनाई होगी। फिर भी, ध्यान से पूर्व किए जाने वाले आसनों का, जिनकी सूची नीचे दी गयी है, नियमित अभ्यास करने पर पैर और कूल्हे इतने लचीले हो जायेंगे कि आप सहजतापूर्वक स्थिर अवस्था में ध्यान के लिए बैठ सकेंगे।

ध्यान से पूर्व के आसन–पवनमुक्तासन समूह से चुने गये निम्नलिखित आसन ध्यान के लिए शरीर को तैयार करने में बड़े सहायक होंगे–

1. गुल्फ चक्र
2. जानु चक्र
3. अर्द्ध तितली आसन
4. श्रोणि चक्र
5. पूर्ण तितली
6. वायु निष्कासन
7. उदराकर्षण आसन
8. शैथल्यासन (आगे की ओर झुक कर किये जाने वाले आसनों के अध्याय में देखें)

निश्चलता–"जब ध्यान के आसन में बैठें, तब मन में इस प्रकार की भावना और सुझाव लायें, मैं चट्टान की तरह अडिग और निश्चल हूँ" अथवा "मैं मूर्तिवत् अचल हो रहा हूँ।" इस विधि से आपका आसन जल्दी ही स्थिर हो जायेगा और कुछ समय के बाद वह दीर्घ अवधि तक आरामदायक हो जायेगा। यह काया-स्थैर्यम् का अभ्यास है।

वैकल्पिक आसन–इस अध्याय में वर्णित आसनों के अतिरिक्त चार और आसन हैं, जो ध्यान के लिए उपयोगी हैं। इनका उल्लेख वज्रासन समूह के आसनों के अध्याय में है। ये हैं–

1. वज्रासन
2. आनन्द मदिरासन
3. पादादिरासन
4. भद्रासन

अन्य आसन, जैसे, गोरक्षासन अथवा मूल बन्धासन भी ध्यान के लिए उपयोग में लाये जा सकते हैं, किन्तु ये उच्च स्तरीय आसन हैं और दीर्घकाल तक इन आसनों में नहीं बैठा जा सकता है। इनका उल्लेख उच्च आसनों के अध्याय में किया गया है।

सावधानियाँ– ध्यान के आसन में कुछ समय तक बैठने के बाद यदि पैरों में जकड़न या दर्द महसूस हो, तो धीरे-से पैरों को अलग करके उनकी मालिश कर लें। जब रक्त-संचार सामान्य हो जाय और दर्द दूर हो जाय, तब आसन का अभ्यास पुन: प्रारम्भ कर सकते हैं। याद रखें, घुटने शरीर के बड़े नाजुक और बहुत लापरवाही से इस्तेमाल किये जाने वाले जोड़ हैं, इसलिए उनके प्रति सावधानी बरतें और विशेषकर ध्यान के आसन का अभ्यास प्रारम्भ करते समय अथवा समाप्त करते समय घुटनों पर अनावश्यक जोर न डालें। किसी भी स्थिति में ध्यान के आसन में बैठने के लिए बल प्रयोग न करें।

दाहिना या बायाँ पैर– इस अध्याय में वर्णित सभी आसनों में दाहिना या बायाँ, कोई भी पैर ऊपर रखा जा सकता है। यह व्यक्तिगत पसन्द तथा सुविधा की बात है, अत: जो अधिक आरामदायक हो वही करें। आदर्श स्थिति यह होगी कि शरीर के दोनों भागों में सन्तुलन बनाए रखने के लिए एक के बाद एक पैर का उपयोग क्रमश: किया जाए।

अभ्यास टिप्पणी– नीचे वर्णित आसनों को अधिक आरामदायक बनाने के लिए नितम्बों के नीचे एक छोटी गद्दी या तकिया रखना ठीक रहेगा।

टिप्पणी– नये अभ्यासियों के लिए पद्मासन कठिन हो सकता है। फिर भी, उसे इस समूह में सम्मिलित कर लिया गया है, क्योंकि उसे आधार बनाकर मध्यम आसन समूह के आसनों का अभ्यास किया जाता है।

सुखासन

पैरों को शरीर के सामने फैला कर बैठ जाएँ।

दाएँ पैर को मोड़कर पंजे को बायीं जाँघ के नीचे रखें।

बाएँ पैर को मोड़कर पंजे को दाहिनी जाँघ के नीचे रखें। हाथों को घुटनों पर ज्ञान अथवा चिन् मुद्रा में रखें।

सिर, गर्दन और मेरुदण्ड एक सीध में रहें, किन्तु बिना तनाव के।

आँखों को बन्द कर लें।

सम्पूर्ण शरीर को शिथिल करें। भुजाएँ शिथिल रहें, सीधी तनी हुई नहीं।

लाभ–ध्यान के आसनों में सुखासन सरलतम और सर्वाधिक आरामदायक आसन है। जो लोग ध्यान के कठिन आसनों में नहीं बैठ सकते हों, वे इस आसन का उपयोग कर सकते हैं। यह बिना तनाव, कष्ट और पीड़ा के शारीरिक और मानसिक सन्तुलन प्रदान करता है।

अभ्यास टिप्पणी–सुखासन विश्रामदायक आसन है, अत: दीर्घकाल तक सिद्धासन अथवा पद्मासन में बैठने के बाद इसका उपयोग आराम के लिए किया जा सकता है।

यद्यपि सुखासन को ध्यान का सरलतम आसन कहा गया है, किन्तु घुटने जब तक जमीन पर या जमीन के निकट न रहें, तब तक इस आसन में

दीर्घ काल तक बैठ पाना कठिन होगा। अन्यथा नितम्बों पर शरीर का अधिकतम भार पड़ने के कारण पीठ में दर्द होने लगता है। चूँकि ध्यान के अन्य आसनों में शरीर को सहारा देने वाले बृहत् क्षेत्र का निर्माण किया जाता है, अत: उनमें एक स्थिर आधार प्राप्त होता है।

प्रकारान्तर: जिनके शरीर में अत्यधिक कड़ापन है, वे घुटनों और पीठ के निचले भाग में बेल्ट या कपड़ा बाँध कर सुखासन कर सकते हैं।

मेरुदण्ड सीधा रखें।

शारीरिक संतुलन और शरीर के दाएँ एवं बाएँ भाग में वजन को समान रूप से विभाजित करने पर ध्यान केन्द्रित करें। हल्केपन और खुलेपन की भावना का अनुभव कर सकते हैं। आसन में स्थिर रहते हुए हाथों को घुटनों पर चिन् या ज्ञानमुद्रा में रखें।

अर्द्ध पद्मासन

अर्द्ध पद्मासन

शरीर के सामने पैर फैला कर बैठ जाएँ। एक पैर मोड़ें और उस पैर के तलवे को दूसरी जाँघ के भीतरी भाग पर रखें।

दूसरा पैर मोड़ें और उस पैर के पंजे को दूसरी जाँघ के ऊपर रखें।

बिना जोर लगाए ऊपर की एड़ी को उदर के अधिक-से-अधिक पास रखने का प्रयास करें। शारीरिक स्थिति को व्यवस्थित कर आरामदायक बना लें।

हाथों को चिन् या ज्ञान मुद्रा में घुटनों पर रखें।

पीठ, गर्दन और सिर एक सीध में रहें।

आँखें बन्द कर लें और सम्पूर्ण शरीर को शिथिल करें।

सीमायें–सायटिका या मेरुदण्ड के निचले भाग (त्रिकास्थि) के विकार से ग्रस्त रोगियों को यह आसन नहीं करना चाहिए।

लाभ–पद्मासन की तरह, किन्तु कुछ कम मात्रा में।

पद्मासन

पद्मासन

शरीर के सामने पैर फैला कर बैठ जाएँ। धीरे-धीरे और सावधानीपूर्वक एक पैर मोड़ें और पंजे को दूसरी जाँघ के ऊपर रखें।

तलवा ऊपर की ओर रहे और एड़ी कूल्हे की हड्डी का स्पर्श करे।

जब यह स्थिति आरामदायक प्रतीत हो, तो दूसरा पैर मोड़ें और पंजे को दूसरी जाँघ के ऊपर रखें।

अन्तिम स्थिति में दोनों घुटने जमीन का स्पर्श करें तो यह आदर्श स्थिति होगी।

सिर और मेरुदण्ड सीधे रहें और कन्धे तनाव मुक्त।

हाथों को चिन् या ज्ञान मुद्रा में घुटनों पर रखें। कोहनियों को थोड़ा मोड़ते हुए भुजाओं को विश्राम दें और देख लें कि कन्धे उठे हुए या झुके हुए न हों।

आँखें बन्द कर लें और सम्पूर्ण शरीर को शिथिल छोड़ दें।

शरीर की सम्पूर्ण आकृति का अवलोकन करें। आगे या पीछे खिसक कर शरीर को पूरी तरह सन्तुलित और एक सीध में कर लें। शरीर का पूरी तरह एक सीध में होना पद्मासन की सही स्थिति का परिचायक है।

सीमायें–जो लोग सायटिका या त्रिकास्थि (मेरुदण्ड के निचले हिस्से) के संक्रमण से पीड़ित हैं अथवा जिनके घुटने कमजोर हैं या उनमें चोट लगी है, उन्हें यह आसन नहीं करना चाहिए। जब तक ध्यान से पूर्व किए जाने वाले अभ्यासों के द्वारा घुटनों में लोच न आ जाए, तब तक पद्मासन प्रारम्भ नहीं करना चाहिए। इस आसन में पैरों में रक्त संचार कम हो जाता है, इसलिए गर्भावस्था में इसे नहीं करना चाहिए।

लाभ–पद्मासन द्वारा शरीर को लम्बे समय तक पूर्णत: स्थिर रखा जा सकता है। यह पैरों के दृढ़ आधार पर धड़ एवं सिर को सुदृढ़ स्तम्भ की तरह खड़ा रखता है। शरीर के स्थिर होते ही मन शान्त हो जाता है। यह स्थिरता और शान्ति सफल ध्यान के लिए प्रथम सोपान है। पद्मासन प्राण-शक्ति को मूलाधार चक्र (गुदा एवं मूत्रेन्द्रिय के मध्य) से सहस्रार चक्र (सिर के शीर्ष भाग में) तक उचित रूप से प्रवाहित करता है। इससे ध्यान की अनुभूति में तीव्रता आती है।

यह आसन मेरुदण्ड के निचले भाग पर दबाव डालता है, जिसके फलस्वरूप तन्त्रिका-तन्त्र पर विश्रामदायक प्रभाव पड़ता है। श्वास धीमी हो जाती है, पेशीय-तनाव घट जाता है और रक्त-चाप में गिरावट आती है। मेरुदण्ड के निचले भाग एवं आमाशय में फैली तन्त्रिकाओं को पोषण प्राप्त होता है, क्योंकि पैरों में खून का प्रवाह कम हो जाता है, और इस प्रकार आमाशय को खून की अतिरिक्त आपूर्ति मिलती है। इससे जठराग्नि भी तीव्र होती है।

सिद्धासन

पैरों को सामने फैलाकर बैठ जाएँ।

दाहिना पैर मोड़ें और दाहिने तलवे को बायीं जाँघ के भीतरी भाग से इस प्रकार सटा कर रखें कि एड़ी का दबाव मूलाधार (प्रजनन अंग और गुदा द्वार के मध्य का भाग) पर रहे।

बाएँ पैर को मोड़ें और बाएँ पैर की उँगलियों तथा पंजे को दाहिनी पिण्डली और जाँघ की मांसपेशियों के बीच में फँसायें। यदि आवश्यक हो, तो हाथ के सहारे अथवा दाहिने पैर को अस्थायी रूप से थोड़ा व्यवस्थित कर इस स्थान को फैलाया जा सकता है। बायें टखने को सीधे दाहिने टखने पर इस प्रकार रखें कि टखनों की हड्डियाँ परस्पर स्पर्श करें और एड़ियाँ एक दूसरे के ऊपर रहें। बायीं एड़ी से प्रजनन अंग के ठीक ऊपर जघनास्थि पर दबाव डालें। इस प्रकार प्रजनन अंग दोनों एड़ियों के बीच आ जायेगा। यदि यह अन्तिम स्थिति कष्टदायक प्रतीत हो तो केवल बायीं एड़ी को जितना सम्भव हो जघनास्थि के निकट रखें।

दाहिने पैर की उँगलियों को पकड़कर बायीं पिण्डली और जाँघ के बीच में से ऊपर उठायें। पुन: शरीर को व्यवस्थित कर उसे आरामदायक स्थिति

में लाएँ। दायीं एड़ी के ऊपर बैठें। यह सिद्धासन का एक महत्त्वपूर्ण पहलू है। शरीर को व्यवस्थित कर आरामदायक स्थिति में लायें और एड़ी के दबाव को और अधिक बढ़ायें। घुटने जमीन पर तथा बायीं एड़ी ठीक दाहिनी एड़ी के ऊपर रखते हुए आपके पैर एक प्रकार से बँध जाएँगे। मेरुदण्ड को स्थिर तथा सीधा रखें और ऐसा महसूस करें कि आपका शरीर जमीन में जड़ा हुआ है। हाथों को घुटनों पर चिन्, ज्ञान अथवा चिन्मय मुद्रा में रखें। आँखों को बन्द कर लें और पूरे शरीर को शिथिल करें।

सीमायें–सायटिका और मेरुदण्ड के निचले भाग (त्रिकास्थि) में विकार से ग्रस्त लोगों को इसका अभ्यास नहीं करना चाहिए।

लाभ–सिद्धासन मेरुदण्ड के अतीन्द्रिय पथ में ऊर्जा को निम्न चक्रों से ऊपर की ओर प्रवाहित करता है, जिससे मस्तिष्क उद्दीप्त होता है और सम्पूर्ण तन्त्रिका-तन्त्र शान्त होता है। नीचे का पैर लिंग मूल में स्थित होकर मूलाधार चक्र को दबाता है, मूलबन्ध को उद्दीप्त करता है और ऊपर के पैर से जघनास्थि पर दिया गया दबाव स्वाधिष्ठान के प्रवर्तन बिन्दु (ट्रिगर पॉइन्ट) को दबाता है। इससे स्वत: वज्रोली या सहजोली मुद्रा लग जाती है। परिणामस्वरूप यौन ऊर्जा-तरंगें मेरुदण्ड से होकर मस्तिष्क तक पहुँचने लगती हैं, जिससे प्रजननशील हार्मोन पर नियन्त्रण प्राप्त हो जाता है। आध्यात्मिक लक्ष्य की प्राप्ति हेतु ब्रह्मचर्य-पालन के लिए यह आवश्यक है। दीर्घकाल तक सिद्धासन में बैठे रहने पर मूलाधार-क्षेत्र में झुनझुनी महसूस होती है, जो दस-से-पन्द्रह मिनट तक रहती है। ऐसा उस क्षेत्र में रक्त-संचार में कमी और निम्नस्थ चक्रों में प्राण-शक्ति के प्रवाह के पुनर्सन्तुलन के कारण होता है।

यह आसन मेरुदण्ड के निचले भाग और उदर में रक्त-संचार को नियमित करता है, मेरुदण्ड के कटि-प्रदेश, श्रोणि और आमाशय के अंगों को पोषित करता है। यह प्रजनन-संस्थान और रक्त-चाप को भी संतुलित करता है।

अभ्यास टिप्पणी–दोनों में से किसी भी पैर को ऊपर रख कर सिद्धासन किया जा सकता है। कई लोगों को टखनों के स्पर्श बिन्दु पर दबाव के कारण कष्ट महसूस होता है। आवश्यक हो, तो पैरों के बीच इस बिन्दु पर कपड़ा या स्पंज रखा जा सकता है। प्रारम्भ में जननांग और गुदा के मध्य (मूलाधार पर) दबाव डाल कर देर तक उसे बनाये रखना कष्टप्रद हो सकता है, किन्तु कुछ समय के अभ्यास के बाद यह आसान हो जायेगा।

टिप्पणी– *संस्कृत शब्द 'सिद्ध' का शाब्दिक अर्थ 'शक्ति' और 'पूर्णता' है। 'सिद्धि' शब्द सिद्ध से बना है और इसका अभिप्राय योगाभ्यासों से प्राप्त अतीन्द्रिय शक्ति या क्षमता है। सिद्धि के अन्तर्गत अतीन्द्रिय दृष्टि और दूर संवेदन के साथ-साथ कई अन्य कम ज्ञात शक्तियाँ, जैसे, इच्छानुसार सूक्ष्म शरीर धारण कर लेने की योग्यता भी आती है। ऐसा विश्वास है कि सिद्धासन अथवा स्त्रियों के लिए सिद्ध योनि आसन इन्हीं शक्तियों के विकास में सहायक होता है।*

सिद्ध योनि आसन

सिद्ध योनि आसन (महिलाओं के लिए)

शरीर के सामने दोनों पैरों को सीधा फैलाकर बैठ जाएँ।

दाहिना पैर मोड़ें और उसके तलवे को बायीं जाँघ के भीतरी भाग से सटाकर रखें तथा एड़ी को ऊरु-मूल के साथ जोर से सटाकर रखें।

शरीर को व्यवस्थित कर आरामदायक स्थिति में ले आएँ और साथ-ही दाहिनी एड़ी के दबाव को महसूस करें।

बाएँ पैर को मोड़ें और बाएँ पैर की उँगलियों को दाहिनी जाँघ और पिण्डली के बीच घुसायें।

दाहिने पैर की उँगलियों को पकड़कर बायीं पिण्डली और जाँघ के बीच के स्थान में ऊपर की ओर खींचें। बायीं एड़ी दायीं एड़ी के ऊपर रहेगी और यह जघनास्थि पर हल्का दबाव डाल सकती है।

पुनः शारीरिक स्थिति को व्यवस्थित कर आरामदायक बना लें।

यह सुनिश्चित कर लें कि घुटने जमीन पर दृढ़तापूर्वक जम गये हैं।

मेरुदण्ड को पूरी तरह सीधा और दण्डवत् रखें, मानो उसे दृढ़ता से जमीन में गाड़ दिया गया हो।

हाथों को घुटनों पर चिन्, ज्ञान अथवा चिन्मय मुद्रा में रखें।

आँखें बन्द कर लें और पूरे शरीर को शिथिल करें।

सीमायें–सिद्धासन के समान।

लाभ–सिद्धासन के समान।

BSY ©

स्वस्तिकासन

शरीर के सामने पैरों को सीधा फैला कर बैठ जाएँ।

बायाँ घुटना मोड़ें और बाएँ पैर के तलवे को दाहिनी जाँघ के भीतरी हिस्से से इस प्रकार सटा कर रखें कि एड़ी और मूलाधार में सम्पर्क न हो।

दाहिने घुटने को मोड़ें और दाहिने पंजे को बायीं पिण्डली एवं जाँघ के बीच इस प्रकार रखें कि एड़ी और जघनास्थि के बीच कोई सम्पर्क न रहे।

बाएँ पैर की उँगलियों को पकड़ कर दाहिनी पिण्डली और जाँघ के बीच से ऊपर खींचने का प्रयास करें।

शारीरिक स्थिति को व्यवस्थित कर आरामदायक बना लें। घुटने दृढ़तापूर्वक जमीन पर जमे रहें। मेरुदण्ड को सीधा कर लें।

हाथों को चिन्, ज्ञान अथवा चिन्मय मुद्रा में घुटनों पर रखें।

प्रकारान्तर: शरीर के सामने पैरों को सीधा फैला कर बैठ जाएँ। बाएँ पैर को मोड़ें और उसके तलवे को दाहिनी जाँघ के भीतरी भाग से सटा कर रखें। उसी प्रकार दाहिना पैर मोड़ें और दाहिने पंजे की एड़ी को बाएँ पैर के सामने जमीन पर इस प्रकार रखें कि तलवा बायीं पिण्डली पर टिक जाय। अब दोनों एड़ियाँ एक-दूसरे के आमने-सामने हो जायेंगी। हाथों को घुटनों पर चिन्, ज्ञान या चिन्मय मुद्रा में अथवा गोद में रखा जा सकता है। आँखों को बन्द कर पूरे शरीर को शिथिल करें।

सीमायें–स्वस्तिकासन उन लोगों को नहीं करना चाहिए, जो सायटिका या मेरुदण्ड के निचले भाग के रोगों से ग्रस्त हैं।

लाभ–स्वस्तिकासन बैठने का एक स्वस्थ आसन है, विशेषकर उन लोगों के लिए जो स्फीत शिरा, पेशीय पीड़ा अथवा पैरों में द्रव अवरोधन से परेशान हों।

अभ्यास टिप्पणी–प्राचीन परम्परागत ध्यान के आसनों में यह सबसे सरल है और सिद्धासन का सरलीकृत रूप है।

टिप्पणी– *यहाँ स्वस्तिक का चिह्न ब्रह्माण्ड तथा पृथ्वी के विभिन्न कोनों, आरों, उनके मिलन बिन्दुओं और चेतना के सामान्य केन्द्र को दर्शाता है। जीवन की एकता के प्रत्यक्षीकरण के लिये यह आसन सबसे अनुकूल माना जाता है।*

ध्यान वीरासन

ध्यान वीरासन

दोनों पैरों को शरीर के सामने सीधा फैलाकर बैठ जाएँ।

बाएँ पैर को दाहिने पैर के नीचे रख कर इस प्रकार मोड़ें कि बायीं एड़ी दाहिने नितम्ब का स्पर्श करे।

दाहिने पैर को मुड़े हुए बाएँ पैर के ऊपर से इस प्रकार पीछे लायें कि दाहिनी एड़ी बाएँ नितम्ब का स्पर्श करे।

दाहिने घुटने को इस प्रकार व्यवस्थित करें कि वह बाएँ घुटने के ऊपर आ जाय। हाथों को एक-दूसरे के ऊपर रख कर या तो दाहिने घुटने पर रखें या दोनों पैरों के पंजों पर, जो भी सुविधाजनक हो।

सिर, गर्दन और पीठ एक सीध में रहें। आँखों को बन्द कर पूरे शरीर को शिथिल करें। नासिकाग्र पर श्वास के प्रति सजग रहें।

लाभ– इस आसन में चूँकि शरीर का एक बड़ा हिस्सा जमीन के सम्पर्क में आ जाता है, अतः यह आसन दीर्घकाल तक बैठने के लिए सुविधाजनक है। ध्यान के अन्य आसनों के विकल्प के रूप में यह उपयोगी आसन है। ध्यान के अन्य आसनों की तरह इस आसन में पैरों और कूल्हों को बाहर की ओर नहीं घुमाया जाता है, बल्कि इसमें घुटनों को केन्द्र में लाया जाता है। यह श्रोणीय संरचना को प्रभावित करता है और जाँघ की भीतरी पेशियों के बदले बाहर की पेशियों में खिंचाव पैदा करता है। यह आसन श्रोणीय और प्रजनन अंगों की मालिश कर उन्हें पुष्ट बनाता है।

वज्रासन समूह के आसन

वज्र को देवराज इन्द्र का अस्त्र कहा जाता है, जिस प्रकार मन समस्त इन्द्रियों का राजा है। विश्व की बहुत-सी संस्कृतियों द्वारा वज्रासन की ध्यान के एक आसन के रूप में अनुशंसा की जाती है। वज्र एक प्रमुख नाड़ी भी है, जिसका सीधा सम्बन्ध प्रजनन एवं मूत्र निष्कासन प्रणाली से है। यह शरीर में काम-ऊर्जा को नियमित करती है। वज्र-नाड़ी पर नियन्त्रण प्राप्त हो जाने पर इस नाड़ी में प्रवाहित काम-शक्ति का परिष्करण और नियंत्रण किया जा सकता है। इस प्रकार, वज्रासन समूह के आसन प्रजनन और पाचन अंगों के लिए बहुत लाभदायक हैं। इनका अभ्यास बड़ी सरलता से किया जा सकता है।

दायें हाथ से काम करने वालों को दायीं ओर से आसन आरम्भ करके सीखने में सुविधा होती है। बाद में उन्हें बायीं ओर से भी आरम्भ करना चाहिए ताकि आदतवश किये जाने वाले व्यवहारों को संतुलित किया जा सके।

सावधानियाँ– वज्रासन तथा इस शृंखला के अन्य स्थिर आसनों का अभ्यास तब तक नहीं करना चाहिए जब तक कि टखनों और घुटनों में पर्याप्त लोच न आ जाये। अस्थि सन्धि शोथ अथवा गर्भावस्था में अत्यधिक भार घुटनों पर भारी पड़ सकता है, अत: वज्रासन का सुझाव नहीं दिया जाता। प्रत्येक आसन के साथ दी गई सीमाओं को ध्यान से देखें।

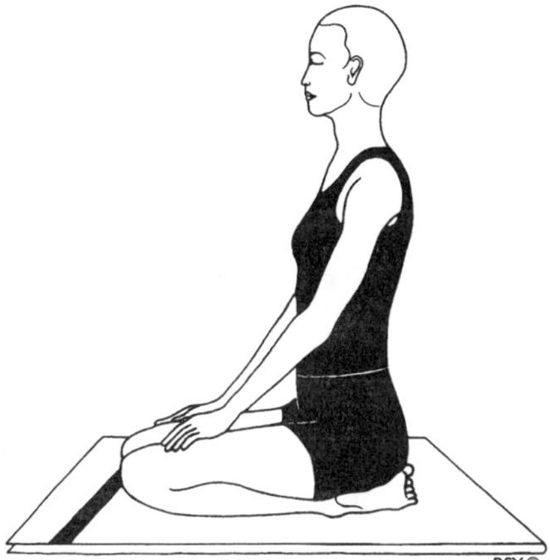

वज्रासन

घुटनों को एक साथ रखते हुए घुटनों के बल जमीन पर बैठ जाएँ। पैरों के अँगूठों को एक साथ और एड़ियों को अलग-अलग रखें। नितम्बों को नीचे लाकर पंजों के भीतरी भाग के ऊपर रखें, एड़ियाँ कूल्हों का स्पर्श करती हुई रहें।

हाथों को घुटनों पर रखें, हथेलियाँ नीचे की ओर रहें।

पीठ और सिर एक सीध में, किन्तु तनावरहित रहें।

मेरुदण्ड को पीछे की ओर अधिक न ताने।

आखों को बन्द कर लें, भुजाओं और सम्पूर्ण शरीर को शिथिल करें। सामान्य श्वसन-क्रिया करते हुए अपनी सजगता को नासिकाछिद्रों से अन्दर-बाहर आती-जाती श्वास पर केन्द्रित करें।

अवधि–आध्यात्मिक उद्देश्य के लिए, जितने समय तक सम्भव हो, वज्रासन का अभ्यास करें। पैरों में लचीलापन लाने के लिए प्रतिदिन कुछ मिनट अभ्यास करना पर्याप्त है। यदि तनाव अनुभव हो तो अभ्यास बन्द कर दें। विशेषकर भोजन के तुरंत बाद कम-से-कम पाँच मिनट तक इसका अभ्यास करने से पाचन-क्रिया तीव्र होती है। पाचन में विशेष गड़बड़ी होने पर भोजन के पूर्व और पश्चात् वज्रासन में बैठ कर सौ बार उदर श्वसन करें।

सजगता–शारीरिक–पैरों, नितम्बों तथा मेरुदण्ड में संवेदनाओं पर। जब आसन में सुगमता लगे तो सामान्य श्वसन-क्रिया पर। यदि आँखों को बन्द कर अभ्यास किया जाय तो इससे मानसिक शान्ति प्राप्त होती है। आध्यात्मिक–मणिपुर चक्र पर।

लाभ–वज्रासन श्रोणि-प्रदेश में रक्त एवं स्नायविक आवेगों के प्रवाह को परिवर्तित करता और श्रोणि की पेशियों को सुदृढ़ बनाता है। यह हर्निया के लिए प्रतिरोधक है और बवासीर में भी आराम पहुँचाता है। यह सम्पूर्ण पाचन-तन्त्र की कार्य-क्षमता में वृद्धि कर पेट सम्बन्धी रोगों, जैसे, अति अम्लता और आमाशय के व्रण (पेप्टिक अल्सर) में आराम पहुँचाता है। यह जननांगों में रक्त-प्रवाह को घटा कर, उनका पोषण करने वाले तन्त्रिका-तन्तुओं की मालिश करता है। इस कारण पुरुषों के अण्डकोश-ग्रन्थि की वृद्धि और हाइड्रोसिल के उपचार में भी यह उपयोगी है। यह मासिक-स्राव की गड़बड़ी को दूर करने में भी मदद करता है। वज्रासन ध्यान का एक अति महत्त्वपूर्ण आसन है, क्योंकि इसमें शरीर बिना प्रयास के सीधा रह पाता है। सायटिका से ग्रस्त व्यक्तियों के लिए यह ध्यान का सर्वोत्तम आसन है। यह वज्र नाड़ी को उत्तेजित करता, सुषुम्ना में प्राण का संचार करता तथा आध्यात्मिक उद्देश्यों के लिए काम-ऊर्जा को मस्तिष्क में सम्प्रेषित करता है।

अभ्यास टिप्पणी–यदि जाँघों मे दर्द महसूस हो, तो शारीरिक स्थिति को यथावत् रखते हुए घुटनों को थोड़ा अलग किया जा सकता है। प्रारम्भिक अभ्यासियों को वज्रासन में थोड़ी देर बैठने पर टखनों में दर्द महसूस हो सकता है। इसे दूर करने के लिए आसन खोल कर पैरों को सामने फैलाकर बैठ जाएँ और उन्हें एक-एक कर तेजी से तब तक हिलायें जब तक कि कड़ापन दूर न हो जाए। उसके बाद पुन: आसन प्रारम्भ करें।

***टिप्पणी**– मुसलमानों और जापानी बौद्धों में वज्रासन प्रार्थना और ध्यान का आसन है। जो लोग पद्मासन या सिद्धासन नहीं कर पाते, अथवा उनमें कष्ट का अनुभव करते हैं, वे वज्रासन में बैठ कर ध्यान का अभ्यास कर सकते हैं।*

आनन्द मदिरासन

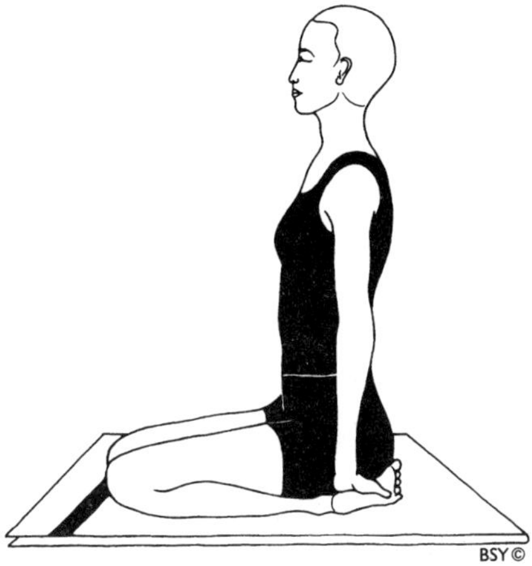

आनन्द मदिरासन

वज्रासन में बैठ जाएँ।

हथेलियों को एड़ियों के ऊपर इस प्रकार रखें कि उँगलियाँ एक-दूसरे के आमने-सामने रहें।

यदि यह असुविधाजनक हो तो हथेलियों को एड़ियों के ठीक ऊपर रखें।

सिर और मेरुदण्ड को सीधा रखें।

आँखों को बन्द कर लें और सम्पूर्ण शरीर को ढीला छोड़ दें।

सजगता को भ्रूमध्य में केन्द्रित करें।

श्वसन–धीमा और गहरा। कल्पना करें कि श्वास भ्रूमध्य से भीतर और बाहर आ-जा रही है। भ्रूमध्य से आज्ञा चक्र तक श्वास लें और आज्ञा चक्र से भ्रूमध्य तक श्वास छोड़ें।

अवधि–आध्यात्मिक उद्‌देश्य के लिए, जितने समय तक सम्भव हो, आनन्द मदिरासन का अभ्यास करें। पैरों में लचीलापन लाने के लिए प्रतिदिन कुछ मिनट अभ्यास करना पर्याप्त है। यदि तनाव अनुभव हो तो अभ्यास बन्द कर दें।

सजगता–शारीरिक-अभ्यास की प्रारम्भिक अवस्थाओं में सजगता शारीरिक संवेदनाओं पर, बाद में श्वसन प्रक्रिया पर रहेगी।

पर्याप्त शिथिलीकरण की अवस्था प्राप्त हो जाने पर सजगता को भ्रूमध्य पर स्थानान्तरित किया जा सकता है।

आध्यात्मिक–आज्ञा चक्र पर।

लाभ– इस आसन का उपयोग मुख्य रूप से आज्ञा चक्र को जाग्रत करने के लिए किया जाता है। साथ-ही यह मन को शान्त करता है, तन्त्रिका-तन्त्र को विश्रान्त करता और वज्रासन के समस्त लाभ भी प्रदान करता है।

टिप्पणी– *ध्यान के लिए प्राचीन परम्परागत आसनों के विकल्प के रूप में आनन्द मदिरासन का उपयोग किया जा सकता है।*

पादाधिरासन

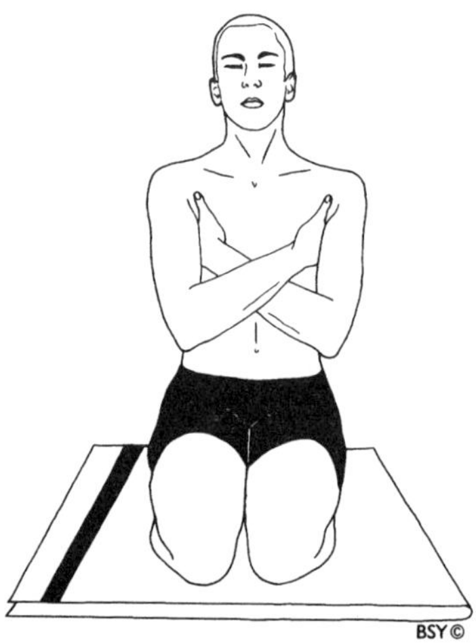

BSY ©

पादाधिरासन (श्वसन संतुलन आसन)

वज्रासन में बैठ जाएँ।

वक्ष के सामने भुजाओं को कैंचीनुमा बनाते हुए बाएँ हाथ की उँगलियों को दायीं बगल में और दाएँ हाथ की उँगलियों को बायीं बगल में इस प्रकार दबा लें कि अँगूठे बाहर एवं ऊपर की ओर रहें अथवा और अधिक प्रभाव के लिए मुट्ठियाँ बाँध कर बगल में दबायें।

अँगूठे और पहली उँगली के बीच के भाग को कसकर दबायें।

आँखों को बन्द कर श्वसन प्रक्रिया के प्रति सजग हो जाएँ।

श्वसन–धीमा, गहरा और लयपूर्ण। दोनों नासिका-छिद्रों में श्वास-प्रवाह समान होने तक अभ्यास करें।

अवधि–प्राणायाम की तैयारी के लिए 5 से 10 मिनट तक अभ्यास करें। आध्यात्मिक उद्देश्य के लिए अधिक समय तक अभ्यास कर सकते हैं।

सजगता–शारीरिक–नासिका में श्वसन प्रक्रिया पर।

आध्यात्मिक–आज्ञा चक्र पर।

लाभ–दोनों काँखों के नीचे दबाव पड़ने से बन्द नासिकाछिद्र खुल जाते हैं और प्राणायाम में सुविधा होती है। चूँकि दाहिने एवं बाएँ नासिकाछिद्र में श्वास-प्रवाह क्रमशः अनुकम्पी और परानुकम्पी तन्त्रिका-तन्त्रों को प्रभावित करता है, इसलिए दोनों नासिकाछिद्रों के खुल जाने से स्वचालित तन्त्रिका-तन्त्र में सन्तुलन आता है।

अभ्यास टिप्पणी–पादाधिरासन का उपयोग प्राणायाम की तैयारी के रूप में किया जा सकता है। किसी एक या दोनों नासिकाछिद्रों के अवरुद्ध हो जाने पर यह विशेष उपयोगी है।

यदि एक ही नासिकाछिद्र में अवरोध या आंशिक अवरोध है, तो उस तरफ के हाथ को दूसरी ओर की काँख में दबायें। एक या दो मिनट तक दबाव बनाये रखें, यद्यपि कभी-कभी कुछ ही क्षणों में परिवर्तन महसूस होने लग जाता है।

भद्रासन

भद्रासन

वज्रासन में बैठ जाएँ। घुटनों को जितना सम्भव हो, दूर-दूर कर लें। पैरों की उँगलियों का सम्पर्क जमीन से बना रहे।

अब पंजों को एक-दूसरे से इतना अलग कर लें कि नितम्ब और मूलाधार उनके बीच जमीन पर टिक सकें।

घुटनों को और अधिक दूर करने का प्रयास करें, किन्तु जोर न लगायें। हाथों को घुटनों पर रखें, हथेलियाँ नीचे की ओर रहें।

जब शरीर आराम की स्थिति में आ जाए, तब नासिकाग्र दृष्टि (दृष्टि को नासिका के अग्र भाग पर एकाग्र करना) का अभ्यास करें। जब आँखें थक जाएँ, तब उन्हें कुछ क्षणों के लिए बन्द कर लें और उसके बाद पुन: नासिका के अग्र भाग पर दृष्टि को एकाग्र करें।

श्वसन–नासिकाग्र पर श्वास के प्रति सजगता रखते हुए धीमा और लयपूर्ण श्वसन।

अवधि–आध्यात्मिक लक्ष्य के लिए लम्बे समय तक अभ्यास करना चाहिए। पैरों को लचीला बनाने के लिए प्रतिदिन कुछ मिनट का अभ्यास पर्याप्त है। यदि तनाव का अनुभव हो, तो आसन को तुरंत समाप्त कर दें।

सजगता– शारीरिक–मूलाधार क्षेत्र के खुलने तथा शिथिलीकरण की संवेदना पर और स्वाभाविक श्वास अथवा नासिकाग्र पर।

आध्यात्मिक–मूलाधार चक्र पर।

लाभ–यह आसन मुख्य रूप से आध्यात्मिक साधकों के लिए है, क्योंकि इससे मूलाधार चक्र उत्तेजित होने लगता है। यह ध्यान का एक उत्कृष्ट आसन है। मूल रूप से वज्रासन से प्राप्त होने वाले सभी लाभ इससे भी प्राप्त होते हैं।

अभ्यास टिप्पणी–आवश्यकतानुसार एक तह किया हुआ कम्बल नितम्बों के नीचे रखा जा सकता है। कम्बल का उपयोग करें या न करें, पर नितम्बों को पूरी तरह जमीन पर जमाये रखें ताकि मूलाधार चक्र उत्तेजित हो।

सिंहासन

सिंहासन

वज्रासन में बैठ जाएँ। घुटनों के बीच लगभग 45 सेन्टीमीटर की दूरी रखें। दोनों पैरों की उँगलियाँ आपस में एक-दूसरे का स्पर्श करती हुई रहें। आगे की ओर झुकें और दोनों हथेलियों को घुटनों के बीच में जमीन पर इस प्रकार रखें कि उँगलियाँ शरीर की ओर रहें।

भुजाओं को पूरी तरह सीधा कर लें और पीठ को मोड़कर धनुषाकार बनाएँ। सीधी भुजाओं पर शरीर को टिका दें।

सिर को पीछे की ओर झुकायें ताकि गर्दन में आरामदायक तनाव उत्पन्न हो। आँखें बन्द कर लें और शाम्भवी मुद्रा करते हुए आन्तरिक दृष्टि को भ्रूमध्य पर केन्द्रित करें।

आँखें खुली भी रख सकते हैं। ऐसी स्थिति में अपनी दृष्टि को छत के किसी बिन्दु पर केन्द्रित करें।

मुँह बन्द रहना चाहिए।

सम्पूर्ण शरीर और मन को विश्रान्त बनाएँ।

लाभ–इस स्थिति में निश्चित रूप से मेरुदण्ड का विस्तार होता है और शरीर पूर्णत: जड़ हो जाता है। इसमें पूर्ण काया-स्थैर्य प्राप्त होता है।

टिप्पणी– *सामान्यत: सिंहासन को गर्जना करते सिंह की भंगिमा से जोड़ा जाता है, किन्तु उपनिषदों में इसे सिंहासन के प्रकारान्तर के रूप में दिया गया है (वज्रासन समूह के आसनों के अध्याय में 'सिंहगर्जना' देखें)। इस ध्यानासन में सिंह शान्तिपूर्वक बैठा है और कुछ घटित होने की प्रतीक्षा में है। ध्यान की गहरी अवस्था में प्रवेश हेतु मन में यही भावना करनी है।*

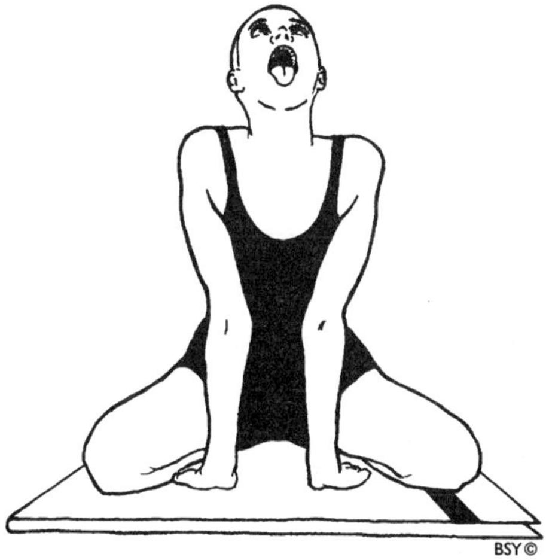

सिंहगर्जनासन

सिंहासन में बैठें। आँखें खोलें और शाम्भवी मुद्रा (मुद्रा खण्ड देखें) का अभ्यास करते हुए दृष्टि को भ्रूमध्य पर एकाग्र करें। पूरे शरीर को शिथिल करें।

मुँह बन्द रखें। नाक से धीरे-धीरे गहरी श्वास अन्दर लें।

श्वास भर कर मुँह खोलें और जीभ को बाहर निकालकर, जितना सम्भव हो ठुड्ढी की ओर ताने।

धीरे-धीरे श्वास छोड़ते हुए, मुँह को पूरा खुला रख कर गले से स्पष्ट, स्थिर 'आSSS' की ध्वनि उत्पन्न करें। अधिक जोर न लगायें।

पूरी तरह श्वास छोड़ने के बाद मुँह बन्द करें और श्वास लें।

यह एक चक्र हुआ।

श्वसन–नाक से धीरे-धीरे श्वास लें और उसके बाद मुँह से 'आSSS' की ध्वनि उत्पन्न करते हुए धीरे-धीरे श्वास छोड़ें।

अवधि–सामान्य स्वास्थ्य के लिए प्रतिदिन 5 से 10 चक्र अभ्यास करें। आँखों, जीभ और मुँह को प्रत्येक चक्र के बाद कुछ क्षणों के लिए विश्राम प्रदान कर सकते हैं। यह आसन किसी भी समय किया जा सकता है।

सजगता–शारीरिक–छाती के फैलने तथा आँखों और जिह्वा में उत्पन्न संवेदनाओं पर, श्वास लेते समय श्वास पर। श्वास छोड़ते समय गले से उत्पन्न ध्वनि और उस क्षेत्र पर पड़ने वाले प्रभाव पर तथा मन के हल्का होने पर।

आध्यात्मिक–विशुद्धि या आज्ञा चक्र पर।

लाभ–यह गले, नाक, कान, नेत्र एवं मुँह के रोगों को दूर करने के लिए एक उत्तम आसन है, विशेष रूप से जब इसे उगते हुए सूर्य की आरोग्यप्रदायक किरणों के सामने किया जाये। इससे निराशा तथा भावनात्मक तनाव दूर होता है। वक्ष एवं मध्य-पट के तनाव भी दूर होते हैं। सिंह गर्जनासन उन लोगों के लिए विशेष लाभप्रद है जो तुतलाते, हकलाते अथवा घबराते हैं या अन्तर्मुखी हैं। इससे स्वस्थ एवं मधुर स्वर का विकास होता है। अन्य लाभ शाम्भवी मुद्रा के समान ही हैं।

प्रकारान्तर: 'आSSS' की लम्बी ध्वनि निकालते हुए जीभ को धीरे-धीरे एक ओर से दूसरी ओर घुमायें।

वीरासन

वज्रासन में बैठ जाएँ।

दाहिने घुटने को ऊपर उठायें और दाहिने पंजे को बाएँ घुटने के भीतरी भाग के पास जमीन पर रखें।

दाहिनी कोहनी को दाहिने घुटने पर रखें और ठुड्ढी को दाहिने हाथ की हथेली पर रखें। बायीं हथेली को बायें घुटने पर रखें।

आँखों को बन्द कर विश्राम करें।

शरीर को पूर्णत: गतिहीन तथा मेरुदण्ड एवं सिर को सीधा रखें।

कुछ देर रुकें, फिर आसन बदल कर घुटनों को विश्राम दें। बायें पंजे को दाहिने घुटने की बगल में रखकर इसकी पुनरावृत्ति करें।

श्वसन–यह कल्पना करते हुए धीमा और गहरा श्वसन करें कि श्वास के साथ ऊर्जा भ्रूमध्य से अन्दर और बाहर आ-जा रही है।

अवधि–कम-से-कम दो मिनट तक अभ्यास करें। बाएँ घुटने पर बायीं कोहनी रख कर दूसरी ओर से इसकी पुनरावृत्ति करें।

सजगता–शारीरिक–सिर और मेरुदण्ड को सीधा रखने, संतुलन तथा श्वास पर।

आध्यात्मिक–आज्ञा चक्र पर।

लाभ–यह आसन मन को संतुलित बनाता, एकाग्रता की क्षमता में वृद्धि करता, अचेतन क्षेत्रों की सजगता को बढ़ाता और शीघ्रतापूर्वक शारीरिक एवं मानसिक विश्रान्ति प्रदान करता है। चिन्तन प्रक्रिया अधिक स्पष्ट और सूक्ष्म होती है। यह उन लोगों के लिए उपयोगी है, जो बहुत अधिक चिन्तनशील हैं या जिनके विचार विक्षिप्त एवं अनियन्त्रित रहते हैं। यह गुर्दों, यकृत, प्रजनन एवं आमाशयी अंगों के लिए उत्तम आसन है।

***टिप्पणी**–इस आसन को चिन्तक या दार्शनिक का आसन भी कहा जाता है।*

प्रकारान्तर 1: इस आसन का अभ्यास एड़ियों पर बैठ कर भी किया जा सकता है ताकि यह मूलाधार चक्र को उत्तेजित करे।

प्रकारान्तर 2: वज्रासन में एड़ियों पर बैठें।

अर्द्ध पद्मासन की तरह दाहिने पंजे को बायीं जाँघ के ऊपर रखें।

पंजे को जाँघ के ऊपर इस प्रकार रखें कि जितना संभव हो वह उदर के निचले भाग के समीप आ जाए, और दायाँ घुटना जमीन पर टिका रहे।

सम्पूर्ण शरीर को शिथिल छोड़ दें।

हाथों तथा बाएँ पैर को उत्तोलक और दाहिने घुटने को सहारा बनाकर घुटनों के बल धीरे-धीरे ऊपर उठें।

यह गति बिना किसी झटके के नियन्त्रित होनी चाहिए।

हाथों को जोड़ कर वक्ष के सामने, हृदय केन्द्र पर प्रणाम मुद्रा में रखें।

मेरुदण्ड को सीधा करें।

संतुलन प्राप्त हो जाने पर हथेलियों को एक साथ और उँगलियों को ऊपर की ओर रखते हुए हाथों को सिर के ऊपर ले जाएँ।

जितनी देर आराम से रह सकें, अन्तिम स्थिति में रहें।

हाथों को हृदय-केन्द्र पर वापस लाएँ और धीरे-धीरे संतुलित ढंग से शरीर को जमीन पर नीचे ले आएँ।

बाएँ पंजे को दाहिनी जाँघ के ऊपर रख कर इस अभ्यास को दुहरायें।

दोनों पंजों से तीन-तीन बार अभ्यास करें।

श्वसन–शरीर को जमीन से ऊपर उठाते समय श्वास लें।

अन्तिम स्थिति में सामान्य श्वसन करें। शरीर को नीचे लाते समय श्वास छोड़ें।

सजगता–शारीरिक–उठी हुई अवस्था में संतुलन और स्थिरता बनाए रखने पर। आध्यात्मिक–स्वाधिष्ठान चक्र पर।

सीमायें–जिनके घुटने कमजोर हैं या सन्धि-शोथ, अस्थि सन्धि-शोथ आदि के कारण घुटनों में सूजन रहती है, उन्हें यह आसन नहीं करना चाहिए।

लाभ–यह प्रारम्भिक संतुलनकारी आसन है, जो तन्त्रिका-तंत्र में स्थिरता लाने में सहायक होता है।

मार्जारि-आसन

मार्जारि-आसन

वज्रासन में बैठ जाएँ। नितम्बों को उठा कर घुटनों के बल खड़े हो जाएँ। आगे की ओर झुकें और हाथों को कन्धों के नीचे जमीन पर इस प्रकार रखें कि उँगलियाँ सामने की ओर रहें।

हाथ घुटनों की ठीक सीध में रहें, भुजायें और जाँघें जमीन पर लम्बवत् रहें। दोनों घुटने थोड़े अन्तर पर कूल्हों की सीध में रहें।।

यह प्रारम्भिक स्थिति है।

श्वास लेते हुए सिर को ऊपर उठायें और मेरुदण्ड को नीचे की तरफ झुकायें, ताकि पीठ धनुषाकार हो जाय।

आमाशय को पूर्णत: फैलायें और फेफड़ों में अधिक-से-अधिक वायु भर लें। कुछ क्षण श्वास रोकें।

सिर को नीचे लाते हुए और मेरुदण्ड को धनुषाकार रूप में ऊपर ले जाते हुए श्वास छोड़ें।

पूर्णत: श्वास छोड़ने के पश्चात् आमाशय को संकुचित कर लें और नितम्बों को ऊपर की ओर ताने।

इस स्थिति में सिर भुजाओं के मध्य में जाँघों के सामने होगा। मेरुदण्ड के चाप को गहरा बनाते और आमाशय के संकुचन को बढ़ाते हुए 3 सैकण्ड तक श्वास रोक कर रखें।

यह एक चक्र हुआ।

श्वसन–श्वास की गति को जितना सम्भव हो धीमा रखें। श्वास और प्रश्वास, दोनों के लिए कम-से-कम 5 सैकण्ड का समय लगाने का लक्ष्य रखें।

अवधि–सामान्य उद्देश्यों के लिए 5 से 10 चक्र अभ्यास करें।

सजगता–शारीरिक–गति के साथ श्वास के तालमेल और ऊपर से नीचे तक मेरुदण्ड के झुकाव पर।

आध्यात्मिक–स्वाधिष्ठान चक्र पर।

लाभ–यह आसन गर्दन, कन्धों और मेरुदण्ड के लचीलेपन में सुधार लाता है। यह स्त्रियों के प्रजनन-तन्त्र को पुष्ट करता है। गर्भावस्था में इसका अभ्यास किया जा सकता है, किन्तु आमाशय के बलपूर्वक संकुचन से परहेज करना चाहिए। ऋतु-चक्र की अनियमितता और श्वेत प्रदर (ल्यूकोरिया) से ग्रस्त महिलाओं को मार्जारि आसन से आराम मिलेगा और ऋतुकाल में इस आसन से ऐंठन में कमी आयेगी।

अभ्यास टिप्पणी–भुजाओं को कोहनियों से नहीं मोड़ें। अभ्यास के दौरान भुजायें एवं जाँघें बिल्कुल सीधी रखें।

व्याघ्रासन

मार्जारि आसन की प्रारम्भिक अवस्था में आएँ और सामने की ओर देखें। पूरे शरीर को शिथिल करें।

दाहिने पैर को सीधा कर उसे ऊपर और पीछे की ओर तान कर फैलायें।

दाहिने घुटने को मोड़ें और पैर की उँगलियों को सिर की ओर लायें।

इसी स्थिति में कुछ क्षणों तक श्वास रोक कर रखें।

दाहिने पैर को सीधा कर लें, घुटने को मोड़ कर पैर को नितम्ब से नीचे की ओर झुकायें।

साथ-ही पीठ को ऊपर की ओर धनुषाकार बनाते हुए सिर को नीचे झुकायें। ऐसा करते समय दाहिना पंजा जमीन का स्पर्श न करे।

घुटने से वक्ष को दबायें, श्वास को बाहर रोक कर कुछ क्षण रुकें। पंजे को फिर से पीछे ले जाएँ और पैर को सीधा तान कर फैला दें। घुटने को मोड़ें और इस प्रकार धीरे-धीरे अभ्यास जारी रखें। दूसरे पैर से यही प्रक्रिया दुहरायें।

श्वसन–पैर को पीछे की ओर ले जाते समय श्वास लें। अन्तिम स्थिति में श्वास रोक कर रखें। घुटने को वक्ष की ओर लाते समय श्वास छोड़ें।

अवधि–प्रत्येक पैर से 5-5 बार यह आसन करें।

सजगता–शारीरिक–मेरुदण्ड और पैरों में आगे और पीछे की दिशा में उत्पन्न खिंचाव पर, तथा उदर और वक्ष के बारी-बारी से संकुचन एवं खिंचाव पर। संतुलन और श्वास के साथ गति के ताल-मेल पर।

आध्यात्मिक–स्वाधिष्ठान चक्र पर।

लाभ–यह आसन पीठ को बारी-बारी से ऊपर-नीचे मोड़कर उसे व्यायाम और विश्रान्ति प्रदान करता है तथा मेरुदण्डीय शिराओं का पोषण करता है। यह सायटिक तन्त्रिकाओं को शिथिल कर सायटिका के दर्द में आराम पहुँचाता है और पैरों को लचीला बनाता है। यह स्त्रियों के जननांगों को पुष्ट करता है और विशेष रूप से प्रसवोत्तर-काल में महिलाओं के लिए लाभदायक है। कई शिशुओं को जन्म देने वाली माताओं के लिए अधिक लाभप्रद है। यह उदर की पेशियों में खिंचाव पैदा कर पाचन और रक्त-संचार में वृद्धि करता है। नितम्बों और जाँघों की बढ़ी हुई चर्बी को कम करता है।

***टिप्पणी**–इस आसन का नाम व्याघ्रासन इसलिए दिया गया है कि इस प्रकार की क्रिया बाघ द्वारा गहरी नींद से जगने पर की जाती है।*

शशांकासन

वज्रासन में बैठकर हथेलियों को जाँघों पर घुटनों के ठीक ऊपर रखें। मेरुदण्ड और सिर को सीधा रखते हुए, आँखों को बन्द कर शरीर को शिथिल करें।

श्वास लेते हुए भुजाओं को सिर के ऊपर उठायें और उन्हें सीधा रखते हुए उनके बीच कन्धों की चौड़ाई के बराबर दूरी बनाए रखें।

भुजाओं एवं सिर को धड़ की सीध में रखते हुए, नितम्बों से धड़ को आगे की ओर झुकाते समय श्वास छोड़ें।

अन्त में हाथों और ललाट को घुटनों के सामने जमीन पर टिकाते हुए विश्राम करें।

यदि सम्भव हो तो भुजाओं एवं ललाट को एक साथ जमीन से स्पर्श करायें।

भुजाओं को थोड़ा मोड़ लें ताकि उन्हें पूर्ण विश्राम प्राप्त हो और कोहनियाँ जमीन पर टिकी रहें।

अन्तिम स्थिति में कुछ क्षणों तक श्वास रोककर रखें। फिर श्वास लेते हुए धीरे-धीरे भुजाओं और धड़ को ऊपर उठाते हुए सीधा कर लें। भुजाओं और सिर को धड़ की सीध में रखें।

भुजाओं को नीचे लाकर घुटनों पर रखते हुए श्वास छोड़ें।

यह एक चक्र हुआ।

3 से 5 चक्र अभ्यास करें।

अवधि–प्रारम्भिक साधक अन्तिम स्थिति में रुके रहने का समय धीरे-धीरे बढ़ायें और कम-से-कम 3 मिनट तक इस स्थिति में बने रहने की योग्यता प्राप्त करें। ऐसे लोग जो क्रोध और उत्तेजित तंत्रिकाओं को शान्त करना चाहते हैं, सामान्य श्वसन करते हुए इस स्थिति में 10 मिनट तक रहें।

सजगता–शारीरिक-शारीरिक गति के साथ श्वास-प्रश्वास के ताल-मेल पर। अन्तिम स्थिति में, जाँघों पर पड़ रहे उदर के दबाव पर। आसन में आते और फिर लौटते समय भुजाओं, गर्दन और सिर को एक सीध में रखने पर।

आध्यात्मिक–अन्तिम स्थिति में मणिपुर अथवा स्वाधिष्ठान चक्र पर।

सीमायें–जिन्हें अति उच्च रक्त-चाप या स्लिप डिस्क हो अथवा चक्कर आते हों, उन्हें यह आसन नहीं करना चाहिए।

लाभ–यह आसन पीठ की पेशियों में खिंचाव पैदा करता है और कशेरुकाओं को एक-दूसरे से पृथक् करता है, जिससे उनके मध्य की चक्रिकाओं पर दबाव घटता है। प्राय: मेरुरज्जु से निकलने वाली तन्त्रिकायें इन चक्रिकाओं से दब जाती हैं, जिसके फलस्वरूप कई प्रकार के पीठ दर्द हो जाते हैं। यह आसन इस समस्या को दूर करने में सहायक होता है और इससे खिसकी हुई चक्रिकायें अपनी सही जगह पर पहुँचने लग जाती हैं। यह एड्रीनल ग्रन्थि के कार्य को भी नियमित करता है। यह श्रोणि की पेशियों और साइटिका तन्त्रिकाओं को शक्ति प्रदान करता है और अविकसित श्रोणि वाली महिलाओं के लिए लाभप्रद है। यह पुरुषों और महिलाओं के प्रजनन अंगों की गड़बड़ियों को दूर करता है। इसके नियमित अभ्यास से कब्ज दूर होती है।

टिप्पणी– *संस्कृत शब्द शशांक का अर्थ 'चन्द्रमा' होता है। यह दो शब्दों से मिलकर बना है। शश का अर्थ है खरगोश और अंक का अर्थ है 'गोद'। भारत में लोग पूर्ण चन्द्र में दिखाई पड़ने वाले काले धब्बों को चाँद को गोद में लिए खरगोश की आकृति के सदृश मानते हैं। इसके अतिरिक्त चन्द्रमा शान्ति का प्रतीक है। यह शीतल और प्रशान्त तरंगें विकीर्ण करता है। शशांकासन का भी वैसा ही शान्त और शीतल प्रभाव होता है। इससे भी सरल शब्दों में, खरगोश या शशक बहुधा इसी स्थिति में रहते हैं।*

प्रकारान्तर 1: वज्रासन में बैठ कर आँखें बन्द कर लें।

पीठ के पीछे बायें हाथ से दाहिनी कलाई को पकड़ें।

सम्पूर्ण शरीर को शिथिल करें और आँखें बन्द रखें।

श्वास लें और श्वास छोड़ते समय नितम्बों से धड़ को धीरे-धीरे आगे की ओर इस प्रकार झुकायें कि ललाट जमीन पर टिक जाए।

अंतिम स्थिति में सामान्य श्वसन या गहरा श्वसन या उज्जायी श्वसन करते हुए जितनी देर आराम से रह सकें, रहें।

श्वास लेते हुए प्रारम्भिक अवस्था में लौट आयें।

लाभ–इससे शशांकासन के लाभ मिलते हैं। पीठ के विकारों से पीड़ित व्यक्तियों को इस आसन को करने की सलाह दी जाती है।

प्रकारान्तर 2: वज्रासन में बैठ जाएँ।

मुट्ठियों को उदर के निचले भाग के सामने रखें।

श्वास लें और फिर श्वास छोड़ते समय धीरे-धीरे आगे की ओर तब तक झुकते जाएँ जब तक ललाट जमीन का स्पर्श न करने लगे।

मुट्ठियों का दबाव आमाशय के निचले अंगों पर रहे।

अन्तिम स्थिति में जितनी देर आराम से हो सके, श्वास को रोक कर रखें।

धड़ और सिर को ऊपर उठाते हुए श्वास लें।

2 से 3 चक्र अभ्यास करें।

सजगता–शारीरिक–अन्तिम स्थिति में आमाशय पर पड़ने वाले मुट्ठियों के दबाव पर।

लाभ–इस प्रकारान्तर आसन से आँतों एवं पाचन अंगों की मालिश होती है और उनकी क्षमता में वृद्धि होती है। अभ्यास के मूल रूप से होने

वाले लाभों के अतिरिक्त इससे कब्ज और वायु-विकार की समस्याओं से छुटकारा मिलता है।

प्रकारान्तर 3: वज्रासन में बैठ जाएँ।

पीठ के पीछे दोनों हाथों की उँगलियों को फँसा लें।

गहरी श्वास लें। उसके बाद श्वास छोड़ते हुए सिर और धड़ को आगे की ओर झुकायें और सिर को जमीन पर टिकायें।

साथ-ही भुजाओं को भी ऊपर उठायें और उन्हें जितना सम्भव हो आगे की ओर लायें।

सिर और धड़ को ऊपर उठाते हुए और भुजाओं को नीचे लाते हुए श्वास लें। यह एक चक्र हुआ। 2 से 3 चक्र अभ्यास करें।

लाभ–इस प्रकारान्तर से पीठ के ऊपरी भाग और गर्दन की पेशियों का तनाव कम होता है, जिससे शरीर के इस क्षेत्र में कड़ापन महसूस करने वालों को बड़ा आराम पहुँचता है। इससे मूल आसन से प्राप्त होने वाले लाभ भी मिलते हैं।

प्रकारान्तर 4: यदि ललाट आसानी से जमीन तक नहीं पहुँचता तो दो मुट्ठियाँ बांधकर लम्बवत् एक-दूसरे के ऊपर रखें। इस सहारे के ऊपर ललाट को रखें।

लाभ–इस प्रकारान्तर से मूलरूप में शशांकासन जैसे लाभ मिलते हैं और जिन लोगों का वजन बहुत ज्यादा है अथवा जिनका थोड़ा-सा उच्च रक्तचाप है, वे इसका अभ्यास कर सकते हैं।

शशांक भुजंगासन

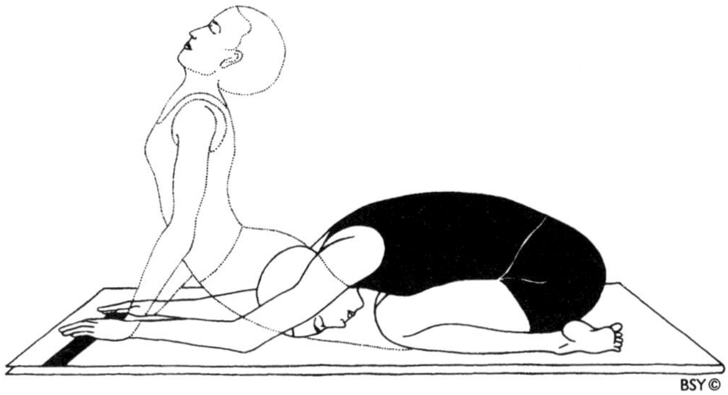

शशांक भुजंगासन

मार्जारि आसन की प्रारम्भिक स्थिति में आ जाएँ।

नितम्बों को एड़ियों के ऊपर टिकाते हुए कन्धों के सामने भुजाओं को आगे की ओर ले जाते हुए शशांकासन में आएँ।

अब हाथों की स्थिति में बिना कोई परिवर्तन लाए, जमीन से थोड़ा ऊपर रखते हुए वक्ष को धीरे-धीरे आगे की ओर ले जाएँ, जब तक वह हाथों की सीध में न आ जाए।

भुजाओं को सीधा करते हुए वक्ष को थोड़ा और आगे तथा फिर ऊपर की ओर ले जाएँ और श्रोणि प्रदेश को जमीन के निकट ले आएँ।

आदर्श स्थिति यह होगी कि नाक और छाती उस समय जमीन का स्पर्श करें जब शरीर सर्प की भाँति सामने की ओर सरकने लगे। इस स्थिति को प्राप्त करने के लिए अधिक जोर न लगाएँ।

अन्तिम स्थिति में भुजायें सीधी रहनी चाहिए, पीठ धनुषाकार और सिर भुजंगासन की तरह उठा रहना चाहिए, चाहे नाभि जमीन का स्पर्श न करे। श्वास रोक कर इसी स्थिति में कुछ क्षणों तक रहें।

भुजायें सीधी रखते हुए धीरे-धीरे नितम्बों को उठायें और पीछे की ओर ले जाते हुए शशांकासन में लौट आयें।

यह एक चक्र हुआ।

दूसरा चक्र प्रारम्भ करने के पूर्व सम्पूर्ण शरीर को कुछ समय के लिए विश्राम दें।

5 से 7 चक्र अभ्यास करें।

श्वसन–शरीर को आगे की ओर ले जाते समय श्वास लें।
अन्तिम स्थिति में कुछ क्षणों तक श्वास रोक कर रखें।
शशांकासन में वापसी के समय श्वास छोड़ें।

सजगता–शारीरिक–मेरुदण्ड में लोच पर, भुजाओं, कन्धों, वक्ष और उदर में संवेदनाओं तथा श्वास के साथ शारीरिक गति का तालमेल बिठाने पर।
आध्यात्मिक–स्वाधिष्ठान चक्र पर।

क्रम–शशांकासन के तुरन्त बाद यह आसन किया जा सकता है और इसके बाद ताड़ासन करना चाहिए।

सीमायें–बहुत उच्च रक्तचाप, स्लिप डिस्क या चक्कर आने की बीमारी हो तो यह अभ्यास नहीं करना चाहिए। पेप्टिक अल्सर, हर्निया, आँत के यक्ष्मा या थायराइड की अतिक्रियता के रोगी को यह अभ्यास एक सक्षम योग शिक्षक के मार्गदर्शन के बिना नहीं करना चाहिए।

लाभ–शशांक भुजंगासन के लाभ भुजंगासन और शशांकासन के समान ही हैं। भुजंगासन और शशांकासन के लाभ अन्तिम स्थिति में बने रहने से प्राप्त होते हैं, जबकि शशांक भुजंगासन में मेरुदण्ड को बारी-बारी से आगे-पीछे मोड़ने से ही ये लाभ प्राप्त हो जाते हैं।

यह आसन पुरुषों और महिलाओं के प्रजनन अंगों को शक्ति प्रदान करता है, मासिक-चक्र की अनियमितता को दूर करता है और प्रसवोत्तर काल के लिए एक उत्तम आसन है, क्योंकि यह उदर और श्रोणि प्रदेशों को मजबूत और सुगठित बनाता है। यह यकृत, गुर्दे एवं अन्य आन्त्रिक अंगों के कार्यों में सुधार लाता है और उन्हें पुष्ट करता है। यह पीठ की पेशियों को शक्ति प्रदान करता है।

अभ्यास टिप्पणी–सम्पूर्ण अभ्यास के दौरान हाथों की स्थिति में परिवर्तन नहीं होना चाहिए।

नमन प्रणामासन

वज्रासन में बैठ जाएँ। अँगूठों को ऊपर रखते हुए टखनों के ठीक ऊपर पिण्डलियों के नीचे के भाग को कस कर पकड़ें।

धीरे-धीरे आगे की ओर झुकें और सिर के ऊपरी भाग को घुटनों के सामने जमीन पर रखें। (सिर के नीचे एक मुड़ा हुआ छोटा कम्बल रख लें)

नितम्बों को जितना सम्भव हो ऊपर उठाते हुए ठुड्ढी से छाती को दबायें, जब तक जाँघें आरामदायक स्थिति तक लम्बवत् न हो जाएँ।

5 से 20 सैकण्ड तक अन्तिम स्थिति में रहें। वज्रासन में वापस आने के पूर्व नितम्बों को नीचे लाकर शशांकासन में कुछ देर रुकें।

यह आसन 5 बार करें।

श्वसन–वज्रासन की स्थिति में और नितम्बों को उठाते समय श्वास लें।

सिर को जमीन पर नीचे लाते समय श्वास छोड़ें।

अन्तिम स्थिति में श्वास रोकें अथवा यदि उस स्थिति में कुछ क्षणों से अधिक रुक रहे हों तो सामान्य श्वास लें। एड़ियों पर नितम्बों को वापस लाते हुए श्वास छोड़ें। शशांकासन में विश्राम करते हुए सामान्य श्वास लें। धड़ और सिर को ऊपर उठाते और पुन: वज्रासन में आते हुए श्वास लें।

सजगता–शारीरिक–शारीरिक गति के साथ श्वास के तालमेल पर, मस्तिष्क में बढ़े हुए रक्त-संचार या अंतिम स्थिति में सिर के ऊपरी भाग पर।

आध्यात्मिक–सहस्त्रार चक्र पर।

सीमायें-जिनको चक्कर आता हो, गर्दन में दुर्बलता हो या उच्च रक्तचाप हो, उन्हें यह आसन नहीं करना चाहिए। सिर के बल किए जाने वाले आसनों की सावधानियाँ यहाँ लागू होती हैं।

लाभ-शीर्षासन की तैयारी के अभ्यास के रूप में यह मस्तिष्क को धीरे-धीरे अतिरिक्त रक्त प्रवाह तथा सिर के बल खड़े होने की स्थिति में सम्पूर्ण शरीर का भार सहन करने के लिए तैयार करता है। शीर्षासन के कई लाभ इस आसन से प्राप्त होते हैं, किन्तु कम मात्रा में।

अश्वसंचालनासन

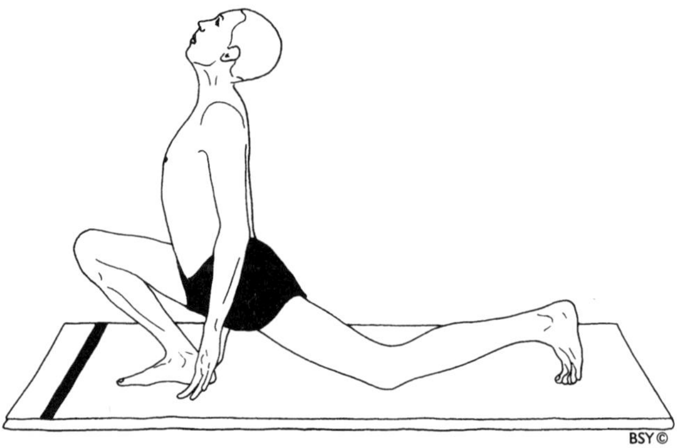

अश्वसंचालनासन

वज्रासन में बैठ जायें।

घुटनों तथा टखनों को थोड़ा अलग रखते हुए घुटनों के बल खड़े हो जायें।

दायीं ओर से शुरू करते हुए एक बड़ा कदम आगे बढ़ायें और दायें पंजे को मजबूती से जमीन पर रख दें ताकि जाँघ जमीन के समानान्तर और टखना घुटने के पास अथवा घुटने के ठीक नीचे हो।

यह प्रारम्भिक स्थिति है। अपने आपको एकाग्र बनाते हुए गहरी श्वास लें। श्वास छोड़ते हुए दायें पंजे पर भार डालकर धड़ को आगे

की ओर बढ़ायें। धड़ के आगे आने और पीठ को सीधा रखने से बायाँ पैर पीछे पूरी तरह से तन जायेगा।

अधिक जोर न लगायें।

लचीलेपन के आधार पर उँगलियों के पोर या हथेलियाँ जमीन का स्पर्श करेंगी अथवा थोड़ा आगे झुकें ताकि उँगलियों के पोर जमीन तक पहुँच सकें।

अन्तिम स्थिति में दायाँ पंजा, दोनों हाथ, बायाँ घुटना तथा बायें पैर की उँगलियाँ शरीर को सहारा देंगे। पीठ थोड़ी-सी धनुषाकार तथा सिर आगे की ओर होगा।

आसन समाप्त करने के लिए श्वास लेते हुए शरीर के भार को पुनः धीरे-से प्रारम्भिक स्थिति में केन्द्रित करें।

यह एक चक्र हुआ। इसी तरफ आगे और पीछे झुकते हुए अभ्यास जारी रखें। एक तरफ अभ्यास करने के पश्चात् पुनः दोनों घुटनों पर खड़े हो जायें, वज्रासन में आयें और आराम करें।

दोनों घुटनों पर खड़े हो जायें, प्रारम्भिक स्थिति में आने के लिए बायें पैर के साथ एक बड़ा कदम आगे बढ़ायें और इस तरफ भी उतने ही चक्र अभ्यास करें। दोनों तरफ 10 चक्र अभ्यास करें।

श्वसन–वज्रासन तथा प्रारम्भिक स्थिति में आते समय सामान्य श्वसन करें।

प्रारम्भिक स्थिति में गहरी श्वास लें।

आगे आसन में आते समय श्वास छोड़ें।

संतुलन की अनुभूति करते हुए कुछ क्षणों के लिए श्वास रोकें।

प्रारम्भिक स्थिति में लौटते समय श्वास लें।

वज्रासन में आते समय सामान्य श्वसन करें।

सजगता–शारीरिक-पीठ, जाँघों की पेशियों, घुटनों, टखनों, अचिलिस कंडरा, संतुलन तथा गति के साथ श्वास की लयबद्धता पर।

आध्यात्मिक-स्वाधिष्ठान चक्र पर।

सीमायें–घुटनों या टखनों की चोट से पीड़ित व्यक्तियों के लिये वर्जित।

लाभ–यह आसन उदर क्षेत्र के अंगों की मालिश करता है और पीठ के निचले भाग में खिंचाव पैदा करता है। कूल्हों, पैरों, टखनों और पंजों को मजबूत बनाता है और तन्त्रिका तन्त्र को संतुलित करता है।

टिप्पणी– *चन्द्र नमस्कार तथा सूर्य नमस्कार की यह चौथी स्थिति है।*

अर्द्ध उष्ट्रासन

अर्द्ध उष्ट्रासन

वज्रासन में बैठ जाएँ। घुटनों को एक-दूसरे से अलग रखते हुए टखनों को नितम्बों की बगल में रखें।

हाथों को बगल में रखते हुए घुटनों के बल खड़े हो जाएँ।

पंजों को शरीर के पीछे जमीन पर सपाट रखें।

भुजाओं को बगल में फैलाकर कन्धों की ऊँचाई तक उठायें।

अधिक जोर न लगायें।

दाहिनी ओर मुड़ें, दाहिने हाथ को पीछे ले जाएँ और बायीं एड़ी अथवा टखने को पकड़ने का प्रयास करें।

साथ ही बायीं भुजा को सिर के सामने इस प्रकार फैलायें कि हाथ भ्रूमध्य की सीध में आ जाए।

सिर थोड़ा पीछे की ओर तथा दृष्टि उठे हुए हाथ पर केन्द्रित रहे।

अन्तिम स्थिति में उदर को सामने की ओर उभारें और जाँघों को सीधा रखने का प्रयास करें।

कुछ क्षणों तक दृष्टि को बायें हाथ पर केन्द्रित रखते हुए इसी स्थिति में रहें।

प्रारम्भिक स्थिति में लौट आयें।

दूसरी ओर इस क्रिया को दुहराते हुए एक चक्र पूरा करें।

3 से 5 चक्र अभ्यास करें। किसी प्रकार जोर न लगाएँ।

श्वसन–हाथों को बगल में फैलाते हुए श्वास लें।

बगल की ओर मुड़ते समय श्वास छोड़ें।

अन्तिम स्थिति में श्वास रोकें अथवा सामान्य श्वसन करें।

हाथों को पुन: कन्धों के स्तर तक लाते हुए श्वास लें। हाथ नीचे रखते समय श्वास छोड़ें।

सजगता–शारीरिक–पीठ और गर्दन में खिंचाव पर या लम्बे समय तक अन्तिम स्थिति में रुके हों, तो सामान्य श्वास-प्रश्वास पर।

आध्यात्मिक–अनाहत अथवा विशुद्धि चक्र पर।

सावधानियाँ–पीठ की गम्भीर समस्या से ग्रस्त व्यक्तियों को इस आसन का अभ्यास नहीं करना चाहिए।

लाभ–उष्ट्रासन के लाभों के समान ही, किन्तु कुछ कम मात्रा में।

प्रकारान्तर 1: प्रारम्भिक अभ्यासियों के लिए एक सरल प्रकारान्तर यह है कि दाहिना हाथ दाहिनी एड़ी पर और बायाँ हाथ बायीं एड़ी पर रखें। यदि एड़ियाँ ऊपर कर ली जाएँ तो यह आसन और भी सरल हो जाएगा।

प्रकारान्तर 2: पीछे झुकने के बाद फैलायी गयी भुजा सिर के ऊपर लम्बवत् रह सकती है। सिर को पीछे ले जाकर उठे हुए हाथ पर दृष्टि को केन्द्रित करना चाहिए।

उष्ट्रासन

उष्ट्रासन

वज्रासन में बैठ जाएँ।

घुटनों पर खड़े हो कर भुजाओं को बगल में रखें।

घुटने और पंजे साथ-साथ रहने चाहिए, किन्तु यदि अलग रखने में अधिक सुविधा लगे, तो उन्हें अलग-अलग भी रखा जा सकता है।

पीछे की ओर झुकें और धीरे-धीरे दाहिने हाथ से दाहिनी एड़ी और बाएँ हाथ से बायीं एड़ी को पकड़ने का प्रयास करें।

अधिक जोर नहीं लगायें।

उदर को आगे की ओर उभारें, जाँघों को सीधा रखने का प्रयास करें और सिर एवं मेरुदण्ड को जितना सम्भव हो पीछे झुकायें।

खिंचाव के समय सम्पूर्ण शरीर, विशेषकर पीठ की पेशियों को शिथिल करें।

शरीर का भार पैरों और भुजाओं पर समान रूप से रहे।

पीठ को धनुषाकार बनाये रखने के लिए कन्धों को भुजाओं का सहारा दें।

अन्तिम स्थिति में जितनी देर आराम से रह सकें, रहें। एक हाथ को एड़ी से अलग करें, फिर दूसरे हाथ को, और धीरे-धीरे प्रारम्भिक स्थिति में लौट आएँ।

श्वसन–अन्तिम स्थिति में सामान्य श्वसन। गहरे श्वसन का प्रयास न करें, क्योंकि वक्ष पहले से ही फैला हुआ है।

अवधि–गत्यात्मक आसन के रूप में 3 बार तक यह अभ्यास करें। अन्तिम स्थिति में स्थिर आसन के रूप में 3 मिनट तक रहें।

सजगता–शारीरिक–उदर, गले, मेरुदण्ड अथवा सहज श्वास-प्रश्वास पर। आध्यात्मिक–स्वाधिष्ठान या विशुद्धि चक्र पर।

क्रम–इस आसन के तुरन्त बाद कोई आगे झुकने वाला आसन, जैसे पश्चिमोत्तानासन करना चाहिए, ताकि पीठ में यदि कोई तनाव हो तो वह दूर हो जाए। सबसे सुविधाजनक विपरीत आसन शशांकासन है, क्योंकि इसे तुरन्त वज्रासन से ही बिना अनावश्यक शारीरिक गतिविधि के किया जा सकता है।

सीमायें–जिन लोगों को पीठ के गम्भीर रोग, जैसे कटि-वात हो, उन्हें किसी विशेषज्ञ के परामर्श के बिना यह अभ्यास नहीं करना चाहिए।

लाभ–यह आसन पाचन और प्रजनन-प्रणालियों के लिए लाभदायक है। यह आमाशय और आँतों में खिंचाव पैदा कर कब्ज को दूर करता है। पीठ का पीछे झुकना कशेरुकाओं को लोच प्रदान करता और मेरुदण्ड की तन्त्रिकाओं को उद्दीप्त करता है जिससे पीठ-दर्द, कटि-वेदना, झुके कन्धे और कुबड़ेपन में लाभ होता है। शरीर की आकृति में सुधार आता है, गर्दन का अग्र भाग पूरा खिंच जाता है, जिससे उस क्षेत्र के अंगों को शक्ति प्राप्त होती है और थाइरायड ग्रन्थि नियंत्रित होती है। दमा से पीड़ित रोगी को इससे लाभ मिलता है।

प्रकारान्तर 1: प्रारम्भ में पैर की अँगुलियों के अग्र भाग को जमीन पर रखकर इसका अभ्यास करना चाहिए।

प्रकारान्तर 2: आसन के प्रभाव को बढ़ाने के लिए दायीं एड़ी को बायें हाथ से और बायीं एड़ी को दाहिने हाथ से पकड़ा जा सकता है।

सुप्त वज्रासन

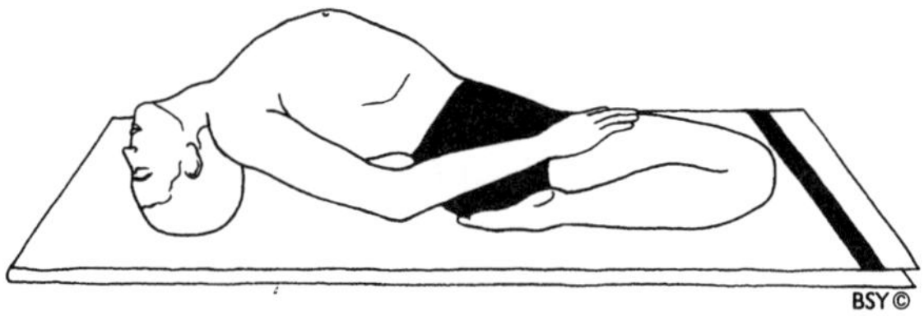

सुप्त वज्रासन

वज्रासन में बैठ जाएँ। पहले दाहिनी कोहनी तथा भुजा और इसके पश्चात् बायीं कोहनी और भुजा के सहारे धीरे-धीरे पीछे की ओर झुकें।

पीठ को धनुषाकार बनाते हुए सिर के ऊपरी भाग को जमीन पर लायें। हाथों को जाँघों पर रखें। घुटनों को जमीन के सम्पर्क में रखने का प्रयास करें। यदि आवश्यक हो तो घुटनों को अलग-अलग कर लें। अन्तिम स्थिति में घुटनों को जमीन के सम्पर्क में लाने हेतु जाँघों और घुटनों की पेशियों एवं सन्धि-बन्धनों पर अनावश्यक दबाव नहीं डालना चाहिए। आँखों को बन्द कर शरीर को शिथिल करें।

अन्तिम स्थिति में गहरा और धीमा श्वसन करें। श्वास लेते हुए कोहनियों और भुजाओं के सहारे विपरीत क्रम से प्रारम्भिक स्थिति में वापस आयें।

श्वसन–गहरा और धीमा।

अवधि–शारीरिक लाभ के लिए एक मिनट का अभ्यास पर्याप्त है।

आध्यात्मिक लाभ के लिए लम्बे समय तक अभ्यास करें।

प्रारम्भिक अभ्यासी अन्तिम स्थिति में कुछ क्षणों से आरम्भ कर धीरे-धीरे अवधि का विस्तार कर सकते हैं।

सजगता–शारीरिक–सिर के ऊपरी भाग, गर्दन, कमर, आमाशय या श्वास पर।

आध्यात्मिक–स्वाधिष्ठान, अनाहत या विशुद्धि चक्र पर।

क्रम–सुप्तवज्रासन के बाद आगे की ओर झुकने वाला कोई आसन करें। सबसे सुविधाजनक विपरीत आसन शशांकासन है, क्योंकि इसे तुरन्त वज्रासन से ही बिना अनावश्यक शारीरिक गतिविधि के किया जा सकता है।

सीमायें–सायटिका, स्लिप डिस्क, मेरुदण्ड के निचले भाग के रोग अथवा गर्दन और घुटनों की समस्या वाले लोगों को यह आसन नहीं करना चाहिए।

लाभ–यह आसन आमाशय के अंगों की मालिश कर पाचन सम्बन्धी रोगों और कब्ज को दूर करता है। यह मेरुदण्ड के स्नायुओं को शक्ति प्रदान करता, पीठ को लोचदार बनाता और झुके कन्धों की वक्रता को ठीक करता है। इससे गर्दन और थायराइड-ग्रन्थि की तंत्रिकाओं पर विशेष प्रभाव पड़ता है। वक्ष का खिंचाव और पूर्ण विस्तार होता है, परिणामस्वरूप फेफड़ों में वायु भरने से सम्पूर्ण शरीर-संस्थान को अधिक ऑक्सीजन प्राप्त होती है। दमा, ब्रोन्काइटिस और फेफड़ों के अन्य रोगों में इससे लाभ होता है। यह ध्यान के आसनों में बैठने के लिए पैरों को लचीला बनाता है। आध्यात्मिक उद्‌देश्यों के लिए यौन-ऊर्जा को मस्तिष्क में दिशान्तरित करता है।

अभ्यास टिप्पणी–अन्तिम स्थिति से प्रारम्भिक स्थिति में आने के लिए पहले पैरों को सीधा करने का प्रयास न करें, इससे जानु-सन्धि के खिसक जाने का खतरा रहता है। पहले वज्रासन में लौट आयें और उसके बाद पैरों को सीधा करें।

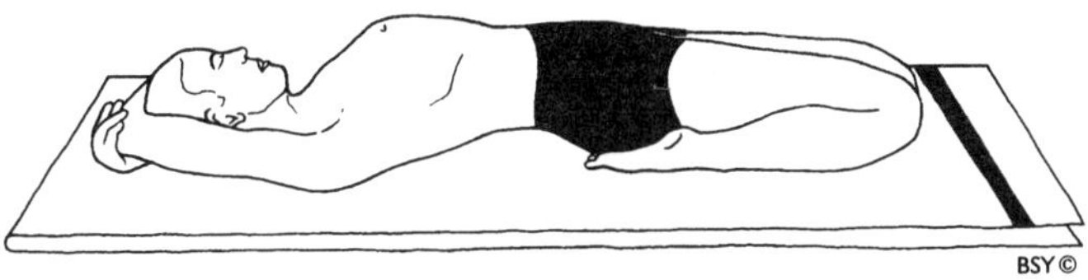

प्रकारान्तर: इसकी विधि मूल अभ्यास के समान ही है, केवल अन्तिम स्थिति में सिर के ऊपरी भाग की अपेक्षा पिछले भाग को जमीन पर रखते हैं। हाथों को आपस में फँसाकर सिर के नीचे रखें अथवा भुजाओं को मोड़कर आरामदायक स्थिति में सिर के ऊपर रखें। घुटनों को जमीन पर रखने का प्रयास करें। आँखों को बन्द रखें एवं पूरे शरीर को शिथिल करें।

श्वसन–अन्तिम स्थिति में गहरा और धीमा।

लाभ–यह एक महत्त्वपूर्ण प्रकारान्तर है, जो गर्दन पर दबाव डाले बिना उदर क्षेत्र में उत्पन्न खिंचाव को बढ़ाता है।

अभ्यास टिप्पणी–मूल अभ्यास की तरह।

***टिप्पणी**–संस्कृत शब्द सुप्त का अर्थ है 'सोया हुआ' और वज्र उस नाड़ी एवं ऊर्जा-पथ का द्योतक है, जो यौन अंगों को मस्तिष्क से जोड़ती है।*

खड़े होकर किये जाने वाले आसन

इन आसनों को करने से पीठ, कन्धों और पैर की पेशियों में खिंचाव उत्पन्न होता और मजबूती आती है। ये उन लोगों के लिए विशेष रूप से उपयोगी हैं, जो दीर्घ काल तक बैठते हैं अथवा जिनकी पीठ में कड़ापन या दर्द रहता है। ये शारीरिक भंगिमायें, सन्तुलन और पेशीय समन्वय में सुधार लाती हैं। ये आसन ध्यान के समय पीठ को सीधा रखने के लिए उपयोग में लायी जाने वाली पेशियों को सुदृढ़ बनाते और फेफड़ों की क्षमता तथा ऑक्सीकरण में भी वृद्धि करते हैं। जिन्हें सायटिका अथवा स्लिप डिस्क की समस्या हो, वे हस्त उत्तानासन, आकर्ण धनुरासन और ताड़ासन का अभ्यास कर सकते हैं, किन्तु खड़े होकर किये जाने वाला अन्य कोई आसन उन्हें किसी अनुभवी योग शिक्षक के मार्गदर्शन के बिना नहीं करना चाहिए। प्रत्येक अभ्यास के साथ दी गई सीमाओं को ध्यान से देखें।

दायें हाथ से काम करने वालों को लगता है कि उन्हें दायीं ओर से शुरू करने पर सीखने में सुविधा होती है। बाद में उन्हें यह आसन बायीं ओर से भी शुरू करने चाहिए ताकि आदतवश किए जाने वाले व्यवहारों को संतुलित किया जा सके।

बन्ध हस्त उत्तानासन

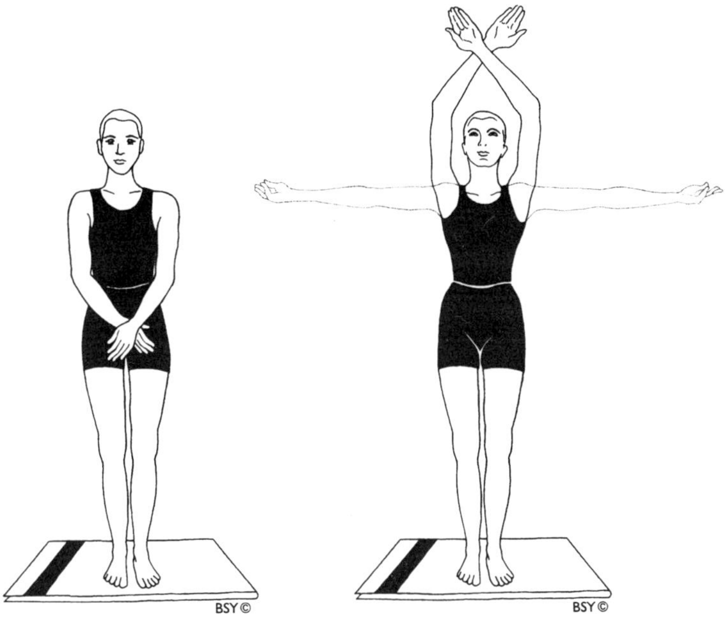

बन्ध हस्त उत्तानासन

पंजों को मिलाकर सीधे खड़े हो जायें, भुजायें बगल में रखें। सम्पूर्ण शरीर को शिथिल करें और शरीर के भार को दोनों पंजों पर बराबर सन्तुलित करें। हाथों को शरीर के सामने कैंचीनुमा आकार में रखें।

गहरी श्वास लें और हाथों को कैंचीनुमा बनाये रखते हुए धीरे-धीरे सिर के ऊपर ले जायें। साथ ही सिर को थोड़ा पीछे झुका कर हाथों की ओर देखें। भुजाओं को बगल में इस प्रकार फैलायें कि वे कन्धों की सीध में आ जायें। थोड़ा समय रुकें, फिर विलोम-गति कर हाथों को पुन: सिर के ऊपर कैंचीनुमा स्थिति में ले आयें। भुजाओं को सीधे शरीर के सामने नीचे लायें ताकि वे एक बार पुन: प्रारम्भिक स्थिति में आ जायें।

इस प्रक्रिया को 10 बार दुहरायें।

श्वसन–प्रारम्भिक अभ्यासी हाथ ऊपर उठाते समय श्वास लें। बगल में फैलाते समय श्वास छोड़ें, सिर के ऊपर कलाइयों की कैंचीनुमा स्थिति में श्वास लें और हाथ नीचे लाते समय श्वास छोड़ें। अनुभवी अभ्यासी

हाथ ऊपर उठाते समय श्वास लें, फिर बगल में फैलाते समय और गहरी श्वास लें। सिर के ऊपर कलाइयों को कैंचीनुमा स्थिति में लाते हुए श्वास छोड़ें तथा हाथ नीचे लाते समय और गहरी श्वास छोड़ें।

सजगता–गति के साथ जुड़ी हुई श्वास पर, भुजाओं और कन्धों के खिंचाव और फेफड़ों के विस्तार पर।

लाभ–यह आसन झुके कन्धों को ठीक करता है और कन्धों एवं पीठ के ऊपरी भाग के कड़ेपन को दूर करता है। गहरी और समकालित श्वास से श्वसन-क्षमता का विकास होता है। यह आसन हृदय को प्रभावित कर रक्त-संचार में सुधार लाता है। सम्पूर्ण शरीर, विशेषकर मस्तिष्क को अतिरिक्त ऑक्सीजन की आपूर्ति करता है।

आकर्ण धनुरासन

आकर्ण धनुरासन

पंजों के बीच कन्धों की चौड़ाई जितनी दूरी रखते हुए सीधे खड़े हो जायें और भुजाओं को बगल में रखें।

दाहिने पैर से एक छोटा कदम आगे की ओर रखें।

दाहिने हाथ से मुट्ठी बनाते हुए भुजा को शरीर के सामने इस प्रकार ऊपर उठायें कि वह दाहिने पंजे के ऊपर आँखों की सीध से थोड़ी ऊँचाई पर आ जाय।

बायीं मुट्ठी बाँधें और उसे दाहिनी मुट्ठी के थोड़ा पीछे रखें।

दाहिनी मुट्ठी की ओर इस प्रकार देखें मानो आपने तीर-धनुष उठा रखा हो, और दृष्टि को एक काल्पनिक लक्ष्य पर केन्द्रित करें।

श्वास लें और धीरे-से बायीं मुट्ठी को पीछे खींच कर बायें कान के पास ले आयें, साथ-ही दोनों भुजाओं में तनाव पैदा करें, मानो धनुष की प्रत्यंचा खींच रहे हों। इस गति के साथ सिर को थोड़ा पीछे ले जाएँ, जिससे गर्दन की पेशियाँ तन जायें। बायीं कोहनी को कन्धे की सीध में रखें।

श्वास छोड़ें और काल्पनिक तीर को छोड़ दें। गर्दन को ढीला करते हुए बायीं मुट्ठी को आगे दाहिनी मुट्ठी के पास ले आयें।

दोनों तरफ 10-10 बार अभ्यास करें।

श्वसन–धनुष की प्रत्यंचा खींचते समय श्वास लें, धनुष की प्रत्यंचा को ढीला करते हुए, हाथ को आगे की ओर लाते समय श्वास छोड़ें।

सजगता–गति के साथ जुड़ी हुई श्वास और भुजाओं को तानने तथा काल्पनिक लक्ष्य पर।

लाभ–यह आसन कन्धों को व्यायाम कराता है और गर्दन एवं स्कन्धास्थि की छोटी एवं गहरी पेशियों को उपयोग में लाता है। प्राय: इन पेशियों का उपयोग नहीं के बराबर होता है और इनमें भंगिमाजनित एवं अचेतन तनाव एकत्र हो जाता है, जिसके कारण कड़ापन और दर्द उत्पन्न होता है। तनाव के बाद विश्रांति और विश्रांति के बाद तनाव पैदा करने से ऊर्जा-प्रवाह में सहजता और पेशियों में विश्रांति आती है, जिससे त्रुटिपूर्ण शारीरिक भंगिमा, सर्वाइकल स्पॉण्डिलाइटिस, राइटर्स क्रैम्प और कन्धे एवं भुजा के कड़ेपन की समस्या दूर हो जाती है।

ताड़ासन

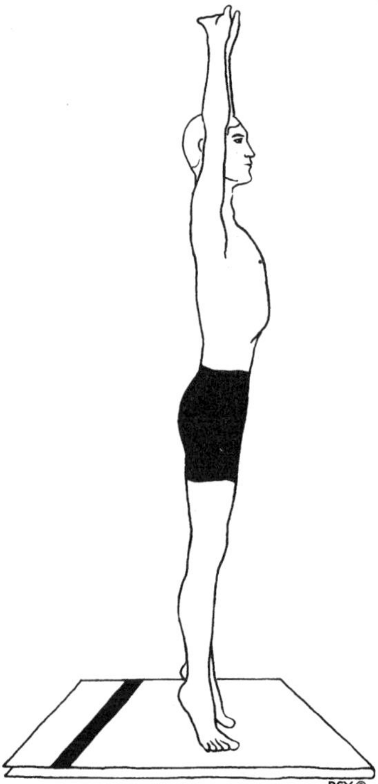
BSY ©

ताड़ासन

दोनों पंजों को मिलाकर अथवा उनके बीच 10 सेन्टीमीटर की दूरी रखकर खड़ें हो जाएँ।

भुजाएँ बगल में रहें।

शरीर को स्थिर बनाएँ और शरीर के भार को दोनों पंजों पर समान रूप से बाँटें।

भुजाओं को सिर के ऊपर उठायें।

उँगलियों को आपस में फँसा कर हथेलियाँ ऊपर की ओर रखें।

हाथों को सिर के शीर्ष पर रखें।

आँखों को सिर के स्तर से थोड़ा ऊपर दीवार पर किसी बिन्दु पर टिकायें। पूरे अभ्यास के दौरान आँखें उसी बिन्दु पर टिकी रहें।

श्वास लेकर भुजाओं, कन्धों और वक्ष तथा पूरे शरीर को ऊपर की ओर ताने।

एड़ियों को ऊपर उठाकर पैरों की उँगलियों पर खड़े हो जायें।

बिना सन्तुलन खोये अथवा पंजों को बिना हिलाए सिर से पैर तक पूरे शरीर को ताने।

कुछ क्षणों तक श्वास रोककर इस स्थिति में रहें।

प्रारम्भ में सन्तुलन बनाये रखने में कठिनाई हो सकती है, किन्तु अभ्यास के बाद यह आसान हो जायेगा।

श्वास छोड़ते हुए एड़ियों को नीचे लायें और हाथों को सिर के ऊपर रखें।

यह एक चक्र हुआ।

दूसरा चक्र प्रारम्भ करने के पूर्व कुछ क्षणों के लिए विश्राम कर लें।

10 चक्र अभ्यास करें।

श्वसन–भुजाओं को ऊपर उठाते समय श्वास लें, तानी हुई अवस्था में श्वास रोकें अथवा सामान्य श्वसन करें और नीचे लाते समय श्वास छोड़ें।

सजगता–शारीरिक-श्वसन, सन्तुलन बनाये रखने और सिर से पैर तक पूरे शरीर के खिंचाव पर।

आध्यात्मिक-प्रारम्भ में स्थिरता लाने के लिए मूलाधार चक्र पर, सन्तुलन प्राप्त हो जाने पर सजगता को आज्ञा चक्र पर स्थानान्तरित कर दें।

क्रम–ताड़ासन के बाद सिर के बल किया जाने वाला कोई आसन करना चाहिए।

लाभ–यह आसन शारीरिक और मानसिक सन्तुलन विकसित करता है। सम्पूर्ण मेरुदण्ड में खिंचाव और ढीलापन आता है, जिसके फलस्वरूप जिन बिन्दुओं से मेरुदण्ड के स्नायु निकलते हैं, उनके अवरोध दूर होते हैं। पेशियों और स्नायु बंधों में खिंचाव उत्पन्न होने से बढ़ती हुई अस्थियाँ लम्बी होती हैं, जिससे लम्बाई बढ़ती है। ताड़ासन मलाशय एवं आमाशय की पेशियों और आँतों में खिंचाव उत्पन्न करता है, इसलिए गर्भाधान के प्रथम छः महीनों तक उदर की पेशियों और स्नायुओं को शक्ति प्रदान करने के लिए यह उपयोगी है।

प्रकारान्तर 1 : ताड़ासन का अभ्यास आपस में फँसाकर रखी गई उँगलियों पर दृष्टि को केन्द्रित करते हुए भी किया जा सकता है। अन्तिम अवस्था में सन्तुलन बनाए रखना पहले वाले अभ्यास से अधिक कठिन हो सकता है।

प्रकारान्तर 2 : दोनों भुजाओं को सिर के ऊपर उठा कर ताड़ासन में खड़े हो जायें।

पैरों की उँगलियों पर शरीर का संतुलन बनाते हुए एक पैर को उठाकर आगे या पीछे ले जाएँ।

दूसरे पैर से दस बार इस आसन को दुहरायें।

अभ्यास टिप्पणी–जिन अभ्यासियों ने आँखों को खुला रखकर ताड़ासन करने में दक्षता प्राप्त कर ली है, वे बन्द आँखों से भी यह अभ्यास करने का प्रयास कर सकते हैं।

***टिप्पणी**– यह शंख प्रक्षालन के आसनों में एक है।*

तिर्यक् ताड़ासन

तिर्यक् ताड़ासन

पंजों के बीच कन्धों की चौड़ाई से अधिक दूरी बनाते हुए खड़े हो जायें।
ठीक सामने किसी बिन्दु पर दृष्टि केन्द्रित करें।
हाथों की उँगलियों को आपस में फँसायें और हथेलियों को ऊपर की ओर करें।
भुजाओं को सिर के ऊपर उठायें।
कमर से दायीं ओर झुकें।
आगे या पीछे की ओर न झुकें और न ही धड़ को मोड़ें।
कुछ क्षणों तक इस स्थिति में रहें।
फिर धीरे-धीरे सीधी अवस्था में लौट आयें।
बायीं ओर से इसकी पुनरावृत्ति करें।
यह एक चक्र हुआ।
10 चक्र अभ्यास करें।
अभ्यास समाप्त करने के लिये सीधी अवस्था में पुनः लौट आयें।
हाथ खोलकर भुजाओं को पुनः बगल में ले आयें।

श्वसन-हाथों को ऊपर उठाते समय श्वास लें, बगल में झुकते समय श्वास छोड़ें, सीधा खड़ा होते समय श्वास लें और हाथ नीचे लाते समय श्वास छोड़ें।

सजगता-शारीरिक-संतुलन बनाए रखने और शरीर में बगल में उत्पन्न खिंचाव पर।

बगल की ओर झुकते समय बिना आगे या पीछे झुके शरीर और सिर को सामने की ओर रखने पर।

गति के साथ श्वास के तालमेल पर।

आध्यात्मिक-मूलाधार अथवा मणिपुर चक्र पर।

लाभ-ताड़ासन के समान। इसके अतिरिक्त यह कमर के बगल की मालिश करता, उसे लचीला बनाता और व्यायाम प्रदान करता है। यह दायीं और बायीं भंगिमा मूलक पेशियों के समूह को सन्तुलित बनाता है।

प्रकारान्तर: इस अभ्यास में पैरों की उँगलियों पर अपना सन्तुलन बनायें।

***टिप्पणी**– यह शंख-प्रक्षालन का एक आसन है।*

कटि चक्रासन

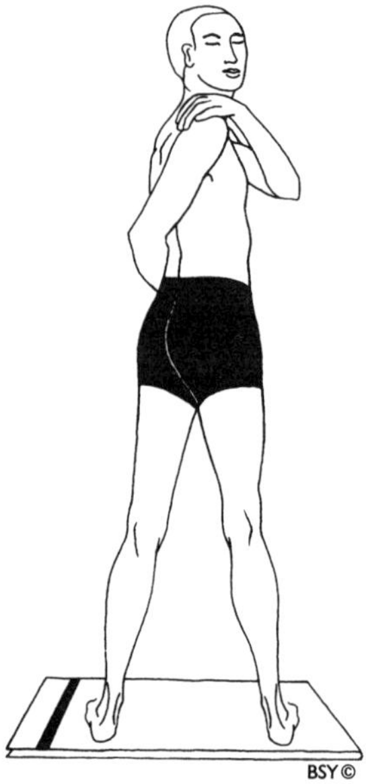

कटि चक्रासन

पंजों के बीच लगभग कन्धों की चौड़ाई के बराबर दूरी रखते हुए खड़े हो जायें, भुजाओं को बगल में रखें।

भुजाओं को कन्धों की ऊँचाई तक उठाते हुए शरीर को दायीं ओर मोड़ें। बायाँ हाथ दायें कन्धे पर लायें और दाहिनी भुजा से पीठ को लपेटते हुए दाहिने हाथ को कमर की बायीं ओर ले आयें। दाहिने कन्धे के ऊपर से जितनी दूर संभव हो देखें।

गर्दन के पिछले भाग को सीधा रखें और कल्पना करें कि मेरुदण्ड का शीर्ष एक स्थिर बिन्दु है, जिसके चारों ओर सिर घूमता है।

दो क्षण रुकें, और अधिक मुड़ें और उदर में हल्का खिंचाव लाने का प्रयास करें।

प्रारम्भिक अवस्था में लौट आयें।

एक चक्र पूरा करने के लिए दूसरी तरफ से इसे दुहरायें।

घूमते समय पंजों को दृढ़तापूर्वक जमीन पर जमाये रखें।

अभ्यास के दौरान भुजाओं और पीठ को जितना सम्भव हो शिथिल रखें। अधिक जोर न लगायें। गति आरामदायक और सहज होनी चाहिए। बिना झटके या कड़ेपन के आराम से घूमें।

5 से 10 चक्र अभ्यास करें।

श्वसन–हाथ उठाते समय श्वास लें।

बगल में मुड़ते समय श्वास छोड़ें।

बीच में आते समय श्वास लें।

आसन खोलते समय श्वास छोड़ें।

सजगता–गति के साथ श्वास के तालमेल और उदर एवं मेरुदण्ड की पेशियों के खिंचाव पर।

लाभ–यह आसन कमर, पीठ और पुट्ठों का पोषण करता है। पीठ के कड़ेपन और शारीरिक भंगिमा की समस्याओं को दूर करने में यह आसन उपयोगी है। शिथिलीकरण और झूलने की क्रिया से शरीर में हल्कापन आता है। दिन के किसी भी समय शारीरिक और मानसिक तनावों से छुटकारा पाने के लिए इसका उपयोग किया जा सकता है।

अभ्यास टिप्पणी–इस आसन का अभ्यास अधिक गत्यात्मक ढंग से, सामान्य श्वसन करते हुए भुजाओं के साथ शरीर को लयपूर्ण ढंग से झुलाते हुए भी किया जा सकता है।

***टिप्पणी**–यह भी शंख प्रक्षालन का एक आसन है।*

तिर्यक् कटि चक्रासन

तिर्यक् कटि चक्रासन

पंजों के बीच कन्धों की चौड़ाई के बराबर दूरी रखते हुए सीधे खड़े हो जायें। शरीर के सामने हाथों की उँगलियों को आपस में फँसा लें।

भुजाओं को सिर के ऊपर उठाकर, कलाइयों को घुमाकर हथेलियों को ऊपर की ओर पलट दें।

नितम्बों से आगे की ओर झुकें ताकि पैरों और धड़ के बीच एक समकोण बन जाय। हाथों के पृष्ठ भाग को देखें और पीठ सीधी रखें। धीरे-धीरे भुजाओं और धड़ को पहले जितना संभव हो दाहिनी ओर, फिर बायीं ओर ले जायें। उसके बाद उन्हें बीच में ले आयें।

सीधे खड़े होने की स्थिति में लौट आयें और भुजाओं को नीचे कर लें।

5 से 10 बार अभ्यास करें।

श्वसन–भुजाओं को ऊपर उठाते समय श्वास लें।

आगे की ओर झुकते समय श्वास छोड़ें।

एक बगल से दूसरी बगल में जाते समय श्वास रोकें। धड़ को ऊपर उठाते समय श्वास लें और भुजाओं को नीचे लाते समय श्वास छोड़ें।

सीमायें–इस आसन में अधिक जोर लगाना पड़ता है, इसलिए पीठ की समस्या, स्लिप डिस्क अथवा सायटिका से पीड़ित रोगी को यह आसन नहीं करना चाहिए।

लाभ–कटि चक्रासन की ही तरह। यह आसन संतुलन और समन्वय बढ़ाता है।

मेरु पृष्ठासन

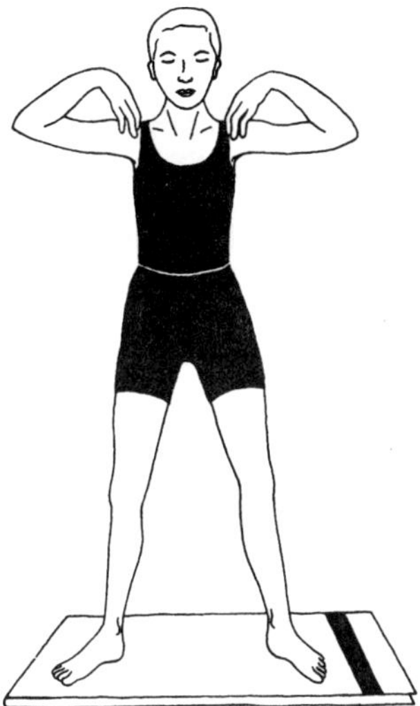

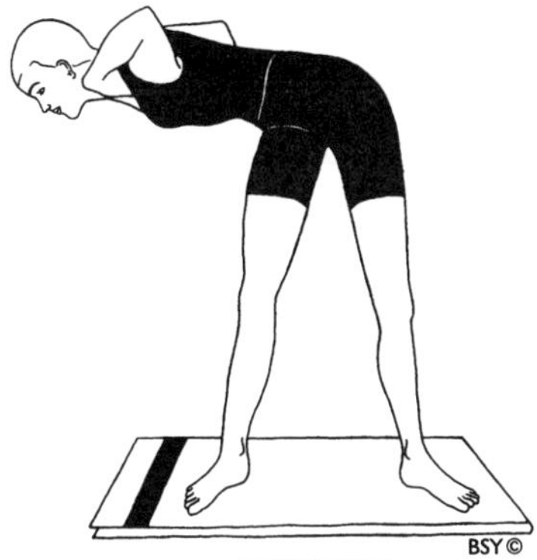

प्रकारान्तर

मेरु पृष्ठासन

सीधे खड़े हो जायें। दोनों पंजों के बीच कन्धों की चौड़ाई के बराबर दूरी रखें और पैरों की उँगलियों को थोड़ा बाहर की ओर रखें। दोनों हाथों की उँगलियों को कन्धों पर रखें, कोहनियाँ बगल की ओर रहें। यह प्रारम्भिक स्थिति है।

धड़ के ऊपरी भाग को जितना सम्भव हो, दाहिनी ओर घुमायें और उसके बाद मध्य में वापस आ जायें।

बायीं ओर इसकी पुनरावृत्ति करें।

दोनों ओर 3 से 5 बार अभ्यास करें।

श्वसन–हाथों की उँगलियों को कन्धों के ऊपर लाते समय और मध्य में लौटते समय श्वास लें। धड़ को बगल में घुमाते समय और भुजाओं को नीचे लाते समय श्वास छोड़ें।

प्रकारान्तर: बगल में घूमने के बाद, पैरों को सीधा रखते हुए, नितम्बों से समकोण बनाते हुए झुकें।

सिर, गर्दन और मेरुदण्ड एक सीध में रहने चाहिए।

कोहनियाँ कन्धों की सीध में रहें। इस अवस्था में 5 सैकण्ड तक रहें।
सीधे हो जायें और सामने की ओर घूमें।
बायीं ओर इसकी पुनरावृत्ति करें।

श्वसन–हाथों की उँगलियों को कन्धों की ओर उठाते समय श्वास लें। शरीर को घुमाते समय श्वास अन्दर रोकें। आगे झुकते समय और भुजाओं को नीचे करते समय श्वास छोड़ें। शरीर को सीधा करते समय श्वास लें।

सीमायें–कड़ी पीठ अथवा पीठ-दर्द से ग्रस्त व्यक्ति इस आसन को न करें।

लाभ–यह आसन मेरुदण्ड में खिंचाव लाता है, पीठ की पेशियों को शक्ति प्रदान करता है और कमर के चारों ओर एकत्र चर्बी को शरीर के अन्य अंगों में बाँट देता है।

उत्तानासन

उत्तानासन

सीधे खड़े हो जायें। पंजों के बीच लगभग एक मीटर की दूरी रखें। पैरों की उँगलियों को बाहर की ओर घुमायें। पूरे अभ्यास के दौरान पंजे इसी स्थिति में रहेंगे।
दोनों हाथों की उँगलियों को आपस में फँसा कर उन्हें शरीर के सामने ढीला झूलने दें।

चरण 1: धीरे-धीरे घुटनों को मोड़ें और नितम्बों को 20 सेन्टीमीटर तक नीचे लायें। घुटनों को मोड़ते समय उन्हें बाहर की ओर रखें, जिससे वे पैरों की उँगलियों के ठीक ऊपर रहें और मेरुदण्ड को सीधा रखें।

घुटनों को सीधा कर लें और सीधे खड़े होने की स्थिति में वापस आ जाएँ।

चरण 2: घुटनों को मोड़ें और लगभग आधा मीटर की दूरी तक नीचे आयें। पुनः सीधे खड़े हो जायें।

चरण 3: घुटनों को मोड़ें और नितम्बों को इतना नीचे लायें कि हाथ जमीन से लगभग 30 सेन्टीमीटर ऊपर रहें और फिर ऊपर उठें।

चरण 4: अन्त में, नितम्बों को तब तक नीचे करते जायें जब तक हाथ जमीन पर टिक न जायें अथवा जमीन के निकट न पहुँच जायें।

भुजाओं और कन्धों को शिथिल रखें और आगे की ओर न झुकें।

अन्तिम स्थिति में कुछ क्षणों तक रुकें। फिर सीधे खड़े होने की स्थिति में वापस आ जाएँ और शरीर को शिथिल करें।

क्रम–प्रारम्भिक अभ्यासी जो चरण सहजता से कर सकें उनका केवल 5 चक्र तक अभ्यास करें। सभी चरण एक के बाद एक तभी करें जब जोर लगाने की आवश्यकता न पड़े।

श्वसन–शरीर को नीचे लाते समय श्वास छोड़ें।

शरीर को ऊपर उठाते समय श्वास लें।

सीमायें–घुटनों की समस्या से पीड़ित व्यक्तियों को केवल शुरू के चरण करने चाहिए। अधिक जोर न लगायें। जो स्त्रियाँ गर्भाशय भ्रंश से पीड़ित हैं, उन्हें यह आसन नहीं करना चाहिए। गर्भावस्था के समय केवल दो चरण तक अभ्यास करें।

लाभ–यह आसन पीठ के मध्य भाग, श्रोणि तथा गर्भाशय की पेशियों और साथ-ही जाँघों, घुटनों एवं टखनों को भी सुदृढ़ बनाता है।

द्रुत उत्कटासन

द्रुत उत्कटासन

सीधे खड़े हो जायें। दोनों पंजों को एक साथ रखें। दोनों हाथों को जोड़कर छाती के सामने रखें।

श्वास लेते हुए भुजाओं को सिर के ऊपर उठायें और उन्हें सीधा करें। श्वास छोड़ते समय घुटनों को मोड़ते हुए धीरे-धीरे शरीर को नीचे लायें।

पूरे अभ्यास के दौरान पंजों और घुटनों को एक साथ तथा भुजाओं को सीधा रखें।

चरण 1: शरीर को लगभग 30 सेन्टीमीटर तक नीचे लायें। पैरों को सीधा करते हुए सीधे खड़े हो जायें।

चरण 2: सीधे खड़े होने की अवस्था में लौटने के पूर्व शरीर को लगभग आधा मीटर नीचे लाते हुए अभ्यास की पुनरावृत्ति करें।

चरण 3: अन्त में शरीर को तब तक नीचे लायें जब तक नितम्ब जमीन पर टिक न जायें। श्वास लेते हुए सीधे खड़े हो जायें।

श्वसन–शरीर को नीचे लाते समय श्वास छोड़ें।
शरीर को ऊपर उठाते समय श्वास लें।

क्रम–प्रारम्भिक अभ्यासी जो चरण आसानी से कर सकें उनका 5 चक्र तक ही अभ्यास करें। सभी चरण तभी करें जब जोर लगाने की आवश्यकता न पड़े।

सीमायें–उत्तानासन के समान। परन्तु गर्भावस्था में यह अभ्यास न करें।

लाभ–पीठ और पैरों की पेशियाँ सुदृढ़ होती हैं।

अभ्यास टिप्पणी–यह आसन एड़ियों, घुटनों और जाँघों में खिंचाव पैदा करता है। अत: प्रारम्भ में यह आवश्यक हो सकता है कि जब तक एकलिज स्नायु लचीले न हो जायें तब तक पंजों और उँगलियों के सहारे उकड़ूँ बैठा जाय।

समकोणासन

खड़े हो जायें। पंजों को एक साथ और भुजाओं को बगल में रखें। भुजाओं को सीधा रखते हुए सिर के ऊपर ले जायें। कलाइयों से हाथों को मोड़ें, जिससे उँगलियाँ सामने की ओर रहें। हाथों को ढीला छोड़ दें। नितम्बों को थोड़ा पीछे ले जाते हुए पीठ को थोड़ा-सा धनुषाकार बनायें। पैरों को सीधा रखते हुए, नितम्बों से धीरे-धीरे सामने की ओर तब तक झुकें जब तक पीठ जमीन के समानान्तर होकर पैरों से समकोण न बना ले। सिर, गर्दन और मेरुदण्ड एक सीध में रहें।

अन्तिम स्थिति में कुछ क्षणों तक रुकें। भुजाओं, सिर और पीठ को एक सीध में रखते हुए धीरे-धीरे सीधे खड़े हो जायें। भुजाओं को नीचे कर लें।

5 से 10 बार अभ्यास करें।

श्वसन–भुजाओं को सिर के ऊपर उठाते समय श्वास लें। आगे की ओर झुकते समय श्वास छोड़ें। अन्तिम स्थिति में श्वास रोक कर रखें।

धड़ को ऊपर उठाते समय श्वास लें।

भुजाओं को नीचे लाते समय श्वास छोड़ें।

सजगता–शारीरिक–शरीर की गति के साथ श्वास को जोड़ने, मेरुदण्ड को सीधा रखने और सन्तुलन बनाये रखने पर।

आध्यात्मिक–अनाहत चक्र पर।

सीमायें–गम्भीर सायटिका वालों को यह अभ्यास नहीं करना चाहिए। अधिक खिंचाव से बचने के लिए पीठ-दर्द वाले लोग समकोणासन करते समय कमर से न झुक कर नितम्ब से झुकें।

लाभ–यह आसन वक्ष के ठीक पीछे पीठ के ऊपरी भाग पर विशेष रूप से प्रभाव डालता है। यह तनाव दूर करता है तथा त्रुटिपूर्ण शरीरिक भंगिमा को सुधारता है।

द्विकोणासन

द्विकोणासन

सीधे खड़े हो जायें। दोनों पंजों के बीच 30 सेन्टीमीटर की दूरी रखें। भुजाओं को पीठ के पीछे ले जाकर उँगलियों को आपस में फँसा लें। यह प्रारम्भिक स्थिति है।

नितम्बों से आगे की ओर झुकें ताकि पीठ और चेहरा जमीन के समानान्तर हो। बिना जोर लगाये भुजाओं को पीठ के पीछे जितना सम्भव हो ऊपर उठायें।

भुजायें उत्तोलक का काम करती हैं और कन्धों एवं वक्ष में होने वाले खिंचाव को द्विगुणित करती हैं।

कुछ समय तक अन्तिम स्थिति में रहें, भुजाओं को नीचे पीठ पर ले आयें और फिर प्रारम्भिक स्थिति में लौट आयें।

10 बार तक दुहरायें।

श्वसन–प्रारम्भिक स्थिति में श्वास लें।

आगे झुकते समय श्वास छोड़ें।

भुजाओं को ऊपर उठाते समय श्वास लें।

भुजाओं को नीचे लाते समय श्वास छोड़ें।

खड़ी हुई स्थिति में लौटते समय श्वास लें।

सजगता–शारीरिक–भुजाओं, कन्धों और पीठ के ऊपरी भाग के खिंचाव पर। पीठ को सीधा तथा जमीन के समानान्तर रखने और गति के साथ श्वास को जोड़ने पर।

आध्यात्मिक–अनाहत चक्र पर।

लाभ–यह आसन मेरुदण्ड के ऊपरी भाग और स्कन्धास्थि के बीच की पेशियों को सुदृढ़ बनाता और वक्ष एवं गर्दन को विकसित करता है। यह बढ़ते हुए युवा व्यक्तियों के लिए विशेष रूप से लाभदायक है।

प्रकारान्तर: इस अभ्यास में हाथ की उँगलियों को आपस में फँसा लें और हथेलियों को बाहर की ओर मोड़ें।

त्रिकोणासन

प्रकारान्तर 2

प्रकारान्तर 1

त्रिकोणासन

प्रकारान्तर 1: सीधे खड़े हो जायें। दोनों पंजों के बीच एक मीटर की दूरी रखें।
दाहिने पंजे को दायीं तरफ घुमायें।
भुजाओं को बगल में फैलायें और उन्हें कन्धों की ऊँचाई तक उठा लें, जिससे कि वे एक सीधी रेखा में हो जायें।
दाहिनी ओर झुकें, पर सावधानी रखें कि शरीर आगे की ओर न झुक जाय। साथ ही दाहिने घुटने को थोड़ा मोड़ें।
भुजाओं को एक सीध में रखते हुए दाहिने हाथ को दाहिने पंजे पर रखें।
बायीं हथेली को सामने की ओर घुमायें।
अन्तिम स्थिति में बायें हाथ की ओर देखें।
भुजाओं को एक सीध में रखते हुए सीधे खड़े हो जाएँ।
बायें घुटने को थोड़ा मोड़ कर दूसरी तरफ इसकी पुनरावृत्ति करें।
यह एक चक्र हुआ।
5 से 10 चक्र अभ्यास करें।

श्वसन–हाथ ऊपर उठाते समय श्वास लें। झुकते समय श्वास छोड़ें। अन्तिम स्थिति में कुछ क्षणों के लिए श्वास रोकें। सीधा खड़ा होते समय श्वास लें।

सजगता–बगल, पैर और भुजाओं के खिंचाव, संतुलन, और गति के साथ श्वास के समन्वय पर।

प्रकारान्तर 2: मूल अभ्यास को दुहरायें, किन्तु अन्तिम स्थिति में ऊपर उठे हुए हाथ को सीधा खड़ा रखने के बदले उसे नीचे लाकर कान से स्पर्श कराते हुए इस प्रकार रखें कि वह जमीन के समानान्तर हो जाय और हथेली नीची की ओर रहे।

प्रयास करें कि शरीर आगे की ओर न झुके और एक सीध में दण्डवत् रहे। बायें हाथ की ओर देखें।

धीरे-धीरे प्रारम्भिक स्थिति में लौट आयें।

5 से 10 चक्र अभ्यास करें।

उच्च अभ्यास–जब प्रकारान्तर 1 और 2 करना सहज हो जाये, तो दोनों पैरों को सीधा रख कर अभ्यास दुहरायें।

प्रकारान्तर 3

प्रकारान्तर 3: पंजों के बीच एक मीटर की दूरी रखकर खड़े हो जायें। पैरों की उँगलियों को आगे की ओर रखकर सामने की ओर सीधा देखें। हथेलियों को कमर के दोनों ओर रखें, हाथों की उँगलियाँ नीचे की ओर रहें। श्वास छोड़ते हुए नितम्बों से धीरे-धीरे दाहिनी ओर झुकें और दाहिने

हाथ को जहाँ तक आराम से हो सके, दाहिनी जाँघ के बाहरी भाग पर नीचे सरकायें।

अधिक जोर न लगायें और अन्तिम स्थिति में आने के लिए, जिसमें दाहिना हाथ पैर के पंजों तक पहुँच जाता है, आगे की ओर न झुकें। अभ्यास से शरीर के अंगों में लोच आयेगी।

अन्तिम स्थिति में कुछ क्षण रुकें। धड़ को सीधा कर लें और दाहिने हाथ को कमर पर वापस लायें। बायीं ओर अभ्यास को दुहरा कर एक चक्र पूरा करें। 5 से 10 चक्र अभ्यास करें।

श्वसन–कमर पर हाथ रख कर सीधा खड़ा होते समय श्वास लें। एक तरफ झुकते समय श्वास छोड़ें। अन्तिम स्थिति में श्वास कुछ क्षणों के लिये रोकें। बीच में आते समय श्वास लें।

सजगता–बगल में खिंचाव पर, आगे न झुकने तथा जोर न लगाने पर और गति के साथ श्वास को जोड़ने पर।

प्रकारान्तर 4

प्रकारान्तर 4: सीधे खड़े हो जायें। पंजों के बीच कन्धों की चौड़ाई से अधिक दूरी रखें। भुजाओं को बगल में कन्धों की ऊँचाई तक उठायें। यह प्रारम्भिक स्थिति है। आगे की ओर झुकें।

धड़ को दायें मोड़ें और बायें हाथ को दायें पैर के पंजे पर ले आयें। दायीं भुजा को सीधा रखते हुए ऊपर की ओर ले जाएँ, जिससे दोनों भुजायें एक सीधी रेखा में आ जाएँ। ऊपर दायें हाथ की ओर देखें।

अन्तिम स्थिति में कुछ क्षण रुक कर पीठ के घुमाव और खिंचाव का अनुभव करें।

अब बीच की स्थिति में वापस आ जायें। शरीर को प्रारम्भिक स्थिति में लायें और भुजाओं को बगल में फैलाए रखें।

दूसरी ओर अभ्यास को दुहरायें।

यह एक चक्र हुआ।

भुजायें नीचे न करें। 5 से 10 चक्र अभ्यास करें।

श्वसन–प्रारम्भिक स्थिति में श्वास लें। आगे झुकते और घूमते समय श्वास छोड़ें। अन्तिम स्थिति में कुछ क्षणों के लिये श्वास रोकें। पुन: बीच में आते समय और आसन खोलकर खड़ा होते समय श्वास लें।

सजगता–शारीरिक–गति के समन्वय, सन्तुलन और अन्तिम अवस्था में धड़ के बगल के खिंचाव पर।

आध्यात्मिक–मणिपुर चक्र पर।

सीमायें–पीठ की समस्या से ग्रस्त लोगों को यह अभ्यास नहीं करना चाहिए।

उच्च अभ्यास–ऊपर वर्णित प्रक्रिया को दुहरायें, किन्तु बायीं हथेली को जमीन पर दायें पैर की बगल में बाहर की ओर रखें।

बायीं ओर घूमने पर दाहिनी हथेली को बायें पैर की बगल में जमीन पर बाहर की ओर रखना चाहिए। इस प्रकारान्तर से पैर और पीठ की पेशियों को बहुत अधिक खिंचाव प्राप्त होता है।

गत्यात्मक अभ्यास–दो आधे चक्रों के बीच सीधे प्रारम्भिक स्थिति में वापस लौटे बिना गति के साथ अभ्यास को दुहरायें। आराम से श्वास लें। यदि जोर न लगाना पड़े तो अधिक चक्रों का अभ्यास कर सकते हैं।

क्रम–शक्ति तथा लचीलापन बढ़ाने के लिये प्रत्येक प्रकारान्तर अलग से करना चाहिए। जब प्रत्येक का अभ्यास सहजता से कर सकें तो उन्हें जोड़ा जा सकता है। सम्पूर्ण शरीर को पुष्ट करने के लिए इस शृंखला के आसनों का दैनिक अभ्यास कुछ सप्ताह तक करना चाहिए।

सामान्य लाभ–इस शृंखला के आसन धड़ के दोनों बगल की पेशियों, कमर और पैरों के पृष्ठ भाग को प्रभावित करते हैं। ये तन्त्रिका-तन्त्र को

उत्तेजित करते और तान्त्रिकीय अवसाद को दूर करते हैं। ये पाचन में सुधार लाते हैं। आन्त्रिक क्रमाकुंचन को सक्रिय करते और कब्ज दूर करते हैं। ये श्रोणि-प्रदेश को सुदृढ़ बनाते हैं और जननांगों को पुष्ट करते हैं। नियमित अभ्यास से कमर के इर्द-गिर्द की चर्बी घटती है।

अभ्यास टिप्पणी – प्रकारान्तर 4 को छोड़ कर अन्य सभी प्रकारान्तरों में आगे की ओर नहीं झुकना है, नहीं तो बगल में झुकने से धड़ को प्राप्त होने वाले खिंचाव का लाभ नहीं मिलेगा। आगे की ओर झुकने की प्रवृत्ति से बचने के लिए बगल में झुकते समय नितम्बों की स्थिति पर विशेष रूप से ध्यान देना होगा। उदाहरणार्थ, दाहिनी ओर झुकते समय यह सुनिश्चित करें कि बायाँ नितम्ब पीछे ही रहे, आगे की ओर न झुके। दोनों पैरों के बीच की दूरी को बढ़ाने से जाँघ के भीतरी भाग की पेशियों और जाँघ के ऊपरी भाग को अधिक खिंचाव प्राप्त होता है, जिनका उपयोग सामान्य रूप से प्राय: नहीं हो पाता है।

उत्थित लोलासन

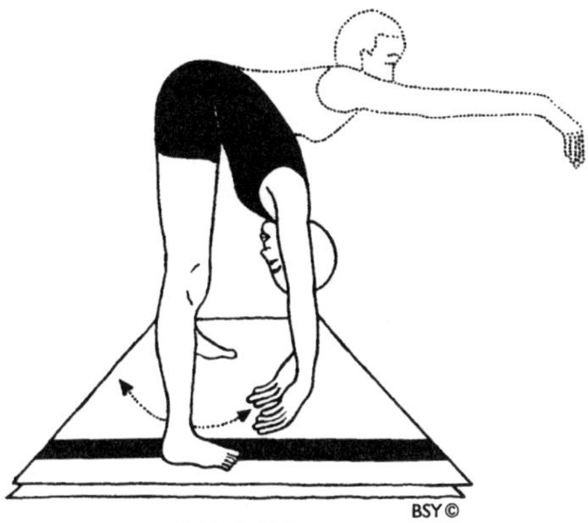

प्रकारान्तर

उत्थित लोलासन

सीधे खड़े हो जायें।
पंजों के बीच एक मीटर की दूरी रखें।
कोहनियों को सीधा रखते हुए भुजाओं को सिर के ऊपर उठायें।
कलाइयों को आगे की ओर झुका लें, जिससे हाथ ढीले रहें।
सामने की ओर झुकें और नितम्बों से धड़ को नीचे झुलायें; भुजाओं और सिर को पैरों के बीच झुलाएँ।
शुरू के इस मुख्य झूलन के पश्चात् शरीर को स्वयं धीरे-धीरे कुछ समय तक झूलने दें और जब धड़ नितम्बों से नीचे झुक रहा हो, तब कुछ क्षण संतुलित रहें।
कठपुतली की तरह तनाव-मुक्त हो जायें।
हाथों को ऊपर उठाकर धीरे-धीरे पुनः सीधी स्थिति में आ जायें और हाथों को बगल में नीचे ले आयें।
इस अभ्यास को 5 बार दुहरायें।

प्रकारान्तर: पीठ को मजबूत बनाने के लिये नीचे के पहले मुख्य झूलन के पश्चात्, अगले ऊपर के झूलन में धड़ को ऊपर उठायें, जिससे वह जमीन के समानान्तर हो जाय।

नीचे की ओर झूलते समय हाथों को अधिक-से-अधिक पैरों के पीछे ले जायें।

श्वसन–भुजाओं को उठाते समय नासिका से पूरी श्वास लें।

झूलने के क्रम में नीचे आते समय हर बार बलपूर्वक मुँह से श्वास छोड़ें, ताकि फेफड़ों के निचले भाग में रुकी वायु बाहर निकल जाय। झूल कर ऊपर आते समय थोड़ी श्वास फिर अन्दर आ जायेगी, लेकिन मुख्य बात यह है कि नीचे झूलते समय फेफड़ों को पूरी तरह खाली कर देना है। अधिक लाभ के लिए प्रत्येक बार बलपूर्वक श्वास छोड़ते समय मुँह से 'हा' की ध्वनि निकालें। यह ध्वनि उदर से निकलनी चाहिए, गले से नहीं। इससे मध्यपट की गति को बल मिलेगा।

सीधे खड़े होने की स्थिति में लौटते समय पूरी श्वास लें।

सजगता–शरीर को ढीला रखने और लयात्मक दोलन-गति के साथ मध्यपट और श्वास की गति पर व पीठ पर।

सीमायें–जिन्हें चक्कर आता हो, उच्च रक्तचाप अथवा पीठ की समस्या हो, उन्हें यह आसन नहीं करना चाहिए। सिर के बल किए जाने वाले आसनों की सावधानियाँ यहाँ लागू होती हैं।

लाभ–यह आसन रक्त-संचार को बढ़ाकर और मेरुदण्ड की तंत्रिकाओं को पुष्ट कर थकान मिटाता है। यह घुटने के पीछे की नसों और पीठ की पेशियों को खिंचाव प्रदान करता है, नितम्बों के कड़ेपन को दूर करता है और आन्त्रिक अंगों की मालिश करता है। प्राणायाम के पूर्व का एक उत्कृष्ट आसन है, क्योंकि इस आसन से फेफड़ों के सभी वायु-कोश खुल जाते हैं और फेफड़ों से वायु निष्कासन सन्तुलित ढंग से होता है। सिर के बल किये जाने वाले आसनों का अतिरिक्त लाभ इस आसन से प्राप्त होता है, विशेषकर मस्तिष्क को।

दोलासन

पंजों के बीच लगभग कन्धों की चौड़ाई के बराबर दूरी रखकर खड़े हो जायें।

भुजाओं को ऊपर उठायें और हाथों की उँगलियों को आपस में फँसाकर उन्हें गर्दन के पीछे ले जायें, कोहनियाँ बगल की ओर रहें।

थोड़ा दाहिने मुड़ें, और आगे झुकें।

पंजों को जमीन पर जमाये रखें।

सिर को जितना संभव हो दाहिने घुटने के पास ले आयें।

पूरे अभ्यास के दौरान पैरों को सीधा रखना है।

सिर और धड़ के ऊपरी भाग को दाहिने घुटने से बायें घुटने और फिर बायें घुटने से दाहिने घुटने के बीच झुलायें।

तीन बार इसे दुहरायें।

बीच में और फिर सीधे खड़े होने की स्थिति में लौट आयें।

बायें घुटने से झूलना शुरू करते हुए अभ्यास को दुहरायें।

यह एक चक्र हुआ, और प्राय: इतना पर्याप्त है।

श्वसन–खड़ी स्थिति में गहरी श्वास लें।

आगे झुकते समय श्वास छोड़ें।

एक ओर से दूसरी ओर झूलते समय श्वास रोके रखें। खड़ी स्थिति में आते समय श्वास लें।

सजगता–शारीरिक–पीठ में खिंचाव और सन्तुलन पर।

आध्यात्मिक–स्वाधिष्ठान चक्र पर।

सीमायें–जिन्हें चक्कर आते हों, उच्च रक्तचाप, सायटिका या हर्निया की समस्या हो, उन्हें यह अभ्यास नहीं करना चाहिए। सिर के बल किए जाने वाले आसनों की सावधानियाँ यहाँ लागू होती हैं।

लाभ–यह आसन घुटनों के पीछे की नसों और पीठ की पेशियों को मजबूत बनाता है। पीठ को लचीला बनाता है और मेरुदण्ड की तन्त्रिकाओं की मालिश करता है। यह सिर और चेहरे में रक्त संचार को बढ़ाता है।

सूर्य नमस्कार

सूर्य नमस्कार का सरल अर्थ है 'सूर्य को प्रणाम'। वैदिक युग के प्रबुद्ध ऋषियों द्वारा सूर्य नमस्कार की परम्परा हमें प्राप्त हुई है। सूर्य आध्यात्मिक चेतना का प्रतीक है। प्राचीन काल में दैनिक सूर्योपासना का विधान नित्य-कर्म के रूप में था। योग में सूर्य का प्रतिनिधित्व पिंगला अथवा सूर्य नाड़ी द्वारा होता है। सूर्य नाड़ी प्राण-वाहिका है, जो जीवनी-शक्ति का वहन करती है।

गतिशील आसनों का यह समूह हठयोग का पारम्परिक अंग नहीं माना जाता है, क्योंकि कालान्तर में मौलिक आसनों की शृंखला में इन्हें सम्मिलित किया गया था। यह शरीर के सभी जोड़ों एवं मांसपेशियों को ढीला करने तथा उनमें खिंचाव लाने और आंतरिक अंगों की मालिश करने का एक प्रभावी ढंग है। इसकी बहुमुखी गुणवत्ता और उपयोगिता ने इसे एक स्वस्थ, ओजस्वी और सक्रिय जीवन के लिए तथा साथ-ही आध्यात्मिक जागरण और चेतना के विकास के लिए एक अत्यन्त उपयोगी पद्धति के रूप में इसे स्थापित किया है।

सूर्य नमस्कार स्वयं में एक पूर्ण साधना है, क्योंकि इसमें आसन, प्राणायाम, मन्त्र और ध्यान की विधियों का समावेश किया गया है। प्रात:कालीन अभ्यास प्रारम्भ करने के लिए यह सर्वोत्तम आसन-समूह है। शरीर में पिंगला नाड़ी द्वारा प्रवाहित सौर ऊर्जा पर सूर्य नमस्कार का ओजस्वी प्रभाव पड़ता है। सूर्य नमस्कार के नियमित अभ्यास से पिंगला नाड़ी का प्रवाह नियमित हो जाता है, चाहे वह कम सक्रिय हो या अति सक्रिय। पिंगला का प्रवाह नियमित हो जाने से मानसिक एवं शारीरिक स्तरों पर शक्ति संतुलित हो जाती है।

सूर्य नमस्कार सूक्ष्म शक्ति, प्राण का उत्पादन करता है, जिससे अतीन्द्रिय शरीर सक्रिय होता है। स्थिरतापूर्वक लयबद्ध क्रम में इनका अभ्यास करने से

ब्रह्माण्ड की लयबद्धता, दिन के चौबीस घण्टे, वर्ष के बारह राशि-चक्र और शरीर की जैविक-लय प्रतिबिम्बित होती है। आकृति और लय का यह संयोजन शरीर और मन में एक परिवर्तनकारी शक्ति उत्पन्न करता है, जिससे एक पूर्ण और अधिक गतिशील जीवन का निर्माण होता है।

तैयारी

सूर्य नमस्कार का अभ्यास शुरू करने से पहले इसकी सात अंगभूत शारीरिक स्थितियों के लिए दी गई सीमाओं को अच्छी प्रकार देख लें और पुष्टि कर लें कि इन्हें आप आराम से कर सकते हैं। स्थिति 2 और 3 को आगे झुककर किये जाने वाले खण्ड में पादहस्तासन के प्रकारान्तर के रूप में दिया गया है। स्थिति 4 और 7 को अलग से वज्रासन तथा पीछे झुक कर किए जाने वाले आसनों के खण्ड में दिया गया है। स्थिति 8 से 12 में पहली पाँच स्थितियों को उल्टे क्रम में करना है।

सीमायें

ज्वर, अधिक सूजन, व्रण (फोड़ा) अथवा ददोरा (लाल चकत्ते) हो जाने पर सूर्य नमस्कार का अभ्यास तुरन्त बन्द कर देना चाहिए। शरीर में अधिक विषैले पदार्थ होने से ये लक्षण प्रकट हो सकते हैं। इन विषैले तत्त्वों के निकल जाने पर पुनः अभ्यास प्रारम्भ किया जा सकता है।

सूर्य नमस्कार में शरीर की आधी झुकी हुई स्थितियाँ हैं, इसलिए सिर के बल किये जाने वाले आसनों की सावधानियाँ यहाँ लागू होती हैं। सूर्य नमस्कार उन लोगों को नहीं करना चाहिए, जिन्हें उच्च रक्तचाप या हृद्-धमनी जन्य रोग हो अथवा जिन्हें दिल का दौरा पड़ा हो, क्योंकि इससे दुर्बल हृदय या रुधिर वाहिका तंत्र अधिक उत्तेजित अथवा क्षतिग्रस्त हो सकते हैं। हर्निया या आंत्र यक्ष्मा वालों के लिए भी यह अभ्यास वर्जित है।

पीठ की समस्या वालों को यह अभ्यास प्रारम्भ करने के पूर्व किसी चिकित्सक से परामर्श ले लेना चाहिए। स्लिप डिस्क और सायटिका से ग्रस्त लोगों को वैकल्पिक आसनों से अधिक लाभ प्राप्त हो सकता है।

मासिक धर्म आरंभ होते समय इस अभ्यास को नहीं करना चाहिए। यदि कोई प्रतिकूल प्रभाव न दिखाई पड़े तो ऋतु-काल के अंत में पुनः अभ्यास आरम्भ किया जा सकता है। गर्भाधान के बाद बारहवें सप्ताह के प्रारम्भ तक

थोड़ी सावधानी के साथ यह अभ्यास किया जा सकता है। प्रसव के चालीस दिनों के बाद यह अभ्यास पुन: प्रारम्भ कर सकते हैं, जिससे कि गर्भाशय की पेशियों को पुन:शक्ति प्राप्त हो।

सामान्य लाभ

सूर्य नमस्कार के सम्पूर्ण अभ्यास से कई प्रकार के लाभ प्राप्त होते हैं। यह पीठ को सबल बनाता है और चयापचय को संतुलित करता है।

यह प्रजनन, रक्त-परिसंचरण, श्वसन और पाचन प्रणाली सहित समस्त शारीरिक संस्थानों को उद्दीप्त और संतुलित करता है। अन्त:स्रावी ग्रन्थियों पर इसके प्रभाव से बढ़ते बच्चों में बाल्यावस्था और किशोरावस्था के बीच के संधिकाल में संतुलन आता है। सूर्य नमस्कार की शारीरिक गति के साथ श्वास को जोड़ने से अभ्यासी को प्रतिदिन, कम-से-कम कुछ मिनटों के लिए ही सही, अधिक-से-अधिक गहरे और लयबद्ध श्वसन का अवसर प्राप्त हो जाता है, जिससे मस्तिष्क को ताजा, ऑक्सीजन युक्त रुधिर प्राप्त होता है। फलत: मानसिक स्पष्टता में वृद्धि होती है।

अभ्यास काल

सूर्य नमस्कार के अभ्यास के लिए सबसे उपयुक्त समय सूर्योदय का समय है। प्रात:काल दिन का सबसे अधिक शान्त समय होता है। जब भी संभव हो, खुली हवा में सूर्योदय के समय सूर्य की ओर मुख कर अभ्यास करें। सूर्य नमस्कार का अभ्यास किसी भी समय किया जा सकता है, बशर्ते कि आपका पेट खाली रहे।

सजगता

अभ्यास प्रारम्भ करने के पूर्व पैरों को एक साथ या थोड़ा अलग रख कर खड़े हो जायें, भुजाओं को शरीर के बगल में ढीला छोड़ दें। आराम से आँखों को बन्द कर लें और सम्पूर्ण शरीर को एक समरूप इकाई मानकर उसके प्रति सजग हो जायें। इस अवस्था में शरीर एक बगल से दूसरी बगल में अथवा आगे-पीछे हिल सकता है। इस गति को कम करने और शरीर के भार को दोनों पैरों पर समान रूप से विभाजित कर उसे संतुलित बनाने का प्रयास करें।

अपनी सजगता को पैरों के तलवों पर ले जायें, जो जमीन के सम्पर्क में हैं। अनुभव करें कि आपका सम्पूर्ण शरीर गुरुत्वाकर्षण से नीचे की ओर

खिंच रहा है और यदि कोई तनाव है तो वह भी शरीर के द्वारा भूमि में खिंचता जा रहा है। साथ ही यह भी अनुभव करें कि पृथ्वी से जीवनी-शक्ति निकल रही है और वह सम्पूर्ण व्यक्तित्व को ऊर्जान्वित कर रही है।

सजगता को शरीर पर लाएँ और मानसिक रूप से उसे शिथिल करना प्रारम्भ करें। सिर के ऊपर से प्रारम्भ कर सजगता को विधिपूर्वक सभी अंगों में ले जायें और जहाँ कहीं तनाव हो, उसे दूर करने का प्रयास करें। एक बार पुनः सम्पूर्ण शरीर के प्रति सजग हो जाएँ और उसके साथ सामंजस्य का अनुभव करें।

अन्त में, सजगता को हृदय अथवा भ्रूमध्य में ले जायें और वहाँ एक दीप्तिमान, रक्त वर्णी उदीयमान सूर्य का दर्शन करें, जो कि सम्पूर्ण शरीर और मन को अपनी संजीवनी प्राणवर्द्धक रश्मियों से ओत-प्रोत कर रहा है।

स्थिति 1: प्रणामासन

आँखों को बन्द रखें। पंजों को एक साथ रख कर सीधे खड़े रहें। कोहनियों को धीरे-धीरे मोड़ें और हाथों को जोड़कर नमस्कार की मुद्रा में वक्ष के सामने ले आएँ। मानसिक रूप से समस्त जीवन के स्रोत, सूर्य को नमन करें।

सम्पूर्ण शरीर को शिथिल करें।

श्वसन–सामान्य श्वसन करें।

सजगता–शारीरिक–वक्ष प्रदेश पर।

आध्यात्मिक–अनाहत चक्र पर।

लाभ–यह शारीरिक स्थिति किये जाने वाले अभ्यास के लिए एकाग्र और शान्त मानसिक अवस्था लाती है।

मन्त्र– *ॐ मित्राय नमः।*

हस्त उत्तानासन

स्थिति 2: हस्त उत्तानासन

दोनों भुजाओं को सिर के ऊपर उठाकर उनमें खिंचाव पैदा करें। भुजाओं के बीच कन्धों की चौड़ाई के बराबर दूरी रखें।

सिर, भुजाओं और धड़ के ऊपरी भाग को थोड़ा-सा पीछे झुकायें।

श्वसन–भुजाओं को उठाते समय श्वास लें।

सजगता–शारीरिक–उदर के खिंचाव और फेफड़ों के विस्तार पर।

आध्यात्मिक–विशुद्धि चक्र पर।

मन्त्र– *ॐ रवये नमः*।

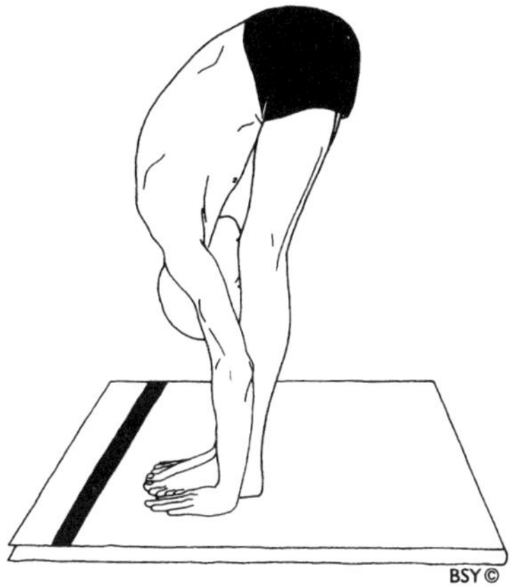

स्थिति 3: पाद हस्तासन

नितम्बों से सामने की ओर झुकते जायें जब तक कि उँगलियाँ अथवा हथेलियाँ पंजों के बगल में जमीन का स्पर्श न करने लगें। ललाट को जितना आसानी से सम्भव हो घुटनों के निकट लायें। अधिक जोर न लगायें। घुटनों को सीधा रखें।

श्वसन–सामने की ओर झुकते समय श्वास छोड़ें।

अन्तिम स्थिति में आमाशय को संकुचित करने का प्रयास करें, जिससे कि फेफड़ों में जमा वायु का अधिक-से-अधिक निष्कासन हो जाय।

सजगता–शारीरिक–पीठ और श्रोणि प्रदेश पर।

आध्यात्मिक–स्वाधिष्ठान चक्र पर।

सावाधानियाँ–जिन्हें पीठ की समस्या हो, वे पूरी तरह आगे की ओर नहीं झुकें। मेरुदण्ड को सीधा रखते हुए नितम्बों से उतना ही झुकें कि पीठ पैरों के साथ नब्बे अंश का कोण बना ले, अथवा जितना आराम से हो सके उतना झुकें। सिर के बल किए जाने वाले आसनों की सावधानियाँ यहाँ लागू होती हैं।

मन्त्र– *ॐ सूर्याय नमः* ।

अश्व संचालनासन

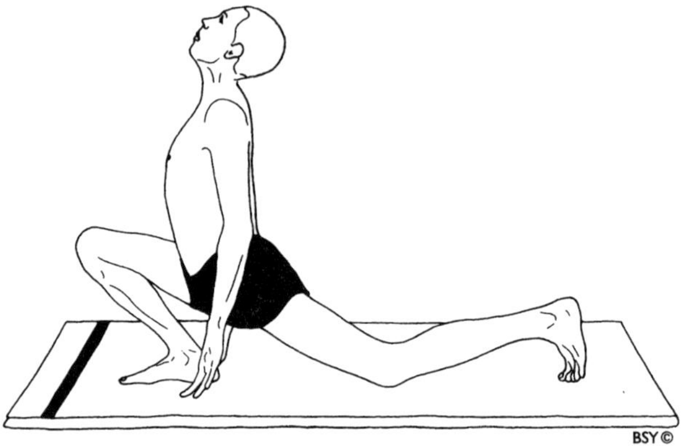

स्थिति 4: अश्व संचालनासन

हथेलियों को पंजों के बगल में जमीन पर सीधा रखें।

दाहिने पैर को जितना संभव हो पीछे की ओर ले जाएँ और पैर की उँगलियाँ जमीन पर अच्छी तरह जमा दें। साथ ही बायें पंजे को जमीन पर उसी स्थिति में रखते हुए बायें घुटने को मोड़ें।

भुजाओं को सीधा रखें।

अन्तिम स्थिति में शरीर का भार दोनों हाथों, बायें पैर, दाहिने घुटने और दाहिने पैर की उँगलियों पर रहना चाहिए।

सिर को पीछे झुकायें, पीठ को धनुषाकार बनायें तथा आन्तरिक दृष्टि को ऊपर की ओर भ्रूमध्य पर केन्द्रित रखें।

श्वसन–दाहिने पैर को पीछे ले जाते समय श्वास लें।

सजगता–शारीरिक–जाँघ से वक्ष तक के खिंचाव और संतुलन बनाते समय भ्रूमध्य पर।

आध्यात्मिक–आज्ञा चक्र पर।

सीमायें–घुटने अथवा टखने की समस्या से पीड़ित व्यक्ति को यह अभ्यास नहीं करना चाहिए।

मन्त्र– *ॐ भानवे नमः।*

पर्वतासन

स्थिति 5: पर्वतासन

दायें हाथ और पंजे को स्थिर रखते हुए बायें पंजे को पीछे ले जाकर दाहिने पंजे की बगल में रखें। साथ ही, नितम्बों को उठायें और सिर को भुजाओं के बीच ले आयें, जिससे पीठ और पैर एक त्रिभुज की दो भुजाओं के समान दिखायी दें।

अन्तिम स्थिति में पैर और भुजायें सीधी रहें। एड़ियों को जमीन पर तथा सिर और कन्धों को घुटनों की ओर लाने का प्रयास करें।

अधिक जोर न लगायें।

श्वसन–बायें पैर को पीछे ले जाते समय श्वास छोड़ें।

सजगता–शारीरिक–एकलिज स्नायु से खिंचाव पर, पैरों के पीछे, गले के आस-पास तथा कन्धों पर और नितम्बों को शिथिल करने पर।

आध्यात्मिक–विशुद्धि चक्र पर।

सीमायें–सिर के बल किए जाने वाले आसनों की सावधानियाँ यहाँ लागू होंगी।

लाभ–यह आसन भुजाओं और पैरों के स्नायुओं एवं पेशियों को शक्ति प्रदान करता है। इससे पेशियों तथा स्नायु बंधों में खिंचाव के कारण लम्बाई बढ़ती है, जिससे बढ़ती हुई अस्थियाँ लम्बी होती हैं। यह विशेष रूप से मेरुदण्ड के ऊपरी भाग में, जो स्कन्धास्थियों के मध्य स्थित है, रक्त संचार बढ़ाता है।

मन्त्र– *ॐ खगाय नमः।*

अष्टांग नमस्कार

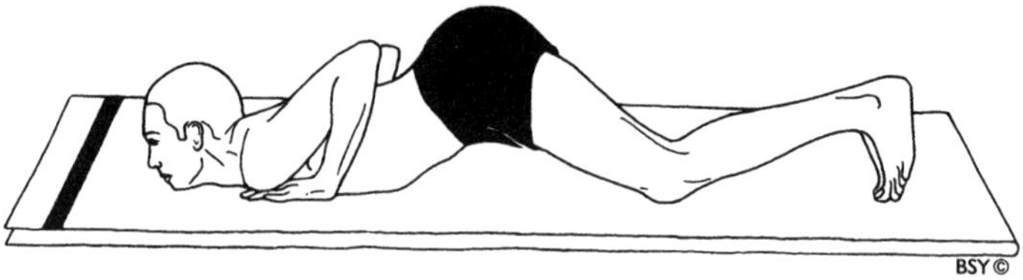

स्थिति 6: अष्टांग नमस्कार

हाथों तथा पंजों को यथा स्थान रखते हुए घुटनों, वक्ष और ठुड्ढी को नीचे लाकर जमीन का स्पर्श करायें। पंजे पैर की उँगलियों पर खड़े होंगे। अन्तिम स्थिति में केवल पैरों की उँगलियाँ, घुटने, वक्ष, हाथ और ठुड्ढी जमीन का स्पर्श करेंगी। घुटने, वक्ष और ठुड्ढी एक ही साथ जमीन का स्पर्श करें। यदि यह संभव न हो तो सबसे पहले घुटनों को जमीन का स्पर्श करायें, फिर वक्ष को और अन्त में ठुड्ढी को। नितम्ब, श्रोणि और उदर प्रदेश जमीन से थोड़ा ऊपर उठे रहें।

श्वसन–इस स्थिति में श्वास को बाहर ही रोके रखें। श्वसन न करें।

सजगता–शारीरिक–उदर प्रदेश तथा पीठ के नीचे के भाग की धनुषकार स्थिति पर।

आध्यात्मिक–मणिपुर चक्र पर।

सीमायें–पीठ की गम्भीर समस्याओं, उच्च रक्तचाप अथवा हृदय रोग से पीड़ित व्यक्तियों को यह आसन नहीं करना चाहिए।

लाभ–यह आसन पैरों और भुजाओं की पेशियों को सुदृढ़ बनाता है और वक्ष को विकसित करता है। इससे स्कन्धास्थियों के मध्य स्थित मेरुप्रदेश का व्यायाम होता है।

मन्त्र– *ॐ पुष्णे नमः।*

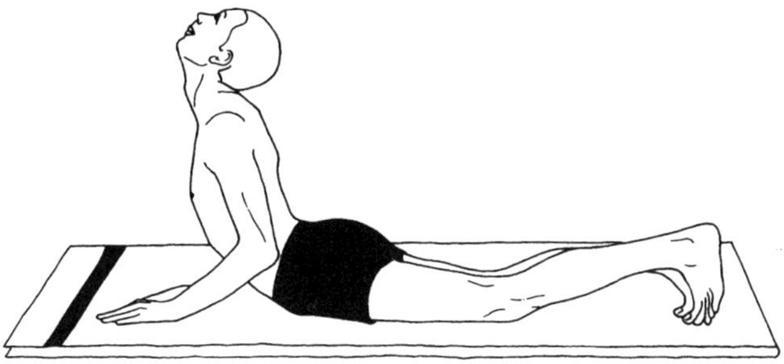

स्थिति 7: भुजंगासन

हाथों और पैरों को यथा स्थान रखते हुए नितम्बों और श्रोणि प्रदेश को नीचे लाकर जमीन का स्पर्श करायें। छाती को आगे सरकायें और पहले सिर एवं कन्धों को ऊपर उठायें, फिर कोहनियों को सीधा करते हुए पीठ को धनुषाकार बनाकर सर्प की भंगिमा में ले आयें, इससे नितम्ब और कूल्हे जमीन पर आ जायेंगे।

सिर को पीछे की ओर झुकायें और दृष्टि ऊपर की ओर भ्रूमध्य पर केन्द्रित करें। जाँघ और श्रोणि-प्रदेश जमीन पर ही रहें। दोनों हाथों के सहारे धड़ को ऊपर उठाये रखें।

जब तक मेरुदण्ड अधिक लचीला न हो जाए, भुजायें थोड़ी मुड़ी हुई रहेंगी।

श्वसन–धड़ को उठाते और पीठ को धनुषाकार बनाते समय श्वास लें।

सजगता–शारीरिक-मेरुदण्ड के शिथिलीकरण पर।

आध्यात्मिक-स्वाधिष्ठान चक्र पर।

सीमायें–पेप्टिक अल्सर, हर्निया, आन्त्र के यक्ष्मा और थायराइड की अतिक्रियता के रोगी के लिए वर्जित।

मन्त्र– *ॐ हिरण्यगर्भाय नमः।*

स्थिति 8: पर्वतासन

हाथ और पंजे स्थिति 7 के ही स्थान पर रहें। भुजंगासन से पर्वतासन में आ जायें।

भुजाओं और पैरों को सीधा रखें, पैरों की उँगलियाँ जमीन में गड़ी रहें और भुजाओं के बल से नितम्बों को ऊपर उठायें और एड़ियों को जमीन पर ले आयें।

श्वसन–नितम्बों को ऊपर उठाते समय श्वास छोड़ें।

सजगता–स्थिति 5 की भाँति।

मन्त्र– *ॐ मरीचये नमः।*

स्थिति 9: अश्व संचालनासन

हथेलियों को जमीन पर सपाट रखें और दायाँ पंजा अपने स्थान पर रहे। बायें पैर को मोड़ें और बायें पंजे को आगे लाकर दोनों हाथों के बीच रखें। साथ ही, दाहिने घुटने को नीचे लायें, जिससे वह जमीन का स्पर्श करने लगे और श्रोणि को आगे की ओर बढ़ायें।

सिर को पीछे की ओर झुकायें, पीठ को धनुषाकर बनायें और दृष्टि को भ्रूमध्य पर केन्द्रित करें।

श्वसन–इस आसन में आते समय श्वास लें।

सजगता–स्थिति 4 की भाँति।

मन्त्र– *ॐ आदित्याय नमः।*

स्थिति 10: पाद हस्तासन

दाहिने पंजे को आगे बायें पंजे की बगल में ले आयें।

दोनों पैरों को सीधा करें।

बिना जोर लगाए ललाट को जितना संभव हो घुटनों के पास ले आयें।

श्वसन–इस आसन में आने के लिए शारीरिक गति करते समय श्वास छोड़ें।

सजगता–स्थिति 3 की भाँति।

मन्त्र– *ॐ सवित्रे नमः।*

स्थिति 11: हस्त उत्तानासन

भुजाओं तथा मेरुदण्ड को एक सीध में रखें।

धड़ को ऊपर उठायें और भुजाओं को सिर के ऊपर ताने।

भुजाओं के बीच कन्धों की चौड़ाई के बराबर दूरी रखें। सिर, भुजाओं और धड़ के ऊपरी भाग को थोड़ा पीछे की ओर झुकायें।

श्वसन–शरीर को सीधा करते समय श्वास लें।

सजगता–स्थिति 2 की भाँति।

मन्त्र– *ॐ अर्काय नमः।*

स्थिति 12: प्रणामासन

दोनों हथेलियों को जोड़कर वक्ष के सामने ले आयें।

श्वसन–अन्तिम स्थिति में आते समय श्वास छोड़ें।

सजगता–स्थिति 1 की भाँति।

मन्त्र– *ॐ भास्कराय नमः।*

स्थिति 13 से 24: सूर्य नमस्कार के बारह चरणों का अभ्यास दो बार पूरा करने पर एक चक्र पूर्ण होता है। स्थिति 1 से 12 तक आधा चक्र होता है। दूसरे अर्द्ध चक्र में दो लघु परिवर्तनों के साथ स्थितियों की पुनरावृत्ति की जाती है–

क) स्थिति 16 में दाहिने पैर को पीछे ले जाने के बदले बायें पैर को पीछे ले जायें।

ख) स्थिति 21 में दाहिने पैर को मोड़ें और उसे दोनों हाथों के बीच ले आयें।

निष्कर्ष–प्रत्येक अर्द्ध चक्र के पूर्ण होने पर भुजाओं को बगल में नीचे ले आयें, शरीर को शिथिल करें और श्वास के सामान्य होने तक उसके प्रति सजग रहें। सूर्य नमस्कार का अभ्यास पूरा करने के बाद कुछ क्षणों तक शवासन करें। इससे हृदय की धड़कन और श्वास-प्रश्वास सामान्य हो जायेंगी तथा सभी मांसपेशियाँ विश्रान्त हो जायेंगी।

अवधि–आध्यात्मिक लाभ के लिए धीरे-धीरे 3 से 12 चक्र अभ्यास करें। शारीरिक लाभ के लिए 3 से 12 चक्र अभ्यास द्रुत गति से करें। प्रारम्भिक अभ्यासी को 2 या 3 चक्रों से शुरू करना चाहिए और कुछ सप्ताहों के बाद एक-एक चक्र बढ़ाते जाना चाहिए, जिससे थकान न हो। उच्च अभ्यासी अधिक चक्रों का दैनिक अभ्यास कर सकते हैं। किसी भी स्थिति में थकान से बचना चाहिए। विशेष परिस्थिति में शुद्धिकरण हेतु 108 चक्रों का दैनिक अभ्यास किया जा सकता है, किन्तु इसके लिये विशेषज्ञ का मार्गदर्शन आवश्यक है।

बीज मन्त्र–सूर्य के बारह नामों के विकल्प के रूप में बीज मन्त्रों की एक शृंखला है। बीज मन्त्रों का कोई शब्दार्थ नहीं होता, किन्तु वे मन और शरीर के भीतर प्रचण्ड शक्तिवाली तरंगों का निर्माण करते हैं। बीज मन्त्रों की कुल संख्या छः है और इनका निम्नलिखित क्रम में जप, सूर्य नमस्कार के एक पूर्ण चक्र में चार बार किया जाता है।

1. ॐ ह्राम्
2. ॐ ह्रीम्
3. ॐ ह्रूम्
4. ॐ ह्रैम्
5. ॐ ह्रौम्
6. ॐ ह्रः

जब सूर्य नमस्कार द्रुत गति से किया जाता है, तब सूर्य मन्त्रों के स्थान पर अथवा अभ्यास की गहराई में जाने के लिए बीज मन्त्रों को दोहराया जा सकता है।

चन्द्र नमस्कार

जिस प्रकार चन्द्रमा में अपना कोई प्रकाश नहीं होता, किन्तु वह सूर्य के प्रकाश को प्रतिबिम्बित करता है, उसी प्रकार चन्द्र नमस्कार का अभ्यास सूर्य नमस्कार के प्रभावों को ही प्रतिबिम्बित करता है। आसनों का क्रम सूर्य नमस्कार जैसा ही है, अंतर इतना ही है कि अश्व संचालन के पश्चात् अर्द्ध चन्द्रासन किया जाता है। यह आसन सन्तुलन और एकाग्रता का विकास करता है, जिससे इस अभ्यास में एक नया आयाम जुड़ जाता है। इससे श्वसन क्रिया भी और गहरी हो जाती है, श्वास लेने, छोड़ने और रोकने की अवधि बढ़ जाती है।

जिस प्रकार सूर्य नमस्कार की बारह स्थितियाँ वर्ष की बारह राशियों या सौर कलाओं से सम्बन्धित हैं, उसी प्रकार चन्द्र नमस्कार की चौदह स्थितियों का सम्बन्ध चन्द्रमा की चौदह कलाओं के साथ है। चान्द्र पंचांग में पूर्णिमा के पूर्व के चौदह दिन शुक्ल पक्ष और पूर्णिमा के बाद के चौदह दिन कृष्ण पक्ष कहलाते हैं।

चन्द्र शक्ति इड़ा नाड़ी में प्रवाहित होती है। उसमें शीतल, विश्रान्तिदायक और सृजनात्मक गुण होते हैं। इड़ा ऋणात्मक, अन्तर्मुखी, स्त्री गुण वाली अथवा मानसिक शक्ति है, जो चेतना का वहन करती है।

तैयारी

चन्द्र नमस्कार प्रारम्भ करने के पूर्व सूर्य नमस्कार सीख लेना उत्तम होगा, क्योंकि एक अतिरिक्त आसन को छोड़कर दोनों के लिए बताए गए आसन एक ही समान हैं। चन्द्र नमस्कार में बढ़ाये गये एक आसन, अर्द्ध चन्द्रासन को अभ्यास के पहले अर्द्ध चक्र में स्थिति 5 और 11 पर और दूसरे अर्द्ध चक्र में स्थिति 19 और 25 पर रखा गया है। पीछे मुड़ कर किये जाने वाले आसनों

के खण्ड में अर्द्ध चन्द्रासन को एक अलग आसन के रूप में रखा गया है। इसे पाँचवीं स्थिति पर रखने से अश्व संचालन में ली गई श्वास की लम्बाई बढ़ जाती है और फिर स्थिति 6 और 7 (पर्वतासन और अष्टांग नमस्कार) में इससे श्वास छोड़ने तथा बाहर रोकने की अवधि बढ़ जाती है। इसी प्रकार इसे स्थिति 11 में रखने से श्वास लेने की अवधि बढ़ जाती है और पादहस्तासन में जाने पर श्वास छोड़ने की अवधि बढ़ जाती है।

अभ्यास काल

चन्द्र नमस्कार के अभ्यास के लिए सर्वोत्तम समय रात्रिकाल है, विशेषकर जब चन्द्रमा आकाश में दृश्यमान हो, अथवा उषाकाल, जब पूर्ण चन्द्र विद्यमान हो। रात्रि काल में अभ्यास करते समय सुनिश्चित कर लें कि आपका आमाशय खाली हो।

सजगता

चन्द्र नमस्कार प्रारम्भ करने के पूर्व शरीर और मन को तैयार होने के लिए कुछ क्षण का समय देना चाहिए।

सीधे खड़े हो जायें, दोनों पैरों को एक साथ रखें। भुजाओं को बगल में रखें और आँखें बन्द कर लें। शरीर के भार को दोनों पैरों पर समान रूप से विभाजित करें। आवश्यकतानुसार अपनी शारीरिक स्थिति को समायोजित करें। जैसे-जैसे शरीर शिथिल होता है, उसमें होने वाली किसी भी प्रकार की स्वाभाविक गति पर ध्यान दें। प्रत्येक श्वास-प्रश्वास के साथ धीरे-धीरे स्वाभाविक श्वास प्रवाह के प्रति अधिक सजग बनते जायें। फिर श्वास की लय के साथ शारीरिक गतिविधि के प्रति सजगता को भी उसमें सम्मिलित करें। कुछ क्षण इस सजगता को बनाये रखें।

धीरे-धीरे श्वास से अपनी सजगता को हटाकर भ्रूमध्य के प्रति सजग हो जायें। इस स्थान में रात्रि के स्वच्छ आकाश में सागर की लहरों पर प्रतिबिम्बित होते पूर्ण चन्द्र का मानस-दर्शन करें। चन्द्र किरणों का पूर्ण प्रतिबिम्ब सागर की गहराई में प्रवेश कर रहा है और चन्द्र प्रकाश की शीतल छाया तरंगित लहरों का स्पर्श करती है। स्पष्ट रूप से इस छवि का अवलोकन करें और मन या शरीर में उठने वाली किसी प्रकार की भावना या संवेग के प्रति सजगता विकसित करें। धीरे-धीरे मानस-दर्शन को समाप्त करें और पुनः खड़े हुए सम्पूर्ण शरीर के प्रति सजग हो जायें।

स्थिति 5: अर्द्ध चन्द्रासन

बाएँ पैर को पीछे ले जाकर, अश्व संचालनासन के पूर्ण खिंचाव पर संतुलन बनाये रखते हुए हाथों को ऊपर उठायें और दोनों भुजाओं के बीच कन्धों की चौड़ाई के बराबर दूरी रखते हुए उन्हें सिर के ऊपर उठायें। पीठ को धनुषाकार बनाकर और ठुड्ढी को जितना सम्भव हो ऊपर उठाकर ऊपर की ओर देखें।

हाथों की उँगलियों से पैरों की उँगलियों के पोरों तक अर्द्ध चन्द्र की आकृति के समान एक वक्र बनायें।

कुछ समय तक इस स्थिति में रुकें।

भुजाओं को नीचे लायें और हाथों को (स्थिति 4 के समान) बायें पंजे के अगल-बगल रखें।

श्वसन–भुजाओं को उठाते, पीठ को धनुषाकार बनाते और सिर को पीछे झुकाते समय श्वास लें। अन्तिम स्थिति में कुछ क्षण श्वास अंदर रोकें अथवा भुजाओं को नीचे लाते हुए श्वास छोड़ना आरम्भ करें।

सजगता–शारीरिक–सहज नियन्त्रित गति और सन्तुलन पर।

आध्यात्मिक–विशुद्धि चक्र पर।

चन्द्र नमस्कार

स्थिति 1: प्रणामासन
मन्त्र– *ॐ कामेश्वर्यै नमः*

स्थिति 2: हस्त उत्तानासन
मन्त्र– *ॐ भगमालिन्यै नमः*

स्थिति 3: पाद हस्तासन
मन्त्र– *ॐ नित्य क्लिन्न्यै नमः*

स्थिति 4: अश्व संचालनासन
मन्त्र– *ॐ भेरुण्ड्यै नमः*

स्थिति 5: अर्द्ध चन्द्रासन
मन्त्र– *ॐ वह्नि वासिन्यै नमः*

स्थिति 6: पर्वतासन
मन्त्र– *ॐ वज्रेश्वर्यै नमः*

स्थिति 7: अष्टांग नमस्कार
मन्त्र– *ॐ द्युत्यै नमः*

स्थिति 8: भुजंगासन
मन्त्र– *ॐ त्वरित्यै नमः*

स्थिति 9: पर्वतासन
मन्त्र– *ॐ कुल सुन्दर्यै नमः*

स्थिति 10: अश्व संचालनासन
मन्त्र– *ॐ नित्यायै नमः*

स्थिति 11: अर्द्ध चन्द्रासन
मन्त्र– *ॐ नीलपटकिन्यै नम:*

स्थिति 12: पाद हस्तासन
मन्त्र– *ॐ विजयायै नम:*

स्थिति 13: हस्त उत्तानासन
मन्त्र– *ॐ सर्वमंगलायै नम:*

स्थिति 14: प्रणामासन
मन्त्र– *ॐ ज्वालामालिन्यै नम:*

स्थिति 15 से 28: स्थिति 1–14 प्रथम अर्द्ध चक्र और स्थिति 15–28 द्वितीय अर्द्ध चक्र निर्मित करती हैं। द्वितीय अर्द्ध चक्र में वही स्थितियाँ निम्नलिखित परिवर्तनों के साथ दुहरायी जाती हैं–

क) स्थिति 18 (अश्व संचालनासन) में बायें पैर को पीछे ले जाने के बदले पहले दाहिने पैर को पीछे फैलाया जाता है।

ख) स्थिति 24 (अश्व संचालनासन) में बायें घुटने को मोड़ा जाता है और बायाँ पंजा दोनों हाथों के बीच आगे लाया जाता है।

अभ्यास–अर्द्ध चन्द्रासन प्रारम्भिक मानस-दर्शन से उत्पन्न चन्द्र शक्तियों के साथ सम्बन्ध पर बल देता है। साथ ही चन्द्र शक्तियों से सम्बद्ध मन्त्रों के जप द्वारा चन्द्र नमस्कार में प्रत्येक आसन की शक्ति सूक्ष्म रूप से परिवर्तित हो जाती है।

निष्कर्ष–वांछित संख्या में चक्रों को पूरा करने के बाद आँखों को बन्द कर, हाथों को बगल में रख कर सीधे खड़े हो जायें और पुन: पूर्ण चन्द्र को सागर की लहरों पर प्रकाशित होते हुए देखें, जब तक आपका शरीर स्थिर न हो जाय। शवासन में विश्राम करें।

अवधि–आध्यात्मिक लाभ के लिए धीरे-धीरे 3 से 7 चक्र अभ्यास करें। शारीरिक लाभ के लिए 3 से 7 चक्रों का अभ्यास अधिक तेजी से करें।

अन्य विवरण–सूर्य नमस्कार के समान।

आसन

मध्यम आसन समूह

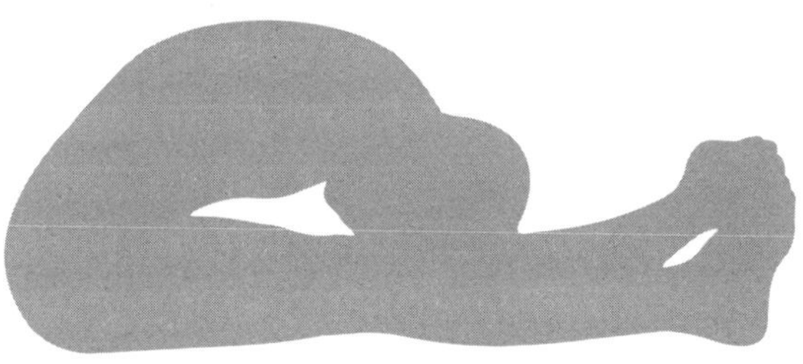

पद्मासन समूह के आसन

परम्परा के अनुसार पद्मासन को प्राणायाम तथा प्रत्याहार के लिए उत्तम आसनों में से एक माना जाता है, क्योंकि इसमें लम्बे समय तक शरीर को स्थिर रखा जा सकता है। जब शरीर निश्चल हो जाता है तब मन भी शान्त हो जाता है और एकाग्रता के लिए एक ठोस आधार मिलता है। पद्मासन प्राणों के संचार को मूलाधार से सिर के शीर्ष, सहस्रार की ओर दिशान्तरित करता है, जिससे ध्यान का अनुभव गहराता है।

इस अध्याय में दिए गए आसन शारीरिक, भावनात्मक एवं मानसिक अवरोधों को दूर करते हैं। शरीर के ऊर्जा केन्द्रों या चक्रों को जाग्रत करने में सहायक होते हैं और शान्ति की अवस्था लाते हैं। ये पद्मासन में लम्बे समय तक बैठने की हमारी क्षमता को बढ़ाते हैं, जो कि ध्यान के उच्च अभ्यासों के लिए आवश्यक है। परन्तु इनका अभ्यास केवल ऐसे लोगों को करना चाहिए, जो बिना किसी कठिनाई या तनाव के पद्मासन में बैठ सकते हैं।

सायटिका अथवा कमजोर या चोटग्रस्त घुटनों से पीड़ित व्यक्तियों को ये अभ्यास तब तक नहीं करने चाहिए जब तक कि ध्यान से पूर्व किए जाने वाले आसनों के अभ्यास द्वारा घुटनों में लचीलापन न आ जाये। गर्भावस्था में पद्मासन नहीं करना चाहिए, क्योंकि इससे पैरों में रक्त संचार में कमी आती है। प्रत्येक आसन के साथ दी गई सीमाओं को भी ध्यानपूर्वक देखना चाहिए।

इस अध्याय में दिए गये सभी आसनों में दायाँ अथवा बायाँ पैर ऊपर रखा जा सकता है। यह व्यक्तिगत पसन्द तथा सुविधा पर निर्भर रहता है। आदर्शरूप से पैरों की स्थिति को बदलना चाहिए ताकि शरीर के दोनों ओर संतुलन स्थापित किया जा सके।

योगमुद्रासन

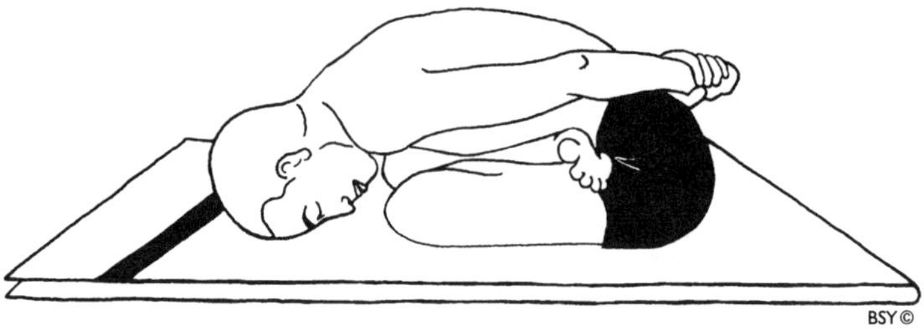

योगमुद्रासन

पद्मासन में बैठ जायें और आँखों को बन्द कर लें।

सामान्य श्वास लेते हुए शरीर को कुछ समय तक पूरी तरह शिथिल करें।

दोनों हाथों को पीठ के पीछे ले जायें और एक हाथ की कलाई को दूसरे हाथ से पकड़ लें।

यह प्रारम्भिक स्थिति है।

गहरी श्वास लें।

श्वास छोड़ते समय मेरुदण्ड को सीधा रखते हुए आगे की ओर झुकें।

अपने ललाट को जितना सम्भव हो जमीन के निकट लायें।

अन्तिम स्थिति में धीरे-धीरे एवं गहरी श्वास लेते हुए पूरे शरीर को शिथिल करें। उदर पर एड़ियों के दबाव के प्रति सजग बने।

इस स्थिति में जितनी देर आराम के साथ रह सकें, रहें।

इस स्थिति में आने के लिए अपनी पीठ, एड़ी या घुटने पर किसी प्रकार का जोर न लगाएँ।

धीरे-धीरे प्रारम्भिक स्थिति में आ जायें।

अब पैरों की स्थिति को आपस में बदल कर इसी प्रक्रिया को दुहरायें।

श्वसन–प्रारम्भिक स्थिति में धीरे-धीरे और गहरी श्वास लें।

आगे की ओर झुकते समय श्वास छोड़ें। अन्तिम स्थिति में गहरा और धीमा श्वसन करें। प्रारम्भिक स्थिति में लौटते समय श्वास लें।

अवधि–यदि सुविधाजनक हो तो अन्तिम स्थिति में एक-दो मिनट रहने का प्रयास करें।

सजगता–शारीरिक–पीठ, उदर या श्वसन प्रक्रिया पर।
आध्यात्मिक–मणिपुर चक्र पर।

क्रम–इस आसन के पहले या बाद में पीछे झुकने वाले आसन, जैसे, मत्स्यासन (पैरों को आगे फैलाकर), उष्ट्रासन या भुजंगासन करना अच्छा रहता है।

सीमायें–जिन लोगों को आँख, हृदय या पीठ की गम्भीर समस्या हो या जिनकी हाल में कोई शल्य-चिकित्सा हुई हो या प्रसव के तुरंत बाद के दिनों में यह आसन नहीं करना चाहिए।

लाभ–यह आसन उदर के अंगों की मालिश करता है, और इस अंग से सम्बन्धित अनेक व्याधियों, जैसे, कब्ज, अपच आदि को दूर करता है। यह मेरुदण्ड को तानता है, और कशेरुकाओं के बीच के स्थान से निकलने वाली मेरुदण्ड की तंत्रिकाओं को सशक्त बनाता है, जिससे अच्छे स्वास्थ्य की प्राप्ति होती है। योगमुद्रासन का प्रयोग मणिपुर चक्र के जागरण के लिए किया जाता है।

प्रकारान्तर: (नये अभ्यासियों के लिए)

इस प्रकारान्तर में मूल विधि के समान ही विधि अपनायी जाती है, अन्तर केवल इतना है कि अन्तिम स्थिति में रुकने के बदले शरीर को कई बार ऊपर उठाया तथा नीचे लाया जाता है। यह उन लोगों के लिए विशेष रूप से लाभदायक है, जिनके शरीर में कड़ापन है और जो अपने ललाट को जमीन से स्पर्श नहीं करा पाते हैं। शरीर की गति का तालमेल श्वास-प्रश्वास के साथ करें।

मत्स्यासन

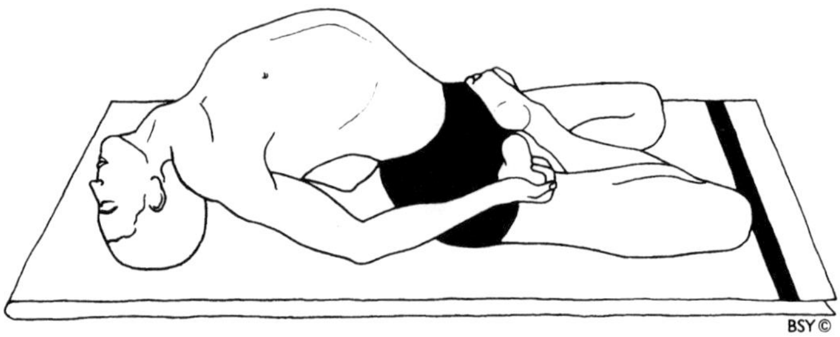

मत्स्यासन

पद्मासन में बैठ जायें और पूरे शरीर को शिथिल कर लें। हाथों और कोहनियों का सहारा देते हुए अपने शरीर को सावधानी से पीछे की ओर झुकाएँ। वक्ष को थोड़ा-सा ऊपर रखते हुए, सिर को पीछे की ओर ले जायें और सिर के ऊपरी भाग को जमीन से स्पर्श करायें।

पैरों के अँगूठों को पकड़ें और कोहनियों को जमीन पर रखें।

अपने सिर की स्थिति को इस प्रकार व्यवस्थित कर लें कि पीठ अधिक-से-अधिक धनुषाकार हो सके।

भुजाओं एवं सम्पूर्ण शरीर को शिथिल करें। शरीर के भार को सिर, नितम्ब और पैरों पर रखें। आँखें बन्द कर लें और धीरे-धीरे गहरी श्वास लें।

अब उल्टे क्रम से अभ्यास करते हुए प्रारम्भिक स्थिति में लौटें। पैरों की स्थिति को आपस में बदल कर आसन को दुहरायें।

श्वसन–अन्तिम स्थिति में गहरी एवं धीमी श्वास लें।

अवधि–अन्तिम स्थिति में पाँच मिनट तक रुकें। सामान्य स्वास्थ्य के लिए एक से तीन मिनट का अभ्यास पर्याप्त है।

सजगता–शारीरिक–उदर, वक्ष, गर्दन, सिर या श्वास पर।

आध्यात्मिक–मणिपुर या अनाहत चक्र पर।

क्रम–विपरीत आसन के रूप में हलासन या सर्वांगासन आदर्श आसन है, क्योंकि वे गर्दन में विपरीत दिशा में खिंचाव उत्पन्न करते हैं, जिससे मांसपेशियाँ तनावमुक्त होती हैं।

सीमायें–जो लोग हृदय-रोग, पेप्टिक-अल्सर, हर्निया, पीठ-दर्द या किसी गम्भीर रोग से ग्रस्त हों, उन्हें इस आसन का अभ्यास नहीं करना चाहिए। गर्भवती महिलाओं को भी इस आसन का अभ्यास नहीं करना चाहिए।

लाभ–यह आसन आँतों एवं उदर के अंगों में खिंचाव उत्पन्न करता है। यह उदर के सभी रोगों में उपयोगी है। कब्ज की शिकायत दूर करने के लिए तीन गिलास पानी पीकर इस आसन का अभ्यास करें। यह सूजे हुए और खूनी बवासीर में भी आराम पहुँचाता है। यह अभ्यास दमा एवं श्वसन नली की सूजन में अत्यंत लाभदायक है, क्योंकि यह गहरे श्वसन को उत्प्रेरित करता है। यह पीठ में रुके हुए रक्त को पुनः संचारित करता है, जिससे पीठ के दर्द में आराम पहुँचता है। यह थायरायड ग्रन्थि की क्रियाशीलता को नियमित करता है तथा थाइमस ग्रन्थि को उद्दीप्त करता है, जिससे प्रतिरक्षा-तन्त्र की क्षमता में वृद्धि होती है।

इस आसन से श्रोणि-प्रदेश में अच्छा खिंचाव उत्पन्न होता है और पैरों का जो दबाब जाँघों पर पड़ता है, वह पैरों में रक्त संचार को कम कर, उसे श्रोणि की ओर मोड़ देता है। इससे तरुणाई और प्राण-शक्ति में वृद्धि होती है।

अभ्यास टिप्पणी–इस बात पर ध्यान देना आवश्यक है कि भुजाओं के सहारे शरीर को धीरे-धीरे नीचे झुकाया और फिर अन्तिम स्थिति से धीरे-धीरे ऊपर उठाया जाता है। यह क्रिया नियंत्रण और सावधानी से की जानी चाहिए, अन्यथा मेरुदण्ड को क्षति पहुँच सकती है।

टिप्पणी–*इस आसन में पैरों को मोड़ने की विधि मछली की पूँछ से मिलती-जुलती है तथा शरीर का बाकी हिस्सा उसके धड़ एवं सिर को चित्रित करता है।*

प्रकारान्तर 1: इस प्रकारान्तर में हाथों की स्थिति को छोड़ सब कुछ मूल विधि के अनुसार ही किया जाता है।

दोनों हाथों की उँगलियों को आपस में फँसा लें। हाथों को सिर के पीछे रखें और सिर के पिछले भाग को खुली हथेलियों पर टिकायें।

प्रकारान्तर 2: (नए अभ्यासियों के लिए)

पैरों को सामने फैलाकर बैठ जाएँ।

एक पैर को मोड़ें और पंजे को दूसरी जाँघ पर रखें, जैसा कि अर्द्ध पद्मासन में होता है।
दूसरे पैर को शरीर के सामने सीधा रखें।
कोहनियों का सहारा लेते हुए धीरे-धीरे पीछे की ओर झुकें और सिर के ऊपरी भाग को जमीन पर लायें।
मुड़े हुए पैर के पंजे को दोनों हाथों से पकड़ लें।
पीठ की आकृति को जितना सम्भव हो उतना अधिक धनुषाकार बनायें।
पूरे शरीर को शिथिल करें और आँखें बन्द कर लें।
अन्तिम स्थिति में जितनी देर आराम के साथ रह सकें, रहें, और फिर पूर्व स्थिति में लौट आयें।
अब दूसरे पैर को मोड़कर इस अभ्यास को दुहरायें।
एक विकल्प के रूप में सिर के ऊपरी भाग के बदले सिर के पिछले भाग को जमीन पर रख सकते हैं।

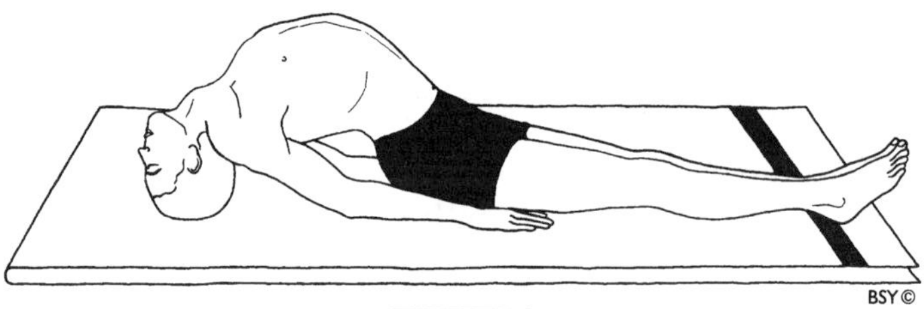

प्रकारान्तर 3

प्रकारान्तर 3: (नए अभ्यासियों के लिए)
दोनों पैरों को शरीर के सामने सीधा फैलायें।
भुजाओं का सहारा लेकर पीछे की ओर झुकें और सिर के ऊपरी भाग को जमीन पर रखें। पीठ को धनुषाकार बनायें और दोनों हथेलियों को जाँघों पर रखें या जमीन पर रहने दें। विकल्प के रूप में लेट कर भी इसे कर सकते हैं। कुछ समय तक अन्तिम स्थिति में रहने के बाद पूर्व की स्थिति में लौट आयें।

गुप्त पद्मासन

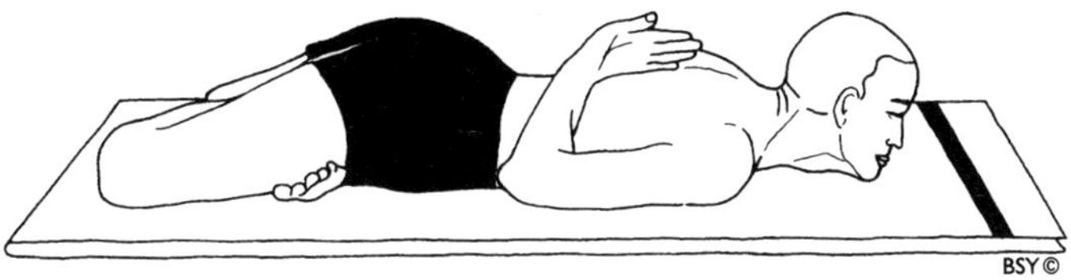

गुप्त पद्मासन

पद्मासन में बैठें। हाथों को घुटनों के आगे जमीन पर रखें।

भुजाओं का सहारा लेते हुए नितम्बों को उठायें और घुटनों पर खड़े हो जायें।

धीरे-धीरे शरीर के सामने के भाग को आगे झुकाते हुए जमीन पर पेट के बल लेट जाएँ। जमीन पर अपनी ठुड्ढी या किसी एक गाल को रखें।

हथेलियों को पीछे ले जाकर जोड़कर रखें।

उँगलियों को नीचे की ओर या ऊपर की ओर हंस-मुद्रा में रखें।

यदि सम्भव हो तो मध्यमा उँगलियों को सिर के पिछले भाग से स्पर्श करायें।

आँखों को बन्द करें और पूरे शरीर को शिथिल करें।

प्रारम्भिक स्थिति में वापस आ जायें। अब पैरों की स्थिति को आपस में बदलकर आसन को दुहरायें।

श्वसन–अन्तिम स्थिति में सामान्य श्वसन करें।

अवधि–जितनी देर तक आराम से हो सके, इस स्थिति में रहें।

सजगता–शारीरिक–सम्पूर्ण शरीर एवं मन की विश्रान्ति तथा श्वास पर।
आध्यात्मिक–अनाहत चक्र पर।

लाभ–यह आसन बैठने की गलत स्थिति के कारण मेरुदण्ड में उत्पन्न दोषों को ठीक करता है। इसलिए इसका प्रयोग ध्यान की एक लाभदायक स्थिति प्राप्त करने के लिए किया जा सकता है। इस आसन का प्रयोग शिथिलीकरण के आसन के रूप में भी किया जा सकता है, क्योंकि यह शान्ति, स्थिरता एवं भावनात्मक सन्तुलन लाता है।

प्रकारान्तर: पूर्ण शिथिलीकरण के लिए हथेलियाँ ऊपर की ओर रखते हुए हाथों को शरीर की बगल में जमीन पर रखा जा सकता है। सिर को एक

तरफ मोड़ कर एक गाल को जमीन पर भी रखा जा सकता है। कुछ समय पश्चात् धीरे से सिर को दूसरी तरफ मोड़ कर उतनी ही अवधि के लिए रखें।

बद्ध पद्मासन

बद्ध पद्मासन

पद्मासन में बैठ जायें।

भुजाओं को पीठ के पीछे ले जाकर उन्हें कैंचीनुमा बनायें।

शरीर को थोड़ा-सा आगे झुकाते और श्वास छोड़ते हुए दाहिने हाथ से दाहिने पैर के अँगूठे को तथा बाएँ हाथ से बाएँ पैर के अँगूठे को पकड़ने का प्रयास करें।

यदि अँगूठों को पकड़ना कठिन लगे तो कन्धों को पीछे की ओर ताने, जिससे कि दोनों स्कन्धास्थियाँ एक-दूसरे के और भी निकट आ जायें।

उस अँगूठे को पहले पकड़ें जो ऊपर हो।

अन्तिम स्थिति में जितनी देर तक आरामपूर्वक रह सकें, रहें। पद्मासन में लौट आयें, पैरों को बदल कर अभ्यास को दुहरायें।

श्वसन–अन्तिम स्थिति में गहरा एवं धीमा श्वसन।

सजगता–शारीरिक–उदर पर या श्वसन प्रक्रिया पर।

आध्यात्मिक–अनाहत चक्र पर।

सीमायें–जिन लोगों को आँख, हृदय या पीठ की गम्भीर समस्या हो या जो उच्च रक्त चाप, हर्निया अथवा हाइड्रोसील से पीड़ित हों उन्हें यह आसन अथवा इसका प्रकारान्तर नहीं करना चाहिए। जिनकी हाल में कोई शल्यचिकित्सा हुई हो या प्रसव के तुरन्त बाद के दिनों में यह आसन नहीं करना चाहिए।

लाभ–यह कन्धों, भुजाओं तथा पीठ के दर्द में आराम पहुँचाता है। यह अविकसित वक्ष वाले बच्चों के सामान्य विकास को बढ़ावा देता है। आध्यात्मिक रूप से इसका उपयोग कुण्डलिनी जागरण की प्रक्रिया में किया जाता है।

क्रम–ध्यान के अभ्यास के लिए एक उत्तम प्रारम्भिक आसन है।

प्रकारान्तर: बद्ध पद्मासन में बैठें। गहरी श्वास लें और फिर श्वास छोड़ते हुए बिना अधिक जोर लगाये सामने झुक कर ललाट को जमीन से स्पर्श कराने का प्रयास करें। सामान्य श्वसन के साथ जितनी देर सम्भव हो अन्तिम स्थिति में रहें। श्वास अन्दर लेते हुए धड़ को ऊपर उठाकर सीधे बैठ जायें। धीरे से आसन खोल दें।

लाभ–इस प्रकारान्तर से उदर क्षेत्र के अंगों की मालिश होती है, पीठ में खिंचाव आता है और मणिपुर चक्र का जागरण होता है।

लोलासन

लोलासन

पद्मासन में बैठ जायें।

हथेलियों को जाँघों की बगल में जमीन पर रखें।

गहरी श्वास लें। केवल दोनों हाथों पर शरीर का सन्तुलन बनाते हुए शरीर को ऊपर उठायें।

दोनों हाथों के बीच शरीर को आगे-पीछे झुलायें।

नितम्बों एवं पैरों को जमीन पर लायें। बैठी हुई स्थिति में विश्राम करें।

अब पैरों की स्थिति बदलकर अभ्यास को दुहरायें।

3 से 5 चक्र अभ्यास करें।

श्वसन–शरीर को जमीन से ऊपर उठाने के पूर्व श्वास लें। शरीर को जमीन से ऊपर उठाते और उसे आगे-पीछे झुलाते समय श्वास को अन्दर रोकें। नीचे जमीन पर लौटते समय श्वास छोड़ें।

सजगता–शारीरिक–भुजाओं के बल, मूलाधार के संकुचन, श्वास के साथ गति एवं ऊर्जा की संवेदना और सन्तुलन पर।

आध्यात्मिक–अनाहत चक्र पर।

सीमायें–इस आसन में बहुत जोर लगता है इसलिए हृदय की समस्या, उच्च रक्तचाप, प्रोलैप्स, हर्निया अथवा पीठ दर्द से पीड़ित व्यक्ति को यह आसन नहीं करना चाहिए।

लाभ–भुजाएँ, कलाइयाँ तथा उदर की मांसपेशियाँ सबल होती हैं और वक्ष का विकास होता है। यह नियंत्रण तथा संतुलन प्रदान करता है।

कुक्कुटासन

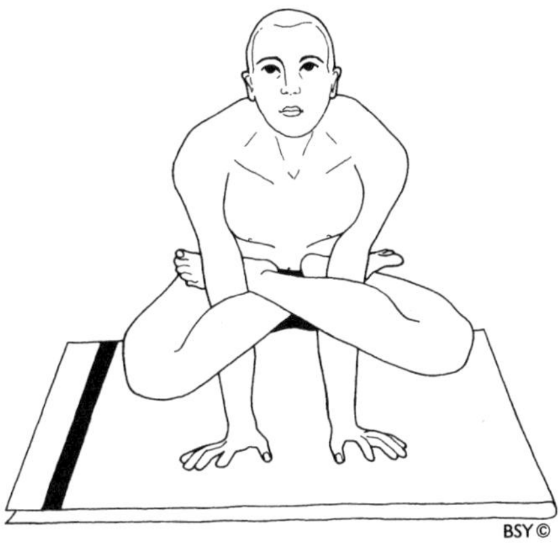

कुक्कुटासन

पद्मासन में बैठ जायें। दोनों हाथों को घुटनों के पास से पिण्डलियों और जाँघों के बीच घुसायें।

धीरे-धीरे भुजाओं को पैरों के बीच कोहनियों तक आगे बढ़ायें।

हथेलियों को जमीन पर स्थिर रखें। उँगलियाँ सामने की ओर रहें।

सिर को सीधा और दृष्टि को सामने किसी बिन्दु पर केन्द्रित रखते हुए, केवल हाथों का सहारा देते हुए शरीर को ऊपर उठायें।

पीठ को सीधा रखें।

अन्तिम स्थिति में जितनी देर आराम से रुक सकें, रुकें।

फिर जमीन पर वापस आ जायें और धीरे-से भुजाओं, हाथों और पैरों को मुक्त करें। पैर बदलकर अभ्यास को दुहरायें।

श्वसन–शरीर को ऊपर उठाते समय श्वास लें।

अन्तिम स्थित में सामान्य श्वसन करें।

नीचे आते समय श्वास छोड़ें।

सजगता–शारीरिक–मूलाधार के संकुचन, भुजाओं तथा कन्धों के बल, और शरीर का संतुलन बनाए रखते हुए नासिकाछिद्रों में श्वास-प्रश्वास पर। आध्यात्मिक–मूलाधार चक्र पर।

सीमायें–इस आसन में बहुत जोर लगता है इसलिये हृदय की समस्या, उच्च रक्तचाप, प्रोलैप्स, हर्निया अथवा पीठ दर्द से पीड़ित व्यक्ति को यह आसन नहीं करना चाहिए।

लाभ–यह आसन भुजाओं एवं कन्धों की मांसपेशियों को सशक्त बनाता तथा वक्ष को फैलाता है। संतुलन एवं स्थिरता की भावना विकसित करता है। मूलाधार चक्र के उद्‌दीपन के कारण इस आसन का प्रयोग कुण्डलिनी जागरण की प्रक्रिया में होता है।

अभ्यास टिप्पणी–भुजाएँ एवं कलाइयाँ शरीर का भार वहन करने के लिए पर्याप्त सशक्त होनी चाहिए। जिन व्यक्तियों के पैरों में बहुत अधिक बाल हों, उन्हें अपनी जाँघों और पिण्डलियों के बीच से हाथों को अंदर ले जाने में कठिनाई एवं दर्द का अनुभव हो सकता है। यदि पैरों में तेल लगा दिया जाय तो इस समस्या को सुलझाया जा सकता है। जिन लोगों के पैरों में बहुत अधिक चर्बी या मांसपेशियाँ हों, उन्हें भी इस आसन में कठिनाई हो सकती है।

गर्भासन

पद्मासन में बैठ जायें। भुजाओं को जाँघों एवं पिण्डलियों के बीच ले जाएँ और पिण्डलियों के नीचे से कोहनियों को मोड़ें।

भुजाओं को ऊपर की ओर मोड़ें और पैरों को उठायें।

पूरे शरीर को रीढ़ की सबसे निचली हड्डी, त्रिकास्थि पर संतुलित करते हुए कानों को पकड़ें।

आँखें खुली या बन्द रख सकते हैं।

अन्तिम स्थिति में जितनी देर तक आरामपूर्वक रह सकें, रहें।

कानों को छोड़ें, पैरों को नीचे करें और धीरे-धीरे भुजाओं को बाहर निकाल लें।

अब पैरों की स्थिति को आपस में बदलकर आसन को दुहरायें।

यह आसन पीठ के बल लेट कर भी किया जा सकता है।

श्वसन–हाथों को कानों के पास लाते समय श्वास छोड़ें।

अन्तिम स्थिति में सामान्य श्वास लें।

अन्तिम स्थिति में श्वास उथली होगी, क्योंकि उस समय पेट और फेफड़े, दोनों ही दबे रहते हैं।

सजगता–शारीरिक–उदर के दबाव, श्वास तथा सन्तुलन बनाए रखने पर।

आध्यात्मिक–मणिपुर चक्र पर।

लाभ–यह एड्रिनल ग्रन्थि का नियमन करता और उत्तेजित मन को शान्त करता है। यह सामान्य रूप से स्नायु सम्बन्धी रोगों में आराम पहुँचाता है।

साथ ही जो लोग अपने क्रोध पर नियंत्रण नहीं रख पाते हैं, उन्हें इस आसन का अभ्यास दिन में जितनी बार सम्भव हो, करना चाहिए। यह उदर के अंगों की मालिश कर उन्हें पुष्ट बनाता है। जठराग्नि को उद्‌दीप्त करता तथा भूख को बढ़ाता है। इससे संतुलित अवस्था का विकास होता है।

तोलांगुलासन

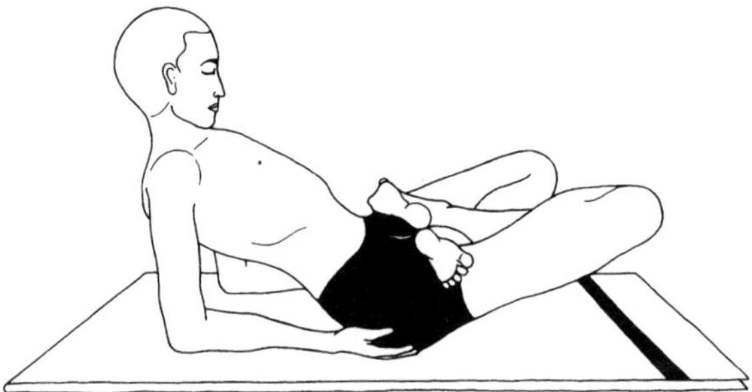

BSY ©

तोलांगुलासन

पद्मासन में बैठ जायें।

हाथों और कोहनियों का सहारा लेते हुए धीरे-धीरे सावधानी से पीठ को नीचे झुकाते हुए जमीन से 45 डिग्री के कोण पर ले आएँ।

हथेलियों को नितम्बों के नीचे रखें।

धड़ एवं पैरों को इस प्रकार ऊपर उठायें कि पूरा शरीर केवल नितम्बों एवं भुजाओं के अग्र भाग पर सधा रहे।

जालन्धर बन्ध लगायें। उच्च अभ्यासी इस समय मूलबन्ध का अभ्यास भी कर सकते हैं।

अन्तिम स्थिति में बिना तनाव के जितनी देर आराम से रह सकें, रहें।

धीरे-धीरे शरीर को नीचे ले आएँ।

इस आसन को पाँच बार दुहरायें।

श्वसन–उठी हुई स्थिति में श्वास लें और जालन्धर बन्ध लगाते हुए श्वास को अन्दर रोकें। आरामदायक अवधि से अधिक समय तक श्वास न रोकें।

जालन्धर बन्ध को शिथिल करें और पूर्व स्थिति में वापस आते हुए श्वास छोड़ें।

सजगता–शारीरिक-संतुलन, शान्ति की अनुभूति तथा श्वास रोकने पर। आध्यात्मिक-विशुद्धि चक्र पर।

लाभ–यह आसन उदर के अंगों तथा उदर के नीचे की पेशियों को स्वस्थ बनाता एवं पीठ को, विशेषकर जांघों की पेशियों को सशक्त बनाता है। यह विश्राम तथा संतुलन की स्थिति लाता है तथा बढ़े हुए वजन को कम करता है।

पीछे की ओर झुकने वाले आसन

पीछे की ओर झुकने वाले आसन ऐसे आसन हैं, जो शरीर को जगत् का सामना करने योग्य बनाते हैं। ये आसन स्फूर्तिदायक हैं और अभ्यासी को बहिर्मुखी बनाते हैं। चूँकि ये आसन वक्ष को फैलाते और श्वास लेने के लिए प्रेरित करते हैं, इसलिए इनका सम्बन्ध जीवन को स्वीकार करने की भावना से जोड़ा गया है। ये गत्यात्मक आसन भी हैं, इनमें गति की दिशा गुरुत्वाकर्षण के विपरीत होने के कारण इनका अभ्यास करने के लिए बल एवं स्फूर्ति की आवश्यकता होती है।

शारीरिक स्तर पर पीछे की ओर झुकने वाले आसन उदर की पेशियों को तानते हैं और मेरुदण्ड को नियंत्रित करने वाली पेशियों को सबल बनाते हैं। समीपस्थ कशेरुकाओं के बीच से निकलने वाली मेरुदण्ड की तंत्रिकायें पुष्ट होती हैं। इसका पूरे शरीर पर अप्रत्यक्ष रूप से लाभदायक प्रभाव पड़ता है, क्योंकि ये तंत्रिकायें शरीर की अन्य सभी तंत्रिकाओं, मांसपेशियों एवं अंगों को ऊर्जा प्रदान करती हैं।

मेरुदण्ड, कशेरुकाओं एवं चक्रिकाओं को एक के ऊपर एक रखकर बनाए हुए स्तम्भ के समान है। मांसपेशियों का एक समूह इसको चारों ओर से ढकते एवं सहारा देते हुए आस-पास फैला रहता है। सारी गतिविधियों के होते हुए भी मेरुदण्ड को एक सीधी रेखा में बनाए रखना पूरी तरह इन पेशियों के सन्तुलित, आलम्बनदायक संकोच और शक्ति पर निर्भर रहता है। इन आसनों द्वारा अचेतन रूप से पेशियों को ही नियंत्रित किया जाता है।

अर्द्धचेतन तनावों और क्लान्तियों की अभिव्यक्ति पीठ की मांसपेशियों की तनावजनित क्रियाशीलता में परिलक्षित होती है, जिसके फलस्वरूप, समरूपता

और सामंजस्य के बदले इस क्षेत्र में अत्यधिक कड़ापन या ढीलापन आ जाता है। हाल के अनुसन्धानों से पता चला है कि नब्बे प्रतिशत पीठ दर्द का मूल कारण मांसपेशीय असन्तुलन है। यदि ये असन्तुलन काफी समय तक बने रह जाते हैं, तो कशेरुकाओं के स्तम्भ की रैखिक पंक्तिबद्धता बिगड़ जाती है, अस्थिबन्ध खिंच जाते हैं और स्पॉण्डिलाइटिस, स्लिप डिस्क, सायटिका, अस्थि-सन्धि-शोथ आदि के लक्षण प्रकट होने लगते हैं।

पीछे और आगे की ओर झुकने वाले आसनों के संतुलित क्रम में अभ्यास द्वारा बैठने की गलत स्थिति के कारण उत्पन्न दोषों तथा कशेरुका-स्तम्भ की तंत्रिका-पेशी के असन्तुलन को दूर किया जा सकता है। जैसा कि सभी आसनों के लिए आवश्यक है, इन आसनों को भी उचित नियंत्रण एवं श्वास की लय के साथ जोड़कर करना चाहिए, जिससे कि मांसपेशियों का समस्त समूह समान रूप से संकुचित हो।

लगातार सीधे बैठे रहने के कारण पीठ में रक्त का प्रवाह स्वाभाविक रूप से धीमा होता है। इससे अशुद्ध रक्त स्वयं ही इन स्थानों में इकट्ठा हो जाता है। ये आसन इस क्षेत्र में जमे हुए रक्त को भली प्रकार से प्रवाहित करने और इसके स्थान पर ऑक्सीजनयुक्त शुद्ध रक्त पहुँचाने के लिए बहुत उपयोगी हैं। पीछे झुकने वाले आसनों को करते समय उदर एवं श्रोणि-प्रदेश पर अभावात्मक दबाव पड़ता है, जिससे सभी सम्बन्धित अंगों का तंत्रिका-संचरण पुष्ट होता है। ये आसन उदर एवं श्रोणीय अंगों, विशेषकर मलाशय-उदर क्षेत्र की मांसपेशियों में खिंचाव उत्पन्न कर इन अंगों की मालिश भी करते हैं।

जिन लोगों के पीठ के निचले भाग में अधिक वक्रता है, उन्हें सरल भुजंगासन, अर्द्धशलभासन तथा गोमुखासन को छोड़ कर इस खण्ड में दिए गए अन्य अभ्यास नहीं करने चाहिए। सामान्य रूप से जिन आसनों में पेट पर भार पड़ता हो, उन्हें गर्भावस्था में नहीं करना चाहिए। इस खण्ड में दिये गये आसनों में, यदि कन्धरासन को धीरे-धीरे किया जाये तो पीछे झुक कर किए जाने वाले आसनों के लाभ मिल सकते हैं। सामान्य रूप से प्रत्येक अभ्यास के साथ दी गई सीमाओं को भी ध्यान से देखना चाहिए।

दायें हाथ से काम करने वालों को दायीं तरफ से अभ्यास सीखने में सुविधा होगी। उन्हे बाद में बायीं तरफ से भी अभ्यास शुरू करना चाहिए ताकि आदतवश किये जाने वाले व्यवहारों को संतुलित किया जा सके।

सरल भुजंगासन

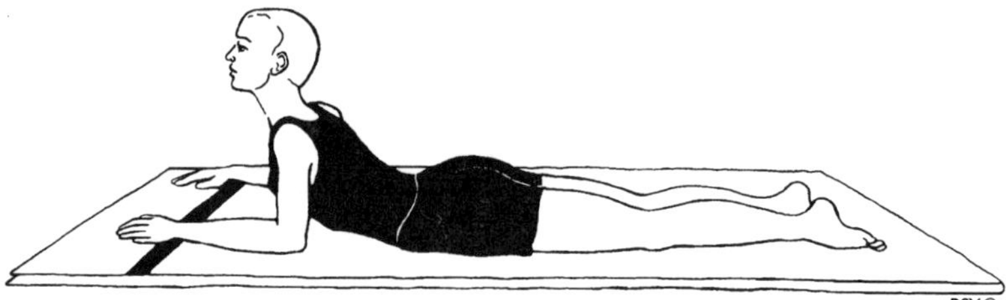

BSY ©

सरल भुजंगासन

जमीन पर पेट के बल लेट जायें, ललाट जमीन पर टिका रहे। दोनों पैर सीधे और पंजे आपस में मिले हुए तथा पैरों के तलवे ऊपर की ओर रहें।

भुजाओं को मोड़कर सिर के दोनों ओर इस प्रकार रखें कि कोहनियों से नीचे का भाग जमीन पर और हथेलियाँ नीचे की ओर रहें।

हाथों की उँगलियाँ सामने की ओर, सिर के समानान्तर रहें।

भुजाओं का अग्र भाग और कोहनियाँ शरीर के निकट रहें।

पूरे शरीर को शिथिल करें।

भुजाओं के ऊपरी भाग को लम्बवत् स्थिति में लाते हुए सिर, कन्धों और वक्ष को ऊपर उठायें।

कोहनियाँ, भुजाओं का अग्र भाग और हथेलियाँ जमीन पर ही रहेंगी।

इसी स्थिति में जितनी देर आरामपूर्वक रह सकें, रहें और फिर धीरे-से शरीर को नीचे ले आयें।

यह एक चक्र हुआ।

श्वसन–सिर, कन्धों और वक्ष को ऊपर उठाते हुए श्वास लें।

शरीर को नीचे लाते समय श्वास छोड़ें।

अन्तिम स्थिति में सामान्य श्वसन करें।

अवधि–स्थिर आसन के रूप में तीन-चार मिनट तक इस आसन में रुकें या गत्यात्मक आसन के रूप में पाँच चक्रों तक इसका अभ्यास करें।

सजगता–शारीरिक-श्वास, भुजाओं तथा कन्धों में उत्पन्न संवेदना तथा पीठ को शिथिल करने पर।

आध्यात्मिक-स्वाधिष्ठान चक्र पर।

क्रम–भुजंगासन की तैयारी के लिए एक उत्तम आसन है। इसके बाद आगे झुकने वाला एक आसन करें।

लाभ–यह आसन भुजाओं तथा कन्धों के लिए शक्तिवर्धक है और पीठ के कड़ेपन को दूर करने के लिए अति उत्तम है।

***टिप्पणी**–इस आसन को स्फिन्क्स आसन भी कहते हैं।*

भुजंगासन

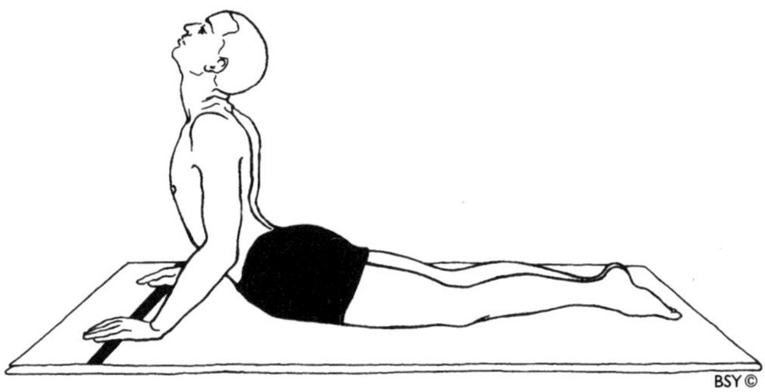

भुजंगासन

पेट के बल लेट जायें, दोनों पैर सीधे और पंजे मिले हुए रहें, तथा तलवे ऊपर की ओर रहें।

हथेलियों को जमीन पर कंधों के नीचे थोड़ा-सा बाहर की ओर रखें। उँगलियाँ एक साथ और सामने की ओर रहें।

भुजाओं को इस प्रकार रखें कि कोहनियाँ पीछे की ओर तथा बगल का स्पर्श करती हुई रहें।

ललाट को जमीन पर रखें और आँखें बन्द कर लें।

सम्पूर्ण शरीर को शिथिल करें, विशेषकर पीठ के निचले भाग को।

धीरे-धीरे सिर को ऊपर उठायें।

धीरे से सिर को पीछे मोड़ें ताकि ठुड्ढी आगे की ओर रहे और गर्दन का पीछे का भाग संकुचित हो, फिर गर्दन और बाद में कन्धों को ऊपर उठायें।

कोहनियों को सीधा कर पहले पीठ की मांसपेशियों, इसके पश्चात् भुजाओं की मांसपेशियों का उपयोग करते हुए धड़ को और ऊपर उठायें, पीठ को धनुषाकार बनायें।

अन्तिम स्थिति में श्रोणि-अस्थि जमीन के सम्पर्क में रहती है और नाभि अधिकतम 3 सेन्टीमीटर उठी रहती है। यदि नाभि को बहुत अधिक उठा दिया जाता है, तो खिंचाव पीठ के बदले घुटनों में होने लगता है। भुजाएँ सीधी रह सकती हैं या नहीं भी रह सकती हैं। यह पीठ के लचीलेपन पर निर्भर रहेगा।

अन्तिम स्थिति में रुकें।

पूर्व की स्थिति में वापस आने के लिए धीरे-से भुजाओं को मोड़कर पीठ के ऊपरी भाग को ढीला करें, नाभि, वक्ष और कंधों को नीचे लायें और अन्त में ललाट को जमीन पर लायें।

पीठ के निचले भाग की पेशियों को शिथिल करें।

यह एक चक्र हुआ।

श्वसन–धड़ को ऊपर उठाते समय श्वास लें।

अन्तिम स्थिति में सामान्य श्वसन करें अथवा यदि अन्तिम स्थिति में थोड़ी ही देर तक रहते हैं तो श्वास रोकें।

धड़ को नीचे लाते समय श्वास छोड़ें।

अवधि–अन्तिम स्थिति में रुकने का समय क्रमशः बढ़ाते हुए, पाँच चक्र तक अभ्यास करें।

सजगता–शारीरिक–शारीरिक गति के साथ श्वास के तालमेल तथा पीठ को सहजतापूर्वक, व्यवस्थित ढंग से धनुषाकार बनाने और उदर में खिंचाव पर।

आध्यात्मिक–स्वाधिष्ठान चक्र पर।

क्रम–इस आसन का अधिकतम लाभ तब मिलेगा जब इसके पूर्व या पश्चात् आगे झुकने वाला आसन किया जाये। पीठ और मेरुदण्ड के सामान्य स्वास्थ्य के लिए इसका अभ्यास शलभासन और धनुरासन के साथ भी किया जा सकता है।

सीमायें–जो व्यक्ति पेप्टिक अल्सर, हर्निया, आँतों की टी.बी. या चुल्लिका ग्रन्थि की अधिक क्रियाशीलता से पीड़ित हैं, उन्हें किसी योग शिक्षक की सलाह के बिना इस आसन को नहीं करना चाहिए।

लाभ-यह आसन श्वसन में सुधार लाता और उसे गहरा बनाता है। यह पीठ के दर्द को दूर कर मेरुदण्ड को लचीला और स्वस्थ बनाता है। यह आसन डिम्बाशय एवं गर्भाशय को सशक्त बनाता है तथा मासिक धर्म सम्बन्धी समस्याओं एवं स्त्री रोगों को दूर करने में सहायक होता है। यह भूख को तेज करता और कब्ज को दूर करता है। यह उदर के सभी अंगों, विशेषकर यकृत एवं गुर्दों के लिए लाभकारी है।

टिप्पणी- *यह सूर्य नमस्कार की सातवीं तथा चन्द्र नमस्कार की आठवीं स्थिति है।*

तिर्यक् भुजंगासन

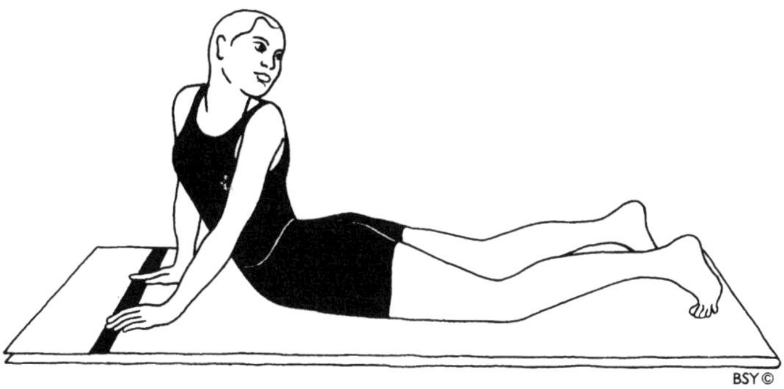

तिर्यक् भुजंगासन

जमीन पर पेट के बल लेट जायें। दोनों पैरों के बीच लगभग आधे मीटर की दूरी रखें।

पैरों की उँगलियों एवं अँगूठों को अन्दर की ओर रखें। एड़ियाँ ऊपर की ओर रहें, जिससे कि पैर उँगलियों पर टिके रहें।

हथेलियों को जमीन पर कन्धों के नीचे थोड़ा-सा बाहर की ओर रखें। उँगलियाँ एक साथ और सामने की ओर रहें। भुजाओं को इस प्रकार रखें कि कोहनियाँ पीछे की ओर तथा बगल का स्पर्श करती हुई रहें।

ललाट को जमीन पर रखें और आँखें बन्द कर लें। सम्पूर्ण शरीर को शिथिल करें, विशेषकर पीठ के नीचे के भाग को।

धीरे से सिर, गर्दन और कन्धों को ऊपर उठायें। कोहनियों को सीधा करते हुए, धड़ को आसानी से जितना ऊपर उठा सकते हैं, उठायें। इसके लिए भुजाओं की पेशियों से अधिक पीठ की पेशियों का उपयोग करें।

सिर को सीधा सामने की ओर रखें, भुजंगासन की तरह पीछे की ओर झुका हुआ नहीं।

सिर और धड़ के ऊपरी भाग को मोड़ें और बाएँ कन्धे के ऊपर से पीछे की ओर देखें।

दाहिने पैर की एड़ी पर दृष्टि को केन्द्रित करें।

अन्तिम स्थिति में जब कंधों एवं धड़ को मोड़ा जाता है, तब भुजायें सीधी या थोड़ी-सी मुड़ी हुई रह सकती हैं।

पीठ को शिथिल करें और नाभि को जितना हो सके जमीन के पास रखें।

अन्तिम स्थिति में कुछ क्षणों तक रुकें।

अब सीधा सामने की ओर देखें और धड़ को बिना दूसरी ओर मोड़े नीचे लाएँ।

बीच में वापस आयें और शरीर को नीचे जमीन पर लायें।

यह एक चक्र हुआ। 3 से 5 चक्र तक अभ्यास करें।

श्वसन–ऊपर उठते समय श्वास लें।

एक तरफ मुड़ते समय श्वास छोड़ें, बीच में आते समय श्वास लें, दूसरी तरफ मुड़ते समय श्वास छोड़ें, पुनः बीच में आते समय श्वास लें।

शरीर को जमीन पर लाते समय श्वास छोड़ें।

सजगता–शारीरिक–पीठ और आँतों की मांसपेशियों के खिंचाव और उदर के तिरछे खिंचाव पर।

आध्यात्मिक–स्वाधिष्ठान चक्र पर।

लाभ–भुजंगासन के समान ही, किन्तु यह आँतों तथा भुजाओं पर कुछ अधिक प्रभाव डालता है।

***टिप्पणी**–इस आसन का अभ्यास शंख-प्रक्षालन शृंखला की एक कड़ी के रूप में किया जाता है।*

सर्पासन

सर्पासन

पेट के बल लेट जायें। पैरों को सीधा और पंजों को एक साथ रखें। हाथों की उँगलियों को आपस में फँसायें और हाथों को नितम्बों के ऊपर रखें। ठुड्ढी को जमीन पर रखें।

यह प्रारम्भिक स्थिति है।

पीठ के निचले भाग की मांसपेशियों के सहारे वक्ष को जहाँ तक हो सके जमीन से ऊपर उठायें।

हाथों को पीछे की ओर और अधिक ताने तथा भुजाओं को जहाँ तक सम्भव हो, ऊपर उठायें। कल्पना करें कि भुजाओं को पीछे से खींचा जा रहा है। बिना अधिक जोर लगाये शरीर को जितना सम्भव हो, ऊपर उठायें। स्कन्धास्थियों को एक साथ दबाते हुए सामने की ओर देखें।

जितनी देर आरामपूर्वक हो सके, इस स्थिति में रुकें।

अब धीरे-धीरे प्रारम्भिक स्थिति में लौटें और सम्पूर्ण शरीर को शिथिल करें। हाथों को खोल कर, भुजाओं को शरीर की बगल में लाकर विश्रांत करें। सिर को एक ओर मोड़ लें।

यह एक चक्र हुआ। 5 चक्र तक अभ्यास करें।

श्वसन–ऊपर उठने के पूर्व प्रारम्भिक स्थिति में धीरे-धीरे गहरी श्वास लें। शरीर को उठाते समय तथा अन्तिम स्थिति में श्वास रोकें।

नीचे लाते समय श्वास छोड़ें।

सजगता–शारीरिक–मेरुदण्ड की मांसपेशियों तथा दोनों भुजाओं के एक समान संकुचन पर।

आध्यात्मिक–अनाहत चक्र पर।

क्रम–भुजंगासन के लिए अच्छा प्रारम्भिक अभ्यास है।

सीमायें–जिन लोगों को हृदय रोग या उच्च रक्तचाप की शिकायत हो, उन्हें यह अभ्यास नहीं करना चाहिए। जो व्यक्ति पेप्टिक अल्सर, हर्निया, आँतों की टी. बी. या चुल्लिका ग्रन्थि की अति क्रियाशीलता से पीड़ित हों, उन्हें किसी योग शिक्षक की सलाह के बिना इस अभ्यास को नहीं करना चाहिए।

लाभ–मूल रूप से भुजंगासन से प्राप्त होने वाले लाभों के समान ही, इसके अतिरिक्त सर्पासन शारीरिक आकृति, विशेषरूप से गोलाकार कन्धों के दोष को दूर करता और पीठ की पेशियों को सबल बनाता है।

अर्द्ध शलभासन

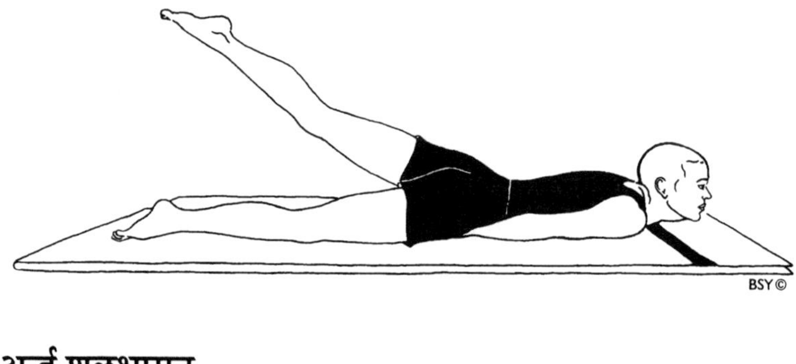

अर्द्ध शलभासन

पेट के बल लेट जायें, हाथ जाँघों के नीचे रहें, हथेलियाँ नीचे की ओर या मुट्ठियाँ बन्द रहें।

दोनों पैरों को पूरे अभ्यास के दौरान सीधा रखें।

ठुड्ढी को जमीन पर थोड़ा-सा आगे की ओर तानते हुए रखें, जिससे गर्दन की पेशियों तथा तंत्रिकाओं का अधिकतम खिंचाव हो सके।

यह प्रारम्भिक स्थिति है।

पीठ की पेशियों का प्रयोग करते हुए बायें पैर को जहाँ तक सम्भव हो ऊपर उठायें, दूसरे पैर को जमीन के सम्पर्क में सीधा एवं शिथिल रखें।

इस स्थिति में जितनी देर तक बिना तनाव के सम्भव हो, रुकें।
श्रोणि-प्रदेश को किसी भी प्रकार से न झुकायें और न ही मोड़ें।
अब पैर को नीचे जमीन पर लायें।
फिर दाहिने पैर से इसी अभ्यास को करें।
यह एक चक्र हुआ।

श्वसन–प्रारम्भिक स्थिति में श्वास लें।
पैर को उठाते समय और अन्तिम स्थिति में रुकते समय श्वास को रोके रखें। पैर को प्रारम्भिक स्थिति में नीचे लाते समय श्वास छोड़ें।

अवधि–इसका गत्यात्मक अभ्यास 5 चक्रों तक किया जा सकता है। स्थिर आसन के रूप में 3 चक्र अभ्यास करें।

सजगता–शारीरिक–पीठ के नीचे के भाग, उदर तथा हृदय, और शारीरिक गति के साथ श्वास के ताल-मेल पर।
आध्यात्मिक–स्वाधिष्ठान चक्र पर।

लाभ–अर्द्ध शलभासन पीठ तथा श्रोणि-प्रदेश के अंगों के लिए एक उत्तम आसन है। यह श्रोणि-प्रदेश से तनाव को दूर करता है। इसका अभ्यास बिना कष्ट के किया जा सके, तो सायटिका या स्लिप डिस्क के योगोपचार के लिए इसका अभ्यास करने की सलाह दी जाती है। यह कब्ज की शिकायत भी दूर करता है।

अभ्यास टिप्पणी–पहले बायें पैर को उठाना चाहिए, जिससे कि दबाव उदर के दाहिनी ओर पड़े और बड़ी आँत के ऊर्ध्वगामी वृहदान्त्र की मालिश आँतों के संकुचन की दिशा में हो जाए।

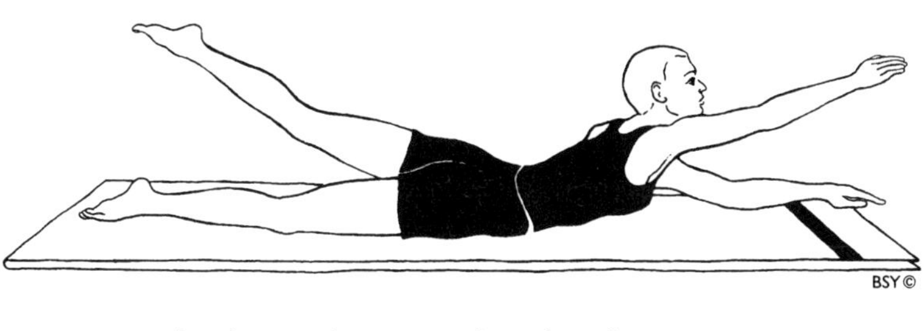

प्रकारान्तर: पेट के बल लेट जाएँ। दोनों पैर और पंजे साथ-साथ रहें तथा ललाट जमीन पर।
अद्वासन के समान दोनों भुजाओं को सिर के ऊपर आगे की ओर ताने।

ठुड्ढी को जमीन पर रखें।
भुजाओं और पैरों को पूरे आसन के दौरान सीधा रखें।
साथ-ही बायें पैर, सिर और दाहिनी भुजा को जितना सम्भव हो, ऊपर उठायें।
पैर और भुजा को ऊपर उठाते समय बायें पैर को पीछे की ओर तथा दायीं भुजा को आगे की ओर ताने।
इस स्थिति में बिना तनाव के जितनी देर सम्भव हो, रुकें।
फिर पैर, सिर और भुजा को प्रारम्भिक स्थिति में नीचे ले आयें।
अद्वासन में विश्राम करते हुए श्वास को सामान्य होने दें।
अब दाहिने पैर और बायीं भुजा से इस प्रक्रिया को दुहरायें।
यह एक चक्र हुआ।
5 चक्र तक अभ्यास करें।

श्वसन–पैर, भुजा और सिर को ऊपर उठाते समय श्वास लें।
आसन की अन्तिम स्थिति में श्वास को रोके रखें।
पैर, भुजा और सिर को नीचे प्रारम्भिक स्थिति में लाते हुए श्वास छोड़ें।

सजगता–शारीरिक–शारीरिक गति के साथ श्वास के ताल-मेल पर तथा उठे हुए पैर की उँगलियों से दूसरी तरफ के उठे हुए हाथ की उँगलियों तक शरीर के तिरछे खिंचाव पर।
आध्यात्मिक–स्वाधिष्ठान चक्र पर।

लाभ–यह आसन उन आरम्भिक अभ्यासियों के लिए उपयोगी है, जिनकी पीठ कमजोर है या उसमें कड़ापन है, क्योंकि यह पीठ की पेशियों को शक्ति प्रदान करता है तथा तंत्रिकाओं को उद्दीप्त करता है, विशेष रूप से पीठ के निचले भाग की तंत्रिकाओं को। साथ-ही यह सम्पूर्ण शरीर को एक प्रबल तिरछा खिंचाव प्रदान करता है। शरीर की गति के साथ श्वास के ताल-मेल के प्रति सजगता के द्वारा यह एकाग्रता विकसित करता है।

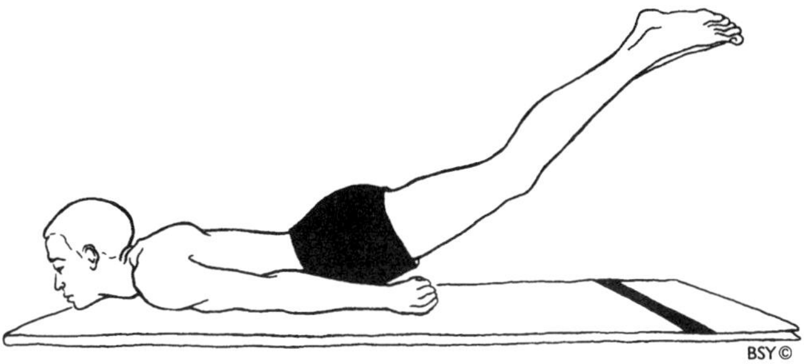

शलभासन

पेट के बल लेट जायें। दोनों पैर और पंजे एक साथ रहें, पैरों के तलवे ऊपर की ओर रहें।

हाथों को जाँघों के नीचे या बगल में रखें, हथेलियाँ नीचे की ओर रहें या मुट्ठियाँ बाँध लें।

ठुड्ढी को थोड़ा आगे की ओर लायें और पूरे अभ्यास के दौरान जमीन पर रखें।

आँखें बन्द कर लें और शरीर को शिथिल करें।

यह प्रारम्भिक स्थिति है।

दोनों पैरों को सीधा और एक साथ रखते हुए, जितना सम्भव हो ऊपर उठायें। जमीन पर भुजाओं का दबाव डालकर और पीठ के निचले भाग की मांसपेशियों को संकुचित कर पैरों को ऊपर उठाना है।

अन्तिम स्थिति में बिना तनाव के जितनी देर तक आरामपूर्वक रुक सकते हों, रुकें।

धीरे-धीरे पैरों को नीचे जमीन पर लायें।

यह एक चक्र हुआ।

प्रारम्भिक स्थिति में वापस आयें और सिर को एक तरफ मोड़कर रखते हुए शरीर को विश्रांत करें।

श्वास एवं हृदय की गति को सामान्य होने दें।

श्वसन–प्रारम्भिक स्थिति में गहरी श्वास अन्दर लें।

पैरों को ऊपर उठाते समय और अन्तिम स्थिति में रुकते समय श्वास

को अन्दर रोक कर रखें। पैरों को नीचे लाते समय श्वास छोड़ें।

नये अभ्यासियों के लिए पैरों को ऊपर उठाते समय श्वास अन्दर लेना अधिक सहायक होता है।

उच्च अभ्यासी प्रारम्भिक स्थिति में आने के बाद श्वास छोड़ सकते हैं।

अवधि–गत्यात्मक अभ्यास करने पर पाँच चक्रों तक। स्थिर आसन के रूप में अभ्यास करने पर तीन चक्रों तक।

सजगता–शारीरिक-शारीरिक गति के साथ श्वास के ताल-मेल पर तथा पीठ के निचले हिस्से, उदर और हृदय पर।

आध्यात्मिक-स्वाधिष्ठान या विशुद्धि चक्र पर (पैरों की जमीन से ऊँचाई के अनुसार)।

क्रम–यदि यह अभ्यास भुजंगासन के बाद और धनुरासन के पूर्व किया जाये तो अत्यन्त लाभकारी होगा।

सीमायें–शलभासन में बहुत अधिक शारीरिक प्रयास की आवश्यकता होती है, इसलिए इसका अभ्यास ऐसे लोगों को नहीं करना चाहिए जिनका हृदय कमजोर हो, हृद्-धमनी-घनास्त्रता (कोरोनरी थ्रोम्बोसिस) हो या उच्च रक्तचाप हो।

जो लोग पेप्टिक अल्सर, हर्निया, आँतों के क्षय रोग या इस प्रकार के अन्य रोगों से पीड़ित हों, उन्हें भी परामर्श दिया जाता है कि इस अभ्यास को न करें।

लाभ–परानुकम्पी तन्त्रिकायें मुख्य रूप से गर्दन एवं श्रोणि प्रदेश में होती हैं। शलभासन सम्पूर्ण स्वचालित तंत्रिका-तंत्र को उद्दीप्त करता है, विशेषकर परानुकम्पी स्राव को। यह आसन पीठ के निचले हिस्से तथा श्रोणि प्रदेश के अंगों को सुदृढ़ बनाता है। यदि रोग गंभीर अवस्था में न हो, तो इससे पीठ के दर्द, हल्के सायटिका तथा स्लिप डिस्क में आराम पहुँचता है। यह यकृत, आमाशय, आंतों तथा उदर के अन्य अंगों की क्रियाशीलता को सुचारु एवं सन्तुलित बनाता है तथा भूख बढ़ाता है। इससे नितम्बों की मांसपेशियों में कसाव आता है और शरीर में स्वत: वज्रोली मुद्रा होने लगती है।

प्रकारान्तर: पेट के बल लेट जायें। दोनों पैर और पंजे एक साथ रहें और ललाट जमीन का स्पर्श करे।

अद्वासन के समान दोनों भुजाओं को सिर के ऊपर आगे की ओर ताने।

ठुड्ढी को जमीन पर रखें। भुजाओं और पैरों को पूरे आसन के दौरान सीधा रखें।
दोनों पैरों, सिर और दोनों भुजाओं को एक साथ जहाँ तक सम्भव हो ऊपर उठायें।
उदर की पेशियों पर संतुलन को बनाये रखते हुए जितनी देर आराम से सम्भव हो इस स्थिति में रुकें।
पैरों, सिर तथा भुजाओं को प्रारम्भिक स्थिति में नीचे ले आयें।
अद्वासन में विश्राम करें और श्वसन को सामान्य होने दें।
यह एक चक्र हुआ।

सरल धनुरासन

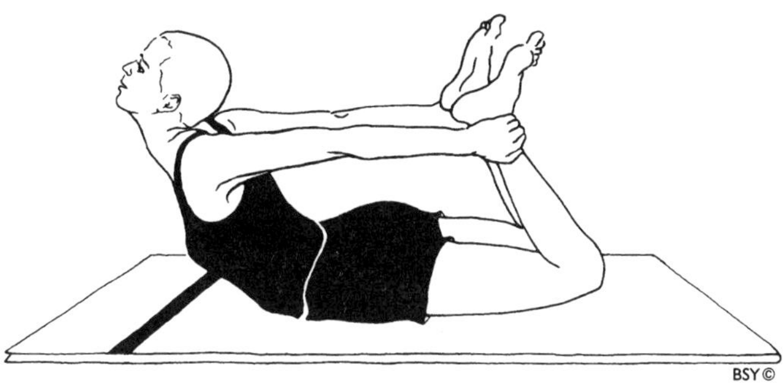

सरल धनुरासन

पेट के बल जमीन पर लेट जायें, दोनों पैरों और पंजों को एक साथ और भुजाओं एवं हाथों को शरीर की बगल में रखें।
घुटनों को मोड़ें और एड़ियों को नितम्बों के पास लायें।
टखनों को हाथों से पकड़ें।
पूरे अभ्यास के दौरान घुटनों और जाँघों को दृढ़तापूर्वक जमीन पर तथा भुजाओं को सीधा रखें। ठुड्ढी को जमीन पर रखें।
यह प्रारम्भिक स्थिति है।
पैरों को ताने और पंजों को पीछे की ओर ठेलने का प्रयास करें, साथ-ही

सिर तथा वक्ष को जितना सम्भव हो जमीन से ऊपर उठायें। पीठ की पेशियों को निष्क्रिय रखते हुए, शरीर को ऊपर उठाने में सहयोग देने के लिए, पैरों की पीछे की ओर होने वाली गति का उपयोग करें।

अन्तिम स्थिति में सिर पीछे की ओर झुकायें।

इस अन्तिम स्थिति में जितनी देर आराम से सम्भव हो रुकें।

पंजों पर पकड़ ढीली करते हुए वक्ष और सिर को धीरे-धीरे प्रारम्भिक अवस्था में वापस लायें।

जब तक श्वसन सामान्य न हो जाये, इस स्थिति में विश्राम करें।

यह एक चक्र हुआ। 5 चक्र तक अभ्यास करें।

श्वसन–प्रारम्भिक स्थिति में गहरी श्वास लें।

शरीर को ऊपर उठाते समय श्वास अन्दर रोकें।

अन्तिम स्थिति में गहरा और धीमा श्वसन करें।

प्रारम्भिक स्थिति में लौटते समय श्वास छोड़ें।

सजगता–शारीरिक–उदर या पीठ पर अथवा अन्तिम स्थिति में गहरे श्वसन पर।

आध्यात्मिक–विशुद्धि चक्र पर।

क्रम–यह नये अभ्यासियों के लिए अच्छा प्रारम्भिक आसन है तथा ऐसे लोगों के लिए भी उपयोगी है, जिनकी पीठ कड़ी है और जो धनुरासन नहीं कर सकते।

लाभ–धनुरासन के समान ही, किन्तु थोड़ी कम मात्रा में। यदि इस आसन को बिना किसी असुविधा के किया जा सके, तो स्लिप डिस्क या सर्वाइकल स्पॉण्डिलाइटिस के कारण पीठ के निचले भाग में होने वाले दर्द के उपचार के लिए इस आसन को करने का परामर्श दिया जाता है। यह हृदय तथा फेफड़ों को सबल बनाता है तथा सभी प्रकार के श्वसन सम्बन्धी रोगों के उपचार में लाभकारी है। इससे शारीरिक स्थिति में सुधार आता है।

धनुरासन

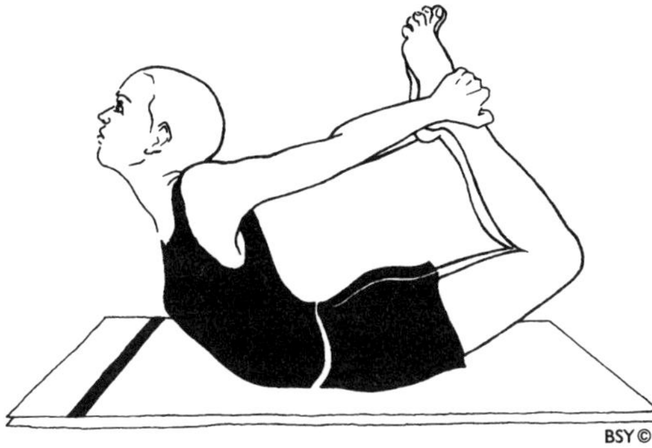

धनुरासन

पेट के बल सीधा लेट जायें। दोनों पैर और पंजे एक साथ रहें, भुजाएँ और हाथ शरीर की बगल में रहें।

घुटनों को मोड़ें और एड़ियों को नितम्बों के पास ले आयें।

टखनों को हाथों से पकड़ लें।

ठुड्ढी को जमीन पर रखें।

यह प्रारम्भिक स्थिति है।

पैरों की पेशियों को ताने और पंजों को शरीर से दूर ले जाने का प्रयास करें।

दोनों जाँघों, वक्ष तथा सिर को एक साथ ऊपर उठाते हुए पीठ को धनुषाकार बनायें।

भुजाओं को सीधा रखें।

अन्तिम स्थिति में सिर पीछे की ओर झुका रहेगा और सम्पूर्ण शरीर केवल उदर के सहारे जमीन पर रहेगा। पेशीय संकुचन केवल पैरों में होगा, पीठ एवं भुजाएँ ढीली रहेंगी।

अन्तिम स्थिति में जितनी देर आराम के साथ रह सकें, रहें और तत्पश्चात् धीरे-धीरे पैरों की पेशियों को शिथिल करते हुए पैर, वक्ष और सिर को नीचे प्रारम्भिक स्थिति में लायें।

आसन को समाप्त कर पेट के बल लेटे हुए तब तक विश्राम करें, जब तक श्वास सामान्य न हो जाए।

यह एक चक्र हुआ।

3 से 5 चक्र तक अभ्यास करें।

श्वसन–प्रारम्भिक स्थिति में गहरी श्वास अन्दर लें।

शरीर को ऊपर उठाते समय श्वास रोकें।

अन्तिम स्थिति में श्वास अन्दर रोके रखें या धीमी, गहरी श्वास लें, जिससे कि शरीर धीरे-धीरे श्वास की गति के साथ आगे-पीछे झूले।

शरीर को प्रारम्भिक स्थिति में नीचे लाते समय श्वास छोड़ें।

सजगता–शारीरिक–उदर-प्रदेश, पीठ या धीमी, गहरी श्वास के साथ उदर के लयबद्ध फैलाव एवं संकुचन पर।

आध्यात्मिक–मणिपुर, अनाहत या विशुद्धि चक्र पर।

क्रम–आदर्श रूप से धनुरासन का अभ्यास भुजंगासन और शलभासन के बाद करना चाहिए तथा इसके उपरान्त एक सामने की ओर झुकने वाला आसन करना चाहिए। भोजन करने के कम-से-कम तीन-चार घण्टों के पश्चात् ही इस आसन को करना चाहिए।

सीमायें–ऐसे लोग जिनका हृदय कमजोर है या जो उच्च रक्तचाप, हर्निया, कोलाइटिस, पेप्टिक या ड्यूडेनल अल्सर के रोगी हैं, उन्हें इस आसन को करने का प्रयास नहीं करना चाहिए। इस आसन का अभ्यास रात्रि में शयन के पूर्व नहीं करना चाहिए, क्योंकि यह अधिवृक्क ग्रन्थियों तथा अनुकम्पी तंत्रिका-तंत्र को उद्दीप्त करता है।

लाभ–इस आसन से सम्पूर्ण भोजन नली की कार्यप्रणाली में सुधार होता है। इससे यकृत, उदर के अंगों एवं पेशियों की मालिश हो जाती है। अग्न्याशय तथा अधिवृक्क ग्रन्थियों के स्राव में सन्तुलन आता है और वे पुष्ट होती हैं। इससे गुर्दों की भी मालिश होती है, तथा उदर क्षेत्र में जमा चर्बी घटती है। इससे पाचन-क्रिया, मल-निष्कासन प्रणाली एवं प्रजनन-अंगों के कार्यों में सुधार होता है, जो आमाशय एवं आँतों की गड़बड़ियों, अजीर्ण, पुरानी कब्ज तथा यकृत की सुस्ती को दूर करने में सहायक होता है।

मधुमेह, असंयम, मासिक स्राव की अनियमितता आदि के योगोपचार के लिए यह आसन करने का परामर्श दिया जाता है। सामान्य रूप से यह रक्त-संचार को बढ़ाता है। मेरुदण्ड की कशेरुकायें पुनः एक सीध में आ जाती हैं तथा अस्थिबन्धों, पेशियों और तंत्रिकाओं को उचित खिंचाव

मिलता है, जिससे कड़ापन दूर हो जाता है। यह मेरुदण्ड के वक्षीय क्षेत्र के कुबड़ेपन को ठीक करता है।

धनुरासन ग्रीवा एवं वक्ष की अनुकम्पी तंत्रिकाओं की ऊर्जा को मुक्त करने में सहायक होता है, जिससे श्वसन-क्रिया में सामान्य रूप से सुधार होता है।

कन्धरासन

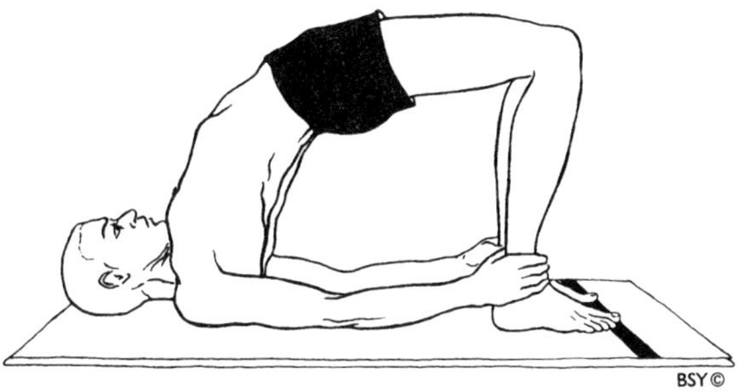

कन्धरासन

पीठ के बल लेट जायें।

घुटनों को मोड़ लें, पैरों के तलवों को जमीन पर रखें, एड़ियाँ नितम्बों को छूती रहें।

पंजों और घुटनों के बीच नितम्बों की चौड़ाई के बराबर दूरी रखें।

हाथों से टखनों को पकड़ लें।

यह प्रारम्भिक स्थिति है।

नितम्बों को ऊपर उठायें और पीठ को ऊपर की ओर तानते हुए धनुषाकार बनायें।

पंजों और कंधों को अपने स्थान से बिना हिलाए, वक्ष को ठुड्ढी तथा सिर की ओर ठेलते हुए, नाभि एवं वक्ष को जितना सम्भव हो, ऊपर उठाने का प्रयास करें। तलवों को जमीन पर रखे रहें।

अन्तिम स्थिति में शरीर को सिर, गर्दन, कंधों, भुजाओं और पंजों पर साधे रखें।

इस स्थिति में जितनी देर सुविधापूर्वक रह सकें, रहें और फिर शरीर को नीचे प्रारम्भिक स्थिति में ले आयें। टखनों को छोड़ें और पैरों को सीधा फैलाकर शिथिल करें।

5 से 10 चक्र तक अभ्यास करें।

श्वसन–प्रारम्भिक स्थिति में गहरी श्वास लें।

ऊपर उठते समय और अन्तिम स्थिति में रुकते समय श्वास अंदर रोकें या विकल्प स्वरूप अन्तिम स्थिति में धीमी एवं गहरी श्वास लें।

प्रारम्भिक स्थिति में नीचे आते समय श्वास छोड़ें।

सजगता–शारीरिक–शारीरिक गति, उदर-प्रदेश, थाइरॉयड ग्रन्थि या पीठ के आकुंचन की प्रबलता पर।

आध्यात्मिक–विशुद्धि या अनाहत चक्र पर।

क्रम–किसी आगे झुकने वाले आसन के पूर्व या पश्चात् इस आसन को करें। चक्रासन के अभ्यास के लिए यह एक उत्तम प्रारम्भिक आसन है।

सीमायें–जो लोग पेप्टिक या ड्यूडेनल अल्सर या हर्निया से पीड़ित हों, उन्हें यह आसन नहीं करना चाहिए। सामान्य रूप से यह सुझाव दिया जाता है कि महिलाओं को गर्भावस्था के अंतिम महीनों में इस आसन का अभ्यास करते समय 15 सेन्टीमीटर से अधिक नितम्बों को ऊपर नहीं उठाना चाहिए।

लाभ–इस आसन का उपयोग गोल कन्धों तथा पीठ के दर्द को ठीक करने और रीढ़ की हड्डियों को एक सीधी रेखा में लाने के लिए किया जाता है। यह वृहदान्त्र तथा उदर के अंगों की मालिश करता है और उनमें खिंचाव उत्पन्न करता है, जिससे पाचन क्रिया में सुधार होता है। यह महिलाओं के प्रजनन-अंगों को पुष्ट बनाता है और ऐसी महिलाओं को विशेष रूप से यह आसन करने का परामर्श दिया जाता है, जो प्राय: गर्भपात से परेशान हों। मासिक धर्म की गड़बड़ी, भ्रंश, दमा तथा श्वसन नली और थाइरॉयड सम्बन्धी विकारों को दूर करने के लिए योगोपचार के रूप में कन्धरासन का उपयोग किया जाता है।

अर्द्धचन्द्रासन

अश्व संचालन आसन का अभ्यास करें। अन्तिम स्थिति में संतुलन बनाये रखते हुए हाथ उठाकर वक्ष के सामने नमस्कार की मुद्रा में लायें।

हथेलियों को एक साथ रखते हुए हाथों को सिर के ऊपर ले जायें।

बिना अधिक जोर लगाये जितना सम्भव हो सिर और धड़ के ऊपरी भाग को धनुषाकार बनायें।

हाथों की अँगुलियों से दाहिने पैर की उँगलियों के पोरों तक अर्द्ध चन्द्र की आकृति के समान एक वक्र बनायें।

अन्तिम स्थिति में संतुलन बनाये रखें।

आसन समाप्त करने के लिए हाथों को पुन: नमस्कार की मुद्रा में लायें, फिर धीरे से नीचे जमीन पर लायें और सामने देखते हुए अश्वसंचालन की स्थिति में वापस आयें।

अश्वसंचालनासन को मुक्त कर प्रारम्भिक स्थिति में आ जायें।

यह एक चक्र हुआ। इस ओर आगे-पीछे चक्र बनाते रहें।

दूसरी ओर बराबर के चक्र दोहराने से पहले वज्रासन में विश्राम करें (अश्वसंचालनासन की भाँति)

5 से 10 चक्र अभ्यास करें।

श्वसन–अश्वसंचालनासन में आगे आते समय श्वास छोड़ें।

अर्द्ध चन्द्रसन में हाथ ऊपर उठाते समय श्वास लें।

संतुलन बनाये रखते हुए कुछ क्षण श्वास रोकें।

भुजायें नीचे लाते समय श्वास छोड़ें।

अश्व संचालनासन को मुक्त करते समय श्वास लें।

सजगता–शारीरिक–लयबद्ध संतुलित गति पर, पैरों से लेकर हाथों की अँगुलियों तक गहरे खिंचाव पर, वक्ष और गले के क्षेत्र के खुलने से खुलेपन की अनुभूति पर, संतुलन और श्वास के साथ गति के समन्वय पर।

आध्यात्मिक–विशुद्धि चक्र पर।

क्रम–आगे झुकने वाले आसनों के पहले या पश्चात्।

सीमायें–घुटनों, टखनों या पीठ की चोट से ग्रस्त व्यक्तियों को यह आसन नहीं करना चाहिए।

लाभ–अश्वसंचालनासन के समान। यह आसन समस्त अस्थि-संरचना को लचीला और सबल भी बनाता है। यह वक्ष, पीठ, कन्धों तथा गर्दन को पर्याप्त खिंचाव प्रदान करता है, जिससे घुटन की अनुभूति से मुक्ति मिलती है। श्वसन सम्बन्धी गड़बड़ियों, गले की खराश, टॉन्सिलाइटिस, खाँसी तथा सर्दी में आराम पहुँचता है।

इससे संतुलन विकसित होता है।

टिप्पणी–इस विशेष स्थिति के जुड़ जाने से सूर्य नमस्कार चन्द्र नमस्कार बन जाता है।

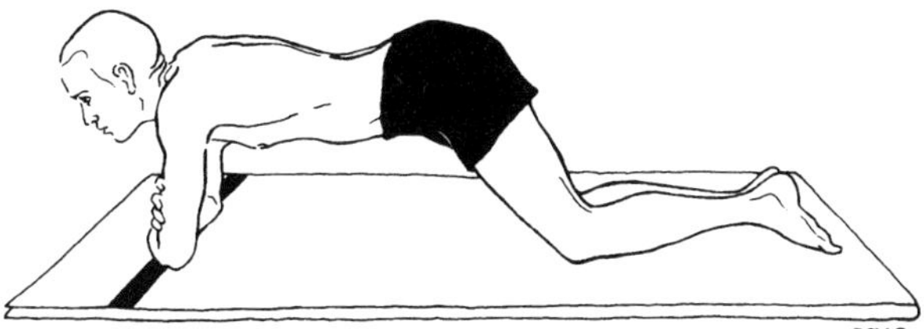

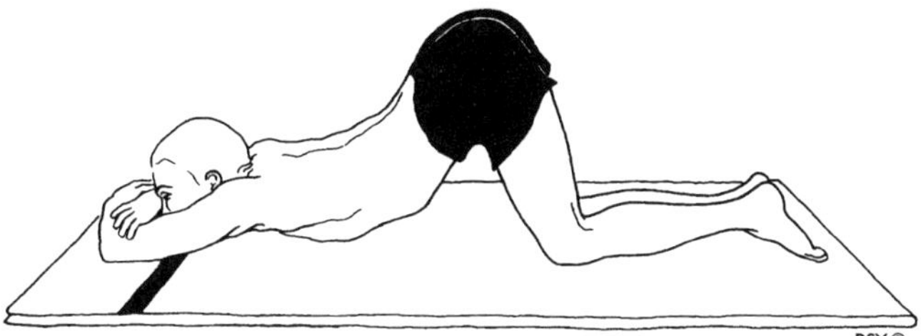

उत्तान पृष्ठासन

पेट के बल लेट जाएँ, और भुजाओं को कैंचीनुमा आकृति में वक्ष के निचले भाग पर रखें। हाथों से भुजाओं के ऊपरी भाग को पकड़े रहें। पैरों को एक-दूसरे से थोड़ा अलग करें और पंजों को जमीन पर सपाट रखें। सिर को थोड़ा ऊपर उठायें ताकि चेहरा सामने देखें।

यह प्रारम्भिक स्थिति है।

अभ्यास के दौरान कोहनियों को अपने स्थान से हटाना नहीं है।

धड़ और नितम्बों को ऊपर उठाते हुए शरीर को घुटनों और कोहनियों पर साधें। जैसा कि पहले चित्र में दिखाया गया है।

धड़ को पीछे की ओर ले जाते हुए ठुड्ढी और वक्ष को जमीन पर भुजाओं के पीछे रखें या जितना सम्भव हो जमीन के निकट लाएँ।

अब उठी हुई स्थिति में, और फिर प्रारम्भिक स्थिति में वापस आयें।

यह एक चक्र हुआ।

श्वसन– धड़ को ऊपर उठाते हुए श्वास अन्दर लें, खिंचाव के समय श्वास छोड़ें, रुकी हुई स्थिति में सामान्य श्वसन करें तथा घुटनों और कोहनियों पर आते हुए श्वास लें। शरीर को पुनः जमीन पर लाते समय श्वास छोड़ें।

अवधि–यदि गत्यात्मक अभ्यास कर रहे हैं तो 10 चक्रों तक। यदि खिंचाव के समय सुविधाजनक स्थिति तक रुक रहे हैं तो कम चक्र करें।

सजगता–शारीरिक–शरीर की गति के साथ श्वास के ताल-मेल, पीठ, भुजाओं के ऊपरी भाग, कन्धों, वक्ष, विशेषरूप से दोनों स्कंधास्थियों के बीच के स्थान पर।

आध्यात्मिक–स्वाधिष्ठान, मणिपुर या अनाहत चक्र पर।

क्रम–इस आसन का अभ्यास पश्चिमोत्तानासन जैसे आगे झुकने वाले किसी आसन के बाद करें। यह सूर्य नमस्कार की अष्टांग नमस्कार स्थिति की तैयारी के लिए अच्छा आसन है।

लाभ–यह आसन मध्यपट व वक्ष का व्यायाम कर उसे सबल बनाता है। यह सम्पूर्ण पीठ को स्फूर्ति प्रदान करता है और सिर के बल किये जाने वाले आसनों के बहुत से लाभ इससे मिलते हैं। दोनों स्कन्धास्थियों के बीच संचित तनाव को दूर करने के लिए यह उत्तम अभ्यास है। यदि कुछ समय इस आसन में रुके रहें तो कब्ज और बवासीर से छुटकारा मिल सकता है।

सेतु आसन

सेतु आसन

पैरों को सामने की ओर फैलाकर बैठ जायें। हथेलियों को शरीर के दोनों ओर जमीन पर नितम्बों से लगभग 30 सेन्टीमीटर की दूरी पर रखें।

कोहनियाँ सीधी रहनी चाहिए। उँगलियाँ पीछे की ओर रहें और धड़ थोड़ा झुका रहे।

यह प्रारम्भिक स्थिति है।

नितम्बों को ऊपर उठाते हुए शरीर को ऊपर की ओर ले जायें।

सिर को पीछे की ओर ले जायें और ढीला होकर नीचे झूलने दें।

तलवों को जमीन पर सपाट रखने का प्रयास करें।

भुजाओं और पैरों को सीधा रखें।

अन्तिम स्थिति में जितनी देर सुविधापूर्वक रह सकें, रहें।

नितम्बों को नीचे जमीन पर लायें।

यह एक चक्र हुआ।

5 चक्र तक अभ्यास करें।

श्वसन–प्रारम्भिक स्थिति में श्वास अन्दर लें।

शरीर को ऊपर उठाते एवं अन्तिम स्थिति में रुकते समय श्वास अन्दर रोकें।

प्रारम्भिक स्थिति में शरीर को नीचे लाते समय श्वास छोड़ें।

सजगता–शारीरिक–पीठ, कलाइयों, भुजाओं और उदर पर।

आध्यात्मिक–मणिपुर चक्र पर।

क्रम–चक्रासन के आरम्भिक अभ्यास के रूप में।

सीमायें–इस आसन का अभ्यास ऐसे लोगों को नहीं करना चाहिए, जिन्हें उच्च रक्तचाप, हृदय रोग, सर्वाइकल स्पॉण्डिलोसिस, हर्निया या आमाशय का व्रण हो या जिनकी कलाइयाँ कमजोर हों।

लाभ–इस आसन के लाभ चक्रासन के समान ही हैं। सामान्य रूप से यह कन्धों, जाँघों, कलाइयों के लिए शक्तिदायक है और इसके अतिरिक्त मेरुदण्ड के कटि-प्रदेश तथा अचिलिस कण्डरा को शक्ति प्रदान करता है।

गोमुखासन

गोमुखासन

ध्यान वीरासन में बैठें, जिससे कि दाहिना घुटना बाएँ घुटने के ठीक ऊपर रहे।

बायीं भुजा को एक तरफ ले जा कर पीठ के पीछे मोड़ लें। दाहिनी भुजा को सिर के ऊपर ले जा कर दाहिने कन्धे के ऊपर मोड़ लें।

बायें हाथ का पिछला भाग मेरुदण्ड का स्पर्श करता रहे और दाहिनी हथेली मेरुदण्ड के ऊपर रहे।

पीठ के पीछे दोनों हाथों की उँगलियाँ एक-दूसरे को पकड़ने का प्रयास करें।

ऊपर उठी हुई कोहनी को सिर के पीछे लायें, जिससे कि सिर उठी हुई भुजा के भीतरी भाग पर दबाव डालें ।

मेरुदण्ड सीधा रहे और सिर पीछे की ओर। आँखें बन्द कर लें।

इस स्थिति में दो मिनट तक रहें।

हाथों की पकड़ को छोड़ें और पैरों को सीधा करें।

अब बाएँ घुटने को दाएँ घुटने के ऊपर रख कर और बायीं भुजा को बाएँ कन्धे के ऊपर लाकर अभ्यास को दुहरायें।

श्वसन–अन्तिम स्थिति में सामान्य श्वसन करें।

सजगता–शारीरिक–श्वसन पर।

आध्यात्मिक–आज्ञा या अनाहत चक्र पर।

लाभ–शिथिलीकरण लाने के लिए गोमुखासन एक अति उत्तम आसन है। यदि इसका अभ्यास दस मिनट या उससे अधिक किया जाये, तो यह थकान, तनाव और चिन्ता को दूर करेगा। यह पीठ के दर्द, सायटिका, गठिया तथा कन्धों और गर्दन के सामान्य कड़ेपन को कम करता है और वक्ष प्रदेश को फैलाकर, बैठने की स्थिति में सुधार लाता है। यह पैरों की ऐंठन या मरोड़ में आराम पहुँचाता है और पैरों की मांसपेशियों को लचीला बनाता है।

आगे की ओर झुकने वाले आसन

सामान्य रूप से आगे झुकना एक बिना प्रयास के होने वाली क्रिया है, जिसमें गुरुत्वाकर्षण का उपयोग उन पेशीय-समूहों में खिंचाव लाने के लिए किया जाता है जिन पर हम ध्यान केन्द्रित करते हैं। जहाँ पीछे झुकने पर शरीर गुरुत्वाकर्षण के घेरे के बाहर जाता है, वहीं आगे झुकने वाले आसन गुरुत्वाकर्षण का उपयोग तनाव एवं दर्द को कम करने के लिए करते हैं। यह अन्तर्मुखी होने की प्रक्रिया है, जो पीछे झुकने से आने वाली बहिर्मुखता और गत्यात्मक फैलाव के लिए प्रतिसंतुलनकारक है। श्वास छोड़ते और वक्ष को संकुचित करते हुए आगे झुकने से विश्राम की अवस्था आती है।

अनेक लोग निरुद्यमी जीवन जीते हैं और नहीं के बराबर व्यायाम करते हैं, जिसके फलस्वरूप शरीर कड़ा हो जाता है और आगे की ओर झुक नहीं पाता। शहरी-जीवन मानसिक तनाव और शारीरिक कड़ेपन को बढ़ावा देता है, और इन दोनों को आगे झुकने वाले आसनों से प्रभावहीन किया जा सकता है। आगे झुकना विनम्रता का प्रतीक है। आगे न झुक पाना कठोरता, घमण्ड और अड़ियल व्यक्तित्व का परिचायक है। आगे झुकने में अक्षमता भय से भी सम्बन्धित है। मनुष्य जगत् का सामना करने के लिए सामने देखते हैं। परन्तु कुछ लोग पीठ पीछे के आघात की सम्भावना से सतत् भयभीत रहते हैं। इनके शरीर के पीछे का भाग अनजाने में ही कड़ा हो जाता है। आगे झुकने वाले आसन इस कड़ेपन को दूर करते हैं।

आगे झुकने वाले आसन पीठ को शिथिल करते हैं, अच्छा स्वास्थ्य बनाए रखते हैं और प्राण-शक्ति को बढ़ाते हैं। ये अभ्यास मेरुदण्ड को

उसकी स्वाभाविक वक्राकार स्थिति में ले आते हैं, ठीक वैसा ही जैसा आकार गर्भ में होता है। आगे झुकने वाले आसन करते समय प्रत्येक कशेरुका अलग होती है, जिससे तन्त्रिकायें उद्दीप्त होती हैं और मेरुदण्ड में रक्त संचार सुधरता है तथा मेरुदण्ड को पोषण प्राप्त होता है। इसका सामान्यत: शरीर के अंगों पर सकारात्मक प्रभाव पड़ता है, विशेष रूप से मस्तिष्क पर। आसनों का यह समूह पीठ की मांसपेशियों को लचीला एवं सबल बनाने के लिए भी अत्यन्त महत्त्वपूर्ण है। इनसे यकृत, गुर्दे, अग्न्याशय तथा आँतों के साथ-साथ उदर के सभी अंगों पर दबाव पड़ता है, उनकी मालिश होती है और पैरों की मांसपेशियों और स्नायुओं में भी खिंचाव उत्पन्न होता है।

इस पुस्तक में वर्णित आगे झुकने वाले अधिकतर आसन नितम्बों से झुककर किये जाते हैं, कमर से झुककर नहीं। नितम्बों से झुकना गति को अधिक लचीलापन प्रदान करता है और उदर पर अधिक दबाव डालता है। इस बात का ध्यान रखा जाता है कि पीठ का वर्तमान लचीलापन जितना है, उसे बलपूर्वक उससे अधिक आगे नहीं झुकाया जाए, बल्कि पेशियों को विश्रान्त ही रखा जाए, जिससे कि शरीर गुरुत्वाकर्षण एवं प्रश्वास के साथ तालमेल रखते हुए गतिमान हो सके। नियमित अभ्यास से बहुत कड़ी पीठ में भी धीरे-धीरे लचीलापन आयेगा।

यह आवश्यक नहीं कि एक के बाद एक आगे झुकने वाले सभी आसनों का अभ्यास किया जाये। प्रारम्भिक अभ्यासों से ही शुरू करें और फिर जैसे-जैसे पीठ में लचीलापन बढ़ता जाये, क्रमश: उच्च आसनों का अभ्यास करें। जिन लोगों को किसी प्रकार की पीठ की समस्या हो, जो पीठ के दर्द से ग्रस्त हों, उन्हें इन आसनों का अभ्यास करने के पूर्व किसी चिकित्सक से परामर्श लेना चाहिए। सामान्यरूप से प्रत्येक अभ्यास के साथ दी गई सीमाओं को भी ध्यान से देखना चाहिए।

दायें हाथ से काम करने वालों को दायीं तरफ से अभ्यास शुरू करने में सुविधा होगी। प्रति संतुलन के लिए बाद में उन्हें बायीं तरफ से भी अभ्यास शुरू करना चाहिए।

जब आप आगे झुकने वाले आसन का अभ्यास बैठकर कर रहे हों, विशेषकर वैसा आसन जिसमें पैरों को अलग-अलग रखा जाता है, तब त्रिकास्थि पर भार देकर बैठने की अपेक्षा मूलाधार को जमीन पर टिका

कर बैठना अधिक सहायक होता है। सही स्थिति में आने के लिए पैरों को थोड़ा अलग रखकर बैठें और हाथों को जमीन पर नितंबों के दोनों ओर इस प्रकार रखें कि उँगलियाँ आगे की ओर रहें। फिर हाथों और भुजाओं का सहारा लेकर नितम्बों को जमीन से थोड़ा ऊपर उठायें और उन्हें नीचे लाते समय श्रोणि को थोड़ा आगे की ओर झुकाने का प्रयास करें।

शैथल्यासन

जमीन पर बैठ जायें, पैरों को सामने फैला लें।

सावधानी से दाहिने घुटने को मोड़ें और पैर के तलवे को बायीं जाँघ के भीतरी भाग से स्पर्श कराते हुए रखें।

बायें घुटने को मोड़ें और बायीं एड़ी को बाएँ नितम्ब के बाहरी हिस्से पर रखें। धड़ को दाहिनी ओर मोड़ें और हाथों को दाहिने घुटने पर रखें।

भुजाओं को सीधा रखते हुए उन्हें सिर के ऊपर उठायें और उनके बीच कन्धों की चौड़ाई के बराबर दूरी रखें।

दाहिने घुटने पर आगे की ओर झुकें, ललाट को जमीन पर रखें।

इस स्थिति में शरीर को शिथिल करें।

प्रारम्भिक स्थिति में आने के लिए भुजाओं और धड़ को एक सीध में रखते हुए ऊपर उठायें, फिर हाथों को नीचे दाहिने घुटने पर लायें।

दाहिनी तरफ पाँच बार अभ्यास करें, फिर पैरों को बदल कर बायीं तरफ पाँच बार दुहरायें।

श्वसन–भुजाओं को ऊपर उठाते समय श्वास अन्दर लें।

आगे की ओर झुकते समय श्वास छोड़ें।

अन्तिम स्थिति में सामान्य श्वसन करें।

सीधे बैठने की स्थिति में लौटते समय श्वास लें।

भुजाओं को नीचे करते समय श्वास छोड़ें।

सजगता–शारीरिक–शरीर की गति के साथ श्वास के तालमेल पर तथा पीठ की मांसपेशियों के शिथिलीकरण पर।

आध्यात्मिक–मणिपुर चक्र पर।

क्रम–यह ध्यान की मुद्राओं के लिए प्रारम्भिक अभ्यास है। इसके पूर्व भुजंगासन, सरल धनुरासन या धनुरासन जैसे पीछे मुड़ने वाले आसन किए जा सकते हैं, जो विशेषकर गर्दन एवं श्रोणि प्रदेश में विपरीत दिशा में खिंचाव उत्पन्न करते हैं।

सीमायें–जिन लोगों को पीठ के निचले भाग में दर्द होता हो, उन्हें जहाँ तक सुविधापूर्वक हो सके, उतना ही आगे झुकना चाहिए।

लाभ–यह आसन पीठ, श्रोणि प्रदेश तथा जाँघों के भीतरी भाग में खिंचाव उत्पन्न करता है और कूल्हों के जोड़ को लचीला बनाता है। यह तंत्रिका-तंत्र में संतुलन लाता है। यह जाँघों द्वारा उदर के दोनों भागों को बारी-बारी से दबाते हुए उदर के अंगों की मालिश भी करता है।

पश्चिमोत्तानासन

पश्चिमोत्तानासन

पैरों को सामने की ओर फैलाकर जमीन पर बैठ जायें। पंजों को एक साथ और हाथों को घुटनों पर रखें।

यह प्रारम्भिक स्थिति है।

सम्पूर्ण शरीर को शिथिल करें।

हाथों को पैरों पर आगे बढ़ाते हुए, धीरे-धीरे कूल्हों से आगे की ओर झुकें। हाथों की उँगलियों और अँगूठों से पैरों के अँगूठों को पकड़ने का प्रयास करें। यदि यह सम्भव न हो तो एड़ियों को या टखनों को या

पैरों के किसी भाग को ही पकड़ें, जो सुविधापूर्वक पकड़ में आ जाये। धीरे-धीरे आगे झुकें, बल प्रयोग नहीं करें और न ही शरीर को झटका दें। इस स्थिति में कुछ क्षणों तक रुकें, पीठ को तथा पैरों की पेशियों को शिथिल करें और उन्हें धीरे-से फैलने दें।

पैरों को सीधा रखते हुए और भुजाओं की पेशियों का प्रयोग करते हुए (पीठ की पेशियों का नहीं), कोहनियों को मोड़ना प्रारम्भ करें और पैरों की उँगलियों, पंजों या पैरों पर पकड़ को मजबूत रखते हुए धड़ को धीरे-धीरे नीचे पैरों की ओर लायें।

ललाट से घुटनों को छूने का प्रयास करें। पर जोर न लगायें।

यह अन्तिम स्थिति है।

इस स्थिति में जितनी देर सुविधापूर्वक रह सकें, रहें और शरीर को शिथिल करें।

धीरे-धीरे प्रारम्भिक स्थिति में वापस आ जायें।

यह एक चक्र हुआ।

श्वसन–प्रारम्भिक स्थिति में श्वास अन्दर लें।

आगे झुकते समय धीरे-धीरे श्वास छोड़ें।

स्थिर स्थिति में श्वास अन्दर लें।

धड़ को भुजाओं का प्रयोग कर पैरों के और निकट लाते समय श्वास छोड़ें। अन्तिम स्थिति में धीरे-धीरे गहरा श्वसन करें या अगर इस स्थिति में अल्प अवधि के लिए ही रहना हो तो श्वास को बाहर ही रोके रखें।

श्वास लेते हुए प्रारम्भिक स्थिति में आ जायें।

अवधि–नये अभ्यासियों को पाँच चक्रों तक अभ्यास करना चाहिए और अन्तिम स्थिति में अल्प अवधि तक ही रहना चाहिए। उच्च अभ्यासी अन्तिम स्थिति में पाँच मिनट तक रह सकते हैं।

सजगता–शारीरिक–उदर, पीठ तथा पैरों की पेशियों की विश्रान्ति या धीमी श्वसन प्रक्रिया पर।

आध्यात्मिक–स्वाधिष्ठान चक्र पर।

क्रम–इस आसन के पूर्व या पश्चात् सेतुआसन, चक्रासन, भुजंगासन या मत्स्यासन जैसे पीछे मुड़ने वाले आसन किए जाने चाहिए।

सीमायें–जिन लोगों को स्लिप डिस्क, हर्निया या सायटिका की शिकायत हो, उन्हें पश्चिमोत्तानासन का अभ्यास नहीं करना चाहिए।

लाभ–यह आसन घुटने के पीछे की नस को फैलाता है और कूल्हों के जोड़ों का लचीलापन बढ़ाता है। यह यकृत, अग्न्याशय, प्लीहा, गुर्दे और अधिवृक्क ग्रन्थियों सहित पूरे उदर एवं श्रोणि-प्रदेश को पुष्ट बनाता है, और उनकी मालिश करता है। यह इस क्षेत्र के बढ़े हुए वजन में कमी लाता है और मूत्र-प्रजनन प्रणाली की शिकायतों को दूर करता है। यह मेरुदण्ड की तंत्रिकाओं और मांसपेशियों में रक्त-संचार बढ़ाता है।

अभ्यास टिप्पणी–पश्चिमोत्तानासन का अभ्यास प्रारम्भिक स्थिति में श्वास लेकर हाथों को ऊपर उठाकर भी शुरू किया जा सकता है, और फिर हाथों को पैरों पर आगे की ओर बढ़ाने की अपेक्षा श्वास छोड़ते हुए आगे झुका जा सकता है।

गत्यात्मक पश्चिमोत्तानासन

गत्यात्मक पश्चिमोत्तानासन

पीठ के बल लेट जायें, दोनों पंजे एक साथ रहें। भुजाओं को सिर के ऊपर उठायें और उन्हें जमीन पर रखें। हथेलियाँ ऊपर की ओर रहें। यह प्रारम्भिक स्थिति है।

सम्पूर्ण शरीर को शिथिल करें।

धड़ को ऊपर उठाते हुए सीधा बैठ जाएँ, भुजाएँ सिर के ऊपर सीधी रहें और मेरुदण्ड सीधा रहे।

पश्चिमोत्तानासन में सहजता से आगे झुकें।

अन्तिम स्थिति में थोड़े समय के लिए रुकें।

बैठने की स्थिति में वापस आयें।

भुजाएँ सीधी सिर के ऊपर रहें।

पीछे की ओर झुकें और प्रारम्भिक स्थिति में वापस आ जायें।

यह एक चक्र हुआ।

दस चक्रों तक अभ्यास करें।

श्वसन–प्रारम्भिक स्थिति में सामान्य श्वसन करें।

बैठने की स्थिति में आते समय श्वास अन्दर लें।

पश्चिमोतानासन में आगे झुकते समय श्वास छोड़ें।

बैठने की स्थिति में ऊपर आते समय श्वास लें।

प्रारम्भिक स्थिति में लौटते समय श्वास बाहर छोड़ें।

सजगता–शारीरिक–शरीर की गति के साथ श्वास के तालमेल पर।

आध्यात्मिक–स्वाधिष्ठान चक्र पर।

सीमायें–पश्चिमोत्तानासन के समान ही। इसके अतिरिक्त इसमें बहुत श्रम लगता है, इसलिये जिन लोगों को हृदय रोग, उच्च रक्तचाप या पीठ की समस्या हो उन्हें यह आसन नहीं करना चाहिए।

लाभ–इस आसन के लाभ पश्चिमोत्तानासन के समान ही हैं, परन्तु थोड़े कम स्तर पर। यह एक गत्यात्मक अभ्यास है, जो रक्त-संचार और पाचन क्रिया को बढ़ाता है। इसके अतिरिक्त, यह शारीरिक एवं प्राणिक ऊर्जा को उद्दीप्त कर समस्त शरीर को अधिक लचीला बनाता है।

पाद-प्रसार पश्चिमोत्तानासन

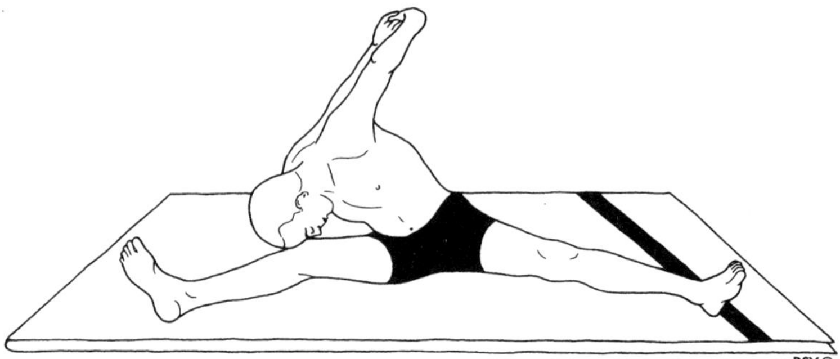

BSY©

पाद-प्रसार पश्चिमोत्तानासन

दोनों पैरों को जितना फैला सकें, फैलाकर बैठ जायें।
पीठ के पीछे उँगलियों को आपस में फँसायें।
यह प्रारम्भिक स्थिति है।
धड़ को दाहिनी ओर मोड़ें। भुजाओं को पीठ के पीछे ऊपर उठायें और दाहिने पैर पर सामने की ओर झुकें। भुजाओं को सीधा रखें। बिना पैर मोड़े घुटने को नाक से छूने का प्रयास करें। परन्तु छूने के लिये अधिक जोर न लगायें।
इस स्थिति में जितनी देर आरामपूर्वक रह सकें, रहें।
धड़ को ऊपर उठायें और भुजाओं को नीचे लायें।
बायीं ओर मुड़ें और उपर्युक्त अभ्यास को दुहरायें।
मध्य में वापस आयें।

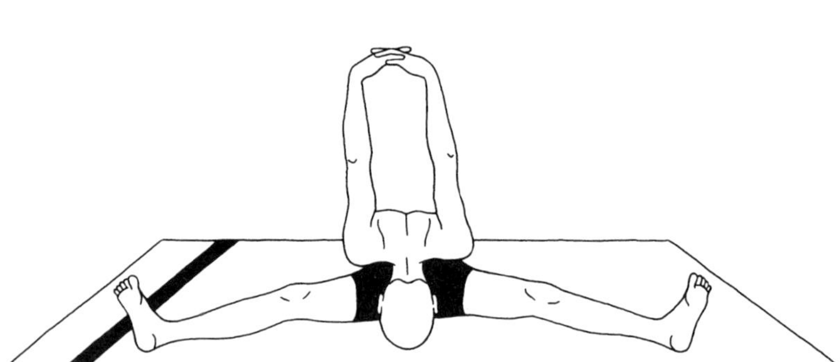

BSY©

आगे झुकें और भुजाओं को पीछे से जितना ऊपर हो सके उठाते हुए बिना जोर लगाये सिर को शरीर के ठीक सामने जमीन पर स्पर्श कराने का प्रयास करें। जितनी देर तक सुविधापूर्वक हो सके, इस स्थिति में रुकें। भुजाओं को नीचे लाते हुए सीधे बैठने की स्थिति में वापस आ जायें। यह एक चक्र पूरा हुआ। 3 से 5 चक्र अभ्यास करें।

श्वसन–प्रारम्भिक स्थिति में श्वास लें। आगे झुकते समय श्वास छोड़ें। अन्तिम स्थिति में धीमे-धीमे गहरा श्वसन करें या इस अन्तिम स्थिति में केवल थोड़ी देर के लिए रहना हो तो श्वास को बाहर रोके रखें। प्रारम्भिक स्थिति में वापस आते समय श्वास अन्दर लें।

सजगता–शारीरिक–शरीर की गति के साथ श्वास के तालमेल पर; पैरों, पीठ, कन्धों और भुजाओं में खिंचाव और बिना जोर लगाये कितना लाभदायक खिंचाव हो सकता है, इस पर।

आध्यात्मिक–मूलाधार या स्वाधिष्ठान चक्र पर।

क्रम–इस आसन के पूर्व या पश्चात् तिर्यक् भुजंगासन, चक्रासन या मत्स्यासन जैसे पीछे झुकने वाले आसन करने चाहिए।

सीमायें–पश्चिमोत्तानासन के समान। इस आसन का अभ्यास तब तक नहीं करना चाहिए जब तक पश्चिमोत्तानासन में दक्षता प्राप्त न हो जाये।

लाभ–पश्चिमोत्तानासन के सभी लाभ प्रदान करने के साथ-साथ यह आसन पैरों के भीतरी भाग तथा दोनों स्कंधास्थियों के नीचे तथा बीच की पेशियों में अधिक खिंचाव उत्पन्न करता है। वक्ष-स्थल का फैलाव भी पश्चिमोत्तानासन से अधिक होता है और आसन का प्रभाव शरीर के ऊपरी एवं निचले, दोनों भागों में होता है।

प्रकारान्तर: ऊपर वर्णित अभ्यास के समान प्रारम्भिक स्थिति में आयें, किन्तु हाथों को शरीर के सामने जमीन पर रखें।

धीरे-धीरे आगे की ओर झुकें और उँगलियों से पैरों के अँगूठों को पकड़ें। यदि बिना जोर लगाये कर सकें तो ललाट को शरीर के ठीक सामने जमीन पर लाने का प्रयास करें।

क्रमशः वक्ष, उदर और श्रोणि-प्रदेश को जमीन पर लायें। सिर को उठायें, जिससे कि कण्ठ और ठुड्ढी भी जमीन पर आ जायें।

यह अन्तिम स्थिति है। इस स्थिति में जितनी देर सुविधापूर्वक रह सकें, रहें। हाथों को ढीला छोड़ दें और प्रारम्भिक स्थिति में लौट आयें।

जानु शिरासन

जानु शिरासन

पैरों को सामने फैलाकर बैठ जायें। दोनों पंजों को एक साथ रखें।

बायें पैर को मोड़ें और इस प्रकार रखें कि एड़ी मूलाधार को छूती रहे और तलवा दाहिनी जाँघ के भीतरी भाग से सटा हुआ रहे। बाएँ घुटने को जमीन पर रखें।

हाथों को दाहिने घुटने के ऊपर रखें, मेरुदण्ड सीधा रहे और पीठ की पेशियाँ शिथिल।

यह प्रारम्भिक स्थिति है।

हाथों को दाहिने पैर पर धीरे-धीरे आगे ले जाते हुए सामने झुकें और दाहिने पंजे को पकड़ लें। यदि सम्भव हो तो बायें हाथ की तर्जनी, मध्यमा तथा अँगूठे से पैर के अँगूठे को और दाहिने हाथ से पंजे के बाहरी हिस्से को पकड़ लें।

ललाट से घुटने को छूने का प्रयास करें।

यह अन्तिम स्थिति है, पीठ को शिथिल रखें, जोर न लगायें।

इस स्थिति में जितनी देर तक आरामपूर्वक रह सकें, रहें।

प्रारम्भिक स्थिति में लौटें और हाथों को घुटनों पर रखें।

पैर बदलें और दाहिने पैर को मोड़ कर तथा बाँयें को सीधा फैलाकर अभ्यास को दुहरायें।

दोनों पैरों से बारी-बारी से पाँच-पाँच बार अभ्यास करें।

श्वसन–प्रारम्भिक स्थिति में श्वास अन्दर लें।

आगे झुकते समय श्वास बाहर छोड़ें।

यदि अन्तिम स्थिति में थोड़े ही समय रहते हैं, तो श्वास को बाहर रोके रखें। यदि इस स्थिति में लम्बे समय तक रहते हैं, तो सामान्य श्वसन करें।

प्रारम्भिक स्थिति में लौटते समय श्वास लें।

अन्य विवरण–पश्चिमोत्तानासन के समान।

लाभ–मूलत: इस आसन के लाभ पश्चिमोत्तानासन के समान ही हैं। साथ-ही यह ध्यान के आसनों की तैयारी के लिए पैरों को लचीला बनाता है।

अभ्यास टिप्पणी–कहीं-कहीं यह अर्द्ध पश्चिमोत्तानासन के नाम से भी जाना जाता है। इसका अभ्यास पश्चिमोत्तानासन के पूर्व प्रारम्भिक आसन के रूप में किया जा सकता है।

अर्द्ध पद्म पश्चिमोत्तानासन

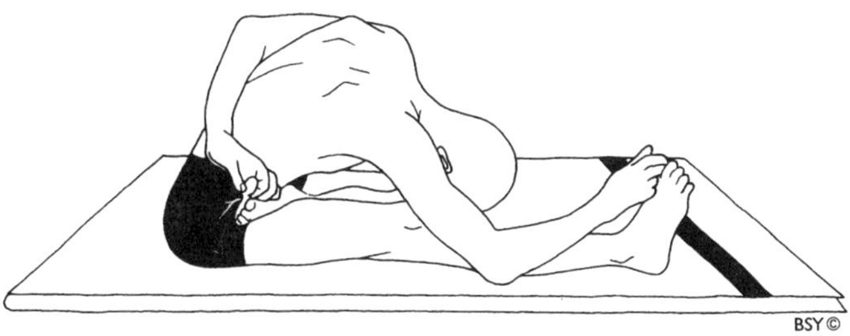

अर्द्ध पद्म पश्चिमोत्तानासन

दोनों पैरों को सामने फैलाकर बैठ जाएँ।

बायें पैर को मोड़ें और तलवे को ऊपर की ओर रखते हुए बायें पंजे को दाहिनी जाँघ पर जितना ऊपर हो सके, रखें।

एड़ी से उदर पर दृढ़तापूर्वक दबाव डालें।

थोड़ा आगे की ओर झुकें, बायीं भुजा को पीठ के पीछे ले जाकर मोड़ें और बायें हाथ से बायें पैर के अँगूठे को पकड़ने का प्रयास करें।

पुन: सीधे बैठ जायें।

सम्पूर्ण शरीर को, विशेषकर पीठ की मांसपेशियों को शिथिल करें।
आगे झुकें और दाहिने हाथ से दाहिने पैर के अँगूठे को पकड़ें।
भुजाओं का प्रयोग करते हुए धीरे-धीरे धड़ को आगे की ओर ले जायें, जिससे कि ललाट सीधे घुटने का स्पर्श करने लगे या उसके निकट आ जाए। धड़ को आगे ले जाने के लिए पीठ की मांसपेशियों का प्रयोग न करें।
यह अन्तिम स्थिति है।
इस स्थिति में जितनी देर सुविधापूर्वक रह सकें, रहें।
हाथों को अलग करें और धीरे-से सीधे बैठ जायें।
अब दूसरे पैर से इस विधि को दुहरायें।
अन्तिम स्थिति में रुकने की अवधि को क्रमशः बढ़ाते हुए तीन चक्रों तक अभ्यास करें।

श्वसन–सीधे बैठी हुई स्थिति में श्वास लें।
आगे झुक कर अन्तिम स्थिति में आते समय श्वास बाहर छोड़ें, अंतिम स्थिति में धीमा, गहरा श्वसन करें अथवा यदि इस स्थिति में केवल थोड़े समय के लिए रुक रहे हों, तो श्वास को बाहर रोकें।
सीधे बैठने की स्थिति में लौटते समय श्वास अन्दर लें।

अन्य विवरण–पश्चिमोत्तानासन के समान ही।

लाभ–इस आसन के लाभ प्रायः जानुशिरासन और पश्चिमोत्तानासन के समान ही हैं, पर इसकी एक अलग विशिष्टता है–मुड़े हुए पैर का निचला हिस्सा उदर के अंगों की अच्छी मालिश करता है। दोनों पैरों को बारी-बारी से मोड़ा जाता है, जो आँतों की क्रमाकुंचन-क्रिया को उद्दीप्त करने में सहायक होता है और कब्ज दूर करता है। यह आसन पैरों और कूल्हों को ध्यान के आसन में लम्बे समय तक बैठे रहने के लिए तैयार करता है।

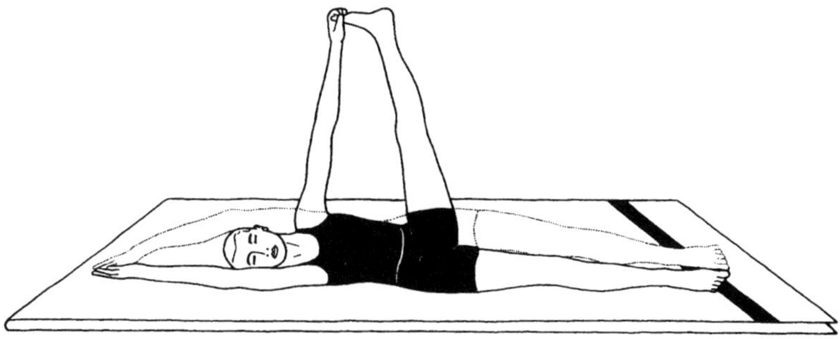

हस्त पाद अँगुष्ठासन

दोनों हाथों को सिर के ऊपर तानते हुए दाहिनी करवट लेटें, जिससे कि सम्पूर्ण शरीर जमीन पर एक सीध में सन्तुलित रहे।

बायीं हथेली दाहिनी हथेली के ठीक ऊपर प्रणाम की स्थिति में रहे।

बायाँ पंजा दाहिने पंजे के ऊपर रहे।

यह प्रारम्भिक स्थिति है।

भुजाओं और पैरों को सम्पूर्ण अभ्यास के दौरान सीधा रखें।

बायें पैर और भुजा को सीधा रखते हुए अधिकतम सीमा तक उठायें और घुटने को बिना मोड़े पैर के अँगूठे को पकड़ें।

यदि यह सम्भव न हो तो पैर को सहारा देने के लिए कूल्हे को धीरे-से तानते हुए पैर के किसी उपयुक्त भाग को पकड़ें।

यह अन्तिम स्थिति है।

इस स्थिति में थोड़े समय तक रुकें।

भुजा और पैर को नीचे प्रारम्भिक स्थिति में ले आयें।

इस करवट अधिकतम दस बार अभ्यास करें।

सामान्य श्वसन करते हुए शवासन में विश्राम करें।

अब दूसरी करवट लें और अभ्यास को दुहरायें।

श्वसन–भुजाओं और पैरों को उठाते समय श्वास लें।

नीचे लाते समय श्वास छोड़ें।

सजगता–शारीरिक–शरीर की गति के साथ श्वास के तालमेल पर अथवा अंतिम स्थिति में कूल्हों और उठे हुए पैर पर पड़ रहे खिंचाव या सन्तुलन पर।

आध्यात्मिक–मूलाधार या स्वाधिष्ठान चक्र पर।

सीमायें–जो लोग सायटिका के रोगी हैं, उन्हें इस आसन का अभ्यास नहीं करना चाहिए।

लाभ–यह आसन कूल्हों के जोड़ों को लचीला बनाता है। किशोरियों में श्रोणि-प्रदेश को उपयुक्त आकार प्रदान करने में सहायक होता है। यह नितम्बों एवं जाँघों की अतिरिक्त चर्बी को घटाता है और सन्तुलन एवं समन्वय की मनोभावना को विकसित करता है, जिससे शारीरिक स्थिति एवं चाल अधिक स्थिर एवं मनोहारी हो जाती है।

अभ्यास टिप्पणी–यह सुनिश्चित कर लें कि सम्पूर्ण शरीर एक सीधी रेखा में रहे, नितम्बों से आगे-पीछे न झुके।

मेरु आकर्षणासन

मेरु आकर्षणासन

दाहिनी करवट लेट जायें, बायें पैर को दाहिने पैर के ऊपर रखें। दाहिनी भुजा को मोड़ें और कोहनी को जमीन पर रखें। दाहिनी कोहनी का सहारा लेते हुए धड़ और सिर को ऊपर उठायें।

सिर को दाहिनी हथेली पर टिकायें। भुजा का ऊपरी एवं निचला हिस्सा लगभग सीधा रहे। बायीं भुजा को बायीं जाँघ पर रखें।

यह प्रारम्भिक स्थिति है।

बायें पैर को जितना सम्भव हो ऊपर उठायें। अधिक जोर न लगायें। बायें हाथ को पंजे की ओर सरकाते हुए पैर के अँगूठे को पकड़ने का प्रयास करें। यदि यह बहुत कठिन लगे तो पंजे के निकट पिण्डली को पकड़ने का प्रयास करें।

पैरों को सीधा रखें।

यह अन्तिम स्थिति है।

ऊपर उठे हुए पैर और भुजा को प्रारम्भिक स्थिति में नीचे लायें।

अधिक से अधिक 10 चक्र अभ्यास करें। शवासन में विश्राम करें।

फिर दूसरी ओर से इसे दुहरायें।

श्वसन–भुजा और पैर को ऊपर उठाते समय श्वास लें।

अन्तिम स्थिति में रुकते समय श्वास अन्दर रोकें।

नीचे आते समय श्वास छोड़ें।

सजगता–शारीरिक–शरीर की गति के साथ श्वास के तालमेल पर, अंतिम स्थिति में कूल्हे और ऊपर उठे हुए पैर के खिंचाव पर।

आध्यात्मिक–स्वाधिष्ठान चक्र पर।

सीमायें–जिन लोगों को स्लिप डिस्क, सायटिका या सर्वाइकल स्पॉण्डिलाइटिस की शिकायत हो, उन्हें यह आसन नहीं करना चाहिए।

लाभ–यह आसन घुटने के पीछे की नसों, जाँघों के भीतरी भाग तथा उदर की पेशियों को विश्रान्ति प्रदान करता है एवं शरीर के बगल की मांसपेशियों में खिंचाव लाकर उन्हें सबल और अधिक लचीला बनाता है। यह कूल्हों तथा जाँघों पर जमा अतिरिक्त चर्बी को दूर करता है और संतुलन एवं समन्वय की मनोभावना को विकसित करता है, जिससे शरीरिक स्थिति तथा चाल अधिक स्थिर और मनोहारी हो जाती है।

प्रकारान्तर: धड़ को ऊपर उठाने के बदले दाहिनी कोहनी को मोड़ें और सिर को दाहिनी भुजा के भीतरी भाग पर रखें। शेष अभ्यास ऊपर के समान ही है।

पाद-हस्तासन

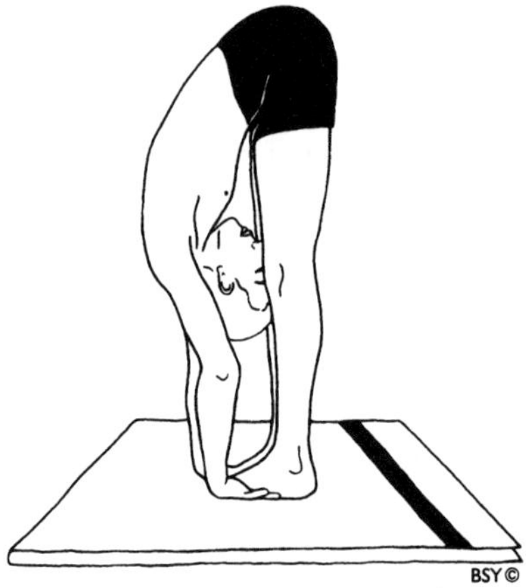

पाद-हस्तासन

खड़े हो जायें। हाथों को बगल में और मेरुदण्ड को सीधा रखते हुए दोनों पंजों को एक साथ रखें। शरीर को शिथिल करें।

यह प्रारम्भिक स्थिति है।

शरीर के भार को दोनों पंजों पर समान रूप से बाँटें। धीरे-धीरे आगे की ओर झुकें।

पहले ठुड्ढी को वक्ष की ओर ले जाते हुए सिर को झुकायें, फिर कंधों को ढीला छोड़ते हुए धड़ के ऊपरी भाग को झुकायें और भुजाओं को ढीला होकर झूलने दें। अब धड़ के मध्य भाग को झुकायें और अन्त में धड़ के निचले भाग को आगे की ओर झुकाते हुए कल्पना करें कि आपके शरीर में न तो हड्डियाँ हैं और न ही मांसपेशियाँ। शरीर में तनाव न आने दें और न ही बल प्रयोग करें।

हाथों की उँगलियों को पैरों की उँगलियों के नीचे रखें या हथेलियों को जमीन पर दोनों पंजों के बगल में रखें। यदि यह सम्भव न हो तो उँगलियों के पोरों को जितना सम्भव हो जमीन के निकट लायें।

गर्दन के पीछे के भाग को शिथिल करें और ललाट को घुटनों के पास लाने का प्रयास करें।

अन्तिम स्थिति में शरीर आगे झुका रहेगा, घुटने सीधे रहेंगे तथा ललाट

घुटनों को स्पर्श करता रहेगा। सम्पूर्ण पीठ को शिथिल करते हुए इस स्थिति में रुकें।

धीरे-धीरे उलटे क्रम से प्रारम्भिक स्थिति में लौटें।

यह एक चक्र पूरा हुआ।

दूसरे चक्र का अभ्यास आरंभ करने के पूर्व सीधे खड़ी हुई स्थिति में विश्राम करें।

श्वसन–प्रारम्भिक स्थिति में श्वास अंदर लें।

आगे झुकते समय श्वास छोड़ें।

अन्तिम स्थिति में धीमा और गहरा श्वसन करें।

प्रारम्भिक स्थिति में लौटते हुए श्वास लें।

अवधि–पाँच चक्रों तक अभ्यास करें। धीरे-धीरे अन्तिम स्थिति में रुकने की अवधि को बढ़ायें और चक्रों की संख्या को कम करें या अन्तिम स्थिति में 3 से 5 मिनटों तक रुकते हुए एक चक्र अभ्यास करें।

सजगता–शारीरिक–शरीर की गति, पीठ के शिथिलीकरण या श्वास पर।

आध्यात्मिक–स्वाधिष्ठान चक्र पर।

क्रम–इस आसन का अभ्यास पीछे झुकने वाले आसनों के पूर्व या पश्चात् करना चाहिए तथा अधिक लचीलापन प्राप्त करने के लिए आगे झुकने वाले अन्य आसनों के पूर्व प्रारम्भिक आसन के रूप में इसका उपयोग करना चाहिए।

सीमायें–जिन लोगों को पीठ की गम्भीर शिकायत हो अथवा सायटिका, हृदय रोग, उच्च रक्तचाप या उदर का हर्निया हो, उन्हें इस आसन का अभ्यास नहीं करना चाहिए। सिर के बल किये जाने वाले आसनों की सावधानियाँ यहाँ लागू होती हैं।

लाभ–यह आसन पाचन अंगों की मालिश कर उन्हें शक्ति प्रदान करता है। उदर-वायु, कब्ज तथा अजीर्ण को दूर करता है। मेरुदण्ड की समस्त तंत्रिकाओं को उद्दीप्त कर सबल बनाता है। धड़ को उल्टा करने से प्राण शक्ति में बढ़ोतरी, चयापचय में सुधार, एकाग्रता में वृद्धि तथा नाक एवं गले की बीमारियों का उपचार होता है। पाद हस्तासन का गत्यात्मक अभ्यास बढ़े हुए वजन को घटाने में भी सहायक होता है।

प्रकारान्तर: (गत्यात्मक अभ्यास)

सीधे खड़े हो जायें। दोनों पंजों को एक साथ रखें। भुजाएँ शरीर की बगल

में रहें और हथेलियाँ पीछे की ओर। उँगलियाँ एक साथ और सीधी रहें। भुजाओं को सीधा और उनके बीच कन्धे की चौड़ाई के बराबर दूरी रखते हुए उन्हें सिर के ऊपर उठायें।

पूरे शरीर को तानने के लिए थोड़ा-सा पीछे झुकें।

कुल्हों से आगे झुकें और हथेलियों से जमीन का स्पर्श करने का प्रयास करें। यदि बिना जोर लगाये सम्भव हो तो हाथों को पंजों के दोनों तरफ रखें। हाथों की उँगलियों के पोर पंजों की सीध में रहें।

ललाट को घुटनों के पास लाने का प्रयास करें।

घुटनों को सीधा रखें।

अधिक जोर लगाकर घुटनों के पीछे की नसों में तनाव उत्पन्न न करें।

अन्तिम स्थिति में एक या दो क्षण रुकें।

भुजाओं को सिर के ऊपर सीधा रखकर शरीर को ऊपर लाते हुए सीधा करें।

भुजाओं को नीचे बगल में ले आयें।

श्वसन–हाथों को ऊपर उठाते समय श्वास लें और आगे झुकते समय श्वास छोड़ें, पुनः सीधी स्थिति में आते समय श्वास लें, हाथों को बगल में लाते समय श्वास छोड़ें।

अवधि–आरंभ में केवल 5 से 10 चक्र तक। उच्च अभ्यासी चक्रों की संख्या 30 तक बढ़ा सकते हैं।

अभ्यास टिप्पणी–प्रारम्भिक अभ्यासियों को हाथों की उँगलियों के पोरों को पंजों के बगल में लाने का प्रयास करना चाहिए। यदि यह सम्भव न हो, तो टखनों या पिण्डलियों को पकड़ें।

***टिप्पणी**–इस प्रकारान्तर का उपयोग सूर्य नमस्कार एवं चन्द्र नमस्कार में दूसरी और तीसरी स्थिति के रूप में किया जाता है।*

शीर्ष अँगुष्ठ योगासन

शीर्ष अँगुष्ठ योगासन

दोनों पंजों के बीच कन्धों की चौड़ाई से लगभग दुगुनी दूरी रखते हुए सीधे खड़े हो जायें।

हाथों को पीठ के पीछे ले जाकर उँगलियों को आपस में फँसा लें, हथेलियाँ ऊपर की ओर रहें।

भुजाओं को सीधा रखें। यह प्रारम्भिक स्थिति है।

धड़ को दाहिनी ओर मोड़ें और दाहिने पंजे को भी थोड़ा-सा बाहर की ओर घुमायें।

कमर से आगे की ओर झुकें और भुजाओं को जितना सम्भव हो, ऊपर उठायें।

सिर को नीचे लाकर दाहिने पंजे के भीतरी भाग से स्पर्श कराने का प्रयास करें।

इस स्थिति में आने के लिए दाहिने घुटने को थोड़ा-सा मोड़ें।

जब सिर पंजे के समीप आ जाये, तब कन्धों को शिथिल करें। भुजाओं को सीधा रखें और उन्हें आगे की ओर झुकने दें।

इस स्थिति में जितनी देर सुविधापूर्वक रह सकें, रहें।

शरीर को सीधा करते समय अत्यधिक संतुलन बनाये रखने से बचने के लिए, पहले सिर को उठायें, गर्दन और मेरुदण्ड को सीधा करें और भुजाओं को नीचे पीठ पर लायें।

पैर को थोड़ा सीधा करें, परन्तु घुटने को मोड़े रखें और उसे तभी सीधा

करें जब धड़ सीधा हो जाये, फिर शरीर को पुनः मध्य में ले आयें। अब दूसरी ओर से अभ्यास को दुहरायें।

यह एक चक्र हुआ।

अधिक से अधिक पाँच चक्रों तक अभ्यास करें।

श्वसन–प्रारम्भिक स्थिति में तथा मुड़ते समय श्वास अन्दर लें।

आगे की ओर झुकते समय श्वास छोड़ें।

अन्तिम स्थिति में रुकते समय श्वास बाहर रोकें, अथवा यदि इस स्थिति में थोड़ी देर रुक रहे हैं तो सामान्य श्वसन करें।

धड़ को ऊपर उठाते समय तथा शरीर को पुनः बीच में लाते समय श्वास अन्दर लें।

सजगता–शारीरिक–पैरों की पेशियों, मेरुदण्ड, कन्धों और भुजाओं के खिंचाव, संतुलन और शरीर की गति के साथ श्वास के तालमेल पर।

आध्यात्मिक–मणिपुर चक्र पर।

क्रम–इस आसन के पूर्व पाद हस्तासन तत्पश्चात् पीछे मुड़ने वाला कोई आसन, जैसे, पृष्ठासन, सुप्त वज्रासन या मत्स्यासन करना चाहिए।

सीमायें–हृदय रोग, उच्च रक्तचाप, पीठ की समस्याओं, जैसे, स्लिप डिस्क या सायटिका या पीठ के निचले भाग में संक्रमण से पीड़ित व्यक्तियों को इस आसन का अभ्यास नहीं करना चाहिए। सिर के बल किये जाने वाले आसनों की सावधानियाँ यहाँ लागू होती हैं।

लाभ–यह आसन घुटनों के पीछे की मांसपेशियों, जाँघों की पेशियों व स्कन्धास्थियों के बीच के क्षेत्र को तानता और मेरुदण्ड में पार्श्विक खिंचाव उत्पन्न करता है। यह तन्त्रिका-तन्त्र को उद्दीप्त करता तथा भूख को बढ़ाता है और उदर सम्बन्धी बीमारियों को दूर करता है। यह आसन कमर के चारों ओर की अतिरिक्त चर्बी को घटाता है।

उत्थित जानु शिरासन

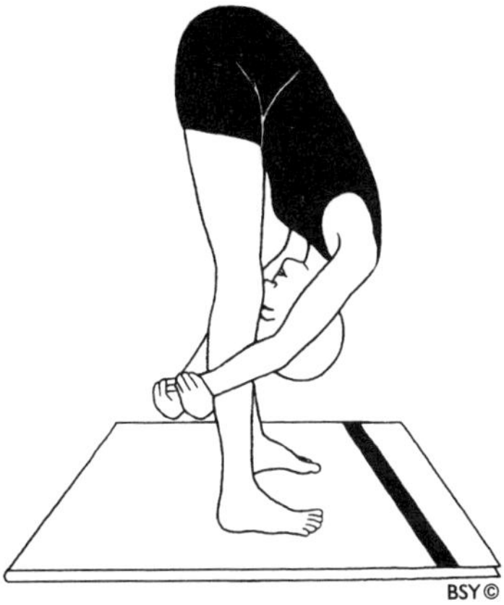

प्रकारान्तर

उत्थित जानु शिरासन

दोनों पंजों के बीच लगभग कन्धों की चौड़ाई के बराबर दूरी रखकर खड़े हो जायें। भुजाएँ शरीर की बगल में रहें।

यह प्रारम्भिक स्थिति है।

भुजाओं को शरीर के सामने वक्ष की ऊँचाई तक ऊपर उठायें।

नितम्बों से आगे की ओर झुकें और भुजाओं को पैरों के बाहरी भाग की ओर से पीछे ले जायें। या तो एक कलाई को पकड़ लें या पिण्डलियों के पीछे हाथों को बाँध लें।

कोहनियों को थोड़ा-सा मोड़ते हुए और भुजाओं की मांसपेशियों के बल का उपयोग करते हुए सिर को घुटनों के पास लायें। पैरों को सीधा रखें। जोर न लगायें।

अन्तिम स्थिति में धड़ जाँघों का स्पर्श करता हुआ रहेगा तथा कलाइयाँ या कोहनियाँ पिण्डलियों या पैरों के निचले भाग के पीछे रहेंगी।

इस स्थिति में जितनी देर आरामपूर्वक रह सकें, रहें।

हाथों की पकड़ को ढीला करें और शरीर को धीरे-धीरे ऊपर उठाकर सीधी स्थिति में लायें। भुजाएँ वक्ष के सामने फैली रहें।

भुजाओं को प्रारम्भिक स्थिति में नीचे ले आयें।

पाँच चक्रों तक अभ्यास करें।

श्वसन–भुजाओं को वक्ष के सामने उठाते समय श्वास लें। झुकने के पूर्व श्वास को पूरी तरह बाहर निकालें।

आगे झुकते समय तथा अन्तिम स्थिति में रुकते समय श्वास को बाहर रोके रखें।

सीधे खड़े होने की स्थिति में आते समय श्वास लें।

भुजाओं को नीचे लाते समय श्वास छोड़ें।

सजगता–शारीरिक–शरीर की गति के साथ श्वास के तालमेल, पीठ की मांसपेशियों के शिथिलीकरण और पैरों को सीधा रखने पर।

आध्यात्मिक–स्वाधिष्ठान चक्र पर।

क्रम–इस आसन के बाद सर्पासन, सेतुआसन या धनुरासन जैसा पीछे मुड़ने वाला एक आसन करना चाहिए।

सीमायें–पीठ की समस्याओं से ग्रस्त व्यक्तियों को यह अभ्यास नहीं करना चाहिए। सिर के बल किए जाने वाले आसनों की सावधानियाँ यहाँ लागू होती हैं।

लाभ–यह आसन अग्न्याशय को उद्दीप्त करता है। यह कूल्हे के जोड़ तथा घुटने के पीछे की मांसपेशियों को विश्रान्त करता है। मेरुदण्ड की तंत्रिकाओं की मालिश करता है तथा मस्तिष्क को पुन: जीवनी-शक्ति प्रदान करता है।

प्रकारान्तर: पंजों के बीच कन्धों की चौड़ाई के बराबर दूरी रखकर खड़े हो जायें। नितम्बों से आगे की ओर झुकें और पैरों को थोड़ा-सा मोड़ते हुए, भुजाओं को घुटनों के पीछे से लपेट लें। भुजाएँ जमीन के समानान्तर रहें और कोहनियाँ बाहर की ओर।

पैरों को मोड़े रखते हुए हाथों को दोनों पैरों के बीच से आगे लाकर गर्दन के पीछे हाथों की उँगलियों को आपस में फँसाने का प्रयास करें। पीठ की मांसपेशियों को शिथिल करें।

हाथों की उँगलियों को गर्दन के पीछे रखे रहते हुए धीरे-से पैरों को सीधा करें। जोर नहीं लगायें।

पैरों को सीधा करने की क्रिया मेरुदण्ड पर एक शक्तिशाली उत्तोलक बल लगायेगी और उदर पर दबाव डालेगी।

अन्तिम स्थिति में सिर पीछे की ओर रहेगा।

इस अन्तिम स्थिति में कुछ समय तक रुकें।

हाथों की पकड़ को ढीला करते हुए और घुटनों को मोड़ते हुए आसन की इस स्थिति से बाहर आयें। धीरे-से सीधे खड़े होने की स्थिति में आ जायें।

श्वसन–आगे झुकने के पूर्व श्वास छोड़ें।

उँगलियों को गर्दन के पीछे आपस में फँसाने के बाद श्वास लें।

पैरों को सीधा करते समय श्वास छोड़ें।

अन्तिम स्थिति में श्वास को बाहर रोकें या सामान्य श्वसन करें। सीधे खड़े होने के समय श्वास लें।

एक पाद पद्मोत्तानासन

BSY ©

एक पाद पद्मोत्तानासन

पैरों को सामने फैलाकर बैठें।

दाहिने घुटने को मोड़ें और पंजे को जमीन पर दाहिने नितम्ब के सामने सपाट रखें।

बायें घुटने को जमीन पर रखते हुए पैर को मोड़ें और एड़ी को मूलाधार के नीचे रखें।

हाथों की उँगलियों को दाहिने पैर के तलवे के नीचे आपस में फँसायें। यह प्रारम्भिक स्थिति है।

दाहिने पंजे को ऊपर उठायें और घुटने को सीधा करें। मेरुदण्ड को सीधा रखें।

घुटने को नाक के पास लायें।

इस स्थिति में जब तक आरामपूर्वक रह सकें, रहें।

पैर को मोड़ें और तलवे को जमीन पर वापस ले आयें।

अधिक-से-अधिक पाँच बार अभ्यास करें।

अब दूसरे पैर से अभ्यास को दुहरायें।

श्वसन–प्रारम्भिक स्थिति में श्वास लें।

पैर को ऊपर उठाते और नीचे लाते समय श्वास अन्दर रोकें। अन्तिम स्थिति में श्वास रोकें अथवा यदि लम्बे समय तक रहते हैं, तो सामान्य श्वसन करें।

प्रारम्भिक स्थिति में आकर श्वास छोड़ें।

सजगता–शारीरिक–सीधे पैर की मांसपेशियों, विशेषकर घुटने के पीछे की नसों के शिथिलीकरण पर।

आध्यात्मिक–मणिपुर चक्र पर।

क्रम–यह आसन ध्यान के आसनों तथा आगे झुकने वाले आसनों की तैयारी के लिए एक प्रारम्भिक आसन है।

सीमायें–यह आसन उन लोगों को नहीं करना चाहिए, जिन्हें पीठ की शिकायत हो या जिनकी त्रिकास्थि अपने स्थान से खिसक गयी हो।

लाभ–यह आसन घुटनों के पीछे की मांसपेशियों तथा कूल्हों के जोड़ को लचीला बनाता है। यह अधिवृक्क को शक्ति प्रदान करता तथा प्रजनन-तंत्र की गड़बड़ियों को सुधारता है।

मेरुदण्ड मोड़कर किये जाने वाले आसन

मेरुदण्ड के स्वास्थ्य के लिए यह एक महत्त्वपूर्ण आसन शृंखला है। प्रत्येक आसन-कार्यक्रम में इस आसन समूह के कम-से-कम एक अभ्यास को अवश्य सम्मिलित किया जाना चाहिए। यदि इसे आगे और पीछे झुकने वाले आसनों के तुरन्त बाद किया जाये, तो उत्तम होगा। मेरुदण्ड और धड़ में जो मरोड़ लाया जाता है, उससे पेशियों का व्यायाम होता है, मेरुदण्ड अधिक लचीला बनता है तथा मेरुदण्ड की तंत्रिकायें उद्दीप्त होती हैं। अभ्यास काल में शरीर एक ओर से दूसरी ओर मुड़ता है तथा उदर की मांसपेशियों में क्रम से आकुंचन एवं संकुचन होता है, परिणामस्वरूप उन पर बहुत अच्छा प्रभाव पड़ता है। प्रारम्भिक अभ्यासी यह सावधानी रखें कि धड़ को उसके लचीलेपन की सीमा से अधिक न मोड़ें। सामान्य रूप से प्रत्येक आसन के साथ दी गई सीमाओं को भी ध्यान से देखें।

मेरुदण्ड मोड़कर किये जाने वाले आसन अधिकतर नाभि के आस-पास, समान वायु के क्षेत्र में प्राण के प्रवाह में वृद्धि करते हैं। ये अग्न्याशय, गुर्दे, पेट, छोटी आँत, यकृत तथा पित्ताशय जैसे अंगों का पोषण करते हैं, इनसे सम्बन्धित रोग दूर होते हैं, तथा सामान्य रूप से उत्तकों को नवजीवन प्राप्त होता है। यह समान वायु का क्षेत्र मणिपुर चक्र से सम्बन्धित है, जो कि सम्पूर्ण शरीर में प्राण का वितरण करने वाली मुख्य नाड़ियों का केन्द्र है। इसलिए इन आसनों का सम्पूर्ण स्वास्थ्य तथा प्राण ऊर्जा पर गहरा प्रभाव पड़ता है।

नियंत्रित मरोड़ वाले आसन भावनात्मक एवं मानसिक स्तर पर जीवन की गाँठों एवं समस्याओं को सुलझाने का एक माध्यम हैं। ये आसन हमें

अन्तर्दृष्टि प्रदान करते और जीवन की उलझी हुई गाँठों को खोलने के लिए एक सुव्यव्यस्थित मार्ग प्रशस्त करते हैं।

दाहिने हाथ से काम करने वालों को दाहिनी ओर से अभ्यास शुरू करने में सुगमता होगी। बाद में उन्हें प्रति संतुलन के लिए बायीं ओर से भी शुरू करना चाहिए।

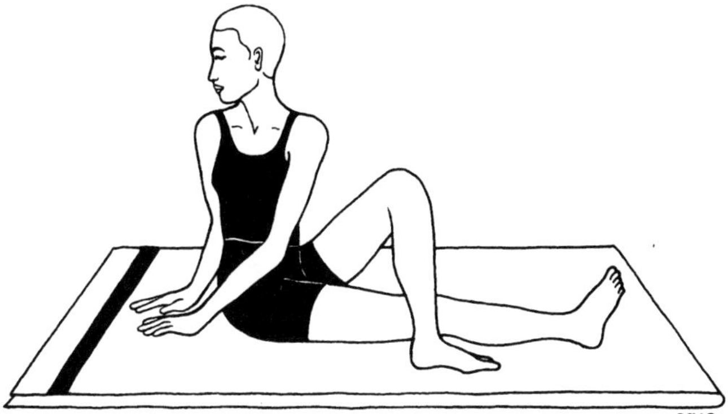

मेरु वक्रासन

पैरों को सामने फैला कर बैठ जायें।

धड़ को थोड़ा दाहिनी तरफ मोड़ें और दाहिने हाथ को शरीर के पीछे, बायें नितम्ब के निकट इस प्रकार रखें कि उँगलियाँ पीछे की ओर रहें।

बाएँ हाथ को पीछे ले जाकर दाहिने नितम्ब के थोड़ा बगल में इस प्रकार रखें कि वह जितना सम्भव हो दाहिने हाथ के निकट रहे।

बाएँ घुटने को मोड़ें और पंजे को दाहिने घुटने के बाहरी भाग के निकट रखें। मेरुदण्ड को सीधा और लम्बवत् रखते हुए तथा भुजाओं को उत्तोलक के रूप में प्रयोग करते हुए, सिर और धड़ को, जहाँ तक सुविधापूर्वक सम्भव हो, दाहिनी ओर मोड़ें।

नितम्ब जमीन पर रहने चाहिए। दाहिनी कोहनी को थोड़ा-सा मोड़ सकते हैं। पीठ को शिथिल रखते हुए इस अन्तिम स्थिति में रुकें। दाहिने कंधे के ऊपर से जितनी दूर देखना सम्भव हो, देखें। धड़ को पुनः बीच में लायें, कुछ देर विश्राम करें और फिर मुड़ें।

पाँच चक्रों तक अभ्यास करें और तब इसे दूसरी तरफ से दुहरायें।

श्वसन–मुड़ने के पूर्व गहरी श्वास लें। मुड़ते समय श्वास छोड़ें।

अन्तिम स्थिति में श्वास बाहर रोकें और यदि कुछ देर रुकते हैं तो सामान्य श्वसन करें।

शरीर को पुनः बीच में लाते समय श्वास लें।

सजगता–शारीरिक–मेरुदण्ड में उत्पन्न मरोड़ पर, मेरुदण्ड के शिथिलीकरण पर तथा अन्तिम स्थिति में श्वास पर।

आध्यात्मिक–मणिपुर चक्र पर।

क्रम–मेरु वक्रासन अर्द्धमत्स्येन्द्रासन का आरम्भिक आसन है और इसका अभ्यास आगे तथा पीछे झुकने वाले आसनों के पश्चात् और सिर के बल किये जाने वाले आसनों के पूर्व किया जा सकता है।

लाभ–मेरु वक्रासन मेरुदण्ड में खिंचाव लाता है तथा कशेरुकाओं को ढीला करता है और तंत्रिकाओं को शक्ति प्रदान करता है। यह पीठ दर्द, गर्दन के दर्द, कटि वेदना तथा मामूली सायटिका में आराम पहुँचाता है। यह नए अभ्यासियों के लिए अच्छा आसन है, जो मेरुदण्ड को मोड़कर किये जाने वाले अधिक कठिन आसनों के लिए पीठ को तैयार करता है।

भू-नमन आसन

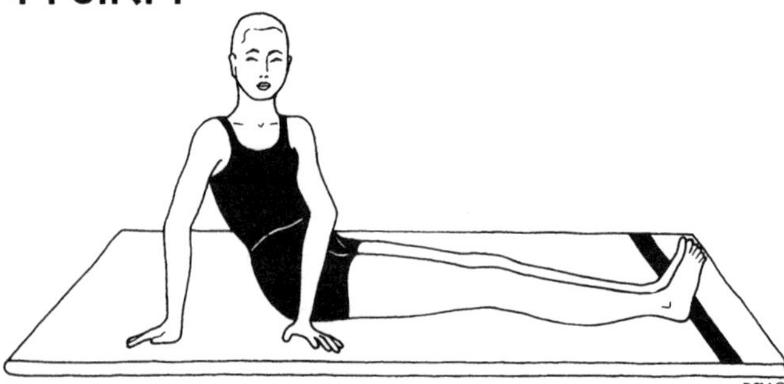

BSY©

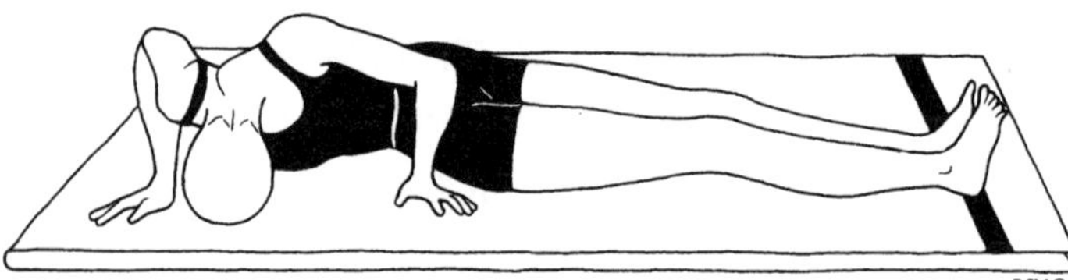

BSY©

भू-नमन आसन

पैरों को सामने की ओर फैलाकर बैठ जायें, मेरुदण्ड को सीधा रखें। हाथों को दाहिने नितम्ब के बगल में रखें।

दाहिने हाथ को थोड़ा पीछे की ओर ले जायें, उँगलियाँ पीछे की ओर रहें। धड़ को भुजाओं और कंधों की मदद से दाहिनी ओर 90 अंश मोड़ें। धीरे-धीरे धड़ को झुकायें और ललाट को जमीन पर, शरीर के पीछे हाथ के निकट लायें। मेरुदण्ड को जितना सम्भव हो सीधा रखें।
दोनों नितम्बों को जमीन पर रखने का प्रयास करें।
इस अन्तिम स्थिति में थोड़े समय तक रुकें।
धीरे-धीरे ऊपर उठें और प्रारम्भिक स्थिति में लौटें।
अब दूसरी तरफ से अभ्यास को दुहरायें। यह एक चक्र पूरा हुआ।
पाँच चक्रों तक अभ्यास करें।

श्वसन–सामने की ओर रहते समय श्वास लें।
मुड़ते समय श्वास अन्दर रोकें।
झुकते समय श्वास छोड़ें।
अन्तिम स्थिति में श्वास बाहर रोकें। और यदि कुछ समय रुकते हैं तो सामान्य श्वसन करें।
धड़ को ऊपर उठाते समय श्वास लें।
शरीर को पुन: बीच में लाते समय श्वास छोड़ें।

सजगता–शारीरिक–पीठ के शिथिलीकरण पर और श्वास पर।
आध्यात्मिक–मणिपुर चक्र पर।

क्रम–इस आसन का अभ्यास आगे एवं पीछे झुकने वाले आसनों की शृंखला को पूरा करने के बाद करना चाहिए। इस आसन का अभ्यास जब ध्यान के आसन में लम्बे समय तक बैठने के बाद किया जाता है, तब यह पैरों और मेरुदण्ड में खिंचाव उत्पन्न करता है। यह अर्द्ध मत्स्येन्द्रासन जैसे मेरुदण्ड मोड़कर किये जाने वाले उच्च आसनों के लिए प्रारम्भिक आसन है।

सीमायें–जो लोग पीठ की समस्याओं, पेप्टिक अल्सर, हर्निया, चुल्लिका ग्रन्थि की अति क्रियाशीलता, उच्च रक्तचाप अथवा हृदय रोग से ग्रस्त हैं, उन्हें यह अभ्यास नहीं करना चाहिए।

लाभ–यह आसन मेरुदण्ड और पीठ के निचले भाग में खिंचाव लाता है और मांसपेशियों को लचीला बनाता है तथा तन्त्रिकाओं को उद्दीप्त करता है।

अर्द्ध मत्स्येन्द्रासन

अर्द्ध मत्स्येन्द्रासन

पैरों को सामने फैलाकर बैठ जायें।

दाहिने पैर को मोड़ें और दाहिने पैर के तलवे को जमीन पर बायें घुटने के बाहर की ओर रखें। दाहिने पैर की उँगलियाँ सामने की ओर रहें।

बायें पैर को मोड़ें और तलवे को दाहिने नितम्ब के पास लायें।

पंजे का ऊपरी बाहरी भाग जमीन के सम्पर्क में रहे।

बायीं भुजा को वक्ष और दाहिने घुटने के बीच के स्थान से निकाल कर उसे दाहिने पैर के बाहरी भाग पर रखें। दाहिने पंजे या टखने को बायें हाथ से पकड़ें, जिससे कि दाहिना घुटना बायीं काँख के पास रहे।

जितना अधिक सम्भव हो, सीधे बैठें।

दाहिनी भुजा को शरीर के सामने ऊपर उठायें और उँगलियों के पोरों पर दृष्टि केन्द्रित करें। धीरे-से दाहिनी ओर मुड़ें, साथ-ही-साथ भुजाओं, धड़ एवं सिर को भी घुमायें।

बायीं भुजा से दाहिने पैर को अन्दर की ओर दबायें, जिससे कि धड़ को पीठ की मांसपेशियों का उपयोग किये बिना अधिक-से-अधिक मोड़ा जा सके।

दृष्टि को दाहिने हाथ की उँगलियों के पोरों के साथ घुमायें और दाहिने कंधे के ऊपर से पीछे देखें। पीठ को तनावरहित रखें।

दाहिनी कोहनी को मोड़ें और भुजा को कमर के पीछे रखें। दाहिने हाथ के पिछले भाग को कमर के बायीं ओर लपेट कर रखें।

वैकल्पिक रूप से, उँगलियों को ऊपर की ओर रखते हुए, हाथ को स्कन्धास्थियों के बीच जितना सम्भव हो ऊपर रखें। भुजा को इस स्थिति में रखने से मेरुदण्ड का सीधा रहना सुनिश्चित हो जाता है।

अब विपरीत क्रम से गतियों को दुहराते हुए पूर्व की स्थिति में आयें और दूसरी तरफ से अभ्यास को दुहरायें।

श्वसन–सामने की ओर रहते समय श्वास अन्दर लें।

धड़ को मोड़ते समय श्वास छोड़ें।

अन्तिम स्थिति में बिना जोर लगाये धीरे-धीरे गहरा श्वसन करें।

प्रारम्भिक स्थिति में वापस आते समय श्वास अन्दर लें।

अवधि–दोनों तरफ से एक-एक बार अभ्यास करें, प्रत्येक ओर श्वास रोक कर रखने की अवधि को क्रमश: 1 या 2 मिनटों तक या 30 श्वासों तक बढ़ायें।

सजगता–शारीरिक–मेरुदण्ड को सीधा रखने पर या अन्तिम स्थिति में श्वास द्वारा उत्पन्न उदर की गति पर।

आध्यात्मिक–आज्ञा चक्र पर।

क्रम–इस आसन का अभ्यास आगे तथा पीछे झुकने वाले आसनों की शृंखला पूरी कर लेने के पश्चात् ही करें।

सीमायें–गर्भवती स्त्रियों को यह अभ्यास नहीं करना चाहिए। जो लोग पेप्टिक अल्सर, हर्निया या हाईपर थाइरॉयड के रोगी हैं, उन्हें इस आसन का अभ्यास कुशल निर्देशन में ही करना चाहिए। जिन लोगों को सायटिका या स्लिप डिस्क की शिकायत है, उन्हें यह अभ्यास नहीं करना चाहिए।

लाभ–यह आसन एक साथ पीठ और उदर की एक ओर की मांसपेशियों में खिंचाव लाता है और दूसरी ओर की मांसपेशियों को संकुचित करता है। यह मेरुदण्ड की तंत्रिकाओं को शक्ति प्रदान करता है, पीठ की मांसपेशियों को लचीला बनाता है, कमर की वेदना तथा मांसपेशियों की ऐंठन में आराम पहुँचाता है और निकटवर्ती कशेरुकाओं में सूजन की समस्याओं व अस्थि-उद्वर्ध विकसित करने की प्रवृत्ति को कम करता है। अर्द्ध मत्स्येन्द्रासन उदर के अंगों की मालिश करता है तथा पाचन क्रिया सम्बन्धी शिकायतों में आराम पहुँचाता है। यह अग्न्याशय,

एड्रिनल ग्रन्थि तथा यकृत के स्राव को नियमित करता है और गुर्दों के लिये लाभदायक है।

प्रकारान्तर: प्रारम्भिक अभ्यासी और कड़े शरीर वाले अथवा मोटी जाँघों वाले लोग आसन की स्थिति में निम्नलिखित परिवर्तन कर सकते हैं– जो पैर नितम्ब के बगल में रखा गया है, उसे सीधा रहने दें और टखने को पकड़ने वाले हाथ से घुटने को दबाकर वक्ष के निकट लाते हुए हाथ को जाँघ के चारों ओर लपेट लें।

परिवृत्त जानु शिरासन

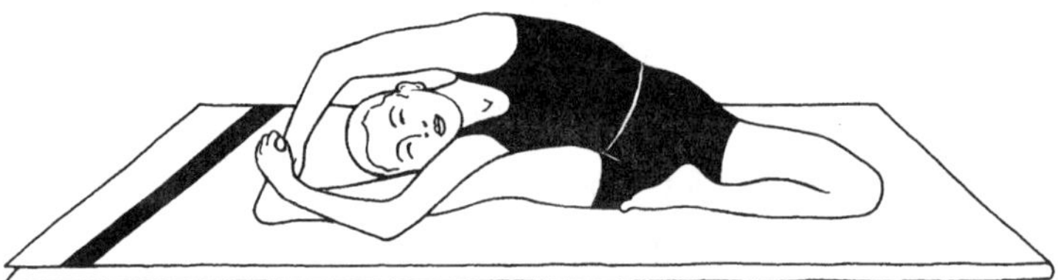

BSY ©

परिवृत्त जानु शिरासन

दोनों पंजों के बीच लगभग एक मीटर की दूरी रखकर बैठ जाएँ।
बायें घुटने को मोड़ें और एड़ी को मूलाधार के निकट रखें।
शरीर को दाहिनी ओर लाते हुए सामने की ओर झुकें और दाहिने हाथ से दाहिने पंजे को पकड़ें।
उँगलियाँ पैर के तलवे के मध्य भाग के सम्पर्क में रहें और अँगूठा ऊपर रहे।
कोहनी को सीधे पैर के भीतरी भाग की ओर जमीन पर रखें।
दाहिने कन्धे को नीचे लाते हुए, दाहिने पैर की ओर घुमायें।
बायीं भुजा को सिर के ऊपर से लाकर दाहिने पंजे को बायें हाथ से पकड़ें।
भुजाओं को संकुचित करते हुए दाहिने कन्धे को धीरे-धीरे दाहिने पंजे की ओर खींचें।
सिर को बायीं भुजा के नीचे आरामदायक स्थिति में रखें, पीठ को शिथिल करें।

धड़ को जितना सम्भव हो, इस प्रकार मोड़ें कि वक्ष फैला हुआ और सामने की ओर रहे।

जितनी देर आराम से हो सके, इस स्थिति में रुकें।

हाथों को ढीला करें, बायीं भुजा को सिर के ऊपर से नीचे लाते हुए धीरे-धीरे सीधे बैठने की स्थिति में लौट आयें।

इस क्रिया की पुनरावृत्ति दूसरी तरफ करें।

श्वसन–पैरों की स्थिति को व्यवस्थित करते समय सामान्य श्वसन करें।

धड़ को मोड़ते समय और भुजाओं एवं हाथों को सही स्थान पर रखते समय श्वास छोड़ें। उसके बाद श्वास लें।

शरीर को बगल में खींचते समय श्वास छोड़ें।

अन्तिम स्थिति में रुकते समय सामान्य श्वास लें।

सीधे बैठने की स्थिति में वापस आते समय श्वास लें।

अवधि–दोनों ओर एक-एक बार अभ्यास करें। यदि कभी असुविधा अनुभव हो, तो अभ्यास बन्द कर दें।

सजगता–शारीरिक–शरीर के मोड़ और खिंचाव पर।

आध्यात्मिक–मणिपुर चक्र पर।

क्रम–इस आसन का अभ्यास आगे और पीछे की ओर झुकने वाले आसनों के बाद करना चाहिए। यह आगे की ओर झुकने के साथ मेरुदण्ड मोड़कर किया जाने वाला आसन है।

सीमायें–गर्भवती स्त्रियों और पीठ-दर्द वाले व्यक्तियों को यह आसन नहीं करना चाहिए।

लाभ–यह आसन शरीर के बगल, जाँघों के पीछे की माँसपेशियों और कन्धों के पीछे खिंचाव लाता है। यह एक साथ उदर की माँसपेशियों और अंगों को एक ओर संकुचित करता है और दूसरी ओर उनमें लाभकारी खिंचाव लाता है। यह ध्यान के आसनों में दीर्घ काल तक बैठने के लिए शरीर को तैयार करता है।

सिर के बल किये जाने वाले आसन

सिर के बल किये जाने वाले आसन शरीर पर गुरुत्वाकर्षण की क्रिया को उल्टा कर देते हैं। हर चीज का खिंचाव पैरों की ओर होने के बदले सिर की ओर होने लगता है। इसी प्रकार भावनात्मक एवं अतीन्द्रिय स्तरों पर भी सिर के बल किये जाने वाले आसन हर चीज को उलट देते हैं, जिससे मानव और उसके पुराने व्यवहारों को एक नयी दृष्टि प्राप्त होती है। सामान्यत: इन अभ्यासों से स्वास्थ्य में सुधार आता है, चिन्ता और तनाव में कमी आती है और आत्म-विश्वास में वृद्धि होती है। इनसे मानसिक शक्ति, एकाग्रता और बिना तनाव के अधिक कार्य करने की क्षमता में भी वृद्धि होती है।

सिर के बल किये जाने वाले आसनों से मस्तिष्क में रक्त की आपूर्ति में वृद्धि होती है; जिसके कारण नाड़ी-तन्तुओं को पोषण मिलता है और विषाक्त द्रव्य शरीर से निष्कासित हो जाते हैं। नीचे के अंगों और उदर में एकत्र रक्त तथा लसीका का प्रवाह पुन: हृदय की ओर होने लगता हैं, जहाँ से शुद्धिकरण के लिए उसे फेफड़ों में भेजा जाता है, तत्पश्चात् शुद्ध किया हुआ यह रक्त पुन: सभी अंगों को भेज दिया जाता है। इस प्रक्रिया से मानव शरीर का निर्माण करने वाले समस्त कोषों का पोषण होता है। मस्तिष्क में पर्याप्त मात्रा में रक्त पहुँचने से सम्पूर्ण अन्त:स्रावी तंत्र का भी पोषण होता है और पीयूष ग्रन्थि की कार्यक्षमता अपेक्षाकृत बढ़ जाती है। इसका प्रभाव चयापचय की प्रक्रियाओं और हमारी चिन्तन-प्रणाली पर भी पड़ता है।

जब शरीर सिर के बल किये जाने वाले किसी आसन में रहता है, तब श्वास धीमी और गहरी हो जाती है, जिससे कार्बन डाइऑक्साइड और ऑक्सीजन का परस्पर अधिकतम विनिमय होता है और सामान्य रूप से सही श्वसन होने

लगता है। इसके अतिरिक्त, उदर के अवयवों–यकृत, प्लीहा, आमाशय, गुर्दे तथा अग्न्याशय की अच्छी मालिश हो जाती है, जिससे उनकी कार्यक्षमता पहले से अधिक बढ़ जाती है।

पारम्परिक रूप से सिर के बल किये जाने वाले आसनों का उपयोग काम-ऊर्जा के परिष्करण और उसके आध्यात्मिक ऊर्जा में रूपान्तरण के लिए किया जाता है। इस संदर्भ में इन आसनों का उद्‌देश्य चक्रों को उद्‌दीप्त कर सुषुम्ना नाड़ी को खोलना तथा आत्मिक जागरण हेतु कुण्डलिनी को उन्मुक्त करना है। यद्यपि केवल इन आसनों के अभ्यास से कुण्डलिनी जागरण सम्भव नहीं है, फिर भी सिर के बल किये जाने वाले आसन निश्चित रूप से धारणा और ध्यान के स्तर में सुधार लाते हैं और चेतना को परिष्कृत कर उसे मन के अज्ञात स्तरों में प्रवेश करने की क्षमता प्रदान करते हैं।

इस महत्त्वपूर्ण आसन-समूह के आसनों का अभ्यास सही ढंग से और अत्यधिक सावधानीपूर्वक करना चाहिए। इस बात पर बल दिया जाता है कि ये बड़े शक्तिशाली अभ्यास हैं, इसलिए इनका अभ्यास करते समय निम्नलिखित नियमों का पालन निष्ठापूर्वक करना चाहिए–

अभ्यास का समय–भोजन के कम-से-कम तीन घण्टे के बाद ही सिर के बल किये जाने वाले आसनों का अभ्यास करना चाहिए। कठिन व्यायाम या अभ्यास के तुरंत बाद सिर के बल किये जाने वाले आसन न करें।

उपकरण–इन आसनों का अभ्यास हमेशा मोटे कम्बल पर ही करें, जिससे गर्दन और सिर के पीछे की कशेरुकाओं का बचाव हो सके। मुलायम गद्‌दे, स्प्रिंग वाले बिस्तर और वायु भरे गद्‌दे पर कभी अभ्यास न करें।

अवधि–प्रारम्भिक अभ्यासियों को अन्तिम स्थिति में कुछ ही क्षण रहना चाहिए। जब बिना किसी कठिनाई के आसन में रुकना सुगम हो जाये, तब अवधि को धीरे-धीरे निर्देशित काल तक बढ़ाया जा सकता है।

विश्राम–सिर के बल किये जाने वाले आसनों के बाद हमेशा शवासन करें। जब तक श्वास और हृदय-गति पूरी तरह सामान्य न हो जाये, तब तक विश्राम करें और उसके पश्चात् निर्देशित विपरीत आसन करें।

सतर्कता–किसी मेज-कुर्सी या ऐसी वस्तु के निकट अभ्यास न करें, जिससे जमीन पर नीचे आते समय किसी प्रकार चोट लगने की सम्भावना हो। अभ्यास करते समय यदि अभ्यासी सामने या पीछे की ओर गिरता है तो उसे शरीर को शिथिल कर लेना चाहिए तथा पैरों के सहारे शरीर को

साधना चाहिए। यदि कभी कुछ असुविधा का अनुभव हो, तो तुरंत अभ्यास समाप्त कर दें।

सावधानियाँ–शल्य चिकित्सा के पश्चात् स्वास्थ्य लाभ करते समय अथवा गर्भावस्था में, संक्रमण से पीड़ित अवस्था में या जिनके शरीर में अभी कड़ापन है या बूढ़े हैं, उन्हे प्रत्येक आसन के साथ दी गई सीमाओं तथा नीचे दी गई सीमाओं और सावधानियों को ध्यानपूर्वक देखना चाहिए। यह सुझाव न केवल इस खण्ड में दिये गये आसनों के लिये, बल्कि सिर के बल किए जाने वाले सभी आसनों के लिए हैं।

सिर के बल किए जाने वाले आसनों में निम्नलिखित आसन सम्मिलित हैं–

1. अर्द्ध-विपरीत आसन, जहाँ धड़ और सिर समतल रहते हैं, परन्तु पैर सिर के ऊपर उठाये जाते हैं, उदाहरण के लिए, पूर्व हलासन। सामान्यत: वे इतने कठिन नहीं होते, परन्तु यदि उनमें भी जोर लगता हो, जैसे, पादोत्तानासन, जिसमें दोनों पैरों को ऊपर उठाया जाता है, वहाँ अधिक सतर्क रहने की आवश्यकता होगी।
2. अर्द्ध विपरीत आसन, जहाँ सिर धड़ से नीचे रहता है। यहाँ पूर्ण रूप से सीमाओं पर ध्यान दें। उदाहरण के रूप में पाद हस्तासन। यदि आसन में बहुत अधिक जोर लगे जैसे शीर्षपाद भूमि स्पर्शासन, तो और अधिक सतर्क रहने की आवश्यकता है।
3. पूर्णरूपेण सिर के बल किये जाने वाले आसन, जैसे, सर्वांगासन अथवा शीर्षासन और ऐसे आसन जिनमें और अधिक बल लगाने की आवश्यकता हो सकती है, जैसे, वृक्षासन।

सीमायें–उच्च रक्तचाप और पीठ के रोग, विशेषकर स्लिप डिस्क के रोगियों को ये आसन नहीं करने चाहिए। रक्त को अशुद्ध करने वाली बीमारी में अभ्यास नहीं करना चाहिए। रक्त शुद्धिकरण तक अभ्यास वर्जित है। धमनी काठिन्य, ग्लुकोमा, कानों का अति संक्रमण अथवा मस्तिष्क की किसी बीमारी वाले रोगी को यह आसन नहीं करना चाहिए। महिलाओं को गर्भ-काल या मासिक-धर्म के दिनों में सिर के बल किये जाने वाले आसनों का अभ्यास नहीं करना चाहिए। गर्दन की किसी समस्या में गर्दन पर भार पड़ने वाले आसन नहीं करने चाहिए।

अभ्यास टिप्पणी–आसन धीरे-धीरे एवं सरलता से करें। सिर के बल किये जाने वाले आसनों और उनसे सम्बन्धित विपरीत आसनों को सामान्यत:

आसन-कार्यक्रम के अन्त में रखा जाता है। एक अभ्यास-सत्र में सिर के बल किये जाने वाले आसनों के साथ मयूरासन को कभी मत रखें।

दाहिने हाथ से काम करने वालों को दाहिनी तरफ से अभ्यास शुरू करने में सुगमता होगी। बाद में उन्हें प्रति संतुलन के लिए बायीं तरफ से भी अभ्यास शुरू करना चाहिए।

भूमिपाद मस्तकासन

भूमिपाद मस्तकासन

मार्जारि आसन में आ जायें।

पैरों की उँगलियाँ अन्दर की ओर कर लें।

सिर के ऊपरी भाग को दोनों हाथों के बीच जमीन पर रखें। घुटनों को सीधा करें तथा सिर और पंजों पर सन्तुलन बनाये रखते हुए नितम्बों को ऊपर उठायें।

एड़ियों को एक साथ मिलायें और पैरों के अँगूठों को अलग करें।

भुजाओं को ऊपर उठा कर हाथों को पीठ के पीछे बाँध लें या एक हाथ से दूसरी कलाई को पकड़ लें। पैरों की उँगलियों के सहारे जितना सम्भव हो नितम्बों को ऊपर उठायें।

अन्तिम स्थिति में जितनी देर आरामपूर्वक रह सकें, रहें।

भुजाओं को नीचे ले आयें और हाथों को सिर के बगल में रखें।

धीरे-धीरे मार्जारि आसन में लौट आयें और फिर नीचे आकर कुछ क्षण शशांकासन में रुकें।

यह एक चक्र हुआ।

अभ्यास पूरा कर विपरीत आसन में जाने के पूर्व शवासन में लेट जायें।

श्वसन–सामान्य श्वसन।

अवधि–आसन के समय को क्रमशः बढ़ाते हुए तीन चक्रों तक अभ्यास करें।

सजगता–शारीरिक–श्वास, सन्तुलन तथा मस्तिष्क, गर्दन व मेरुदण्ड में संवेदना पर।

आध्यात्मिक–सहस्रार चक्र पर।

क्रम–इस आसन के बाद ताड़ासन करना चाहिए।

सीमायें–उच्च रक्तचाप, हृदय-रोग, कानों में सूजन, नेत्र की दुर्बल रक्त कोशिकायें, गम्भीर निकट-दृष्टि दोष, शारीरिक रूप से विकारग्रस्त पीयूष ग्रन्थि या थायरॉइड ग्रन्थि, धमनी-काठिन्य, प्रमस्तिष्कीय या अन्य शिरावरोध, गम्भीर दमा, क्षय, जुकाम, साइनोसाइटिस, अधिक दूषित रक्त, स्लिप डिस्क, दुर्बल मेरुदण्ड या चक्कर आने की बीमारी वाले व्यक्तियों को यह आसन नहीं करना चाहिए।

लाभ–यह आसन निम्न रक्तचाप में सहायक होता है। यह तन्त्रिका-तन्त्र को सन्तुलित करता है, गर्दन और सिर की पेशियों को सुदृढ़ बनाता है तथा मस्तिष्क में रक्त की आपूर्ति बढ़ाता है। शीर्षासन के प्रारम्भिक आसन के रूप में यह मस्तिष्क को अधिक मात्रा में रक्त-प्रवाह को सहने के लिए तैयार करता है और साथ-ही सिर के ऊपरी भाग को शरीर का वजन सहने में सक्षम बनाता है।

मूर्धासन

मूर्धासन

पंजों के बीच लगभग एक मीटर की दूरी रखकर सीधे खड़े हो जायें।
कूल्हों से सामने की ओर झुकें और हाथों को पंजों के आगे रखें।
शरीर का भार इन अंगों पर समान रूप से बँटा होना चाहिए और शरीर इन पर सधा होना चाहिए।

चरण 1: सिर के ऊपरी भाग को जमीन पर दोनों हाथों के बीच रखें।
भुजाओं को ऊपर उठायें और पीठ के पीछे एक हाथ से दूसरी कलाई को पकड़ लें।

चरण 2: एड़ियों को ऊपर उठायें और शरीर को सिर एवं पैरों के पंजों पर सन्तुलित करें।
यह अन्तिम स्थिति है।
जब तक आरामपूर्वक हो सके, इस स्थिति में रहें।
हाथों को पुनः जमीन पर ले आयें और फिर सीधे खड़े हो जायें।
सीधे खड़ी हुई स्थिति में विश्राम करें, जब तक शरीर पुनः सन्तुलित न हो जाए।

श्वसन–सीधे खड़े रहते हुए श्वास लें।
आगे झुकते समय श्वास छोड़ें।
अन्तिम स्थिति में रुकते हुए सामान्य श्वास लें।
सीधे खड़े होने की स्थिति में लौटते हुए श्वास लें।

अवधि–तीन चक्रों तक अभ्यास करें। प्रथम बार यह आसन करते समय कुछ क्षणों के लिए ही अन्तिम स्थिति में रुकें।

उसके बाद क्रमश: कुछ सप्ताहों में रुकने के समय को एक मिनट तक बढ़ा दें।

सजगता–शारीरिक–मस्तिष्क, गर्दन और मेरुदण्ड में संवेदना, श्वसन एवं सन्तुलन पर।

आध्यात्मिक–सहस्रार चक्र पर।

क्रम–आसनों के अन्त में और शीर्षासन के पूर्व यह आसन करना चाहिए और उसके बाद विपरीत आसन के रूप में ताड़ासन करना चाहिए।

सीमायें–उच्च रक्तचाप, हृदय-रोग, कानों में सूजन, नेत्र की दुर्बल रक्त कोशिकायें, गम्भीर निकट-दृष्टि दोष, शारीरिक रूप से विकारग्रस्त पीयूष ग्रन्थि या थायरॉइड ग्रन्थि, धमनी-काठिन्य, प्रमस्तिष्कीय या अन्य शिरावरोध, गम्भीर दमा, क्षय, जुकाम, साइनोसाइटिस, अधिक दूषित रक्त, स्लिप डिस्क, दुर्बल मेरुदण्ड या चक्कर आने की बीमारी वाले व्यक्तियों को यह आसन नहीं करना चाहिए।

लाभ–यह आसन निम्न रक्तचाप में सहायक होता है। यह तन्त्रिका-तन्त्र को सन्तुलित करता है, गर्दन और सिर की पेशियों को सुदृढ़ बनाता है तथा मस्तिष्क में रक्त की आपूर्ति बढ़ाता है। शीर्षासन के प्रारम्भिक आसन के रूप में यह मस्तिष्क को अधिक मात्रा में रक्त-प्रवाह को सहने के लिए तैयार करता है और साथ-ही सिर के ऊपरी भाग को शरीर का वजन सहने में सक्षम बनाता है।

विपरीतकरणी आसन

विपरीतकरणी आसन

पीठ के बल लेट जायें, पैरों और पंजों को एक साथ और एक सीध में रखें। हाथों और भुजाओं को शरीर के निकट रखें, हथेलियाँ जमीन पर रहें। सम्पूर्ण शरीर को शिथिल करें।

दोनों पैरों को सीधा और एक साथ रखते हुए ऊपर उठायें।

पैरों को शरीर के ऊपर सिर की ओर ले जायें।

भुजाओं तथा हाथों से जमीन का सहारा लेते हुए नितम्बों को ऊपर उठायें। पैरों को सिर की ओर और अधिक ऊपर ले जाते हुए मेरुदण्ड को जमीन से ऊपर उठायें।

हथेलियों को ऊपर कर लें, कोहनियों को मोड़ें और हाथों को कमर पर इस प्रकार रखें कि नितम्बों का ऊपरी भाग कलाइयों के निकट हथेलियों के आधार पर टिका रहे।

हाथ नितम्बों को थामे रहें और शरीर को सहारा देते रहें। दोनों पैरों को लम्बवत् सीधा कर लें और उन्हें शिथिल करें।

अन्तिम स्थिति में शरीर का भार कन्धों, गर्दन और कोहनियों पर रहेगा। धड़ जमीन से 45 अंश के कोण पर रहेगा और पैर लम्बवत् रहेंगे। ध्यान रहे कि ठुड्ढी वक्ष पर दबाव न डाले। आँखों को बन्द कर लें और अन्तिम स्थिति में आराम से जितनी देर सम्भव हो विश्राम करें।

प्रारम्भिक स्थिति में लौटने के लिए पैरों को सिर के ऊपर की ओर नीचे लायें और फिर भुजाओं और हाथों को शरीर के निकट बगल में जमीन पर रखें, हथेलियाँ नीचे की ओर रहेंगी।

धीर-धीरे मेरुदण्ड की एक-एक कशेरुका को नीचे लाते हुए पूरे मेरुदण्ड को जमीन पर लायें। सिर को ऊपर न उठायें।

जब नितम्ब जमीन पर आ जायें, तब पैरों को सीधा रखते हुए नीचे ले आयें। शरीर को शवासन में शिथिल करें।

श्वसन–लेटी हुई स्थिति में श्वास लें। अन्तिम स्थिति में आते समय श्वास को अन्दर रोके रखें। जब शरीर अन्तिम स्थिति में स्थिर हो जाए, तब सामान्य श्वसन या उज्जायी श्वसन करें।

शरीर को जमीन पर नीचे लाते समय श्वास अन्दर रोके रखें।

प्रारम्भिक अवस्था में आ जाने के बाद श्वास छोड़ें।

अवधि–प्रारम्भिक अभ्यासी कुछ क्षणों के लिए ही अभ्यास करें, और सामान्य स्वास्थ्य के लिए कुछ सप्ताहों में अभ्यास की अवधि को क्रमश: बढ़ाते हुए अधिकतम 3 से 5 मिनट अभ्यास करें। आसन-कार्यक्रम के दौरान यह अभ्यास एक ही बार करना चाहिए।

अन्य विवरण–सर्वांगासन के समान।

अभ्यास टिप्पणी–यह आसन सर्वांगासन की तैयारी का आसन है। इस अभ्यास को करने का बहुत अधिक परामर्श दिया जाता है, क्योंकि गर्दन पर कम दबाव डालते हुए, सर्वांगासन के लाभ इससे मिल सकते हैं। प्रारम्भ में पैरों को उठाते और नीचे करते समय घुटनों को मोड़ लेना आवश्यक हो सकता है।

टिप्पणी–*विपरीतकरणी मुद्रा के लिए यह आसन एक आधार प्रदान करता है।*

सर्वांगासन

सर्वांगासन

तह किये हुए कम्बल पर पीठ के बल लेट जायें। ध्यान रखें कि सिर और मेरुदण्ड एक सीध में रहें और पैर सीधे एवं पंजे एक साथ रहें। हाथों को शरीर के बगल में इस प्रकार रखें कि हथेलियाँ जमीन की तरफ रहें। सम्पूर्ण शरीर और मन को विश्रान्त करें।

पैरों को सीधा रखते हुए उदर की पेशियों को संकुचित करें और भुजाओं के सहारे धीरे-धीरे ऊपर उठा कर लम्बवत् कर लें।

जब पैर लम्बवत् सीधे हो जायें, तब भुजाओं और हाथों से जमीन पर दबाव डालें।

धीरे-धीरे सहजता से नितम्बों और मेरुदण्ड को जमीन से ऊपर उठायें और धड़ को लम्बवत् सीधा कर लें।

हथेलियों को ऊपर की ओर कर लें, कोहनियों को मोड़ें और पीठ को सहारा देने के लिए हाथों को पसलियों के पीछे, मेरुदण्ड से थोड़ा

दूर रखें। कोहनियों के बीच कन्धों की चौड़ाई के बराबर दूरी रहे। वक्ष को धीरे-से आगे की ओर लायें, ताकि ठुड्ढी पर उसका दबाव पड़े। अन्तिम स्थिति में पैर एक साथ, लम्बवत् और धड़ के साथ एक सीध में रहेंगे।

शरीर कन्धों, गर्दन के पिछले भाग और सिर के पृष्ठ भाग पर सधा रहेगा। भुजायें स्थिरता प्रदान करती हैं, वक्ष ठुड्ढी पर टिका रहता है और पैर शिथिल रहते हैं। आँखें बन्द कर लें। अन्तिम स्थिति में जितनी देर तक सम्भव हो, रुकें। सम्पूर्ण शरीर को शिथिल करें।

प्रारम्भिक स्थिति में वापस आने के लिए पैरों को तब तक आगे की ओर लायें जब तक पंजे सिर के पिछले हिस्से के ऊपर और उससे आगे तक न पहुँच जायें। पैरों को सीधा रखें।

धीरे-से हाथों को अपने स्थान से हटायें और भुजाओं को शरीर के बगल में जमीन पर रखें। हथेलियाँ नीचे की ओर रहें।

धीरे-धीरे मेरुदण्ड को इस प्रकार नीचे लायें, जैसे प्रत्येक कशेरुका को एक-एक कर नीचे ला रहे हों और उसके बाद नितम्बों को भी जमीन पर लायें, जिससे पैर अपनी प्रारम्भिक लम्बवत् स्थिति में आ जायें।

घुटनों को सीधा रखते हुए पैरों को धीरे-धीरे जमीन पर लायें।

भुजाओं का सहारा लिए बिना इस क्रिया को पूरा करें।

सारी गतियों को सन्तुलन और नियन्त्रण के साथ पूरा करें, ताकि शरीर धीरे-धीरे और सुगमतापूर्वक जमीन के सम्पर्क में आये।

जब तक श्वसन और हृदय-गति सामान्य न हो जायें तब तक शवासन में विश्राम करें।

श्वसन–प्रारम्भिक स्थिति में श्वास लें।

अन्तिम स्थिति में आते समय श्वास अन्दर रोकें।

अन्तिम स्थिति में जब शरीर स्थिर हो जाये, तब धीमा और गहरा उदर श्वसन करें। शरीर को जमीन पर लाते समय श्वास अन्दर रोकें।

प्रारम्भिक अवस्था में आ जाने के बाद श्वास छोड़ें।

अवधि–प्रारम्भिक अभ्यासियों को अन्तिम स्थिति में कुछ ही क्षण रहना चाहिए। सामान्य स्वास्थ्य के लिए कुछ सप्ताहों में समय को क्रमशः बढ़ाते हुए अधिकतम 3 से 5 मिनट रुकना चाहिए। एक आसन-कार्यक्रम की अवधि में यह अभ्यास एक ही बार करना चाहिए।

सजगता–शारीरिक–गति के नियन्त्रण पर, श्वास, गर्दन या चुल्लिका-ग्रन्थि पर। विपरीत स्थिति में सामंजस्य लाने के लिए शरीर में हो रही संवेदनाओं पर। आध्यात्मिक–विशुद्धि-चक्र पर।

क्रम–आदर्श रूप में सर्वांगासन का अभ्यास हलासन के ठीक पूर्व करना चाहिए। हलासन के उपरान्त मत्स्यासन, उष्ट्रासन या सुप्त वज्रासन का अभ्यास विपरीत आसन के रूप में, हलासन और सर्वांगासन में लगे कुल समय के आधे समय तक करना चाहिए।

सीमायें–बढ़ी हुई थायरॉइड ग्रन्थि, यकृत या प्लीहा, सर्वाइकल स्पॉण्डिलाइटिस, स्लिप डिस्क, उच्च रक्तचाप या अन्य हृदय-रोग, नेत्रों में दुर्बल रक्त-वाहिकायें, शिरावरोध या अशुद्ध रक्त-दोष से ग्रस्त व्यक्तियों को यह अभ्यास नहीं करना चाहिए। मासिक-धर्म और गर्भावस्था के अन्तिम दिनों में इस आसन को नहीं करना चाहिए।

लाभ–इस आसन में वक्ष का दबाव ठुड्डी पर पड़ने के कारण थायरॉइड-ग्रन्थि उद्दीप्त होती है। इससे समान्यतः रक्त-परिसंचरण, श्वसन, पाचन, प्रजनन, तन्त्रिका एवं अन्तःस्रावी तंत्र में संतुलन आता है। यह मन को शान्त करता है; भावनात्मक और मानसिक तनाव को दूर करता है तथा मनोवैज्ञानिक परेशानियों को दूर करने में सहायक होता है। प्रतिरक्षा-प्रणाली की क्षमता में वृद्धि होती है। उप चुल्लिका-ग्रन्थियों (पैराथायरॉइड) पर इसका जो प्रभाव पड़ता है, उससे अस्थियों का सामान्य विकास और पुनः उत्पादन सुनिश्चित होता है।

आसन में उदर श्वसन जोड़ने से शरीर में ऑक्सीजन और कार्बन डाई ऑक्साइड के विनिमय में सुधार होता है, जिससे तनाव में कमी आती है और उदर के अवयवों की मालिश हो जाती है। सर्वांगासन गुदा की पेशियों से गुरुत्वाकर्षण सम्बन्धी सामान्य दबाव को हटाता है, जिससे बवासीर दूर होती है। यह पैरों, उदर और जननांगों में अवरुद्ध रक्त एवं द्रव्यों को खींचकर, इन क्षेत्रों में रक्त-संचार को बढ़ाकर इन्हें पोषण प्रदान करता है।

इस अभ्यास से गर्दन की कशेरुकायें लचीली होती हैं और ग्रीवा-क्षेत्र से होकर मस्तिष्क में प्रवेश करने वाली तंत्रिकायें पुष्ट होती हैं। सामान्य रूप से इस क्षेत्र में रक्त प्रवाह में वृद्धि होती है, जिससे कान, आँख एवं गल-तुण्डिकाओं (टाँसिल) को नव जीवन प्राप्त होता है।

प्रकारान्तर 1: सर्वांगासन में आ जायें। श्वास छोड़ें और एक पैर को शरीर के ऊपर इस प्रकार नीचे लायें कि वह जमीन के समानान्तर हो जाये। दूसरा पैर लम्बवत् सीधा रहना चाहिए।

कुछ क्षणों के लिए इस स्थिति में रुकें।

श्वास अन्दर लें, पैर को पुनः लम्बवत् स्थिति में लाकर सर्वांगासन में आ जायें।

दूसरे पैर से इसकी पुनरावृत्ति करें।

प्रकारान्तर 2: सर्वांगासन में आ जायें। श्वास छोड़ें, कूल्हों को आगे की ओर झुकायें और दोनों सीधे पैरों को सिर के ऊपर इस प्रकार नीचे लायें कि वे जमीन के समानान्तर हो जायें।

इस स्थिति में कुछ क्षणों तक रुकें। श्वास लें और पैरों को उठाकर सीधा कर लें।

प्रकारान्तर 3

प्रकारान्तर 3: सर्वांगासन में आ जायें।

श्वास लें और दाहिने घुटने को मोड़ें। दाहिने पंजे को बायें घुटने पर रखें। श्वास छोड़ें, कूल्हों को आगे की ओर झुकायें और दाहिने घुटने को ललाट पर रखें। बायाँ पैर जमीन के समानान्तर रहे।

जब तक इस स्थिति में रहें, श्वास भीतर ही रोकें।

सर्वांगासन में वापस आयें।

दूसरी ओर से अभ्यास की पुनरावृत्ति करें।

पद्म सर्वांगासन

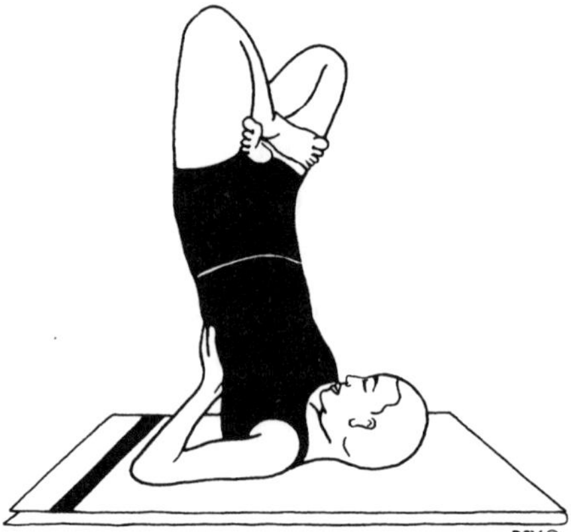

पद्म सर्वांगासन

सर्वांगासन में आ जायें।

अन्तिम स्थिति में दोनों पैरों को पद्मासन में मोड़ लें।

प्रकारान्तर: बैठ जायें, मेरुदण्ड सीधा रखें और पैरों को शरीर के सामने फैला लें।

पद्मासन में आएँ।

पीछे झुकें और कोहनियों के सहारे पीठ के बल लेट जायें। पूर्ण रूप से विश्राम करें।

मुड़े हुए पैरों को लम्बवत् ऊपर उठाकर सर्वांगासन में आ जायें।

अन्तिम स्थिति में जब तक आराम से रह सकें, रहें। तत्पश्चात् विपरीत-क्रम से प्रारम्भिक स्थिति में लौट आयें।

श्वसन–विश्राम करते समय सामान्य श्वसन करें, फिर गहरी श्वास लें और पैरों को ऊपर उठाकर सर्वांगासन में आते समय श्वास अन्दर रोकें। अन्तिम स्थिति में सामान्य श्वसन करें, फिर श्वास लें और जमीन पर वापस आते समय श्वास रोके रखें।

अवधि–प्रारम्भिक अभ्यासियों को अन्तिम स्थिति में कुछ ही क्षण रहना चाहिए। सामान्य स्वास्थ्य के लिए कुछ सप्ताहों में समय को क्रमशः

बढ़ाते हुए अधिकतम 3 मिनट रुकना चाहिए। एक आसन-कार्यक्रम की अवधि में यह अभ्यास एक ही बार करना चाहिए।

सजगता–शारीरिक–पैरों, मेरुदण्ड, गर्दन, गति के नियन्त्रण और श्वास पर। आध्यात्मिक–विशुद्धि चक्र पर।

क्रम–मत्स्यासन, उष्ट्रासन अथवा सुप्त वज्रासन विपरीत आसन के रूप में करने चाहिए।

सीमायें–यह आसन केवल बलशाली और स्वस्थ व्यक्तियों के लिए है। चोट ग्रस्त घुटनों, बढ़ी हुई थायरॉइड ग्रन्थि, यकृत या प्लीहा, सायटिका, सर्वाइकल स्पॉण्डिलाइटिस, स्लिप डिस्क, उच्च रक्तचाप या अन्य हृदय-रोग, नेत्रों में दुर्बल रक्त-वाहिकायें, शिरावरोध या अशुद्ध रक्त-दोष से ग्रस्त व्यक्तियों को यह अभ्यास नहीं करना चाहिए। मासिक-धर्म और गर्भावस्था में इस आसन को नहीं करना चाहिए। जब तक पद्मासन और सर्वांगासन में दक्षता न आ जाये तब तक इस आसन को करने का प्रयास न करें।

लाभ–यह आसन श्रोणि प्रदेश और भीतरी अंगों को अतिरिक्त खिंचाव प्रदान कर उनकी मालिश करता है। अन्य लाभ सर्वांगासन के समान ही हैं। अन्तर केवल इतना है कि इसमें पैरों से रक्त का मुक्त प्रवाह बाधित हो जाता है, अतः बवासीर और अपस्फीत शिरा के उपचार में यह प्रभावी नहीं हो पाता। यह पैरों की मांसपेशियों को मजबूत बनाता और उनमें सामंजस्य लाता है, साथ ही इससे संतुलन का मनोभाव विकसित होता है।

पूर्व हलासन

पूर्व हलासन

पीठ के बल लेट जायें, पैरों और पंजों को एक साथ रखें।

भुजाओं को शरीर के पास रखें, हथेलियों को या तो नीचे की ओर खोल कर रखें या मुट्ठी बाँध कर नितम्बों के नीचे रखें।

यह प्रारम्भिक स्थिति है।

दोनों पैरों को लम्बवत् ऊपर उठा लें। नितम्ब जमीन पर या मुट्ठियों पर टिके रहें।

पंजों को सिर की ओर लाते हुए पैरों और धड़ के बीच 45 अंश का कोण बनायें। पैरों को एक-दूसरे से अधिक-से-अधिक दूर ले जायें और पुनः उन्हें एक साथ मिला लें।

पैरों को सीधा रखते हुए उन्हें धीरे-धीरे नीचे जमीन पर ले आयें।

यह एक चक्र हुआ। 5 से 10 चक्र अभ्यास करें।

श्वसन–प्रारम्भिक स्थिति में श्वास लें।

पैरों को उठाते, अलग करते, एक साथ मिलाते हुए और नीचे लाते समय श्वास अन्दर ही रोकें।

प्रारम्भिक स्थिति में लौटने के बाद श्वास छोड़ें।

सजगता–शारीरिक–श्वास के साथ नियन्त्रित गति या चुल्लिका-ग्रन्थि पर।

आध्यात्मिक–मणिपुर या विशुद्धि चक्र पर।

क्रम–इस अभ्यास के बाद विपरीत आसन के रूप में पीछे मुड़कर किया जाने वाला आसन, जैसे, भुजंगासन या शलभासन करना चाहिए।

सीमायें–यह आसन वृद्ध, दुर्बल, सायटिका, हर्निया या स्लिप डिस्क से पीड़ित व्यक्तियों को नहीं करना चाहिए।

लाभ–यह श्रोणि में खिंचाव पैदा करता है, गुर्दों को व्यवस्थित करता है, आँतों को क्रियाशील बनाता है और बढ़ी हुई चर्बी को कम करता है। हलासन से पूर्व तैयारी के लिए यह एक अच्छा आसन है।

अभ्यास टिप्पणी–प्रारम्भिक अभ्यासियों को यह आसन करने का परामर्श दिया जाता है। हलासन प्रारम्भ करने के पूर्व इस आसन में दक्षता प्राप्त कर लेनी चाहिए।

हलासन

BSY ©

हलासन

पीठ के बल लेट जायें, पैरों और पंजों को एक साथ रखें। भुजाओं को शरीर की बगल में रखें और हथेलियाँ नीचे की ओर रहें। सम्पूर्ण शरीर को शिथिल करें। दोनों पैरों को एक साथ और सीधा रखते हुए लम्बवत् ऊपर उठायें। उन्हें उठाते समय केवल उदर की पेशियों का उपयोग करें। भुजाओं पर बल देकर नितम्बों को उठायें और पीठ को जमीन से उठाने के लिए मोड़ें। पैरों को सिर की ओर झुकायें।

सिर के पीछे पैरों की उँगलियों से जमीन को स्पर्श करने का प्रयास करें। जमीन को स्पर्श करने के लिए पैरों की उँगलियों पर जोर न लगायें। हथेलियों को ऊपर की ओर पलटें, कोहनियों को मोड़ें और हाथों को सर्वांगासन की तरह पीठ को सहारा देने के लिए पसलियों के पीछे रखें।

अन्तिम स्थिति में शरीर को शिथिल करें और जितनी देर आरामपूर्वक रह सकें, रहें।

भुजाओं को नीचे लायें, हथेलियाँ नीचे की ओर रखें, उसके बाद धीरे-धीरे मेरुदण्ड की प्रत्येक कशेरुका को जमीन पर लायें, फिर नितम्बों को नीचे लाते हुए प्रारम्भिक स्थिति में आ जायें ताकि पैर पुनः शुरू की लम्बवत् स्थिति में आ जायें। उदर की पेशियों का उपयोग करते हुए और घुटनों को सीधा रखते हुए पैरों को प्रारम्भिक स्थिति में नीचे ले आयें।

श्वसन–लेटी हुई स्थिति में श्वास लें।

अन्तिम स्थिति में आते समय श्वास भीतर रोकें।

अन्तिम स्थिति में धीमा और गहरा श्वसन करें।

प्रारम्भिक स्थिति में लौटते समय श्वास अन्दर रोकें।

प्रारम्भिक स्थिति में लौटने के बाद श्वास छोड़ें।

अवधि–प्रारम्भिक अभ्यासियों को 15 सैकण्ड के लिए ही इस स्थिति में रुकना चाहिए और प्रति सप्ताह कुछ सैकण्ड समय बढ़ाते हुए एक मिनट तक ले जाना चाहिए।

उच्च अभ्यासी अन्तिम स्थिति में 10 मिनट या उससे अधिक समय तक रुक सकते हैं।

सजगता–शारीरिक–उदर, पीठ की पेशियों के शिथिलीकरण, श्वास-प्रश्वास या थायरॉइड ग्रन्थि पर।

आध्यात्मिक–मणिपुर या विशुद्धि चक्र पर।

क्रम–यदि सम्भव हो तो सर्वांगासन के तुरन्त बाद यह आसन करें। सर्वांगासन से हलासन में जाने के लिए सन्तुलन हेतु पैरों को थोड़ा सिर की ओर ले आयें, धीरे-से भुजाओं को पीठ के पीछे से हटा लें और उन्हें जमीन पर प्रारम्भिक स्थिति में रखें, हथेलियाँ नीचे की ओर रहेंगी। शरीर को शिथिल करें और पैरों को सीधा एवं एक साथ रखते हुए धीरे-धीरे सिर के पीछे ले जाते हुए नीचे लायें, जब तक पैरों की उँगलियाँ जमीन का स्पर्श न करने लगें। ऊपर वर्णित विधि से आसन खोलें।

हलासन के बाद विपरीत आसन के रूप में मत्स्यासन, उष्ट्रासन या सुप्त वज्रासन का अभ्यास करें। सर्वांगासन और हलासन करने में लगे कुल समय के आधे समय तक विपरीत आसन करें। पश्चिमोत्तानासन की तैयारी के लिए हलासन उत्तम आसन है।

सीमायें–हर्निया, स्लिप डिस्क, सायटिका, उच्च रक्तचाप या पीठ के किसी गम्भीर रोग, विशेषकर गर्दन के गठिया से ग्रस्त व्यक्तियों को यह आसन नहीं करना चाहिए।

लाभ–हलासन के समय मध्यपट में होने वाली गति से समस्त आन्तरिक अंगों की मालिश हो जाती है, पाचन-क्रिया तीव्र हो जाती है, जिससे कब्ज और मन्दाग्नि से छुटकारा मिलता है। प्लीहा और अधिवृक्क ग्रन्थियों को नवजीवन प्राप्त होता है, अग्न्याशय द्वारा इन्सुलिन के उत्पादन में वृद्धि होती है और यकृत एवं गुर्दे की सक्रियता बढ़ती है। यह उदर की पेशियों को सुदृढ़ बनाता है, पीठ की पेशियों की ऐंठन दूर होती है, मेरुदण्ड की तन्त्रिकाओं को पोषण मिलता है, और सम्पूर्ण क्षेत्र में रक्त-संचार बढ़ता है। यह थायरॉइड (चुल्लिका) ग्रन्थि के कार्य को नियमित करता है, जिससे शरीर की चयापचय-दर में सन्तुलन आता है और, साथ-ही प्रतिरक्षा-प्रणाली की क्षमता में वृद्धि होती है।

प्रकारान्तर 1: अन्तिम स्थिति में पंजों को सिर से इतनी अधिक दूर ले जायें कि शरीर बिल्कुल तन जाये और जालन्धर-बन्ध लग जाये। अन्तिम स्थिति में, जितनी देर आराम से सम्भव हो, रह कर सामान्य श्वसन करें।

लाभ–यह स्थिति कन्धों तथा गर्दन सहित पीठ के ऊपरी भाग को खींच कर तानती है, जिससे मेरुदण्ड का ऊपरी भाग अधिक लचीला हो जाता है।

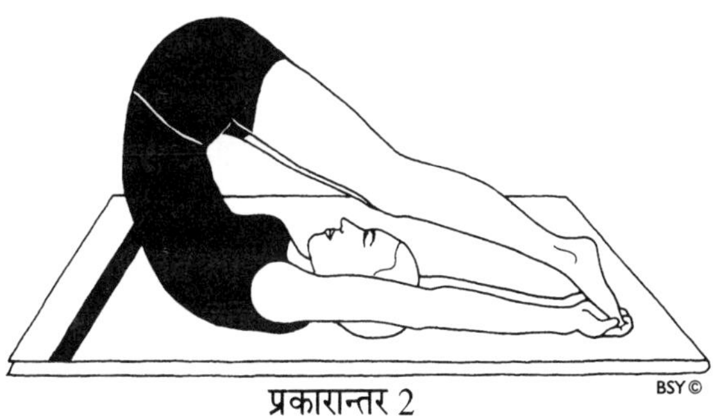

प्रकारान्तर 2

प्रकारान्तर 2: अन्तिम स्थिति में पैरों को एक साथ और सीधा रखते हुए पैरों की उँगलियों को सिर के पिछले भाग की ओर लायें। भुजाओं को सीधा रखते हुए पैरों की उँगलियों को पकड़ लें। अन्तिम स्थिति में जब तक आरामपूर्वक सम्भव हो, रुकें और सामान्य श्वसन करें।

लाभ–यह आसन मेरुदण्ड के निचले भाग और त्रिक (सेक्रल) क्षेत्र को तानकर उसमें लोच पैदा करता है तथा कन्धों में खिंचाव पैदा करता है।

क्रम–इन प्रकारान्तरों का अभ्यास पूरा करने के बाद हलासन में और तत्पश्चात् प्रारम्भिक स्थिति में लौट आयें।

द्रुत हलासन

BSY©

द्रुत हलासन

पीठ के बल लेट जायें, पैरों और पंजों को एक साथ रखें।
भुजाओं को शरीर के पास और हथेलियाँ नीचे की ओर रखें।
सम्पूर्ण शरीर को शिथिल करें।
भुजाओं पर बल दें और पैरों को सीधा रखते हुए उन्हें द्रुत गति से सिर के ऊपर की ओर ले जायें तथा पैरों की उँगलियों से सिर के पीछे जमीन का स्पर्श करें।
इस स्थिति में 1 या 2 सैकण्ड रुकें।
शरीर को पुनः द्रुत गति से प्रारम्भिक स्थिति में वापस ले आयें।
तुरंत बैठ जायें और शरीर को सामने झुका कर पश्चिमोत्तानासन करें।
पैरों को सीधा रखें और ललाट से घुटनों का स्पर्श करने का प्रयास करें।
पैरों की उँगलियों, पंजों अथवा पिण्डलियों को पकड़ें। यह अभ्यास लयात्मक गति से पूरा करना चाहिए।
पुनः सीधे बैठने की स्थिति में लौट आयें।
यह अभ्यास का एक चक्र हुआ। 10 चक्र तक अभ्यास करें।

श्वसन–अभ्यास प्रारम्भ करने के पूर्व लेटी हुई स्थिति में गहरा श्वास-प्रश्वास करें।

हलासन में आते समय श्वास लें। पश्चिमोत्तानासन में आगे झुकते समय श्वास छोड़ें।

सजगता–शारीरिक–श्वास के साथ गति के लयात्मक प्रवाह तथा पीठ के खिंचाव पर और उदर में संकुचन पर।

आध्यात्मिक–मणिपुर चक्र पर।

क्रम–इस अभ्यास के तुरन्त बाद पीछे झुक कर किये जाने वाला विपरीत आसन, जैसे, मत्स्यासन या सुप्त वज्रासन करना चाहिए।

सीमायें–हर्निया, सायटिका या पीठ अथवा गर्दन के अन्य रोगों या उच्च रक्तचाप और हृदय रोग से पीड़ित व्यक्तियों को द्रुत हलासन नहीं करना चाहिए।

लाभ–इस आसन से हलासन और पश्चिमोत्तानासन, दोनों के लाभ प्राप्त होते हैं। यह पीठ तथा उदर की पेशियों को सबल बनाता है तथा आँतों के क्रमाकुंचन को सक्रिय बनाता है, जिससे पाचन में सुधार होता है और कब्ज दूर होती है, साथ-ही यकृत और पित्ताशय का व्यायाम करा कर चर्बी को कम करने में सहायक होता है। यह श्रोणि-प्रदेश में खिंचाव लाता है।

अभ्यास टिप्पणी–हलासन या पश्चिमोत्तानासन में आने के पूर्व लेटे हुए ही शरीर को पूरी तरह तानना चाहिए।

गति प्राप्त हो जाने पर इस पक्ष की अनदेखी की जा सकती है। ध्यान रखें कि पीठ और पैरों की पेशियों पर अनावश्यक जोर न पड़े और सिर का पीछे का भाग जमीन से न टकराये।

अर्द्ध-पद्म-हलासन

अर्द्ध-पद्म-हलासन

पैरों को सामने फैलाकर बैठ जायें और पंजों को एक साथ रखें। बायें पैर को मोड़ें और बायें पंजे को दायीं जाँघ पर अर्द्ध पद्मासन में रखें। भुजाओं को शरीर के बगल में रखें, हथेलियाँ नीचे की ओर रहें।

हाथों को नीचे दबाते हुए पीछे की ओर लुढ़क जायें।

सीधे पैर को सिर के ऊपर से ले जायें और पैर की उँगलियों से जमीन का स्पर्श करें।

फिर सीधी स्थिति में लौट आयें और गति में व्यवधान डाले बिना नितम्बों से आगे झुकें तथा फैले हुए पैर की उँगलियों को पकड़ लें और ललाट को फैले हुए पैर के घुटने के पास लायें।

पुनः सीधी स्थिति में आ जायें।

दाहिने पैर को अर्द्ध-पद्मासन में मोड़कर इस आसन की पुनरावृत्ति करें।

प्रत्येक पैर को मोड़ कर 5 बार अभ्यास करें।

सीमायें–द्रुत हलासन की भाँति। इसके अतिरिक्त घुटनों की समस्याओं से पीड़ित व्यक्तियों को यह अभ्यास नहीं करना चाहिए।

अन्य विवरण–द्रुत हलासन की भाँति।

स्तम्भन आसन

इस आसन में समान ऊँचाई और समान गठन के दो व्यक्तियों की सहभागिता आवश्यक होती है।

पीठ के बल इस प्रकार लेट जायें कि आपके सिर का ऊपरी भाग दूसरे व्यक्ति के सिर के ऊपरी भाग का स्पर्श करे।

भुजायें शरीर के बगल में रहेंगी और पैर तथा पंजे एक साथ रहेंगे।

दोनों शरीर एक सीधी पंक्ति में रहेंगे।

कन्धे की सीध में भुजाओं को बगल में फैला लें और एक-दूसरे के हाथों को पकड़ लें।

भुजाओं को तानें और पूरे अभ्यास के दौरान कोहनियों को सीधा रखते हुए उन्हें जमीन पर रखें।

दोनों के सिर के ऊपरी भाग एक-दूसरे पर अवश्य दबाव डालें।

यह प्रारम्भिक स्थिति है।

सहभागी सं. 1 पैरों को एक साथ रखते हुए तब तक ऊपर उठाये जब तक वे जमीन के लम्बवत् न हो जायें।

इस स्थिति में कुछ देर रुकें।

पैरों को नीचे जमीन पर ले आयें।

पुनः वही सहभागी दोनों पैरों और नितम्बों को जमीन से ऊपर उठाये और पैरों को नीचे लाते हुए इस प्रकार जमीन के समानान्तर कर ले कि उसके पंजे दूसरे सहभागी की नाभि के ऊपर रहें।

इस स्थिति में कुछ क्षणों तक रहें और फिर धीरे-से पैरों और नितम्बों को जमीन पर लाते हुए प्रारम्भिक स्थिति में आ जायें।

तब सहभागी सं. 2 इसी अभ्यास को दुहरायेगा।

प्रत्येक सहभागी को 5 बार अभ्यास करना चाहिए।

श्वसन–प्रारम्भिक स्थिति में गहरी श्वास लें और छोड़ें।

पैरों को उठाते, अन्तिम स्थिति में रहते और नीचे करते समय श्वास को बाहर ही रोकें।

प्रारम्भिक स्थिति में वापस आते समय श्वास लें।

सजगता–शारीरिक–दूसरे सहभागी के साथ शारीरिक गति के तालमेल तथा श्वास पर।

आध्यात्मिक–मणिपुर चक्र पर।

क्रम–इस आसन के बाद मकरासन में शिथिलीकरण या सेतु आसन जैसा पीछे झुककर किया जाने वाला कोई विपरीत आसन करना चाहिए ताकि उदर और श्रोणि का खिंचाव दूसरी दिशा में हो।

अन्य विवरण–द्रुत हलासन की भाँति।

चरण 1

चरण 2

शीर्षासन

चरण 1: वज्रासन में बैठ जायें।

आँखों को बन्द कर सम्पूर्ण शरीर को शिथिल करें।

कुछ मिनटों के बाद आँखें खोल कर आगे झुकें और उँगलियों को आपस में फँसा कर भुजाओं के अग्र भाग को तह किये हुए कम्बल पर और कोहनियों को घुटनों के सम्मुख रखें। कोहनियों के बीच की दूरी प्रत्येक कोहनी से आपस में फँसी हुई उँगलियों की दूरी के बराबर होनी चाहिए। इससे समबाहु त्रिभुज जैसी आकृति निर्मित होगी।

सिर के शीर्ष को आपस में फँसी हुई उँगलियों के बीच कम्बल पर रखें। दृढ़ अवलम्ब प्रदान करने के लिए सिर को हाथों से लपेट लें ताकि दबाव पड़ने पर वह पीछे की ओर न लुढ़के।

चरण 2: घुटनों और नितम्बों को जमीन से ऊपर उठा लें और पैरों को सीधा कर लें।

चरण 3

चरण 4

चरण 3: धीरे-धीरे पंजों को आगे बढ़ाते हुए धड़ और सिर के अधिक-से-अधिक निकट ले आयें और पीठ को क्रमशः लम्बवत् स्थिति में ले आयें। घुटनों को थोड़ा मोड़ें, जाँघों से उदर और वक्ष के निचले भाग को दबायें। दृढ़ संतुलन बनाये रखते हुए शरीर के भार को धीरे-धीरे पैरों की उँगलियों से हटाकर सिर और भुजाओं पर ले आयें।

एक पंजे को जमीन से लगभग 20 से. मी. ऊपर उठायें, सावधानीपूर्वक सन्तुलन बना लें और तब दूसरा पंजा उठायें और सिर एवं भुजाओं पर सन्तुलन स्थापित करें।

चरण 4: घुटनों को मोड़कर नियन्त्रित गति से पिण्डलियों को धीरे-धीरे ऊपर उठायें। पैरों के भार को सन्तुलित करने के लिए धड़ की स्थिति को थोड़ा व्यवस्थित कर लें।

पैरों को पीछे मोड़ लें, ताकि एड़ियाँ नितम्बों की ओर आ जायें।

इस गति को सरल बनाने के लिए पीठ के निचले भाग की पेशियों को संकुचित करें। अब दोनों पैर एक साथ और घुटने नीचे की ओर रहेंगे। इस स्थिति में कुछ क्षणों तक रुकें और आगे बढ़ने के पहले सम्पूर्ण सन्तुलन के प्रति सजग हो जायें।

चरण 5

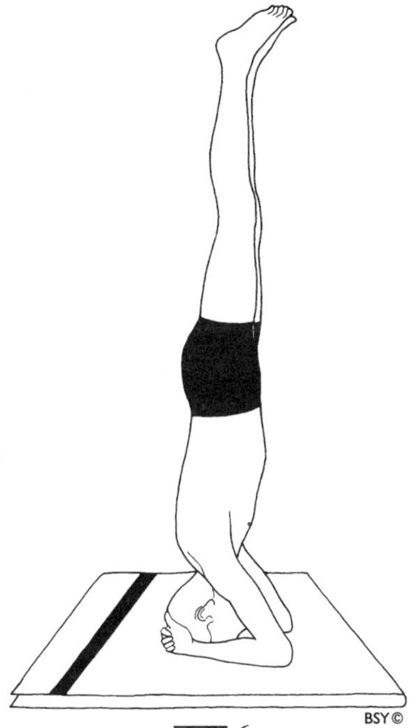

चरण 6

चरण 5: घुटनों को लम्बवत् स्थिति में ऊपर उठायें। एड़ियों को नितम्बों के निकट रखते हुए धीरे-से कूल्हों को सीधा करें, ताकि जाँघें धड़ से दूर हट कर ऊपर चली जायें।

घुटनों को इतना ऊपर उठायें कि वे ऊपर की ओर हो जायें और जाँघें धड़ की सीध में आ जायें।

शरीर को सन्तुलित कर लें।

चरण 6: धीरे-धीरे घुटनों को सीधा करें और पिण्डलियों को ऊपर उठायें। सम्पूर्ण शरीर एक सीधी रेखा में और पैर शिथिल रहने चाहिए।

यह अन्तिम स्थिति है।

आँखों को बन्द करें और सम्पूर्ण शरीर को सन्तुलित करें।

इस अन्तिम स्थिति में जितनी देर आराम से सम्भव हो, शरीर को शिथिल रखते हुए रुकें।

चरण 7: प्रारम्भिक स्थिति में लौटें।

धीरे-धीरे घुटनों को मोड़ें और विपरीत क्रम से शरीर को नियंत्रित ढंग से तब तक नीचे लायें जब तक पैरों की उँगलियाँ जमीन तक न पहुँच जायें। कुछ समय के लिए सिर को जमीन पर रखते हुए चरण 1 की स्थिति में रहें और तब धीरे-धीरे सीधी स्थिति में लौट आयें।

श्वसन–प्रथम बार शीर्षासन सीखते समय अन्तिम स्थिति तक सामान्य श्वसन करें। अन्यथा चरण 1 के अन्त में श्वास लें और शरीर को अन्तिम स्थिति में उठाते समय श्वास को भीतर रोकें। अन्तिम स्थिति में सामान्य रूप से श्वास लें। व्यक्ति जैसे-जैसे अभ्यस्त होता है, वैसे-वैसे इस स्थिति में श्वास अधिक-से-अधिक सूक्ष्म होती जाती है।

अवधि–प्रारम्भिक अभ्यासी 10 से 30 सैकण्ड तक इस आसन में रहने से आरम्भ कर क्रमशः प्रति सप्ताह कुछ सैकण्ड समय बढ़ाते हुए उसे इच्छित अवधि तक ले जा सकते हैं। सामान्य स्वास्थ्य के लिए अन्तिम स्थिति में 3 से 5 मिनट तक रुकना पर्याप्त है। उच्च अभ्यासी शीर्षासन का अभ्यास 30 मिनट तक कर सकते हैं।

सजगता–शारीरिक–प्रारम्भिक अभ्यासियों के लिए संतुलन बनाये रखने पर, उच्च अभ्यासियों के लिए मस्तिष्क के केन्द्र में या श्वसन पर।

आध्यात्मिक–सहस्रार चक्र पर।

क्रम–प्रारम्भिक अभ्यासियों को अपने आसन-कार्यक्रम के अन्त में शीर्षासन करना चाहिए, किन्तु अनुभवी अभ्यासी इसे अभ्यास-कार्यक्रम के प्रारम्भ या अन्त में कर सकते हैं। इसके बाद विपरीत आसन के रूप में ताड़ासन और उसके बाद शवासन करना चाहिए।

सीमायें–गर्दन की समस्या, सरदर्द या माइग्रेन, उच्च रक्तचाप, हृदय-रोग, शिरावरोध, धमनी-काठिन्य, जीर्ण जुकाम, जीर्ण कब्ज, गुर्दे के रोग, अशुद्ध रक्त, गम्भीर निकट दृष्टि दोष, दुर्बल नेत्र-वाहिका, नेत्र-शोथ, जीर्ण ग्लूकोमा, कानों में सूजन या सिर में किसी प्रकार के रक्त-स्राव से ग्रस्त व्यक्तियों को यह अभ्यास नहीं करना चाहिए। गर्भावस्था या मासिक धर्म के समय भी यह अभ्यास वर्जित है।

लाभ–यह आसन सहस्रार चक्र के जागरण के लिए बड़ा शक्तिशाली अभ्यास है, इसलिए इसको सर्वश्रेष्ठ आसन समझा जाता है।

शीर्षासन मस्तिष्क और पीयूष-ग्रन्थि में रक्त-प्रवाह बढ़ाता है, जिससे

सम्पूर्ण शरीर एवं मन को नवजीवन प्राप्त होता है। यह चिन्ता एवं अन्य मनोवैज्ञानिक परेशानियों को दूर करता है, जो कई विकारों के मूल कारण हैं। इसलिए दमा, हे-फीवर, मधुमेह और रजो-निवृत्ति के समय आने वाले असन्तुलन के निवारण के लिए इस आसन को करने का परामर्श दिया जाता है। यह कई प्रकार के तन्त्रिका जन्य और ग्रन्थिमूलक विकारों, विशेषकर प्रजनन सम्बन्धी दोषों के निवारण में भी सहायक है। यह आसन मेरुदण्ड पर गुरुत्वाकर्षण के प्रभाव को उलट देता है। इस प्रकार पीठ के ऊपर पड़ने वाला दबाव समाप्त हो जाता है और पैरों एवं आन्त्रिक क्षेत्रों में रक्त का विपरीत प्रवाह, ऊतकों के नव-निर्माण में सहायक होता है। मध्यपट पर उदर के अंगों का भार पड़ने से प्रश्वास गहरी हो जाती है। परिणामस्वरूप फेफड़ों से कार्बन डाइऑक्साइड, जैव-विष और जीवाणु निकल जाते हैं।

अभ्यास टिप्पणी– अन्तिम स्थिति में शरीर का अधिकांश भार सिर के शीर्ष भाग द्वारा वहन किया जाता है और भुजाओं का उपयोग मात्र सन्तुलन बनाये रखने के लिए किया जाता है। प्रारम्भिक अभ्यासी तब तक भुजाओं का उपयोग सहारे के लिए कर सकते हैं, जब तक गर्दन शरीर के पूरे भार को वहन करने के लिए सुदृढ़ नहीं हो जाती और साथ ही सन्तुलन का उचित भाव विकसित नहीं हो जाता है।

यदि अभ्यास के समय अभ्यासी गिर जाये तो उस समय शरीर को अधिक-से-अधिक विश्रान्त करना चाहिए। यदि आगे की ओर गिर रहे हों तो घुटनों को मोड़कर वक्ष के पास लायें, ताकि पैरों द्वारा जमीन पर उसके प्रतिघात को सहा जा सके। यदि पीछे की ओर गिर रहें हों तो पीठ को धनुषाकार बना लें, ताकि पुनः पैर प्रतिघात को झेल लें।

सालम्ब शीर्षासन

BSY ©

सालम्ब शीर्षासन

मार्जारि आसन में आ जायें।

सिर के ऊपरी हिस्से को हाथों के बीच कम्बल पर रखें।

हाथों को घुटनों के बगल में पीछे की ओर ले जायें और स्थिति को इस प्रकार समायोजित करें कि दोनों हाथ सिर के साथ समबाहु त्रिभुज के कोण बनायें। भुजाओं का अग्र भाग सीधा रहेगा और कोहनियाँ मुड़ी हुईं। पैरों को सीधा करते हुए घुटनों को जमीन से ऊपर उठायें और नितम्बों को भी ऊपर कर लें।

पंजों को तब तक आगे बढ़ाते जायें जब तक जाँघें वक्ष के समीप न पहुँच जायें और पीठ लगभग लम्बवत् न हो जाये। धीरे-से एक पंजे को जमीन से ऊपर उठायें, उसे सन्तुलित करें और तब दूसरा पंजा उठायें।

अवलम्ब के लिए भुजाओं का उपयोग कर पैरों को ऊपर उठायें और घुटनों को सीधा करें, ताकि शरीर पूर्णतः सीधा हो जाये (शीर्षासन के चरण 4, 5 और 6 देखें)। मेरुदण्ड और पैर एक सीधी रेखा में रहें। यह अन्तिम स्थिति है।

जब तक आराम से सम्भव हो, इस स्थिति में रुकें।

प्रारम्भिक स्थिति में लौटें। धीरे-धीरे पैरों को पुनः मोड़ लें और शरीर को विपरीत क्रम से नियन्त्रित ढंग से इस प्रकार नीचे ले आयें कि पैरों की उँगलियाँ जमीन का स्पर्श करने लगें। कुछ समय के लिए घुटनों के बल, सिर को जमीन पर रखते हुए इसी स्थिति में रुकें।

धीरे-धीरे सीधे बैठने की स्थिति में लौट आयें।

श्वसन–अन्तिम स्थिति में आते समय श्वास भीतर रोकें। अन्तिम स्थिति में सामान्य रूप से श्वसन करें।

शरीर को नीचे लाते समय श्वास भीतर ही रोकें।

अन्य विवरण-शीर्षासन के समान।

प्रकारान्तर: (प्रारम्भिक अभ्यासियों के लिए)

सालम्ब शीर्षासन की तरह ही मूल स्थिति में आयें।

दोनों पैरों को सीधा करें और पंजों को तब तक आगे बढ़ाते जायें जब तक जाँघें वक्ष के समीप न आ जायें।

दाहिना पंजा उठायें, दाहिने घुटने को दाहिनी भुजा के ऊपरी भाग पर रखें और सन्तुलन बनायें। बायाँ पंजा उठायें और बायें घुटने को बायीं भुजा के ऊपरी भाग पर रखें। सन्तुलन के प्रति सजग रहते हुए इस स्थिति में कुछ क्षणों के लिए रहें।

निरालम्ब शीर्षासन

निरालम्ब शीर्षासन

चरण 1: मार्जारि आसन में आ जायें।

सिर के ऊपरी हिस्से को कम्बल पर दोनों हाथों के बीच में रखें। भुजाओं को वक्ष के सामने फैला दें और हाथों के बीच कंधों की चौड़ाई के बराबर दूरी रखते हुए उन्हें जमीन पर रखें। पैरों को सीधा करें और शरीर के भार को हाथों, पंजों एवं सिर पर साधें।

चरण 2: पैरों को सीधा रखते हुए पंजों को क्रमशः सिर की ओर बढ़ाते जायें, जब तक कि धड़ सीधा न हो जाए।

हाथों पर बल देते हुए धीरे-धीरे पैरों को मोड़ें और घुटनों को वक्ष के पास लाते हुए पंजों को जमीन से ऊपर उठायें।

चरण 3: धीरे-धीरे घुटनों को उठाते जायें जब तक कि वे ऊपर की ओर न आ जायें।

कुछ क्षणों के लिए इस स्थिति में सन्तुलन बनाये रखें। धीरे-धीरे घुटनों को सीधा करते जायें, जब तक कि आरामदायक स्थिति में पंजे ऊपर की ओर न हो जायें। अन्तिम स्थिति में सम्पूर्ण शरीर लम्बवत् सीधा हो जाता है और आदर्श स्थिति यह होगी कि शरीर का सम्पूर्ण भार सिर पर हो। हाथ केवल सन्तुलन प्रदान करें।

अन्तिम स्थिति में जितनी देर आरामपूर्वक सम्भव हो, रहें।

चरण 4: प्रारम्भिक स्थिति में वापस आ जायें।

विपरीत क्रम से शरीर को इस प्रकार नीचे लायें कि पंजे जमीन का स्पर्श करने लगें।

हाथों को सिर की बगल में रखें और घुटनों को मोड़कर जमीन पर रख लें।

कुछ समय तक सिर को जमीन पर रखते हुए विश्राम करें।

अवधि–अन्तिम स्थिति में यह आसन शीर्षासन की भाँति स्थिर नहीं होता, इसलिए अधिक समय तक रुकने के लिए उपयुक्त नहीं है।

अन्य विवरण–शीर्षासन की तरह।

अभ्यास टिप्पणी–उच्च अभ्यासी पहले घुटनों को मोड़े बिना ही लम्बवत् सीधी स्थिति में आ सकते हैं।

ऊर्ध्व पद्मासन

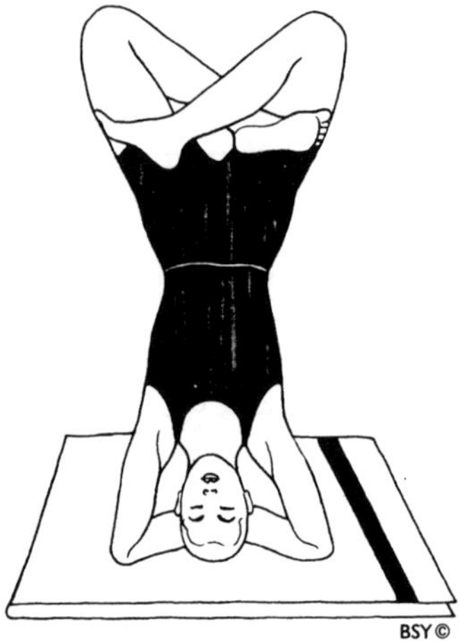

ऊर्ध्व पद्मासन

शीर्षासन में आ जायें।

सन्तुलन स्थापित हो जाने पर धीरे-धीरे पैरों को पद्मासन में मोड़ लें।

अन्तिम स्थिति में जितनी देर आराम से रह सकें, रहें।

पैरों को सीधा कर लें और पुन: शीर्षासन में सन्तुलन बनायें।

शीर्षासन में बतायी गयी विधि से प्रारम्भिक स्थिति में लौट आयें।

श्वसन–गहरी श्वास लें और पैरों को ऊपर उठाते एवं शीर्षासन में आते समय श्वास अन्दर रोकें।

शीर्षासन में संतुलन बनाते समय, पैरों को मोड़कर पद्मासन में आते समय, अन्तिम स्थिति में और पद्मासन से पैर खोल कर शीर्षासन में आते समय सामान्य श्वसन करें। श्वास लें और पुन: जमीन पर वापस आते समय श्वास रोके रखें।

अवधि–प्रारम्भिक अभ्यासियों को केवल कुछ क्षणों के लिए अन्तिम स्थिति में रुकना चाहिए। धीरे-धीरे कुछ सप्ताह समय बढ़ाते हुए 3 मिनट तक रुक सकते हैं। यह अभ्यास एक आसन-कार्यक्रम की अवधि में एक ही बार करना चाहिए।

सजगता–शारीरिक–पैर, पीठ और गर्दन को एक सीध में रखने, वक्ष के खुलेपन और श्वास पर।

आध्यात्मिक–अनाहत चक्र या सहस्रार चक्र पर।

क्रम–ताड़ासन और फिर शवासन विपरीत आसन के रूप में करने चाहिए।

सीमायें–यह आसन केवल बलवान, लचीले और स्वस्थ व्यक्तियों के लिए है। दुर्बल या चोट ग्रस्त घुटनों, बढ़ी हुई थायरॉइड ग्रन्थि, यकृत या प्लीहा, साइटिका, सर्वाइकल स्पॉण्डिलाइटिस, स्लिप डिस्क, उच्च रक्तचाप या अन्य हृदय-रोग, नेत्रों में दुर्बल रक्त-वाहिकाओं, शिरावरोध या अशुद्ध रक्त-दोष से ग्रस्त व्यक्तियों को यह अभ्यास नहीं करना चाहिए। मासिक-धर्म और गर्भावस्था में इस आसन को नहीं करना चाहिए। जब तक पद्मासन और शीर्षासन में दक्षता न आ जाये तब तक इस आसन को करने का प्रयास न करें।

लाभ–शीर्षासन के समान, अन्तर केवल इतना है कि इसमें पैरों से रक्त का मुक्त प्रवाह रुक जाता है। यह आसन वक्ष एवं पीठ को पूरी तरह फैलाता है। यह श्रोणीय क्षेत्र में खिंचाव लाता तथा उसकी मालिश करता है, जिससे आन्तरिक अंगों को लाभ मिलता है। यह पैरों की पेशियों को सबल बनाता तथा उनमें समन्वय लाता है और संतुलन की भावना का विकास करता है।

कपालि आसन

BSY ©

कपालि आसन

शीर्षासन में आ जायें।

कुछ समय तक पूर्ण सन्तुलन बनाये रखें और फिर धीरे-से सिर को कुछ सामने झुकाकर शरीर का वजन कपाल-प्रदेश पर डालें।

यह सन्तुलन का बिन्दु है। अन्तिम स्थिति में सन्तुलन बनाये रखने के लिए मेरुदण्ड एवं पैरों को थोड़ा पीछे की ओर झुकायें।

अन्तिम स्थिति में जितनी देर आरामपूर्वक सम्भव हो, रुकें। शरीर को नीचे लाने के पूर्व शीर्षासन में लौट आयें।

प्रकारान्तर 1: कपालि आसन में आ जायें।

दाहिना घुटना मोड़ें और दाहिने पैर के तलवे को बायीं जाँघ के सामने की ओर रखें। दाहिना घुटना सामने की ओर रहेगा।

बायें घुटने को इस प्रकार मोड़ें कि पंजा शरीर के पीछे जमीन की ओर रहे। अन्तिम स्थिति में आराम से जब तक सम्भव हो रुकें।

कपालि आसन में वापस आकर दूसरे पैर से इसको दुहरायें।

प्रकारान्तर 1

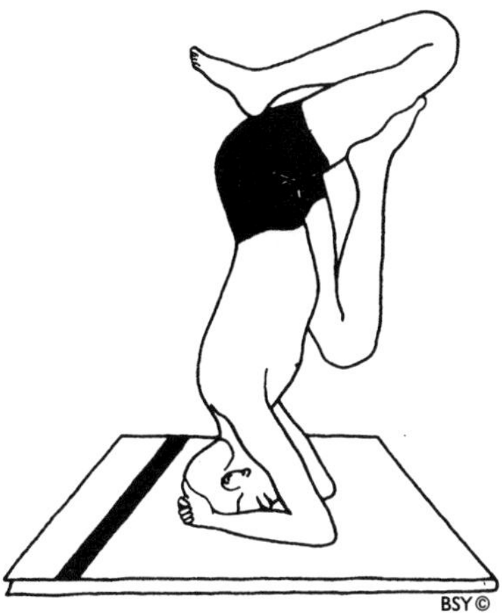

प्रकारान्तर 2

प्रकारान्तर 2: कपालि आसन में आ जायें।

बायाँ घुटना मोड़ें और एड़ी से बायें नितम्ब का स्पर्श करें।

कूल्हों को आगे की ओर झुकायें। दाहिना पैर मोड़ें और दाहिने घुटने को वक्ष के पास ले आयें।

बायें पंजे का तलवा दाहिनी जाँघ पर रहे। अन्तिम स्थिति में बायाँ घुटना आगे की ओर और दाहिना घुटना नीचे की ओर रहता है।

अन्तिम स्थिति में जितनी देर आराम से रह सकें, रहें।

दूसरे पैर से अभ्यास की पुनरावृत्ति करें।

अन्य विवरण–शीर्षासन की भाँति, किन्तु इसमें गर्दन पर अधिक जोर पड़ता है।

सन्तुलन के आसन

सन्तुलन के आसन मस्तिष्क केन्द्र, लघु मस्तिष्क को विकसित करते हैं, जो शारीरिक गतिविधियों को नियन्त्रित करता है। अधिकतर लोगों की शारीरिक गतिविधियों में समन्वय नहीं रहता, जिसके कारण असन्तुलन आता है और शरीर को अचानक गिरने या चीजों से टकराने से बचने के लिए लगातार अतिरिक्त प्रयास करते रहना पड़ता है। कार्य करने की इस अकुशल विधि में अधिकतम प्रयास करने की आवश्यकता पड़ती है और ऊर्जा का क्षय होता है, जबकि परिणाम न्यूनतम मिलता है। फलस्वरूप शरीर पर अतिरिक्त दबाव पड़ता है। ऐसे लोग इस श्रृंखला से लाभान्वित होंगे। किन्तु लघु मस्तिष्क के रोगों से पीड़ित व्यक्तियों को ये आसन नहीं करने चाहिए। संतुलन के आसनों से पेशीय समन्वय और शरीरिक स्थिति में सुधार आता है, जिससे शारीरिक एवं स्नायविक संतुलन विकसित होता है तथा अचेतन रूप से होने वाली शारीरिक हलचलें समाप्त हो जाती हैं। इस प्रकार शरीर स्वयं अपनी ऊर्जा का संरक्षण करता है और इसकी गति में मनोहरता एवं सौम्यता आती है।

स्थिरतापूर्वक इन आसनों को करने के लिए जिस एकाग्रता की आवश्यकता होती है, उससे भावनात्मक, मानसिक एवं आत्मिक स्तरों पर भी एकाग्रता और सन्तुलन का विकास होता है तथा तनाव एवं चिन्ता दूर होते हैं। बहुत अधिक तनाव से मुक्ति पाने के लिए इन आसनों में जितनी अधिक देर रुकना सम्भव हो, रुकना चाहिए।

इन आसनों का अभ्यास करते समय मन को स्थिर करने के लिए आँखों अथवा नाभि की सीध में किसी बिन्दु पर, जमीन पर या प्रत्येक आसन में दिये गये निर्देशों के अनुसार मन को एकाग्र करें। इससे कठिन स्थितियों

में भी अधिक समय तक शारीरिक संतुलन बनाये रखने में मदद मिलती है। दाहिने हाथ से काम करने वालों को दायीं ओर से आसन शुरू करके सीखने में अधिक सुगमता होगी। बाद में उन्हे बायीं ओर से भी शुरू करना चाहिए ताकि दोनों तरफ समान रूप से विकास हो। प्रारम्भ में संतुलन के आसन करने में कठिनाई होगी, किन्तु शरीर बहुत जल्दी अपने को अनुकूल बना लेता है और कुछ सप्ताह के नियमित अभ्यास से शीघ्र उन्नति होती है। प्रत्येक अभ्यास के साथ दी गई सीमाओं को ध्यानपूर्वक देखें।

एक पाद प्रणामासन

एक पाद प्रणामासन

सीधे खड़े हो जायें। दोनों पंजों को एक साथ और भुजाओं को बगल में रखें। शरीर के सामने आँखों की सीध में किसी निर्धारित बिन्दु पर दृष्टि केन्द्रित करें।

दाहिना पैर मोड़ें, टखने को पकड़ें और दायें पैर के तलवे को बायीं जाँघ के भीतरी भाग पर रखें। एड़ी मूलाधार के निकट रहे और दाहिना घुटना बाहर की ओर रहे। जब शरीर सन्तुलित हो जाये, तब अन्तिम स्थिति में आने के लिए हाथों को वक्ष के सामने प्रणाम मुद्रा में रखें।

पहले हाथों को और फिर पैर को नीचे ले आयें।

पूर्व स्थिति में आ जायें और फिर पैर बदलकर अभ्यास को दुहरायें।

प्रारम्भिक स्थिति में पूरी तरह विश्राम करें।

श्वसन– सम्पूर्ण अभ्यास-काल में सामान्य श्वास लें।

अवधि– दोनों पैरों से तीन-तीन बार अभ्यास करें और अन्तिम स्थिति में दो मिनट तक रुकें।

सजगता–शारीरिक–आँखों की सीध में किसी निर्धारित बिन्दु पर।
आध्यात्मिक–आज्ञा या अनाहत चक्र पर।

लाभ–यह आसन तन्त्रिका-सन्तुलन का विकास करता है। यह पैरों, टखनों और पैरों की मांसपेशियों को भी मजबूत बनाता है।

प्रकारान्तर: एक पाद प्रणामासन की अन्तिम स्थिति में आयें। दृष्टि को आँखों की सीध में किसी बिन्दु पर एकाग्र रखते हुए श्वास लें और दोनों हथेलियों को एक साथ रखते हुए भुजाओं को सिर के ऊपर उठायें। श्वास अन्दर रोक कर इस स्थिति में रुकें और श्वास छोड़ते हुए हाथों को नीचे वक्ष के सामने ले आयें। दूसरे पैर से इस अभ्यास की पुनरावृत्ति करें।

नटवर आसन

नटवर आसन

खड़े हो जायें। पंजों को एक साथ रखें और आँखों की सीध में एक निर्धारित बिन्दु पर दृष्टि को केन्द्रित करें।

दाहिने पंजे को बायीं पिण्डली के बाहरी भाग की ओर इस प्रकार रखें कि उँगलियाँ जमीन से कुछ ऊपर रहें और पैर का तलवा लगभग सीधा लम्बवत् रहे।

दाहिनी पिण्डली के बायें भाग को बायें पैर के अग्र भाग पर रखें।

दोनों हाथों को उठाकर बांसुरी बजाने की मुद्रा में लायें। दाहिनी हथेली सामने की ओर तथा बायीं हथेली पीछे की ओर रहे।

दोनों हाथों की तर्जनी और कनिष्ठा उँगुलियाँ सीधी रहेंगी और मध्यमा एवं अनामिका उँगलियाँ मुड़ी रहेंगी।

सिर को थोड़ा बायीं ओर मोड़ें और आँखों को जमीन के किसी बिन्दु पर केन्द्रित करें।

अन्तिम स्थिति में जितनी देर तक आराम से सम्भव हो, रुकें। आसन समाप्त करने के लिए सिर को बीच में ले आयें, भुजाओं को नीचे बगल में ले आयें और उठे हुए पंजे को जमीन पर रखें।

यह प्रक्रिया दूसरी ओर से दुहरायें।

श्वसन–पूरे अभ्यास के दौरान सामान्य श्वास लें।

अवधि–प्रत्येक पैर से 3 बार अभ्यास करें और अन्तिम स्थिति में 2 मिनट तक रहें।

सजगता–शारीरिक–किसी निर्धारित बिन्दु पर दृष्टि केन्द्रित करते समय सन्तुलन बनाये रखने पर।

आध्यात्मिक–आज्ञा चक्र पर।

क्रम–ध्यान की तैयारी के आसन के रूप में इस आसन का अभ्यास किया जा सकता है।

लाभ–नटवर आसन तन्त्रिकाओं को नियन्त्रण में लाता है और एकाग्रता बढ़ाने में सहायक है।

गरुड़ासन

खड़े हो जायें और शरीर के सामने जमीन पर किसी निर्धारित बिन्दु पर दृष्टि केन्द्रित करें।

दाहिना पैर मोड़ें और उसे बायें पैर के चारों ओर लपेट लें। दायीं जाँघ बायीं जाँघ के सामने रहे और दाहिने पंजे का ऊपरी भाग बायें पैर की पिण्डली पर टिका रहे।

कोहनियों को मोड़ें और उन्हें वक्ष के आगे लायें। दाहिने हाथ को बायें हाथ पर इस प्रकार लपेट लें कि बायीं कोहनी नीचे रहे।

हथेलियों को एक साथ इस प्रकार रखें कि गरुड़ की चोंच की आकृति निर्मित हो जाये। इस स्थिति में कुछ समय संतुलन बनायें, फिर धीरे-से बायें घुटने को मोड़ें और शरीर को इस प्रकार नीचे लायें कि दाहिने पैर के अँगूठे का अग्र भाग जमीन का स्पर्श करने लगे, पीठ सीधी रहे। आँखों को निर्धारित बिन्दु पर ही केन्द्रित रखें।

जितने समय तक सम्भव हो, अन्तिम स्थिति में रुकें। फिर शरीर को उठायें और पैरों एवं भुजाओं को मुक्त करें। आँखों को बन्द कर विश्राम करें।

पैरों और भुजाओं को बदलकर इस अभ्यास की पुनरावृत्ति करें।

दोनों ओर तीन-तीन बार अभ्यास करें।

श्वसन–पूरे अभ्यास-काल में सामान्य श्वसन करें।

सजगता–शारीरिक–शरीर को नीचे ले जाते और ऊपर उठाते समय सन्तुलन बनाये रखने पर।

आध्यात्मिक–मूलाधार चक्र पर।

लाभ–गरुड़ासन एकाग्रता बढ़ाता है, पेशियों को सुदृढ़ बनाता है, और कन्धों, पैरों एवं भुजाओं के जोड़ों को लचीला बनाता है तथा पीठ के ऊपर के भाग के लिए उत्तम है।

ताण्डवासन

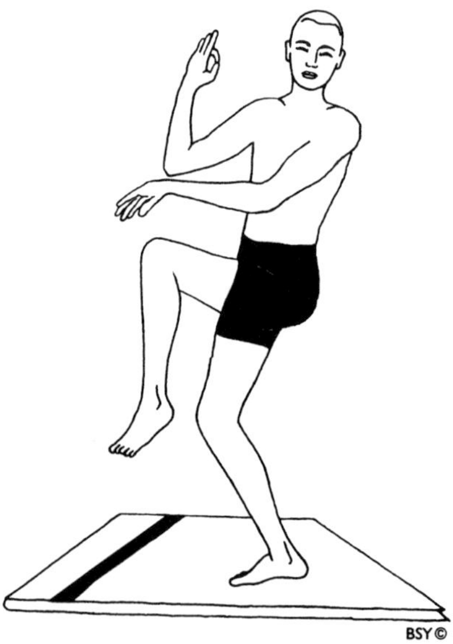

ताण्डवासन

सीधे खड़े हो जायें। पंजों के बीच थोड़ी दूरी रखें।

बायें घुटने को मोड़ें और ऊपर उठायें, जिससे जाँघ जमीन के समानान्तर

हो जाये। बायाँ पंजा शरीर से दूर तथा दाहिने पैर के थोड़ा दाहिनी ओर रहे। दायें घुटने को थोड़ा मोड़ लें।

बायीं भुजा को शरीर के सामने बायीं जाँघ के समानान्तर रखें। हथेली और उँगलियाँ नीचे की ओर रहेंगी। दाहिनी कोहनी को इस प्रकार मोड़ें कि दायीं हथेली सामने की ओर हो और भुजा का आगे का भाग लम्बवत् हो जाये।

दायीं कोहनी बायीं कलाई के ठीक पीछे रहे।

दाहिने हाथ को ज्ञान-मुद्रा में रखें और क्षितिज की ओर दृष्टि केन्द्रित करें। यह अन्तिम स्थिति है।

श्वसन–पूरे अभ्यास के दौरान सामान्य श्वसन करें।

अवधि–दोनों ओर तीन-तीन बार अभ्यास करें और हर बार जितनी देर रुकना सम्भव हो, रुकें।

सजगता–शारीरिक–ज्ञान-मुद्रा पर दृष्टि केन्द्रित करते समय सन्तुलन बनाये रखने पर।

आध्यात्मिक–आज्ञा-चक्र पर।

लाभ–यह आसन तन्त्रिका-तन्त्र में सन्तुलन लाता है, शरीर पर नियन्त्रण का विकास करता है, मानसिक एकाग्रता प्रदान करता है और पैरों को लचीला बनाता है।

सरल नटराजासन

सरल नटराजासन

खड़े हो जायें। पंजों को एक साथ रखें और आँखों की सीध में किसी बिन्दु पर दृष्टि केन्द्रित करें। दायें घुटने को मोड़ें और शरीर के पीछे दाहिने हाथ से टखने को पकड़ लें।

दोनों घुटनों को एक साथ रखते हुए सन्तुलन बनाये रखें।

धीरे-धीरे दाहिने पैर को ऊपर उठाते हुए पीछे की ओर तानें और जितना सम्भव हो ऊँचा उठायें।

यह जाँच कर लें कि दायाँ नितम्ब बिल्कुल न मुड़े और पैर शरीर के ठीक पीछे ऊपर की ओर उठे।

बायें हाथ की तर्जनी के अग्र भाग और अँगूठे को ज्ञान-मुद्रा में लाकर बायीं भुजा को शरीर के सामने ऊपर की ओर उठाएँ।

दृष्टि को बायें हाथ पर केन्द्रित करें।

यह अन्तिम स्थिति है।

जितनी देर तक सम्भव हो, इस स्थिति में रुकें।

बायीं भुजा को बगल में नीचे कर लें। दायें पैर को नीचे लाकर दोनों

घुटनों को एक साथ रखें। फिर दाहिने टखने को छोड़ दें और पंजे को नीचे जमीन पर ले आयें।

दायीं भुजा को नीचे कर बगल में ले आयें।

विश्राम करें और फिर बायें पैर से आसन की पुनरावृत्ति करें।

अन्य विवरण–नटराज आसन के समान।

नटराजासन

नटराजासन

पंजों को एक साथ रख कर खड़े हो जायें और एक स्थिर बिन्दु पर दृष्टि को केन्द्रित करें।

दायाँ घुटना मोड़ें और दाहिने अँगूठे को पकड़ें।

दाहिने पैर को ऊपर उठाते समय कन्धे को इसप्रकार घुमायें कि अँगूठे को पकड़ने वाली भुजा की कोहनी ऊपर की ओर रहे।

हाथ और भुजा की यह स्थिति पंजे को उठा कर सिर के पिछले भाग के

निकट लाने में सहायक होगी। यह जाँच कर लें कि दायाँ नितम्ब बिल्कुल न मुड़े और पैर शरीर के पीछे ठीक ऊपर की ओर उठे।

बायें हाथ की तर्जनी के अग्र भाग और अँगूठे को ज्ञान मुद्रा में लाकर बायीं भुजा को शरीर के सामने ऊपर की ओर उठायें। दृष्टि को बायें हाथ पर केन्द्रित करें।

यह अन्तिम स्थिति है। जितनी देर सम्भव हो इस स्थिति में रुकें।

बायीं भुजा को नीचे बगल में ले आयें। दायें पैर को नीचे लायें, दायें पंजे को नीचे जमीन पर ले आयें और दायीं भुजा को बगल में ले आयें।

विश्राम करें और फिर दूसरी तरफ दुहरायें।

दोनों तरफ 3 बार अभ्यास करें।

श्वसन–पूरे अभ्यास के दौरान सामान्य श्वसन करें।

सीमायें–दुर्बल हृदय, उच्च रक्तचाप, पीठ की समस्या, हर्निया, कोलाइटिस, पेप्टिक अल्सर अथवा ड्यूडेनल अल्सर से पीड़ित व्यक्तियों तथा जिन्हें चक्कर आते हों, उन्हें यह आसन नहीं करना चाहिए।

लाभ–यह आसन पीठ, कन्धों, भुजाओं, कुल्हों तथा पैरों को सुदृढ़ बनाता है। यह संतुलन तथा समन्वय की मनोभावना का विकास करता है और एकाग्रता बढ़ाता है।

प्रकारान्तर: उच्च अभ्यासी, जिनका शरीर लचीला है, वे सिर के पिछले भाग को पैर की उँगलियों से स्पर्श कर सकते हैं या उँगलियों को दोनों हाथों से पकड़ सकते हैं।

एक पादासन

खड़े हो जायें, पंजों को एक साथ रखकर शरीर को शिथिल करें।
भुजाओं को सीधे सिर के ऊपर उठायें और हथेलियों को नीचे की ओर रखते हुए उँगलियों को आपस में फँसा लें।
धड़, सिर और भुजाओं को एक सीध में रखते हुए और शरीर का भार दायें पैर पर डालते हुए नितम्बों से धीरे-धीरे सामने की ओर झुकें।
साथ ही बायें पैर को सीधे पीछे की ओर उठायें और उसे धड़ की सीध में रखें।
शरीर दायें नितम्ब के जोड़ पर सधा रहेगा।
अन्तिम स्थिति में बायाँ पैर, धड़, सिर और भुजायें जमीन के समानान्तर एक सीध में आ जायेंगी। दायाँ पैर सीधा और लम्बवत् रहेगा।
दृष्टि को हाथों पर केन्द्रित करें।
जब तक सम्भव हो अन्तिम स्थिति में रुकें और उसके बाद भुजाओं, पीठ और पैर को एक सीध में रखते हुए सीधी स्थिति में लौट आयें।
धीरे-से भुजाओं को नीचे ले आयें और प्रारम्भिक स्थिति में लौट आयें।
दायें पैर को पीछे की ओर उठाकर अभ्यास की पुनरावृत्ति करें।

श्वसन–भुजाओं को ऊपर उठाते समय श्वास लें। झुक कर अन्तिम स्थिति में आते समय श्वास छोड़ें।

अन्तिम स्थिति में सामान्य श्वसन करें। सीधी स्थिति में लौटते समय श्वास लें।

भुजाओं को नीचे लाते समय श्वास छोड़ें।

अवधि–प्रत्येक पैर से 3 बार अभ्यास करें, हर बार जितनी देर तक रुकना सम्भव हो, रुकें।

सजगता–शारीरिक-सन्तुलन बनाये रखने और हाथों-पैरों व मेरुदण्ड को एक सीध में रखने पर।

आध्यात्मिक-स्वाधिष्ठान या मणिपुर चक्र पर।

क्रम–इस आसन के पहले या बाद में पीछे की ओर झुकने वाला कोई आसन, जैसे, मकरासन करना चाहिए। बकासन के प्रारम्भिक आसन के रूप में इस आसन का अभ्यास किया जा सकता है।

सीमायें–पीठ के नीचे के भाग, हृदय रोग की समस्या या उच्च रक्तचाप के रोगियों को यह आसन नहीं करना चाहिए।

लाभ–यह आसन भुजाओं, कलाइयों, नितम्बों और पैरों की पेशियों को मजबूत बनाता है। यह पेशीय समन्वय, तन्त्रिका संतुलन तथा एकाग्रता के विकास में सहायक है।

बकासन

बकासन

पंजों को एक साथ रखकर खड़े हो जायें। पूरे शरीर को शिथिल करें।
भुजाओं को शरीर के सामने से ऊपर उठाते हुए, सिर के ऊपर ले जायें।
नितम्बों से सामने की ओर झुकें, दायें पंजे पर भार डालें और दोनों हाथों से दाहिने पैर की उँगलियों को पकड़ लें।
साथ ही धीरे-से बायें पैर को पीछे ताने और उसे अधिक-से-अधिक ऊपर उठायें, साथ-ही ललाट को घुटनों की ओर लायें।
दोनों पैर सीधे रखें।
आसन खोलने के लिए बायें पैर को नीचे करें और सीधे खड़े होने की स्थिति में लौट आयें।
हाथों को सिर के ऊपर उठाते समय सीधा रखें। फिर हाथों को नीचे ले आयें और प्रारम्भिक स्थिति में विश्राम करें।
दूसरे पैर से इस अभ्यास को दुहरायें।

श्वसन–हाथों को ऊपर उठाते समय श्वास लें।
शरीर को नीचे झुकाते समय श्वास छोड़ें।
अन्तिम स्थिति में सामान्य श्वसन करें।
सीधी स्थिति में लौटते समय श्वास अन्दर लें।
भुजाओं को नीचे लाते समय श्वास छोड़ें।

अवधि–प्रत्येक पैर से 3 बार तक अभ्यास करें और हर बार अधिक-से-अधिक समय तक अन्तिम स्थिति में रुकें।

सजगता–शारीरिक–संतुलन बनाये रखने पर।

आध्यात्मिक–स्वाधिष्ठान या मणिपुर चक्र पर।

सीमायें–जिन्हें पीठ, हृदय रोग या उच्च रक्तचाप की समस्या हो, अथवा चक्कर आते हों उन्हें यह अभ्यास नहीं करना चाहिए। सिर के बल किये जाने वाले आसनों की सावधानियाँ भी यहाँ लागू होती हैं।

लाभ–पीठ, नितम्बों और पैरों की पेशियों को सुदृढ़ बनाता है, रक्त-संचार, एकाग्रता, संतुलन और तन्त्रिकीय समन्वय में सुधार लाता है तथा उदरीय अंगों को लाभदायक संकुचन प्रदान करता है।

उत्थित हस्त पादांगुष्ठासन

उत्थित हस्त पादांगुष्ठासन

सीधे खड़े हो जायें, दोनों पंजों को एक साथ रखें और पूरे शरीर को शिथिल करें। किसी स्थिर बिन्दु पर दृष्टि केन्द्रित करें।

दायें घुटने को मोड़कर जाँघ को वक्ष के अधिक-से-अधिक निकट ले आयें।

दाहिनी भुजा को मुड़े हुए पैर के बाहरी भाग की ओर रखें और पैर के अँगूठे को पकड़ लें।

दायें पैर को सीधा करें और उसे धीरे-धीरे ऊपर खींच कर शरीर के निकट लायें।

पैर की पेशियों पर अधिक जोर न डालें।

संतुलन के लिए बायीं भुजा को बगल में ऊपर उठायें और हाथ को चिन् या ज्ञान मुद्रा में रखें।

जितनी देर तक सम्भव हो, अन्तिम स्थिति में रहें। दायें घुटने को मोड़ें, पैर के अँगूठे पर से पकड़ ढ़ीली करें और धीरे से पंजे को जमीन पर नीचे लायें। भुजाओं को शिथिल करें।

दूसरे पैर से आसन की पुनरावृत्ति करें।

श्वसन–पैर के अँगूठे को पकड़ने के बाद श्वास लें, उठे हुए पैर को सीधा करते समय श्वास छोड़ें और फिर श्वास लें।

पैर को ऊपर खींचते समय श्वास छोड़ें।

अन्तिम स्थिति में गहरी श्वास लें।

पैर नीचे करते समय श्वास छोड़ें।

अवधि–अन्तिम स्थिति में एक मिनट तक रहें। जो लोग अन्तिम स्थिति में नहीं रुक सकते, वे प्रत्येक पैर से 5 बार तक दुहरायें।

सजगता–शारीरिक–पैर के पिछले भाग में खिंचाव व कुल्हों पर और किसी बिन्दु पर दृष्टि केन्द्रित कर सन्तुलन बनाये रखने पर।

आध्यात्मिक–मूलाधार या स्वाधिष्ठान चक्र पर।

सीमायें–सायटिका या नितम्ब के दर्द से पीड़ित व्यक्ति यह अभ्यास न करें।

लाभ–एकाग्रता में वृद्धि होती है और पेशीय एवं तन्त्रिकीय संतुलन में समन्वय स्थापित होता है। नितम्बों एवं पैरों की पेशियाँ मजबूत एवं पुष्ट होती हैं और पिण्डलियों में खिंचाव आता है जिससे घुटनों और टखनों को लाभ मिलता है।

प्रकारान्तर 1: प्रथम अभ्यास की पुनरावृत्ति करें, किन्तु उठे हुए सीधे पैर को दोनों हाथों से पकड़ लें। उँगलियों को आपस में फँसाकर उन्हें एड़ी के पीछे रखें।

भुजाओं का सहारा लेकर धीरे-धीरे पैर को जितना सम्भव हो ऊपर उठाते हुए सिर के निकट ले आयें।

पुराने अभ्यासी उठे हुए पैर से अपनी ठुड्ढी का स्पर्श करा सकते हैं।

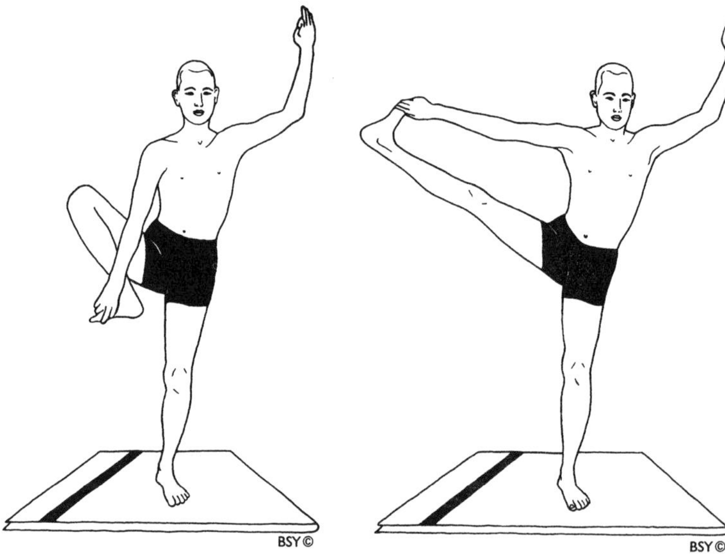

प्रकारान्तर 2

प्रकारान्तर 2: सीधे खड़े हो जायें, पंजों को एक साथ रखें और किसी स्थिर बिन्दु पर दृष्टि केन्द्रित करें।

दायाँ घुटना मोड़ें और जाँघ को वक्ष की ओर ऊपर उठायें।

दाहिनी भुजा को दायें पैर के भीतरी भाग की ओर रखें और पैर के अँगूठे को हाथ से पकड़ लें।

घुटने को दायीं ओर मोड़ें और पैर को धीरे-से बगल में सीधा करें।

संतुलन बनाने के लिए बायीं भुजा को बगल में ऊपर उठायें और हाथ को ज्ञानमुद्रा में लायें।

पैर को और ऊपर उठायें और उसे शरीर के निकट ले आयें।

अन्तिम स्थिति में जितनी देर आराम से रह सकें, रहें।

दायें घुटने को मोड़ें और पैर को बीच में वापस लायें।

सीधी भुजा को नीचे ले आयें, फिर पैर की उँगलियों पर पकड़ ढीली करें और पैर को जमीन पर नीचे ले आयें। दूसरे पैर से आसन को दुहरायें।

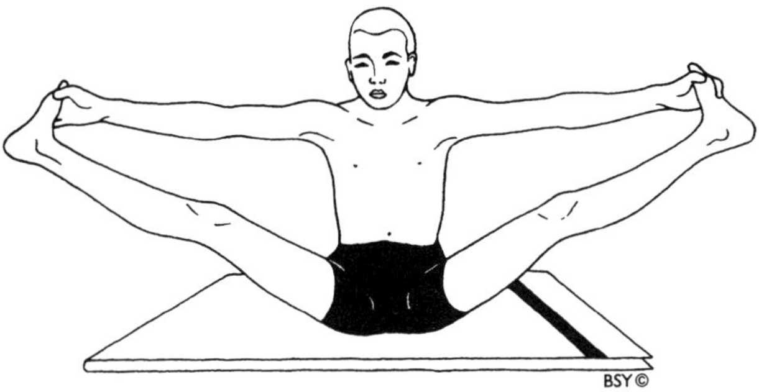

मेरुदण्डासन

पैरों को सामने फैला कर बैठ जायें। घुटनों को मोड़ें और पंजों के बीच लगभग आधा मीटर की दूरी रखते हुए उन्हें नितम्बों के सामने जमीन पर रखें। पैरों के अँगूठों को पकड़कर धीरे-से पीछे झुकें और अनुत्रिक पर सन्तुलन बनाएँ।

पैरों और भुजाओं को सीधा करते हुए ऊपर की ओर उठायें। मेरुदण्ड को सीधा रखते हुए शरीर को स्थिर करें और पैरों को जितना सम्भव हो, एक-दूसरे से दूर ले जायें। अधिक जोर न लगायें।

किसी स्थिर बिन्दु पर दृष्टि केन्द्रित करते हुए अन्तिम स्थिति में रुकें।

दोनों पैरों को एक साथ बीच में ले आयें, घुटनों को मोड़ें और पंजों को नीचे जमीन पर ले आयें।

श्वसन–सीधे बैठने की स्थिति में श्वास लें।

पैर फैलाते समय और अन्तिम स्थिति में श्वास भीतर रोकें। यदि आसन में कुछ समय तक रुकना हो, तो सामान्य श्वसन करें।

पैरों को नीचे लाने के बाद श्वास छोड़ें।

अवधि–5 चक्रों तक अभ्यास करें। अन्तिम स्थिति में जितनी देर तक सम्भव हो, श्वास रोक कर रखें।

सजगता–शारीरिक-भुजाओं, पैरों और ऊरू-मूल में खिंचाव पर, अनुत्रिक पर और निर्धारित बिन्दु पर दृष्टि केन्द्रित करते हुए संतुलन बनाये रखने पर। आध्यात्मिक-स्वाधिष्ठान-चक्र पर।

सीमायें– उच्च रक्तचाप, हृदय-रोग, स्लिप डिस्क, पीठ के नीचे के भाग में संक्रमण या सायटिका के रोगियों को मेरुदण्डासन नहीं करना चाहिए।

लाभ– यह आसन उदर के अंगों, विशेषकर यकृत को पुष्ट करता है और उदर की पेशियों को मजबूत बनाता है। यह आँतों के क्रमाकुंचन को उद्दीप्त कर कब्ज दूर करता है। यह अनुकम्पी और परानुकम्पी तन्त्रिका-तन्त्र को पुष्ट करता है, पीठ की पेशियों को मजबूत बनाता है और मेरुदण्ड को सीधा करने में सहायक होता है। इससे पैरों की थकावट दूर होती है, हल्केपन और संतुलन की अनुभूति होती है। यह घुटनों के लिए लाभप्रद है

प्रकारान्तर 1

प्रकारान्तर 1: उत्थित हस्त मेरुदण्डासन

निर्देश मेरुदण्डासन के समान ही हैं, अन्तर केवल इतना है कि अन्तिम स्थिति में पैरों को अलग करने के बदले, उन्हें साथ ही रखें।

प्रकारान्तर 2: मुक्त हस्त मेरुदण्डासन

दोनों पैरों को सामने फैला कर बैठ जायें और पंजों को एक साथ रखें। घुटनों को मोड़ें और तलवों को जमीन पर रखते हुए उन्हें वक्ष के निकट ले आयें।

भुजाओं को मोड़ें और मुट्ठियों को घुटनों पर बाहर की ओर रखें। किसी निर्धारित बिन्दु पर दृष्टि केन्द्रित करें। पीछे की ओर झुकें और साथ-ही भुजाओं एवं पैरों को सीधा करते हुए ऊपर की ओर उठायें। मुट्ठियों को घुटनों के ऊपर और मेरुदण्ड को सीधा रखें।

सम्पूर्ण शरीर को नितम्बों पर सन्तुलित करें। पैरों को जितना अधिक सम्भव हो, ऊपर उठायें।
अन्तिम स्थिति में कुछ समय तक रुकें और फिर विपरीत क्रम से प्रारम्भिक स्थिति में लौट आयें।
विश्राम करें और कई बार इसको दुहरायें।

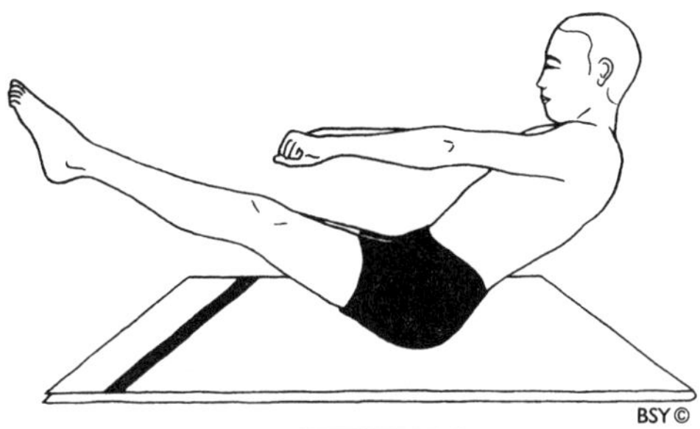

प्रकारान्तर 2

श्वसन–पीछे की ओर झुकते और पैर ऊपर उठाते समय श्वास लें। पैरों को पुनः जमीन पर लाते हुए और घुटनों को वक्ष के पास लाते समय श्वास छोड़ें। यदि अन्तिम समय में कुछ देर रुकते हैं तो सामान्य श्वसन करें।
सीमायें–मेरुदण्डासन की भाँति, परन्तु इस प्रकारान्तर में अधिक जोर लगता है।

निरालम्ब पश्चिमोत्तानासन

BSY ©

निरालम्ब पश्चिमोत्तानासन

पैरों को सामने फैला लें तथा दोनों पंजों को एक साथ रखकर बैठ जायें।
घुटनों को मोड़ें और तलवों को जमीन पर रखते हुए उन्हें वक्ष के निकट ले आयें।
भुजाओं को पैरों के बाहर की ओर रखते हुए पैरों के तलवों को पकड़ लें।
सम्पूर्ण शरीर को शिथिल करें और किसी निर्धारित बिन्दु पर दृष्टि केन्द्रित करें।
पैरों को जमीन से ऊपर उठाते हुए अनुत्रिक पर थोड़ा पीछे की ओर झुकें।
धीरे-धीरे पंजों को उठायें और घुटनों को सीधा करें।
नितम्बों पर शरीर को सन्तुलित करें।
भुजाओं को पीछे खींचते हुए घुटनों को सिर की तरफ लायें।
अन्तिम स्थिति में पीठ को अधिक-से-अधिक शिथिल करें।
अधिक जोर न लगायें।
जितनी देर आराम से सम्भव हो, इस स्थिति में रहें।
संतुलन बनाये रखते हुए धीरे-से घुटनों को मोड़ें और तलवों को जमीन पर ले आयें।
पैरों को सामने की ओर फैला दें।
पूरे शरीर को शिथिल करें।

श्वसन–बैठी हुई स्थिति में श्वास लें। पैरों को उठाते और नीचे लाते समय तथा सन्तुलन बनाते समय श्वास अन्दर रोक कर रखें।

यदि आसन में अधिक समय तक रहते हैं, तो गहरा और धीमा श्वसन करें। पैरों को नीचे लाने के बाद श्वास छोड़ें।

अवधि–3 चक्रों तक अभ्यास करें या एक ही बार 3 मिनट तक अन्तिम स्थिति में रुकें।

सजगता–शारीरिक–हाथों एवं पैरों में खिंचाव पर, पीठ की पेशियों को शिथिल करने पर और निर्धारित बिन्दु पर दृष्टि केन्द्रित करते हुए सन्तुलन बनाये रखने पर।

आध्यात्मिक–स्वाधिष्ठान चक्र पर।

क्रम–इस अभ्यास के बाद भुजंगासन या मकरासन करना चाहिए।

सीमायें–स्लिप डिस्क, सायटिका, पीठ के निचले भाग में (सेक्रमी) संक्रमण, उच्च रक्तचाप या हृदय-रोग से पीड़ित व्यक्तियों को यह आसन नहीं करना चाहिए।

लाभ–इस अभ्यास के लाभ पश्चिमोत्तानासन के समान ही हैं। इसके अतिरिक्त यह सन्तुलन बनाने में सहायक होता है।

अर्द्ध पद्म पादोत्तानासन

अर्द्ध पद्म पादोत्तानासन

पैरों को सामने फैलाकर बैठ जायें।

बायाँ घुटना मोड़ें और बायें पंजे को अर्द्ध पद्मासन की स्थिति में दायीं जाँघ के ऊपर रखें।

दाहिने घुटने को मोड़ें और तलवे को जमीन पर रखें।

भुजाओं के अग्र भाग को दायीं जाँघ के नीचे बाँध लें।

सामने किसी निर्धारित बिन्दु पर दृष्टि केन्द्रित करें। अनुत्रिक पर पीछे की ओर झुकें। धीरे-से दाहिने पैर को ऊपर उठायें और घुटने को सीधा करें। नितम्बों के पिछले भाग पर अपना सन्तुलन बनायें, उठे हुए पैर को आपस में बँधी हुई भुजाओं के सहारे शरीर के निकट लायें।

जब तक आराम से सम्भव हो, अन्तिम स्थिति में रहें। दाहिना घुटना मोड़ें, पंजे को जमीन पर नीचे लायें और पैर को सामने फैलायें। प्रत्येक पैर से अधिकतम 5 आवृत्तियाँ करें।

दूसरे पैर से इसकी पुनरावृत्ति करें।

श्वसन–बैठी हुई स्थिति में श्वास लें।

अन्तिम स्थिति में आते समय और उसमें रुकते समय श्वास अन्दर रोक

कर रखें। यदि अधिक समय तक रुकते हैं, तो सामान्य श्वसन करें। पंजे को जमीन पर लाने के बाद श्वास छोड़ें।

सजगता–शारीरिक–एक निश्चित बिन्दु पर दृष्टि केन्द्रित कर सन्तुलन बनाये रखने पर।

आध्यात्मिक–स्वाधिष्ठान चक्र पर।

लाभ–यह सन्तुलन के भाव का विकास करता है और आँतों के क्रमाकुंचन को उत्प्रेरित कर कब्ज दूर करता है।

अर्द्ध बद्ध पद्मोत्तानासन

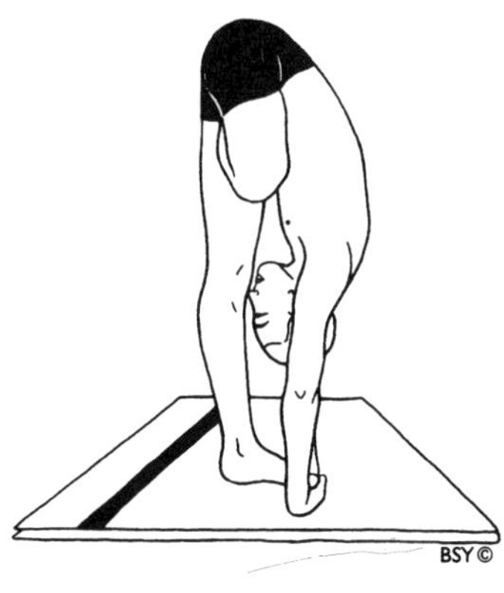

अर्द्ध बद्ध पद्मोत्तानासन

खड़े हो जायें। पंजों को एक साथ रखें।

किसी निश्चित बिन्दु पर दृष्टि केन्द्रित करें।

बायें पैर पर सन्तुलन बनाते हुए दाहिने घुटने को मोड़ें और पंजे को बायीं जाँघ पर अर्द्ध पद्मासन की स्थिति में जितना ऊपर हो सके, रखें। भुजाओं को सिर के ऊपर उठायें और हथेलियों को नीचे की ओर रखते हुए उँगलियों को आपस में फँसा लें। कोहनियाँ सीधी रहनी चाहिए। सम्पूर्ण शरीर को स्थिर एवं शिथिल करें।

यह प्रारम्भिक स्थिति है।

भुजाओं को सीधा रखते हुए धीरे-धीरे सामने की ओर झुकें। आपस में फँसी हुई उँगलियों को नीचे बायें पंजे के पास लायें या हथेलियों को जमीन पर रखें। ललाट को बायें घुटने के पास लायें।

अन्तिम स्थिति में जितनी देर आराम से रह सकें, रहें। धीरे-धीरे धड़ और भुजाओं को ऊपर उठाते हुए प्रारम्भिक स्थिति में ले आयें, हाथ सिर के ऊपर रहें। भुजाओं को नीचे लाकर शरीर के बगल में रखें और दायें पंजे को नीचे कर लें।

दोनों पंजों को जमीन पर रख कर सीधे खड़े होने की स्थिति में विश्राम करें। आँखों को बन्द कर लें।

बायें पैर से अभ्यास को दुहरायें।

श्वसन–प्रारम्भिक स्थिति में श्वास लें। सामने झुकते समय श्वास छोड़ें। अन्तिम स्थिति में सामान्य श्वसन करें। प्रारम्भिक स्थिति में लौटते समय श्वास लें। भुजाओं को नीचे लाते समय श्वास छोड़ें।

अवधि–दो मिनट तक अन्तिम स्थिति में रुकते हुए प्रत्येक पैर से एक चक्र अभ्यास करें।

सजगता–शारीरिक-सन्तुलन बनाये रखने या श्वास पर।

आध्यात्मिक-स्वाधिष्ठान चक्र पर।

क्रम–इस आसन के पूर्व या पश्चात् भुजंगासन, चक्रासन या धनुरासन करना चाहिए।

सीमायें–सायटिका, स्लिप-डिस्क़, हर्निया, दुर्बल पैर या उच्च-रक्तचाप वालों को यह आसन नहीं करना चाहिए। सिर के बल किए जाने वाले आसनों की सावधानियाँ यहाँ लागू होती हैं।

लाभ–यह आसन पाचन को उद्दीप्त करता है, कब्ज को दूर करता है, रक्त-संचार को बढ़ाता है और पैरों को मजबूत बनाता है।

वातायनासन

खड़े हो जायें, पंजों को एक साथ रखें।

किसी निश्चित बिन्दु पर दृष्टि केन्द्रित करें।

शरीर का भार दाहिने पैर पर डालें। बायें घुटने को मोड़ें और पंजे को अर्द्ध पद्मासन की स्थिति में दायीं जाँघ पर रखें।

जब तक शरीर स्थिर न हो जाए, बायें टखने को पकड़कर रखें। उसके बाद हथेलियों को प्रणाम मुद्रा में वक्ष के सामने ले आयें। धीरे-धीरे दायें घुटने को मोड़ें और सन्तुलन बनाये रखते हुए शरीर को तब तक नीचे करते जायें जब तक बायाँ घुटना जमीन पर न आ जाये।

अन्तिम स्थिति में कुछ समय तक रुकें। दाहिने पंजे और बायें घुटने पर एक समान भार डालते हुए विश्राम करें। पुन: भार दाहिने पैर पर डालें और दाहिने घुटने को सीधा करते हुए धीरे-धीरे शरीर को ऊपर उठायें और प्रारम्भिक स्थिति में लौट आयें।

बायें पंजे को मुक्त करें और उसे जमीन पर ले आयें।

आँखों को बन्द कर सीधे खड़े होने की स्थिति में विश्राम करें।
दूसरे पैर से अभ्यास की पुनरावृत्ति करें।
दोनों पैरों से 3-3 बार अभ्यास करें।

श्वसन–प्रारम्भिक स्थिति में एक पैर पर खड़े होने के समय श्वास अन्दर लें।
शरीर को नीचे लाते समय श्वास रोकें।
अन्तिम स्थिति में सामान्य श्वसन करें।
शरीर ऊपर उठाते समय श्वास लें और रोकें।
दूसरी बार सीधे खड़े होते समय श्वास छोड़ें।

सजगता–शारीरिक–सन्तुलन बनाये रखने पर, विशेषरूप से अभ्यास के विभिन्न चरणों में शरीर के भार को स्थानान्तरित करते समय, और शरीर को ऊपर उठाते समय ऊर्जा के ऊर्ध्व-प्रवाह एवं पैर की मजबूती पर।
आध्यात्मिक–स्वाधिष्ठान चक्र पर।

सीमायें–इस आसन में बहुत बल लगता है। सायटिका, स्लिप डिस्क, हर्निया, हृदय रोग या उच्च रक्त चाप से पीड़ित, अथवा दुर्बल पीठ, कूल्हे, घुटने या टखनों वाले व्यक्तियों को यह अभ्यास नहीं करना चाहिए।

लाभ–यह आसन पैर की पेशियों और घुटनों के जोड़ों को मजबूत बनाता है। यह ब्रह्मचर्य धारण करने हेतु वीर्य-द्रव के स्तम्भन की क्षमता का विकास करता है।

प्रकारान्तर: भुजाओं को शरीर से 45 डिग्री के कोण पर नीचे की ओर फैला कर या उन्हें पक्षी के पँखों की तरह बगल में फैला कर वातायनासन करें।

पाद अँगुष्ठासन

पाद अँगुष्ठासन

उकड़ूँ बैठ जायें और किसी निश्चित बिन्दु पर दृष्टि एकाग्र करें।

एड़ियों को ऊपर उठायें और पैरों की उँगलियों पर सन्तुलन बनायें।

घुटनों को थोड़ा आगे आने दें, जिससे जाँघें जमीन के समानान्तर हो जायें।

बायें पैर की एड़ी को इस प्रकार व्यवस्थित करें कि वह मूलाधार पर दबाव डाले।

बायें पंजे पर भार स्थानान्तरित करें और तलवे को ऊपर की ओर रखते हुए दायें पंजे को बायीं जाँघ के ऊपर रखें।

पूरे शरीर को सन्तुलित कर लें और फिर हथेलियों को वक्ष के सामने जोड़कर प्रार्थना की मुद्रा में रखें।

सन्तुलन बनाये रखते हुए अन्तिम स्थिति में जितनी देर सम्भव हो, रुकें।

दाहिने पंजे को पुनः जमीन पर ले आयें। कुछ क्षणों के लिए विश्राम करें और फिर बायें पंजे को दायीं जाँघ के ऊपर रख कर अभ्यास को दुहरायें।

प्रत्येक पैर से 2-3 बार अभ्यास करें।

श्वसन–सम्पूर्ण अभ्यास की अवधि में सामान्य श्वसन करें।

सजगता–शारीरिक–निर्धारित बिन्दु पर दृष्टि केन्द्रित कर सन्तुलन बनाये रखने पर।

आध्यात्मिक–मूलाधार चक्र पर।

सीमायें–सायटिका, स्लिप डिस्क, घुटने अथवा टखनों की समस्या से पीड़ित व्यक्तियों को यह अभ्यास नहीं करना चाहिए।

लाभ–यह आसन ब्रह्मचर्य पालन में सहायक है। यह प्रजनन-प्रणाली को नियमित करता है। यह पंजों एवं टखनों को मजबूत बनाता है। इससे एकाग्रता का विकास होता है।

बक ध्यानासन

BSY ©

बक ध्यानासन

उकडूँ बैठ जायें और पंजों को एक-दूसरे से अलग कर लें। पैरों की उँगलियों पर सन्तुलन बना कर हथेलियों को पंजों के ठीक सामने जमीन पर रखें, उँगलियाँ सामने की ओर रहें।

कोहनियाँ थोड़ी मुड़ी हुई रहेंगी।

सामने की ओर झुकें और घुटनों को इस प्रकार व्यवस्थित करें कि उनका भीतरी भाग भुजाओं के बाहरी भाग को, काँख के जितना अधिक निकट हो सके, स्पर्श करता हुआ रहे।

थोड़ा और आगे झुकें, भुजाओं पर शरीर का भार स्थानान्तरित करें और पंजों को जमीन से ऊपर उठा लें।

घुटनों को दृढ़ता से भुजाओं के ऊपरी भाग पर टिका कर दोनों हाथों पर अपना सन्तुलन बनायें।

पंजों को मिला लें।

नासिकाग्र पर दृष्टि केन्द्रित करें।

जब तक आरामपूर्वक रुक सकते हैं, अन्तिम स्थिति में रुकें।

धीरे-धीरे पंजों को नीचे जमीन पर लायें।

श्वसन–यदि अन्तिम स्थिति में कुछ समय के लिए रहना हो तो श्वास अन्दर रोक लें। यदि लम्बे समय तक रुकना हो तो सामान्य श्वसन करें।

अवधि–एक ही बार आसन में 2 या 3 मिनटों तक रुकें अथवा पैरों को कई बार ऊपर-नीचे करने का अभ्यास करें।

सजगता–शारीरिक-सन्तुलन बनाये रखने पर।

आध्यात्मिक-नासिकाग्र दृष्टि की भाँति नासिकाग्र पर।

क्रम–इस आसन के बाद अद्वासन में विश्राम करें।

सीमायें–उच्च रक्तचाप, हृदय-रोग या मस्तिष्क के रोगियों को यह आसन नहीं करना चाहिए।

लाभ–यह आसन तन्त्रिका-तन्त्र को सन्तुलित करता है, भुजाओं और कलाइयों को मजबूत बनाता है तथा शारीरिक सन्तुलन का विकास करता है।

अभ्यास टिप्पणी–इस आसन में पेशियों की दृढ़ता या पेशीय सामर्थ्य से भी अधिक समन्वय की आवश्यकता होती है।

एक पाद बक ध्यानासन

एक पाद बक ध्यानासन

बक ध्यानासन की अन्तिम स्थिति में आयें।

दृष्टि को नासिकाग्र पर केन्द्रित करें।

सन्तुलन बनाये रखते हुए बायीं भुजा पर अधिक भार डालें और धीरे-से दायें पैर को पीछे तान कर सीधा कर लें।

इस स्थिति में जब तक सम्भव हो, रुकें।

फिर दाहिने घुटने को दाहिनी भुजा के ऊपरी भाग पर वापस ले आयें।

पंजों को नीचे जमीन पर ले आयें और विश्राम करें।

बायें पैर को पीछे तानकर अभ्यास को दुहरायें।

श्वसन–अन्तिम स्थिति में यदि थोड़े समय के लिए रुकते हैं, तो श्वास अन्दर ही रोकें और यदि अधिक समय तक रुकते हैं, तो सामान्य श्वसन करें।

अन्य विवरण–बक ध्यानासन के समान।

द्वि हस्त भुजासन

द्वि हस्त भुजासन

पंजों के बीच लगभग 45 से. मी. की दूरी रखकर उकड़ूँ बैठ जायें।

दोनों हथेलियों को पंजों के बीच जमीन पर सीधा रखें।

किसी निश्चित बिन्दु पर दृष्टि एकाग्र करें।

भुजाओं पर भार स्थानान्तरित करें, विशेषरूप से दायीं तरफ।

बायें पंजे को जमीन से ऊपर उठाते हुए उसे बायीं भुजा के बाहरी ओर से भुजा के ऊपरी भाग पर टिकायें।

सन्तुलन बनाए रखें।

शरीर के भार को दोनों भुजाओं पर समान रूप से डाल कर, दाहिने

पंजे को भी उठा लें और धीरे-से उसे भी कोहनी के ऊपर दायीं भुजा के बाहरी भाग पर टिका दें।

अन्तिम स्थिति में सम्पूर्ण शरीर भुजाओं एवं हाथों के सहारे संतुलित रहेगा।

जितनी देर आराम से इस स्थिति में रह सकें, रहें।

धीरे-धीरे विपरीत क्रम से प्रारम्भिक स्थिति में आ जायें।

कुछ देर विश्राम करें। दायें पंजे से शुरू करते हुए अभ्यास को दुहरायें।

दोनों तरफ 1 या 2 आवृत्तियाँ करें।

श्वसन–पूरे अभ्यास के दौरान सामान्य श्वसन करें।

सजगता–शारीरिक–अत्यधिक सन्तुलन के प्रयास से बचने के लिए सावधानीपूर्वक भार को स्थानान्तरित करने पर, तथा भुजाओं और कन्धों के बल पर।

आध्यात्मिक–विशुद्धि चक्र पर।

क्रम–अभ्यास के पश्चात् अद्वासन अथवा ज्येष्टिकासन में विश्राम करें।

सीमायें–सायटिका, स्लिप डिस्क, दुर्बल पीठ, हर्निया, हृदय रोग या उच्च रक्त चाप से पीड़ित व्यक्ति को यह अभ्यास नहीं करना चाहिए।

लाभ–यह आसन भुजाओं की पेशियों को पुष्ट बनाता है और कन्धों के जोड़ों तथा पीठ के निचले भाग में लचीलापन बढ़ाता है। यह उदर एवं आँतों के अंगों की मालिश करता है और अग्न्याशय को उत्प्रेरित करता है।

एक हस्त भुजासन

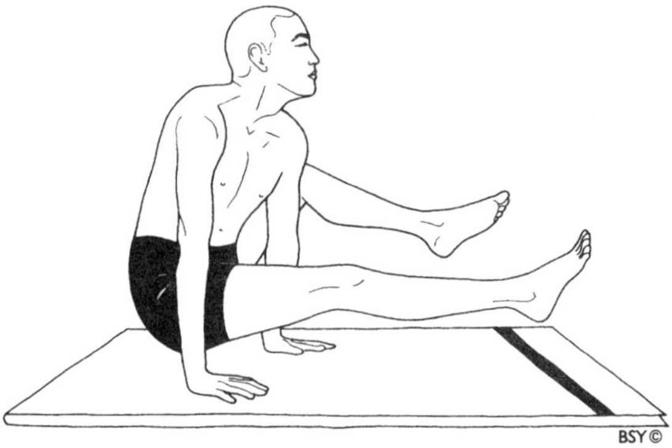

एक हस्त भुजासन

दोनों पैरों को सामने फैलाकर जमीन पर बैठ जायें।

बायें पैर को घुटने से मोड़ें और उसे बायीं भुजा के बाहरी भाग पर जितना ऊपर रख सकें, रखें।

शरीर को सिकोड़ें ताकि पैर और भुजा के बीच पकड़ हो और वे कुछ भार सहन कर सकें।

दोनों हथेलियों को जमीन पर सीधा रखें, दाहिनी हथेली दाहिने पैर के बाहर की ओर रहे।

किसी निश्चित बिन्दु पर दृष्टि केन्द्रित करें।

दाहिने पैर को सीधा और दोनों भुजाओं के मध्य जमीन के समानान्तर रखते हुए सम्पूर्ण शरीर को जमीन से ऊपर उठायें।

अन्तिम स्थिति में जितनी देर आराम से रुक सकें, रुकें।

शरीर को जमीन पर वापस लायें और बैठी हुई स्थिति में पूर्ण विश्राम करें।

बायें पैर को सीधा रखते हुए अभ्यास को दुहरायें।

श्वसन–जमीन पर बैठने की स्थिति में श्वास लें। शरीर को ऊपर उठाते समय और सन्तुलित करते समय श्वास रोकें। जमीन पर पुनः लौटते समय श्वास छोड़ें।

लाभ–यह आसन भुजाओं की पेशियों को पुष्ट करता है और कन्धों, कूल्हों तथा पीठ के नीचे के भाग में लचीलापन बढ़ाता है। यह उदर के अंगों

को मजबूत बनाता तथा पेशीय संकुचन द्वारा मूलाधार को पुष्ट करता है। इस प्रकार आध्यात्मिक उद्देश्य के लिये यह काम ऊर्जा का परिरक्षण करता है।

अन्य विवरण–द्वि हस्त भुजासन के समान।

हंसासन

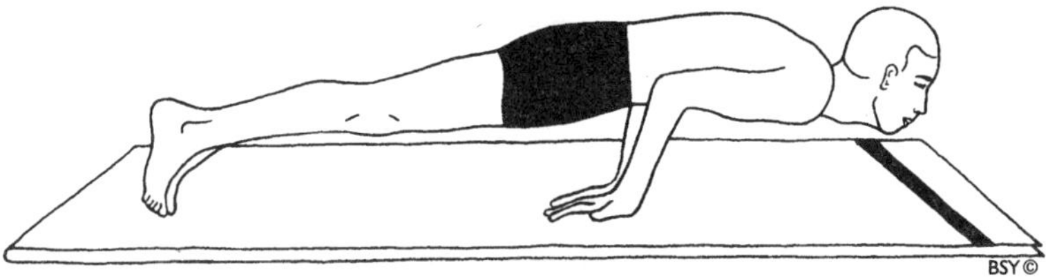

हंसासन

घुटनों के बल जमीन पर बैठ जायें। दोनों पंजों को साथ रखें और घुटनों को एक-दूसरे से अलग रखें।

हथेलियों को जमीन पर रखें, उँगलियाँ पैरों की ओर रहें। कलाइयों एवं भुजाओं के अग्र भाग को एक-दूसरे से सटा लें। आगे की ओर इस प्रकार झुकें कि उदर कोहनियों के ऊपर रहे और वक्ष भुजाओं के ऊपरी भाग पर रहे।

संतुलन बनायें रखें और पैरों को धीरे-धीरे पीछे की ओर तानकर सीधा करें।

पंजों को एक साथ रखें और पैरों की उँगलियों के छोरों को जमीन पर टिकायें।

सिर को थोड़ा ऊपर उठायें और दृष्टि को सामने आँखों की सीध में किसी निर्धारित बिन्दु पर केन्द्रित करें। अन्तिम स्थिति में शरीर का सम्पूर्ण भार हाथों और पैरों की उँगलियों के छोरों पर रहे। जितनी देर तक सुविधापूर्वक इस स्थिति में रुकना सम्भव हो, रुकें। अधिक जोर न लगायें।

घुटनों को नीचे जमीन पर ले आयें और वज्रासन में बैठें। सम्पूर्ण शरीर को शिथिल करें।

श्वसन–प्रथम स्थिति में आने के पूर्व पूरी तरह श्वास छोड़ें।

यदि अन्तिम स्थिति में थोड़े समय ही रुक रहे हों, तो रुकते समय श्वास बाहर ही रोके रखें। किन्तु अधिक समय तक उस स्थिति में रुक रहे हों तो गहरी एवं धीमी श्वास लें।

शरीर को नीचे लाते समय श्वास बाहर रोकें। बैठने की स्थिति में लौटने के बाद श्वास अन्दर लें।

अवधि–उच्च अभ्यासी अन्तिम स्थिति में 3 मिनट तक रुक सकते हैं। प्रारम्भिक अभ्यासी कुछ क्षणों के लिए इस स्थिति में रहें और क्रमश: कुछ सप्ताहों में अवधि को बढ़ाते जाएँ।

3 बार तक अभ्यास करें।

सजगता–शारीरिक-श्वास, सन्तुलन के मनोभाव तथा उदर पर।

आध्यात्मिक–मणिपुर चक्र पर।

क्रम–यह आसन मयूरासन की तैयारी के लिए है, और जो लोग उस आसन के लिए शारीरिक रूप से सक्षम नहीं हैं, वे इस आसन को विकल्प के रूप में कर सकते हैं। इस आसन के पूर्व सिर के बल किये जाने वाले आसन नहीं करने चाहिए।

सीमायें–पेप्टिक अल्सर या ड्यूडेनल अल्सर, अति अम्लता, हर्निया या उच्च रक्तचाप के रोगियों को यह आसन नहीं करना चाहिए। गर्भवती महिलाओं को कभी भी यह आसन नहीं करना चाहिए।

लाभ–हंसासन उदर के सभी अंगों एवं पेशियों की मालिश करता तथा उन्हें उद्दीप्त करता है और पाचन प्रणाली को स्वस्थ रखने के लिए लाभकारी है।

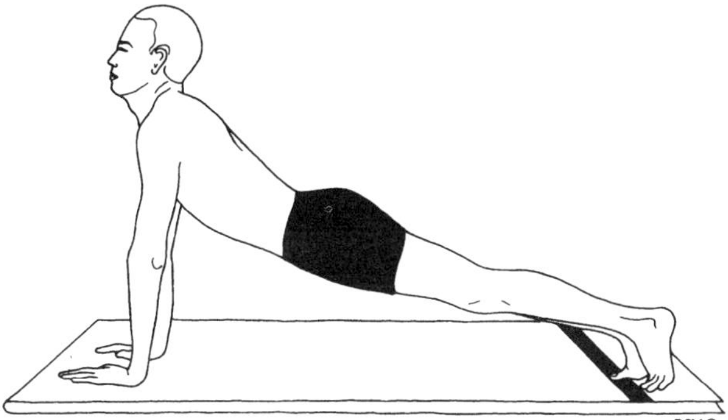

सन्तुलन आसन

मार्जारी आसन की प्रारम्भिक स्थिति में आ जायें।

पैरों की उँगलियों से जमीन पर पकड़ मजबूत करें।

घुटनों को सीधा करें, कन्धों को आगे की ओर ले जायें और नितम्बों को नीचे लायें जब तक शरीर सीधा न हो जाए। भुजायें सीधी रहें।

सामने किसी निर्धारित बिन्दु पर दृष्टि को एकाग्र करें।

अन्तिम स्थिति में कुछ देर तक रुकें।

घुटनों को नीचे जमीन पर लायें ।

मार्जारि आसन या शशांकासन में विश्राम करें।

5 बार अभ्यास को दुहरायें।

श्वसन–पूरे अभ्यास के दौरान सामान्य श्वसन करें।

सजगता–शारीरिक–भुजाओं, पैरों और पीठ की मजबूती पर तथा संतुलन बनाये रखने पर।

आध्यात्मिक–मणिपुर चक्र पर।

लाभ–यह आसन तन्त्रिका सन्तुलन में सुधार लाता है और आन्तरिक समभाव एवं सामंजस्य का विकास करता है। यह जाँघों, भुजाओं, कन्धों और मेरुदण्ड की पेशियों को शक्ति प्रदान करता है।

प्रकारान्तर 1: सन्तुलन आसन की अन्तिम स्थिति में आ जायें।

शरीर को सीधा रखते हुए धीरे-से बायीं भुजा को उठायें और शरीर को दाहिनी बगल से घुमायें, जिससे वक्ष सामने की ओर हो जाए।

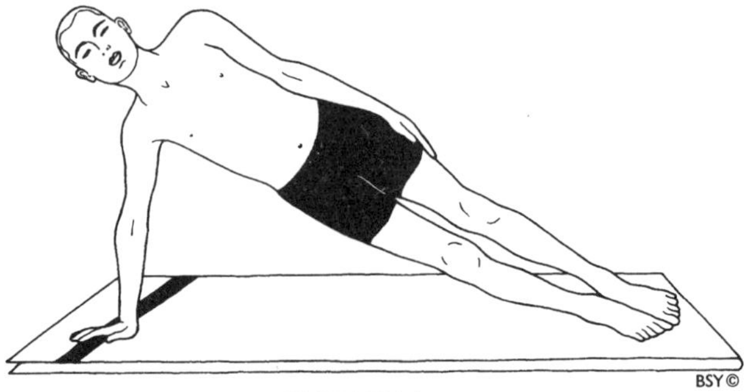

प्रकारान्तर 1

दायें पंजे का बाहरी भाग दृढ़ता से जमीन पर रहे और बायाँ पंजा इसके ऊपर विश्राम की स्थिति में रहे।

भुजा के ऊपरी भाग और हाथ को धड़ एवं जाँघ के सहारे रखें।

शरीर को सीधा रखते हुए इस स्थिति में सन्तुलन बनायें।

प्रारम्भिक स्थिति में लौट आयें और बायीं बगल से क्रिया की पुनरावृत्ति करें।

प्रत्येक बगल में 5 बार अभ्यास को दुहरायें।

श्वसन–मूल स्थिति में सामान्य श्वसन करें।

प्रकारान्तरों का अभ्यास करते समय श्वास अन्दर रोकें।

प्रकारान्तर 2

प्रकारान्तर 2: सन्तुलन आसन की अन्तिम स्थिति में आयें। शरीर के सामने एक बिन्दु पर दृष्टि को केन्द्रित करें। बायें हाथ को ऊपर उठायें और उसे पीठ के पीछे रखें, जिससे कि भुजा का आगे का भाग कमर पर टिका रहे। भुजा को नीचे ले आयें और इसी तरह दूसरी ओर से अभ्यास करें।

प्रकारान्तर 3: सन्तुलन आसन की अन्तिम स्थिति में आयें।

शरीर के सामने किसी बिन्दु पर दृष्टि केन्द्रित करें।

दोनों हाथों को जमीन पर रखें या प्रकारान्तर 2 की तरह भुजा को ऊपर उठा लें।

दायें पैर को ऊपर उठाकर उसे पीछे एवं ऊपर की ओर ताने।

कुछ समय तक इस स्थिति में रहें।

पैर एवं भुजा को नीचे ले आयें। फिर बायें पैर से अभ्यास को दुहरायें।

सीमायें–उच्च रक्तचाप, हृदय रोग अथवा हर्निया से पीड़ित व्यक्ति को प्रकारान्तर 2 और 3 का अभ्यास नहीं करना चाहिए।

लाभ–मूल अभ्यास की भाँति; इसके अतिरिक्त प्रकारान्तर 2 और 3 अभिपृष्ठ एवं अभ्युदर पेशियों के बीच पारस्परिक क्रियाओं को सन्तुलित करता है।

वशिष्ठासन

वशिष्ठासन

सन्तुलन आसन के प्रकारान्तर 1 की स्थिति में आ जायें।

शरीर को सीधा रखते हुए इस स्थिति में सन्तुलन बनायें।

दायें घुटने को मोड़ें और पैर के अँगूठे को पकड़ लें। घुटने को सीधा

करें और पैर को लम्बवत् सीधा कर लें। सिर को घुमायें और दृष्टि को दाहिने पैर के अँगूठे पर टिकायें।

पैरों और भुजाओं को सीधा रखते हुए शरीर को सन्तुलित करें।

अन्तिम स्थिति में थोड़ी देर के लिए रहें।

जोर न लगायें।

दायें घुटने को मोड़ें और अँगूठे को छोड़ दें, पैर को नीचे लाते हुए सन्तुलन आसन में लौट आयें।

घुटनों को नीचे जमीन पर ले आयें और मार्जारि आसन या शशांकासन में विश्राम करें।

दूसरी ओर से अभ्यास की पुनरावृत्ति करें।

प्रत्येक ओर 3 बार अभ्यास करें।

श्वसन–संतुलन आसन में रहते समय सामान्य श्वसन करें।

अन्तिम स्थिति में आते समय श्वास अन्दर रोकें। अन्तिम स्थिति में यदि थोड़ी देर के लिये रुकते हैं, तो रुकते समय और पैर नीचे लाते समय श्वास अन्दर ही रोकें। यदि अधिक समय तक रुकते हैं, तो सामान्य श्वसन करें।

सन्तुलन आसन में लौटते समय श्वास छोड़ें।

सजगता–शारीरिक-सन्तुलन बनाये रखने और पैर की पेशियों को शिथिल करने पर।

आध्यात्मिक–मणिपुर चक्र पर।

सीमायें–हर्निया, उच्च रक्तचाप, हृदय रोग, पीठ की समस्या, हाथों-पैरों में दुर्बलता अथवा जिन्हें चक्कर आते हों, उन्हें यह आसन नहीं करना चाहिए।

लाभ–यह आसन तन्त्रिका-सन्तुलन में सुधार लाता है। यह पैरों की पेशियों को लचीला बनाता है, भुजाओं को मजबूत बनाता है और पीठ के निचले भाग को पुष्ट करता है।

आसन

उच्च समूह

उच्च आसन

जब तक शरीर बहुत लचीला न हो जाए, तब तक उच्च समूह के आसनों का अभ्यास नहीं करना चाहिए। प्रारम्भिक और मध्यम समूह के आसनों में दक्षता प्राप्त कर लेने के उपरान्त ही इन आसनों में से किसी का अभ्यास आरम्भ करना चाहिए। उच्च आसनों का अभ्यास करते समय यह ध्यान रखना आवश्यक है कि शरीर पर अधिक जोर न पड़े। इन अभ्यासों में अंगों एवं जोड़ों को उन असामान्य स्थितियों में आना पड़ता है जिनके वे अभ्यस्त नहीं हैं। इसलिए अधिक जोर डालने पर उनको क्षति पहुँच सकती है। बल प्रयोग कर शीघ्र परिणाम प्राप्त करने के प्रयास से अच्छा यह है कि कुछ अधिक समय लगा कर शरीर को उच्च आसनों के अभ्यास के लिए धीरे-धीरे तैयार किया जाए। आसनों का वर्णन करते समय प्राय: दायीं ओर से आसन आरम्भ करने के लिए कहा जाता है, परन्तु इस क्रम को बाद में बदलना भी चाहिए।

सामान्यत: जो व्यक्ति पहले से बहुत स्वस्थ हैं, उनके स्वास्थ्य में और सुधार लाने के लिए इन आसनों की रचना की गयी है। इन्हें रोग निवारण के लिए नहीं रचा गया है। गर्भावस्था में इनका अभ्यास नहीं करना चाहिए। प्रत्येक आसन तथा उसकी तैयारी के अभ्यासों के साथ-साथ दी गई सीमाओं को ध्यान से देखें। इन आसनों का शरीर की ऊर्जा पर बहुत अधिक प्रभाव पड़ता है। चक्रों तथा उसके साथ जुड़े हुए व्यक्तित्व के शारीरिक, मानसिक, भावनात्मक और अतीन्द्रिय आयाम उद्दीप्त होते हैं तथा उनमें एकरूपता आती है, जिससे व्यक्ति के आचरण में सकारात्मक परिवर्तन होता है।

पूर्ण भुजंगासन

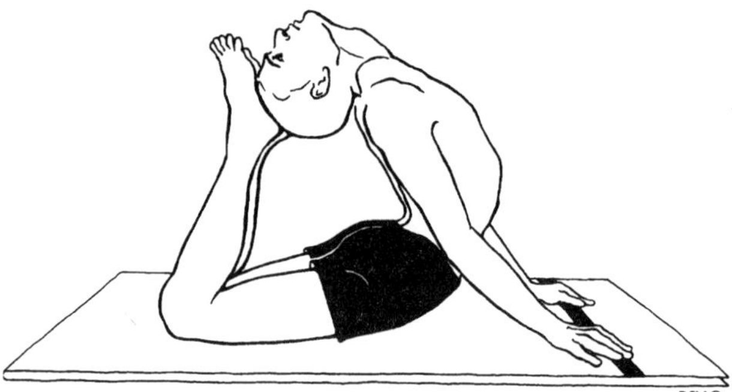

पूर्ण भुजंगासन

भुजंगासन की स्थिति में आयें। इस स्थिति में रहते हुए कुछ समय सामान्य रूप से श्वास लें और छोड़ें।

अब घुटनों को मोड़ें और पंजों को ऊपर उठायें।

सिर, गर्दन और कंधों को पीछे की ओर थोड़ा और तानें, तथा पैरों की उँगलियों या तलवों से सिर के पिछले भाग को छूने का प्रयास करें।

यह अन्तिम स्थिति है।

इस अन्तिम स्थिति में जितनी देर आरामपूर्वक हो सके, रुकें।

प्रारम्भिक स्थिति में लौटने के लिए पैरों को नीचे करें।

भुजंगासन में कुछ क्षणों तक विश्राम करें।

अब भुजंगासन खोल दें और भुजाओं को शरीर की बगल में रखकर सिर को एक ओर मोड़कर आराम करें।

यह एक चक्र हुआ।

प्रत्येक चक्र के पश्चात् श्वसन क्रिया तथा हृदय की गति को सामान्य होने दें।

श्वसन–भुजंगासन में आते समय श्वास लें। पैरों की उँगलियों को सिर का स्पर्श कराने के लिए पैरों को उठाते समय श्वास छोड़ें।

अन्तिम स्थिति में सामान्य श्वास लें।

भुजंगासन में लौटते समय और जमीन पर वापस आते समय श्वास छोड़ें।

अवधि–आसन की अवधि को क्रमशः बढ़ाते हुए तीन चक्र तक अभ्यास करें।

सजगता–शारीरिक–मेरुदण्ड को शिथिल करने तथा उदर एवं वक्ष में हो रहे खिंचाव पर।

आध्यात्मिक–स्वाधिष्ठान चक्र पर।

क्रम–इस आसन का अधिकतम लाभ तब मिलेगा जब इसके पूर्व या पश्चात् आगे झुकने वाला कोई आसन किया जाये।

अभ्यास टिप्पणी–यह प्रकारान्तर केवल निपुण अभ्यासियों या बारह वर्ष से ऊपर के बच्चों के लिए उपयुक्त है, जिनकी पीठ बहुत लचीली होती है।

सीमायें–जो व्यक्ति पेप्टिक अल्सर, हर्निया, आँतों की टी. बी. या चुल्लिका ग्रन्थि की अति क्रियाशीलता से पीड़ित हैं, उन्हें किसी योग शिक्षक की सलाह के बिना इस आसन को नहीं करना चाहिए। पीठ की समस्या, सर्वाइकल स्पाण्डिलाइटिस, उच्च रक्तचाप अथवा हृदय रोग से पीड़ित व्यक्तियों को यह अभ्यास नहीं करना चाहिए।

लाभ–यह आसन मेरुदण्ड को लचीला और स्वस्थ बनाता है, डिम्बाशय एवं गर्भाशय को सशक्त बनाता है तथा उदर के सभी अंगों, विशेषकर यकृत और गुर्दों के लिए लाभकारी है। प्राणिक स्तर पर स्वाधिष्ठान, मणिपुर, अनाहत तथा विशुद्धि चक्रों से सम्बन्धित अंगों पर इस आसन का गहरा प्रभाव पड़ता है।

कूर्मासन

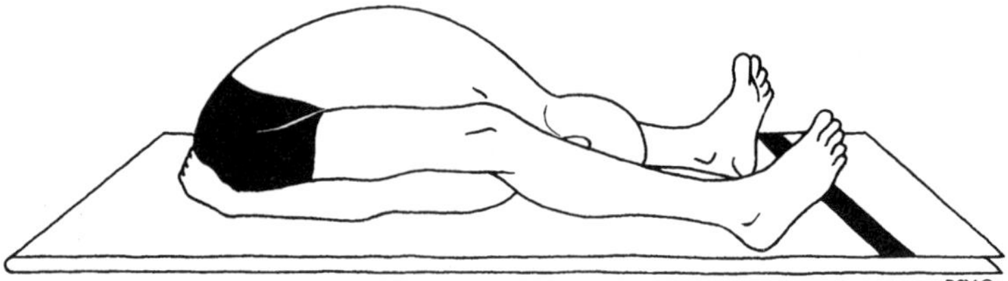

कूर्मासन

पैरों को सामने फैलाकर जमीन पर बैठ जायें।

पंजों को जितना सम्भव हो दूर-दूर फैला लें। एड़ियों को जमीन के सम्पर्क में रखते हुए घुटनों को थोड़ा मोड़ें।

नितम्बों से सामने की ओर झुकें और हाथों को घुटनों के नीचे रखें; हथेलियाँ ऊपर की ओर रहें या नीचे की ओर।

कुछ और आगे झुकें और धीरे-धीरे भुजाओं को पैरों के नीचे से पीछे की ओर ले जाएँ।

यदि आवश्यकता हो तो घुटनों को और अधिक मोड़ा जा सकता है। भुजाओं को बगल में और पीछे की ओर बढ़ाते जायें जब तक कि कोहनियाँ घुटनों के पीछे के भाग के निकट न आ जायें।

पीठ की पेशियों में तनाव न आने दें। धीरे-से एड़ियों को आगे की ओर ले जाएँ और पैरों को अधिक-से-अधिक सीधा करें। साथ-ही-साथ हाथों और पैरों पर दबाव पड़ने के कारण शरीर अपने आप और आगे झुकेगा। श्वास और शिथिलीकरण के प्रति सजगता बनाये रखते हुए शरीर को क्रमशः आगे बढ़ाते जायें जब तक कि पैरों के बीच ललाट या ठुड्ढी जमीन का स्पर्श न करने लगे। किसी प्रकार बल प्रयोग न करें या जोर न लगाएँ। भुजाओं को पीठ के चारों ओर लपेट लें और नितम्बों के पीछे दोनों हाथों की उँगलियों को आपस में फँसा लें।

यह अन्तिम स्थिति है।

सम्पूर्ण शरीर को शिथिल करें, आँखें बन्द कर लें और धीमी एवं गहरी श्वास लें।

जब तक आराम से सम्भव हो, अन्तिम स्थिति में रुकें।

प्रारम्भिक स्थिति में लौट आयें।

एक विपरीत आसन करने के बाद शवासन में विश्राम करें।

श्वसन–सामने झुकते समय श्वास छोड़ें।

अन्तिम स्थिति में सामान्य श्वास लें।

अवधि–तीन मिनटों तक आसन में रुकें।

आध्यात्मिक लाभ के लिए अधिक समय तक रुक सकते हैं।

सजगता–शारीरिक-मेरुदण्ड, पीठ की पेशियों और उदर के शिथिलीकरण पर और अन्तिम स्थिति में श्वास पर।

आध्यात्मिक-स्वाधिष्ठान या मणिपुर चक्र पर।

क्रम–इसके पूर्व या पश्चात् पीछे की ओर झुकने वाला कोई आसन, जैसे, भुजंगासन, मत्स्यासन या सुप्तवज्रासन करना चाहिए। पूर्ण धनुरासन कूर्मासन का सबसे उपयुक्त विपरीत आसन है।

सीमायें–स्लिप डिस्क, सायटिका, हर्निया या जोड़ों के पुराने दर्द के रोगियों को यह आसन नहीं करना चाहिए। इस आसन को करने का प्रयास तभी करना चाहिए जब मेरुदण्ड अत्यन्त लचीला हो।

लाभ–कूर्मासन उदर के समस्त अंगों को पुष्ट करता है। यह मधुमेह, उदर-वायु एवं कब्ज जैसे रोगों के उपचार में सहायक है। यह मेरुदण्ड में रक्त-संचार बढ़ाता है, तन्त्रिकाओं को शान्त करता है और सिर एवं गर्दन के दर्द को दूर करता है। यह अन्तर्मुखता, मानसिक शान्ति, धैर्य, आन्तरिक सुरक्षा और समर्पण के भाव में वृद्धि करता है। वासना, भय और क्रोध का शमन होता है और इस अभ्यास से शरीर एवं मन को नयी शक्ति प्राप्त होती है।

***टिप्पणी**– यह आसन स्वत: प्रत्याहार की स्थिति लाता है, जिसका प्रतीक कूर्म (कछुआ) है। भगवद्‌गीता का कथन है, "जब यह (योगी/साधक) ज्ञान-निष्ठा में स्थित हुआ, कछुए के अंगों की भाँति, अर्थात् जैसे कछुआ भय के कारण सब ओर से अपने अंगों को समेट लेता है, उसी तरह सम्पूर्ण विषयों से इन्द्रियों को खींच लेता है, तब उसकी बुद्धि प्रतिष्ठित होती है।" (2:58) कूर्म का अर्थ है कछुआ और यह स्थिति उसी जैसी प्रतीत होती है।*

पूर्ण शलभासन

पूर्ण शलभासन

दोनों पैरों को जितना सम्भव हो, ऊपर उठा कर शलभासन की अन्तिम स्थिति में आयें।

भुजाओं की मांसपेशियों को तानें।

शरीर को सहारा देने के लिए भुजाओं और कन्धों को दृढ़ता से जमीन पर जमाए रखें।

पैरों को एक झटके से ऊपर उठायें और उन्हें लम्बवत् स्थिति में ले आयें, शरीर को कन्धों, ठुड्ढी तथा भुजाओं पर सन्तुलित करें।

जब एक बार सन्तुलन बन जाये, तब धीरे-धीरे घुटनों को मोड़ें और पैरों की उँगलियों से सिर को छूने का प्रयास करें।

यह अन्तिम स्थिति है।

कभी-कभी पैरों को लयपूर्ण ढंग से झुलाकर क्रमश: अधिक ऊपर उठाते हुए सन्तुलन की स्थिति में पहुँचकर अन्तिम स्थिति अधिक आसानी से प्राप्त की जा सकती है।

अन्तिम स्थिति में जितनी देर तक आराम से सम्भव हो रुकें।

प्रारम्भिक स्थिति में वापस आने के लिए पैरों को सिर के ऊपर से उठायें और सन्तुलन की स्थिति में आयें। तत्पश्चात् शरीर को धीरे-धीरे नीचे लाते हुए प्रारम्भिक स्थिति में आयें। सिर को एक तरफ मोड़ लें अथवा अद्वासन का अभ्यास करें और श्वसन क्रिया एवं हृदय गति को सामान्य होने दें।

श्वसन–पेट के बल लेटे रहते हुए श्वास अन्दर लें।

शरीर को उठाते हुए अन्तिम स्थिति में आते समय श्वास अन्दर रोकें।

अन्तिम स्थिति में सामान्य श्वसन करें।

शरीर को नीचे प्रारम्भिक स्थिति में लाते समय श्वास अन्दर रोके रखें।

अवधि–अन्तिम स्थिति में रुकने का समय धीरे-धीरे बढ़ाते हुए एक या दो चक्र अभ्यास करें।

सजगता–शारीरिक–उदर पर, पीठ को शिथिल करने तथा सन्तुलन बनाये रखने पर।

आध्यात्मिक–विशुद्धि चक्र पर।

क्रम–इस आसन का अधिकतम लाभ तब मिलेगा जब इसके पूर्व या पश्चात् आगे झुकने वाला कोई आसन किया जाये।

सीमायें–शलभासन के इस उच्च आसन का अभ्यास केवल उन्हीं लोगों को करना चाहिए, जो शारीरिक रूप से पूर्णतया स्वस्थ हों और जिनकी पीठ लचीली हो। दुर्बल हृदय, हृद् धमनी में रक्त-जमाव, उच्च रक्तचाप, सर्वाइकल स्पॉण्डिलाइटिस अथवा चुल्लिका ग्रन्थि की अतिक्रियाशीलता से पीड़ित व्यक्तियों को यह अभ्यास नहीं करना चाहिए। जो लोग पेप्टिक अल्सर, हर्निया, आँतों की टी. बी. और इस प्रकार की अन्य बीमारियों से पीड़ित हों, उन्हें भी यह अभ्यास नहीं करना चाहिए। सिर के बल किये जाने वाले कठिन आसनों की सावधानियाँ यहाँ लागू होती हैं।

लाभ–पूर्ण शलभासन पीठ तथा श्रोणि-प्रदेश के अंगों को सुदृढ़ बनाता है। यह यकृत, अमाशय, आँतों तथा उदर के अन्य अंगों को सुचारु तथा संतुलित बनाता है, तथा भूख बढ़ाता है। इससे नितम्बों की पेशियों में कसाव आता है और शरीर में स्वत: वज्रोली मुद्रा होने लगती है, साथ-ही इससे सिर के बल किये जाने वाले आसनों के अनेक लाभ भी प्राप्त होते हैं।

पूर्ण धनुरासन

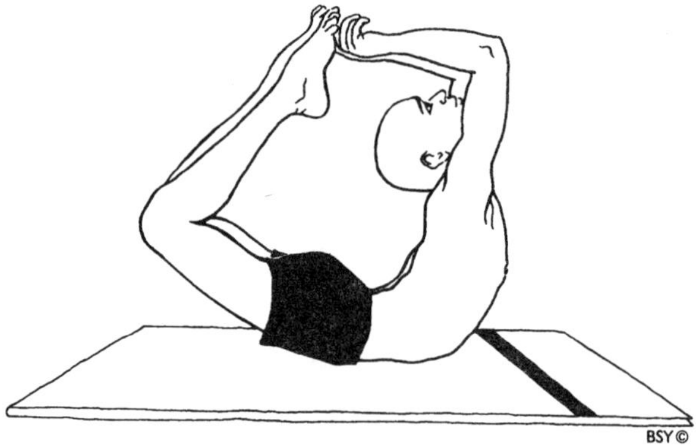

पूर्ण धनुरासन

पेट के बल लेट जायें और घुटनों को मोड़ें।

पंजों को हाथों से इस प्रकार पकड़ें कि हाथों के अँगूठे पैरों के तलवों पर रहें और उँगलियाँ पंजों के ऊपरी भाग के सम्पर्क में रहें या फिर हाथों की उँगलियों से पैरों के अँगूठों को पकड़ लें।

यह प्रारम्भिक स्थिति है।

पंजों को जहाँ तक सम्भव हो सिर के निकट लाते हुए सिर, वक्ष एवं जाँघों को ऊपर उठायें। कोहनियाँ ऊपर की ओर रहें।

अन्तिम स्थिति में शरीर पूरी तरह खिंचे हुए धनुष के समान दिखायी देता है। इस स्थिति में जितनी देर सुविधापूर्वक रह सकें, रहें।

धीरे से पैरों को छोड़ें और पेट के बल लेटी हुई स्थिति में आ जायें।

यह एक चक्र हुआ। प्रायः एक चक्र पर्याप्त होता है।

जब तक श्वसन और हृदय गति सामान्य न हो जाये, विश्राम करें।

श्वसन–प्रारम्भिक स्थिति में गहरी श्वास अन्दर लें।

अन्तिम स्थिति में आते समय श्वास को अन्दर रोकें।

अन्तिम स्थिति में श्वास को अन्दर रोकें या फिर धीमा, गहरा श्वसन करें।

प्रारम्भिक स्थिति में लौटते समय श्वास छोड़ें।

सजगता–शारीरिक–उदर अथवा पीठ पर।

आध्यात्मिक–मणिपुर चक्र पर।

क्रम–इस आसन का अधिकतम लाभ तब मिलेगा जब इसके पूर्व या पश्चात् आगे झुकने वाला कोई आसन किया जाये।

सीमायें–यह आसन उच्च अभ्यासियों के लिए है और इसका अभ्यास तभी करना चाहिए जब पीठ पर्याप्त लचीली हो। ऐसे लोग जिनका हृदय दुर्बल है या जो उच्च रक्तचाप, हर्निया, कोलाइटिस, पेप्टिक या ड्यूडेनल अल्सर के रोगी हैं, उन्हें इस आसन को करने का प्रयास नहीं करना चाहिए। इस आसन का अभ्यास रात्रि में शयन के पूर्व नहीं करना चाहिए, क्योंकि यह अधिवृक्क ग्रन्थियों तथा अनुकम्पी तंत्रिका-तन्त्र को उद्दीप्त करता है।

लाभ–इस आसन से सम्पूर्ण भोजन नली की कार्य प्रणाली में सुधार होता है। उदर के अंगों एवं पेशियों की मालिश होती है। इससे यकृत अग्न्याशय, गुर्दे तथा अधिवृक्क ग्रन्थियाँ पुष्ट होती हैं और उनके स्राव में संतुलन आता है। इससे पाचन क्रिया, मल निष्कासन प्रणाली एवं प्रजनन-अंगों के कार्यों में सुधार आता है। सामान्य रूप से यह रक्त संचार को बढ़ाता है। मेरुदण्ड की कशेरुकायें पुन: एक सीध में आ जाती हैं तथा अस्थि-बन्ध, पेशियाँ और तंत्रिकायें क्रियाशील होती हैं। इससे कन्धों, भुजाओं तथा पैरों की, विशेषरूप से जांघों की पेशियाँ सुदृढ़ होती हैं। यह ग्रीवा एवं वक्ष की अनुकम्पी तन्त्रिकाओं की ऊर्जा को मुक्त करने में सहायक होता है, जिससे श्वसन क्रिया में सामान्य रूप से सुधार होता है।

धनुराकर्षणासन

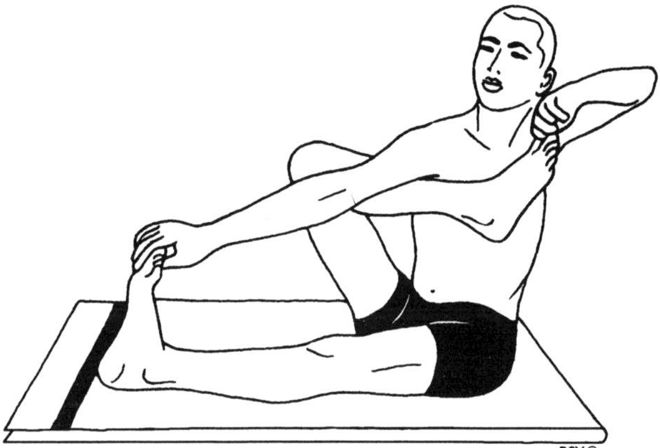

धनुराकर्षणासन

दायें पंजे को जाँघ पर रख कर अर्द्धपद्मासन में बैठ जायें और एक निश्चित बिन्दु पर निशाना साधने की भाँति दृष्टि केन्द्रित कर लें। यह प्रारम्भिक स्थिति है।

बायें हाथ से दायें पंजे को पकड़ लें और दायें हाथ से बायें पैर के पंजे या अँगूठे को पकड़ लें।

मेरुदण्ड एवं सिर को एक सीध में रखें।

दायें पैर के पंजे को को बायें कान की ओर खींचें।

यह अन्तिम स्थिति है।

जब तक आराम से रुक सकें तब तक इस स्थिति में रुकें।

दायें पंजे को पुन: बायीं जाँघ पर अर्द्धपद्मासन की स्थिति में रखें।

बायें पंजे को मुक्त करें और विश्राम करें।

दूसरी ओर अभ्यास को दुहरायें।

दोनों तरफ 3 बार अभ्यास को दुहरायें।

श्वसन–अँगूठे को कान की ओर खींचते समय श्वास लें।

अन्तिम स्थिति में आराम से रुकते समय श्वास अन्दर रोकें।

पंजे को वापस जाँघ पर लाते समय श्वास छोड़ें।

सजगता–शारीरिक–घुटनों, पंजों और कूल्हों के लचीलेपन पर, पीठ और सिर को सीधा रखने पर, श्वास के साथ गति के समन्वय और एक निश्चित बिन्दु पर दृष्टि केन्द्रित करने पर।

आध्यात्मिक–स्वाधिष्ठान चक्र पर।

क्रम–आसन-कार्यक्रम के किसी भी चरण में इसका अभ्यास किया जा सकता है।

सीमायें–स्लिप डिस्क, सायटिका, नितम्ब के जोड़ों के विस्थापन से पीड़ित व्यक्तियों को यह आसन नहीं करना चाहिए।

लाभ–यह नितम्ब के जोड़ों को ढीला करने और पैरों को लचीला बनाने के लिए एक उत्तम आसन है। यह भुजाओं को शक्ति प्रदान करता है और पीठ एवं गर्दन के तनाव को कम करने में सहायक होता है। यह उदर के अंगों को भी पुष्ट करता है और हाइड्रोसिल के उपचार में सहायक है।

प्रकारान्तर: जब इस मूल रूप का अभ्यास आसानी से होने लगे, तब दायें पंजे की एड़ी को बायें हाथ की हथेली पर रख कर अभ्यास करने का प्रयास किया जा सकता है।

टिप्पणी– *'धनु: आकर्षण' का अर्थ धनुष तानना होता है। यह आसन सौम्य और शालीन है। इसका अभ्यास तब तक करते जाना चाहिए जब तक यह अनायास न होने लग जाये और एक दक्ष धनुर्धर द्वारा अपने धनुष से बाणों की वर्षा करने जैसा प्रतीत न होने लगे।*

पृष्ठासन

पृष्ठासन

सीधे खड़े हो जायें, दोनों पंजों के बीच लगभग 30 सेन्टीमीटर की दूरी रखें और पैरों की उँगलियाँ बाहर की ओर रहें। घुटनों को मोड़कर उन्हें जमीन के अधिक-से-अधिक निकट ले आयें।

साथ-ही कमर से झुकते हुए धड़ को पीछे की ओर ले जायें।

भुजाओं को पीछे ले जाकर नीचे टखनों को पकड़ लें।

सिर को पीछे झुकायें।

बिना अधिक जोर लगाये सिर और पीठ को जमीन के और निकट लाने का प्रयास करें।

अन्तिम स्थिति में जब तक आराम से सम्भव हो, रुकें।

विकल्प के रूप में, मेरुदण्ड को पीछे की ओर झुकाते समय सहारा देने के लिए हाथों को कमर पर रखा जा सकता है और धीरे-धीरे उन्हें जाँघों और पैरों पर खिसकाते हुए नीचे लाया जा सकता है।

श्वसन–सीधे खड़े होने की स्थिति में श्वास लें।

पीछे की ओर झुकते और टखनों को पकड़ते समय श्वास छोड़ें।

अन्तिम स्थिति में सामान्य श्वास लें।

प्रारम्भिक स्थिति में लौटते समय श्वास को अन्दर रोकें। सीधे खड़े होने की स्थिति में श्वास बाहर छोड़ें।

अवधि–अधिक-से-अधिक 3 बार अभ्यास करें। आसन में रुकने का समय धीरे-धीरे बढ़ाते जायें।

सजगता–शारीरिक–पीठ को शिथिल करने और संतुलन बनाए रखने पर। आध्यात्मिक–मणिपुर चक्र पर।

क्रम–इसके बाद खड़े होकर आगे की ओर झुकने वाला कोई आसन, जैसे, उत्थित जानु शिरासन करें।

सीमायें–पेट के फोड़े, उच्च रक्तचाप, परिहृद् शिरावरोध (कोरोनरी थ्रोम्बोसिस) या पीठ के गम्भीर रोग वालों को यह आसन नहीं करना चाहिए।

लाभ–यह आसन उदर की पेशियों और अंगों को तानता है और उन्हें शक्ति प्रदान करता है। पीठ में रक्त-संचार बढ़ाता है, मेरुदण्ड की तन्त्रिकाओं को उद्दीप्त और पोषित करता है। यह पैरों को मजबूत बनाता है और संतुलन का विकास करता है।

प्रकारान्तर: पंजों के बीच लगभग 30 सेन्टीमीटर की दूरी रखकर और उन्हें बाहर की ओर घुमाकर सीधे खड़े हो जायें।

भुजाओं को सिर के ऊपर उठायें और धीरे-से धड़ को कमर से पीछे की ओर झुकायें। साथ-ही, घुटनों को मोड़ें और उन्हें आगे लायें।

भुजाओं को बगल में ले आयें और नीचे लाते हुए टखनों को पकड़ लें।

परिघासन

परिघासन

घुटनों के बल जमीन पर बैठ जायें, टखनों को एक साथ रखें।
पैर की उँगलियाँ जमीन पर सपाट रहें और धड़ सीधा।
मानसिक रूप से पूरे शरीर को शिथिल करें।
दायें पैर को दायीं ओर बगल में फैला लें और उसे धड़ एवं बायें घुटने की सीध में रखें।
दायें पैर की उँगलियों को थोड़ा अन्दर की ओर मोड़ लें और दायें पैर के तलवे को जमीन पर रखें।
भुजाओं को अगल-बगल कन्धों की ऊँचाई तक उठायें, जिससे वे एक सीधी रेखा में रहें।
धड़ एवं दायीं भुजा को बगल में फैले हुए पैर की ओर ले जायें।
दायीं भुजा के आगे के भाग और कलाई को क्रमश: पिण्डली एवं टखने पर टिकायें। दायीं हथेली ऊपर की ओर रहे।
दायाँ कान दायीं भुजा के ऊपरी भाग पर टिका रहेगा।
बायीं भुजा को सिर के ऊपर से ले जाते हुए बायीं हथेली को दायीं हथेली के ऊपर रखें।
अब बायाँ कान बायीं भुजा के ऊपरी भाग को स्पर्श करेगा।
यह सुनिश्चित कर लें कि सिर और धड़ सामने की ओर रहें, ताकि शरीर का आगे का भाग एक तल में रहे।

यह अन्तिम स्थिति है। इस स्थिति में आरामपूर्वक एक मिनट तक रहें। फिर सीधे हो जायें। दाहिने पैर को मोड़ें और टखनों को प्रारम्भिक स्थिति में एक साथ रखते हुए घुटनों के बल बैठ जायें।

दूसरी ओर अभ्यास को दुहरायें और उतनी ही अवधि तक अन्तिम स्थिति में रुकें।

प्रत्येक दिशा में एक बार दुहरायें।

श्वसन–भुजाओं को जमीन के समानान्तर ऊपर उठाते समय श्वास लें। बगल में झुकते समय श्वास बाहर छोड़ें।

अन्तिम स्थिति में सामान्य श्वसन करें।

सजगता–शारीरिक–बगल में होने वाले खिंचाव और संतुलन बनाये रखने पर। आध्यात्मिक–आज्ञा चक्र पर।

लाभ–इस आसन से श्रोणि-प्रदेश एवं धड़ में बगल की ओर अच्छा खिंचाव उत्पन्न होता है। यह उदर की पेशियों एवं अंगों की मालिश करता है और उदर के समीप चर्बी एकत्र होने तथा त्वचा को ढीला होने से बचाता है।

टिप्पणी–*इस स्थिति में शरीर की भंगिमा परिघ से मिलती-जुलती है, जिससे किवाड़ बन्द किया जाता है।*

चक्रासन

चक्रासन

पीठ के बल इस प्रकार लेट जायें कि घुटने मुड़े हुए हों और एड़ियाँ नितम्बों को छूती रहें। दोनों पंजों और घुटनों के बीच लगभग 30 सेन्टीमीटर की दूरी रहे।

हथेलियों को सिर की बगल में जमीन पर इस प्रकार रखें कि उँगलियाँ कन्धों की ओर रहें।

यह प्रारम्भिक स्थिति है।

धीरे-धीरे शरीर को ऊपर उठायें और पीठ को धनुषाकार बनायें। सिर को भी इस स्थिति में ले आयें कि शरीर के ऊपरी भाग का भार सिर के ऊपरी हिस्से पर पड़े।

यदि आवश्यक हो तो शरीर को और अधिक सहारा देने के लिए हाथों को शरीर की ओर बढ़ाएँ।

भुजाओं और पैरों को जितना सम्भव हो सीधा करें और सिर तथा धड़ को जमीन से ऊपर उठायें।

अन्तिम स्थिति में पीठ की वृत्ताकार आकृति को जितना सम्भव हो गहरा बनाने का प्रयास करें।

धड़ को आगे सिर की ओर ले जाते हुए घुटनों को और अधिक सीधा करें। सिर को दोनों सीधी भुजाओं के बीच झूलने दें।

एड़ियों को उठायें और पंजों के अग्र भाग और हथेलियों पर कुछ क्षण

शरीर को सन्तुलित करें, फिर एड़ियों को नीचे कर लें।

अन्तिम स्थिति में जितनी देर तक सुविधापूर्वक हो सके, रुकें।

धीरे-धीरे शरीर को नीचे लायें, जिससे कि सिर पहले जमीन पर टिके और तब शेष शरीर को नीचे लायें।

यह एक चक्र हुआ।

श्वसन–प्रारम्भिक स्थिति में श्वास अन्दर लें।

शरीर को ऊपर उठाते समय श्वास अन्दर रोकें।

अन्तिम स्थिति में श्वास अन्दर रोकें या सामान्य श्वसन करें।

शरीर को नीचे लाते समय श्वास बाहर छोड़ें।

अवधि–जितनी देर तक आरामदायक स्थिति में रह सकें, रहें। तीन चक्रों तक अभ्यास करें।

सजगता–शारीरिक-अन्तिम स्थिति में मेरुदण्ड के शिथिलीकरण पर तथा वक्ष और उदर पर।

आध्यात्मिक-मणिपुर चक्र पर।

क्रम–चक्रासन का अभ्यास पीछे झुकने वाले प्रारम्भिक एवं मध्यम आसनों में दक्षता प्राप्त कर लेने के बाद ही करना चाहिए। इस आसन के बाद आगे झुकने वाले आसन, जैसे, हलासन एवं सर्वांगासन करने चाहिए, जो गर्दन पर आगे की ओर एक कड़ा बन्ध लगाते हैं।

सीमायें–चक्रासन का अभ्यास बीमार होने, कलाइयाँ और पीठ कमजोर होने, गर्भावस्था या थकान महसूस होने पर नहीं करना चहिए। सिर के बल किये जाने वाले आसनों की सावधानियाँ यहाँ लागू होती हैं।

लाभ–चक्रासन तंत्रिका-तंत्र, पाचन-तंत्र, रक्त परिसंचरण-तंत्र, हृदय-वाहिका तंत्र एवं ग्रन्थियों की कार्य-प्रणाली को सुधारने में लाभदायक होता है। यह सभी हॉर्मोनों के स्राव को प्रभावित करता है और विभिन्न स्त्री-रोगों में आराम पहुँचाता है। यह पैरों को सुदृढ़ बनाता है।

अभ्यास टिप्पणी–चक्रासन का अभ्यास एक मुलायम दरी पर करना चाहिए, जो सिर का बचाव करेगी। इसका अभ्यास कम्बल पर नहीं करना चाहिए, क्योंकि वह अपने स्थान से खिसक सकता है।

यह सिर के बल किया जाने वाला एक आसन है, जिसमें सम्पूर्ण शरीर एवं तंत्रिका-तंत्र को एक असामान्य स्थिति में लाया जाता है। शरीर को ऊपर उठाना कठिन हो सकता है, क्योंकि हमारा तंत्रिका-तंत्र उसके लिए

तैयार नहीं रहता है। अधिक जोर न लगायें। तैयारी के लिए सेतू आसन जैसे आसनों का अभ्यास करें। यदि आकाश में शारीरिक स्थिति का आभास समाप्त हो जाये तो शरीर में बल भी नहीं रहता।

चक्रासन आकाश में शारीरिक स्थिति के इस आभास का विकास करता है।

प्रकारान्तर 1: (खड़े रहने की स्थिति से)

दोनों पंजों के बीच लगभग 30 सेन्टीमीटर की दूरी रखते हुए खड़े हो जायें। दोनों भुजाओं को सीधा रखते हुए सिर से ऊपर उठायें। भुजाओं के बीच कन्धों की चौड़ाई के बराबर दूरी रखें।

पीछे झुकें, पहले घुटनों को मोड़ें, फिर कूल्हों को और अन्त में मेरुदण्ड को। हाथों को कन्धों के नीचे जमीन पर लायें।

प्रकारान्तर 2: (पूर्ण चक्रासन)

जो लोग चक्रासन में सुविधापूर्वक रह सकते हैं, वे सावधानीपूर्वक हाथों को पंजों की ओर बढ़ा कर इस अभ्यास को आगे बढ़ा सकते हैं। अन्तिम स्थिति में, केवल यदि मेरुदण्ड अत्यधिक लचीला हो, तभी कोहनियों को जमीन पर टिका कर पंजों को पकड़ें और एक पूर्ण वृत्त बनायें।

हनुमानासन

हनुमानासन

बायें घुटने के बल बैठ जायें और दायें पंजे को बायें घुटने के सामने लगभग 30 सेन्टीमीटर की दूरी पर रखें।

हथेलियों को जमीन पर दायें पंजे के दोनों ओर रखें।

धीरे-धीरे दायें पंजे को क्रमशः आगे बढ़ायें, साथ-ही शरीर के भार को हाथों के सहारे सम्भालें।

दायें पंजे को अधिक-से-अधिक आगे की ओर तथा बायें पंजे को अधिक-से-अधिक पीछे की ओर ले जाते हुए बिना जोर लगाये पैरों को सीधा करने का प्रयास करें।

अन्तिम स्थिति में नितम्बों को नीचे लायें, जिससे कि श्रोणीय क्षेत्र और दोनों पैर एक सीध में जमीन पर आ जायें।

आँखें बन्द कर लें, शरीर को शिथिल करें और हथेलियों को जोड़कर प्रार्थना की मुद्रा में वक्ष के सामने लायें।

जाँच कर लें कि पीछे वाला घुटना सीधा रहे। इस स्थिति में जितनी देर आराम से रह सकें, रहें।

प्रारम्भिक स्थिति में लौट आयें।

दूसरे पैर को आगे कर आसन को दुहरायें।

श्वसन–पूरे अभ्यास के दौरान सामान्य श्वसन करें।

अवधि–दोनों पैरों से एक-एक बार।

सजगता–शारीरिक–कूल्हों, ऊरु-मूल तथा पैरों की पेशियों के खिंचाव एवं श्वास पर।

आध्यात्मिक–मूलाधार, आज्ञा या अनाहत पर।

क्रम–इस आसन के बाद एक या दो मिनट तक दोनों पैरों को फैला कर बैठें।

सीमायें–स्लिप डिस्क, सायटिका, हर्निया होने और नितम्ब के जोड़ों के अपने स्थान से हट जाने पर यह आसन एकदम वर्जित है।

लाभ–यह आसन पैरों और नितम्बों को लचीला बनाता और उनमें रक्त-संचार बढ़ाता है। यह उदर के अंगों की मालिश करता है, प्रजनन-प्रणाली को शक्ति प्रदान करता है और श्रोणि-प्रदेश को लचीला बनाता है।

अभ्यास टिप्पणी–हनुमानासन पैरों एवं नितम्बों के लचीले होने की अन्तिम परीक्षा है। बहुत कम लोग ही अन्तिम स्थिति में शरीर को जमीन पर इतना नीचे ला सकते हैं। जो लोग नहीं कर सकते, वे अधिक बल प्रयोग से बचने के लिए श्रोणीय क्षेत्र के नीचे तकिया या मुड़ा हुआ कम्बल रख सकते हैं।

ब्रह्मचर्यासन

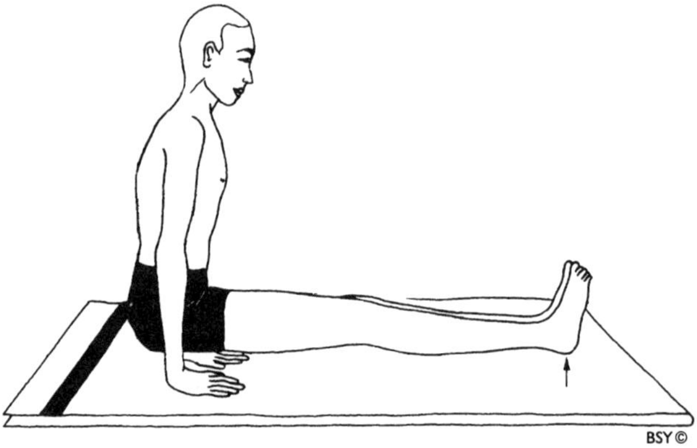

ब्रह्मचर्यासन

दोनों पैरों को शरीर के सामने फैलाकर बैठ जायें और उन्हें एक साथ रखें। हथेलियों को जमीन पर नितम्बों के दोनों बगल में इस प्रकार रखें कि उँगलियाँ सामने की ओर तथा कोहनियाँ सीधी रहें।

हाथों को थोड़ा आगे की ओर ले जाकर उनकी स्थिति को तब तक व्यवस्थित करें जब तक गुरुत्वाकर्षण-केन्द्र न मिल जाए।

उदर की पेशियों का उपयोग करते हुए तथा भुजाओं पर बल देते हुए नितम्बों, पैरों एवं पंजों को जमीन से ऊपर उठायें।

अन्तिम स्थिति में केवल हथेलियाँ जमीन पर रहेंगी।

सम्पूर्ण शरीर केवल हाथों के सहारे सन्तुलित रहेगा।

पैर सीधे एवं जमीन के समानान्तर रहें।

मेरुदण्ड हल्का-सा मुड़ सकता है।

जोर न लगायें। जितनी देर आराम से सम्भव हो, इस स्थिति में रुकें।

धीरे-धीरे नितम्बों एवं पैरों को नीचे जमीन पर लायें। दूसरा चक्र प्रारम्भ करने के पूर्व पैरों को सामने फैला कर कुछ समय तक विश्राम करें।

3 चक्र तक अभ्यास करें।

श्वसन–जमीन पर बैठी हुई स्थिति में श्वास लें।

शरीर को उठाते एवं संतुलित करते समय श्वास अन्दर रोकें।

जमीन पर लौटते समय श्वास छोड़ें।

सजगता–शारीरिक–उदर, नितम्ब, भुजाओं की पेशियों या मूलाधार में उत्पन्न तनाव पर।

आध्यात्मिक–मूलाधार या मणिपुर चक्र पर।

क्रम–इसके बाद शवासन या अद्वासन करें।

सीमायें–उच्च रक्त चाप, हृदय रोग अथवा हर्निया से पीड़ित व्यक्ति को यह अभ्यास नहीं करना चाहिए।

लाभ–यह आसन उदर के अंगों, पेशियों एवं भुजाओं तथा जाँघों को सुदृढ़ बनाता है। इस आसन के समय मूलाधार की पेशियाँ दृढ़ता से संकुचित होती हैं, जिससे स्वत: वज्रोली-मुद्रा, अश्विनी-मुद्रा और मूल-बन्ध लग जाते हैं। परिणामस्वरूप आध्यात्मिक उद्‌देश्य के लिए काम ऊर्जा को सुरक्षित रखने हेतु यह एक महत्त्वपूर्ण आसन है।

ग्रीवासन

ग्रीवासन

पीठ के बल लेट जायें।

घुटनों को मोड़ें और एड़ियों को शरीर के पास लाकर नितम्बों से स्पर्श करायें। दोनों घुटने और पंजे एक-दूसरे से थोड़ा अलग रहें।

हथेलियों को सिर के दोनों ओर जमीन पर कनपटियों की सीध में रखें।

हाथों और पंजों पर जोर डालकर धड़ को ऊपर उठायें, सिर के ऊपरी भाग को जमीन पर रखें।

सिर और पंजों के सहारे अपने को सन्तुलित करें।
भुजाओं को ऊपर उठायें और हाथ बाँधकर वक्ष पर रखें।
यह अन्तिम स्थिति है।
जितनी देर तक आरामपूर्वक हो सके, इस स्थिति में रुकें।

श्वसन–प्रारम्भिक स्थिति में गहरी श्वास अन्दर लें।
धड़ को ऊपर उठाते समय श्वास अन्दर रोकें।
अन्तिम स्थिति में श्वास को अन्दर रोकें या सामान्य श्वसन करें।
धड़ को नीचे लाते समय श्वास छोड़ें।

अवधि–अन्तिम स्थिति में रुकने का समय क्रमशः बढ़ाते हुए 3 चक्रों तक।

सजगता–शारीरिक-गर्दन, थायरायड ग्रन्थि या श्रोणि-प्रदेश पर, सिर के ऊपर के भाग तथा श्वास पर।
आध्यात्मिक-विशुद्धि या मणिपुर चक्र पर।

क्रम–इस आसन के पश्चात् पश्चिमोत्तानासन के समान आगे झुकने वाला कोई आसन करें, जिसमें गर्दन की कशेरुकाओं में खिंचाव हो।

सीमायें–इस आसन में बहुत जोर लगता है, अतः जो लोग पूर्ण रूप से स्वस्थ हों, उन्हें ही यह अभ्यास करना चाहिए। जिन लोगों को गर्दन सम्बन्धी कोई रोग, जैसे, स्पॉण्डिलाइटिस, गठिया, स्लिप डिस्क या उच्च रक्तचाप हो या हृदय की बीमारी, आँख की गम्भीर समस्या, अति अल्प दृष्टि, अंग-भ्रंश, हर्निया अथवा आमाशय में अम्लता हो, उन्हें यह अभ्यास नहीं करना चाहिए। सिर के बल किये जाने वाले आसनों की सावधानियाँ यहाँ लागू होती हैं।

लाभ–ग्रीवासन गर्दन, पीठ और जाँघों को सबल बनाता है और संतुलन के मनोभाव का विकास करता है।

शीर्षपाद भूमि स्पर्शासन

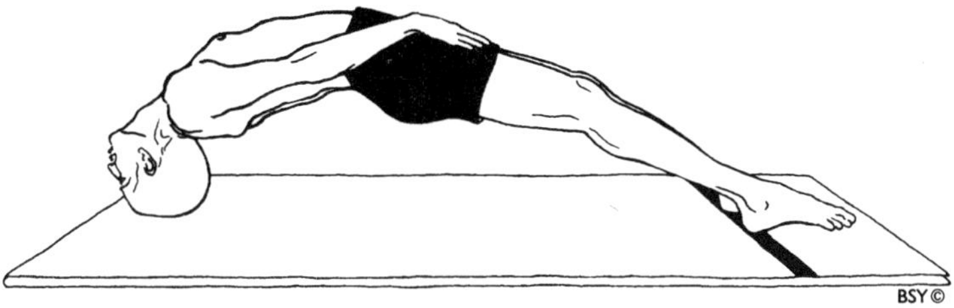

शीर्षपाद भूमि स्पर्शासन

शवासन में लेट जायें।

पूरे शरीर को शिथिल करें।

हथेलियों को जमीन पर रखें।

हाथों, कोहनियों और भुजाओं के निचले हिस्से को नीचे की ओर दबाते हुए, सिर और कन्धों को ऊपर उठायें। सिर के ऊपरी भाग को जमीन पर रखें।

शरीर में खिंचाव उत्पन्न कर शरीर को सिर की ओर बढ़ाते हुए धड़ को जितना सम्भव हो जमीन से ऊपर उठायें।

जब तक सन्तुलन स्थापित न हो जाये, भुजाओं तथा हाथों को शरीर को सहारा देने के लिए जमीन पर ही रखें।

पैरों को सीधा करने का प्रयास करें।

पैरों के तलवों को पूरी तरह जमीन पर रखें।

अन्तिम स्थिति में हथेलियों को जाँघों पर रखें।

सम्पूर्ण शरीर का भार सिर एवं पंजों पर संतुलित रहे।

अन्तिम स्थिति से वापस आने के लिए हाथों और भुजाओं को सहारे के लिए जमीन पर लायें और फिर धीरे-धीरे शरीर को नीचे करें।

विश्राम करें और श्वसन क्रिया को सामान्य होने दें।

यह एक चक्र हुआ।

श्वसन–धड़ को ऊपर उठाते समय और अन्तिम स्थिति में रुकते समय श्वास लें। शरीर को नीचे लाते समय श्वास छोड़ें।

अवधि–जितनी देर सुविधापूर्वक और बिना तनाव के सम्भव हो, इस स्थिति में रुकें। 3 चक्रों तक अभ्यास करें।

सजगता–शारीरिक–मेरुदण्ड और पीठ पर।

आध्यात्मिक–मणिपुर चक्र पर।

क्रम–इस आसन के बाद पश्चिमोत्तानासन जैसा आगे झुकने वाला कोई आसन करें, जिसमें गर्दन की कशेरुकाओं में आगे की ओर खिंचाव उत्पन्न हो।

सीमायें–इसका अभ्यास ऐसे व्यक्तियों को बिना मार्गदर्शन के नहीं करना चाहिए, जिन्हें उच्च रक्तचाप या हृदय रोग हो, अथवा जो किसी अन्य पुराने रोग से ग्रस्त हों। पूर्णरूप से स्वस्थ व्यक्तियों को ही इसे करने का प्रयास करना चाहिए। गर्दन की समस्या, गठिया, स्लिप डिस्क, अति अल्प दृष्टि दोष, आँख की गम्भीर बीमारी, अंग-भ्रंश, हर्निया और आमाशय की अम्लता वाले व्यक्ति को यह अभ्यास नहीं करना चाहिए। सिर के बल किये जाने वाले उच्च आसनों की सावधानियाँ यहाँ लागू होती हैं।

लाभ–यह आसन पीठ की मांसपेशियों को सबल एवं लचीला बनाता है। यह मेरुदण्ड की तंत्रिकाओं को उद्दीप्त करता और रक्त संचार बढ़ाता है। जाँघों, गर्दन तथा उदर की मांसपेशियों को सबल बनाता है। यह शिथिलीकरण लाने के लिए एक उत्तम आसन है।

पूर्ण मत्स्येन्द्रासन

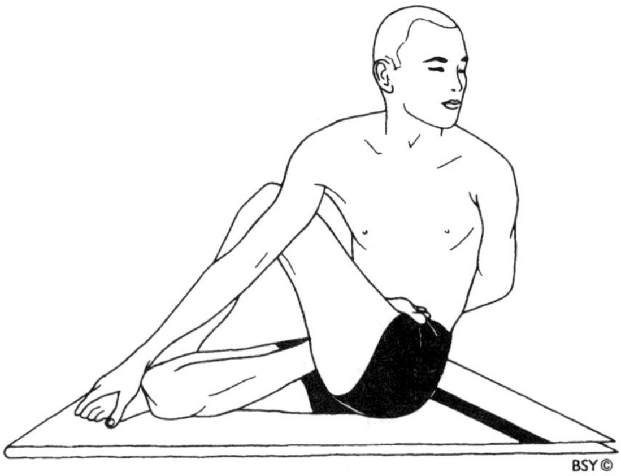

पूर्ण मत्स्येन्द्रासन

पैरों को सामने फैलाकर जमीन पर बैठ जायें।

पूरे शरीर को शिथिल करें।

अर्द्ध पद्मासन के समान दायें पंजे को बायीं जाँघ पर कमर के अधिक-से-अधिक निकट रखें।

दायें पंजे से पेट पर दबाव डालें और दायाँ घुटना जमीन पर ही रहे।

बायें घुटने को मोड़ें और पंजे को दायें घुटने के बाहर की ओर इस प्रकार रखें कि तलवा जमीन पर रहे।

शरीर को बायीं ओर मोड़ें और दायीं काँख को बायें घुटने के बाहरी भाग के पास ले आयें। बायें टखने या अगूँठे को दायें हाथ से पकड़ें।

सिर और मेरुदण्ड को सीधा रखने का प्रयास करें।

दायीं भुजा सीधी एवं बायीं पिण्डली की सीध में रहनी चाहिए।

बायीं भुजा को पीठ के पीछे रखें और दायीं एड़ी को हाथ से स्पर्श करने का प्रयास करें।

अधिक जोर न लगायें। न धड़ को शरीर की लोच से अधिक मोड़ें और न ही पैर को किसी प्रकार अर्द्धपद्मासन में रखते समय अस्वाभाविक रूप से ऊपर ले जायें।

दायें हाथ का सहारा लेकर धड़ को और अधिक बायीं ओर मोड़ें।
अन्त में सिर को बायें मोड़ें।
यह अन्तिम स्थिति है।
जब तक आराम से सम्भव हो, इस स्थिति में रहें।
धीरे-से सामने की ओर वापस आ जायें; पैरों, भुजाओं और हाथों को मुक्त कर दें और विश्राम करें।
पैर बदल कर इसी प्रक्रिया को दुहरायें और विपरीत दिशा में मुड़ें।
दोनों दिशाओं में मुड़ने के बाद पैरों को सामने फैला कर शवासन में विश्राम करें।

श्वसन–जब शरीर मुड़ने लगे तब श्वास छोड़ें। अन्तिम स्थिति में सामान्य श्वास लें। सामने की ओर लौटते समय श्वास अन्दर लें।

अवधि–दोनों ओर 2 मिनट तक अन्तिम स्थिति में रुकें।
इस आसन में अधिक समय तक नहीं रहना चाहिए।

सजगता–शारीरिक–मेरुदण्ड के मुड़ने पर या स्वाभाविक श्वास पर।
आध्यात्मिक–आज्ञा चक्र पर।

क्रम–जब पद्मासन और अर्द्ध मत्स्येन्द्रासन में निपुणता आ जाये, उसके पश्चात् ही इस आसन को करने का प्रयास करना चाहिए।

सीमायें–पेप्टिक अल्सर, हर्निया, चुल्लिका ग्रन्थि की अतिक्रियाशीलता, सायटिका अथवा स्लिप डिस्क से पीड़ित रोगी को यह अभ्यास नहीं करना चाहिए।

लाभ–यह आसन एक साथ पीठ और उदर की एक ओर की मांसपेशियों में खिंचाव लाता है और दूसरी ओर की मांसपेशियों को संकुचित करता है। यह मेरुदण्ड की तन्त्रिकाओं को शक्ति प्रदान करता है, पीठ की मांसपेशियों को लचीला बनाता है, कमर की वेदना तथा मांसपेशियों की ऐंठन में आराम पहुँचाता है और निकटवर्ती कशेरुकाओं में सूजन की समस्या व कैल्शियम के जमाव की प्रवृत्ति को कम करता है। यह उदर के अंगों की मालिश करता है और पाचन क्रिया सम्बन्धी समस्याओं को दूर करता है। यह एड्रिनल ग्रन्थि, यकृत तथा अग्न्याशय के स्राव को नियमित करता है और गुर्दों के लिये लाभकारी है।

***टिप्पणी**–यह आसन महायोगी मत्स्येन्द्रनाथ को समर्पित है, जो हठ-विद्या के प्रवर्त्तक हैं।*

मयूरासन

मयूरासन

जमीन पर घुटनों के बल बैठ जाएँ।

पंजों को एक साथ रखें और घुटनों को एक-दूसरे से अलग कर लें।

सामने की ओर झुकें और दोनों हथेलियों को घुटनों के बीच जमीन पर इस प्रकार रखें कि उँगलियाँ पंजों की ओर रहें। सुविधा एवं लचीलेपन को ध्यान में रख कर हाथों की स्थिति को व्यवस्थित कर लें।

कोहनियों एवं भुजाओं के आगे के भाग को एक-साथ रखें।

कुछ और आगे झुकें तथा उदर को कोहनियों पर टिकायें और वक्ष को भुजाओं के ऊपरी भाग पर।

पैरों को पीछे की ओर इस प्रकार फैलायें कि वे सीधे और एक साथ रहें।

शरीर की पेशियों पर बल डालते हुए धीरे-धीरे धड़ एवं पैरों को इस प्रकार ऊपर उठायें कि वे जमीन के समानान्तर हो जायें।

सिर को ऊपर उठा कर रखें।

अब सम्पूर्ण शरीर का भार केवल हथेलियों पर संतुलित रहेगा।

पेशियों पर अधिक जोर लगाकर, पैरों को सीधा रखते हुए तथा शरीर के संतुलन को व्यवस्थित करते हुए पैरों और पंजों को एक साथ और ऊँचा उठाने का प्रयास करें। अधिक जोर न लगायें।

अन्तिम स्थिति में शरीर का भार उदर की पेशियों पर रहें, वक्ष पर नहीं।

कुछ समय तक इस स्थिति में रहें, फिर धीरे-धीरे प्रारम्भिक स्थिति में लौट आयें।

यह एक चक्र हुआ।

जब श्वास की गति सामान्य हो जाये, तब अभ्यास की पुनरावृत्ति की जा सकती है।

श्वसन–शरीर को जमीन से ऊपर उठाते समय श्वास छोड़ें।

शरीर को वापस जमीन पर नीचे लाते समय श्वास लें।

प्रारम्भ में और, अन्तिम स्थिति में श्वास को बाहर ही रोकें।

अनुभवी अभ्यासी इस स्थिति में धीमा एवं गहरा श्वसन कर सकते हैं।

दूसरा चक्र प्रारम्भ करने के पूर्व श्वास को सामान्य हो जाने दें।

अवधि–3 चक्रों तक। प्रारम्भ में यह आसन कुछ क्षणों के लिए ही करना चाहिए और धीरे-धीरे अभ्यास की अवधि को बढ़ाना चाहिए। उच्च साधक अन्तिम स्थिति में कुछ मिनटों तक रुक सकते हैं।

सजगता–शारीरिक–उदर के ऊपर दबाव पर और संतुलन बनाये रखने पर।

आध्यात्मिक–मणिपुर चक्र पर।

क्रम–आसन-सत्र के अन्त में इसका अभ्यास करें। मयूरासन रक्त के संचार को तीव्रता से बढ़ा देता है और शुद्धिकरण की प्रक्रिया के क्रम में रक्त में जैव-विष की वृद्धि कर देता है। इसलिए सिर के बल किये जाने वाले किसी आसन के पूर्व इसे कभी नहीं करना चाहिए, क्योंकि यह अतिरिक्त जैव-विष को सीधे मस्तिष्क की ओर ले जा सकता है।

सीमायें–उच्च रक्तचाप या हृदय-रोग, हर्निया, पेप्टिक या ड्यूडेनल अल्सर वाले व्यक्तियों को मयूरासन नहीं करना चाहिए। किसी प्रकार की बीमारी या शारीरिक दुर्बलता का लक्षण प्रकट होने पर यह आसन नहीं करना चाहिए। गर्भवती महिलाओं को भी यह आसन नहीं करने का परामर्श दिया जाता है। सिर के बल किये जाने वाले आसनों की सावधानियाँ भी यहाँ लागू होती हैं।

लाभ–यह आसन चयापचय की प्रक्रियाओं को उद्दीप्त करता है, जिससे विभिन्न अंगों में रस-स्राव में वृद्धि होती है। यह रक्त से विषैले पदार्थों को तीव्रता से दूर करता है और चर्म-रोग, जैसे, फोड़े को दूर करने में सहायक है। सभी पाचन-अंगों की मालिश होती है और आँतों के क्रमाकुंचन की प्रक्रिया उद्दीप्त होती है। उदर-वायु, कब्ज, मधुमेह,

यकृत और गुर्दे की मन्दता के उपचार में इसका उपयोग किया जाता है। यह अन्तःस्रावी ग्रन्थियों में सामंजस्य लाता है, मानसिक एवं शारीरिक संतुलन विकसित करता है, सम्पूर्ण शरीर की पेशियों को मजबूत बनाता है और पेशीय-नियन्त्रण को बढ़ाता है। विशेषकर शरीर में पहले से संचित विषैले पदार्थ जलकर नष्ट हो जाते हैं, परिणामस्वरूप त्रिदोषों–वात, कफ और पित्त के बीच संतुलन एवं सामंजस्य आता है।

अभ्यास टिप्पणी–चूँकि स्त्रियों के उदर एवं वक्ष-प्रदेश में पुरुषों से भिन्न पेशीय संरचना होती है, अतः उन्हें मयूरासन अधिक कठिन प्रतीत हो सकता है।

अन्तिम स्थिति से आगे की ओर गिर जाना बड़ा आसान है, जिससे नाक जमीन से टकरा कर जख्मी हो सकती है, अतः सावधानी आवश्यक है। यदि आवश्यक हो तो मुँह के नीचे जमीन पर एक छोटा तकिया रख लें।

पद्म मयूरासन

पद्म मयूरासन

पद्मासन में बैठ जायें। घुटनों के बल खड़े हो जायें और दोनों हथेलियों को शरीर के सामने जमीन पर इस प्रकार रखें कि उँगलियाँ घुटनों की ओर रहें।

कोहनियों को मोड़ें और उन्हें एक साथ रखें।

सामने की ओर झुकें और कोहनियों को पेट के दोनों ओर ले आयें।

थोड़ा और आगे झुकें और वक्ष को भुजाओं के ऊपरी भाग पर साधें।

शरीर के संतुलन बिन्दु को ध्यान में रखें।

कुछ और आगे झुकें और धीरे-से मुड़े हुए पैरों को जमीन से ऊपर उठायें। अधिक जोर न लगायें।

धड़, सिर और पैर एक सीधी रेखा में जमीन के समानान्तर रहें। यह अन्तिम स्थिति है।

जब तक सुखद एवं आरामदायक लगे, इस स्थिति में रहें।

धीरे-धीरे घुटनों को नीचे लायें और प्रारम्भिक स्थिति में लौट आयें।

पैरों की स्थिति को बदलकर, दूसरे पंजे को ऊपर लाकर दूसरा चक्र प्रारम्भ करें।

सीमायें–मयूरासन के समान। इसके अतिरिक्त सायटिका तथा दुर्बल या चोट ग्रस्त घुटनों वालों को यह अभ्यास नहीं करना चाहिए।

अन्य विवरण–मयूरासन के समान।

अभ्यास टिप्पणी–यदि अभ्यासी पद्मासन में सुखपूर्वक बैठने में सक्षम हो तो मूल मयूरासन की अपेक्षा पद्म मयूरासन करना अधिक सुविधाजनक है, विशेषकर महिलाओं के लिए।

मूल बन्धासन

मूल बन्धासन

पैरों को शरीर के सामने फैलाकर बैठ जायें।

घुटनों को मोड़ें और पैरों के तलवों को मिला लें। एड़ियों को शरीर की ओर लायें।

पंजों का बाहरी भाग जमीन पर रहे। हाथों को नितम्बों के पीछे इस प्रकार रखें कि उँगलियाँ पीछे की ओर रहें। नितम्बों को उठाकर एड़ियों के ऊपर रखें, जिससे एड़ियों का दबाव मूलाधार पर पड़े।

घुटने जमीन पर रहें। टखनों पर दबाव न डालें।

हाथों को घुटनों के ऊपर चिन् या ज्ञान-मुद्रा में रखें।

नासिकाग्र-दृष्टि का अभ्यास करें।

अन्तिम स्थिति में जब तक सुविधापूर्वक रह सकें, रहें।

पंजों को अलग कर उन्हें सामने फैला लें।

जब पैर और पंजे तनाव-मुक्त हो जायें, तब क्रिया को दुहरायें।

श्वसन–पूरे अभ्यास के दौरान सामान्य श्वसन करें।

सजगता–शारीरिक–मूलाधार पर एड़ियों के दबाव पर।

आध्यात्मिक–मूलाधार चक्र या नासिकाग्र पर।

सीमायें–जब तक घुटनों और टखनों में बहुत लचीलापन न आ जाये तब तक इस आसन को करने का प्रयास नहीं करना चाहिए।

लाभ–इस आसन में मूल-बन्ध स्वतः लग जाता है। इसलिए मूल रूप से, मूलाधार-चक्र के जागरण के लिए इसका उपयोग किया जाता है। काम-ऊर्जा की रक्षा के लिए यह एक महत्त्वपूर्ण आसन है। यह प्रजनन एवं उत्सर्जक अंगों को पुष्ट करता है। यह पैरों को भी बहुत लचीला बनाता है।

***टिप्पणी**– भद्रासन मूल बन्धासन का एक प्रकारान्तर है।*

गोरक्षासन

गोरक्षासन

पैरों को शरीर के सामने फैलाकर बैठ जायें।

घुटनों को मोड़ें, पंजों को पकड़ लें और तलवों को मिला दें।

एड़ियों को मूलाधार तक लायें।

पैरों की उँगलियों के अग्र भाग को जमीन पर रखते हुए एड़ियों को ऊपर उठायें।

हाथों को नितम्बों के पीछे रखें, उँगलियाँ पीछे की ओर रहें। शरीर को तब तक आगे करें जब तक पैर के पंजे लम्बवत् न हो जायें। घुटने जमीन पर ही रहने चाहिए।

जोर न लगायें।

नाभि के सामने कलाइयों को कैंचीनुमा स्थिति में रखकर बायीं एड़ी को दायें हाथ से और दायीं एड़ी को बायें हाथ से पकड़ लें।

मेरुदण्ड को सीधा करें और सामने देखें।

नासिकाग्र दृष्टि का अभ्यास करें।

यह अन्तिम स्थिति है।

जब तक आराम से सम्भव हो, इस स्थिति में रुकें।

श्वसन–पूरे अभ्यास के दौरान सामान्य श्वसन।

सजगता–शारीरिक–संतुलन बनाये रखने पर या पंजों एवं घुटनों पर।

आध्यात्मिक–मूलाधार चक्र पर।

सीमायें–जब तक घुटनों और टखनों में बहुत लचीलापन न आ जाये तब तक इस आसन को करने का प्रयास नहीं करना चाहिए।

लाभ–यह आसन अपान के प्रवाह की दिशा को उलट देता है और उसे ऊपर उच्चतर केन्द्रों में, ध्यानावस्था में उपयोग के लिए प्रेषित कर देता है। यह पैरों और पंजों को बहुत अधिक लचीला बनाता है।

अभ्यास टिप्पणी–इस आसन को करने के लिए पैरों और पंजों की पेशियों में धीरे-धीरे कुछ समय तक खिंचाव पैदा करने की आवश्यकता होती है।

***टिप्पणी**–जो लोग इसकी अन्तिम स्थिति में आरामपूर्वक रह सकते हैं, वे इसका उपयोग ध्यान के लिए कर सकते हैं। यह महायोगी गोरखनाथ का ध्यान का प्रिय आसन था।*

अष्ट वक्रासन

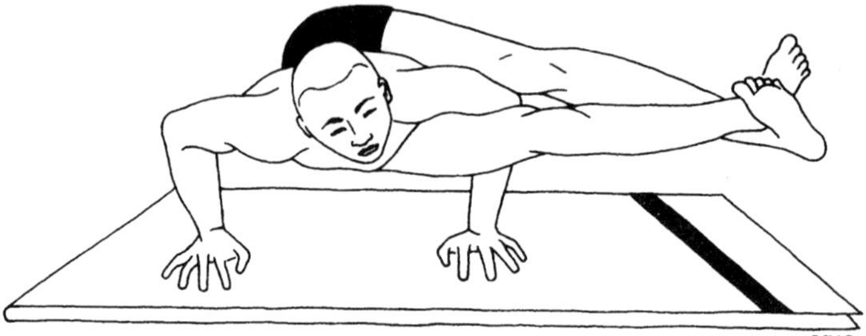

अष्ट वक्रासन

पंजों के बीच लगभग आधा मीटर की दूरी रख कर खड़े हो जायें।
घुटनों को मोड़ें। दायीं हथेली को दोनों पंजों के बीच जमीन पर और बायीं हथेली को बायें पंजे के थोड़ा आगे रखें।
दायें पैर को दायीं भुजा के ऊपर इस प्रकार रखें कि दाहिनी जाँघ कोहनी के ठीक ऊपर दाहिनी भुजा के ऊपरी भाग पर रहे।
बायें पंजे को आगे भुजाओं के बीच ले आयें, जिससे वह दायें पंजे के निकट रहे।
दोनों पैरों को जमीन से ऊपर उठायें।
बायें पंजे को दायें टखने पर रख कर पैरों को आपस में फँसा लें।
दोनों पैरों को दायीं तरफ फैला दें।
यह सुनिश्चित कर लें कि दायीं भुजा जाँघों के मध्य में हो।
दायीं कोहनी को जाँघों के नीचे थोड़ा झुका लें और बायीं भुजा को सीधा रखें।
भुजाओं पर संतुलन स्थापित करें।
कोहनियों को मोड़ें, धड़ एवं सिर को तब तक नीचे लायें जब तक वे जमीन के समानान्तर न हो जायें।
यह अन्तिम स्थिति है।
जब तक आराम से सम्भव हो, इस स्थिति में रुकें।
भुजाओं को सीधा करें और धड़ को ऊपर उठायें।

पैरों को अलग करें और उन्हें जमीन पर ले आयें।

प्रारम्भिक स्थिति में वापस आ जायें।

विपरीत दिशा में पुनरावृत्ति करें।

श्वसन–पैरों को जमीन से ऊपर उठाते समय और सिर एवं धड़ को अन्तिम स्थिति में नीचे लाते समय श्वास छोड़ें।

अन्तिम स्थिति में सामान्य श्वास लें।

पैरों को बगल में फैलाते समय और अन्तिम स्थिति से धड़ को ऊपर उठाते समय श्वास भीतर लें।

सजगता–शारीरिक-संतुलन बनाये रखने पर।

आध्यात्मिक-मणिपुर चक्र पर।

क्रम–इस आसन के बाद शवासन या अद्वासन करें।

सीमायें–जब तक भुजायें और कन्धे बहुत सुदृढ़ न हो जायें, इस आसन को करने का प्रयास न करें। हृदय रोग, उच्च रक्तचाप, पीठ अथवा कूल्हों की समस्या वाले व्यक्ति को यह अभ्यास नहीं करना चाहिए।

लाभ–यह आसन सम्पूर्ण शरीर और मस्तिष्क में तन्त्रिका-नियन्त्रण का विकास करता है। यह अपान के प्रवाह की दिशा को विपरीत कर देता है, ऊर्जा को मणिपुर चक्र की ओर प्रवाहित करता है और ब्रह्मचर्य-पालन में सहायक होता है। यह कलाइयों, भुजाओं और पैरों की पेशियों को सुदृढ़ बनाता है और साथ-ही उदर की पेशियों को भी मजबूती प्रदान करता है।

***टिप्पणी**–अष्ट वक्रासन ऋषि अष्टवक्र को समर्पित है, जो मिथिला के राजा जनक के गुरु थे। जब वे अपनी माता के गर्भ में थे, उनके पिता कगोल ने वेद-पाठ में कई गलतियाँ कीं। यह सुनकर गर्भस्थ ऋषि हँस दिये। पिता क्रुद्ध हो गये और उन्होंने शाप दे दिया कि तुम वक्र पैदा होओ। अन्ततः वे आठ अंगों से टेढ़े-मेढ़े पैदा हुए और इसीलिए अष्ट वक्र कहलाये।*

वृश्चिकासन

वृश्चिकासन

सिर के लिए जमीन पर मोड़ा हुआ कम्बल रखें। शीर्षासन की अन्तिम स्थिति में आ जायें। पूरे शरीर को शिथिल करें, घुटनों को पीछे मोड़ लें और पीठ को धनुषाकार बनायें।

संतुलन प्राप्त कर लेने पर भुजाओं के आगे के भाग को सावधानी के साथ इस प्रकार रखें कि वे सिर के दोनों ओर एक-दूसरे के समानान्तर रहें और हथेलियाँ जमीन पर रहें।

शरीर के भार को भुजाओं के अग्र भाग पर स्थानान्तरित करें और सन्तुलन बनायें।

पंजों को सिर की ओर अधिक-से-अधिक नीचे लायें।

धीरे-धीरे सिर को पीछे ले जाते हुए ऊपर उठायें।

भुजाओं के ऊपरी भाग को इस प्रकार उठायें कि वे लम्बवत् हो जायें।

अन्तिम स्थिति में एड़ियाँ सिर के ऊपरी भाग पर रहनी चाहिए। पूरे शरीर को जितना सम्भव हो शिथिल करने का प्रयास करें। जब तक आराम से सम्भव हो, अन्तिम स्थिति में रुकें।

धीरे-से शीर्षासन में लौटें और पंजों को नीचे जमीन पर ले आयें। सीधे खड़े होने की स्थिति में आने के पूर्व एक या दो मिनट तक शशांकासन में विश्राम करें।

श्वसन–शीर्षासन में आते समय श्वास को अन्दर रोकें।
शीर्षासन में सामान्य श्वसन करें।
वृश्चिकासन का अभ्यास सीखते समय पैरों को क्रमशः नीचे लाया जा सकता है; श्वास लें और मेरुदण्ड को शिथिल करें, श्वास छोड़ें और हर बार थोड़ा अधिक नीचे लायें।
उच्च अभ्यासी अन्तिम स्थिति में आते समय श्वास अन्दर रोक सकते हैं। इस आसन में गर्दन, कन्धे, मेरुदण्ड और उदर सभी को ताना जाता है, इसलिए श्वसन तीव्र गति से एवं भारी हो सकता है। फिर भी अन्तिम स्थिति में सामान्य रूप से श्वसन करने का प्रयास करें।

अवधि–लम्बे समय तक वृश्चिकासन में रुकना कठिन है। प्रारम्भ में 30 सैकण्ड तक रुका जा सकता है, उच्च अभ्यासी 5 मिनट तक रुक सकते हैं।

सजगता–शारीरिक–वृश्चिकासन से शीर्षासन के बीच आते-जाते समय भुजाओं के अग्र भाग या सिर पर भार स्थानान्तरित करने तथा संतुलन बनाये रखने पर।
आध्यात्मिक–आज्ञा चक्र पर।

क्रम–आसन-सत्र के अन्त में वृश्चिकासन करें। उसके बाद उतने ही समय तक आगे की ओर झुकने वाला कोई आसन करें। उसके बाद 30 सैकण्ड तक ताड़ासन करें।
अन्त में शवासन में विश्राम करें।

सीमायें–उच्च रक्तचाप, चक्कर आना, प्रमस्तिष्क शिरावरोध, पुराने जुकाम या हृदय-रोग से ग्रस्त व्यक्तियों को यह आसन नहीं करना चाहिए। वे लोग ही इस आसन को करने का प्रयास करें जो सिर के बल किए जाने वाले सभी आसनों को बिना किसी कठिनाई के कर सकते हैं। सिर के बल किये जाने वाले उच्च आसनों की सावधानियों को ध्यान से देखें।

लाभ–वृश्चिकासन शरीर के वृद्ध होने की प्रक्रिया को रोक कर शरीर में प्राण को पुनर्व्यवस्थित करता है। यह मस्तिष्क एवं पीयूष-ग्रन्थि में रक्त-प्रवाह में वृद्धि करता है, शरीर के समस्त संस्थानों में नव-प्राण का संचार करता है। यह नीचे के अंगों और उदर में रक्त-संचार बढ़ाता है तथा प्रजनन अंगों का पोषण करता है। धनुषाकार स्थिति पीठ में खिंचाव लाकर उसे शिथिल बनाती है और मेरुदण्ड की तन्त्रिकाओं को पोषण प्रदान

करती है। यह आसन भुजाओं को मजबूत बनाता है और संतुलन की भावना विकसित करता है।

अभ्यास टिप्पणी–जब तक इस आसन में निपुणता प्राप्त न हो जाये, तब तक यह अभ्यास किसी दीवार के पास ही करें। आस-पास में कोई फर्नीचर या अन्य सामान न रहे, ताकि कभी संतुलन बिगड़ने पर गिरते समय चोट लगने की सम्भावना न रहे।

टिप्पणी– *वृश्चिक का अर्थ है बिच्छू। बिच्छू किसी को डंक मारने के लिए अपनी पूँछ को पीठ के ऊपर तानता है और तब अपने सिर के ऊपर पूँछ बढ़ाकर डंक मारता है। यह आसन डंक मारते बिच्छू की आकृति से मिलता है।*

एक पाद शिरासन

एक पाद शिरासन

दोनों पैरों को सामने फैलाकर बैठ जायें।

दाहिने घुटने को थोड़ा बाहर की ओर घुमाते हुए मोड़ें।

दाहिनी भुजा को पिण्डली के नीचे ले आयें और पैर के बाहरी भाग को ठीक टखने के ऊपर पकड़ लें।

बायीं भुजा को ऊपर उठायें और दाहिने टखने के बाहरी भाग को पकड़ लें। दाहिनी भुजा को इस प्रकार व्यवस्थित करें कि कोहनी, जाँघ और पैर के निचले भाग के बीच में रहे।

भुजाओं और हाथों के सहारे दायें पैर को ऊपर उठायें।

जैसे ही पैर ऊपर उठे, धड़ को आगे झुकायें और थोड़ा बायीं ओर मोड़ें।

बिना जोर लगाये पैर को दाहिने कन्धे के ऊपर रखें।

दाहिने हाथ की पकड़ ढीली कर दें।

बायीं भुजा का उपयोग करते हुए और दायीं भुजा के ऊपरी भाग से जाँघ को पीछे की ओर खिसकाते हुए दाहिने पैर को और ऊँचा उठायें।

बिना अधिक जोर लगाये दायें पंजे को सिर के पीछे, गर्दन के पिछले भाग पर रख दें।

यह स्थिति पिण्डली के नीचे गर्दन को आगे झुकाने से प्राप्त होती है और इस स्थिति में पिण्डली कन्धे पर टिकी रहती है।

अन्त में हाथों को प्रणाम मुद्रा में वक्ष के सामने उरोस्थि-केन्द्र पर रखें।

मेरुदण्ड को सीधा करने का प्रयास करें और सिर को सीधा रखें।

यह अन्तिम स्थिति है।

आँखों को बन्द कर लें और जितनी देर सुविधापूर्वक सम्भव हो, इस स्थिति में रहें।

धीरे-से पैर को मुक्त कर प्रारम्भिक स्थिति में लौट आयें।

दूसरे पैर से अभ्यास की पुनरावृत्ति करें।

श्वसन–अन्तिम स्थिति में आने तक सामान्य श्वास लें।

अन्तिम स्थिति में धीमी एवं गहरी श्वास लें।

अवधि–प्रत्येक पैर से एक या दो बार।

सजगता–शारीरिक–कूल्हों, ऊरु-मूल तथा पैरों की पेशियों में खिंचाव पर, उदर में दबाव तथा मेरुदण्ड में संवेदनाओं पर।

आध्यात्मिक–अनाहत चक्र पर।

क्रम–एक पाद शिरासन के तुरंत बाद या पहले पीछे झुकने वाला कोई आसन करना चाहिए।

सीमायें–सायटिका, कूल्हों से सम्बन्धित समस्या या हर्निया से पीड़ित व्यक्तियों को यह आसन नहीं करना चाहिए। पेशीय तनाव तथा अस्थि-बन्धक तन्तुओं को क्षति से बचाने के लिए यह आवश्यक है कि इस आसन का

प्रयास तब तक न किया जाये जब तक शरीर में बहुत लचीलापन न आ जाये। पीठ की समस्या वालों को भी यह अभ्यास नहीं करना चाहिए।

लाभ– यह आसन उदर के दोनों भागों पर दबाव डालता है, आन्तरिक अंगों की अच्छी मालिश करता है, क्रमाकुंचन को उद्दीप्त करता है और कब्ज मिटाता है। यह प्रजनन अंगों को पुष्ट करता है और पैरों में रक्त-संचार बढ़ाता है, स्फीत शिरा में आराम पहुँचाता है और चक्रों में ऊर्जा के स्तर को बढ़ाता है, जिससे शरीर और मन की ओजस्विता में वृद्धि होती है।

अभ्यास टिप्पणी– पाचन की स्वाभाविक दिशा में आन्तरिक अंगों की मालिश के लिए दायें पैर को पहले उठाना चाहिए।

इस आसन का अभ्यास करने के लिए नितम्बों का बहुत अधिक लचीला होना आवश्यक है।

उत्थान एक पाद शिरासन

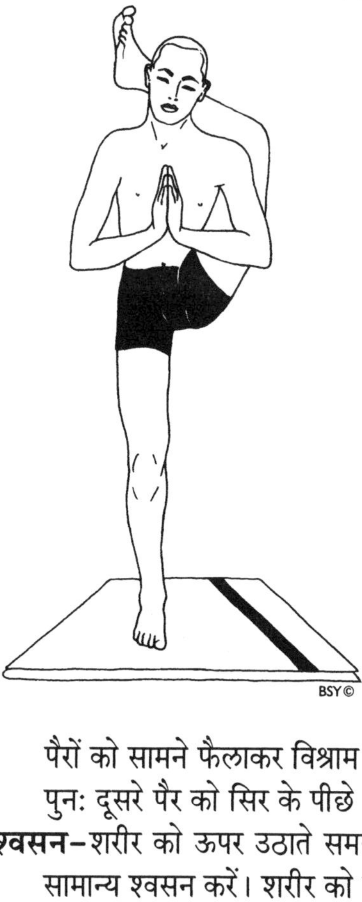

उत्थान एक पाद शिरासन

दायें पैर को सिर के पीछे लाकर एक पाद शिरासन की स्थिति में आ जायें।

हाथों और भुजाओं का सहारा लेकर दोनों हथेलियों को जमीन पर रखें।

थोड़ा पीछे झुकें और बायें पैर पर उकड़ूँ बैठ जायें।

घुटने को सीधा करते हुए सीधे खड़े हो जायें।

जोर न लगायें।

जब खड़ी हुई स्थिति में संतुलन स्थापित हो जाए, तब हथेलियों को जोड़कर वक्ष के सामने रखें।

यह अन्तिम स्थिति है।

सीधे खड़ी हुई स्थिति में जितनी देर आरामपूर्वक सम्भव हो, संतुलन बनाये रखें। सावधानीपूर्वक बैठ जायें और उठे हुए पैर को नीचे ले आयें।

पैरों को सामने फैलाकर विश्राम करें।

पुनः दूसरे पैर को सिर के पीछे रखकर क्रिया की पुनरावृत्ति करें।

श्वसन–शरीर को ऊपर उठाते समय श्वास अन्दर लें। अन्तिम स्थिति में सामान्य श्वसन करें। शरीर को नीचे लाते समय श्वास छोड़ें।

सजगता–शारीरिक–शरीर को सीधे खड़े होने की स्थिति में ऊपर उठाने पर, अन्तिम स्थिति में सामान्य श्वसन और सन्तुलन बनाये रखने पर।

आध्यात्मिक–अनाहत चक्र पर।

क्रम–एक पाद शिरासन में पूर्ण निपुणता प्राप्त कर लेने के बाद ही यह आसन करना चाहिए।

सीमायें–एक पाद शिरासन के समान। इसके अतिरिक्त इसमें घुटनों व टखनों पर बहुत दबाव पड़ता है।

जिन्हें उच्च रक्तचाप हो अथवा चक्कर आते हों, उन्हें यह अभ्यास नहीं करना चाहिए।

लाभ–एक पाद शिरासन के समान। इसके अतिरिक्त इस आसन से जाँघों और पीठ की पेशियाँ सुदृढ़ होती हैं तथा एकाग्रता बढ़ती है।

द्विपाद शिरासन

चरण 1

चरण 2

द्विपाद शिरासन

एक पाद शिरासन में आयें और विश्राम करें।

बायें पैर को एक पाद शिरासन की तरह सावधानी से बिना जोर लगाये बायें कन्धे पर रखें।

एड़ियों को कैंचीनुमा आकार में एक-दूसरे के ऊपर रख कर पंजों को गर्दन के पीछे आपस में फँसा लें। जोर न लगायें।

हाथों को नितम्बों के बगल में जमीन पर रखें और शरीर को अनुत्रिक (मेरुदण्ड की अन्तिम अस्थि) पर संतुलित करें।

जब संतुलन स्थापित हो जाय, तब निम्नलिखित चरणों का अभ्यास करें।

चरण 1: हथेलियों को प्रार्थना की मुद्रा में वक्ष के सामने रखें। इस स्थिति में 10 से 30 सैकण्ड तक रहें और तब पुन: हथेलियों को नितम्बों की बगल में रखें।

चरण 2: कोहनियों को सीधा करें, श्वास छोड़ें और हाथों पर संतुलन बनाते हुए सम्पूर्ण शरीर को जमीन से ऊपर उठा लें। टखनों को आपस में फँसायें रखें।

इस स्थिति में जितनी देर सुविधापूर्वक रह सकें, रहें और फिर धीरे-से शरीर को जमीन पर वापस ले आयें।

श्वसन–दूसरे पंजे को गर्दन के पीछे रखते समय श्वास छोड़ें, अन्यथा सामान्य श्वसन करें।

अन्य विवरण–द्विपाद कन्धरासन के समान।

द्विपाद कन्धरासन

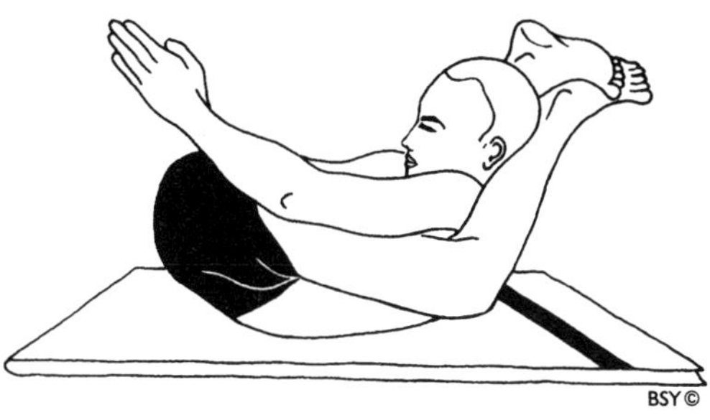

द्विपाद कन्धरासन

पीठ के बल लेट जायें।

पैर शरीर की सीध में रहें और भुजायें बगल में।

पूरे शरीर को शिथिल करें।

एक पैर को मोड़ें और उसे सिर की ओर ले आयें।

उसे इस प्रकार रखें कि पंजा सिर के पीछे और जाँघ काँख के नीचे आ जाए।

दूसरे पैर से इस क्रिया को दुहरायें, जिससे दोनों भुजायें पैरों के ऊपर टिक जायें।

पैरों को धीरे-से भुजाओं से नीचे की ओर दबायें।

सिर के पीछे पंजों को एक-दूसरे के आर-पार ले जाकर कैंचीनुमा स्थिति में रखने का प्रयास करें।

जोर न लगायें।

अन्तिम स्थिति में भुजाओं को आगे की ओर रखें और हथेलियों को प्रणाम मुद्रा में जोड़ लें।

सम्पूर्ण शरीर को शिथिल करें।

आँखों को बन्द कर लें और जितनी देर सुविधापूर्वक इस स्थिति में रह सकें, रहें।

पैरों को अलग करें और प्रारम्भिक स्थिति में लौट आयें।

श्वसन–अन्तिम स्थिति में आते समय सामान्य श्वसन।

अन्तिम स्थिति में पहुँचने पर धीमा एवं गहरा श्वसन।

गहरी श्वास लें, फिर पैरों को मुक्त करते समय श्वास छोड़ें।

अवधि–एक आसन-सत्र में मात्र एक बार करें।

सजगता–शारीरिक–ऊरु मूल, कूल्हों और पैरों में खिंचाव पर, मेरुदण्ड और गर्दन के पिछले भाग में संवेदनाओं पर, उदर और वक्ष पर पड़ने वाले दबाव पर और श्वास के साथ विश्रान्ति पर।

आध्यात्मिक–स्वाधिष्ठान-चक्र पर।

क्रम–जब तक एक पाद शिरासन में दक्षता प्राप्त न हो जाए, तब तक द्विपाद कन्धरासन नहीं करना चाहिए। इसका अभ्यास आसन-कार्यक्रम के अन्त में करना चाहिए और इसके बाद पीछे झुक कर किये जाने वाले आसनों, जैसे, धनुरासन, भुजंगासन या मत्स्यासन में से कोई एक कर लेना चाहिए।

सीमायें–मांसपेशियों के तनाव और अस्थि-बन्धक तन्तुओं की क्षति से बचाव के लिए यह आसन तब तक आरम्भ नहीं करना चाहिए जब तक शरीर लचीला न हो जाय। किसी भी प्रकार की पीठ की बीमारी वाले लोगों को यह आसन नहीं करना चाहिए।

लाभ–यह आसन तन्त्रिका-तन्त्र के नियन्त्रण में सहायक होता है। इससे सौर जालक एवं एड्रीनल ग्रन्थियों की अच्छी मालिश हो जाती है, जिससे

प्राण-शक्ति में वृद्धि होती है। यह उदर एवं श्रोणि के समस्त अंगों को शक्ति प्रदान करता है, पाचन, प्रजनन और उत्सर्जन प्रणालियों की कार्यक्षमता में सुधार लाता है।

पद्म पर्वतासन

पद्म पर्वतासन

पद्मासन में बैठ जायें।

पूरे शरीर को विश्रान्त करें।

पहले हाथों से शरीर के भार को संभालते हुए घुटनों पर खड़े हो जायें। किसी निर्धारित बिन्दु पर दृष्टि केन्द्रित करें। हाथों को जमीन से ऊपर उठायें और जब संतुलन स्थापित हो जाये तो हथेलियों को जोड़कर प्रार्थना की मुद्रा में वक्ष के सामने रखें।

अन्तिम स्थिति में जितनी देर सुविधापूर्वक रह सकें, रहें।

नीचे आने के लिए धीरे-से हाथों, फिर नितम्बों को नीचे जमीन पर लायें और पद्मासन में बैठ जायें।

पैरों को अलग करें, उनकी स्थिति बदलें और आसन की पुनरावृत्ति उतने ही समय तक करें।

श्वसन–प्रारम्भ में नितम्बों को उठाते समय श्वास छोड़ें।

अन्तिम स्थिति में सामान्य श्वास लें।

शरीर को नीचे जमीन पर लाते समय श्वास छोड़ें।

सजगता–शारीरिक–संतुलन बनाये रखने और श्वास पर।

आध्यात्मिक–स्वाधिष्ठान चक्र पर।

लाभ–पद्मासन के लाभों के साथ ही संतुलन का भाव विकसित होता है।

प्रकारान्तर: संतुलन पर्वतासन

हाथों को एक साथ वक्ष के सामने लाने के बदले एक-एक कर दोनों भुजाओं को सिर के ऊपर उठायें और कोहनियों को सीधा रखें।

कश्यपासन

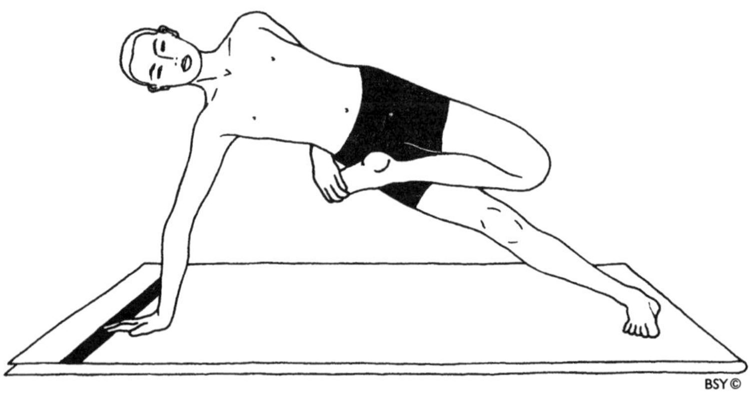

कश्यपासन

सन्तुलनासन प्रकारान्तर 1 की स्थिति में आ जायें।

बायें घुटने को मोड़ें और अर्द्ध पद्मासन की तरह पंजे को दायीं जाँघ पर रखें।

बायीं भुजा को पीठ के पीछे ले आयें और बायें हाथ से बायें पैर के अँगूठे को पकड़ लें।

वक्ष एवं तनी हुई दायीं भुजा एक तल में रहें।

यह अन्तिम स्थिति है।

जब तक आरामपूर्वक रह सकें, इस स्थिति में रुकें।

बायें पंजे पर पकड़ ढीली करते हुए सन्तुलनासन में आ जायें।

दूसरी ओर अभ्यास को दुहरायें।

दोनों ओर एक-एक बार अभ्यास करें।

फिर शशांकासन में विश्राम करें।

श्वसन– पूरे अभ्यास के समय सामान्य श्वास लें।

अवधि– दोनों ओर एक-एक बार।

सजगता– शारीरिक–धड़ और हाथ-पैरों को सीधा रखने तथा सन्तुलन बनाये रखने पर।

आध्यात्मिक–मणिपुर चक्र पर।

लाभ– यह आसन कन्धों, भुजाओं और पैरों को सुदृढ़ बनाता है और वक्ष का फैलाव करता है। अनाहत चक्र, मणिपुर चक्र और समान वायु को सक्रिय बनाता है। सन्तुलन एवं एकाग्रता का भाव विकसित करता है।

***टिप्पणी–** ऋषि मरीचि के सुपुत्र कश्यप ऋषि को यह आसन समर्पित है। कश्यप ऋषि समस्त प्राणियों के जनक के रूप में प्रजापति के नाम से भी विख्यात हैं।*

विश्वामित्रासन

विश्वामित्रासन

सीधे खड़े हो जायें, पंजों को एक साथ रखें और भुजाओं को बगल में। आँखें बन्द कर लें और मानसिक रूप से पूरे शरीर को शिथिल करें। आँखें खोल लें, नितम्बों से धीरे-धीरे सामने की ओर झुकें और हथेलियों को पंजों के बगल में जमीन पर रखें।

हाथों को बिना हिलाये पैरों को 120 से 150 से. मी. पीछे ले जायें और नितम्बों को उठाकर सिर के ऊपरी भाग को जमीन पर रखें।

सिर को ऊपर उठायें, दायें पैर को दायें हाथ के ऊपर घुमायें और दायीं जाँघ के अगले भाग को दायीं भुजा के ऊपरी भाग के पीछे रखें।

दायाँ पंजा जमीन का स्पर्श न करे।

अब तुरंत शरीर को बायीं ओर मोड़ दें, बायीं भुजा को बायीं जाँघ के ऊपर रखें और सन्तुलन बनायें।

बायें पंजे को बगल में घुमायें और एड़ी से जमीन पर दबाव डालें।

दायें पैर को सीधा करें।

बायीं भुजा को कन्धे से लम्बवत् ऊपर की ओर तानें और ऊपर उठाये हुए बायें हाथ पर दृष्टि केन्द्रित करें।

यह अन्तिम स्थिति है। जब तक सुविधाजनक हो, इस स्थिति में रुकें।

दायें पैर को नीचे लायें और प्रारम्भिक स्थिति में लौट आयें।

दूसरी बगल में इस आसन की पुनरावृत्ति उतने ही समय तक करें।

श्वसन–भुजा को ऊपर ले जाते समय श्वास लें।

भुजा को नीचे लाते समय श्वास छोड़ें।

अवधि–दोनों ओर एक-एक बार, आसन में अधिकतम 30 सैकण्ड तक रहें।

सजगता–शारीरिक–सन्तुलन बनाये रखने पर।

आध्यात्मिक–मूलाधार चक्र पर।

लाभ–यह आसन भुजाओं एवं पैरों की पेशियों को खिंचाव एवं शक्ति प्रदान करता है। यह सायटिका तन्त्रिकाओं को भी शक्ति प्रदान करता है। यह आन्तरिक अंगों को सुदृढ़ बनाता है, एकाग्रता बढ़ाता है और सन्तुलन का भाव विकसित करता है।

टिप्पणी–*ऋषि विश्वामित्र मूल रूप से क्षत्रिय थे और कान्य कुब्ज के राजा थे। उन्होंने अपने को कठोर योग साधना में निरत कर दिया। वे तब तक तप में लीन रहे जब तक उन्होंने राजर्षि, ऋषि, महर्षि और अन्तत: ब्रह्मर्षि के पद प्राप्त नहीं कर लिये। यह आसन उन्हीं ऋषि विश्वामित्र को समर्पित है।*

प्राणायाम

अथासने दृढे योगी वशी हितमिताशनः ।
गुरूपदिष्टमार्गे प्राणायामान्समभ्यसेत् ॥ 2:1 ॥

आसन में निपुण होकर और शरीर पर नियंत्रण प्राप्त कर, हितकर सन्तुलित आहार लेते हुए, गुरु के उपदेशों के अनुसार प्राणायाम का अभ्यास करना चाहिए।

हठयोग प्रदीपिका

प्राणायाम परिचय

सामान्य रूप से प्राणायाम की परिभाषा श्वास पर नियन्त्रण के रूप में की जाती है। यद्यपि अभ्यासों की दृष्टि से यह व्याख्या सही हो सकती है, परन्तु यह प्राणायाम के सम्पूर्ण अर्थ को प्रकट नहीं करती। प्राणायाम शब्द दो पदों, प्राण और आयाम से मिलकर बना है। प्राण का अर्थ होता है, 'जीवनी शक्ति' या 'प्राण-शक्ति'। यह वह शक्ति है जो समस्त सजीव और निर्जीव पदार्थों में विद्यमान है। यद्यपि श्वास द्वारा ली जाने वाली वायु से इसका घनिष्ट सम्बन्ध है, फिर भी यह वायु या ऑक्सीजन से कहीं अधिक सूक्ष्म है। इसलिए, प्राणायाम को फेफड़ों में अतिरिक्त ऑक्सीजन की आपूर्ति के लिए किया जाने वाला श्वसन-व्यायाम नहीं समझना चाहिए। प्राणायाम में श्वसन का उपयोग प्राणमय कोश की नाड़ियों में प्राण-प्रवाह को प्रभावित करने के लिए किया जाता है।

यम शब्द का अर्थ 'नियन्त्रण' होता है और इसका उपयोग विविध नियमों या आचरणों को निर्दिष्ट करने के लिए किया जाता है। किन्तु प्राणायाम शब्द के निर्माण के लिए 'प्राण' में 'यम' शब्द नहीं जोड़ा गया है। शुद्ध शब्द 'आयाम' है, जिसका निहितार्थ 'यम' शब्द से अधिक गूढ़ है। 'आयाम' का अर्थ होता है 'विस्तार' या 'प्रसार'। इस प्रकार प्राणायाम शब्द का अर्थ प्राण के आयाम का विस्तार या प्रसार होता है। प्राणायाम की तकनीकें ऐसी विधियाँ प्रदान करती हैं जिनके द्वारा जीवनी-शक्ति को सक्रिय और नियमित बनाया जा सकता है और अपनी सामान्य सीमाओं के परे जाकर स्पन्दनशील ऊर्जा की उच्च अवस्था को प्राप्त किया जा सकता है।

प्राणायाम के चार पक्ष

प्राणायाम के अभ्यासों में श्वसन के चार महत्त्वपूर्ण पक्षों को उपयोग में लाया जाता है। वे इस प्रकार हैं–

1. पूरक अर्थात् श्वास अन्दर लेना
2. रेचक अर्थात् श्वास बाहर छोड़ना
3. अन्तर्कुम्भक अर्थात् श्वास को अन्दर रोकना
4. बहिर्कुम्भक अर्थात् श्वास को बाहर रोकना

प्राणायाम के विभिन्न अभ्यासों में कई तकनीकें होती हैं, जिनमें श्वसन के इन चार पहलुओं का उपयोग किया जाता है। प्राणायाम का एक और प्रकार है, जिसे 'केवल कुम्भक' या स्वत: श्वास का रुकना कहा जाता है। यह प्राणायाम का उच्च चरण है, जिसका अनुभव ध्यान की उच्च अवस्था में होता है। इस अवस्था में प्राणों का कार्यकलाप रुक सा जाता है। इस समय अस्तित्व के सूक्ष्म पक्ष को हमारी दृष्टि से ओझल रखने वाला आवरण हट जाता है और तत्त्व-दर्शन की उपलब्धि होती है।

वस्तुत: प्राणायाम का सबसे महत्त्वपूर्ण अंश कुम्भक है। किन्तु सफलतापूर्वक कुम्भक करने के लिए श्वसन-क्रिया पर नियन्त्रण का क्रमिक विकास अति आवश्यक है। इसलिए कुम्भक के अभ्यास की तैयारी के लिए फेफड़ों को सुदृढ़ बनाने और तन्त्रिका-तन्त्र एवं प्राणिक-प्रणाली को सन्तुलित करने के लिए प्राणायाम के अभ्यासों में प्रारम्भ में श्वास-प्रश्वास पर अधिक बल दिया जाता है। ये अभ्यास नाड़ियों को शुद्ध, नियंत्रित और सक्रिय बनाकर, उनमें होने वाले प्राण-प्रवाह को प्रभावित कर, शारीरिक एवं मानसिक स्थिरता प्रदान करते हैं।

प्राणिक-शरीर

यौगिक शरीर विज्ञान के अनुसार मनुष्य का शरीर पाँच शरीरों या कोशों से मिलकर बना है, जो मानव अस्तित्व के विविध पक्षों या आयामों के लिए उत्तरदायी हैं। ये पाँच कोश निम्नलिखित हैं–

1. अन्नमय कोश
2. मनोमय कोश
3. प्राणमय कोश
4. विज्ञानमय कोश
5. आनन्दमय कोश

यद्यपि ये पाँचों कोश एक साथ कार्य कर एक सम्पूर्ण इकाई गठित करते हैं; फिर भी प्राणायाम के अभ्यासों में मुख्य रूप से प्राणमय कोश पर ही कार्य किया जाता है। प्राणमय कोश पाँच प्रमुख प्राणों से मिलकर बना है, जिन्हें सामूहिक रूप से पंच प्राण कहा जाता है–प्राण, अपान, समान, उदान और व्यान।

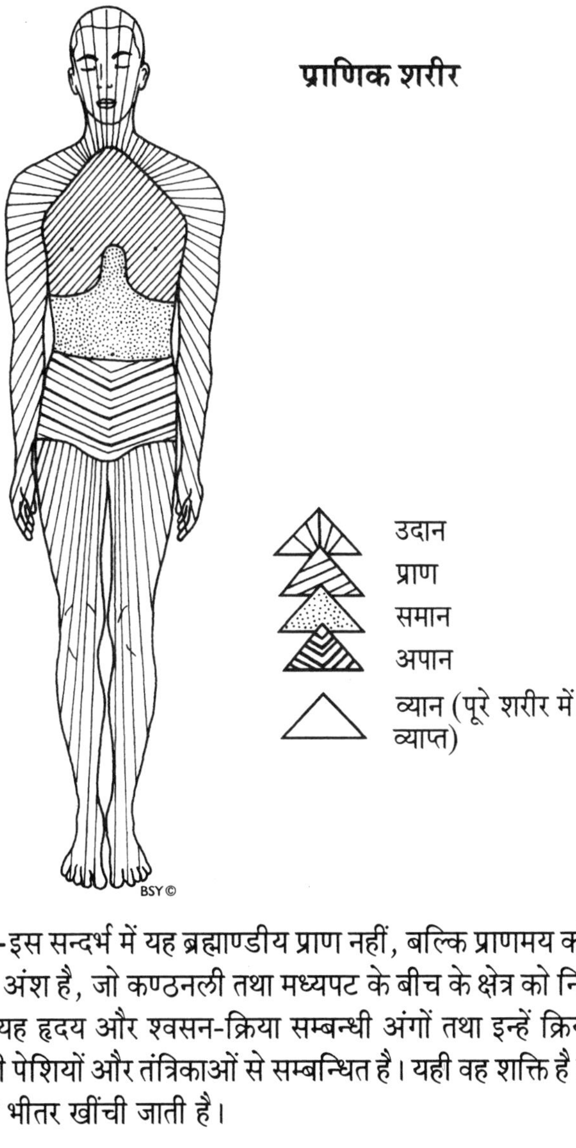

प्राण–इस सन्दर्भ में यह ब्रह्माण्डीय प्राण नहीं, बल्कि प्राणमय कोश का केवल एक अंश है, जो कण्ठनली तथा मध्यपट के बीच के क्षेत्र को नियन्त्रित करता है। यह हृदय और श्वसन-क्रिया सम्बन्धी अंगों तथा इन्हें क्रियाशील बनाने वाली पेशियों और तंत्रिकाओं से सम्बन्धित है। यही वह शक्ति है जिसके द्वारा श्वास भीतर खींची जाती है।

अपान–नाभि-प्रदेश के नीचे स्थित है। यह बड़ी आँत, गुर्दों, मलाशय और मूत्राशय को ऊर्जा प्रदान करता है। इसका सम्बन्ध शरीर से अपशिष्ट पदार्थों के निष्कासन से है और यह वह शक्ति है जिससे श्वास बाहर छोड़ी जाती है।

समान–यह हृदय और नाभि के बीच स्थित है। यह पाचन-तन्त्र, यकृत, आँतों, अग्न्याशय और आमाशय तथा उनके स्रावों को सक्रिय बनाता है और उन पर नियन्त्रण रखता है। समान रूपान्तरण के लिये उत्तरदायी है। शारीरिक स्तर पर इसका सम्बन्ध पोषक तत्त्वों के परिपाचन और वितरण से है। विकास के स्तर पर इसका सम्बन्ध कुण्डलिनी तथा चेतना के विस्तार से है।

उदान–यह सभी संवेदी ग्राहकों, जैसे, नेत्रों, जिह्वा, नाक और कानों को सक्रिय बनाकर शरीर में गले के ऊपर के क्षेत्र को नियन्त्रित करता है। उदान हाथों-पैरों और उनसे सम्बद्ध मांसपेशियों, स्नायुओं, तन्त्रिकाओं और सन्धियों में सामंजस्य लाता और उन्हें सक्रिय भी बनाता है। यह शरीर की लम्बवत् स्थिति, इन्द्रिय सजगता तथा बाह्य जगत् से क्रिया-प्रतिक्रिया करने की क्षमता के लिए भी उत्तरदायी है।

व्यान–सम्पूर्ण शरीर में व्याप्त है। यह शरीर की समस्त गतिविधियों को नियमित और नियन्त्रित करता है और अन्य प्राणों के बीच समन्वय स्थापित करता है। यह अन्य प्राणों के लिए आरक्षित प्राण-शक्ति की भूमिका भी निभाता है।

पाँच मुख्य प्राणों के साथ पाँच लघु प्राण भी हैं, जो उप-प्राण कहे जाते हैं। ये पाँचों उप-प्राण हैं–नाग, कूर्म, क्रिकर, देवदत्त और धनंजय। नाग डकार और हिचकी के लिए उत्तरदायी है। कूर्म नेत्रों को खोलता और पलकें झपकाता है। क्रिकर क्षुधा, प्यास, छींक और खाँसी उत्पन्न करता है। देवदत्त निद्रा और जंभाई लाता है। धनंजय मृत्यु के तुरंत बाद कार्यशील हो जाता है और शरीर के अपघटन के लिए उत्तरदायी है।

प्राण और जीवन-शैली

प्राणमय कोश और उसके प्राणों पर जीवन-शैली का गहरा प्रभाव पड़ता है। शारीरिक क्रियाकलाप, जैसे, व्यायाम, कार्य, निद्रा, भोजन-ग्रहण और यौन-सम्बन्ध, ये सभी शरीर में प्राण-प्रवाह और उसके वितरण को प्रभावित करते हैं। मन:शक्तियाँ, जैसे, मनोभाव, विचार और कल्पना प्राणिक शरीर को और अधिक प्रभावित करती हैं। जीवन-शैली की अनियमिततायें, आहार सम्बन्धी अविवेक और तनाव भी प्राणिक-प्रवाह को कम करते हैं और उसमें

अवरोध भी पैदा करते हैं। इसके कारण लोग 'शक्तिहीनता' का अनुभव करते हैं। किसी प्राण विशेष में ऊर्जा क्षीण हो जाने पर उसके द्वारा नियंत्रित होने वाले अंगों में प्राणहीनता का अनुभव होता है; परिणामस्वरूप व्याधि या चयापचय सम्बन्धी दुष्क्रिया की स्थिति उत्पन्न हो जाती है। प्राणायाम की तकनीकें प्राणमय कोश के भीतर विभिन्न प्राणों को ऊर्जान्वित और सन्तुलित कर इस प्रक्रिया को उलट देती हैं। समन्वित योग-कार्यक्रम के अन्तर्गत आसन के बाद प्राणायाम का अभ्यास करना चाहिए।

श्वास, स्वास्थ्य और प्राणायाम

श्वास शरीर की सबसे महत्त्वपूर्ण प्रक्रिया है। यह प्रत्येक कोशिका के कार्यकलाप को प्रभावित करती है और सबसे महत्त्वपूर्ण बात यह है कि यह मस्तिष्क के कार्य से भी घनिष्टतापूर्वक जुड़ी हुई है। मानव प्रति मिनट 15 बार और प्रतिदिन 21,600 बार श्वास लेता है। श्वसन ऑक्सीजन और ग्लुकोज के दहन के लिए ईंधन प्रदान करता है, जिससे प्रत्येक पेशीय संकुचन, ग्रंथि-स्राव और मानसिक क्रिया के संचालन हेतु ऊर्जा का उत्पादन होता है। श्वास का मानवीय अनुभूति के सभी पक्षों से घनिष्ट सम्बन्ध है।

अधिकतर लोग अपने फेफड़े की क्षमता के थोड़े ही भाग का उपयोग कर गलत ढंग से श्वसन करते हैं। उस स्थिति में सामान्य रूप से श्वसन उथला होता है और इस कारण शरीर अपने उत्तम स्वास्थ्य के लिए अनिवार्य ऑक्सीजन और प्राण से वंचित रह जाता है। इस खण्ड में दिये गये प्रथम पाँच अभ्यास प्रारम्भिक तकनीकें हैं, जो सही श्वसन की आदत डालती हैं। इसके अतिरिक्त वे श्वसन-प्रक्रिया पर सजगता केन्द्रित करने में सहायक होती हैं, जिसकी हम सामान्य रूप से उपेक्षा कर देते हैं। अभ्यासी श्वसन-प्रक्रिया के प्रति संवेदनशीलता विकसित कर लेते हैं और फुफ्फुस-गुहा की पेशियों को पुनर्प्रशिक्षित कर, उनकी प्राण-क्षमता बढ़ाकर उन्हें प्राणायाम के लिए तैयार कर लेते हैं।

लयपूर्ण, गहरा और धीमा श्वसन मन की शान्त, सन्तोषपूर्ण अवस्था को प्रेरित करता है और स्वयं भी इनसे प्रेरित होता है। अनियमित श्वसन मस्तिष्क के सामंजस्य को भंग कर देता है, जिससे शारीरिक, भावनात्मक और मानसिक अवरोध उत्पन्न होते हैं। इसके परिणामस्वरूप आन्तरिक द्वन्द्व, असन्तुलित व्यक्तित्व, अव्यवस्थित जीवन-शैली और व्याधि की अवस्था पैदा

होती है। प्राणायाम इस प्रक्रिया को उलट देता है और इस नकारात्मक चक्र को भंग कर नियमित श्वसन की आदत डालता है। श्वास पर नियन्त्रण और शरीर तथा मन की स्वाभाविक, शान्त लय को पुन: स्थापित कर प्राणायाम इस कार्य को सम्पादित करता है।

यद्यपि श्वसन मुख्यत: एक अचेतन प्रक्रिया है, परन्तु किसी भी समय इस पर सचेतन नियन्त्रण प्राप्त किया जा सकता है। परिणामस्वरूप यह मन के चेतन और अचेतन क्षेत्रों के बीच सेतु का निर्माण करता है। विक्षिप्त, अचेतन मन में अवरुद्ध ऊर्जा को प्राणायाम के अभ्यास द्वारा अधिक रचनात्मक और आनन्ददायक कार्यों में उपयोग के लिए मुक्त किया जा सकता है।

श्वसन और जीवनकाल

श्वसन की लयबद्धता से जीवन की गुणवत्ता के अतिरिक्त उसकी दीर्घजीविता भी प्रभावित होती है। प्राचीन योगियों एवं ऋषियों ने बड़े विस्तार से प्रकृति का अध्ययन किया। उन्होंने देखा कि मन्द-मन्द श्वास लेने वाले पशु, जैसे, अजगर, हाथी और कछुए दीर्घजीवी होते हैं, जबकि तीव्र गति से श्वास लेने वाले प्राणी, जैसे, पक्षी, कुत्ते और खरगोश अल्पजीवी होते हैं, कुछ ही वर्षों तक जीवित रहते हैं। इस अवलोकन के द्वारा उन्होंने मानव-जीवन की अवधि को बढ़ाने के लिए मन्द श्वसन की महत्ता को समझा। जो लोग जल्दी-जल्दी श्वास लेते हैं, उनकी आयु ऐसे लोगों से कम होने की संभावना रहती है जो मन्द और गहरा श्वसन करते हैं। शारीरिक स्तर पर इसका कारण यह है कि श्वसन का प्रत्यक्ष सम्बन्ध हृदय से है। मन्द श्वसन दर हृदय को मजबूत और पुष्ट बनाये रखती है और दीर्घ जीवन का अवसर प्रदान करती है। गहरा श्वसन प्राणमय कोश द्वारा ऊर्जा के अवशोषण में वृद्धि करता है, जिसके फलस्वरूप क्रियाशीलता, प्राण-शक्ति और सामान्य स्वास्थ्य में वृद्धि होती है।

प्राणायाम और आध्यात्मिक साधक

प्राणायाम के अभ्यासों से प्राणमय कोश के अवरोध दूर होते हैं, जिससे प्राण के अवशोषण में वृद्धि होती है और स्वस्थ शरीर का गठन होता है। तथापि आध्यात्मिक साधक के लिए अध्यात्म-साधना के अनिवार्य घटक के रूप में मन की शान्ति भी आवश्यक होती है। इस हेतु प्राणायाम की कई विधियों में

कुम्भक का उपयोग प्राण-प्रवाह पर नियन्त्रण स्थापित करने के लिए किया जाता है, जिससे मन शान्त होता है और विचार-प्रक्रिया नियन्त्रित होती है।

मन के निश्चल हो जाने और नाड़ियों एवं चक्रों में प्राण का मुक्त प्रवाह होते ही चेतना के विकास का द्वार खुल जाता है। उसके बाद आध्यात्मिक अनुभूति के उच्चतर सोपानों का मार्ग साधकों के लिए प्रशस्त हो जाता है। स्वामी शिवानन्द जी ने अपनी पुस्तक 'प्राणायाम विज्ञान' में लिखा है, "श्वसन, नाड़ी-प्रवाह और आन्तरिक प्राण या प्राणशक्ति के नियन्त्रण के मध्य एक घनिष्ट सम्बन्ध है। शारीरिक स्तर पर प्राण गति एवं क्रिया के रूप में तथा मानसिक स्तर पर विचार के रूप में दिखायी देता है। प्राणायाम वह साधन है जिसके द्वारा योगी अपने छोटे-से शरीर में सम्पूर्ण ब्रह्माण्ड का अनुभव प्राप्त करने का प्रयास करता है और सृष्टि की समस्त शक्तियाँ प्राप्त कर आत्मिक पूर्णता को उपलब्ध करना चाहता है।"

अभ्यासियों के लिए सामान्य निर्देश

प्राचीन ग्रन्थों में प्राणायाम के सम्बन्ध में असंख्य नियम और निर्देश दिये गये हैं। मुख्य बातें हैं–आन्तरिक और बाह्य चिन्तन एवं रहन-सहन में संयम, सन्तुलन और समझदारी का व्यवहार। किन्तु जो लोग प्राणायाम के उच्च अभ्यास करना चाहते हैं उनके लिए किसी गुरु या कुशल योग-शिक्षक का मार्गदर्शन आवश्यक है।

सीमायें–रोग की अवस्था में प्राणायाम नहीं करना चाहिए। परन्तु सरल अभ्यास, जैसे, श्वास के प्रति सजगता और शवासन में उदर श्वसन किये जा सकते हैं। प्रत्येक अभ्यास के साथ दी गई सीमाओं को ध्यान से देखें।

अभ्यास का समय–प्राणायाम के अभ्यास के लिए सर्वोत्तम समय प्रात:काल है, जब शरीर तरो-ताजा रहता है और मन में बहुत कम विचार-तरंगें रहती हैं। यदि प्रात:काल समय निकालना सम्भव न हो तो दूसरा उत्तम समय सूर्यास्त के तुरन्त बाद का है। प्रशान्तक प्राणायामों का अभ्यास रात्रि में सोने के पूर्व किया जा सकता है। प्रतिदिन एक समय और एक ही स्थान पर नियमित रूप से अभ्यास करने का प्रयास करना चाहिए। अभ्यास में नियमितता सामर्थ्य और संकल्प-शक्ति को बढ़ाती है, साथ-ही शरीर और मन को बढ़ी हुई प्राण-शक्ति को ग्रहण करने के लिए अनुकूल बनाती है। कभी शीघ्रता न करें। धीमी और स्थिर प्रगति अत्यावश्यक है।

स्नान–अभ्यास प्रारम्भ करने के पूर्व स्नान कर लेना चाहिए या हाथ-पैर और मुँह तो अवश्य ही धो लेना चाहिए। अभ्यास के आधे घण्टे बाद तक स्नान नहीं करना चाहिए, ताकि इस बीच शरीर का तापमान पुन: सामान्य हो जाए।

वस्त्र–अभ्यास के दौरान ढीले-ढाले, आरामदायक, अकृत्रिम रेशों से बने वस्त्र ही धारण करने चाहिए। ठण्ढे मौसम में शरीर को एक चादर या कम्बल से ढक लेना चाहिए। मच्छरों से बचाव के लिए भी यह आवश्यक है।

खाली पेट–प्रात: खाली पेट प्राणायाम का अभ्यास करें अथवा भोजन करने के कम-से-कम 3-4 घण्टे बाद अभ्यास करें। पेट में भोजन रहने से मध्यपट (डायफ्रॉम) और फेफड़ों पर दबाव पड़ता है जिससे पूर्ण, गहरा श्वसन करने में कठिनाई होती है।

आहार–प्राणायाम के अधिकतर अभ्यासों के लिए प्रोटीन, कार्बोहाइड्रेट, वसा, विटामिन और लवण युक्त सन्तुलित आहार सर्वाधिक उपयुक्त है। अनाज, दाल, ताजे फल और सब्जियों के साथ आवश्यकतानुसार थोड़ा दुग्धोत्पाद लेने का परामर्श दिया जाता है।

प्राणायाम प्रारम्भ करने पर कब्ज या पेशाब की मात्रा में कमी महसूस हो सकती है। मल कड़ा होने पर नमक और मसाले का उपयोग बंद कर दें और पानी अधिक मात्रा में पीयें। दस्त होने पर कुछ दिनों के लिए अभ्यास बन्द कर दें और इस बीच चावल और दही का सेवन करें।

प्राणायाम के उच्च अभ्यासों के लिए आहार में परिवर्तन की आवश्यकता होती है। इस सम्बन्ध में मार्गदर्शन के लिए गुरु से परामर्श लेना चाहिए।

अभ्यास का स्थान–अभ्यास शान्त, स्वच्छ और सुखदायक कमरे में करना चाहिए, जिसमें स्वच्छ वायु का प्रवेश हो और जो बहुत अधिक हवादार भी न हो। सामान्य रूप से खुली धूप में अभ्यास न करें, क्योंकि धूप से शरीर अधिक गर्म हो जाता है। केवल उषा कालीन धूप सुहावनी और स्फूर्तिदायक होती है, अत: वह समय ठीक है। तेज हवा के झोकों, वातानुकूलित या पंखे की तेज हवा में अभ्यास करने से शरीर का तापमान गड़बड़ा सकता है और ठण्ढ लगने की सम्भावना रहती है।

श्वसन–सदा नाक से श्वास लें, मुँह से कदापि नहीं। विशेष रूप से निर्देश प्राप्त होने पर ही मुँह से श्वास लेनी चाहिए। दोनों नासिकाछिद्र खुले होने चाहिए और श्वास का स्वतंत्र प्रवाह होना चाहिए। श्लेष्मा के अवरोधों को नेति अथवा कपालभाति से दूर किया जा सकता है। यदि दोनों नासिकाछिद्रों

से एक समान प्रवाह न हो रहा हो तो पादाधिरासन जैसी श्वसन संतुलन विधि द्वारा श्वास को संतुलित कर लेना चाहिए।

क्रम–षट्कर्म एवं आसनों के पश्चात् और ध्यान के पूर्व प्राणायाम करना चाहिए। प्रत्येक प्राणायाम सत्र में नाड़ी शोधन का अभ्यास करना चाहिए, क्योंकि इसके संतुलनकारी तथा शुद्धिकारक प्रभाव सफल प्राणायाम के आधार हैं। प्राणायाम के अभ्यास के बाद कुछ मिनटों के लिए शवासन में लेटना चाहिए।

बैठने का आसन–अभ्यास-काल में अबाधित श्वसन एवं शारीरिक स्थिरता प्राप्त करने के लिए ध्यान के किसी आरामदायक, स्थिर आसन में बैठने की आवश्यकता होती है। सिद्धासन/सिद्धयोनि आसन या पद्मासन प्राणायाम के लिए सर्वोत्तम आसनों में से एक है। अभ्यास की अवधि में शरीर अधिक-से-अधिक शिथिल रहना चाहिए, साथ-ही मेरुदण्ड, गर्दन और सिर एक सीध में रहें। तह किये हुए कम्बल या प्राकृतिक रेशों से बने वस्त्र पर बैठें, ताकि अभ्यास-काल में अधिक ऊर्जा का क्षय न हो। जो लोग किसी कारण से ध्यान के आसन में नहीं बैठ सकते, वे पैरों को फैलाकर दीवार के सहारे बैठें अथवा ऐसी कुर्सी पर बैठें जिसमें पीठ सीधी रहे।

तनाव से बचें–प्राणायाम के सभी अभ्यासों के लिए यह याद रखना आवश्यक है कि आसनों की तरह यहाँ भी अपनी क्षमता में तीव्रता से वृद्धि लाने के उद्देश्य से अपने ऊपर अधिक जोर नहीं डालना चाहिए। अधिक उन्नत अभ्यास या अनुपात में प्रवेश करने के पूर्व यदि एक विशेष अवधि तक किसी प्राणायाम का अभ्यास करने का परामर्श दिया गया हो, तो बुद्धिमतापूर्वक उस निर्देश का पालन करना चाहिए। साथ-ही जितनी देर तक आराम से हो सके, उतनी ही देर तक कुम्भक करना चाहिए। फेफड़े बड़े कोमल अंग होते हैं, अत: उनके दुरुपयोग से आघात पहुँच सकता है। केवल भौतिक शरीर को नहीं, बल्कि व्यक्तित्व के मानसिक और भावनात्मक पक्षों को भी समायोजित करने में समय लग सकता है। इसलिए अधिक जोर कभी न लगायें।

कुप्रभाव–प्रथम बार अभ्यास प्रारम्भ करने पर सामान्य रूप से स्वस्थ व्यक्तियों में भी कई प्रकार के लक्षण प्रकट हो सकते हैं। ऐसा शुद्धिकरण की प्रक्रिया और विषाक्त तत्त्वों के निष्कासन के कारण होता है। खुजलाहट, झुनझुनी, गर्मी, सर्दी और हल्केपन या भारीपन का अनुभव हो सकता है। इस प्रकार के अनुभव सामान्य रूप से अस्थायी होते हैं, किन्तु यदि ये लक्षण

अधिक दिनों तक जारी रहें तो एक योग्य योग-शिक्षक से परामर्श लें। ऊर्जा के स्तर में उतार-चढ़ाव हो सकता है, रुचि में परिवर्तन हो सकता है। यदि इन परिवर्तनों से जीवन शैली में असुविधा होती है तो जब तक एक योग्य शिक्षक अथवा गुरु का मार्गदर्शन प्राप्त नहीं होता तब तक अभ्यास कम कर दें अथवा बन्द कर दें।

स्वाभाविक श्वसन

यह एक सरल विधि है, जो अभ्यासियों को अपनी श्वसन-प्रणाली और श्वसन-विधि से अवगत कराती है। यह अति सुखद और आरामदायक है और किसी भी समय इसका अभ्यास किया जा सकता है। श्वसन प्रक्रिया के प्रति सजगता ही श्वास-प्रश्वास की गति को धीमा करने और उसे अधिक विश्रामदायक एवं लययुक्त बनाने के लिए पर्याप्त है।

स्वाभाविक श्वसन

ध्यान के किसी सुविधाजनक आसन में बैठ जायें या शवासन में लेट जायें और पूरे शरीर को शिथिल करें।

अपनी सहज और स्वाभाविक श्वसन-प्रक्रिया का अवलोकन करें।

श्वास के लयबद्ध प्रवाह के प्रति पूर्ण रूप से सजग बन जायें।

नासिका से आती-जाती श्वास के प्रवाह का अनुभव करें।

श्वास पर किसी प्रकार नियन्त्रण रखने का प्रयास न करें।

ध्यान दें कि नासिकाछिद्रों में प्रवेश करते समय श्वास शीतल और नासिकाछिद्रों से बाहर निकलते समय श्वास गर्म होती है।

एक तटस्थ द्रष्टा के भाव से इसका अवलोकन करें।

श्वास-प्रवाह के आने-जाने का अनुभव गले के ऊपर, मुँह के पिछले भाग में करें। अब अपनी सजगता को कण्ठ-प्रदेश में ले आयें और अनुभव करें कि श्वास गले से होकर प्रवाहित हो रही है।

सजगता को और नीचे वक्ष-प्रदेश में ले आयें और श्वास-नली एवं वाहिकाओं में प्रवाहित हो रही श्वास का अनुभव करें।

उसके बाद फेफड़ों में श्वास-प्रवाह का अनुभव करें।

फेफड़ों के फैलने और सिकुड़ने के प्रति सजग बनें।

अब अपना ध्यान वक्ष-पिंजर की ओर ले जायें और इस क्षेत्र के विस्तार और संकुचन को मानसिक रूप से देखें।

सजगता को नीचे उदर-प्रदेश पर ले आयें। अनुभव करें कि श्वास लेने पर उदर ऊपर की ओर उठता है और श्वास छोड़ने पर नीचे की ओर जाता है।

अन्त में नासिकाछिद्रों से उदर तक सम्पूर्ण श्वसन-प्रक्रिया के प्रति सजग बन जायें और कुछ समय तक आती-जाती श्वास को देखते रहें।

अब अपनी सजगता को भौतिक शरीर पर वापस लायें और उसे एक इकाई के रूप में देखें, फिर आँखों को खोल लें।

उदर श्वसन

उदर श्वसन या मध्यपट द्वारा श्वसन क्रिया का अभ्यास मध्यपट (डायफ्रॉम) के कार्य को बढ़ा कर और वक्ष-पिंजर के कार्य को घटा कर किया जाता है। मध्यपट मांसपेशियों की गुम्बद के आकार की चादर है, जो फेफड़ों को उदर गुहा से अलग करती है, और यदि यह ठीक-ठाक काम करे, तो सबसे उत्तम श्वसन का मार्ग प्रशस्त करता है। उदर के ऊपर उठने और नीचे आने की क्रिया में मध्यपट के बदले मध्यपट के प्रभाव का अनुभव किया जाता है। अभ्यास के साथ पेशियों में संवेदनशीलता आयेगी। श्वास लेते समय मध्यपट नीचे की ओर जाता है और उदर के अंगों को नीचे और बाहर की ओर धकेलता है। श्वास छोड़ते समय मध्यपट ऊपर की ओर जाता है और उदरस्थ अंग अंदर की ओर जाते हैं।

मध्यपट की गति यह दर्शाती है कि फेफड़ों के निचले भाग का उपयोग किया जा रहा है। मध्यपट के सही उपयोग से वायु कूपिकाओं का समान रूप से विस्तार होता है, फेफड़ों के निचले भागों से लसीका के निष्कासन में सुधार होता है; यकृत, आँतों और डायफ्रॉम के ठीक नीचे के सभी अंगों की मालिश होती है। साथ-ही यह हृदय के कार्यों और हृद्‌धमनी में आपूर्ति पर सकारात्मक प्रभाव डालता है और रक्त के ऑक्सीकरण एवं संचरण में सुधार लाता है।

उदर श्वसन, श्वसन की सबसे स्वाभाविक एवं प्रभावी विधि है। तनाव, बैठने की त्रुटिपूर्ण स्थिति, कसे हुए वस्त्रों और प्रशिक्षण की कमी के कारण हम प्राय: इसे भूल जाते हैं। एक बार पुन: यह श्वसन-विधि हमारी दैनिक जीवन-चर्या का अंश बन जाए, तो हमारे शारीरिक और मानसिक स्वास्थ्य में स्पष्ट सुधार परिलक्षित होगा।

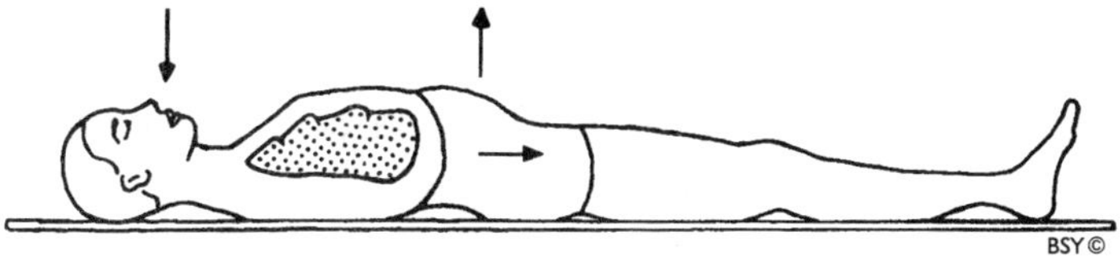

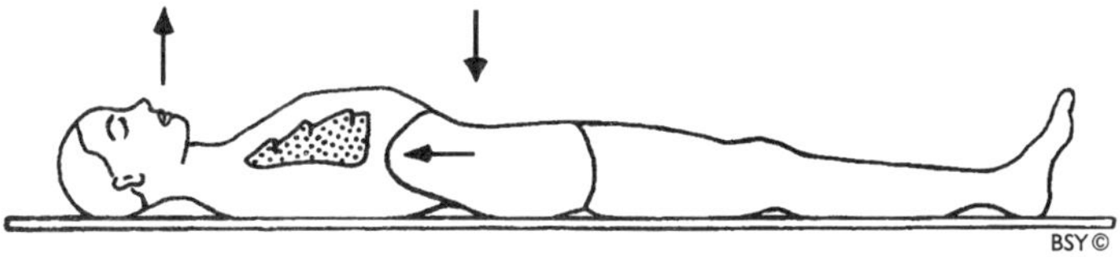

उदर श्वसन

शवासन में लेट जायें और पूरे शरीर को विश्रान्त करें।

दाहिने हाथ को नाभि के ठीक ऊपर पेट पर और बायें हाथ को वक्ष के मध्य में रखें।

सहज श्वास के प्रति सजग रहें, उसे किसी प्रकार नियन्त्रित न करें। उसे पूरी तरह स्वाभाविक ही रहने दें।

उदर श्वसन का अभ्यास करने के लिये ऐसा अनुभव करें जैसे आप नाभि से प्रत्यक्ष रूप से ऊर्जा और श्वास अन्दर ले रहे हैं और बाहर छोड़ रहे हैं।

दाहिना हाथ श्वास लेने के साथ ऊपर और श्वास छोड़ने के साथ नीचे जायेगा। परन्तु बायाँ हाथ श्वास के साथ नहीं हिलना चाहिए।

उदर को विश्रान्त होने दें। किसी भी प्रकार से बल-प्रयोग न करें।

वक्ष को फैलाने का प्रयास न करें और न ही कन्धों को हिलायें-डुलायें।

अनुभव करें कि उदर फैल और सिकुड़ रहा है।

धीमा और गहरा श्वसन करते रहें।

उदर को जितना सम्भव हो फैलाते हुए श्वास लें, किन्तु वक्ष-पिंजर को न फैलायें।

पूरक के अन्त में मध्यपट उदर को दबायेगा और नाभि अपने उच्चतम बिन्दु पर रहेगी।

रेचक के समय मध्यपट ऊपर की ओर जाता है और उदर नीचे की ओर जाता है। रेचक के अन्त में उदर संकुचित हो जाता है और नाभि मेरुदण्ड की ओर दब जाती है।

कुछ मिनटों तक इस अभ्यास को जारी रखें।

हर प्रकार का प्रयास बन्द कर दें और एक बार पुन: स्वाभाविक श्वसन क्रिया के प्रति सजग बने।

पूरे शरीर के प्रति सजग बन जायें। बाह्य वातावरण के प्रति सजग बन जायें और धीरे से आँखों को खोल दें।

वक्ष श्वसन

वक्ष-श्वसन में वक्ष-पिंजर को फैलाकर और संकुचित कर फेफड़ों के मध्य भाग का उपयोग किया जाता है। समान मात्रा में वायु-विनिमय के लिए इसमें उदर श्वसन से अधिक ऊर्जा की खपत होती है। इसका सम्बन्ध प्राय: शारीरिक व्यायाम और परिश्रम तथा साथ-ही दबाव और तनाव से भी रहता है। इसे उदर श्वसन के साथ जोड़ देने से शरीर को अधिक ऑक्सीजन प्राप्त करने में सहायक होता है। ऐसा देखा गया है कि तनावपूर्ण स्थिति के टल जाने के बाद भी कई लोगों में उदर श्वसन के स्थान पर इस प्रकार के श्वसन को जारी रखने की प्रवृत्ति हो जाती है, जिसके फलस्वरूप गलत श्वसन-विधि की आदत हो जाती है और तनाव बना रहता है।

वक्ष-श्वसन

ध्यान के किसी आसन में बैठ जायें या शवासन में लेट जायें और पूरे शरीर को शिथिल करें।

वक्ष के दोनों भागों पर ध्यान केन्द्रित करते हुए कुछ समय के लिए अपनी स्वाभाविक श्वास की अनवरत सजगता बनाये रखें।

मध्यपट का उपयोग बिल्कुल बन्द कर दें और वक्ष-पिंजर को धीरे-धीरे फैलाकर उससे श्वास लेना प्रारम्भ कर दें।

प्रत्येक पसली की बाहर और ऊपर की ओर होने वाली गति का अनुभव करें और इस फैलाव से फेफड़ों में भरने वाली वायु के प्रति भी सजग हो जायें।

वक्ष को अधिक-से-अधिक फैलायें।

श्वास छोड़ते हुए वक्ष की पेशियों को शिथिल करें। अनुभव करें कि वक्ष पिंजर सिकुड़कर फेफड़ों से वायु को बाहर निकाल रहा है।
पूर्ण सजगता के साथ वक्ष से धीरे-धीरे गहरा श्वसन करें।
मध्यपट का उपयोग न करें।
प्रत्येक श्वास-प्रश्वास के बाद क्षणिक विश्राम करें और इस तरह कुछ मिनटों तक वक्ष-श्वसन जारी रखें।
हर प्रकार का प्रयास बन्द कर पुनः स्वाभाविक श्वसन का अवलोकन करें। पूरे शरीर के प्रति सजग बने। बाह्य वातावरण का ख्याल करें और धीरे से आँखों को खोल दें।

गर्दनी श्वसन

गर्दनी-श्वसन वक्ष-पिंजर के पूर्ण प्रसार का अन्तिम चरण है। वक्ष-श्वसन में पूरक करने के बाद इसका अभ्यास होता है। फेफड़ों में थोड़ी और वायु भरने के लिए गर्दन, गले और उरोस्थि की पेशियों द्वारा ऊपरी पसलियों और हँसली को ऊपर की ओर खींचा जाता है। इसमें श्वास लेते समय फेफड़ों का अधिकतम विस्तार होता है और इससे फेफड़ों के ऊपरी भाग में ही वायु का प्रवेश हो पाता है। दैनिक जीवन में कठोर शारीरिक श्रम और दमा जैसी वायु-पथ-रोधी बीमारियों की अवस्था में ही गर्दनी-श्वसन का उपयोग होता है।

गर्दनी-श्वसन (हँसली श्वसन)

शवासन में लेट जायें और पूरे शरीर को विश्राम की स्थिति में लायें।
वक्ष के दोनों ओर ध्यान केन्द्रित करते हुए कुछ समय के लिये अनवरत सामान्य श्वसन के प्रति सजग बने रहें। कुछ मिनटों तक वक्ष-श्वसन करें।
वक्ष-पिंजर को पूरी तरह फैलाते हुए श्वास लें।
जब पसलियाँ पूरी तरह फैल जायें, तब थोड़ी और श्वास लें, जब तक कि गर्दन के मूल के चारों ओर फेफड़ों के ऊपरी भाग में फैलाव का अनुभव न होने लगे।

कंधे और हँसली भी थोड़ा ऊपर की ओर उठें। इसके लिए थोड़ा प्रयत्न करना होगा।

धीरे-धीरे रेचक करें, पहले गर्दन के निचले भाग और वक्ष के ऊपरी भाग को खाली करें, फिर वक्ष-पिंजर के शेष भाग को शिथिल कर प्रारम्भिक स्थिति में ले आयें।

इस प्रकार कुछ और श्वास लें और इस प्रकार के श्वसन के प्रभाव का अनुभव करें।

हर प्रकार का प्रयास बन्द कर दें और पुन: स्वाभाविक श्वसन का अवलोकन करें। एक बार पुन: पूरे शरीर के प्रति सजग बन जायें। बाह्य वातावरण के प्रति सजग बन जायें और धीरे से आँखों को खोल दें।

यौगिक श्वसन

यौगिक श्वसन में पूर्व की तीनों श्वसन विधियों का योग होता है। अधिकतम मात्रा में श्वास लेने और छोड़ने के लिए इस विधि का उपयोग किया जाता है। इसका उद्देश्य है श्वास पर नियन्त्रण, त्रुटिपूर्ण श्वसन-विधि में सुधार और ऑक्सीजन-आपूर्ति में वृद्धि।

इसका अभ्यास किसी भी समय किया जा सकता है। उच्च तनाव या क्रोध की स्थितियों में स्नायुओं को शान्त करने के लिए विशेष रूप से उपयोगी है। दैनिक योगाभ्यास में इसको जोड़ लेने से स्वाभाविक श्वसन क्रिया में सुधार होगा और श्वसन में गहरायी आयेगी, किन्तु निरन्तर यौगिक श्वसन का अभ्यास नहीं करना चाहिए।

यौगिक श्वसन

ध्यान के किसी आसन में बैठ जायें या शवासन में लेट जायें और पूरे शरीर को शिथिल करें।

धीमी और गहरी श्वास लें और उदर को पूरी तरह फैलने दें। इतनी धीरे-धीरे श्वास लेने का प्रयास करें कि श्वास की ध्वनि कम-से-कम या नहीं ही सुनाई दे।

अनुभव करें कि वायु फेफड़ों के निचले भाग में प्रवेश कर रही है।

उदर का फैलाव पूरा होने पर वक्ष को भी बाहर और ऊपर की ओर फैलाना प्रारम्भ करें।

जब पसलियाँ पूरी तरह फैल जायें, तब थोड़ी और श्वास लें, जब तक कि गर्दन के निचले भाग के चारों ओर, फेफड़ों के ऊपरी भाग में फैलाव का अनुभव न हो।

हँसली और कन्धे भी थोड़े ऊपर की ओर उठने चाहिए। गर्दन की पेशियों में थोड़े तनाव का अनुभव होगा।

शरीर के शेष भाग को शिथिल रखें।

अनुभव करें कि फेफड़ों के ऊपरी भाग में वायु भर रही है।

यह एक श्वास पूरी हुई।

सम्पूर्ण प्रक्रिया एक सतत् गति के रूप में होनी चाहिए। श्वसन का हर चरण दूसरे चरण में इस प्रकार मिल जाय कि दोनों के बीच कोई अन्तराल अनुभव न हो।

प्रक्रिया के बीच में कोई झटका या अनावश्यक तनाव नहीं होना चाहिए।

श्वसन, सागर की लहर के चढ़ाव-उतार की तरह होना चाहिए।

अब श्वास छोड़ना शुरू करें।

सबसे पहले गर्दन के निचले भाग और वक्ष के ऊपरी भाग को शिथिल करें, उसके बाद वक्ष को नीचे की ओर और फिर भीतर की ओर संकुचित होने दें।

उसके बाद मध्यपट को ऊपर, और फिर वक्ष की ओर आने दें।

उदर की दीवार को मेरुदण्ड के अधिक-से-अधिक निकट खींच कर, बिना अधिक जोर लगाए, फेफड़ों को अधिक-से-अधिक खाली करने का प्रयास करें।

सम्पूर्ण गतिविधि सामंजस्यपूर्ण और तरंगवत् होनी चाहिए।

रेचक के अंत में कुछ क्षणों के लिए कुम्भक करें।

यह यौगिक श्वसन का एक चक्र हुआ।

प्रारम्भ में 5 से 10 चक्र अभ्यास करें और धीरे-धीरे इसे बढ़ाकर प्रतिदिन 10 मिनट तक ले जायें।

अब सभी प्रयास छोड़कर पुनः सामान्य श्वसन क्रिया के प्रति सजग बन जायें। पूरे शरीर के प्रति सजग बन जायें। बाह्य वातावरण के प्रति सजग बन जायें और धीरे से आँखों को खोल दें।

अभ्यास टिप्पणी–प्राणायाम में ध्यान देने योग्य मुख्य बात यह है कि श्वसन आरामदायक और विश्रामपूर्वक होना चाहिए। बाद में जब सजगता और श्वसन-प्रक्रिया पर नियन्त्रण स्थापित हो जाय, तब हँसली श्वसन को छोड़कर, यौगिक श्वसन में उदर श्वसन और वक्ष-श्वसन का योग होता है। श्वास-प्रवाह स्वाभाविक होना चाहिए, किसी प्रकार जोर नहीं लगाना चाहिए।

नाड़ी शोधन प्राणायाम

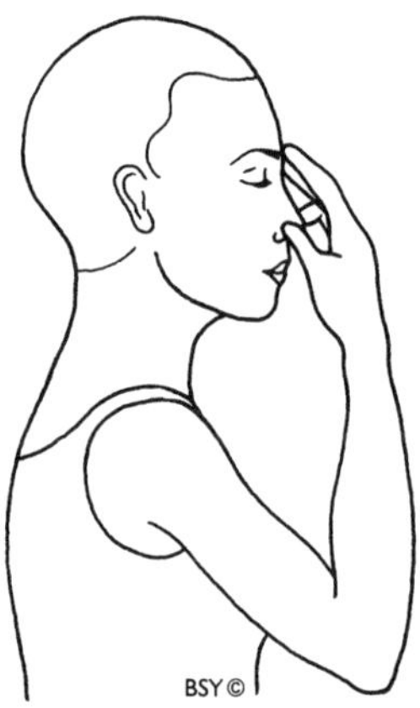

हाथ की स्थिति: नासाग्र मुद्रा

दाहिने हाथ की उँगलियों को मुँह के सामने लायें। तर्जनी और मध्यमा को धीरे से भ्रू-मध्य पर रखें। दोनों उँगलियाँ तनावमुक्त रहें।

अँगूठा दाहिने नासिकाछिद्र के ऊपर और अनामिका बायें नासिकाछिद्र के ऊपर रहे। ये दोनों (अँगूठा एवं अनामिका) बारी-बारी से नासिकाओं को दबाकर उनके श्वास-प्रवाह को नियन्त्रित करते हैं। पहले एक नासिकाछिद्र को दबाकर दूसरे से श्वास प्रवाहित करते हैं और उसके बाद दूसरे नासिकाछिद्र को दबाकर, पहले नासिकाछिद्र को खोलकर उससे श्वास प्रवाहित करते हैं।

कनिष्ठा उँगली को आराम से मोड़ लिया जाता है। लम्बे समय तक अभ्यास करने के लिए कोहनी को बायें हाथ का सहारा दिया जा सकता है। किन्तु यह सावधानी बरतने की आवश्यकता है कि छाती न जकड़े।

नाड़ी शोधन प्राणायाम

विधि 1: प्रारम्भिक अभ्यास

चरण 1– ध्यान के किसी सुविधाजनक आसन में बैठ जायें, जैसे, सिद्धासन/सिद्धयोनि आसन या पद्मासन। सिर और मेरुदण्ड को सीधा रखें।
पूरे शरीर को शिथिल करें और आँखों को बन्द कर लें।
कुछ समय तक यौगिक श्वसन करें।
दाहिने हाथ को नासाग्र मुद्रा में रखें और बायें हाथ को घुटने पर चिन् या ज्ञान मुद्रा में रखें।
अँगूठे से दाहिनी नासिका को बन्द करें।
बायीं नासिका से 5 बार श्वास लें और छोड़ें।
श्वास-प्रश्वास की गति सामान्य रहे।
प्रत्येक श्वास के प्रति सजग रहें।
5 बार श्वास-प्रश्वास करने के बाद दाहिनी नासिका से अँगूठा हटा लें और बायीं नासिका को अनामिका से दबा कर श्वास-प्रवाह को रोकें।
श्वास-प्रश्वास की गति को सामान्य रखते हुए, दाहिनी नासिका से 5 बार श्वास लें और छोड़ें।
हाथ नीचे कर लें और दोनों नासिकाछिद्रों से एक साथ 5 बार श्वसन करें।
यह एक चक्र हुआ।
5 चक्र या 3 से 5 मिनट तक अभ्यास करें। यह सुनिश्चित करें कि नासिकाछिद्रों से श्वास-प्रवाह के समय कोई आवाज न हो।
दूसरा चरण आरम्भ करने से पहले इस चरण का अभ्यास तब तक करें जब तक इसमें दक्षता प्राप्त न हो जाये।

चरण 2– प्रत्येक श्वास-प्रश्वास की अवधि को नियन्त्रित करना आरम्भ करें।
बायें, दायें तथा दोनों नासिकाछिद्रों से श्वास लेने और छोड़ने की लम्बाई को गिनती द्वारा नापें। बिना जोर लगाये गहरा श्वसन करें।
श्वास लेते समय मानसिक रूप से गिने, '1, ॐ; 2, ॐ; 3, ॐ'। जब तक सुविधापूर्वक श्वास ले सकें, गिने। इसी प्रकार श्वास छोड़ते

समय भी गिनती करें, '1, ॐ; 2, ॐ; 3, ॐ'। श्वास और प्रश्वास की लम्बाई बराबर होनी चाहिए।

5 चक्र या 3 से 5 मिनट तक अभ्यास करें। यह सुनिश्चित करें कि नासिकाछिद्रों से श्वास-प्रश्वास के समय कोई आवाज न हो।

विस्तार–कुछ समय के अभ्यास के पश्चात् आप पायेंगे कि श्वास-प्रश्वास की लम्बाई स्वत: बढ़ जायेगी।

जब बिना जोर लगाये गिनती 10 तक पहुँच जाये तब विधि 2 का अभ्यास आरम्भ कर सकते हैं।

सीमायें–सर्दी-जुकाम या बुखार के समय नाड़ी शोधन का अभ्यास न करें।

लाभ–विधि 1 के अभ्यास से नासिकाछिद्रों में श्वास के प्रति सजगता और संवेदना बढ़ती है। छोटे-छोटे अवरोध दूर होते हैं और दोनों नासिकाछिद्रों में श्वास का प्रवाह अधिक संतुलित होता है। बायें नासिकाछिद्र से श्वसन करने से मस्तिष्क का दायाँ गोलार्द्ध क्रियाशील होता है और दाहिने नासिकाछिद्र से श्वसन करने से बायाँ गोलार्द्ध क्रियाशील होता है। चरण 2 की लम्बी, धीमी, संतुलित श्वसन क्रिया का गहन प्रभाव पड़ता है। इससे ऊर्जायें शान्त तथा संतुलित होती हैं।

अभ्यास टिप्पणी–दोनों नासिकाछिद्र साफ और अबाध रूप से प्रवाहित होने चाहिए। कफ के अवरोधों को नेति के अभ्यास द्वारा दूर किया जा सकता है (षट्कर्म खण्ड देखें)। यदि दोनों नासिकाछिद्रों से एक समान प्रवाह नहीं हो रहा हो तो इसे श्वास को संतुलित करने की विधि, पादाधिरासन के अभ्यास द्वारा संतुलित किया जा सकता है (वज्रासन समूह के आसनों को देखें)।

प्रारम्भिक अभ्यासी को नाड़ीशोधन का अभ्यास आरम्भ करने से पहले उदर श्वसन से परिचित होना चाहिए।

विधि 2: एकान्तर नासिका श्वसन

इस विधि में एकान्तर नासिका श्वसन के मूल अभ्यास को साधा जाता है।

चरण 1–श्वास-प्रश्वास की गिनती को एक समान रखते हुए 1:1 के अनुपात के साथ अभ्यास आरम्भ करें।

अँगूठे से दाहिनी नासिका को बन्द करें और बायीं नासिका से श्वास लें। साथ-साथ मानसिक गिनती करें, '1, ॐ; 2, ॐ; 3, ॐ', आराम

से पूरक की समाप्ति तक। यह मौलिक गिनती है। गहरा श्वसन करें। अधिक जोर न लगायें।

अब बायीं नासिका को अनामिका से बन्द कर लें, दाहिनी नासिका से अँगूठा हटायें और श्वास छोड़ते हुए, साथ-साथ पुनः गिनती करें, '1, ॐ; 2, ॐ; 3, ॐ।' श्वास और प्रश्वास का समय बराबर रहना चाहिए।

उसके बाद, दाहिनी नासिका से श्वास लें, उतनी ही गिनती तक उसी प्रकार श्वास लें।

पूरक के अन्त में दाहिनी नासिका बन्द कर लें, बायीं नासिका खोल दें और बायीं नासिका से ही, पहले की तरह गिनती करते हुए श्वास छोड़ें। यह एक चक्र पूरा हुआ।

5 से 10 चक्र अभ्यास करें।

विस्तार–कुछ दिनों के अभ्यास के बाद यदि ऐसा अनुभव हो कि कठिनाई नहीं है, तो श्वास-प्रश्वास की लम्बाई को बढ़ाकर उसमें एक गिनती और जोड़ दें।

इस प्रकार श्वास-प्रश्वास की लम्बाई को एक-एक की गिनती से बढ़ाते जायें, जब तक 10:10 के अनुपात तक न पहुँच जायें।

श्वसन में किसी प्रकार जोर न लगायें और यह सावधानी रखें कि श्वास की कमी को पूरा करने के लिए श्वास छोड़ते समय गिनती को तेज न करें। थोड़ी भी बेचैनी महसूस होने पर गिनती को घटा दें।

चरण 2 – ऊपर के अनुपात में दक्षता प्राप्त हो जाने पर, उसे 1:2 में बदला जा सकता है।

आरम्भ में पूरक की लम्बाई को आधा कर दें। 5 की गिनती तक श्वास लें और 10 की गिनती तक श्वास छोड़ें। दूसरी तरफ दुहरायें।

यह एक चक्र हुआ।

5 से 10 चक्र अभ्यास करें।

विस्तार–आगामी महीनों में अभ्यास के दौरान, श्वास को एक की गिनती से और प्रश्वास को दो की गिनती से बढ़ाते हुए श्वसन की लम्बाई को बढ़ाते जायें और उसे 10:20 के अनुपात तक ले जायें।

जब इस विधि का अभ्यास पूर्ण सहजता से होने लगे, तब विधि 3 का अभ्यास शुरू कर सकते हैं।

सीमायें-विधि 2 के दूसरे चरण से अन्तर्मुखता की प्रक्रिया आरम्भ होती है, इसे विषादग्रस्त अथवा अन्तर्मुखी व्यक्तियों को नहीं करना चाहिए। चरण 2 का विस्तार, जिसमें गिनती बढ़ाई जाती है, उसे हृदय की समस्या वाले व्यक्तियों को नहीं करना चाहिए।

लाभ–विधि 2 के अभ्यास से श्वसन तथा मस्तिष्क के गोलार्द्ध निर्णायक रूप से संतुलित होते हैं। इसका प्रशान्तक प्रभाव पड़ता है और चिन्ता दूर होती है, एकाग्रता में सुधार होता है और आज्ञा चक्र का उद्दीपन होता है।

चरण 1 के 1:1 के अनुपात से मस्तिष्क और हृदय में एक शान्तिकारक लय स्थापित होती है, जो विशेष रूप से हृद्वाहिका एवं तन्त्रिका-तन्त्र सम्बन्धी रोगों, और सामान्य रूप से तनाव सम्बन्धी समस्याओं के निवारण में सहायक है।

जैसे-जैसे गिनती बढ़ती है, श्वसन क्रिया धीमी हो जाती है। वायु का प्रवाह अधिक शान्त और निर्विघ्न रूप से होने के कारण श्वसन क्रिया अधिक दक्षता से होने लगती है।

इस अनुपात से श्वसन प्रणाली से सम्बन्धित समस्याओं, जैसे, दमा, वातस्फीती और श्वसनीशोथ से पीड़ित व्यक्तियों को लाभ मिलता है।

चरण 2 के 1:2 के अनुपात से बहुत विश्रान्ति प्राप्त होती है।

हृदय-गति तथा नाड़ी की धड़कन धीमी हो जाती है, तथा रक्तचाप कम हो जाता है, परन्तु गिनती को धीरे-धीरे बढ़ाना चाहिए।

विधि 3: अन्तर्कुम्भक के साथ

इस विधि में अन्तर्कुम्भक जोड़ा जाता है।

पूरक और रेचक बिना आवाज के, निर्विघ्न और नियन्त्रित होने चाहिए।

चरण 1–पूरक, अन्तर्कुम्भक और रेचक की अवधि को 1:1:1 के अनुपात में बराबर रखते हुए अभ्यास आरम्भ करें।

दाहिने नासिकाछिद्र को बन्द करें और बायें नासिकाछिद्र से धीरे-धीरे 5 की गिनती तक पूरक करें।

पूरक के अन्त में दोनों नासिकाछिद्रों को बन्द कर लें और 5 की गिनती तक श्वास को फेफड़ों में रोके रखें।

दाहिने नासिकाछिद्र को खोल दें और 5 की गिनती तक रेचक करें।

रेचक के अन्त में, बायें नासिकाछिद्र को बन्द ही रखते हुए 5 की

गिनती तक दाहिने नासिकाछिद्र से पूरक करें।
पुन: दोनों नासिकाछिद्रों को बन्द कर 5 की गिनती तक अन्तर्कुम्भक करें।
बायें नासिकाछिद्र को खोलें और 5 की गिनती तक रेचक करें।
5:5:5 के अनुपात में यह एक चक्र हुआ।
गिनती और श्वास-प्रश्वास के प्रति निरन्तर सजगता बनाये रखें।
10 चक्र तक अभ्यास करें।

अनुपात और समय का विस्तार–5:5:5 के अनुपात में दक्षता प्राप्त हो जाने पर श्वास व कुम्भक की लम्बाई को बढ़ाया जा सकता है। पूरक, कुम्भक और रेचक को एक-एक की गिनती से धीरे-धीरे बढ़ायें। तब एक चक्र की गिनती का अनुपात 6:6:6 होगा।
जब इसमें दक्षता प्राप्त हो जाये और तनिक भी असुविधा न हो तो गिनती को 7:7:7 तक बढ़ा दें।
इस प्रकार इस क्रम को जारी रखें जब तक कि गिनती 10:10:10 तक नहीं पहुँच जाती।
जोर न लगायें। थोड़ी भी कठिनाई अनुभव होने पर, गिनती घटा दें।

चरण 2–1:1:1 के अनुपात में दक्षता प्राप्त हो जाने पर इस अनुपात को बढ़ाकर 1:1:2 किया जा सकता है। आरम्भ में कम गिनती रखें। उदाहरण के लिए, 5 की गिनती तक पूरक, 5 की गिनती तक अन्तर्कुम्भक और 10 की गिनती तक रेचक करें।

अनुपात और समय का विस्तार–5:5:10 के अनुपात में दक्षता प्राप्त कर लेने के पश्चात् पूरक में 1 इकाई, कुम्भक में 1 इकाई और रेचक में 2 इकाई जोड़कर धीरे-धीरे गिनती बढ़ायें। तब एक चक्र की गिनती 6:6:12 होगी। जब इस में दक्षता प्राप्त हो जाये और तनिक भी असुविधा न हो तो गिनती को 7:7:14 तक बढ़ा दें। धीरे-धीरे कुछ महीनों के अभ्यास के दौरान गिनती तब तक बढ़ाते जायें जब तक यह 10:10:20 नहीं पहुँच जाती।

चरण 3–अनुपात को बढ़ा कर 1:2:2 कर दें। 5 की गिनती तक पूरक, 10 की गिनती तक अन्तर्कुम्भक और 10 की गिनती तक रेचक करें। जब तक इस अनुपात से असुविधा न हो और कुम्भक तथा रेचक के समय श्वास की कमी के कारण शीघ्रता से गिनती करने की आवश्यकता न पड़े तब तक अभ्यास करते रहें।

विस्तार–इसमें दक्षता प्राप्त हो जाने पर धीरे-धीरे गिनती को बढ़ायें, पूरक में 1, कुम्भक में 2 और रेचक में 2 गिनती बढ़ायें। तब एक चक्र की गिनती 6:12:12 होगी। इस प्रकार धीरे-धीरे गिनती को 10:20:20 तक बढ़ायें।

चरण 4–आगे का अनुपात 1:3:2 माध्यमिक है। पहले गिनती को कम करें, 5 की गिनती तक पूरक करें, 15 की गिनती तक अन्तर्कुम्भक और 10 की गिनती तक रेचक करें।

जब तक इस अनुपात को आसानी से बनाये रख सकें और कुम्भक तथा रेचक के समय श्वास की कमी के कारण शीघ्रता से गिनती करने की आवश्यकता न हो, तब तक अभ्यास करते रहें।

विस्तार–जब इसमें दक्षता प्राप्त हो जाये और किसी प्रकार की असुविधा न हो तो पूरक में 1 इकाई, कुम्भक में 3 इकाई और रेचक में 2 इकाई जोड़कर गिनती को धीरे-धीरे बढ़ाया जा सकता है। तब एक चक्र की गिनती 6:18:12 होगी। इस प्रकार गिनती को धीरे-धीरे 10:30:20 तक बढ़ायें।

चरण 5–अन्तिम अनुपात 1:4:2 है। 5:20:10 से आरम्भ करें। इस अनुपात में स्थिरता आ जाने पर, गिनती को धीरे-धीरे बढ़ाया जा सकता है।

विस्तार–पूरक में 1 इकाई, कुम्भक में 4 इकाई और रेचक में 2 इकाई जोड़ें। तब एक चक्र की गिनती 6:24:12 होगी। इस प्रकार धीरे-धीरे गिनती को 10:40:20 तक बढ़ायें।

सीमायें–महलाओं को गर्भावस्था के दूसरे अर्द्धचरण में विधि 3 का अभ्यास नहीं करना चाहिए। हृदय की समस्याओं, उच्च रक्तचाप, वातस्फीती या अन्य किसी गम्भीर रोग से पीड़ित व्यक्ति को यह अभ्यास नहीं करना चाहिए।

चरण 2 का अभ्यास दमा के रोगी को नहीं करना चाहिए।

लाभ–विधि 3 में अन्तर्कुम्भक से मस्तिष्क के विभिन्न केन्द्र क्रियाशील होते हैं तथा प्राणों में सामंजस्य आता है। अनुपात में प्रगति के साथ लाभ भी बढ़ते हैं। योग शास्त्रों में 1:4:2 के अनुपात की अत्यधिक अनुशंसा की गई है। इसका मानसिक और प्राणिक स्तर पर बहुत गहरा प्रभाव पड़ता है तथा कुण्डलिनी जागरण की तैयारी के लिए इसका अभ्यास किया जाता है।

उच्च अभ्यासः (बन्धों के साथ)

इस अभ्यास में बन्धों को जोड़ने से पहले, प्रत्येक बन्ध के अभ्यास में दक्षता प्राप्त कर लेनी चाहिए। इन अभ्यासों की विस्तृत जानकारी के लिए बन्ध के खण्ड को देखें।

बन्धों को जोड़ते समय अनुपात और गिनती को कम कर दें ताकि यह सुगमता से हो सके। जैसे कि पहले निर्देशित किया गया है, गिनती को धीरे-धीरे बढ़ायें।

जालन्धर बन्धः पहले अन्तर्कुम्भक के साथ जालन्धर बन्ध का अभ्यास करें।

बायें नासिकाछिद्र से श्वास लें, श्वास अन्दर रोकें और अन्तर्कुम्भक के साथ जालन्धर बन्ध का अभ्यास करें।

जालन्धर बन्ध को मुक्त करें और दाहिने नासिकाछिद्र से श्वास छोड़ें।

दाहिने नासिकाछिद्र से श्वास लें।

अन्तर्कुम्भक के साथ जालन्धर बन्ध लगायें।

जालन्धर बन्ध को मुक्त करें और बायें नासिकाछिद्र से श्वास छोड़ें।

यह एक चक्र हुआ, 5 चक्र तक अभ्यास करें।

विस्तार–जब बिना किसी कठिनाई के बन्ध लगा सकें तो धीरे-धीरे गिनती को बढ़ा दें।

जालन्धर और मूल बन्धः गिनती को कम करें और जालन्धर बन्ध के साथ मूल बन्ध को जोड़ दें।

बायें नासिकाछिद्र से श्वास लें।

दोनों नासिकाछिद्रों को बन्द कर दें और श्वास अन्दर रोकें।

जालन्धर बन्ध लगायें और फिर मूल बन्ध लगायें।

निर्धारित गिनती तक कुम्भक लगाने के पश्चात् पहले मूल बन्ध खोलें, फिर जालन्धर बन्ध।

दायें नासिकाछिद्र से श्वास छोड़ें।

दायें नासिकाछिद्र से श्वास लें और अन्र्तकुम्भक करें।

फिर जालन्धर बन्ध एवं मूल बन्ध लगायें।

पहले मूल बन्ध, फिर जालन्धर बन्ध खोलें।

बायें नासिकाछिद्र से श्वास छोड़ें।

यह एक चक्र हुआ। 5 चक्र तक अभ्यास करें।

विस्तार: जब बिना कठिनाई के बन्ध लगा सकें तो धीरे-धीरे पहले गिनती बढ़ायें और फिर अनुपात बढ़ायें।

सावधानियाँ–गुरु अथवा योग्य शिक्षक के मार्गदर्शन के बिना बन्धों के साथ प्राणायाम का अभ्यास न करें।

लाभ–बन्धों के साथ 1:4:2 का अनुपात प्राण ऊर्जा को संतुलित एवं शुद्ध करता है।

विधि 4: अन्त: और बहिर्कुम्भक के साथ

इस विधि में बहिर्कुम्भक को जोड़ा जाता है।

सहज लगने पर भी शुरू में अधिक देर तक बाहर श्वास रोकने का प्रयास न करें।

चरण 1–1:1:1:1 के अनुपात और 5:5:5:5 की गिनती से आरम्भ करें।

5 तक गिनती करते हुए बायें नासिकाछिद्र से श्वास लें।

5 तक गिनती करते हुए अन्तर्कुम्भक करें।

5 तक गिनती करते हुए दाहिने नासिकाछिद्र से श्वास छोड़ें।

श्वास छोड़ने के बाद दोनों नासिकाछिद्रों को बन्द कर 5 की गिनती तक श्वास को बाहर रोकें।

श्वास को बाहर रोकने के लिए कण्ठद्वार को थोड़ा संकुचित किया जा सकता है। श्वास लेने के ठीक पहले दाहिने नासिकाछिद्र से थोड़ी श्वास छोड़ें। इससे फेफड़ों एवं कण्ठद्वार का अवरोध दूर हो जायेगा और श्वसन-प्रणाली पहले की तरह सहजता से अपना कार्य प्रारम्भ कर देगी।

दाहिने नासिकाछिद्र से 5 की गिनती तक धीरे-धीरे श्वास लें।

5 की गिनती तक अन्तर्कुम्भक करते हुए श्वास को भीतर रोकें।

बायें नासिकाछिद्र से 5 की गिनती तक श्वास छोड़ें।

पुन: दोनों नासिकाछिद्रों को बन्द कर 5 की गिनती तक बहिर्कुम्भक करते हुए श्वास को बाहर रोकें। यदि आवश्यक हो तो दूसरा चक्र आरम्भ होने पर श्वास लेने के ठीक पहले बायें नासिकाछिद्र से थोड़ी श्वास बाहर छोड़ें।

यह एक चक्र हुआ।

5 चक्र अभ्यास करें।

अनुपात एवं समय का विस्तार–जब इस गिनती के अनुपात में दक्षता प्राप्त हो जाये तो पूरक, अन्तर्कुम्भक, रेचक और बहिर्कुम्भक में एक-एक

इकाई जोड़ कर धीरे-धीरे गिनती को बढ़ायें। गिनती को धीरे-धीरे 5 से 6, फिर 6 से 7, इस प्रकार बढ़ाते जायें जब तक 10:10:10:10 की गिनती न पहुँच जाये।

जब तक पूरक की एक गिनती के लिए रेचक और कुम्भक की क्रिया आराम से न होने लगे, तब तक पूरक की गिनती को न बढ़ायें।

चरण 2–अगला अनुपात 1:1:2:1 है। इसे कम गिनती से आरम्भ करें और पहले दिये गये निर्देश के अनुसार धीरे-धीरे बढ़ायें। 5:5:10:5 से आरम्भ करें।

विस्तार–एक बार जब इस अनुपात में दक्षता प्राप्त हो जाये तो धीरे-धीरे गिनती को बढ़ाया जा सकता है। एक इकाई पूरक में, एक अन्तर्कुम्भक में, दो रेचक में और एक इकाई बहिर्कुम्भक में जोड़ें। तब एक चक्र के लिये गिनती 6:6:12:6 होगी। समय के साथ गिनती को बढ़ाया जा सकता है। जब तक पूरक की एक गिनती के लिए रेचक और कुम्भक की क्रिया आराम से न होने लगे, तब तक पूरक की गिनती को न बढ़ायें।

चरण 3– अगला अनुपात 1:2:2:1 है। 5:10:10:5 की गिनती से आरम्भ करें। जब तक पूरक की एक गिनती के लिए रेचक और कुम्भक की क्रिया आराम से न होने लगे, तब तक पूरक की गिनती को न बढ़ायें।

चरण 4– अगला अनुपात 1:2:2:2 है। 5:10:10:10 की गिनती से आरम्भ करें। बिना जोर लगाये धीरे-धीरे गिनती को बढ़ायें।

चरण 5–इसके आगे का अनुपात 1:3:2:2 है। 5:15:10:10 की गिनती से आरम्भ करें। जब भी अनुपात में परिवर्तन लायें, पहले की तरह ध्यान रखें कि कम गिनती से आरम्भ करना है और धीरे-धीरे बिना जोर लगाये बढ़ाते जाना है।

चरण 6–अन्तिम अनुपात 1:4:2:2 है। 5:20:10:10 की गिनती से आरम्भ करें।

उच्च अभ्यासः (बन्धों के साथ)

जब विधि 4 में दक्षता प्राप्त हो जाये तो इसे जालन्धर, मूल और उड्डियान बन्धों के साथ किया जा सकता है। पहले जालन्धर बन्ध के साथ केवल अन्तर्कुम्भक का अभ्यास करें। इस अभ्यास में दक्षता प्राप्त हो जाने पर बहिर्कुम्भक के साथ भी जालन्धर बंध को जोड़ें।

जब इसमें दक्षता प्राप्त हो जाये तब अन्तर्कुम्भक और बहिर्कुम्भक के साथ जालन्धर और मूलबन्ध को जोड़ें।

जब यह अभ्यास सिद्ध हो जाए, तब बहिर्कुम्भक के समय महाबन्ध जोड़ा जा सकता है। रेचक के अन्त में, जालन्धर, मूल, और उड्डियान बन्ध का अभ्यास करें। बहिर्कुम्भक के दौरान पूरे समय बन्ध लगाये रखें।

बहिर्कुम्भक के अन्त में क्रमशः जालन्धर, मूल और उड्डियान बन्ध को मुक्त करें।

व्यक्तिगत क्षमता को ध्यान में रखते हुए श्वास के अनुपात को घटाया-बढ़ाया जा सकता है।

श्वसन–नाड़ी शोधन की सभी विधियों में श्वसन बिना आवाज के होना चाहिए, जिससे यह निश्चित होता है कि श्वसन में किसी प्रकार का जोर नहीं लगाया जा रहा है और न ही कोई अवरोध है। जैसे-जैसे अनुपात और अवधि को बढ़ाया जाता है, श्वास बहुत हल्की और सूक्ष्म होती जाती है। विश्रान्ति, लयबद्धता और सजगता को बिना ध्यान में रखे अनुपात और अवधि को बढ़ाने का प्रयास नहीं करना चाहिए। पूरे अभ्यास के दौरान श्वास-प्रवाह निर्बाध और बिना झटके के होना चाहिए।

सजगता–शारीरिक–श्वास और गिनती पर।

मानसिक–नाड़ी शोधन के समय मन का चंचल होना सहज है। मन की इस चंचल प्रवृत्ति के प्रति सजग बन जायें और अभ्यास एवं गिनती जारी रखें। इससे सजगता अपने आप अभ्यास पर लौट आयेगी।

आध्यात्मिक–आज्ञा चक्र पर।

सावधानियाँ–किसी भी दशा में श्वास-प्रश्वास में बल प्रयोग नहीं करना चाहिए। मुँह से कभी श्वास नहीं लेनी चाहिए। अभ्यास पूरी सावधानी से और विशेषज्ञ के मार्ग-दर्शन में ही करें। थोड़ी भी परेशानी अनुभव होने पर श्वास-प्रश्वास और कुम्भक का समय घटा दें, और यदि आवश्यक हो, तो उस दिन अभ्यास बंद कर दें। नाड़ी शोधन में कभी जल्दबाजी न करें या जोर न लगायें।

क्रम–यदि एक नासिकाछिद्र बन्द हो तो अभ्यास आरम्भ करने से पहले जल नेति अथवा श्वास को संतुलित करने वाला कोई आसन करें। नाड़ी शोधन का अभ्यास षट्कर्म तथा आसनों के बाद और अन्य प्राणायामों के पूर्व करना चाहिए। सर्वोत्तम समय सूर्योदय के आस-पास है, परन्तु

यह अभ्यास दिन में किसी भी समय किया जा सकता है। केवल भोजन के तुरंत बाद इसका अभ्यास न करें।

अवधि–प्रतिदिन 5 से 10 चक्र या 10 से 15 मिनट।

लाभ–नाड़ी शोधन से अधिक मात्रा में ऑक्सीजन उपलब्ध होने के कारण सम्पूर्ण शरीर का पोषण होता है। कार्बन डाईऑक्साइड का निष्कासन कुशलतापूर्वक होता है और विषाक्त तत्त्वों के बाहर निकल जाने के कारण रक्त शुद्ध हो जाता है। मस्तिष्क-केन्द्र उत्तेजित होकर अपनी अधिकतम क्षमता से कार्य करने लग जाते हैं। इससे शान्ति, विचारों में स्पष्टता और एकाग्रता की प्राप्ति भी होती है। अत: जो लोग मानसिक कार्यों में लगे रहते हैं, उन्हें यह अभ्यास करने का परामर्श दिया जाता है। यह प्राणों में सामंजस्य लाकर प्राण-शक्ति को बढ़ाता और तनाव एवं चिन्ता में कमी लाता है। यह प्राणिक अवरोधों को दूर करता और इड़ा एवं पिंगला नाड़ियों में सन्तुलन लाता है। इससे सुषुम्ना नाड़ी का प्रवाह प्रारम्भ हो जाता है; परिणामस्वरूप गहन ध्यान की अवस्था और आध्यात्मिक जागरण की स्थिति प्राप्त होती है।

अभ्यास टिप्पणी–नाड़ी शोधन में प्रगति लम्बे समय के अभ्यास द्वारा सम्भव है। प्रत्येक विधि का अभ्यास दक्षता प्राप्त होने तक करना चाहिए। प्रत्येक विधि में श्वसन के अनुपात और अवधि को बढ़ाने में वर्षों लग सकते हैं। जब भी अनुपात में परिवर्तन लायें, कम गिनती से आरम्भ करें और बिना जोर लगाये धीरे-धीरे गिनती बढ़ायें। एक अनुपात में दक्षता प्राप्त होने तक अभ्यास करते रहें। श्वास की लम्बाई सहजरूप से, बिना जोर लगाये बढ़नी चाहिए।

यह महत्त्वपूर्ण नहीं है कि श्वास कितनी देर तक रोक सकते हैं, अपितु शरीर, मन और जीवन शैली को अतीन्द्रिय तथा शारीरिक प्रभावों के अनुसार यथाकाल व्यवस्थित करने के लिये समय देना महत्त्वपूर्ण है।

विधि 1 और 2 का अभ्यास फेफड़ों और तन्त्रिका-तन्त्र को विधि 3 और 4 के लिए तैयार करता है, जिनमें अन्तर और बहिर्कुम्भक को जोड़ा जाता है। तकनीकों में दक्षता प्राप्त होने में समय लग सकता है, क्योंकि शरीर और मन को कुम्भक की लम्बी अवधि के साथ ताल-मेल बैठाने के लिए थोड़ा समय अवश्य चाहिए। इस अभ्यास का पूर्ण लाभ तभी प्राप्त होता है, जब उच्च विधि में समय से पूर्व दक्षता प्राप्त करने का प्रयास

न कर, विधिपूर्वक प्रत्येक स्तर पर पूर्णता प्राप्त करने का प्रयास किया जाए। यह अधिक महत्त्वपूर्ण है कि अभ्यासी प्रत्येक चरण का पूर्ण रूप से अनुभव करे और श्वसन की नयी विधि एवं तन्त्रिका तन्त्र, ऊर्जा के स्तरों, भावनाओं, मानसिक स्पष्टता तथा व्यक्तित्व के सूक्ष्म आयामों पर उसके प्रभाव के अनुरूप अपने को ढाले।

***टिप्पणी*–** *'नाड़ी' शब्द का अर्थ है 'मार्ग' या 'शक्ति का प्रवाह' और 'शोधन' का अर्थ होता है 'शुद्ध करना'। नाड़ी शोधन का अर्थ हुआ, वह अभ्यास जिससे नाड़ियों का शुद्धिकरण हो।*

24 की संख्या का प्रयोग श्वास-प्रश्वास की माप के लिए किया जाता है। यह संख्या पुराने ग्रन्थों से ली गयी है, जहाँ प्राणायाम की लम्बाई को मापने के लिए गायत्री-मन्त्र का उपयोग किया गया है। गायत्री-मन्त्र 24 मात्राओं से मिलकर बना है।

शीतली प्राणायाम

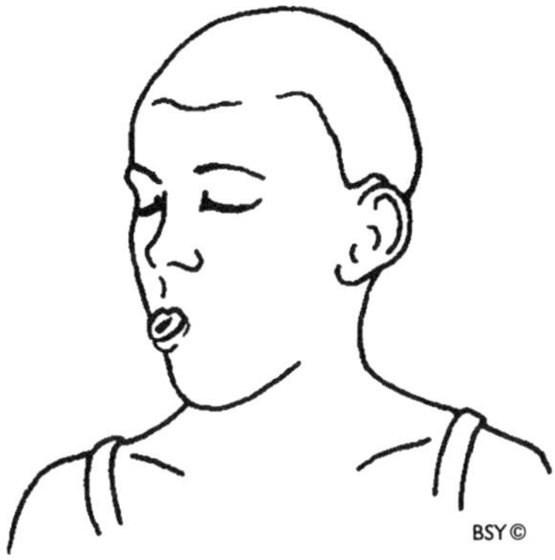

शीतली प्राणायाम

विधि 1

ध्यान के किसी आरामदायक आसन में बैठें।
आँखों को बन्द कर पूरे शरीर को शिथिल करें।
जिह्वा को बिना तनाव के अधिक-से-अधिक मुँह के बाहर ले आयें।
जिह्वा के दोनों किनारों को इस प्रकार मोड़ें कि उसकी आकृति एक नलिका जैसी हो जाए। इस नली के द्वारा लम्बी, गहरी और नियन्त्रित श्वास अन्दर खींचें।
पूरक के अन्त में जिह्वा भीतर कर लें, मुँह को बन्द करें और नासिका के द्वारा रेचक करें।
पूरे अभ्यास के दौरान यौगिक श्वसन करें।
श्वास से सी-सी की तरह चोषण ध्वनि उत्पन्न करें।
जिह्वा और मुँह के ऊपरी भाग में बर्फीली शीतलता का अनुभव करें।
यह एक चक्र हुआ।

अवधि– अभ्यास के साथ पूरक की अवधि को धीरे-धीरे बढ़ायें ताकि शीतलता का प्रभाव बढ़े। धीरे-धीरे चक्रों की संख्या को 9 से 15 तक बढ़ायें। सामान्य स्वास्थ्य के लिए 15 चक्र पर्याप्त हैं; बहुत अधिक गर्मी होने पर 60 चक्र तक किये जा सकते हैं।

सजगता–जिह्वा, ध्वनि और श्वास की शीतलतादायी सम्वेदना पर।

क्रम–जिन आसनों और योगाभ्यासों से शरीर के ताप में वृद्धि होती है, उनके बाद तापमान को सन्तुलित करने के लिए इसका अभ्यास करना चाहिए।

विधि 2: अन्तर्कुम्भक के साथ

पूरक के पश्चात् पहले एक-दो क्षण के लिये श्वास अन्दर रोकें। इस विधि में दक्षता प्राप्त कर लेने पर कुम्भक की अवधि को धीरे-धीरे बढ़ाया जा सकता है।

उच्च अभ्यास (बन्धों के साथ)

जालन्धर बन्ध में दक्षता प्राप्त कर लेने के पश्चात् अन्तर्कुम्भक के समय इस प्राणायाम के साथ जालन्धर बन्ध जोड़ा जा सकता है।

सावधानियाँ–इसका अभ्यास प्रदूषित वायुमण्डल या ठण्ढे मौसम में नहीं करना चाहिए। नासिका श्वास द्वारा अन्दर ली जाने वाली वायु को नाजुक फेफड़ों में प्रवेश के पूर्व गर्म और स्वच्छ बनाती है। मुँह द्वारा श्वास लेने पर वातानुकूलन की यह क्रिया नहीं हो पाती और ठण्ढी एवं दूषित वायु का फेफड़ों में प्रवेश हानिकारक हो सकता है।

अन्तर्कुम्भक केवल अल्प समय के लिये करें, क्योंकि लम्बी अवधि तक कुम्भक करने से शरीर का तापमान बढ़ जाता है।

सीमायें–निम्न रक्तचाप या श्वसन सम्बन्धी रोगों, जैसे, दमा, ब्रोन्काइटिस और बहुत अधिक कफ से पीड़ित व्यक्तियों को यह अभ्यास नहीं करना चाहिए। हृदय-रोगियों को यह प्राणायाम बिना कुम्भक के करना चाहिए। यह अभ्यास शरीर के निम्न ऊर्जा-केन्द्रों के कार्यों को मन्द कर देता है; अत: पुरानी कब्ज के रोगियों को यह प्राणायाम नहीं करना चाहिए। सामान्य रूप से यह प्राणायाम शीत-काल और अधिक ठण्ढी जलवायु में नहीं करना चाहिए।

लाभ–यह अभ्यास शरीर को शीतलता प्रदान करता है। कामेच्छा और तापमान-नियमन से सम्बद्ध महत्त्वपूर्ण मस्तिष्कीय केन्द्रों को प्रभावित करता है। यह मानसिक और भावनात्मक उत्तेजनाओं को शान्त करता है और सम्पूर्ण शरीर में प्राण-प्रवाह को निर्बाध बनाता है।

यह मांसपेशीय शिथिलीकरण और मानसिक शान्ति लाता है। इसलिए सोने के पहले प्रशान्तक के रूप में इसका उपयोग किया जा सकता

है। यह भूख और प्यास पर नियन्त्रण प्रदान कर तृप्ति का भाव पैदा करता है।

अभ्यास टिप्पणी–जनसंख्या का लगभग एक तिहाई भाग अपनी जिह्वा को नलिका के रूप में मोड़ने में असमर्थ रहता है। शीतकारी प्राणायाम के अभ्यास से भी इसी प्रकार के लाभ प्राप्त होते हैं।

टिप्पणी–*संस्कृत शब्द शीतली 'शीत' धातु से बना है, जिसका अर्थ होता है ठण्ढा। शीतल का अर्थ हुआ, "जो शान्त, वासनारहित एवं सहज हो।"*

शीतकारी प्राणायाम

शीतकारी प्राणायाम

ध्यान के किसी सुविधाजनक आसन में बैठ जायें।

आँखों को बन्द कर लें और पूरे शरीर को शिथिल करें।

दाँतों की पंक्तियों को एक-दूसरे पर रखकर हल्के से कस लें।

होठों को अलग करके फैलायें, जिससे दाँत दिखायी पड़ने लगें।

जिह्वा को सीधा रखें या पीछे की ओर मोड़कर खेचरी मुद्रा में तालु से लगायें (मुद्रा-खण्ड देखें)।

दाँतों से ही गहरी और धीमी श्वास लें। पूरक के अन्त में मुँह बन्द कर लें। नासिका के द्वारा धीरे-धीरे नियन्त्रित ढंग से श्वास छोड़ें।

यह एक चक्र हुआ।

सजगता–वायु की सी-सी की ध्वनि पर और अन्दर ली गयी श्वास की शीतलदायी संवेदना पर।

सीमायें–शीतली प्राणायाम के समान। जिन अभ्यासियों के दाँत संवेदनशील हैं, कुछ दाँत टूटे हुए हैं या कृत्रिम दाँत हैं, वे शीतली प्राणायाम ही करें।

अन्य विवरण–शीतली प्राणायाम के समान।

भ्रामरी प्राणायाम

भ्रामरी प्राणायाम

ध्यान के किसी सुविधाजनक आसन में बैठ जायें। मेरुदण्ड सीधा, सिर सीधा और दोनों हाथ घुटनों पर चिन् या ज्ञान-मुद्रा में रहें।

इस अभ्यास के लिए पद्मासन या सिद्धासन/सिद्धयोनि आसन उत्तम है।

आँखें बन्द कर लें और कुछ समय के लिए पूरे शरीर को विश्रान्त करें।

पूरे अभ्यास के दौरान होठों को हल्के से बन्द रखें और दाँतों की पंक्तियों को एक-दूसरे से थोड़ा अलग रखें। इससे मस्तिष्क में ध्वनि-स्पन्दन अधिक स्पष्टता से सुनाई देता और अनुभव होता है।

भुजाओं को बगल में उठाकर, कोहनियों को मोड़ लें और हाथों को कानों के निकट लें आयें। तर्जनी या मध्यमा उँगलियों से कानों को बन्द कर लें। उँगलियों को बिना अन्दर घुसाये कानों के पल्लों को भी दबाया जा सकता है। अपनी सजगता को सिर के बीचों-बीच ले आयें, जहाँ आज्ञा-चक्र स्थित है, और शरीर को एकदम स्थिर रखें।

नासिका से श्वास लें। भौंरे के गुंजन की तरह गहरी और मन्द ध्वनि उत्पन्न करते हुए नियन्त्रित ढंग से धीरे-धीरे श्वास छोड़ें।

श्वास छोड़ते समय गुंजन की ध्वनि मधुर, सम और अखण्ड होनी चाहिए। ध्वनि इतनी मृदुल और मधुर हो कि कपाल के अग्र भाग में उसकी प्रतिध्वनि गूंजने लगे। रेचक के पश्चात् हाथों को स्थिर रखा जा सकता है अथवा वापस घुटनों पर ला कर दूसरे चक्र के लिये पुनः उठाया जा सकता है। पूरक और रेचक सम और नियन्त्रित होने चाहिए। यह एक चक्र हुआ।

प्रकारान्तरः नादानुसन्धान आसन

एड़ियों को नितम्बों के पास रखकर एक तह किये हुए कम्बल पर बैठ जायें। घुटनों को ऊपर उठा कर कोहनियों को घुटनों पर और तलवों को जमीन पर रखें। कानों को अँगूठों से बन्द करें और बाकी चारों उँगलियों को सिर पर रखें। यह स्थिति उस समय बिना कठिनाई के अधिक स्थिरता प्रदान करती है जब नाद योग के अभ्यास की तैयारी के लिये लम्बे समय

तक इसका अभ्यास किया जाता है, जिसमें साधकों को अपनी वास्तविक प्रकृति से जोड़ने के लिए सूक्ष्म ध्वनि-तरंगों का उपयोग किया जाता है।

सजगता–शारीरिक-मस्तिष्क के भीतर गुंजन जैसी ध्वनि तथा श्वास को स्थिर और सम बनाने पर।

आध्यात्मिक–आज्ञा चक्र पर।

अवधि–प्रारम्भ में 5 से 10 चक्र पर्याप्त है। धीरे-धीरे समय बढ़ाते हुए 10 से 15 मिनट तक अभ्यास करें। बहुत अधिक मानसिक तनाव या चिन्ता होने पर या उपचारात्मक उपयोग हेतु इसका अभ्यास 30 मिनट तक करें।

अभ्यास का समय–अभ्यास के लिए सबसे उपयुक्त समय देर रात्रि या उषाकाल है, जब आन्तरिक बोध में बाधक बाहरी कोलाहल न्यूनतम रहता है। इस समय अभ्यास करने से अतीन्द्रिय सम्वेदनशीलता जाग्रत होती है। मानसिक तनाव से मुक्ति के लिए किसी भी समय भ्रामरी का अभ्यास किया जा सकता है।

सीमायें–भ्रामरी प्राणायाम लेट कर कभी नहीं करना चाहिए। जिन्हें कान का गम्भीर संक्रमण हो, उन्हें भ्रामरी का अभ्यास नहीं करना चाहिए।

लाभ–भ्रामरी, परेशानी और प्रमस्तिष्कीय तनाव से मुक्ति दिलाता है। इससे क्रोध, चिन्ता और अनिद्रा भी दूर होती है और शरीर की आरोग्यकर क्षमता बढ़ती है। यह वाणी को सुधारकर सशक्त बनाता है। भ्रामरी का अभ्यास मन को शान्त और सजगता को अन्तर्मुखी बनाकर ध्यान की स्थिति में पहुँचाता है। गुंजन की ध्वनि का मन और तंत्रिका तंत्र पर शान्तिकारक प्रभाव पड़ता है।

विधि 2: अन्तर्कुम्भक के साथ

नासिका से धीमा और गहरा श्वसन करें।

आज्ञा चक्र अथवा बिन्दु पर सजगता को रखते हुए श्वास अन्दर रोकें।

गुंजन की ध्वनि पर मन की तल्लीनता को बढ़ाने के लिये रेचक को जितना आराम से बढ़ा सकते हैं, बढ़ायें।

सीमायें–हृदय रोग से पीड़ित व्यक्तियों को बिना कुम्भक के अभ्यास करना चाहिए।

अभ्यास टिप्पणी–अन्तर्कुम्भक को धीरे-धीरे बढ़ाना चाहिए, क्योंकि इससे अन्तर्मुखता तथा एकाग्रता बढ़ती है। कुम्भक करते समय जोर न लगायें,

प्रारम्भ में एक-दो सैकण्ड पर्याप्त है। अभ्यास में दक्षता प्राप्त हो जाने पर धीरे-धीरे अवधि को बढ़ाया जा सकता है।

उच्च अभ्यास (बन्धों के साथ)

इस अभ्यास में बन्धों को जोड़ने से पूर्व प्रत्येक बन्ध में दक्षता प्राप्त कर लेनी चाहिए।

अन्तर्कुम्भक में दक्षता प्राप्त हो जाने पर जालन्धर और मूल बन्धों को इस प्राणायाम में जोड़ा जा सकता है।

इन अभ्यासों के विवरण के लिए बन्ध-खण्ड का अध्ययन करें।

यदि आवृत्तियों के बीच में हाथों को घुटनों पर लाया जाता है तो पूर्ण जालन्धर बन्ध कर सकते हैं। यदि हाथ कानों को बन्द करके ऊपर ही रहते हैं तो जालन्धर बन्ध के सरल प्रकारान्तर को करें।

लम्बी गहरी श्वास लें।

अन्तर्कुम्भक के दौरान आरामदायक अवस्था तक जालन्धर बन्ध और फिर मूल बन्ध लगायें।

पहले मूलबन्ध फिर जालन्धर बन्ध खोलें, और नासिका से रेचक करें।

यह एक चक्र हुआ।

जब बिना कठिनाई के बन्ध लगा सकें तब धीरे-धीरे चक्रों की गिनती को बढ़ा दें।

सावधानियाँ–गुरु अथवा योग्य शिक्षक के मार्गदर्शन के बिना बन्धों के साथ प्राणायाम का अभ्यास न करें।

टिप्पणी–*भ्रामरी का सम्बन्ध भ्रमर से है, जिसका अर्थ होता है भौंरा। इस अभ्यास को भ्रामरी इसलिए कहा जाता है कि इसमें भौंरे के गुंजन के समान ध्वनि उत्पन्न की जाती है।*

उज्जायी प्राणायाम

उज्जायी प्राणायाम

ध्यान के किसी आरामदायक आसन में बैठ जायें।

आँखों को बन्द कर लें और पूरे शरीर को शिथिल करें।

नासिका में आती-जाती श्वास के प्रति सजग बन जायें और श्वसन को धीमा एवं लयपूर्ण होने दें।

थोड़ी देर के बाद अपनी सजगता गले पर ले जायें।

ऐसा अनुभव करें या कल्पना करें कि श्वास नासिका से नहीं, बल्कि गले से आ-जा रही है। मानो श्वास और प्रश्वास की क्रिया गले के एक छोटे-से छिद्र के माध्यम से हो रही हो।

जब श्वसन धीमा और गहरा हो जाए, तब धीरे से कण्ठ-द्वार को संकुचित करें, ताकि गले से सोते हुए बच्चे के खर्राटे जैसी आवाज निकलने लगे। यदि इसका अभ्यास सही ढंग से किया जाए, तो गले के साथ उदर का भी संकुचन होगा। यह अपने आप होता है, इसके लिए कोई प्रयास नहीं करना पड़ता।

श्वास और प्रश्वास, दोनों लम्बे, गहरे और नियंत्रित होने चाहिए।

गले में श्वास द्वारा उत्पन्न ध्वनि पर एकाग्रता रखते हुए यौगिक श्वसन करें। श्वास की आवाज केवल अभ्यासी को सुनाई पड़नी चाहिए।

विस्तार–जब इस प्रकार के श्वसन में दक्षता प्राप्त हो जाए, तब जिह्वा को खेचरी मुद्रा में पीछे की ओर मोड़ लें (मुद्रा-खण्ड देखें)

यदि जिह्वा थक जाये, तो उसे सीधा कर लें और उज्जायी श्वसन करते रहें। जब जिह्वा को आराम मिल जाय, तब उसे पुनः मोड़ लें।

अवधि–सामान्य स्वास्थ्य के लिये 10 श्वास से आरम्भ करें और धीरे-धीरे 5 मिनट तक बढ़ायें।

यदि ध्यान अथवा मंत्र जप के साथ करते हैं तो 10 से 20 मिनट तक अभ्यास करें।

सीमायें–जो लोग स्वभाव से बहुत अधिक अन्तर्मुखी होते हैं, उन्हें यह अभ्यास नहीं करना चाहिए।

लाभ–उज्जायी को शान्ति प्रदान करने वाले प्राणायामों की श्रेणी में रखा गया है और साथ-ही शरीर पर इसका उष्णकारी प्रभाव भी पड़ता है। इस अभ्यास से तन्त्रिका-तन्त्र और मन शान्त होता है। आत्मिक स्तर पर इसका बहुत गहरा विश्रान्तिदायक प्रभाव पड़ता है। यह अनिद्रा को दूर करने में सहायक है, अत: सोने के ठीक पहले इसका अभ्यास शवासन में करना चाहिए। उज्जायी का अभ्यास हृदयगति को मन्द करता है, अत: उच्च रक्त-चाप के रोगियों के लिए लाभदायक है।

अभ्यास टिप्पणी–खड़े होकर, बैठ कर या लेट कर, किसी भी स्थिति में उज्जायी का अभ्यास किया जा सकता है। स्लिप डिस्क या स्पॉण्डिलाइटिस के रोगी वज्रासन या मकरासन में उज्जायी प्राणायाम कर सकते हैं। चेहरे को अधिक से अधिक तनावरहित रखने का प्रयास करें। कण्ठ को बलपूर्वक अधिक संकुचित न करें। संकुचन हल्का होना चाहिए और पूरे अभ्यास के समय निरन्तर बना रहना चाहिए।

विधि 2: अन्तर्कुम्भक के साथ

पूरक तथा रेचक सम और नियन्त्रित होने चाहिए।

नासिका से धीमा और गहरा श्वसन करें।

आज्ञा अथवा बिन्दु पर सजगता बनाये रखते हुए श्वास अन्दर रोकें।

रेचक आराम से, जितना लम्बा कर सकते हैं, करें। कुम्भक करते समय जोर न लगायें, प्रारम्भ में एक-दो सैकण्ड पर्याप्त हैं। जैसे-जैसे अभ्यास में दक्षता प्राप्त होती है, अवधि को धीरे-धीरे बढ़ाया जा सकता है।

सीमायें–जो हृदय रोगी हैं उन्हें उज्जायी प्राणायाम के साथ बन्ध अथवा कुम्भक नहीं करना चाहिए।

अभ्यास टिप्पणी–अन्तर्कुम्भक को धीरे-धीरे बढ़ाना चाहिए, क्योंकि इससे अन्तर्मुखता तथा एकाग्रता बढ़ती है।

उच्च अभ्यास (बन्धों के साथ)

इस अभ्यास में बन्धों को जोड़ने से पूर्व प्रत्येक बन्ध में दक्षता प्राप्त कर लेनी चाहिए। इन अभ्यासों की विस्तृत जानकारी के लिए बन्ध-खण्ड देखें। अन्तर्कुम्भक में निपुणता प्राप्त हो जाने पर बन्धों को जोड़कर उज्जायी का अभ्यास किया जा सकता है।

जालन्धर बन्ध: लम्बी गहरी श्वास अन्दर लें।

आरामदायक अवधि तक अन्तर्कुम्भक के साथ जालन्धर बन्ध लगायें।

जालन्धर बन्ध खोलें और श्वास छोड़ें।

यह एक चक्र हुआ।

जालन्धर और मूल बन्ध: श्वास अन्दर लें। पहले जालन्धर बन्ध और फिर मूल बन्ध लगायें, जितनी देर आराम से श्वास अन्दर रोक सकते हैं, रोकें। पहले मूल बन्ध, बाद में जालन्धर बन्ध खोलें और श्वास बाहर छोड़ें। यह एक चक्र हुआ। जब बिना कठिनाई के बन्ध लगा सकें तब चक्रों की संख्या धीरे-धीरे बढ़ायें।

सावधानियाँ–गुरु अथवा योग्य शिक्षक के मार्गदर्शन के बिना बन्धों के साथ प्राणायाम का अभ्यास न करें।

सीमायें–जो हृदय रोगी हैं, उन्हे उज्जायी प्राणायाम के साथ बन्ध अथवा कुम्भक नहीं करने चाहिए।

टिप्पणी– *संस्कृत शब्द उज्जायी का अर्थ होता है, 'विजयी'। यह 'जी' धातु से बना है, जिसका अर्थ होता है 'विजय प्राप्त करना' या 'युद्ध द्वारा प्राप्त करना', और उपसर्ग 'उद्' का अर्थ होता है 'बन्धन'। इस प्रकार उज्जायी वह प्राणायाम है जो बन्धन से मुक्ति दिलाता है। इसे अतीन्द्रिय श्वसन भी कहते हैं, क्योंकि यह मन के सूक्ष्म स्तरों तक ले जाता है और ध्यान की तान्त्रिक विधियों, जैसे, मन्त्र-जप, अजपा-जप, क्रिया-योग और प्राण-विद्या आदि में खेचरी-मुद्रा के साथ इसका उपयोग किया जाता है।*

भस्त्रिका प्राणायाम

विधि 1: प्रारम्भिक अभ्यास

ध्यान के किसी आरामदायक आसन में बैठ जायें। हाथों को घुटनों के ऊपर ज्ञान या चिन् मुद्रा में रखें।

सिर और मेरुदण्ड को सीधा रखें। आँखों को बन्द कर लें और पूरे शरीर को विश्राम की अवस्था में लायें।

गहरी श्वास लें और नासिका से बलपूर्वक श्वास छोड़ें। इसके तुरन्त बाद उतने ही जोर के साथ श्वास लें। बलपूर्वक पूरक उदरीय पेशियों के पूर्ण विस्तार से और बलपूर्वक रेचक इन पेशियों के दृढ़ संकुचन से होता है। अधिक जोर न लगायें।

श्वास लेते समय मध्य-पट नीचे की ओर तथा उदर बाहर की ओर जाता है। श्वास छोड़ते समय मध्य-पट ऊपर और उदर भीतर की ओर जाता है। इन गतियों को थोड़ा बढ़ाना चाहिए।

10 श्वास की गिनती तक इस प्रकार अभ्यास जारी रखें।

10 श्वास पूरी करने के बाद एक गहरी श्वास लें और धीरे-धीरे श्वास छोड़ें।

यह एक चक्र हुआ। 5 चक्रों तक अभ्यास करें।

अभ्यास टिप्पणी–इस प्रकार के श्वसन में अभ्यस्त हो जाने के बाद श्वास-प्रश्वास को हमेशा लयपूर्ण बनाये रखते हुए धीरे-धीरे गति को बढ़ायें। पूरक और रेचक में लगने वाला बल समान होना चाहिए।

विधि 2: एकान्तर नासिकाछिद्र

ध्यान के किसी आरामदायक आसन, जैसे, पद्मासन, या सिद्धासन/सिद्धयोनि आसन में बैठ जायें।

सिर और मेरुदण्ड को सीधा रखें। आँखों को बन्द कर लें और पूरे शरीर को विश्रान्त करें।

दाहिने हाथ को ऊपर उठाकर नासाग्र मुद्रा में रखें।

बायीं नासिका–दाहिने नासिकाछिद्र को अँगूठे से बन्द कर लें।

बिना अधिक जोर लगाये बायें नासिकाछिद्र से 10 बार जल्दी-जल्दी बलपूर्वक श्वास लें और छोड़ें। नासिका से सूँ-सूँ की आवाज होनी चाहिए, किन्तु गले एवं छाती से कोई आवाज नहीं होनी चाहिए।

श्वास के साथ उदर लयपूर्ण ढंग से फैलना और सिकुड़ना चाहिए। वायु भरने और निकालने की क्रिया उदर द्वारा ही होनी चाहिए, वक्ष, कन्धे तथा चेहरा शान्त रहने चाहिए।

10 बार पूरक और रेचक करने के बाद, गहरी श्वास लें और बायीं नासिका से श्वास छोड़ें।

दाहिनी नासिका–बायें नासिकाछिद्र को बन्द कर लें और इसी प्रक्रिया को दाहिने नासिकाछिद्र से दुहरायें।

दोनों नासिकायें–उठे हुए हाथ को पुन: घुटनों पर ले आयें।

दोनों नासिकाछिद्रों से इस प्रक्रिया को दुहरायें।

अवधि–ऊपर बतायी गयी विधि से पहले बायें, फिर दाहिने और अन्त में दोनों नासिकाछिद्रों से 10 श्वसन करने से अभ्यास का एक चक्र पूरा होता है। 5 चक्र तक अभ्यास करें।

श्वसन–प्रारम्भिक अभ्यासी चक्रों के बीच कुछ सामान्य श्वास ले सकते हैं ताकि जोर न पड़े।

अभ्यासी की क्षमता के अनुसार भस्त्रिका का अभ्यास श्वास की तीन विभिन्न गतियों के साथ किया जा सकता है-मन्द, मध्यम एवं तीव्र।

श्वास-प्रश्वास में बिना अनावश्यक जोर लगाये लगभग प्रत्येक दो सैकण्ड में एक श्वास की दर से मन्द भस्त्रिका-प्राणायाम किया जाता है। यह सामान्य श्वसन के ही विस्तार के समान है। यह प्रारम्भिक अभ्यासियों के लिए विशेष उपयोगी है; हालाँकि इसका अभ्यास सभी चरणों में किया जा सकता है।

मध्यम भस्त्रिका में श्वसन की गति बढ़कर लगभग एक श्वास प्रति सैकण्ड हो जाती है।

तीव्र भस्त्रिका का अर्थ हुआ प्रति सैकण्ड लगभग दो श्वास की दर से श्वसन करना। मध्यम और तीव्र श्वसन, दोनों ही मध्यम और उच्च अभ्यासियों के लिए उपयोगी हैं।

नियमित अभ्यास से उदर की पेशियाँ मजबूत होती जायेंगी। जैसे-जैसे

उनमें मजबूती आये, हर महीने 5 श्वास-प्रश्वास और जोड़कर श्वास की अधिकतम संख्या 50 तक बढ़ायी जा सकती है।

सजगता–शारीरिक–श्वसन-प्रक्रिया और उदर की गति पर।

आध्यात्मिक–मणिपुर चक्र पर।

सावधानियाँ–भस्त्रिका गतिशील अभ्यास है, जिसमें शारीरिक ऊर्जा अधिक खर्च होती है। नये अभ्यासियों को प्रत्येक चक्र के बाद थोड़ा विश्राम कर लेना चाहिए। बहुत तीव्र श्वसन, चेहरे की पेशियों में ऐंठन और शरीर के बहुत अधिक हिलने-डुलने से बचें। अभ्यास के दौरान चक्कर आने जैसा अनुभव, अधिक पसीना आना या वमन की संवेदना इस बात का संकेत करते हैं कि अभ्यास सही ढंग से नहीं किया जा रहा है। यदि इनमें से कोई भी लक्षण प्रकट हो तो किसी योग शिक्षक से परामर्श लें।

इस अभ्यास से रक्त शुद्ध होता है। किन्तु यदि हड़बड़ी में जल्दी-जल्दी एक से दूसरे चरण में जायेंगे, तो शरीर से सारी अशुद्धियाँ भी बहुत शीघ्रता से निष्कासित होंगी, जिसका शरीर पर प्रतिकूल प्रभाव पड़ सकता है। इसलिए धीरे-धीरे, निष्ठापूर्वक इस अभ्यास में आगे बढ़ने की सलाह दी जाती है।

सीमायें–उच्च रक्तचाप, हृदय-रोग, हर्निया, गैस्ट्रिक अल्सर, दौरा आना, मिर्गी, रेटिना सम्बन्धी समस्या, ग्लूकोमा या चक्कर आने की बीमारी वाले लोगों को भस्त्रिका का अभ्यास नहीं करना चाहिए। वृद्धों, फेफड़े की बीमारी, जैसे, दमा और ब्रोन्काइटिस से पीड़ित या यक्ष्मा से आरोग्य-लाभ कर रहे व्यक्तियों और गर्भावस्था के पहले तीन महीनों में किसी विशेषज्ञ के मार्गदर्शन में ही यह अभ्यास करना चाहिए।

लाभ–यह अभ्यास शरीर में जमा विषैले पदार्थों को जला देता है और त्रिदोषों–वात, पित्त और कफ को संतुलित करता है। फेफड़ों में तीव्र गति से वायु के आने-जाने के कारण रक्त में ऑक्सीजन के मिलने और कार्बन डाइऑक्साइड के बाहर निकलने की दर में वृद्धि होती है। इस कारण चयापचय की गति बढ़ जाती है, जिससे ताप उत्पन्न होता है और शरीर से विषाक्त-पदार्थ निष्कासित हो जाते हैं। मध्यपट की तीव्र और लयपूर्ण गति से भी आन्त्रिक अंगों की मालिश होती है और पाचन-संस्थान पुष्ट होता है।

कुछ महीनों की सही तैयारी के बाद प्रजनन-काल में यह अभ्यास महिलाओं के लिए लाभदायक है। भस्त्रिका रक्त में कार्बन डाइऑक्साइड के स्तर को घटाता है। यह गले की सूजन और कफ के जमाव को दूर करता है। यह तन्त्रिका-तन्त्र को सन्तुलित और मजबूत बनाता है, जिससे ध्यान की तैयारी के लिए मानसिक शान्ति और एकाग्रता की प्राप्ति होती है।

विधि 3: अन्तर्कुम्भक के साथ

विधि 2 में दक्षता प्राप्त हो जाने के पश्चात् अभ्यास के साथ अन्तर्कुम्भक जोड़ा जा सकता है।

बायीं नासिका–दाहिने नासिकाछिद्र को अँगूठे से बन्द कर लें।

बायें नासिकाछिद्र से जल्दी-जल्दी बलपूर्वक श्वास लें और छोड़ें। श्वास के साथ उदर लयपूर्ण ढंग से फैलना और सिकुड़ना चाहिए। बलपूर्वक श्वास लेने और छोड़ने के पश्चात्, उदर और वक्ष को फैलाते हुए गहरी श्वास अन्दर लें। दोनों नासिकाछिद्रों को बन्द कर लें और श्वास को कुछ क्षणों तक अन्दर रोकें।

बायीं नासिका से श्वास छोड़ें।

दाहिनी नासिका–बायें नासिकाछिद्र को बन्द कर लें और इसी प्रक्रिया को दाहिने नासिका छिद्र से दोहरायें।

दोनों नासिकायें–दोनों नासिकाछिद्रों से बलपूर्वक जल्दी-जल्दी श्वास लेने और छोड़ने के पश्चात् धीमा, गहरा पूरक करें। दोनों नासिकाछिद्रों को बन्द कर लें और श्वास को कुछ क्षणों तक अन्दर रोकें।

दोनों नासिकाछिद्रों से एक साथ धीरे-धीरे श्वास छोड़ें।

यह एक चक्र हुआ, 5 चक्र तक अभ्यास करें।

अभ्यास टिप्पणी–अन्तर्कुम्भक के पश्चात् यदि रेचक करने में कठिनाई हो तो रेचक से पहले क्षणिक पूरक करने से कण्ठद्वार में लगा बन्ध मुक्त हो जाता है और श्वसन क्रिया से सम्बन्धित पेशियाँ पुनः क्रियाशील हो जाती हैं।

उच्च अभ्यास (बन्धों के साथ)

इस अभ्यास में जालन्धर और मूल बन्ध को जोड़ने से पूर्व प्रत्येक बन्ध में दक्षता प्राप्त कर लेनी चाहिए। अन्तर्कुम्भक में दक्षता प्राप्त हो जाने के बाद

अन्तर्कुम्भक के समय जालन्धर और मूल बन्ध को जोड़ा जा सकता है। प्रत्येक चक्र के पश्चात् गहरी श्वास अन्दर लें और श्वास अन्दर रोकें। पहले जालन्धर बन्ध लगायें और फिर मूल बन्ध। निर्धारित गिनती तक कुम्भक करने के पश्चात्, पहले मूलबन्ध खोलें, फिर जालन्धर बन्ध खोलें और फिर श्वास बाहर छोड़ें।

अवधि–5 चक्रों तक। अन्तर्कुम्भक की अवधि को धीरे-धीरे 30 सैकण्ड तक बढ़ायें। अधिक जोर न लगायें।

सावधानी–बन्धों के साथ प्राणायाम का अभ्यास करने से पहले एक योग शिक्षक का मार्ग-दर्शन प्राप्त कर लेना चाहिए।

सीमायें–जालन्धर और मूलबन्ध की तथा भस्त्रिका विधि 2 में दी गई सीमायें यहाँ लागू होती हैं।

विधि 4: बहिर्कुम्भक के साथ

विधि 3 में दक्षता प्राप्त कर लेने के पश्चात् बहिर्कुम्भक किया जा सकता है। बहिर्कुम्भक में दक्षता प्राप्त कर लेने के पश्चात् महाबन्ध किया जा सकता है। महाबन्ध में पहले अलग से दक्षता प्राप्त कर लेनी चाहिए।

प्रत्येक चक्र के पश्चात्, दोनों नासिकाछिद्रों से गहरी श्वास अन्दर लें और फिर पूर्णरूप से श्वास बाहर छोड़ें।

कुछ क्षणों के लिए श्वास बाहर रोकें।

महाबन्ध का अभ्यास करें।

महाबन्ध खोलें और श्वास अन्दर लें।

अवधि–5 चक्रों तक। बहिर्कुम्भक की अवधि को धीरे-धीरे 30 सैकण्ड तक बढ़ाया जा सकता है। अधिक जोर न लगायें।

सीमायें–महाबन्ध तथा भस्त्रिका के लिये दी गई सीमाओं को देखें।

लाभ–इस अभ्यास से मस्तिष्क क्रियाशील होता है और विचारों में स्पष्टता आती है तथा एकाग्रता बढ़ती है।

इससे प्राण-शक्ति बढ़ती है और ऊर्जा के बढ़ने तथा प्राणों के सामंजस्य से तनाव तथा चिन्ता का स्तर कम होता है। इससे प्राणों में अवरोध दूर होते हैं और सुषुम्ना नाड़ी में उन्मुक्त प्रवाह होता है जिससे ध्यान की गहन अवस्था प्राप्त होती है और आध्यात्मिक जागरण होता है। इससे कर्मों का क्षय भी होता है।

टिप्पणी – संस्कृत शब्द भस्त्रिका का अर्थ होता है धौंकनी। इसमें लोहार की धौंकनी की तरह फेफड़ों से बलपूर्वक वायु को भीतर-बाहर किया जाता है। धौंकनी अग्नि में वायु-प्रवाह को बढ़ा कर अधिक गर्मी पैदा करती है। उसी प्रकार भस्त्रिका प्राणायाम शरीर में वायु-प्रवाह में वृद्धि कर भौतिक और सूक्ष्म, दोनों स्तरों पर आन्तरिक ताप उत्पन्न करता है, जिससे शरीर एवं मन की आन्तरिक अग्नि उद्दीप्त होती है।

कपालभाति प्राणायाम

कपालभाति प्राणायाम

विधि 1: प्रारम्भिक अभ्यास (षट्कर्म विधि)

ध्यान के किसी आरामदायक आसन में बैठ जायें। सिर और मेरुदण्ड को सीधा रखते हुए हाथों को घुटनों पर चिन् या ज्ञान मुद्रा में रखें।

आँखें बन्द कर लें और पूरे शरीर को विश्राम की अवस्था में लायें।

उदर की पेशियों को बलपूर्वक संकुचित करते हुए दोनों नासिकाछिद्रों से श्वास छोड़ें।

अगली श्वास उदर की पेशियों को बिना प्रयास फैलाते हुए लें।

पूरक सहज होना चाहिए, उसमें किसी प्रकार का प्रयास नहीं लगना चाहिए।

10 बार तेजी से श्वास-प्रश्वास करने के बाद गहरी श्वास लेकर गहरी श्वास छोड़ें। श्वास को सामान्य होने दें।

यह एक चक्र हुआ।

5 चक्र अभ्यास करें।

श्वसन–तीव्र श्वसन उदर से हो, कन्धे और चेहरा शिथिल रहने चाहिए। आरम्भिक अभ्यासी चक्रों के बीच कुछ सामान्य श्वास ले सकते हैं। जैसे-जैसे उदर की पेशियाँ मजबूत होती जायें, श्वास-प्रश्वास की संख्या को 10 से बढ़ा कर 50 तक ले जाया जा सकता है। उच्च अभ्यासी एक चक्र में 60 से 100 श्वास तक बढ़ा सकते हैं।

क्रम–षट्कर्म के रूप में नासिका से अतिरिक्त कफ के निष्कासन के लिये कपालभाति का अभ्यास प्राणायाम से पहले करना चाहिए।

सावधानियाँ–कपालभाति का अभ्यास खाली पेट या भोजन के 3-4 घण्टे पश्चात् करना चाहिए। यदि देर रात इसका अभ्यास करेंगे तो नींद नहीं आयेगी। यदि दर्द का अनुभव हो या चक्कर आने लगे, तो अभ्यास बन्द कर दें और थोड़ी देर शान्त होकर बैठ जायें। अधिक सजगता के साथ और कम जोर लगाकर अभ्यास पुनः आरम्भ करें। यदि समस्या बनी रहती है, तो किसी योग शिक्षक से परामर्श करें।

सीमायें–हृदय-रोग, उच्च रक्तचाप, चक्कर आना, मिर्गी, दौरे पड़ना, हर्निया या गैस्ट्रिक अल्सर से पीड़ित व्यक्तियों के लिए यह अभ्यास वर्जित है। गर्भावस्था में इसका अभ्यास नहीं करना चाहिए।

लाभ–कपालभाति से फेफड़े स्वच्छ होते हैं और यह श्वसन तन्त्र से सम्बन्धित बीमारियों के लिये उपयोगी अभ्यास है। यह तन्त्रिका-तन्त्र में सन्तुलन लाता और उसे मजबूत बनाता है, साथ ही पाचन तंत्र के अंगों को पुष्ट बनाता है। यह नाड़ियों को शुद्ध करता है और मन से इन्द्रिय विक्षेपों को भी दूर करता है। यह मानसिक कार्यों के लिए मन को ऊर्जा प्रदान करता है और निद्रा को दूर भगाता है।

अभ्यास टिप्पणी–यद्यपि कपालभाति का अभ्यास भस्त्रिका के समान ही है, किन्तु दोनों के बीच कई महत्त्वपूर्ण अन्तर हैं। भस्त्रिका में पूरक और रेचक, दोनों में बल-प्रयोग कर फेफड़ों को उनकी सामान्य क्षमता से अधिक फैलाया और संकुचित किया जाता है, जबकि कपालभाति में बलपूर्वक रेचक करते हुए फेफड़ों में वायु के आयतन को कम किया जाता है। इस अभ्यास में पूरक बिना प्रयास के होता है, जो फेफड़ों में वायु के स्तर को उसके सामान्य स्तर पर वापस ले आता है। कपालभाति में श्वसन विधि सामान्य श्वसन-विधि के विपरीत होती है, जिसमें प्रयास के साथ श्वास ली जाती है और बिना प्रयास के श्वास छोड़ी जाती है। तन्त्रिका तन्त्र पर इसका गहन प्रभाव पड़ता है।

विधि 2: एकान्तर नासिकाछिद्र

ध्यान के किसी आरामदायक आसन, जैसे, पद्मासन या सिद्धासन/सिद्धयोनि आसन में बैठ जायें। दाहिने हाथ को ऊपर उठाकर नासाग्र मुद्रा में रखें।

बायीं नासिका–दाहिने नासिकाछिद्र को अँगूठे से बन्द कर लें।

बायें नासिकाछिद्र से 10 बार बलपूर्वक श्वास छोड़ें और सहज श्वास अन्दर लें।

वायु भरने और निकालने की क्रिया उदर द्वारा ही होनी चाहिए; वक्ष, कन्धे तथा चेहरा शान्त रहने चाहिए।

10 बार पूरक और रेचक करने के बाद, दाहिने नासिकाछिद्र को बन्द रखते हुए बायें नासिकाछिद्र से गहरी श्वास लें और छोड़ें।

दाहिनी नासिका–बायें नासिकाछिद्र को बन्द कर लें और इसी प्रक्रिया को दाहिने नासिकाछिद्र से दुहरायें।

दोनों नासिकायें–उठे हुए हाथ को पुन: घुटने पर ले आयें।

दोनों नासिकाछिद्रों से इस प्रक्रिया को दुहरायें।

अवधि– पहले बायें, फिर दाहिने और अन्त में दोनों नासिकाछिद्रों से श्वसन करने से अभ्यास का एक चक्र पूरा होता है।

5 चक्र तक अभ्यास करें।

श्वसन– आरम्भिक अभ्यासी चक्रों के बीच कुछ सामान्य श्वास ले सकते हैं। जैसे-जैसे उदर की पेशियाँ मजबूत होती जायें, श्वास-प्रश्वास की संख्या को 10 से बढ़ा कर 50 तक ले जाया जा सकता है।

विधि 3: अन्तर्कुम्भक के साथ

विधि 2 में दक्षता प्राप्त हो जाने के पश्चात् अभ्यास के साथ अन्तर्कुम्भक जोड़ा जा सकता है।

चक्र पूरा होने पर गहरी श्वास लें और बिना जोर लगाये आरामदायक अवधि तक श्वास अन्दर रोकें। नियन्त्रण के साथ धीरे से श्वास छोड़ें।

5 चक्र तक अभ्यास करें।

क्रम–ध्यान की विधियों के पूर्व इसका अभ्यास करें।

उच्च अभ्यास (बन्धों के साथ)

इस अभ्यास में बन्धों को जोड़ने से पूर्व प्रत्येक बन्ध में दक्षता प्राप्त कर लेनी चाहिए। अन्तर्कुम्भक में दक्षता प्राप्त हो जाने के बाद अन्तर्कुम्भक के समय जालन्धर और मूल बन्ध को जोड़ा जा सकता है।

प्रत्येक चक्र के पश्चात् गहरी श्वास अम्दर लें और श्वास अन्दर रोकें। पहले जालन्धर बन्ध लगायें और फिर मूल बन्ध।

बिना जोर लगाये श्वास अन्दर रोकें।

निर्धारित गिनती तक कुम्भक करने के पश्चात्, पहले मूलबन्ध खोलें, फिर जालन्धर बन्ध खोलें और फिर श्वास छोड़ें।

सावधानी–बन्धों के साथ प्राणायाम का अभ्यास करने से पहले एक योग शिक्षक का मार्ग-दर्शन प्राप्त कर लेना चाहिए।

सीमायें–जालन्धर और मूल बन्ध तथा कपालभाति विधि 1 की सीमायें यहाँ लागू होती हैं।

विधि 4: बहिर्कुम्भक के साथ

विधि 3 में दक्षता प्राप्त कर लेने के पश्चात् बहिर्कुम्भक के साथ अभ्यास किया जा सकता है।

चक्र पूरा होने पर गहरी श्वास लें और आरामदायक अवधि तक श्वास अन्दर रोकें।

धीरे-धीरे श्वास छोड़ें।

आरामदायक अवधि तक श्वास बाहर रोकें।

उच्च अभ्यास (बन्धों के साथ)

महाबन्ध में स्वतन्त्र रूप से दक्षता प्राप्त कर लेने के पश्चात् इसे कपालभाति के अभ्यास में बहिर्कुम्भक के समय जोड़ा जा सकता है।

प्रत्येक चक्र के पश्चात् गहरी श्वास अन्दर लें और कुछ क्षणों के लिये श्वास अन्दर रोकें।

पूर्ण रूप से श्वास बाहर छोड़ें और महाबन्ध का अभ्यास करें।

पहले जालन्धर बन्ध, फिर उड्डियान और मूल बन्ध लगायें।

बिना जोर लगाये आरामदायक अवस्था तक बन्ध लगायें और श्वास बाहर रोकें। महाबन्ध खोलें और श्वास अन्दर लें।

भ्रूमध्य पर सजगता को बनाये रखें और गहरी शान्ति का अनुभव करें।

अवधि–5 चक्रों तक। अनुभवी अभ्यासी धीरे-धीरे श्वास की संख्या 60 तक बढ़ा सकते हैं और बहिर्कुम्भक की अवधि को धीरे-धीरे 30 सैकण्ड तक बढ़ा सकते हैं। आगे चक्रों की संख्या एक योग्य शिक्षक के मार्गदर्शन में ही बढ़ानी चाहिए। जोर न लगायें।

सजगता–शारीरिक–लयपूर्ण बलपूर्वक रेचक पर।

आध्यात्मिक–भ्रूमध्य में शून्य के अनुभव पर।

सावधानी–अभ्यास के प्रभावों की सजगता के साथ धीरे-धीरे आगे बढ़ें। श्वासों की संख्या, चक्रों की संख्या और कुम्भक की अवधि को धीरे-धीरे बढ़ायें। लम्बे समय तक अभ्यास करके थकावट न लायें। यदि श्वास लेने में कठिनाई हो तो अभ्यास बन्द कर दें अथवा चक्रों की संख्या आरामदायक स्तर तक कम कर दें।

सीमायें–महाबन्ध तथा कपालभाति विधि 1 की सीमायें यहाँ लागू होती हैं।

लाभ–यह अभ्यास आध्यात्मिक साधकों के लिए उपयोगी है, क्योंकि यह अभ्यास विचारों एवं सूक्ष्म दृश्यों को रोकता है। ध्यान की तैयारी के लिये यह मन को शान्त करता है। इसके साथ ही यह मन को ऊर्जावान बनाता है ताकि ध्यान में बैठने पर नींद न आये।

अभ्यास टिप्पणी–बहिर्कुम्भक के पश्चात् महाबन्ध के समय यदि श्वास लेने में कठिनाई हो तो पूरक से पहले क्षणिक रेचक करने से कण्ठद्वार में लगा बन्ध मुक्त हो जाता है और श्वसन क्रिया से सम्बन्धित पेशियाँ पुनः क्रियाशील हो जाती हैं।

***टिप्पणी**–संस्कृत शब्द कपाल का अर्थ होता है 'ललाट' और भाति का अर्थ होता है 'प्रकाश' या 'दीप्ति', इसका अर्थ 'बोध' या 'ज्ञान' भी होता है। अतः कपालभाति वह अभ्यास है जो मस्तिष्क के अग्र भाग में प्रकाश या स्पष्टता लाता है। इस अभ्यास का दूसरा नाम कपालशोधन है। शोधन का अर्थ शुद्ध करना होता है।*

BSY ©

मूर्च्छा प्राणायाम

ध्यान के किसी आरामदायक आसन में बैठ जायें, जैसे, पद्मासन या सिद्धासन/सिद्धयोनि आसन।

सिर और मेरुदण्ड को सीधा रखें। पूरे शरीर को विश्राम की अवस्था में लायें।

श्वास-प्रश्वास के प्रति सजग बन जायें और उसे धीमा तथा गहरा होने दें।

खेचरी मुद्रा लगायें और फिर धीरे-धीरे सिर को थोड़ा पीछे की ओर झुकाते हुए उज्जायी प्राणायाम के साथ दोनों नासिकाछिद्रों से धीरे-धीरे श्वास लें।

शाम्भवी मुद्रा में आयें।

घुटनों को हाथों से दबाते हुए कोहनियों को तान कर भुजाओं को सीधा रखें।

शाम्भवी मुद्रा में रहते हुए, जितनी देर आराम से सम्भव हो, श्वास को अन्दर रोकें।

भुजाओं को ढीला करते हुए श्वास छोड़ें। आँखों को बन्द कर लें और धीरे-धीरे सिर को पुनः सीधा करें।

आँखों को बन्द रखते हुए पूरे शरीर को कुछ क्षणों के लिए शिथिल

करें। शरीर और मन में हल्केपन तथा शान्ति का अनुभव करें। यह एक चक्र हुआ।

अवधि–जब तक बेहोशी की सी अवस्था का अनुभव न होने लगे तब तक अभ्यास करते रहें।

सजगता–शारीरिक–श्वास, सिर की गति और भ्रूमध्य पर।
आध्यात्मिक–चिदाकाश या भ्रूमध्य के पीछे शून्य पर।

क्रम–आसन तथा अन्य प्राणायामों के बाद और ध्यान के पूर्व। सोने के पहले भी यह अभ्यास लाभदायक है।

सावधानियाँ–यह अभ्यास सिर में हल्कापन या बेहोशी की सी अवस्था लाता है, इसलिए किसी विशेषज्ञ के मार्ग-दर्शन में ही इसका अभ्यास करना चाहिए।

सीमायें–हृदय-रोग, उच्च रक्तचाप, मिर्गी, मस्तिष्क विकार या कैरोटिड अथवा बेसिलर धमनी के एथिरोकाठिन्य के रोगियों को यह अभ्यास नहीं करना चाहिए। जब बेहोशी की सी अवस्था का अनुभव होने लगे तब अभ्यास बन्द कर दें। इसका उद्‌देश्य अर्द्ध-मूर्च्छा की अवस्था को प्राप्त करना है, न कि पूर्ण अचेतावस्था में जाना।

लाभ–मूर्च्छा प्राणायाम ध्यान की तैयारी के लिए एक उत्तम अभ्यास है, क्योंकि यह मन को अन्तर्मुखी बना कर अतीन्द्रिय स्थिति का अनुभव दिलाने में सहायक होता है। यह बाह्य जगत् के विक्षेपों को दूर करता है, शरीर से तादात्म्य स्थापित नहीं करने देता तथा मानसिक शान्ति लाता है। यह तनाव, चिन्ता, क्रोध और स्नायु-रोगों से मुक्ति दिलाता है और प्राण के स्तर में वृद्धि करता है।

अभ्यास टिप्पणी–मूर्च्छा प्राणायाम में सबसे महत्त्वपूर्ण अन्तर्कुम्भक है। धीरे-धीरे श्वास को लम्बी अवधि तक भीतर रोकने की क्षमता को विकसित करना सम्भव है। श्वास रोकने से प्राणिक शरीर के माध्यम से सीधे मन पर प्रभाव पड़ता है, जिससे शून्यता की अवस्था आती है। बेहोशी और मस्तिष्क में हल्केपन का अनुभव दो कारणों से उत्पन्न होता है। पहला, गले में रक्त वाहिकाओं पर दबाव पड़ने से कपाल-कोटर के अन्दर दबाव घटता-बढ़ता है। दूसरा, शरीर में रक्त-संचरण को नियन्त्रित करने वाले ग्रीवा-धमनी के शिरानालों पर निरन्तर दबाव पड़ने के कारण स्वचालित तन्त्रिका-तन्त्र में एक परिवर्तन होता है, जिसके फलस्वरूप

बेहोशी या मूर्च्छा की अवस्था आती है। अन्तर्कुम्भक का अभ्यास यदि लम्बे समय तक किया जाए तो वह मस्तिष्क में ऑक्सीजन की आपूर्ति को और कम कर देता है।

सूर्यभेद प्राणायाम

सूर्यभेद प्राणायाम

विधि 1

ध्यान के किसी आरामदायक आसन में बैठ जायें। सिर और मेरुदण्ड को सीधा रखें। हाथों को घुटनों पर चिन् या ज्ञान-मुद्रा में रखें।

आँखों को बन्द कर लें और पूरे शरीर को विश्राम की अवस्था में लायें। जब शरीर आराम की स्थिति में आ जाए और शान्त हो जाए, तब कुछ क्षणों तक अपनी श्वास-प्रश्वास को देखें, जब तक वह स्वत: धीमी और गहरी न हो जाए।

हाथ को नासाग्र मुद्रा में लायें।

अनामिका से बायें नासिकाछिद्र को बन्द करें और दायें नासिकाछिद्र से धीमा और गहरा पूरक करें। अनामिका से बायें नासिकाछिद्र को बन्द रखते हुए दायें नासिकाछिद्र से धीरे-धीरे श्वास छोड़ें।

यह एक चक्र हुआ।

विधि 2: अन्तर्कुम्भक के साथ

पूरक के अन्त में दोनों नासिकाछिद्रों को बन्द कर आरामदायक अवधि तक अन्तर्कुम्भक करें। अनामिका से बायें नासिकाछिद्र को बन्द रखते हुए दाहिने नासिकाछिद्र से धीरे-धीरे रेचक करें।

बिना जोर लगाये धीरे-धीरे पूरक, कुम्भक तथा रेचक की अवधि को बढ़ायें।

उच्च अभ्यास (बन्धों के साथ)

अन्तर्कुम्भक के साथ जालन्धर और मूलबन्ध जोड़ने से पूर्व प्रत्येक बन्ध में दक्षता प्राप्त कर लेनी चाहिए।

पूरक के पश्चात् पहले जालन्धर बन्ध लगायें और फिर मूल बन्ध। अन्तर्कुम्भक करते हुए आरामदायक अवधि तक रुकें।

पहले मूलबन्ध खोलें, फिर जालन्धर बन्ध खोलें और धीरे से सिर ऊपर उठायें। जब सिर पुनः सीधा हो जाये तब दायीं नासिका से धीरे-धीरे श्वास छोड़ें।

सजगता– दाहिने नासिकाछिद्र में श्वास पर।

अवधि– यदि पहली बार सूर्यभेद प्राणायाम कर रहे हों तो 10 चक्र अभ्यास पर्याप्त है। समय के साथ जब अभ्यास सहज एवं आरामप्रद हो जाय, तब अभ्यास की अवधि 10 मिनट तक बढ़ायी जा सकती है। कुछ महीनों में धीरे-धीरे कुम्भक की अवधि बढ़ायी जा सकती है।

अभ्यास में स्थिरता प्राप्त करने के लिये 1:1:1 के अनुपात से प्रारम्भ करें। इसमें दक्षता प्राप्त हो जाने पर उसे 1:1:2 और फिर बाद में 1:2:2 तक बढ़ाया जा सकता है।

सावधानियाँ– भोजन के बाद सूर्यभेद प्राणायाम कभी न करें, क्योंकि यह पाचन-क्रिया से जुड़े स्वाभाविक ऊर्जा-प्रवाह में बाधा डालेगा।

अधिक समय तक अभ्यास करने पर यह प्राणायाम श्वसन-चक्र में असन्तुलन उत्पन्न कर सकता है।

सूर्यभेद प्राणायाम बहुत शक्तिशाली अभ्यास है, इसलिए कुशल योग शिक्षक के मार्गदर्शन में ही इसका अभ्यास किया जाना चाहिए। योग्य शिक्षक के मार्गदर्शन के बिना बन्धों के साथ इस प्राणायाम का अभ्यास न करें।

सीमायें– हृदय-रोग, उच्च रक्तचाप, चुल्लिका ग्रन्थि की अतिक्रियाशीलता, पेप्टिक अल्सर, अम्लता, चिन्ता या मिर्गी के रोगियों को यह अभ्यास नहीं करना चाहिए।

लाभ– यह अभ्यास शरीर में ताप उत्पन्न करता है और कफ तथा वात-दोष का निवारण करता है। पिंगला-नाड़ी को क्रियाशील बना कर यह प्राण-शक्ति को उद्दीप्त और जाग्रत करता है। बहिर्मुखता और गतिशीलता में वृद्धि कर यह शारीरिक गतिविधियों के सम्पादन में दक्षता लाता है और विषाद को दूर करता है। जो लोग मन्द बुद्धि एवं जड़ हैं या बाह्य जगत् के साथ व्यवहार में कठिनाई का अनुभव करते हैं, उन्हें विशेष रूप से यह अभ्यास करने का परामर्श दिया जाता है। यह मन को अधिक

सावधान और अनुभूतिक्षम बनाता है, इसलिए ध्यान के पूर्व का यह एक उत्तम अभ्यास है।

टिप्पणी– *सूर्य पिंगला नाड़ी का परिचायक है और भेद का अर्थ होता है 'भेदन करना', 'होकर निकलना' या 'जाग्रत करना'। इस प्रकार सूर्यभेद का अर्थ हुआ पिंगला नाड़ी को भेदना या परिष्कृत करना।*

मुद्रा

तस्मात्सर्वप्रयत्नेन प्रबोधयितुमीश्वरीम् ।
ब्रह्मद्वारमुखे सुप्तां मुद्राभ्यासं समाचरेत् ॥ 3:5 ॥

इसलिए ब्रह्म-द्वार के मुख पर सोती हुई देवी (कुण्डलिनी) को जगाने के लिए, पूर्ण प्रयास के साथ मुद्राओं का अभ्यास करना चाहिए।

हठयोग प्रदीपिका

मुद्रा परिचय

संस्कृत शब्द *मुद्रा* का अर्थ होता है, 'भाव-भंगिमा'। ये मुद्राएँ अतीन्द्रिय, भावनात्मक, भक्तिपूर्ण और सौन्दर्यबोधक हो सकती हैं। योगियों ने मुद्राओं की अनुभूति शक्ति-प्रवाह की स्थितियों के रूप में की, जिनका उद्देश्य होता है, व्यक्ति की प्राणशक्ति को ब्रह्माण्डीय प्राणशक्ति के साथ जोड़ना। *'कुलार्णव तन्त्र'* के अनुसार मुद्रा की व्युत्पत्ति *'मुद्'* धातु से हुई है, जिसका अर्थ 'प्रसन्नता' या 'उल्लास' होता है और *'द्र'* के कारण रूप *'द्रव्य'* का अर्थ होता है 'खींचना'। मुद्रा को 'मुहर', 'लघु-मार्ग' या 'पार्श्व-पथ' के रूप में भी पारिभाषित किया जाता है।

मुद्रायें सूक्ष्म शारीरिक गतियों का संयोजन हैं, जो मनोवृत्ति, मनोदशा और सहज बोध में परिवर्तन लाती हैं और सजगता एवं एकाग्रता को गहरा बनाती हैं। किसी मुद्रा में आसन, प्राणायाम और मानस-दर्शन के अभ्यासों के साथ सम्पूर्ण शरीर की सहभागिता हो सकती है और दूसरी ओर यह केवल हस्त मुद्रा भी हो सकती है। *हठयोग प्रदीपिका* एवं अन्य योग-शास्त्रों में मुद्रा को *'योगांग'* कहा गया है, जिसमें बहुत सूक्ष्म सजगता की आवश्यकता होती है। आसन, प्राणायाम और बन्ध में कुछ दक्षता प्राप्त हो जाने और स्थूल अवरोधों को दूर कर देने के बाद मुद्रा से परिचित कराया जाता है।

प्राचीन काल से आज तक विभिन्न प्राचीन ग्रन्थों में मुद्राओं का उल्लेख किया गया है, ताकि आगे की पीढ़ी के लिए इन्हें सुरक्षित रखा जा सके। फिर भी इस विषय पर विस्तारपूर्वक प्रकाश नहीं डाला गया है या स्पष्टता से वर्णन नहीं किया गया है, क्योंकि इन विधियों को पुस्तक से सीखना उचित

नहीं माना गया था। इन अभ्यासों को करने के पहले गुरु से इन विधियों का व्यावहारिक ज्ञान प्राप्त करना हमेशा आवश्यक माना गया। मुद्राओं के अभ्यास उच्च कोटि के हैं, जिनसे प्राणों, चक्रों एवं कुण्डलिनी का जागरण होता है और उच्च साधकों को महान् सिद्धियाँ प्राप्त होती हैं।

मुद्रा एवं प्राण

मुद्राओं के अभ्यास में जो भाव और भंगिमायें अपनायी जाती हैं, वे अन्नमय कोश, मनोमय कोश और प्राणमय कोश के बीच सीधा सम्बन्ध स्थापित करती हैं। प्रारम्भ में, इससे अभ्यासी के भीतर शरीर में प्राण-प्रवाह के प्रति सजगता विकसित होती है। अंततः यह कोशों में प्राणिक संतुलन स्थापित करता है और सूक्ष्म ऊर्जा को ऊपर के चक्रों में दिशान्तरित करता है, जिससे चेतना की उच्च स्थिति प्राप्त होती है।

जिस प्रकार प्रकाश या ध्वनि के रूप में ऊर्जा तरंगें जब किसी दर्पण या खड़ी चट्टान से टकराती हैं, तो वहाँ से परावर्तित हो जाती हैं; उसी प्रकार मुद्राएँ भी प्राण की दिशा को परिवर्तित करती हैं। नाड़ियों और चक्रों से निरन्तर प्राण का विकिरण होता रहता है, जो सामान्य रूप से शरीर से बाहर निकलकर बाह्य जगत् में बिखर जाता है। मुद्राओं के अभ्यास से शरीर में अवरोधक उत्पन्न किये जाते हैं, जो ऊर्जा प्रवाह की दिशा को बदलकर उसे पुनः शरीर के भीतर वापस ले आते हैं।

उदाहरण के लिए, षण्मुखी मुद्रा में उँगलियों से आँखों को बन्द करने से आँखों के द्वारा बाहर निकलने वाला प्राण परावर्तित होकर शरीर में वापस आ जाता है। इसी प्रकार वज्र नाड़ी द्वारा उत्सर्जित होने वाली काम-ऊर्जा वज्रोली मुद्रा के अभ्यास से पुनः मस्तिष्क की ओर दिशान्तरित हो जाती है।

तन्त्र-शास्त्रों में कहा गया है कि प्राण के बिखराव को यदि मुद्रा के अभ्यास द्वारा रोक दिया जाए, तो मन अन्तर्मुखी हो जाता है, जिससे स्वाभाविक रूप से प्रत्याहार और धारणा की स्थिति आती है।

प्राण को वापस लाने की क्षमता प्राप्त होने के कारण कुण्डलिनी के जागरण में मुद्राओं के अभ्यासों का महत्त्वपूर्ण स्थान है। इसी कारण क्रिया एवं कुण्डलिनी योग के अभ्यासों में बड़ी संख्या में इनका समावेश किया गया है।

मुद्राओं पर एक वैज्ञानिक दृष्टि

वैज्ञानिक शब्दावली में, मस्तिष्क-स्तम्भ के चारों ओर मस्तिष्क के प्राथमिक क्षेत्रों में उत्पन्न होने वाली अचेतन प्रतिक्रियाओं और पुरानी, सहजवृत्तिजन्य आदतों के मूल तक पहुँचने और उन्हें प्रभावित करने के लिए मुद्रायें एक उत्तम साधन हैं। वे इन क्षेत्रों के साथ एक सूक्ष्म, अबौद्धिक सम्बन्ध स्थापित करती हैं। प्रत्येक मुद्रा एक अलग सम्बन्ध का निर्माण करती है और शरीर, मन एवं प्राण पर उसी के अनुसार उसका प्रभाव पड़ता है। इसका लक्ष्य है, एक निश्चित शारीरिक स्थिति या मुद्रा का सृजन करना, जो बार-बार दुहराये जाने पर अभ्यासी को सहजवृत्ति से उत्पन्न आदतों से मुक्त कर अधिक शुद्ध चेतना को स्थापित कर सके।

योग मुद्राओं के पाँच समूह

योग मुद्राओं को लगभग पाँच समूहों में बाँटा जा सकता है, जिनका वर्णन नीचे किया जा रहा है–

1. हस्त मुद्रायें

इस पुस्तक में जिन हस्त मुद्राओं का वर्णन है, वे ध्यान की मुद्रायें हैं। वे हाथों द्वारा उत्सर्जित होने वाले प्राण को पुनः शरीर में वापस कर देती हैं। ऐसी मुद्रायें, जिनमें अँगूठे और तर्जनी को मिलाकर रखा जाता है, बहुत सूक्ष्म स्तर पर मोटर कॉर्टेक्स को प्रेरित करती हैं, जिससे ऊर्जा का एक परिपथ निर्मित होता है, जो मस्तिष्क से निकलकर हाथ तक आता है और फिर वापस मस्तिष्क में जाता है। इस प्रक्रिया की सचेतन सजगता से बहुत शीघ्र अन्तर्मुखता की अवस्था प्राप्त होती है। इस समूह में निम्नलिखित मुद्राएँ आती हैं–

ज्ञान मुद्रा	भैरव मुद्रा
चिन् मुद्रा	हृदय मुद्रा
योनि मुद्रा	

2. मन मुद्रायें

ये अभ्यास कुण्डलिनी योग के अभिन्न अंग हैं और इनमें से कई अपने आप में ध्यान की विधियाँ भी हैं। इनमें आँखों, कानों, नाक, जिह्वा एवं होठों का उपयोग किया जाता है।

इस समूह में निम्नलिखित मुद्राएँ आती हैं–

शाम्भवी मुद्रा	भूचरी मुद्रा
नासिकाग्र दृष्टि	आकाशी मुद्रा
खेचरी मुद्रा	षण्मुखी मुद्रा
काकी मुद्रा	उन्मनी मुद्रा
भुजंगिनी मुद्रा	

3. काया मुद्रायें

इन अभ्यासों में शारीरिक स्थितियों के साथ श्वसन और एकाग्रता को जोड़ा जाता है। इस समूह में निम्नलिखित मुद्राएँ आती हैं–

विपरीतकरणी मुद्रा	योग मुद्रा
पाशिनी मुद्रा	माण्डुकी मुद्रा
प्राण मुद्रा	तड़ागी मुद्रा

4. बन्ध मुद्रायें

इन अभ्यासों में मुद्रा एवं बन्ध का योग होता है। ये शरीर को प्राण से ऊर्जान्वित कर देते हैं और उसे कुण्डलिनी जागरण के लिए तैयार करते हैं। इस समूह में निम्नलिखित मुद्राएँ आती हैं–

महा मुद्रा
महा भेद मुद्रा
महा वेध मुद्रा

5. आधार मुद्रायें

ये अभ्यास प्राण को निम्न केन्द्रों से पुन: मस्तिष्क की ओर दिशान्तरित करते हैं। काम-ऊर्जा के ऊर्ध्वगमन से सम्बन्धित मुद्रायें इस समूह में आती हैं। इस समूह में निम्नलिखित मुद्राएँ आती हैं–

अश्विनी मुद्रा
वज्रोली/सहजोली मुद्रा

इन समूहों की मुद्रायें प्रमस्तिष्कीय प्रान्तस्था (सेरेब्रल कॉर्टेक्स) के अधिकांश क्षेत्र को प्रभावित करती हैं। सिर और हाथों से सम्बन्धित मुद्राओं

का अपेक्षाकृत अधिक संख्या में होना इस बात का संकेत है कि इन दो क्षेत्रों से आने वाली सूचनाओं का अर्थ समझने और तदनुरूप कार्य करने में प्रमस्तिष्क का पचास प्रतिशत हिस्सा व्यस्त रहता है।

मुद्राओं का अभ्यास या तो आसन और प्राणायाम के साथ मिलाकर किया जाता है या फिर उनके बाद। योग-शास्त्रों में वर्णित मुद्राओं में से चुन कर कुछ मुद्राओं की व्याख्या इस पुस्तक में की गयी है।

ज्ञान एवं चिन् मुद्राएँ

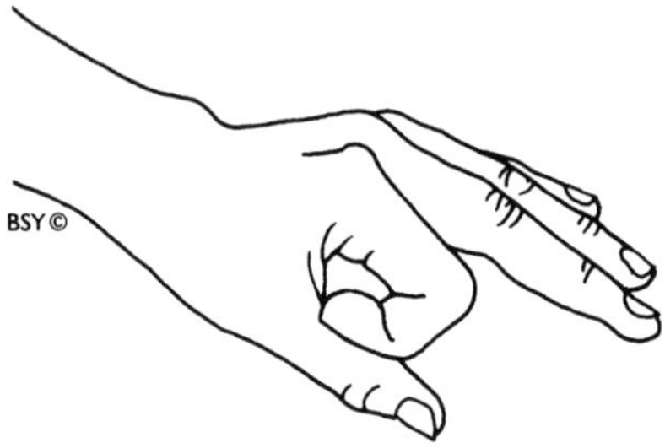

ज्ञान मुद्रा

ध्यान के किसी सुविधाजनक आसन में बैठ जायें।

दोनों तर्जनी उँगलियों को इस प्रकार मोड़ें कि उनका स्पर्श अँगूठों के आधार से हो। दोनों हाथों की अन्य तीन उँगलियों को इस प्रकार सीधा रखें कि वे एक-दूसरे से अलग और शिथिल रहें।

हाथों को घुटनों पर इस प्रकार रखें कि हथेलियाँ नीचे की ओर रहें। हाथों और भुजाओं को शिथिल करें।

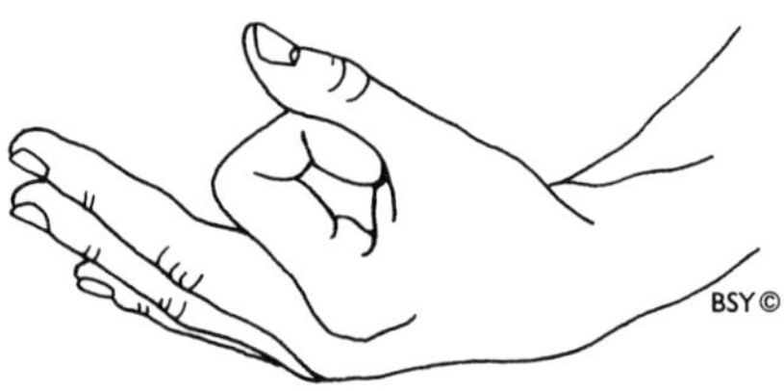

चिन् मुद्रा

चिन्-मुद्रा, ज्ञान-मुद्रा की तरह ही है, अन्तर केवल इतना है कि इसमें दोनों हथेलियाँ ऊपर की ओर रहती हैं और हथेलियों के पीछे का भाग घुटनों पर रहता है।

हाथों और भुजाओं को शिथिल करें।

क्रम–ध्यान के अभ्यास के समय यदि कोई विशेष निर्देश न हो, तो हाथों को इन दोनों में से किसी एक मुद्रा में रखना चाहिए।

लाभ– ज्ञान मुद्रा और चिन् मुद्रा सरल, किन्तु महत्त्वपूर्ण मनो-स्नायविक अँगुली-बन्ध हैं, जो ध्यान के आसन को अधिक प्रभावशाली बनाते हैं। हथेलियों और उँगलियों में अनेक नाड़ियों का अन्त होता है, जिनसे निरंतर ऊर्जा बाहर निकलती रहती है। जब तर्जनी अँगूठे का स्पर्श करती है, तो एक ऊर्जा-पथ का निर्माण होता है, और जो ऊर्जा सामान्य रूप से वातावरण में बिखर कर नष्ट हो जाती, वह शरीर में वापस आकर मस्तिष्क की ओर जाती है।

जब उँगलियों और हाथों को घुटनों पर रखा जाता है, तो घुटने ऊर्जा के प्रति सुग्राही हो जाते हैं, जिसके कारण एक अन्य प्राण-पथ निर्मित होता है, जो शरीर में प्राण के स्तर को बनाये रखता है और उसे वापस शरीर में ले आता है। इसके अतिरिक्त हाथों को घुटनों पर रखने से एक नाड़ी में उद्दीपन उत्पन्न होता है, जो घुटनों से निकल कर जाँघों के भीतर से होते हुए मूलाधार तक पहुँचती है। यह गुप्त नाड़ी कहलाती है। इस नाड़ी को सक्रिय बनाने से मूलाधार चक्र में स्थित ऊर्जाओं में उद्दीपन पैदा होता है।

जब चिन् मुद्रा में हथेलियाँ ऊपर की ओर रहती हैं, तब वक्ष-प्रदेश खुलता है। अभ्यासी को इसका अनुभव हल्केपन एवं ग्रहणशीलता के रूप में होता है, ज्ञान-मुद्रा में ऐसा नहीं होता।

प्रकारान्तर: ज्ञान और चिन् मुद्राओं के अभ्यास में प्राय: अँगूठे और तर्जनी के अग्र भागों को एक-दूसरे का स्पर्श कराया जाता है, जिससे एक वृत्त का निर्माण होता है। प्रारम्भिक अभ्यासियों को यह प्रकारान्तर कम सुरक्षित लग सकता है, क्योंकि लम्बे समय तक ध्यान में बैठने पर जब शरीर की चेतना लुप्त होने लगती है, तब अँगूठा एवं तर्जनी एक-दूसरे से अलग हो जाते हैं। अन्यथा, यह प्रकारान्तर मूल अभ्यास के समान ही प्रभावकारी है।

अभ्यास टिप्पणी– चिन् मुद्रा और ज्ञान मुद्रा का प्रभाव बहुत सूक्ष्म होता है और इसके द्वारा चेतना में होने वाले परिवर्तन को समझने के लिए, अभ्यासी को बहुत संवेदनशील होने की आवश्यकता है। अभ्यास के साथ मन मुद्रा के साथ ताल-मेल बैठा लेता है और जब इस मुद्रा का अभ्यास किया जाता है, तो ध्यानावस्था में प्रवेश करने का संकेत उसे प्राप्त हो जाता है।

टिप्पणी– *ज्ञान मुद्रा का अर्थ है, 'अन्तर्ज्ञान की स्थिति'। चिन् शब्द 'चित्' से बना है, जिसका अर्थ होता है, 'चेतना'। इस प्रकार चिन् मुद्रा चेतना की अतीन्द्रिय स्थिति है।*

प्रतीकात्मक रूप से कनिष्ठा, अनामिका एवं मध्यमा उँगलियाँ प्रकृति के तीन गुणों– तमस, स्थिरता; रजस, क्रियाशीलता; और सत्त्व, सृजनात्मकता, प्रकाश एवं सामंजस्य का बोध कराती हैं। चेतना को अज्ञान से ज्ञान-लोक में ले जाने के लिए इन तीन अवस्थाओं को पार करना आवश्यक है। तर्जनी जीवात्मा की प्रतीक है और अँगूठा परम चेतना का। ज्ञान एवं चिन् मुद्राओं में जीवात्मा (तर्जनी), परम चेतना (अँगूठे) के प्रति नतमस्तक होती है और उसकी अपार शक्ति को स्वीकारता है। तर्जनी अँगूठे का स्पर्श कर रही है, जो दोनों अनुभूतियों के परम योग और योग की पराकाष्ठा का प्रतीक है।

योनि-मुद्रा

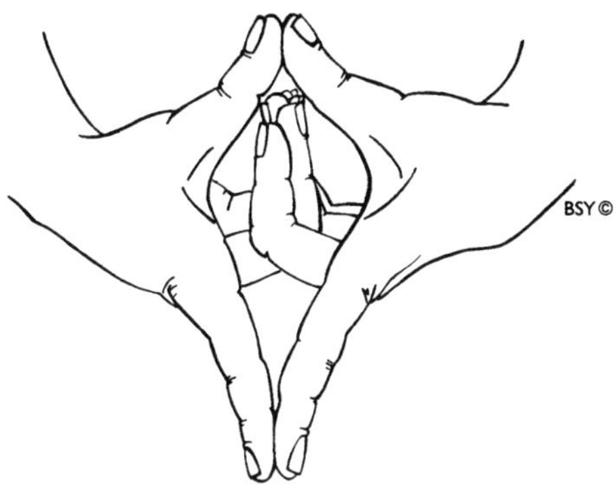

योनि मुद्रा

ध्यान के किसी आरामदायक आसन में बैठ जायें। सिर और मेरुदण्ड को सीधा रखें।

हथेलियों को मिलाकर इस प्रकार रखें कि उँगलियाँ और अँगूठे सीधे और शरीर से दूर रहें।

तर्जनी उँगलियों के गद्दों को एक साथ रखते हुए कनिष्ठा, अनामिका और मध्यमा को भीतर की ओर इस प्रकार मोड़ें कि उन उँगलियों के पिछले भाग एक-दूसरे का स्पर्श करें।

कनिष्ठा, अनामिका और मध्यमा उँगलियों को आपस में फँसा लें।

अँगूठों को शरीर की ओर लायें और उँगलियों के गद्दों को इस प्रकार मिलायें कि वे एक योनि मूल का आकार ग्रहण कर लें।

लाभ – इस अभ्यास में उँगलियों को आपस में फँसाने से दाहिने हाथ से बायें हाथ में और बायें हाथ से दाहिने हाथ में ऊर्जाओं का पूर्ण पारगामी-संयोजन होता है। साथ-ही शरीर में ऊर्जा को सन्तुलित करते हुए यह अभ्यास मस्तिष्क के दाहिने एवं बायें गोलार्द्धों की गतिविधियों में भी संतुलन स्थापित करने में सहायक होता है। तर्जनी उँगलियों और अँगूठों के पोरों को एक साथ रखने से प्राण-प्रवाह में और अधिक तीव्रता आती है। यह मुद्रा ध्यान में शरीर और मन को अधिक स्थिर बनाती है और एकाग्रता,

सजगता एवं आन्तरिक शारीरिक शिथिलीकरण का विकास करती है। यह प्राण को बाहर जाने से रोक कर उसे पुनः शरीर के भीतर प्रेषित करती है। इस मुद्रा का अभ्यास करते समय कोहनियाँ स्वाभाविक रूप से बगल की ओर हो जाती हैं, जिससे वक्ष-प्रदेश को फैलाने में सहायता प्राप्त होती है।

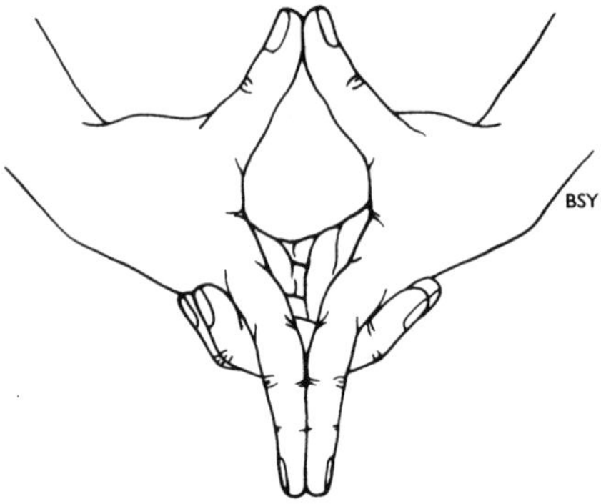

प्रकारान्तरः मध्यमा, अनामिका और कनिष्ठा उँगलियों को आपस में फँसा कर, उन्हें भीतर की ओर मोड़े बिना भी योनि मुद्रा की जा सकती है। अँगूठों को सामने की ओर फैली हुई तर्जनियों के सामने आपस में फँसाया जा सकता है या गद्दों को एक-दूसरे का स्पर्श कराते हुए उन्हें सामने की ओर फैला कर रखा जा सकता है।

टिप्पणी– *योनि शब्द का अर्थ होता है, 'गर्भाशय' या 'स्रोत'। योनि-मुद्रा गर्भाशय या सृष्टिमूल में स्थित आद्य-शक्ति का आवाहन करती है।*

भैरव मुद्रा

भैरव मुद्रा

सिर और मेरुदण्ड को सीधा रखते हुए ध्यान के किसी आरामदायक आसन में बैठ जायें।

दाहिने हाथ को बायें हाथ के ऊपर इस प्रकार रखें कि दोनों हथेलियाँ ऊपर की ओर रहें। दोनों हाथों को गोद में विश्राम की स्थिति में रखें।

आँखों को बन्द करें और पूरे शरीर को स्थिर रखते हुए उसे विश्राम की स्थिति में लायें।

प्रकारान्तर: जब बायें हाथ को दाहिने हाथ के ऊपर रखा जाता है, तो उसे भैरवी मुद्रा कहते हैं। भैरवी, भैरव की पूरक है।

टिप्पणी– *दोनों हाथ इड़ा और पिंगला नाड़ियों के परिचायक हैं और साथ ही सर्वोच्च चेतना के साथ व्यक्ति की एकात्मकता का भी बोध कराते हैं। भैरव-मुद्रा का उपयोग प्राण-मुद्रा में किया जाता है। इसका उपयोग प्राणायाम और ध्यान के अभ्यासों में भी किया जा सकता है।*

हृदय-मुद्रा

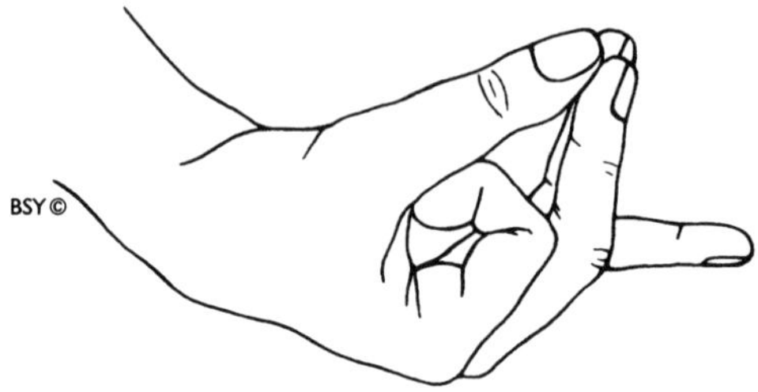

हृदय मुद्रा

ध्यान के किसी आरामदायक आसन में बैठ जायें। सिर और मेरुदण्ड को सीधा रखें।

चिन् मुद्रा या ज्ञान-मुद्रा के समान तर्जनी उँगलियों के पोरों को अँगूठों के आधार से स्पर्श करायें और मध्यमा एवं अनामिका के पोरों को अँगूठों के पोरों से मिलायें। कनिष्ठा सीधी रहेंगी। हाथों को घुटनों पर रखें। हथेलियाँ ऊपर की ओर रहें। आँखों को बन्द कर लें और पूरे शरीर को स्थिर रखते हुए शिथिल करें।

अवधि – यह अभ्यास 30 मिनट तक किया जा सकता है।

सजगता – शारीरिक – वक्ष-प्रदेश में श्वास पर।

आध्यात्मिक – अनाहत चक्र पर।

लाभ – यह मुद्रा प्राण के प्रवाह को हाथों से हृदय की ओर ले जाती है। इससे हृदय की प्राणशक्ति में सुधार होता है। मध्यमा और अनामिका का सीधा सम्बन्ध हृदय से जुड़ी नाड़ियों से है, जबकि अँगूठे प्राण-परिपथ को पूरा कर, प्राण-प्रवाह को हाथों से इन नाड़ियों में भेजते हैं और शक्ति-वर्द्धक का काम करते हैं। अत: हृदय-मुद्रा हृदय के लिए लाभदायक है। यह बहुत आसान है और रोग की गम्भीर स्थिति में भी सरलतापूर्वक इसका अभ्यास किया जा सकता है। हृदय भावना का केन्द्र है। हृदय-मुद्रा अवरुद्ध भावनाओं को मुक्त करने में सहायक होती है और हृदय के बोझ को हल्का करती है। अत: भावनात्मक द्वन्द्व और संकट की घड़ी में इसका उपयोग किया जा सकता है।

शाम्भवी मुद्रा (भ्रू-मध्य-दृष्टि)

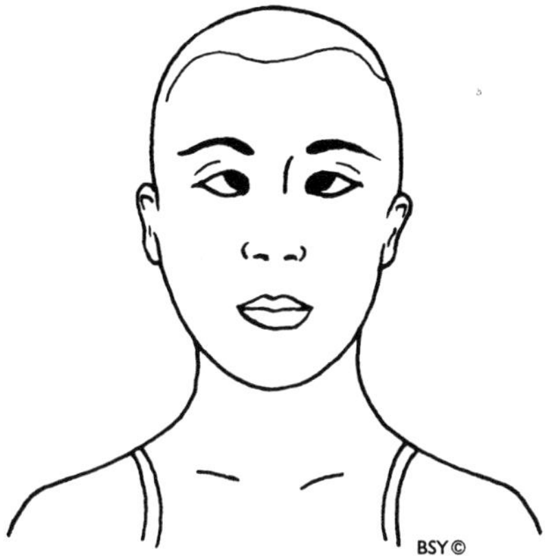

शाम्भवी मुद्रा

ध्यान के किसी आरामदायक आसन में बैठ जायें।

सिर और मेरुदण्ड को सीधा रखें और हाथों को ज्ञान या चिन् मुद्रा में घुटनों पर रखें।

आँखों को बन्द कर लें और पूरे शरीर को शिथिल करें।

ललाट, आँखों और आँखों के पृष्ठ भाग सहित पूरे चेहरे की पेशियों को शिथिल करें।

धीरे-धीरे आँखें खोलें और सिर तथा पूरे शरीर को एकदम स्थिर रखते हुए अपने सामने किसी निश्चित बिन्दु पर दृष्टि केन्द्रित करें।

अब दृष्टि को ऊपर उठाकर अन्दर की ओर लाते हुए भ्रू-मध्य पर केन्द्रित करें।

सिर नहीं हिलना चाहिए।

यदि सही ढंग से इस मुद्रा का अभ्यास किया जाए, तो दोनों धनुषाकार भौहें नासिका-मूल पर V की आकृति बनायेंगी। यह बिन्दु भ्रू-मध्य-केन्द्र है। यदि V की आकृति दिखायी न दे तो समझ लें कि आँखों को सही ढंग से भ्रू-मध्य पर केन्द्रित नहीं किया गया है।

थोड़े भी तनाव का अनुभव होने पर आँखों को सामान्य स्थिति में लाकर उन्हें विश्राम दें।

प्रारम्भ में कुछ क्षणों के लिए ही दृष्टि केन्द्रित करें।

आँखों को बन्द कर लें और उन्हें विश्राम दें।

विचार-प्रक्रियाओं को रोकने का प्रयास करें और बन्द आँखों के सामने चिदाकाश में निश्चलता पर ध्यान करें।

श्वसन–आँखों की गति पर नियंत्रण प्राप्त हो जाने पर इस गति को श्वास के साथ समन्वित करें। आँखों को ऊपर उठाते समय धीरे-धीरे श्वास लें।

मुद्रा में रहते हुए श्वास को रोकें।

दृष्टि को नीचे करते हुए धीरे-धीरे श्वास छोड़ें।

सजगता–शारीरिक–आँखों की संवेदनाओं पर तथा अभ्यास के दो चक्रों के मध्य आँखों को विश्राम देने पर।

आध्यात्मिक–आज्ञा चक्र पर।

अवधि–5 चक्रों से प्रारम्भ कर कुछ महीनों के अभ्यास के बाद उसे क्रमशः 10 चक्रों तक बढ़ायें।

सावधानियाँ–आँखें बहुत संवेदनशील होती हैं, इसलिए अन्तिम स्थिति में अधिक देर तक नहीं रहना चाहिए। यदि स्नायु दुर्बल हों और उन पर अधिक जोर पड़े, तो दृष्टि-पटल का अलगाव (रेटिनल डिटैचमेंट) हो सकता है। यदि किसी प्रकार का दबाव महसूस हो, तो आखों को सामान्य स्थिति में वापस ले आयें।

सीमायें–ग्लूकोमा या डाइबिटिक रेटिनोपैथी से पीड़ित व्यक्ति या जिनके मोतियाबिन्द की हाल में शल्य-क्रिया हुई है, लेन्स लगे हैं या आँखों की अन्य प्रकार की शल्य-क्रिया हुई है, वे विशेषज्ञ के मार्ग-दर्शन के बिना शाम्भवी-मुद्रा का अभ्यास न करें।

लाभ–शारीरिक स्तर पर शाम्भवी मुद्रा आँखों की पेशियों को मजबूत बनाती है और इस क्षेत्र से तनाव दूर करती है।

मानसिक स्तर पर, यह भावनात्मक तनाव एवं क्रोध को दूर कर मन को शान्त बनाती है। यह एकाग्रता, मानसिक स्थिरता और विचार-शून्यता की अवस्था लाती है।

उच्च अभ्यास (आन्तरिक शाम्भवी मुद्रा)

जब खुली आँखों से शाम्भवी-मुद्रा में दक्षता प्राप्त हो जाए, तब आँखों को बन्द करके भी इसका अभ्यास किया जा सकता है। यह अधिक शक्तिशाली अभ्यास है, क्योंकि इसमें सजगता अधिक अन्तर्मुखी हो

जाती है। अभ्यास के दौरान इस बात का ध्यान रखें कि भ्रू-मध्य से आपकी सजगता न हटे। हमेशा ख्याल रखें कि यद्यपि आँखें बन्द हैं; फिर भी वे आन्तरिक रूप से ऊपर की ओर एकटक देख रही हैं।

अभ्यास टिप्पणी– शाम्भवी-मुद्रा क्रिया-योग का अभिन्न अंग है। आज्ञा-चक्र के जागरण के लिए यह शक्तिशाली विधि है, और अपने आप में यह ध्यान का एक अभ्यास भी है। इससे गहरी अनुभूतियाँ हो सकती हैं, अत: यह सावधानी बरतें कि गुरु के मार्ग-दर्शन में ही इसका अभ्यास करें। शाम्भवी मुद्रा को सिंहासन जैसे आसनों के साथ भी जोड़ा जाता है।

टिप्पणी– *इस अभ्यास द्वारा अभ्यासी उच्च सजगता को प्राप्त कर चेतना की उच्च अवस्था में पहुँच सकता है। इस अभ्यास को भ्रू-मध्य-दृष्टि भी कहा जाता है।*

नासिकाग्र दृष्टि

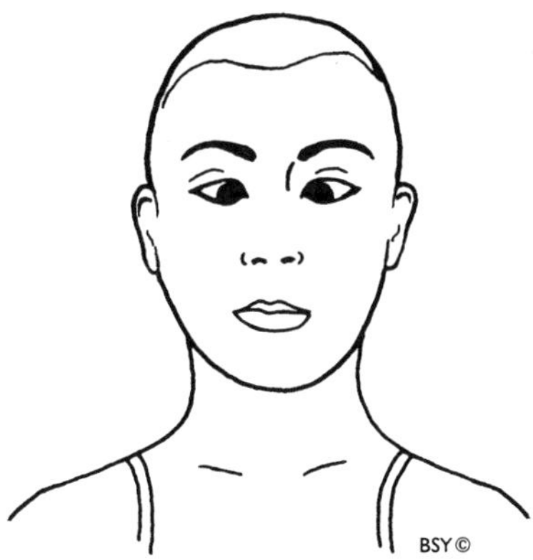

विधि 1: प्रारम्भिक अभ्यास

प्रारम्भ में नासिका के अग्र भाग पर दृष्टि केन्द्रित करना कठिन हो सकता है। इस कठिनाई को दूर करने के लिए एक भुजा को सामने फैलाकर तर्जनी को खड़ा रखें और उस पर दृष्टि केन्द्रित करें।

धीरे-धीरे तर्जनी को नासिका के निकट लायें, किन्तु दृष्टि को स्थिरता से उस पर जमाये रखें।

जब उँगली नासिका के अग्र-भाग को स्पर्श करे, तब भी आँखें उँगली पर ही टिकी रहें।

अब आँखों को नासिकाग्र पर केन्द्रित करें और हाथ नीचे कर लें।

अंतत: यह विधि अनावश्यक प्रतीत होने लगती है और आँखें इच्छानुसार आराम से नासिकाग्र पर टिक जाती हैं।

विधि 2: नासिकाग्र दृष्टि

ध्यान के किसी आरामदायक आसन में बैठ जायें। सिर और मेरुदण्ड को सीधा रखें। हाथों को चिन्मुद्रा या ज्ञान-मुद्रा में घुटनों पर रखें।

आँखों को बन्द कर पूरे शरीर को शिथिल करें।

आँखों को खोलें और उन्हें नासिकाग्र पर केन्द्रित करें।

आँखों पर किसी प्रकार जोर न डालें।

जब आँखें सही ढंग से केन्द्रित हो जायेंगी तो नासिका के ऊपर प्रकाश की किरणें V के आकार में दिखाई पड़ेंगी।

V की ऊपरी नोक पर एकाग्रता का अभ्यास करें।

मन को अन्य सभी विचारों से हटा कर पूरी तरह अभ्यास में लीन करने का प्रयास करें।

कुछ क्षणों के बाद आँखों को बन्द कर लें और अभ्यास को दुहराने के पूर्व उन्हें शिथिल करें।

5 मिनट तक अभ्यास जारी रखें।

श्वसन– नासिकाग्र दृष्टि का अभ्यास सामान्य श्वसन के साथ करना चाहिए।

सजगता– शारीरिक–आँखों की पेशियों पर और बीच-बीच में उन्हें पूर्ण रूप से विश्रान्त करने पर।

आध्यात्मिक–मूलाधार चक्र पर।

अभ्यास का समय– यद्यपि आदर्श रूप से नासिकाग्र-दृष्टि का अभ्यास प्रात:काल या सोने के पूर्व रात में किया जाता है, किन्तु दिन में किसी भी समय इसका अभ्यास किया जा सकता है।

सीमायें– ग्लूकोमा या डाइबिटिक रेटिनोपैथी से पीड़ित व्यक्ति या जिनके मोतियाबिन्द की हाल में शल्य-क्रिया हुई है, लेन्स लगे हैं, या आँखों

की अन्य प्रकार की शल्य-क्रिया हुई है, वे विशेषज्ञ के मार्ग-दर्शन के बिना नासिकाग्र दृष्टि का अभ्यास न करें।

विषादग्रस्त व्यक्तियों को यह अभ्यास नहीं करना चाहिए, क्योंकि यह अन्तर्मुखता लाता है।

लाभ– क्रोध और मानसिक विक्षेप को दूर करने के लिए नासिकाग्र-दृष्टि एक उत्तम अभ्यास है। यद्यपि इस अभ्यास में आँखें खुली रहती हैं, फिर भी इसका उद्देश्य आत्मनिरीक्षण की स्थिति उत्पन्न करना है। खुली आँखें बाह्य जगत् के प्रति सजग नहीं रहनी चाहिए। नासिकाग्र पर दृष्टि केन्द्रित करने से मन में एकाग्रता आती है। इससे एकाग्रता-शक्ति का विकास होता है और यह ध्यान की स्थिति लाने में भी सहायक होती है। यह अभ्यासी को आत्मिक और आध्यात्मिक चेतना के स्तर तक ले जाती है।

टिप्पणी– *इस अभ्यास का दूसरा नाम अगोचरी मुद्रा है, जो संस्कृत शब्द अगोचरम् से बना है। इसका अर्थ होता है, 'इन्द्रिय बोध के परे', 'अज्ञात' या 'अदृश्य'। यह मुद्रा साधक को सामान्य सजगता के परे जाने में सहायक होती है।*

प्रतीकात्मक रूप से नासिकाग्र दृष्टि में नासिका का सेतु मेरुदण्ड से सम्बन्धित होता है। सबसे ऊपर भ्रूमध्य पर आज्ञा-चक्र और नीचे नासिकाग्र पर मूलाधार चक्र है। जैसे शाम्भवी मुद्रा का उद्देश्य भ्रू-मध्य पर दृष्टि केन्द्रित कर आज्ञा-चक्र को सक्रिय बनाना है, वैसे ही नासिकाग्र-दृष्टि का उद्देश्य नासिका के अग्र भाग पर दृष्टि को केन्द्रित कर मूलाधार चक्र को सक्रिय बनाना है।

खेचरी मुद्रा

खेचरी मुद्रा

ध्यान के किसी आरामदायक आसन में बैठ जायें। पद्मासन या सिद्धासन/सिद्धयोनि आसन उत्तम होगा। सिर और मेरुदण्ड को सीधा रखें और दोनों हाथों को चिन् मुद्रा या ज्ञान-मुद्रा में घुटनों पर रखें।

पूरे शरीर को शिथिल करें और आँखों को बन्द कर लें।

जिह्वा को ऊपर और पीछे की ओर इस प्रकार मोड़ें कि उसका नीचे का हिस्सा तालु के ऊपरी भाग को स्पर्श करे।

जिह्वा के अग्र भाग को आरामपूर्वक जितना हो सके, पीछे ले जायें। अधिक जोर न लगायें।

उज्जायी प्राणायाम करें।

धीरे-धीरे गहरी श्वास लें।

बिना जोर लगाये जितनी देर सम्भव हो जिह्वा बन्ध लगाये रखें।

प्रारम्भ में थोड़ी असुविधा हो सकती है और हो सकता है उज्जायी प्राणायाम से गले में उत्तेजना पैदा हो, किन्तु अभ्यास के साथ यह अधिक सुविधाजनक हो जायेगा।

जब जिह्वा थक जाए, तो उसे विश्राम दें और फिर अभ्यास को दुहरायें।

श्वसन– धीरे-धीरे श्वसन की दर को घटाते जायें और कुछ महीनों में उसे 5 या 6 श्वास प्रति मिनट तक ले आयें। कुशल मार्ग-दर्शन में श्वास की दर और भी घटायी जा सकती है।

अवधि– 5 से 10 मिनट तक अभ्यास करें। खेचरी मुद्रा अन्य योगाभ्यासों के साथ भी की जा सकती है।

सजगता– शारीरिक–जिह्वा में खिंचाव और तालु पर हल्के दबाव पर।
आध्यात्मिक–विशुद्धि चक्र पर।

सावधानियाँ– यदि मुँह में कड़वा स्वाद आये, तो अभ्यास तुरन्त बन्द कर दें। इस प्रकार का स्राव शरीर में विषाक्त तत्त्वों की उपस्थिति का सूचक है।

सीमायें– जिह्वा-व्रण या मुँह के अन्य सामान्य रोगों के उभर आने पर खेचरी मुद्रा का अभ्यास कुछ समय के लिए बन्द कर देना चाहिए।

लाभ– खेचरी मुद्रा मुँह के पीछे और नासिका-छिद्रों में स्थित कई दबाव-बिन्दुओं को उद्दीप्त करती है। ये बिन्दु सम्पूर्ण शरीर को प्रभावित करते हैं। कई ग्रन्थियों की मालिश होती है, जिससे कुछ रसों और लार के स्राव में वृद्धि होती है। यह अभ्यास भूख और प्यास को कम करता है और आन्तरिक शान्ति एवं स्थिरता लाता है। यह शरीर की प्राणशक्ति की रक्षा करता है और आन्तरिक उपचार के लिए विशेष रूप से उपयोगी है। निष्कर्ष रूप में, इस मुद्रा में प्राण को सक्रिय बनाकर कुण्डलिनी शक्ति को जाग्रत करने की क्षमता है।

अभ्यास टिप्पणी– इसका उच्च अभ्यास हठयोग में आता है, जिसमें जिह्वा के नीचे के फ्रेनम को धीरे-धीरे पूरी सावधानी से काटा जाता है, जिससे वह सीधे नासिका-गह्वर तक पहुँच जाए और वहाँ स्थित महत्त्वपूर्ण अतीन्द्रिय केन्द्रों को उत्तेजित कर सके। किन्तु यहाँ पर खेचरी मुद्रा की इस विधि का अभ्यास करने का परामर्श नहीं दिया जा रहा है, क्योंकि उसके प्रभाव से बाह्य जगत् के साथ पारस्परिक क्रिया करने में असुविधा हो जाती है।

टिप्पणी– *खेचरी शब्द संस्कृत की दो धातुओं 'खे' और 'चर' से मिलकर बना है। खे का अर्थ होता है आकाश और चर का अर्थ होता है चलने वाला। खेचरी-मुद्रा का सम्बन्ध अमृत से है, जो बिन्दु से स्रवित होता है और उसके बाद विशुद्धि-चक्र में उसका पान किया जाता है। इस अभ्यास में दक्षता प्राप्त हो जाने पर योगी विशुद्धि-चक्र में टपकने वाली अमृत की बूँदों का पान कर अपनी भूख और प्यास मिटा सकता है और अपने सम्पूर्ण शरीर को नवयौवन प्रदान कर सकता है।*

काकी मुद्रा

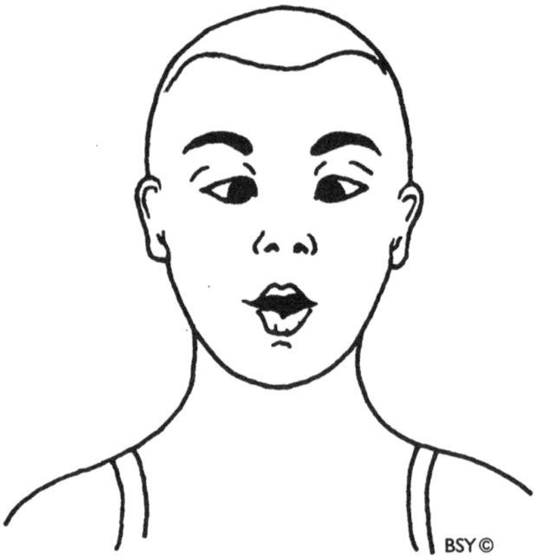

काकी मुद्रा

ध्यान के किसी आरामदायक आसन में बैठ जायें। सिर और मेरुदण्ड को सीधा रखें और दोनों 'हाथों' को चिन्-मुद्रा या ज्ञान-मुद्रा में घुटनों पर रखें।

आँखों को बन्द कर लें और कुछ क्षणों के लिए पूरे शरीर को शिथिल करें।

आँखों को खोल कर, दोनों आँखों को नासिका के अग्र भाग पर केन्द्रित करते हुए नासिकाग्र-दृष्टि का अभ्यास करें।

प्रयास करें कि इस पूरे अभ्यास के दौरान आँखें न झपकें।

होठों को सिकोड़कर चोंच के आकार में ले आयें, जिससे होकर श्वास अन्दर जा सके।

जिह्वा तनावरहित रहनी चाहिए।

सिकुड़े हुए होठों से होते हुए गहरी एवं धीमी श्वास अन्दर लें।

पूरी श्वास लेने के बाद होठों को आपस में मिला लें और नासिका-मार्ग से धीरे-धीरे श्वास बाहर छोड़ें।

इस प्रक्रिया को 3 से 5 मिनट तक दुहरायें।

सजगता– श्वास की ध्वनि एवं प्रवाह तथा नासिका के अग्र भाग के प्रति सजग रहें।

क्रम– इस मुद्रा के अभ्यास से शीतलता आती है। अत: गर्मी उत्पन्न करने वाले प्राणायामों के बाद इसका अभ्यास कर शरीर के ताप-क्रम को सन्तुलित किया जा सकता है।

अभ्यास का समय–इसका अभ्यास दिन में किसी भी समय किया जा सकता है, हालाँकि इसके लिए प्रात:काल या देर रात का समय सर्वोत्तम है। शीतकाल में यह अभ्यास नहीं करना चाहिए।

सावधानियाँ–काकी मुद्रा का अभ्यास प्रदूषित वायुमण्डल या अधिक ठण्ढे मौसम में नहीं करना चाहिए, क्योंकि इसमें नासिका की वह सामान्य क्रिया नहीं होती, जिसके द्वारा वायु छनकर और वातानुकूलित होकर भीतर जाती है। यह ध्यान रखें कि आँखों पर अधिक जोर न पड़े।

सीमायें–मानसिक अवसाद, निम्न रक्तचाप और पुरानी कब्ज से पीड़ित व्यक्तियों को यह अभ्यास नहीं करना चाहिए। ग्लूकोमा या डाइबिटिक रेटिनोपैथी से पीड़ित व्यक्ति या जिनके मोतियाबिन्द की हाल में शल्य-क्रिया हुई है, लेन्स लगे हैं, या आँखों की अन्य प्रकार की शल्य-क्रिया हुई है, वे विशेषज्ञ के मार्ग-दर्शन के बिना इसका अभ्यास न करें।

लाभ–काकी मुद्रा शरीर और मन को शीतल करती है और मानसिक तनाव को कम करती है। नासिकाग्र-दृष्टि के लाभों के अतिरिक्त, इस अभ्यास में होठों को सिकोड़ने और साथ ही अन्दर ली जाने वाली वायु का मुख की झिल्लियों के साथ स्पर्श होने से पाचक स्राव उत्प्रेरित होते हैं, जिससे सामान्य रूप से पाचन-क्रिया को मदद मिलती है।

अभ्यास टिप्पणी–इस क्रिया को प्रारम्भ करने के पूर्व अभ्यासी को नासिकाग्र-दृष्टि के अभ्यास से पूरी तरह अवगत होना चाहिए। पूरे अभ्यास के दौरान आँखें खुली रहनी चाहिए और निरन्तर नासिकाग्र-दृष्टि रहनी चाहिए। यदि आँखों में थकान आ जाए, तो उन्हें पूरी तरह विश्राम प्रदान करने के बाद ही पुन: अभ्यास प्रारम्भ करें।

टिप्पणी–*इसका नाम काकी मुद्रा इसलिए पड़ा है कि इसमें श्वास लेते समय मुख की आकृति कौए की चोंच की तरह हो जाती है। ऐसा दावा है कि इसके नियमित अभ्यास से कौए के समान नीरोग और दीर्घ जीवन प्राप्त होता है।*

इस मुद्रा को प्राणायाम का अभ्यास भी मानते हैं, क्योंकि इसका अभ्यास शीतली और शीतकारी प्राणायामों से मिलता-जुलता है।

भुजंगिनी मुद्रा

भुजंगिनी मुद्रा

ध्यान के किसी आरामदायक आसन में बैठ जायें।

आँखों को बन्द करें और पूरे शरीर को, विशेषकर उदर को शिथिल करें।

ठुड्ढी को थोड़ा आगे और ऊपर की ओर लायें।

मुँह से वायु अन्दर खींचने का प्रयास करें और पानी पीने के समान वायु के कई-कई घूँट लेते हुए उसे फेफड़ों में नहीं, बल्कि पेट में पहुँचाने का प्रयास करें।

उदर को अधिक-से-अधिक फैलायें।

जब तक आराम से सम्भव हो, वायु को उदर में रोकें और फिर डकार लेते हुए उसे बाहर निकाल दें।

अवधि– सामान्य उद्देश्यों के लिए 3 से 5 बार अभ्यास करना पर्याप्त है; विशेष रोगोपचार के लिए इसे कई बार किया जा सकता है।

क्रम– इस मुद्रा का अभ्यास कभी भी किया जा सकता है, किन्तु शंख-प्रक्षालन की क्रिया के बाद करने पर इसका विशेष प्रभाव होता है।

लाभ– भुजंगिनी मुद्रा सम्पूर्ण आमाशय को पुष्ट करती है, निष्क्रिय उदर-वायु का निष्कासन करती है और उदर रोगों के निराकरण में सहायक होती है। उदर में वायु को भरकर अभ्यासी कितने ही समय तक पानी के ऊपर तैरता रह सकता है।

अभ्यास टिप्पणी– यह अभ्यास षट्कर्म, वातसार धौति जैसा है और शुद्धिकरण के अभ्यास के रूप में इसका उपयोग किया जा सकता है। यद्यपि वातसार धौति में मलद्वार से वायु को निष्कासित किया जाता है, न कि डकार द्वारा।

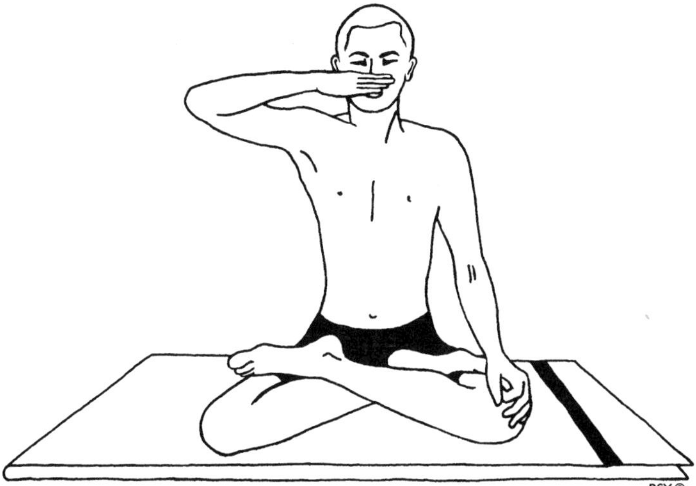

भूचरी मुद्रा

ध्यान के किसी आरामदायक आसन में बैठ जायें। सिर और मेरुदण्ड को सीधा रखें। हाथों को चिन् मुद्रा या ज्ञान मुद्रा में रखें।

आँखों को बन्द कर लें और पूरे शरीर को शिथिल करें।

अब आँखों को खोल लें और दाहिने हाथ को ऊपर उठाकर मुँह के सामने लायें।

कोहनी को शरीर के बगल की ओर रखें।

हथेली को जमीन की ओर और सभी उँगलियों को एक साथ रखते हुए, हाथ को जमीन के समानान्तर रखें।

अँगूठा ऊपरी होंठ के ऊपरी भाग को छूता हुआ रहे।

आँखों को छोटी उँगली के पोर पर केन्द्रित करें और उसे बिना पलक झपकाये लगातार एक मिनट तक एकटक देखते रहें।

छोटी उँगली के पोर पर निरन्तर सजगता बनाये रखने का प्रयास करें।

लगभग एक मिनट के बाद हाथ हटा लें, परन्तु शून्य में उसी स्थान पर दृष्टि एकाग्र रखें जहाँ छोटी उँगली थी। आँखों को न झपकायें।

शून्यता के इस बिन्दु में पूरी तरह तल्लीन हो जायें।

साथ-साथ मन में चल रही विचार-प्रक्रियाओं के प्रति भी सजग रहें। जब एकाग्रता भंग होने लगे, हाथ उठा कर पुनः छोटी अँगुली के पोर पर एकाग्रता लायें। कुछ समय पश्चात् हाथ नीचे लायें और शून्याकाश में तीव्रता से दृष्टि जमाये रखें। केवल शून्याकाश के प्रति सजग रहें; सचेतन इन्द्रिय-बोध के क्षेत्र में बाहरी घटनायें अंकित नहीं होनी चाहिए। 5 से 10 मिनट तक अभ्यास जारी रखें।

सजगता– शारीरिक–पूर्ण विश्राम तथा स्थिरता की अनुभूति पर। आध्यात्मिक–आज्ञा चक्र पर।

सीमायें– ग्लूकोमा या डाइबिटिक रेटिनोपैथी से पीड़ित व्यक्ति या जिनके मोतियाबिन्द की हाल में शल्य-क्रिया हुई है, लेन्स लगे हैं, या आँखों की अन्य प्रकार की शल्य-क्रिया हुई है, वे विशेषज्ञ के मार्गदर्शन के बिना इसका अभ्यास न करें।

लाभ– भूचरी मुद्रा एकाग्रता और स्मरण-शक्ति को विकसित करती है। यह मन को शान्त और अन्तर्मुखी बनाती है और ऐसे लोगों के लिए विशेष रूप से लाभप्रद है जिन्हें अधिक क्रोध आता है। इससे मानसिक स्थिरता तथा विचार शून्यता का विकास होता है। यह आज्ञा चक्र के जागरण तथा ध्यान की अवस्था लाने में सहायक होती है और अभ्यासी को चेतना के अतीन्द्रिय तथा आध्यात्मिक स्तर पर ले जाती है।

अभ्यास टिप्पणी– भूचरी मुद्रा का अभ्यास ध्यान के आसन में करना चाहिए। सर्वोत्तम स्थिति यह है कि इसका अभ्यास खाली दीवार के सामने या खुले स्थान, जैसे, आकाश या स्थिर जल के ऊपर किया जाय। इससे ध्यान को भंग करने के लिए दृष्टि के सामने कोई व्यवधान नहीं रहेगा।

टिप्पणी– *भूचरी मुद्रा का अभ्यास ध्यान की तैयारी के रूप में किया जा सकता है और ध्यान की एक विधि के रूप में स्वतन्त्र रूप से भी किया जा सकता है। साथ ही यह धारणा को सिद्ध करने के लिए किसी बाहरी बिन्दु पर दृष्टि को एकाग्र करने वाली विधियों में से एक है। यह नासिकाग्र-दृष्टि और शाम्भवी-मुद्रा से जुड़ी है और ये तीनों अभ्यास त्राटक के ही रूप हैं।*

आकाशी मुद्रा

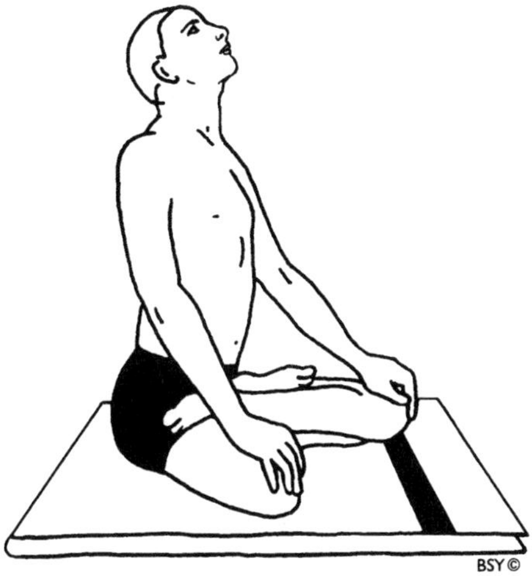
BSY ©

आकाशी मुद्रा

ध्यान के किसी आरामदायक आसन में बैठ जायें। आँखों को बन्द लें और कुछ मिनटों के लिए सम्पूर्ण शरीर को शिथिल करें।

खेचरी मुद्रा में जिह्वा को पीछे की ओर मोड़कर तालु से स्पर्श करायें और उज्जायी प्राणायाम तथा शाम्भवी मुद्रा का अभ्यास करें।

साथ-ही सिर को लगभग 45 अंश के कोण पर पीछे की ओर झुकायें।

भुजाओं को सीधा करें और हाथों से घुटनों को दबायें।

धीमा और गहरा उज्जायी श्वसन करें।

जब तक आरामपूर्वक हो सके, इस अभ्यास को करते रहें।

अब कोहनियों को मोड़ें और खेचरी एवं शाम्भवी मुद्रा का अभ्यास समाप्त करें।

सिर को सीधा कर लें।

सामान्य श्वसन करें और अन्तराकाश के प्रति सजग हो जायें।

अवधि–प्रारम्भ में 1 चक्र अभ्यास करें और धीरे-धीरे इसे 5 चक्रों तक बढ़ायें। मुद्रा में समय की लम्बाई धीरे-धीरे बढ़ाते हुए अन्तिम अवस्था में, जितनी देर सम्भव हो, रुकें।

सजगता– आज्ञा-चक्र पर।

सावधानियाँ– यदि चक्कर आने लगे, तो तुरन्त अभ्यास बन्द कर दें। यह अभ्यास धीरे-धीरे और किसी विशेषज्ञ के मार्गदर्शन में सीखना चाहिए।

सीमायें– उच्च रक्तचाप, चक्कर आना, मस्तिष्क विकार या मिर्गी के रोगियों को इस मुद्रा का अभ्यास नहीं करना चाहिए।

लाभ– इस अभ्यास के साथ कुम्भक, उज्जायी, शाम्भवी और खेचरी के लाभ जुड़े हुए हैं। इससे मानसिक शान्ति आती है और इन्द्रियों पर नियन्त्रण प्राप्त होता है। इसमें दक्षता प्राप्त कर लेने पर यह विचार-प्रक्रियाओं का निरोध कर चेतना की उच्च स्थिति में पहुँचाती है।

प्रकारान्तरः आकाशी मुद्रा कुम्भक के साथ भी की जा सकती है। ऊपर बतायी गयी विधि से अभ्यास करें। सिर को पीछे मोड़ते समय श्वास लें। अन्तिम स्थिति में श्वास को अन्दर रोकें। सिर को प्रारम्भिक स्थिति में सीधा करते समय धीरे-धीरे श्वास छोड़ें।

अभ्यास टिप्पणी– यह परामर्श दिया जाता है कि आकाशी-मुद्रा का अभ्यास प्रारम्भ करने के पूर्व अभ्यासी उज्जायी, खेचरी और शाम्भवी के अभ्यासों को पूरी तरह जान ले। प्रारम्भ में सिर को पीछे मोड़ कर उज्जायी करने से गले में उत्तेजना हो सकती है। फिर भी, अभ्यास के द्वारा यह अधिक आरामदायक हो जायेगा।

टिप्पणी– *आकाशी मुद्रा को धारणा की अवस्था प्राप्त करने के लिए किसी बाहरी लक्ष्य पर दृष्टि को एकाग्र करने वाली विधियों में गिना जाता है।*

BSY ©

षण्मुखी मुद्रा

यदि सम्भव हो तो सिद्धासन या सिद्धयोनि आसन में बैठें। अन्यथा ध्यान के किसी आरामदायक आसन में बैठ जायें और मूलाधार-क्षेत्र के नीचे एक छोटा तकिया रख लें, जिससे उस क्षेत्र पर दबाव बना रहे।

सिर और मेरुदण्ड को सीधा रखें।

आँखों को बन्द कर लें और हाथों को घुटनों पर रखें।

पूरे शरीर को शिथिल करें।

भुजाओं को उठाकर मुँह के सामने लायें और कोहनियों को बगल की ओर रखें।

कानों को अँगूठों से, आँखों को तर्जनियों से, नासिकाछिद्रों को मध्यमा से और मुँह को होठों के ऊपर और नीचे अनामिका एवं कनिष्ठा ऊँगलियों को लगा कर बन्द कर लें।

मध्यमा उँगलियों का दबाव हटा कर नासिका-छिद्रों को खोलें। पूर्ण यौगिक श्वसन करते हुए धीरे-धीरे गहरी श्वास लें।

पूरी श्वास लेने के बाद मध्यमा उँगलियों से नासिकाछिद्रों को बन्द

कर लें। जितनी देर आराम से सम्भव हो, श्वास को भीतर रोकें। कुछ क्षण बाद, मध्यमा उँगलियों का दबाव हटा कर धीरे-धीरे श्वास छोड़ें। यह एक चक्र हुआ।

फिर, तुरन्त दूसरा चक्र प्रारम्भ करने के लिए श्वास अन्दर लें।

अभ्यास को समाप्त करने के लिए, आँखों को बन्द रखते हुए हाथों को नीचे घुटनों पर ले आयें और बाह्य ध्वनियों और भौतिक शरीर के प्रति सजग होकर धीरे-धीरे मन को बहिर्मुख करें।

श्वसन–यदि अभ्यासी अधिक समय तक श्वास को भीतर रोक सके, तो इस अभ्यास का अधिक लाभ प्राप्त होता है।

अवधि–प्रारम्भ में 5 मिनट तक अभ्यास करें और कुछ महीनों में क्रमशः उसे बढ़ाते हुए 30 मिनट तक ले जायें।

सजगता–शारीरिक–हस्त मुद्रा को श्वास के साथ जोड़ने पर।

आध्यात्मिक–एकाग्रता के लिए बिन्दु, आज्ञा या अनाहत चक्र का उपयोग कर सकते हैं। महत्त्वपूर्ण बात है इन्द्रियों को अन्तर्मुखी करना।

अभ्यास का समय–षण्मुखी मुद्रा के अभ्यास का सर्वोत्तम समय प्रातःकाल या देर रात है, जब कोलाहल कम-से-कम रहता है। इस समय अभ्यास करने से अतीन्द्रिय संवेदना जाग्रत होती है।

सीमायें–मानसिक अवसाद से पीड़ित व्यक्तियों को यह अभ्यास नहीं करना चाहिए।

लाभ–शारीरिक स्तर पर हाथों एवं उँगलियों से निकलने वाली ऊर्जा और गर्मी मुख की पेशियों और तन्त्रिकाओं को उत्प्रेरित एवं विश्रान्त करती है। मानसिक स्तर पर यह अभ्यास सजगता को अन्तर्मुखी बनाता है। आध्यात्मिक स्तर पर यह प्रत्याहार की स्थिति लाता है।

अभ्यास टिप्पणी–षण्मुखी मुद्रा नादयोग का एक अभ्यास है, जिसे बिन्दु चक्र में आन्तरिक नाद को सुनने के लिए प्रयोग में लाया जाता है। हो सकता है बहुत-सी ध्वनियाँ सुनाई पड़ें या कोई ध्वनि न सुनाई पड़े, केवल सुनें। यह आशा न रखें कि अभ्यास आरम्भ करते ही सूक्ष्म ध्वनियाँ सुनायी पड़ने लग जायेंगी, अभ्यास आवश्यक है। हो सकता है शुरू में कोई ध्वनि सुनायी न पड़े, या हल्के कोलाहल की ध्वनि हो। किसी स्पष्ट ध्वनि के सुनायी पड़ते ही सजगता को पूरी तरह उसी पर लगा दें। इसमें कुछ सप्ताहों के अभ्यास की आवश्यकता हो सकती है। जैसे-जैसे

संवेदनशीलता का विकास होगा, सूक्ष्म ध्वनियाँ सुनाई पड़ेंगी। स्वर योग, तत्त्व शुद्धि तथा क्रिया योग जैसी योग की शाखाओं में मानसिक अवलोकन को विकसित करने के लिये भी षण्मुखी मुद्रा का उपयोग होता है।

टिप्पणी– *षण्मुखी शब्द दो शब्दों, 'षण्' एवं 'मुख' से मिलकर बना है। षण् का अर्थ होता है 'छः' और मुखी अर्थात् 'द्वार' या 'मुँह'। षण्मुखी मुद्रा में बाह्य इन्द्रिय-बोध के छः द्वारों-दो नेत्र, दो कान, नाक एवं मुँह को बन्द कर सजगता को अन्तर्मुखी बनाना होता है। यह अभ्यास बद्धयोनि आसन के नाम से भी जाना जाता है। इसे देवी मुद्रा, पराङ्मुखी मुद्रा और समभाव मुद्रा के रूप में भी जाना जाता है।*

उन्मनी मुद्रा

उन्मनी मुद्रा

ध्यान के किसी आरामदायक आसन में बैठ जायें।

आँखों को पूरी तरह खोल लें, किन्तु अनावश्यक जोर न लगायें।

गहरी श्वास लें और उसे भीतर रोकते हुए अपनी सजगता को कुछ क्षणों के लिए सिर के पिछले भाग में बिन्दु पर केन्द्रित करें।

श्वास बाहर छोड़ें और अपनी सजगता को श्वास के साथ बिन्दु से मेरुदण्ड में स्थित चक्रों-आज्ञा, विशुद्धि, अनाहत, मणिपुर, स्वाधिष्ठान एवं मूलाधार से होते हुए नीचे ले जायें।

साथ-ही-साथ आँखों को भी धीरे-धीरे बन्द करना प्रारम्भ करें और जब तक सजगता मूलाधार में पहुँचे, तब तक उन्हें पूरी तरह बन्द कर लें।

जिस समय आँखें खुली रहती हैं, उस समय भी सजगता अन्दर की ओर ही रहती है।

बहुत अधिक प्रयास न करें, प्रक्रिया को सहज रूप से होने दें।

गहरी श्वास लें और अगला चक्र प्रारम्भ करें।

5–10 मिनट तक अभ्यास करते रहें।

सीमायें–ग्लूकोमा या डाइबिटिक रेटिनोपैथी से पीड़ित व्यक्ति या जिनके मोतियाबिन्द की हाल में शल्य-क्रिया हुई है लेन्स लगे हैं या आँखों की अन्य प्रकार की शल्य-क्रिया हुई है, वे विशेषज्ञ के मार्ग-दर्शन के बिना उन्मनी-मुद्रा का अभ्यास न करें।

लाभ–उन्मनी मुद्रा ध्यान की अवस्था में ले जाती है। यह सामान्य परेशानी और उत्तेजना को दूर करती है।

टिप्पणी–*उन्मनी शब्द का अर्थ 'अन्यमनस्क' या 'नहीं सोचना' है। इसका अर्थ 'निर्विचार वृत्ति' या 'ध्यान' के रूप में भी किया जा सकता है। उन्मनी उस अवस्था की द्योतक है जो विचार के परे है, जहाँ विषय-जगत् की सभी आसक्तियाँ लुप्त हो जाती हैं। इस अवस्था में मन कार्यशील रहता है और कार्य होता भी है, किन्तु द्वन्द्वात्मक विचारों और विश्लेषण का व्यवधान वहाँ नहीं रहता। यही उन्मनी अवस्था है।*

विपरीतकरणी मुद्रा

विपरीतकरणी आसन में आ जायें। पैरों को एक साथ और सीधा रखते हुए उन्हें थोड़ा-सा सिर की ओर झुकायें, जिससे पंजे आँखों की सीध में आ जायें। आँखों को बन्द कर लें और पूरे शरीर को शिथिल करें।

यह प्रारम्भिक स्थिति है।

अपनी सजगता को नाभि के ठीक पीछे मेरुदण्ड में स्थित मणिपुर चक्र पर केन्द्रित करें।

उज्जायी प्राणायाम करते हुए धीरे-धीरे गहरी श्वास लें।

अनुभव करें कि आपकी श्वास और चेतना मणिपुर से कण्ठ के पीछे मेरुदण्ड में स्थित विशुद्धि चक्र तक ऊपर चढ़ रही है।

श्वास छोड़ते समय अपनी सजगता को विशुद्धि पर रखें।

रेचक के अन्त में अविलम्ब अपनी सजगता को मणिपुर में वापस लायें और उसी प्रक्रिया को दुहरायें।

अवधि–7 चक्र या जब तक असुविधा का अनुभव न हो, अभ्यास करते रहें। यदि सिर में तनाव बढ़ता है, तो अभ्यास बन्द कर दें।

क्रमशः चक्रों की संख्या बढ़ा कर कुछ महीनों में उन्हें 21 तक ले जायें। कुछ समय के अभ्यास के बाद यह मुद्रा आरामदायक हो जाएगी और श्वास-प्रश्वास की लम्बाई स्वतः बढ़ जायगी।

सजगता–शारीरिक–शरीर की विपरीत स्थिति तथा श्वास की गति पर।
आध्यात्मिक–मणिपुर और विशुद्धि चक्र पर।

क्रम–दैनिक अभ्यास–कार्यक्रम के अन्त में और ध्यान के पूर्व। श्रमपूर्वक किये जाने वाले व्यायाम के बाद और भोजन के कम-से-कम तीन घण्टे बाद तक यह अभ्यास न करें। अभ्यास के पूरा हो जाने पर पीछे की ओर मुड़ कर किये जाने वाले आसन, जैसे, मत्स्यासन, भुजंगासन या उष्ट्रासन करें।

अभ्यास का समय–विपरीतकरणी मुद्रा का अभ्यास प्रतिदिन एक ही समय पर, उत्तम होगा कि प्रातःकाल ही करें।

सीमायें–यह सिर के बल किया जाने वाला अभ्यास है, इसलिए जब तक शरीर स्वस्थ न हो, इसे नहीं करना चाहिए। उच्च रक्तचाप, हृदय-रोग, बढ़ी हुई थायरॉइड ग्रन्थि से पीड़ित व्यक्तियों या जिनके शरीर में विषाक्त पदार्थ अधिक हों, उन्हें यह अभ्यास नहीं करना चाहिए। सिर के बल किये जाने वाले आसनों की सीमायें यहाँ लागू होती हैं।

लाभ–विपरीतकरणी आसन से प्राप्त होने वाले सभी लाभ इससे प्राप्त होते हैं। यह थायरॉइड की क्रिया को सन्तुलित करता है।

इस मुद्रा में ऊर्जा के नीचे और बाहर की ओर होने वाले प्रवाह की दिशा उलट जाती है। जब ऐसा होता है, तब व्यक्ति का सम्पूर्ण अस्तित्व अनुप्राणित हो जाता है और सजगता बढ़ती है। इड़ा और पिंगला नाड़ियों में प्राण के प्रवाह में सन्तुलतन आता है। यह अवस्था दोनों नासिका-छिद्रों में समान रूप से श्वास के प्रवाह के रूप में प्रकट होती है। अभ्यास का यह संतुलनकारी प्रभाव शारीरिक और मानसिक स्तर पर प्रकट होने वाले रोगों से बचाव करता है।

अभ्यास टिप्पणी–अधिक समय तक इस मुद्रा का अभ्यास करने पर चयापचय की दर में वृद्धि हो जाती है। यदि ऐसा हो तो उसी के अनुरूप आहार की मात्रा को बढ़ाना चाहिए।

***टिप्पणी**–विपरीतकरणी मुद्रा क्रिया के एक अभ्यास के रूप में भी की जाती है।*

पाशिनी मुद्रा

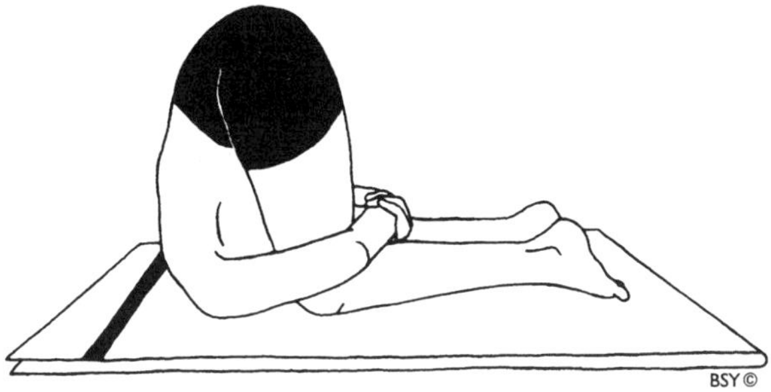

पाशिनी मुद्रा

हलासन में आ जायें। पंजों के बीच लगभग आधे मीटर की दूरी रखें।

पैरों को घुटनों से मोड़ें और जाँघों को वक्ष के इतना समीप लायें कि घुटने कानों, कन्धों और जमीन का स्पर्श करने लगें।

भुजाओं को मजबूती से पैरों के चारों ओर लपेट लें।

इस स्थिति में पूरे शरीर को शिथिल करें और आँखों को बन्द कर लें।

धीरे-धीरे गहरी श्वास लें।

जितनी देर आराम से सम्भव हो, इस स्थिति में रहें।

धीरे-धीरे भुजाओं की पकड़ ढीली करें और हलासन में लौट आयें।

पैरों को नीचे कर लें और शवासन में विश्राम करें।

सजगता– शारीरिक – गले के खिंचाव पर।

आध्यात्मिक–मूलाधार या विशुद्धि चक्र पर।

क्रम–इस मुद्रा के बाद पीछे की ओर मुड़कर किया जाने वाला कोई आसन करना चाहिए।

सीमायें–सर्वांगासन और हलासन के समान। जिन्हें मेरुदण्ड सम्बन्धी कोई समस्या हो, उन्हें यह अभ्यास नहीं करना चाहिए। सिर के बल किये जाने वाले आसनों की सावधानियाँ यहाँ लागू होती हैं।

लाभ–पाशिनी मुद्रा तन्त्रिका-तन्त्र में सन्तुलन लाती है और प्रत्याहार की स्थिति उत्पन्न करती है। यह मेरुदण्ड और पीठ की पेशियों में खिंचाव

पैदा करती है और मेरुदण्ड की सभी नाड़ियों को क्रियाशील बनाती है। यह उदर के सभी अंगों की मालिश करती है।

टिप्पणी– *पाश का अर्थ होता है 'फंदा'। पाशिनी, का अर्थ हुआ, 'फंदे' में बाँधने वाली।*

तड़ागी मुद्रा

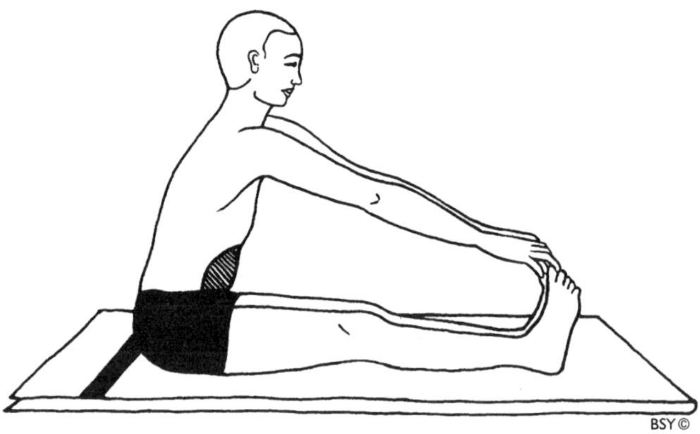

तड़ागी मुद्रा

पैरों को शरीर के सामने फैलाकर बैठ जायें, और पंजों के बीच थोड़ी दूरी रखें।

पूरे अभ्यास के दौरान पैर सीधे रहने चाहिए।

सिर और मेरुदण्ड को सीधा रखते हुए हाथों को घुटनों पर रखें।

आँखों को बन्द करें और पूरे शरीर को, विशेषकर उदर-क्षेत्र को विश्राम की स्थिति में लायें।

आगे की ओर झुक कर पैरों के अँगूठों को हाथों के अँगूठों,तर्जनियों एवं मध्यमा उँगलियों से पकड़ लें।

सिर को सामने की ओर रखें।

उदर की पेशियों को पूरी तरह फैलाते हुए धीरे-धीरे गहरी श्वास लें।

फेफड़ों पर बिना किसी प्रकार का जोर डाले, श्वास को जितनी देर तक आराम से हो सके, भीतर रोकें।

उदर को शिथिल करते हुए धीरे-धीरे गहरी श्वास छोड़ें। पैरों के अँगूठों को पकड़े रखें।

10 बार श्वसन करें।

उसके बाद अँगूठों को छोड़ दें और प्रारम्भिक स्थिति में वापस आ जायें। यह एक चक्र हुआ।

अवधि–3 से 5 चक्र अभ्यास करें।

सजगता–शारीरिक–उदर पर।

आध्यात्मिक–मणिपुर चक्र पर।

सीमायें–गर्भवती महिलाओं और हर्निया या भ्रंश से पीड़ित व्यक्तियों को यह अभ्यास नहीं करना चाहिए।

लाभ–तड़ागी मुद्रा मध्यपट और श्रोणि तल में संचित तनाव को दूर करती है, उदर के अंगों को शक्ति प्रदान करती है और इन क्षेत्रों में रक्त-संचार को सुचारु बनाती है। आन्त्र-क्षेत्र के तन्त्रिका-जालक का उद्दीपन और पोषण होता है।

अभ्यास के समय आगे की ओर झुकने और आमाशय को फैलाने से मध्यपट और श्रोणि तल में खिंचाव पैदा होता है, और पूरे धड़ में एक प्रकार का दबाव उत्पन्न होता है। इससे मणिपुर चक्र में उद्दीपन होता है, जो कि ऊर्जा वितरण का केन्द्र है, और सामान्य रूप से प्राण का स्तर ऊँचा उठता है।

अभ्यास टिप्पणी–यदि स्थिति असुविधाजनक लगने लगे, तो श्वासों के बीच में पैरों के अँगूठों पर से पकड़ ढीली कर दें।

टिप्पणी–*तड़ागी का शब्दार्थ है 'पानी का लोटा' जिसका आकार फैले हुए उदर से मिलता-जुलता है।*

प्राण मुद्रा

प्राण मुद्रा

ध्यान के किसी आरामदायक आसन में बैठ जायें। पद्मासन या सिद्धासन/सिद्धयोनि आसन अधिक उपयुक्त होगा। दोनों हाथों को भैरव मुद्रा में रखें। आँखें बन्द कर लें और सम्पूर्ण शरीर को, विशेष रूप से उदर, भुजाओं और हाथों को विश्राम की स्थिति में लायें।

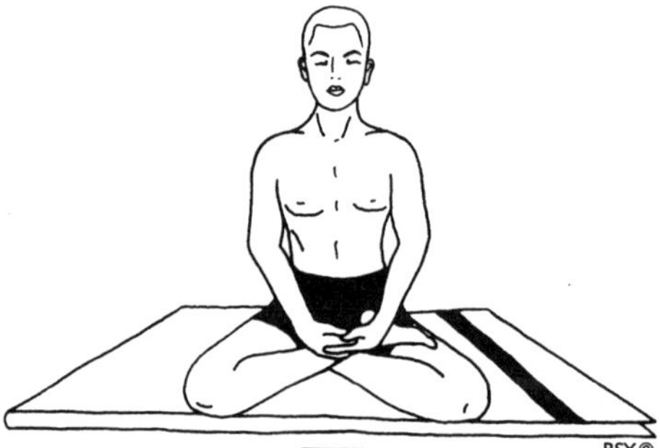

चरण 1

चरण 2

चरण 3

चरण 1: आँखों को बन्द रखते हुए श्वास अन्दर लें और फेफड़ों से अधिक-से-अधिक वायु बाहर निकालने के लिए उदर की पेशियों को संकुचित करते हुए, गहरी से गहरी श्वास छोड़ें।

श्वास को बाहर ही रोकते हुए मूलाधार में स्थित मूलाधार चक्र पर एकाग्रता रखते हुए मूल-बन्ध लगायें।

जितनी देर तक आराम से हो सके, श्वास को बाहर ही रोकें।

चरण 2: मूल-बन्ध को शिथिल करें।

उदर को पूरी तरह फैलाते हुए धीरे-धीरे गहरी श्वास अन्दर लें।

और अधिक वायु अंदर लेते हुए फेफड़ों को अधिक-से-अधिक भर लें।

साथ-ही-साथ हाथों को नाभि तक ऊपर उठायें। हाथ खुले रहेंगे, उँगलियाँ एक-दूसरे की ओर होंगी, किन्तु एक-दूसरे को स्पर्श नहीं करेंगी और हथेलियाँ धड़ की ओर रहेंगी।

हाथों की गति का तालमेल उदर श्वसन के साथ होना चाहिए।

भुजाओं और हाथों को तनावरहित रखें।

उदर से श्वास लेते समय यह अनुभव करने का प्रयास करें कि प्राण शक्ति मेरुदण्ड में मूलाधार चक्र से मणिपुर चक्र की ओर ऊपर जा रही है।

चरण 5

चरण 4

चरण 3: वक्ष को फैलायें और हाथों को ऊपर उठाकर हृदय-केन्द्र के ठीक सामने लाने तक श्वास लेते रहें।

श्वास लेते समय यह अनुभव करने का प्रयास करें कि प्राण शक्ति मणिपुर से अनाहत की ओर खिंच रही है।

चरण 4: कन्धों को थोड़ा ऊपर उठाकर फेफड़ों में और अधिक वायु भर लें और अनुभव करें कि प्राण विशुद्धि चक्र तक ऊपर जा रहा है।

श्वास के साथ-साथ हाथों को भी गले के सामने तक ऊपर उठायें।

ऐसा अनुभव करें कि प्राण विशुद्धि तक जा रहा है।

चरण 5: भुजाओं को बगल में फैलाते समय श्वास को भीतर रोकें।

अन्तिम स्थिति में हाथ कानों की सीध में रहेंगे, भुजायें बगल में फैली रहेंगी, परन्तु पूरी तरह तनी हुई नहीं और हथेलियाँ ऊपर की ओर रहेंगी।

अनुभव करें कि प्राण एक तरंग के समान प्रसारित होते हुए आज्ञा, बिन्दु और सहस्रार में पहुँच रहा है।

सहस्रार पर ध्यान करें और सिर से निकलते हुए शुद्ध प्रभामण्डल को मानसिक रूप से देखने का प्रयास करें।

ऐसा अनुभव करें कि सम्पूर्ण व्यक्तित्व समस्त प्राणियों के लिए शान्ति की तरंगें बिखेर रहा है।

फेफड़ों पर बिना किसी प्रकार का जोर डाले जितनी देर तक इस अवस्था में रहना सम्भव हो, रहें।

चरण 4, 3, 2, 1 की पुनरावृत्ति करें और श्वास छोड़ते हुए धीरे-धीरे प्रारम्भिक स्थिति में वापस आ जायें।

श्वास छोड़ते समय ऐसा अनुभव करें कि प्राण क्रमशः प्रत्येक चक्र से होते हुए अवरोहण कर मूलाधार तक पहुँच रहा है।

रेचक के अन्त में मूल-बन्ध लगायें और अनुभव करे कि प्राण पुनः मूलाधार चक्र में पहुँच गया है।

पूरे शरीर को विश्राम की स्थिति में लायें और सामान्य श्वसन करें।

श्वसन– श्वास, प्रश्वास और कुम्भक की अवधि को धीरे-धीरे बढ़ायें। यह ध्यान रखें कि फेफड़ों पर अधिक जोर न पड़े। जब अभ्यास में दक्षता प्राप्त हो जाए, तब मानसिक रूप से श्वास को सुषुम्ना नाड़ी में श्वेत प्रकाश की धारा की तरह आरोहण-अवरोहण करते देखें।

सजगता–श्वास और हाथों को ऊपर उठाने एवं नीचे लाने की गति के साथ जोड़कर सजगता को मूलाधार से सहस्रार और फिर सहस्रार से मूलाधार तक एक अविरल, सतत् प्रवाह के रूप में गतिमान करें।

क्रम–आसन और प्राणायाम के बाद और ध्यान के पूर्व प्राण-मुद्रा का अभ्यास करना सर्वोत्तम है। किन्तु साथ-ही किसी भी समय इसका अभ्यास किया जा सकता है।

अभ्यास का समय–आदर्श रूप से प्राण-मुद्रा का अभ्यास सूर्योदय के समय उगते हुए सूर्य के सामने करना उत्तम है।

लाभ–प्राण मुद्रा सुप्त प्राण-शक्ति को जाग्रत करती है और उसे सम्पूर्ण शरीर में वितरित करती है तथा शारीरिक बल, स्वास्थ्य एवं आत्म-विश्वास को बढ़ाती है। यह प्राणिक-शरीर, नाड़ियों और चक्रों तथा शरीर में सूक्ष्म प्राण-प्रवाह के प्रति सजगता का विकास करती है। यह अनन्त स्रोत से ऊर्जा के आदान-प्रदान की बाह्य मनोवृत्ति धारण कर आन्तरिक शान्ति एवं सम-भाव लाती है।

***टिप्पणी**–इस अभ्यास को शान्ति-मुद्रा भी कहा जाता है।*

योग-मुद्रा

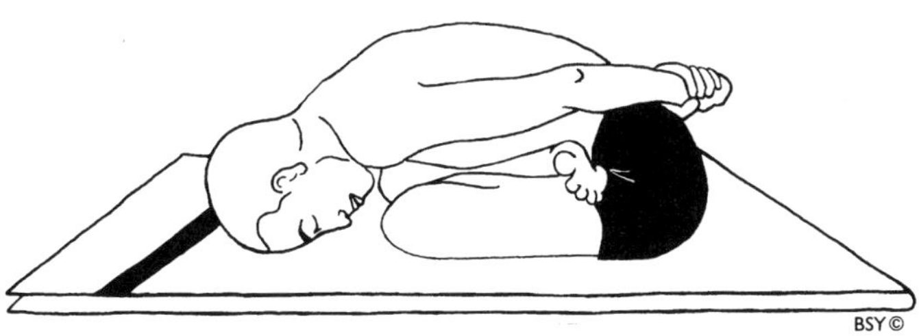

योग-मुद्रा

पद्मासन में बैठ जायें।

पीठ के पीछे एक कलाई को पकड़ लें।

आँखों को बन्द कर लें और पूरे शरीर को शिथिल करें।

सजगता को मूलाधार-चक्र पर ले आयें। (हल्का मूल-बन्ध भी लगा सकते हैं।)

धीरे-धीरे श्वास लें और अनुभव करें कि श्वास मूलाधार से आज्ञा-चक्र की ओर ऊपर चढ़ रही है। कुछ क्षणों के लिए श्वास को रोकें और आज्ञा-चक्र पर एकाग्रता रखें।

नितम्बों से आगे की ओर झुकते हुए धीरे-धीरे श्वास छोड़ें और शरीर की गति को श्वास के साथ इस प्रकार मिलायें कि जैसे ही फेफड़ों से वायु पूरी तरह बाहर निकलती है, ललाट योग-मुद्रासन में जमीन का स्पर्श करे। साथ-ही अनुभव करें कि श्वास आज्ञा-चक्र से मूलाधार की ओर धीरे-धीरे नीचे उतर रही है।

मूलाधार चक्र पर ध्यान करते हुए श्वास को कुछ क्षणों तक बाहर रोकें।

श्वास लें, धड़ को लम्बवत् स्थिति में ऊपर उठायें और मूलाधार से आज्ञा-चक्र की ओर ऊपर जाती हुई श्वास के प्रति सजग रहें।

ये सभी गतियाँ लयपूर्ण ढंग से, सहज और समकालिक होनी चाहिए।

सीधे बैठे रहने की स्थिति में श्वास को कुछ क्षणों तक रोकें और आज्ञा-चक्र पर ध्यान-केन्द्रित करें।

सजगता को मेरुदण्ड में श्वास के साथ नीचे मूलाधार में वापस लाते हुए धीरे-धीरे श्वास छोड़ें।

यह एक चक्र हुआ।

श्वास को बाहर ही रोक कर और सजगता को मूलाधार चक्र में रखते हुए हल्का मूल-बन्ध लगाकर तुरन्त दूसरे चक्र का अभ्यास प्रारम्भ कर दें।

प्रारम्भिक अभ्यासी दूसरा चक्र आरम्भ करने के पूर्व कुछ सामान्य श्वास लेकर थोड़ा विश्राम कर सकते हैं।

3 से 10 चक्र अभ्यास करें।

श्वसन–बिना जोर लगाये श्वसन को जितना धीमा बना सकते हैं, बनायें।

क्रम–इस अभ्यास के बाद पीछे मुड़कर किया जाने जाने वाला कोई आसन, जैसे, भुजंगासन या उष्ट्रासन करना चाहिए।

सजगता–शारीरिक–श्वास के साथ शरीर की गति के ताल-मेल पर।
आध्यात्मिक–मूलाधार और आज्ञा चक्र पर।

सीमायें–सायटिका, उच्च रक्तचाप, श्रोणीय शोथ या उदर सम्बन्धी अन्य किसी गम्भीर रोग से पीड़ित व्यक्तियों को यह अभ्यास नहीं करना चाहिए।

लाभ–इस अभ्यास से उदर के अंगों की मालिश होती है और पीठ में खिंचाव उत्पन्न होता है जिससे अच्छे स्वास्थ्य की प्राप्ति होती है। इसके अतिरिक्त यह ध्यान की तैयारी के लिए एक उपयुक्त अभ्यास है, जिससे विश्रान्ति का भाव उत्पन्न होता है। यह क्रोध और तनाव को दूर करता है, शान्ति लाता है और अतीन्द्रिय शक्ति के प्रति सजगता और उस पर नियन्त्रण का विकास करता है। मणिपुर के जागरण के लिये इसका उपयोग किया जाता है।

प्रकारान्तर: हाथों की स्थिति इस प्रकार भी हो सकती है–

क) हथेलियों को पैरों की एड़ियों पर रखें और कोहनियाँ बगल में रहें।

ख) हथेलियों को उलट कर पैरों के तलवों पर रखें।

ग) पीठ पीछे हथेलियों को इस प्रकार मिलायें कि उँगलियाँ पीठ के मध्य में ऊपर की ओर रहें। (यह हंस मुद्रा है)

अभ्यास टिप्पणी–जिनकी पीठ कड़ी हो या जो लोग पद्मासन में आराम से नहीं बैठ सकते हों, वे सुखासन या वज्रासन में बैठकर यह अभ्यास कर सकते हैं। यदि वज्रासन में बैठकर अभ्यास कर रहे हों, तो शशांकासन में आगे की ओर झुकें और हाथों को पीठ के पीछे बाँध लें। यदि वज्रासन भी आरामदायक न लगे, तो घुटनों को थोड़ा अलग कर लें और वक्ष को जमीन के अधिक निकट आने दें।

टिप्पणी–*इस अभ्यास को योग-मुद्रा इसलिए कहा गया है कि यह व्यक्ति की चेतना को परम-चेतना से या बाह्य प्रकृति को अन्त: प्रकृति से जोड़ती है।*

माण्डुकी मुद्रा

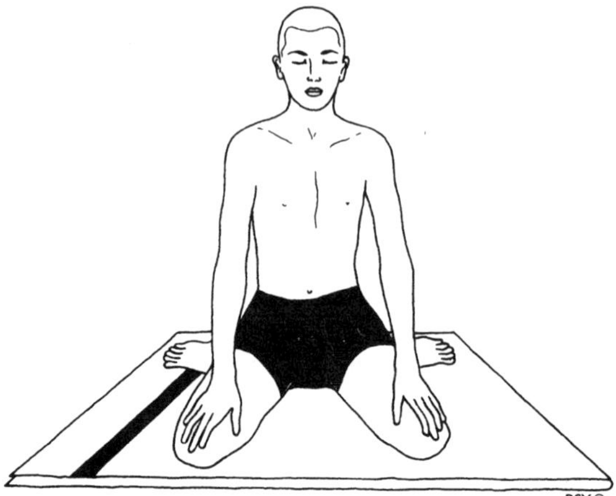

माण्डुकी मुद्रा

भद्रासन में बैठ जायें। यदि बिना जोर लगाये सम्भव हो तो, शरीर को इस प्रकार व्यवस्थित करें कि पैरों की उँगलियाँ बाहर की ओर रहें। नितम्ब जमीन पर विश्राम की स्थिति में रहें। मूलाधार पर अधिक दबाव डालने के लिए अपने नितम्बों के नीचे एक तह किया हुआ कम्बल भी रखें, जिससे मूलाधार-चक्र के क्षेत्र में उत्तेजना पैदा हो।

हाथों को घुटनों पर रखें, मेरुदण्ड और सिर को सीधा रखें।

आँखें बन्द कर लें और पूरे शरीर को शिथिल करें।

यह माण्डुकी आसन है।

कुछ समय के बाद आँखों को खोल लें और नासिकाग्र दृष्टि करें।

यदि आँखें थक जायें, तो उन्हें एक-दो मिनट के लिए विश्राम दें।

5 मिनट तक अभ्यास करें, जब तक कि मन और इन्द्रियाँ अन्तर्मुखी न हो जायें।

श्वसन– श्वसन धीमा और लयपूर्ण होना चाहिए।

सजगता– शारीरिक–नासिका के अग्र-भाग पर।

आध्यात्मिक–मूलाधार चक्र पर

सीमायें–ग्लूकोमा या डाइबिटिक रेटिनोपैथी से पीड़ित व्यक्ति या जिनके मोतियाबिन्द की हाल में शल्य-क्रिया हुई है, लेन्स लगे हैं, या आँखों की अन्य प्रकार की शल्य-क्रिया हुई है, वे विशेषज्ञ के मार्ग-दर्शन के बिना नासिकाग्र दृष्टि का अभ्यास न करें। जब तक टखनों, घुटनों और कूल्हों में बहुत लचीलापन न आ जाये तब तक माण्डुकी आसन न करें।

लाभ–माण्डुकी आसन पालथी मारकर बैठने वाले ध्यान के आसनों का विपरीत आसन है। इससे मूलाधार चक्र क्रियाशील होता है। यह मन के विक्षेपों और उतार-चढ़ाव को शान्त करती है और इड़ा एवं पिंगला नाड़ियों में सन्तुलन लाती है, जिससे सीधे ध्यान की स्थिति प्राप्त होती है।

अभ्यास टिप्पणी–माण्डुकी-मुद्रा नासिकाग्र-दृष्टि का उच्च प्रकारान्तर है। यह मूलाधार चक्र को जाग्रत करती है। इसे हल्के प्रकाश में करना चाहिए, जिससे नासिका के अग्र भाग को स्पष्ट रूप से देखा जा सके।

***टिप्पणी**–मण्डुकी का शब्दार्थ 'मेंढकी' होता है। इस मुद्रा का यह नामकरण इसलिए हुआ कि इसमें बैठने का ढंग मेंढकी के विश्राम में बैठने की स्थिति से मिलता-जुलता है। माण्डुकी मुद्रा का अभ्यास क्रिया के रूप में भी किया जाता है।*

महामुद्रा

प्रारम्भिक स्थिति–उत्तान पादासन

पैरों को सामने फैला कर बैठ जायें।

बायें घुटने को मोड़कर बायीं एड़ी से मूलाधार या योनि-मूल पर दबाव डालें। दाहिने पैर को फैलाये रखें।

दोनों हाथों को दायें घुटने के ऊपर रखें।

अपनी शारीरिक स्थिति को व्यवस्थित कर, उसे आराम की स्थिति में ले आयें।

इतना आगे झुकें कि दाहिने पैर के अँगूठे को दोनों हाथों से पकड़ सकें।

जितनी देर तक आराम से सम्भव हो, इस स्थिति में रहें।

सीधे बैठने की स्थिति में वापस आ जायें और दोनों हाथों को दाहिने घुटने पर रखें।
दूसरे पैर को फैलाकर और फिर दोनों पैरों को एक साथ फैलाकर इस क्रिया को दुहरायें।
यह एक चक्र हुआ।
3 चक्र अभ्यास करें।

महामुद्रा

दाहिने पैर को सामने फैलाकर उत्तानपादासन में बैठ जायें।
पीठ को सीधा रखें। पूरे शरीर को शिथिल करें।
खेचरी मुद्रा लगायें।
गहरी श्वास अन्दर लें।
श्वास छोड़ते समय आगे झुकें और दाहिने पैर के अँगूठे को दोनों हाथों से पकड़ लें।
सिर को सीधा रखें और पीठ को भी अधिक-से-अधिक सीधा रखें। फिर सिर को थोड़ा पीछे झुकाते हुए धीरे-धीरे श्वास लें।
शाम्भवी मुद्रा का अभ्यास करें और फिर मूल-बन्ध लगायें।
श्वास को अन्दर रोकें और चेतना को भ्रू-मध्य से कण्ठ एवं वहाँ से मूलाधार तक घुमायें।
चेतना को घुमाते हुए मानसिक रूप से 'आज्ञा, विशुद्धि, मूलाधार' दुहराते

जायें। प्रत्येक चक्र पर एकाग्रता एक-दो क्षण तक ही रहनी चाहिए। शाम्भवी का अभ्यास समाप्त करें और मूल बन्ध को शिथिल करें। सीधे बैठने की स्थिति में लौटते हुए धीरे-धीरे श्वास छोड़ें।

यह एक चक्र हुआ।

श्वसन–अभ्यास का एक चक्र दो पूर्ण श्वास के बराबर होता है। धीरे-धीरे श्वास की लम्बाई बढ़ानी चाहिए।

अवधि–बायें पैर को मोड़ कर 3 चक्र, फिर दाहिने पैर को मोड़ कर 3 चक्र और फिर दोनों पैरों को फैलाकर 3 चक्र अभ्यास करें।

क्रम–आदर्श रूप में इसका अभ्यास आसन और प्राणायाम के पश्चात् और ध्यान से पहले करना चाहिए।

अभ्यास का समय–महामुद्रा के अभ्यास के लिए सर्वोत्तम समय प्रात:काल है, जब पेट पूरी तरह खाली रहता है।

सीमायें–उच्च रक्तचाप, हृदय-रोग, ग्लूकोमा या डाइबिटिक रेटिनोपैथी से पीड़ित व्यक्ति या जिनके मोतियाबिन्द की हाल में शल्य-क्रिया हुई है, लेन्स लगे हैं या आँखों की अन्य प्रकार की शल्य-क्रिया हुई है, वे विशेषज्ञ के मार्ग-दर्शन के बिना इसका अभ्यास न करें।

शरीर-शुद्धिकरण के पूर्व महामुद्रा नहीं करनी चाहिए। विषाक्त तत्त्वों के जमाव, जैसे चर्म-रोग आदि से शारीरिक अशुद्धि का संकेत मिलता है। चूँकि महामुद्रा के अभ्यास से बहुत अधिक गर्मी उत्पन्न होती है, इसलिए ग्रीष्म ऋतु में इसे नहीं करना चाहिए।

सक्रिय ऋतुस्राव अथवा गर्भावस्था के दौरान इसका अभ्यास न करें।

लाभ–महामुद्रा के अभ्यास से शाम्भवी मुद्रा, खेचरी मुद्रा, मूल बन्ध और कुम्भक के अभ्यासों से प्राप्त होने वाले सभी लाभ मिल जाते हैं।

महामुद्रा, मूलाधार को आज्ञा-चक्र से जोड़ने वाले ऊर्जा-परिपथ को उत्प्रेरित करती है। पूरा शरीर प्राण से आवेशित हो जाता है, जिससे सजगता तीव्र होती है और सहज ध्यान की अवस्था प्राप्त होती है। ऊर्जा-मार्ग के अवरोध दूर हो जाते हैं।

अभ्यास टिप्पणी–महामुद्रा का अभ्यास प्रारम्भ करने के पूर्व अभ्यासी को शाम्भवी मुद्रा, खेचरी मुद्रा, मूल बन्ध और कुम्भक की विधियों की पूरी जानकारी होनी चाहिए। कुशल मार्गदर्शन के बिना यह अभ्यास प्रारम्भ नहीं करना चाहिए।

महाभेद मुद्रा

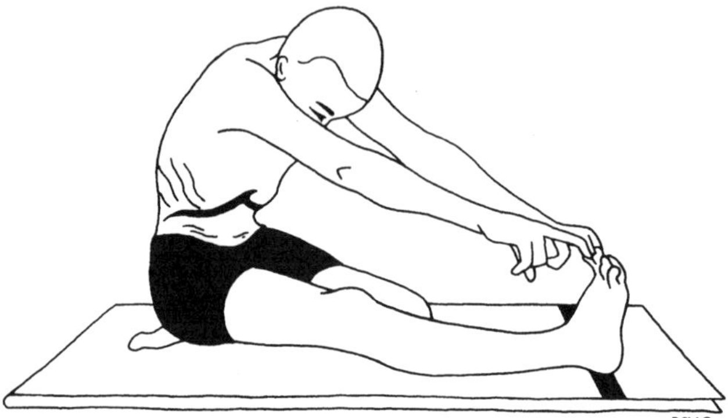

महाभेद मुद्रा

महामुद्रा में बतायी गयी विधि से उत्तान पादासन में आयें।

पीठ को सीधा रखें।

पूरे शरीर को शिथिल करें।

गहरी श्वास अन्दर लें। श्वास छोड़ते समय आगे झुकें और दोनों हाथों से दाहिने पैर के अँगूठे को पकड़ लें।

श्वास को बाहर रोकें और जालन्धर, उड्डियान एवं मूलबन्ध लगायें।

चेतना को बारी-बारी से कण्ठ, उदर और मूलाधार-क्षेत्र में घुमायें और मानसिक रूप से 'विशुद्धि, मणिपुर, मूलाधार' दुहराते जायें।

चेतना को प्रत्येक चक्र पर एक-दो क्षण तक ही रोकें और फिर वहाँ से अगले चक्र पर सहज रूप से प्रवाहित होने दें।

मूलबन्ध, उड्डियान बन्ध और जालन्धर बन्ध को शिथिल करें।

जब सिर पूरी तरह ऊपर उठ जाय, तब श्वास अन्दर लें और सीधे बैठने की स्थिति में आ जायें।

श्वास छोड़ें और विश्राम करें।

यह एक चक्र हुआ।

श्वसन– अभ्यास का एक चक्र दो पूर्ण श्वास के बराबर होता है। धीरे-धीरे श्वास की लम्बाई बढ़ानी चाहिए।

अवधि–बायें पैर को मोड़ कर 3 चक्र, फिर दाहिने पैर को मोड़ कर 3 चक्र और फिर दोनों पैरों को फैलाकर 3 चक्र अभ्यास करें।

क्रम–इसका अभ्यास आसन और प्राणायाम के पश्चात् और ध्यान से पहले करना चाहिए।

अभ्यास का समय–महाभेद मुद्रा के अभ्यास का सर्वोत्तम समय प्रात:काल है, जब पेट बिल्कुल खाली रहता है।

सीमायें–कुम्भक, मूल, उड्डियान और जालन्धर बन्ध की सावधानियाँ और सीमायें यहाँ लागू होती हैं। उच्च रक्तचाप अथवा हृदय रोग, सर्वाइकल स्पॉण्डिलोसिस, उच्च अन्त: मस्तिष्क-दाब, चक्कर आना, कोलाइटिस, आमाशय या आँत का अल्सर, मध्य पट का हर्निया अथवा उदर की समस्याओं से पीड़ित व्यक्तियों को यह अभ्यास नहीं करना चाहिए।

शरीर-शुद्धिकरण के पूर्व इस अभ्यास को नहीं करना चाहिए। चूँकि महाभेद मुद्रा के अभ्यास से बहुत अधिक गर्मी उत्पन्न होती है, इसलिए ग्रीष्म ऋतु में इसे नहीं करना चाहिए।

सक्रिय ऋतुस्राव अथवा गर्भावस्था के दौरान इसका अभ्यास न करें।

लाभ–महाभेद मुद्रा का प्राण के स्तर पर गहरा प्रभाव पड़ता है। यह विशेष रूप से मूलाधार, मणिपुर और विशुद्धि चक्रों को प्रभावित करती है, मानसिक एकाग्रता और ध्यान की स्थिति लाने के लिए उनके भीतर ऊर्जा को परिचालित करती है। महाभेद मुद्रा, महामुद्रा की पूरक है। ये दोनों मिलकर सम्पूर्ण शरीर और मन को पूर्णत: आवेशित कर देते हैं।

अभ्यास टिप्पणी–इस अभ्यास को प्रारम्भ करने के पूर्व अभ्यासी को जालन्धर, उड्डियान और मूल बन्धों एवं बहिर्कुम्भक के सम्बन्ध में पूरी जानकारी होनी चाहिए।

कुशल मार्गदर्शन के बिना यह अभ्यास प्रारम्भ नहीं करना चाहिए।

महावेध मुद्रा

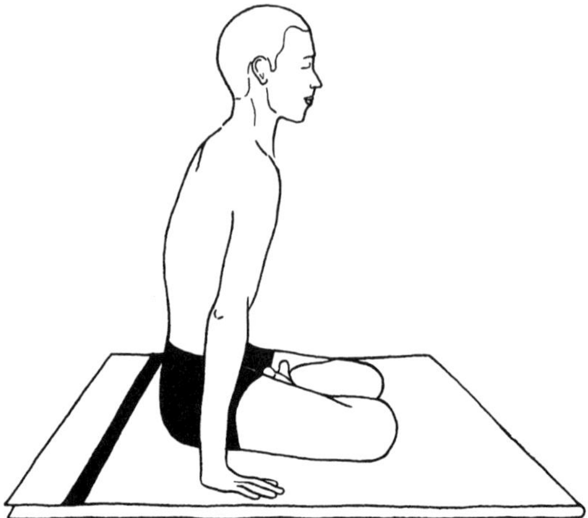

महावेध मुद्रा

पद्मासन में बैठ जायें। शरीर को शिथिल करें और आँखों को बन्द कर लें। हथेलियों को जाँघों के बगल में जमीन पर रखें, उँगलियाँ सामने की ओर रहें या मुट्ठियाँ बाँध लें तथा उँगलियों की गाँठों को नीचे की ओर रखें।

भुजायें सीधी, किन्तु तनाव रहित रहें। धीमी और गहरी श्वास अन्दर लें। अन्तर्कुम्भक लगायें।

शरीर के पूरे भार को हाथों पर डालते हुए और भुजाओं को सीधा रखते हुए शरीर को ऊपर उठायें।

सजगता को मूलाधार चक्र पर रखते हुए नितम्बों को 3 बार धीरे-धीरे जमीन पर गिरायें-उठायें।

नितम्ब और जाँघों का पिछला भाग एक साथ जमीन का स्पर्श करें।

मेरुदण्ड को सीधा रखें।

धीरे से नितम्बों को जमीन पर टिकायें। श्वास बाहर छोड़ें।

यह एक चक्र हुआ।

जब श्वास-प्रश्वास सामान्य हो जाए, तब अभ्यास को दुहरायें।

3 चक्र अभ्यास करें।

श्वसन–प्रारम्भिक स्थिति में श्वास अन्दर लें।

नितम्बों को उठाते और नीचे लाते समय श्वास को अन्दर रोकें।

जब शरीर अंतिम रूप से नीचे आ जाए, तभी श्वास बाहर छोड़ें।

सजगता–शारीरिक–नितम्बों को धीरे-धीरे ऊपर-नीचे लाते समय श्वास को रोकने पर।

आध्यात्मिक–मूलाधार चक्र पर।

क्रम–महावेध का अभ्यास आसनों के पश्चात् और ध्यान के पूर्व करना चाहिए।

सावधानियाँ–ध्यान रहे कि नितम्बों को जमीन पर अधिक जोर से न पटकें। चोट से बचाव के लिए एक मोटे कम्बल का उपयोग आवश्यक है। अनुत्रिक (पुच्छास्थि) को सीधे जमीन पर न टकराने दें। नितम्ब और जाँघों का पिछला भाग एक साथ जमीन का स्पर्श करे। जब जाँघों का पिछला भाग और नितम्ब एक साथ जमीन पर आते हैं, तो इससे एक लचीला आधार मिलता है और इस क्रिया का प्रभाव एक बड़े क्षेत्र पर पड़ता है।

सीमायें–श्रोणि क्षेत्र के चारों ओर किसी प्रकार की सूजन, संक्रमण या किसी अन्य समस्या से ग्रस्त व्यक्ति को यह अभ्यास नहीं करना चाहिए। हृदय रोग, उच्च रक्त चाप, सायटिका अथवा दुर्बल या चोटग्रस्त घुटनों वालों को यह अभ्यास नहीं करना चाहिए। सक्रिय ऋतुस्राव अथवा गर्भावस्था के दौरान इसका अभ्यास न करें।

लाभ–मन को अन्तर्मुखी बनाने के लिये यह एक शक्तिशाली अभ्यास है। इससे अतीन्द्रिय क्षमताओं एवं प्रसुप्त कुण्डलिनी का जागरण होता है, जिसका निवास मूलाधार चक्र में है।

अभ्यास टिप्पणी–यदि पद्मासन में दक्षता प्राप्त नहीं हो पायी है, तो पैरों को सामने फैलाकर इसका अभ्यास किया जा सकता है, हालाँकि यह विधि उतनी प्रभावी नहीं है।

टिप्पणी–*संस्कृत शब्द 'महा' का अर्थ है महान् और 'वेध' का अर्थ है भेदना। महावेध मुद्रा का उद्देश्य है मूलाधार चक्र का भेदन करना और कुण्डलिणी शक्ति को ऊपर की ओर दिशान्तिरित करना। यह हठ-योग का अभ्यास है और यह क्रिया-योग के ताड़न क्रिया के अभ्यास की तैयारी की विधि है।*

अश्विनी मुद्रा

अश्विनी मुद्रा

विधि 1: तीव्र संकुचन

ध्यान के किसी आरामदायक आसन में बैठ जायें।

आँखों को बन्द कर लें और पूरे शरीर को शिथिल करें।

कुछ मिनटों के लिए स्वाभाविक श्वसन-प्रक्रिया के प्रति सजग हो जायें, फिर सजगता को गुदा पर ले जायें।

कुछ क्षणों के लिए बिना अधिक जोर लगाए गुदा-द्वार की मांसपेशियों को संकुचित करें।

फिर कुछ क्षणों के लिए उन्हें शिथिल कर दें।

प्रयास करें कि यह क्रिया केवल गुदा-क्षेत्र तक सीमित रहे।

10 से 20 बार सहजतापूर्वक एवं लयपूर्ण ढंग से संकुचन एवं शिथिलन का अभ्यास करें।

धीरे-धीरे संकुचनों को अधिक तीव्र बनायें।

विधि 2: अन्तर्कुम्भक के साथ संकुचन

ध्यान के किसी आरामदायक आसन में बैठ जायें।

आँखों को बन्द कर लें और पूरे शरीर को शिथिल करें।

गुदा-द्वार की मांसपेशियों को संकुचित करते हुए साथ-साथ धीमी और गहरी श्वास लें।

गुदा-द्वार की मांसपेशियों के संकुचन को बनाये रखते हुए अन्तर्कुम्भक का अभ्यास करें।

बिना तनाव के संकुचन को जितना सम्भव हो, उतना दृढ़ बनायें।

गुदा के संकुचन को शिथिल करते हुए श्वास छोड़ें।

5 से 10 चक्र अभ्यास करें।

सजगता–शारीरिक–गुदा के संकुचन तथा शिथिलीकरण पर।
आध्यात्मिक–मूलाधार चक्र पर।

सीमायें–उच्च रक्त चाप तथा हृदय रोग से पीड़ित व्यक्तियों को यह अभ्यास कुम्भक के साथ नहीं करना चाहिए।

लाभ–यह अभ्यास गुदा की पेशियों को मजबूत बनाता है। इस मुद्रा से शरीर से प्राण-शक्ति का क्षय नहीं होता है; यह उसे आध्यात्मिक प्रगति के लिए ऊपर की ओर दिशान्तरित कर देती है।

टिप्पणी–*इस अभ्यास को यह नाम इसलिए दिया गया है कि इसमें गुदा के संकुचन की क्रिया घोड़े द्वारा मल-त्याग के तुरंत बाद गुदा-द्वार से की जाने वाली क्रिया के समान है।*

वज्रोली/सहजोली मुद्रा

वज्रोली मुद्रा (पुरुषों के लिए)/सहजोली मुद्रा (महिलाओं के लिए)

सिद्धासन/सिद्धयोनि आसन या ध्यान के किसी आरामदायक आसन में बैठ जायें।

सिर और मेरुदण्ड को सीधा रखें।

हाथों को चिन् मुद्रा या ज्ञान-मुद्रा में घुटनों पर रखें।

आँखों को बन्द कर लें और पूरे शरीर को शिथिल करें।

सजगता को मूत्र-मार्ग पर ले जायें।

श्वास लें, उसे अन्दर रोकें और मूत्र-मार्ग को ऊपर की ओर खींचने का प्रयास करें। यह आकुंचन क्रिया ठीक वैसी ही होती है, जैसी कि मूत्र-त्याग की क्रिया को कुछ समय तक रोकने के लिए की जाती है।

पुरुषों में वृषण एवं स्त्रियों में भगोष्ठ में इस आकुंचन के कारण ऊपर की ओर थोड़ी गति होनी चाहिए।

संकुचन की क्रिया को मूत्र-मार्ग में ही केन्द्रित एवं सीमित करने का प्रयास करें।

जब तक आराम से सम्भव हो, संकुचन को रोके रखें। प्रारम्भ में कुछ क्षण और फिर धीरे-धीरे अवधि को बढ़ायें।

संकुचन को ढीला करते हुए श्वास छोड़ें और शरीर को शिथिल करें।

अवधि–3 संकुचनों से प्रारम्भ करें और धीरे-धीरे संख्या बढ़ाते हुए 10 चक्रों तक ले जायें।

सजगता– शारीरिक–संकुचन के बिन्दु को जननांगों से अलग रखने पर। श्रोणीय तल के सामान्य संकुचन को रोकने का प्रयास करें, जो अपने आप होने लगता है।

आध्यात्मिक–स्वाधिष्ठान-चक्र पर।

सीमायें– वज्रोली/सहजोली मुद्रा उन लोगों को नहीं करनी चाहिए जो मूत्र-मार्ग के संक्रमण या शोथ से पीड़ित हों, क्योंकि इससे उत्तेजना और दर्द बढ़ सकता है।

लाभ– वज्रोली/सहजोली मुद्रा समस्त मूत्र-प्रजनेन्द्रिय प्रणाली के कार्य को नियमित बनाती और उसे शक्ति प्रदान करती है। यह मानसिक कामजनित द्वन्द्वों और अवांछित यौन विचारों से ऊपर उठने में भी सहायक होती है। यह ऊर्जा को सुरक्षित रखती है और ध्यान की अवस्था लाने के लिये उसे अनुप्रेषित करती है।

***टिप्पणी**– वज्रोली संस्कृत शब्द वज्र से बना है, जिसका अर्थ होता है, 'वज्रपात', 'बिजली' या 'प्रभुत्व वाला' और सहजोली 'सहज' से बना है, जिसका अर्थ होता है 'सरल'। अत: वज्रोली वह शक्ति है, जो ऊपर की ओर विद्युत वेग से गतिमान होती है और सहजोली का अर्थ हुआ, 'सहज रूप से अतीन्द्रिय प्रवृत्ति को जाग्रत करना।' वज्र उस नाड़ी का भी नाम है जो काम ऊर्जा को संचालित करती है।*

बन्ध

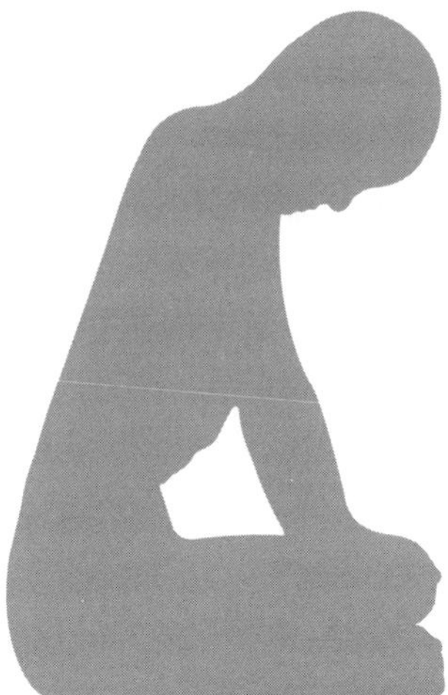

जालन्धरोड्याणनमूलबन्धा-
ञ्जल्पन्ति कण्ठोदरपायुमूलान् ।
बन्धत्रयेऽस्मिन्परिचीयमाने
बन्धः कुतो दारुणकालपाशात् ॥ 5 ॥

जालन्धर बन्ध, उड्डियान बन्ध और मूल बन्ध की स्थिति क्रमशः कण्ठ, उदर एवं मूलाधार में है।
यदि इनकी अवधि को बढ़ाया जा सके, तो मृत्यु-भय कैसा?

योगतारावलि (सूत्र 5; श्री आदि शंकराचार्य)

बन्ध परिचय

परम्परा के अनुसार बन्धों को मुद्राओं का अंग माना जाता था और शिष्य को इनकी शिक्षा गुरु-मुख से प्राप्त होती थी। हठयोग प्रदीपिका में बन्धों और मुद्राओं की चर्चा साथ-साथ की गई है और प्राचीन तन्त्र-शास्त्रों में भी इन दोनों के बीच कोई भेद नहीं बताया गया है। बन्धों को व्यापक रूप से मुद्राओं और प्राणायाम की विधियों के साथ जोड़ा गया है। फिर भी, बन्धों की कार्य-विधि ऐसी है, जो एक स्वतन्त्र अभ्यास-प्रणाली के रूप में उनको मान्यता प्रदान करती है।

संस्कृत शब्द बन्ध का शाब्दिक अर्थ है 'बाँधना', 'कसना' या 'जकड़ना'। इस परिभाषा से यह स्पष्ट होता है कि बन्ध के अभ्यासों में शारीरिक क्रिया की प्रधानता होती है, जिसका प्रभाव प्राण-शरीर पर प्रकट होता है। बन्धों का उद्देश्य प्राण-शक्ति को किसी विशेष अंग में रोककर आध्यात्मिक जागरण के लिए उसे सुषुम्ना नाड़ी में पुनः प्रवाहित कराना होता है।

बन्धों का अभ्यास पहले स्वतन्त्र रूप में किया जाना चाहिए। उनमें दक्षता प्राप्त कर लेने के पश्चात् ही उन्हें मुद्राओं और प्राणायामों के अभ्यासों के साथ सही ढंग से जोड़ा जा सकता है। इस प्रकार बन्धों का संयोजन करने पर ये अभ्यास अतीन्द्रिय क्षमताओं को जाग्रत कर उच्च यौगिक क्रियाओं में सहायक बन जाते हैं, यद्यपि तत्सम्बन्धी सावधानियों को ध्यान में रखना आवश्यक होता है।

बन्ध और ग्रन्थियाँ

बन्ध चार प्रकार के होते हैं–जालन्धर, मूल, उड्डियान और महाबन्ध। चौथा बन्ध पहले तीन बन्धों का संयोजन है। ये तीनों बन्ध सीधे तीन ग्रन्थियों पर

प्रभाव डालते हैं। मूल बन्ध का सम्बन्ध ब्रह्म-ग्रन्थि से, उड्डियान बन्ध का विष्णु-ग्रन्थि से और जालन्धर बन्ध का सम्बन्ध रुद्र-ग्रन्थि से है। ये ग्रन्थियाँ सुषुम्ना नाड़ी में प्राण के स्वतन्त्र प्रवाह में अवरोध पैदा करती हैं, जिससे चक्रों के जागरण और कुण्डलिनी के आरोहण में बाधा उत्पन्न होती है।

ब्रह्म-ग्रन्थि पहली ग्रन्थि है, जो मूलाधार और स्वाधिष्ठान चक्रों से सम्बद्ध है। इसका सम्बन्ध जीवित रहने की सहज इच्छा, संतानोत्पत्ति की इच्छा और गहरे सहज ज्ञान, सजगता एवं कामना से है। जब ब्रह्म-ग्रन्थि को पार कर लिया जाता है, तब साधक व्यक्तित्व के आकर्षणों एवं सहज वृत्तियों के पाश में नहीं बँधता और कुण्डलिनी मूलाधार एवं स्वाधिष्ठान चक्रों को बिना किसी व्यवधान के पार कर जाती है।

दूसरी ग्रन्थि विष्णु-ग्रन्थि है, जो मणिपुर और अनाहत चक्रों से सम्बद्ध है। इन दो चक्रों का सम्बन्ध मनुष्य के शारीरिक, भावनात्मक और मानसिक पक्षों के पोषण से है। मणिपुर प्राणमय कोश या ऊर्जा शरीर का पोषण करता है, यह कोश भोजन के पाचन एवं चयापचय को नियन्त्रण में रखता है। अनाहत मनोमय कोश या मानसिक शरीर का पोषण करता है और ये दोनों अन्नमय कोश, अर्थात् भौतिक शरीर को प्रभावित करते हैं। विष्णु-ग्रन्थि को पार कर लेने के बाद मनुष्य भौतिक, मानसिक और भावनात्मक आकर्षणों से नहीं बंधता। उसके सम्बन्ध और ऊर्जा व्यक्तिगत पसन्द या द्वेष पर आधारित होने की अपेक्षा सार्वभौमिक हो जाते हैं।

अन्तिम ग्रन्थि रुद्र-ग्रन्थि है। इसका सम्बन्ध विशुद्धि और आज्ञा चक्रों से है। विशुद्धि और आज्ञा, विज्ञानमय कोश, अर्थात् प्रज्ञा (उच्च मनस-शरीर) को पोषित करते हैं। ये किसी रूप, विचार या धारणा को रूपान्तरित कर उसके सार्वभौमिक पहलू को उजागर करते हैं। रुद्र-ग्रन्थि का भेदन हो जाने पर व्यक्तिगत चेतना समाप्त हो जाती है, पुराना अहंकार पीछे छूट जाता है और अव्यक्त चेतना की अनुभूति आज्ञा एवं सहस्रार चक्रों के पार प्रकट होने लगती है।

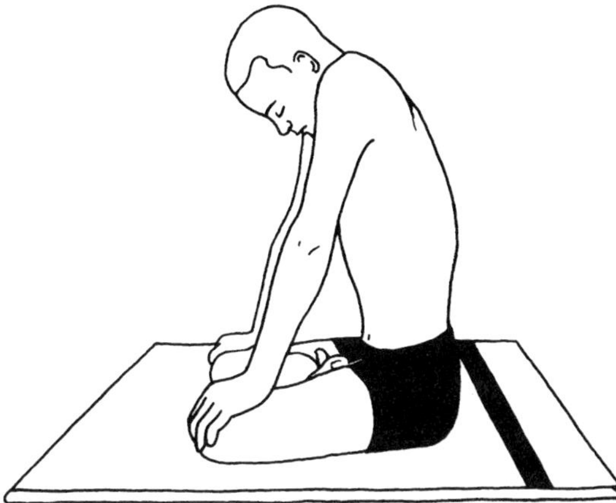

जालन्धर बन्ध

पद्मासन या सिद्धासन/सिद्धयोनि आसन में बैठ जायें। सिर और मेरुदण्ड को सीधा रखें। घुटने जमीन से सटे रहने चाहिए। हथेलियों को घुटनों के ऊपर रखें।

आँखों को बन्द कर लें और पूरे शरीर को शिथिल करें।

धीमी और गहरी श्वास लेकर श्वास को अन्दर रोकें।

श्वास को अन्दर रोके रखते हुए सिर को सामने झुकायें और ठुड्ढी से वक्ष को जोर से दबायें।

भुजाओं को सीधा करें और हाथों से घुटनों को दबाते हुए उन्हें इस स्थिति में दृढ़ता से जमाए रखें। साथ-ही कन्धों को ऊपर उठाकर सामने की ओर झुकायें।

इससे भुजायें अपने स्थान पर जमी रहेंगी और गर्दन पर पड़ने वाले दबाव में वृद्धि होगी।

शुरू में कुछ क्षणों तक अन्तिम स्थिति में रुकें।

अधिक जोर न लगायें।

कन्धों को शिथिल करें, भुजाओं को मोड़ें, धीरे-धीरे बन्ध को ढीला करें, सिर को ऊपर उठायें और तब श्वास छोड़ें।

जब श्वास सामान्य हो जाए, तब इस अभ्यास को दुहरायें।

प्रकारान्तरः क्रिया योग में अधिक सरल एवं सूक्ष्म जालन्धर बन्ध का अभ्यास किया जाता है। इसमें सिर को आगे की ओर झुकाया जाता है, ताकि ठुड्ढी छाती को दबाये। इस प्रकारान्तर का उपयोग सामान्य रूप से प्राणायामों के अभ्यासों के साथ किया जाता है।

श्वसन–यह अभ्यास अन्तर्कुम्भक के दौरान किया जाता है। इसका अभ्यास बहिर्कुम्भक के साथ भी किया जा सकता है।

अवधि–अभ्यासी जितनी देर आरामपूर्वक श्वास को रोक सके, उतनी देर जालन्धर बन्ध करना चाहिए। कुम्भक के समय एक गिनती को कायम रखें और धीरे-धीरे गिनती को बढ़ायें। इस अभ्यास की पाँच आवृत्तियाँ की जा सकती हैं।

सजगता–शारीरिक–कण्ठकूप पर और कुम्भक के साथ जुड़ी हुई संवेदनाओं पर। आध्यात्मिक–विशुद्धि चक्र पर।

क्रम–इस बन्ध का अभ्यास आदर्श रूप से प्राणायामों, बन्धों और मुद्राओं के साथ किया जाता है। यदि केवल बन्ध का अभ्यास करना हो, तो ध्यान के पूर्व और आसन-प्राणायाम के बाद करना चाहिए।

सीमायें–सर्वाइकल स्पॉण्डिलाइटिस, उच्च अन्त:मस्तिष्क-दाब, चक्कर आना, उच्च रक्तचाप या हृदय-रोग से पीड़ित व्यक्तियों को यह अभ्यास नहीं करना चाहिए। यद्यपि जालन्धर बन्ध प्रारम्भ में रक्तचाप को घटाता है, पर लम्बे समय तक कुम्भक करने से हृदय पर जोर पड़ता है। जालन्धर बन्ध को पहले बन्ध के रूप में सिखलाया जाता है, क्योंकि इसका प्रभाव हल्का और शान्तिकारक होता है। यदि चक्कर आने लगे तो अभ्यास बन्द कर दें।

लाभ–जालन्धर बन्ध कैरोटिड साइनस को दबाता है, जो गर्दन की मुख्य धमनियों, कैरोटिड धमनियों पर स्थित है। सरल प्रकारान्तर से हल्का दाब पड़ता है। ये साइनस रक्त-परिसंचरण और श्वसन-संस्थान के कार्यों को नियमित बनाने में सहायक होते हैं। सामान्य रूप से शरीर में ऑक्सीजन की कमी और कार्बन डाइऑक्साइड की अधिकता होने से हृदय-गति बढ़ती है और श्वास बोझिल हो जाती है। इस प्रक्रिया का सूत्रपात कैरोटिड साइनस द्वारा होता है। इस साइनस पर कृत्रिम दबाव डालकर इस प्रवृत्ति को रोका जाता है, जिससे हृदय-गति मन्द होती और श्वास रोकने की क्षमता बढ़ती है।

इस अभ्यास से मानसिक विश्राम प्राप्त होता है; तनाव, चिन्ता और क्रोध में कमी आती है। इससे ध्यानात्मक अन्तर्मुखता और एकाग्रता का विकास होता है। कण्ठ में उद्दीपन थायरॉइड-ग्रन्थि के कार्य को संतुलित करने और चयापचय की क्रिया को नियमित बनाने में सहायक होता है।

अभ्यास टिप्पणी– जब तक ठुड्ढी के बन्ध और भुजाओं के बन्ध को हटा न दिया जाए और सिर पूरी तरह सीधा न हो जाए, तब तक न श्वास लें और न श्वास छोड़ें। यदि थोड़ी भी घुटन महसूस हो, तो तुरन्त अभ्यास बन्द कर दें और विश्राम करें। जब घुटन की संवेदना समाप्त हो जाए, तब अभ्यास पुन: आरम्भ करें।

टिप्पणी– *संस्कृत शब्द जालन का अर्थ होता है 'जाल' और धारा का अर्थ है 'बहना'। जालन्धर बन्ध की एक व्याख्या है, एक ऐसा बन्ध जो कण्ठ में नाड़ियों के जाल को नियन्त्रित करता है। कण्ठ की रक्त वाहिकायें और तन्त्रिकायें इन नाड़ियों की भौतिक अभिव्यक्तियाँ हैं।*

एक दूसरी परिभाषा के अनुसार, जालन्धर बन्ध कण्ठ का वह बन्ध है जो बिन्दु से विशुद्धि में बहने वाले अमृत को रोकता है और जठराग्नि में नहीं गिरने देता। इस प्रकार प्राणों का संचय होता है।

मूल बन्ध

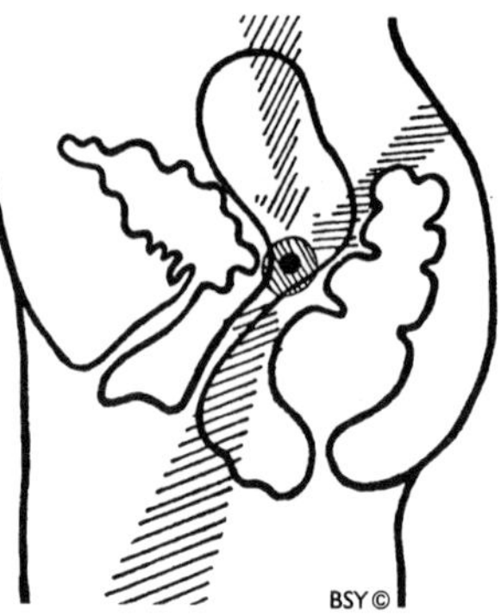

विधि 1: मूल बन्ध

चरण 1: सिद्धासन/सिद्धयोनि आसन में बैठ जायें, ताकि लिंग-मूल/योनि-क्षेत्र पर दबाव पड़े।

आँखों को बन्द कर लें और पूरे शरीर को शिथिल करें।

कुछ क्षणों के लिए स्वाभाविक श्वास के प्रति सजग बन जायें।

उसके बाद लिंग-मूल/योनि-क्षेत्र पर सजगता को केन्द्रित करें।

मूलाधार-प्रदेश की पेशियों को ऊपर की ओर खींचते हुए इस क्षेत्र को संकुचित करें और उसके बाद पेशियों को शिथिल करें।

लिंग-मूल/योनि-प्रदेश को जितने लयपूर्ण ढंग से हो सके, थोड़ी-थोड़ी देर के लिए समान रूप से संकुचित एवं शिथिल करते रहें।

पूरे अभ्यास के दौरान सामान्य श्वसन करें।

चरण 2: सामान्य श्वसन करते रहें; श्वास को न रोकें।

धीरे-धीरे इस क्षेत्र को संकुचित करें और संकुचन को बनाये रखें।

शारीरिक संवेदना के प्रति पूरी तरह सजग रहें।

संकुचन को थोड़ा और बढ़ायें, किन्तु शरीर के बाकी हिस्से को विश्राम की स्थिति में रखें।

केवल मूलाधार-प्रदेश की पेशियों को संकुचित करें।

प्रारम्भ में गुदा एवं मूत्र अवरोधिनियाँ भी सिकुड़ जाती हैं, किन्तु जैसे-

जैसे सजगता और नियन्त्रण बढ़ता जायेगा, इसमें कमी आयेगी और धीरे-धीरे यह समाप्त हो जायेगा। अन्त में अभ्यासी को एड़ी के सामने एक ही बिन्दु की गति का अनुभव होगा।

पेशियों को धीरे-धीरे, समान रूप से शिथिल करें।

संकुचन-बिन्दु पर एकाग्रता लाने के लिए मेरुदण्ड के तनाव को व्यवस्थित करें।

अधिकतम संकुचन और पूर्ण शिथिलीकरण के साथ 10 बार अभ्यास करें।

विधि 2: अन्तर्कुम्भक तथा जालन्धर बन्ध के साथ मूल बन्ध

आँखें बन्द कर लें और कुछ क्षणों तक पूरे शरीर को शिथिल करें।

गहरी श्वास लें, फिर श्वास को अन्दर रोककर जालन्धर बन्ध करें।

जालन्धर बन्ध लगाये रखते हुए, मूल बन्ध करें और इस संकुचन को जितना कसकर रोक सकें, रोकें। अधिक जोर न लगायें।

यह अन्तिम स्थिति है।

इस स्थिति में तब तक रहें, जब तक सुविधापूर्वक श्वास रोक सकें।

धीरे-धीरे मूल-बन्ध को ढीला करें, फिर जालन्धर बन्ध को ढीला करें।

सिर को सीधा करें और श्वास छोड़ें।

दस बार क्रिया की पुनरावृत्ति करें।

श्वसन–उपर्युक्त अभ्यास बहिर्कुम्भक के साथ भी किया जा सकता है।

सजगता–शारीरिक–मूलाधार के संकुचन के बिन्दु पर।
आध्यात्मिक–मूलाधार चक्र पर।

क्रम–मूल बन्ध का अभ्यास प्राय: मुद्राओं, बन्धों एवं प्राणायामों के साथ किया जाता है। यदि केवल मूलबन्ध लगाना हो, तो आसन एवं प्राणायाम के पश्चात् तथा ध्यान के पूर्व इसका अभ्यास करना चाहिए।

सीमायें–यह अभ्यास किसी अनुभवी योग-शिक्षक के मार्गदर्शन में ही करना चाहिए। मूल बन्ध ऊर्जा का जागरण करता है और इससे अत्यधिक क्रियाशीलता के लक्षण उत्पन्न हो सकते हैं। रजोस्राव के समय इसका अभ्यास न करें।

लाभ–मूल बन्ध से अनेक शारीरिक, मानसिक एवं आध्यात्मिक लाभ प्राप्त होते हैं। यह श्रोणि के स्नायुओं को उत्तेजित करता है और मूत्र, प्रजनन तथा उत्सर्जन प्रणालियों को शक्ति प्रदान करता है। यह मनोकायिक और

शरीर का ह्रास करने वाले कुछ रोगों की चिकित्सा में भी लाभदायक है। इससे मानसिक अवसाद दूर होता है और अच्छे स्वास्थ्य की प्राप्ति होती है। इस अभ्यास से आध्यात्मिक जागरण के लिए शारीरिक, मानसिक और अतीन्द्रिय शरीर सहजता से तैयार हो जाते हैं।

मूल बन्ध ब्रह्मचर्य पालन में सहायक होता है। आध्यात्मिक उत्थान के ऊर्ध्वगमन अथवा वैवाहिक जीवन को अधिक समृद्ध बनाने के लिए इसका उपयोग किया जा सकता है।

अभ्यास टिप्पणी–मूल-बन्ध श्रोणि के निचले भाग की कुछ पेशियों का संकुचन है। यह सम्पूर्ण मूलाधार-प्रदेश का संकुचन नहीं करता है। पुरुष शरीर में यह संकुचन गुदा एवं अण्ड-ग्रन्थियों के बीच होता है। स्त्री-शरीर में संकुचन-बिन्दु गर्भाशय-ग्रीवा के पीछे है, जहाँ गर्भाशय योनि की ओर उन्मुख होता है। सूक्ष्म स्तर पर यह मूलाधार चक्र को ऊर्जान्वित करने की विधि है। गुदा और जननेन्द्रिय का मध्य-स्थल, जहाँ उरू-मूल की अनेक पेशियाँ मिलती हैं, मूलाधार-चक्र की पहचान कराता है। प्रारम्भ में इन क्षेत्रों की अलग-अलग पहचान करना कठिन है, इसलिए मूल-बन्ध के अभ्यास की तैयारी के क्रम में पहले अश्विनी एवं वज्रोली मुद्राओं में दक्षता प्राप्त कर लेने का परामर्श दिया जाता है।

टिप्पणी– *संस्कृत शब्द 'मूल' का अर्थ 'जड़' या 'जड़वत् स्थिर होना है', इसका अन्य अर्थ 'स्रोत' अथवा 'कारण' भी होता है। वर्तमान संदर्भ में इसका तात्पर्य मेरुदण्ड के सबसे निचले भाग या मूलाधार-चक्र से है, जहाँ कुण्डलिनी स्थित है। मूल-बन्ध मूलाधार चक्र की पहचान करने और उसे जाग्रत करने में सहायक है।*

उड्डियान बन्ध

प्रारम्भिक अभ्यास: खड़ी हुई अवस्था में उड्डियान बन्ध

सीधे खड़े हो जायें। दोनों पंजों के बीच लगभग आधे मीटर की दूरी रखें।
नासिकाछिद्रों से गहरी श्वास लें।
कमर से आगे की ओर झुक कर पूरी श्वास को मुँह के द्वारा छोड़ें।
फेफड़ों को अधिक-से-अधिक खाली करने का प्रयास करें।
मेरुदण्ड को सीधा रखें और घुटनों को थोड़ा मोड़ें।
हथेलियों को घुटनों के ठीक ऊपर जाँघों पर इस प्रकार रखें कि शरीर के ऊपरी भाग का भार घुटनों पर पड़े।
उँगलियाँ या तो नीचे की ओर रहें या एक-दूसरे की ओर।
यह निश्चित कर लें कि भुजायें सीधी रहें।
इस स्थिति में उदर-प्रदेश का संकुचन अपने आप हो जाता है।
सिर को आगे की ओर झुकायें, किन्तु ठुड्ढी को वक्ष से स्पर्श न करायें।।
श्वास-द्वार को बन्द रखते हुए, वक्ष को फैलाकर श्वास लेने का अभिनय करें। मानो सचमुच श्वास ले रहें हों, पर वास्तव में वायु अन्दर नहीं लेनी है। घुटनों को सीधा करें।

इस गति से उदर सहज ही ऊपर तथा मेरुदण्ड की ओर भीतर खिंचेगा और इस प्रकार उड्डियान बन्ध लग जायेगा।

इस स्थिति में जितनी देर आराम से रह सकें, रहें।

अधिक जोर न लगायें।

उड्डियान-बन्ध को खोल दें और वक्ष को शिथिल करें।

धड़ और सिर को ऊपर उठाकर सीधी स्थिति में ले आयें।

फेफड़ों के बन्ध को ढीला करने के लिए पहले थोड़ी श्वास छोड़ें, फिर नासिका-मार्ग से धीरे-धीरे श्वास लें।

जब तक श्वसन सामान्य न हो जाय, तब तक खड़े रहें और उसके बाद अगला चक्र प्रारम्भ करें।

उड्डियान बन्ध

सिद्धासन/सिद्धयोनि आसन या पद्मासन में बैठ जायें। मेरुदण्ड को सीधा और घुटनों को जमीन के सम्पर्क में रखें।

हथेलियों को घुटनों पर बिना मोड़े रखें।

आँखों को बन्द कर लें और सम्पूर्ण शरीर को शिथिल करें।

नासिकाछिद्रों से गहरी श्वास लें।

पूर्ण रूप से श्वास बाहर छोड़ें। श्वास बाहर रोकें।

आगे की ओर झुकें और हथेलियों से घुटनों पर दबाव डालें।

कोहनियों को सीधा करें और कन्धों को ऊपर उठायें। इससे मेरुदण्ड का और अधिक विस्तार होगा।

ठुड्ढी से वक्ष को दबाते हुए जालन्धर-बन्ध लगायें।

उदर की पेशियों को भीतर और ऊपर की ओर संकुचित करें।

बिना जोर लगाये श्वास को बाहर रोककर जितनी देर उड्डियान बन्ध लगाये रख सकते हैं, लगायें।

अब उड्डियान बन्ध खोल दें, कोहनियों को मोड़ें और कन्धों को नीचे करें।

सिर को ऊपर उठायें और फिर धीरे-से श्वास लें।

जब तक श्वास-प्रश्वास सामान्य न हो जाय, तब तक इसी स्थिति में रुकें। फिर, अगला चक्र आरम्भ करें।

श्वसन– उड्डियान-बन्ध का अभ्यास केवल बहिर्कुम्भक के साथ किया जाता है।

अवधि– प्रारम्भ में 3 चक्र अभ्यास करें और कुछ महीनों के अन्तराल में, जैसे-जैसे शरीर अभ्यस्त होता जाए, धीरे-धीरे चक्रों की संख्या बढ़ाते हुए उन्हें 10 तक ले जायें।

सजगता– शारीरिक–उदर और श्वास पर।

आध्यात्मिक–मणिपुर चक्र पर।

क्रम– सिर के बल किये जाने वाले आसन को कर लेने के बाद उड्डियान बन्ध सरल हो जाता है। आदर्श रूप में इसका अभ्यास मुद्रा, बन्ध और प्राणायाम के साथ किया जाता है। यदि स्वतन्त्र रूप में इसका अभ्यास करना हो तो आसन, प्राणायाम के पश्चात् और ध्यान से पूर्व करना चाहिए।

सावधानियाँ– उड्डियान बन्ध एक उच्च विधि है, अत: कुम्भक के अभ्यास में दक्षता प्राप्त कर लेने और साथ ही जालंधर और मूल-बन्ध में प्रगति कर लेने के बाद कुशल मार्गदर्शन में ही इसका अभ्यास प्रारम्भ करना चाहिए।

सीमायें– वृहदान्त्र-शोथ, आमाशय या आन्त्र व्रण (फोड़ा), डायफ्रॉम का हर्निया, उच्च रक्तचाप, हृदय-रोग, आँख के अन्दर की बीमारी (ग्लूकोमा) और बढ़े हुए अन्त: कपालीय दबाव से पीड़ित व्यक्तियों को यह अभ्यास नहीं करना चाहिए। गर्भवती महिलाओं के लिए भी यह वर्जित है।

लाभ–उड्डियान बन्ध उदर के लिए रामबाण दवा है। यह अग्न्याशय और यकृत के कार्यों को उद्दीप्त करता और आन्तरिक अंगों को पुष्ट बनाता है। एड्रीनल ग्रन्थियाँ संतुलित होती हैं, सुस्ती मिटती है और चिन्ता एवं तनाव में कमी आती है। इससे पूरे धड़ में रक्त-संचरण में सुधार होता है।

उड्डियान बन्ध मणिपुर-चक्र को उद्दीप्त करता है, जिसका शरीर के भीतर ऊर्जा-वितरण पर सूक्ष्म और गहरा प्रभाव पड़ता है। यह एक चूषण-दबाव पैदा करता है, जो उप-प्राणों, अपान और प्राण के प्रवाह को उलट देता है और समान वायु के साथ उनका योग कराता है तथा मणिपुर चक्र को उद्दीप्त करता है।

अभ्यास टिप्पणी–उड्डियान बन्ध का अभ्यास हमेशा खाली पेट करना चाहिए और आँतें भी खाली होनी चाहिए। तैयारी के लिए अग्निसार-क्रिया एक उत्तम अभ्यास है।

टिप्पणी–*उड्डियान का अर्थ होता है, 'ऊपर उठना' या 'ऊपर उड़ना'। इस अभ्यास का यह नामकरण इसलिए किया गया है कि शरीर पर लगाया गया 'बन्ध' डायफ्राम पर वक्ष की ओर उठने के लिए दबाव डालता है। इसलिए उड्डियान का अर्थ आमाशय को ऊपर उठाना लगाया जाता है। दूसरा अर्थ यह है कि शारीरिक बन्ध प्राण को सुषुम्ना नाड़ी में दिशान्तारित करने में सहायक होता है, जिससे वह ऊपर सहस्रार की ओर प्रवाहित हो।*

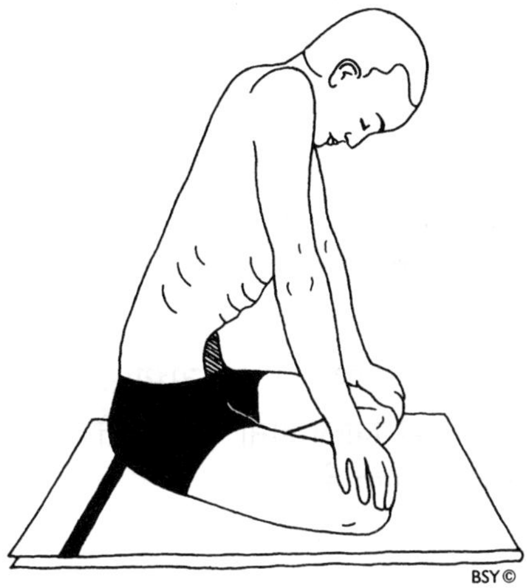

महा बन्ध

सिद्धासन/सिद्धयोनि आसन या पद्मासन में बैठ जायें। हाथों को घुटनों पर रखें। मेरुदण्ड सीधा और सिर सीधा रहे। आँखों को बन्द कर लें और सम्पूर्ण शरीर को शिथिल करें।

नासिका से धीरे-धीरे गहरी श्वास लें।

जोर लगाकर, पूरी तरह श्वास को बाहर निकालें।

श्वास को बाहर ही रोके रखें।

क्रमशः जालन्धर, उड्डियान एवं मूल बन्ध इसी क्रम में लगायें।

बिना जोर लगाये जितनी देर तक आराम से हो सके बन्धों और श्वास को रोकें।

अब मूल, उड्डियान और जालन्धर बन्धों को एक-एक कर इसी क्रम से शिथिल करें।

जब सिर सीधा हो जाए, तब धीरे-धीरे श्वास अन्दर लें।

यह एक चक्र हुआ।

आँखों को बन्द ही रखें, शरीर को शिथिल करें और श्वास-प्रश्वास के सामान्य हो जाने के बाद ही दूसरा चक्र प्रारम्भ करें।

सजगता– शारीरिक–मूलाधार, उदर और गले के क्षेत्र पर। प्रत्येक क्षेत्र के प्रति कुछ क्षणों तक सजग रहें।

आध्यात्मिक–मूलाधार, मणिपुर और विशुद्धि चक्रों पर। प्रत्येक चक्र के प्रति कुछ क्षणों तक सजग रहें।

अवधि– अभ्यास में दक्षता प्राप्त होने पर (अन्यथा नहीं) कुछ समय के बाद एक चक्र बढ़ायें और इस तरह बढ़ाते हुए 9 चक्रों तक ले जायें।

क्रम– महाबन्ध का अभ्यास प्राणायामों और मुद्राओं के साथ करना चाहिए। यदि केवल इसका अभ्यास करना हो तो आसन, प्राणायाम के पश्चात् और ध्यान के पूर्व करना चाहिए।

सावधानियाँ– जब तक अन्य तीन बन्धों में दक्षता प्राप्त न हो जाए, महाबन्ध लगाने का प्रयास न करें।

सीमायें– उच्च या निम्न रक्तचाप, हृदय-रोग, दौरा आना, हर्निया, आमाशय या आँतों के अल्सर से पीड़ित या आन्त्रिक रोगों से स्वास्थ्य-लाभ कर रहे व्यक्तियों को यह अभ्यास नहीं करना चाहिए। गर्भवती महिलाओं को भी यह अभ्यास नहीं करना चाहिए।

लाभ– महाबन्ध से तीनों बन्धों के लाभ प्राप्त होते हैं। इससे पीयूष ग्रन्थि का हार्मोन-स्राव प्रभावित होता है और सम्पूर्ण अन्त:स्रावी तंत्र की कार्यप्रणाली नियमित होती है। शरीर के क्षय, ह्रास और बुढ़ापे की प्रक्रियायें थम जाती हैं और शरीर का प्रत्येक कोष पुनर्जीवन प्राप्त करता है। यह क्रोध को शान्त करता है और ध्यान के पूर्व मन को अन्तर्मुखी बनाता है। यदि अभ्यास में पूर्णता प्राप्त हो जाए, तो यह मुख्य चक्रों में प्राणों को पूरी तरह जाग्रत कर सकता है। यह मणिपुर चक्र में प्राण, अपान और समान का विलय कराता है, जो सभी प्राणायामों का अन्तिम बिन्दु है।

अभ्यास टिप्पणी– उत्थानपादासन के साथ भी महा बन्ध का अभ्यास किया जा सकता है।

टिप्पणी– *महाबन्ध को यह नाम इसलिए दिया गया है कि इसमें तीनों बन्ध एक साथ लगते हैं।*

षट्कर्म

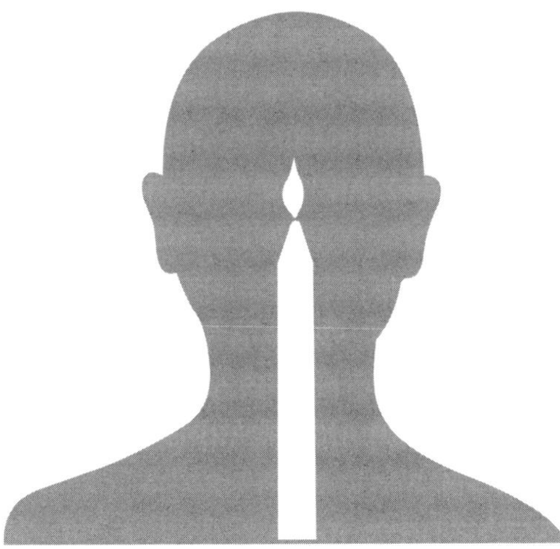

मेदश्लेष्माधिकः पूर्वं षट्कर्माणि समाचरेत्।
अन्यस्तु नाचरेत्तानि दोषाणां समभावतः ॥2:21॥

जब चर्बी या कफ की अधिकता हो जाए, तो प्राणायाम का अभ्यास शुरू करने के पहले षट्कर्मों का अभ्यास करना चाहिए। लेकिन जिनमें त्रिदोष (कफ, पित्त, वायु) संतुलित हों, उन्हें शुद्धिकरण की आवश्यकता नहीं है।

हठयोग प्रदीपिका

षट्कर्म – सामान्य परिचय

प्राचीन योग उपनिषदों में हठयोग का वर्णन षट्कर्मों के रूप में किया गया है। यह एक सुव्यवस्थित एवं यथार्थ विज्ञान है। षट्कर्मों में शुद्धिकरण के छ: अभ्यास-समूह आते हैं। हठयोग का, और साथ-ही षट्कर्मों का उद्देश्य है, दो मुख्य प्राण-प्रवाहों, इड़ा एवं पिंगला के बीच सामंजस्य स्थापित कर, इनके द्वारा शारीरिक एवं मानसिक शुद्धिकरण एवं सन्तुलन प्राप्त करना।

षट्कर्मों का उपयोग शरीर में त्रिदोषों – वात, पित्त और कफ को सन्तुलित करने के लिये भी किया जाता है। आयुर्वेद एवं हठयोग, दोनों के अनुसार इन त्रिदोषों के बीच असन्तुलन होने से रोग उत्पन्न होता है। शरीर को विषाक्त तत्त्वों से मुक्त करने एवं अध्यात्म-मार्ग पर सुरक्षित रूप से सफलतापूर्वक आगे बढ़ने के लिए भी प्राणायाम एवं उच्च योगाभ्यासों के पूर्व इन अभ्यासों का उपयोग किया जाता है।

इन शक्तिशाली विधियों को पुस्तकों से नहीं सीखना चाहिए और न ही अनुभवहीन लोगों को इनकी शिक्षा देनी चाहिए। परम्परा के अनुसार गुरु से इस ज्ञान को प्राप्त कर ही दूसरों को इसका प्रशिक्षण देना चाहिए। व्यक्तिगत आवश्यकता के अनुरूप कैसे और कब इनका अभ्यास करना चाहिए, इसके सम्बन्ध में व्यक्तिगत रूप से मार्गदर्शन प्राप्त करना अनिवार्य है।

षट्कर्म निम्नलिखित प्रकार के होते हैं–

1. ***नेति***– नासिका-प्रदेश के शुद्धिकरण की विधि है। इस समूह में जल नेति और सूत्र नेति आते हैं।
2. ***धौति***–शुद्धिकरण की विधियों की एक शृंखला है, जो तीन मुख्य समूहों में विभाजित है–अन्तर धौति (आन्तरिक शुद्धि), शीर्ष धौति या सिर की

सफाई और हृद्-धौति (वक्ष प्रदेश की सफाई)। अन्तर धौति या आन्तरिक शुद्धि की विधियों से मुख से गुदा तक आहार नली की पूरी सफाई की जाती है। इनमें चार अभ्यास आते हैं–

क) शंख-प्रक्षालन (वारिसार धौति) और लघु शंख-प्रक्षालन (आँतों की सफाई);

ख) अग्निसार-क्रिया (वह्निसार धौति), जठराग्नि वर्द्धक;

ग) कुंजल (वमन-धौति), आमाशय की जल द्वारा सफाई;

घ) वातसार धौति, आँतों की वायु द्वारा सफाई।

इन सभी अभ्यासों के लिए विशेषज्ञ से मार्गदर्शन प्राप्त करने की आवश्यकता होती है।

3. ***नौलि***–उदर के अंगों की मालिश करने और उन्हें मजबूत बनाने की विधि।
4. ***बस्ति***–बड़ी आँत को स्वच्छ एवं पुष्ट बनाने की विधियाँ।
5. ***कपालभाति***–मस्तिष्क के अग्र भाग को शुद्ध करने की श्वसन-विधि।
6. ***त्राटक***–किसी बिन्दु या वस्तु को एकटक देखने का अभ्यास, जो एकाग्रता की शक्ति विकसित करता है।

यद्यपि षट्कर्म केवल छः हैं, किन्तु प्रत्येक समूह के अन्तर्गत विभिन्न प्रकार के अभ्यास आते हैं। इस अध्याय में सामान्य रूप से अधिक प्रचलित अभ्यासों का ही विस्तृत विवरण प्रस्तुत किया गया है।

प्रत्येक अभ्यास के लिए अलग से परामर्श एवं सावधानियों का उल्लेख किया गया है और उनका सावधानी से पालन किया जाना चाहिए। गर्भावस्था के दौरान केवल जल नेति और त्राटक का ही अभ्यास किया जाना चाहिए।

यद्यपि षट्कर्मों का शुद्धिकारक एवं पुष्टिकारक प्रभाव उपचार की दृष्टि से लाभदायक है, तथापि यह इनका उद्देश्य नहीं है। षट्कर्म के अभ्यासों का उद्देश्य योगाभ्यासियों के स्वास्थ्य को बढ़ाना, ऊर्जाओं को जाग्रत करना तथा उन्हें शरीर, मन और गहन कोशों में दिशान्तरित करना है। जो व्यक्ति किसी रोग से ग्रस्त हैं और इनमें से किसी अभ्यास का उपयोग करना चाहते हैं, उन्हें किसी योग्य शिक्षक से परामर्श लेना चाहिए।

इन अभ्यासों के लिए प्रयोग मे लाया जाने वाला जल शुद्ध होना चाहिए। यदि आवश्यक हो तो अल्ट्रा वायॅलट फिल्टर का उपयोग करें अथवा पानी को कुछ समय तक उबालें और फिर निश्चित तापमान तक ठण्ढा करें।

जल नेति

जल नेति (जल द्वारा नासिका की सफाई)

तैयारी–एक विशेष नेति लोटे का उपयोग करना चाहिए। लोटा प्लास्टिक, मिट्टी, ताम्बे या ऐसी किसी धातु का बना हो सकता है, जिसमें रखने से जल प्रदूषित न हो। लोटे के सिरे पर लगी टोंटी ऐसी हो जो नासिकाछिद्र में आराम से घुस जाए, ताकि पानी बाहर न गिरे। यदि चाय की केतली का मुँह अधिक बड़ा या नुकीला न हो, तो उसे भी प्रयोग में लाया जा सकता है।

जल का तापमान शरीर के तापमान के बराबर होना चाहिए। प्रति आधे लीटर जल में एक छोटा चम्मच नमक डालकर उसे जल में अच्छी तरह से घोल लेना चाहिए। नमक डाल देने पर पानी का परासरणी दबाव शरीर के द्रव के दबाव के बराबर हो जाता है, जिससे श्लेष्मा-झिल्ली में जलन नहीं होती। यदि कष्ट या जलन की संवेदना महसूस हो, तो समझ लेना चाहिए कि जल में या तो बहुत कम या बहुत अधिक मात्रा में नमक डाला गया है।

चरण 1: नासिकाछिद्रों की सफाई

नेति लोटे में तैयार किया हुआ नमकीन जल भरें।

सीधे खड़े हो जायें; दोनों पैरों के बीच थोड़ी दूरी रखें, शरीर का भार दोनों पंजों पर समान रूप से डालें और सामने की ओर झुकें।

सिर को एक ओर झुकायें।
मुँह से श्वास लेना शुरू करें।
लोटे की टोंटी को धीरे-से ऊपर वाले नासिकाछिद्र में डालें।
इसमें किसी प्रकार बल-प्रयोग नहीं करना है।
टोंटी नासिकाछिद्र में इस प्रकार फँस जानी चाहिए कि पानी उस नासिकाछिद्र से बाहर न गिरे।
नेति लोटे को इस प्रकार ऊपर उठायें कि पानी नासिकाछिद्र में ही प्रवेश करे, बाहर चेहरे पर न गिरे। मुँह खुला रखें। जिस हाथ से नेति लोटा पकड़ा हो उसकी कोहनी को ऊपर उठा कर शरीर की स्थिति को इस प्रकार व्यवस्थित करें कि पानी एक नासिकाछिद्र से प्रवेश कर दूसरे नासिकाछिद्र से बाहर निकले।
जब लोटे का आधा पानी नासिकाछिद्रों में से बह चुका हो, तब टोंटी को बाहर निकालें, सिर को सीधा करें और पानी को नाक के बाहर निकल जाने दें।
यदि नासिका में थोड़ा कफ जमा हो, तो उसे प्रश्वास के साथ हल्के से छिड़क कर बाहर निकाल दें।
सिर को दूसरी ओर झुकायें और टोंटी को दूसरे नासिकाछिद्र में घुसाकर प्रक्रिया को दुहरायें।
इस प्रक्रिया को पूरा करने के बाद नासिकाछिद्रों में रुके पानी को बाहर निकालकर उन्हें अच्छी तरह शुष्क करें।

चरण 2: नासिकाछिद्रों को शुष्क करना

1. सीधे खड़े हो जायें।
   दाहिने नासिकाछिद्र को दाहिने अँगूठे से बन्द करें और बायें नासिकाछिद्र से जल्दी-जल्दी 10 बार कपालभाति प्राणायाम की तरह श्वास लें और छोड़ें।
   बायें नासिकाछिद्र को बन्द कर यही प्रक्रिया दाहिने नासिकाछिद्र से दुहरायें।
   दोनों नासिकाछिद्रों से एक साथ एक और आवृत्ति करें।
2. कमर से इस प्रकार सामने झुकें कि धड़ जमीन के समानान्तर हो जाए। दायें नासिकाछिद्र को बन्द करके, सिर को दायीं ओर झुकाकर ऊपर बतायी गयी प्रक्रिया को दुहरायें।

अब सिर को बायीं ओर झुका कर और बायें नासिकाछिद्र को बंद कर इस प्रक्रिया को एक बार और दुहरायें।

अन्त में, सिर को बीच में लाकर दोनों नासिकाछिद्रों से श्वास लेते हुए इस प्रक्रिया को दुहरायें।

अभ्यास टिप्पणी–यह चरण नासिका के शिरानाल गुहिका में रुके जल-कणों को बाहर निकालने में सहायक होता है।

3. दोनों पंजों के बीच थोड़ी दूरी रखकर सीधे खड़े हो जायें। दाहिने नासिकाछिद्र को बन्द कर, शीघ्रतापूर्वक कमर से सामने की ओर झुकते हुए बलपूर्वक श्वास छोड़ें। सीधे खड़े होने की स्थिति में लौटते हुए सामान्य श्वास लें। इसे 5 बार दुहरायें।

अब दाहिने नासिकाछिद्र को खोल कर यही प्रक्रिया दुहरायें और फिर दोनों नासिकाछिद्रों को खोल कर दुहरायें। नासिका को अधिक जोर से न छिड़कें, क्योंकि बचा हुआ पानी कानों में घुस सकता है।

यदि आवश्यक हो तो बचे हुए पानी को निकालने के लिए कुछ मिनट तक शशांकासन कर सकते हैं।

अवधि–इस अभ्यास में लगभग 5 मिनट का समय लगता है।

नेति प्रतिदिन एक बार या सप्ताह में 1-2 बार अथवा आवश्यकता के अनुसार करनी चाहिए।

सजगता–शारीरिक–शरीर को शिथिल करने और शारीरिक स्थिति पर, नासिकाओं में प्रवाहित होने वाले जल और मुँह से होने वाले सहज श्वसन पर। यह बात विशेषकर नये अभ्यासियों के लिए महत्त्वपूर्ण है।

आध्यात्मिक–आज्ञा चक्र पर।

क्रम–जल नेति का अभ्यास आदर्श रूप से प्रात:काल आसन और प्राणायाम के पूर्व किया जाता है। किन्तु आवश्यक होने पर इसका अभ्यास किसी भी समय किया जा सकता है, केवल भोजन के तुरन्त बाद न करें।

सावधानियाँ–पानी का प्रवाह केवल नासिका से होना चाहिए। यदि पानी गले या मुँह में प्रवेश कर जाए, तो यह इस बात का संकेत है कि सिर की स्थिति सही नहीं है और इसे पुन: व्यवस्थित करने की आवश्यकता है। यह सुनिश्चित करें कि अभ्यास के बाद नासिका को अच्छी तरह सुखा लिया गया है। ऐसा नहीं होने पर नासिका-मार्ग और शिरानाल में उत्तेजना पैदा हो जाएगी और जुकाम के लक्षण दिखायी देने लगेंगे। जब आवश्यक हो

तभी नेति करें। जब तक योग्य शिक्षक द्वारा निर्देश न दिया जाये, लम्बे समय तक नेति का अभ्यास न करें।

सीमायें–जिन्हें लम्बे समय से नासिका से रक्त-स्राव होता हो, उन्हें कुशल मार्गदर्शन के बिना जल-नेति का अभ्यास नहीं करना चाहिए। जिन्हें नासिका-मार्ग से जल को प्रवाहित करने में हमेशा बहुत अधिक कठिनाई महसूस होती हो, उनकी नासिका की संरचना में कोई अवरोध हो सकता है। अत: उन्हें विशेषज्ञ से परामर्श ले लेना चाहिए। जिन्हें कान में शीघ्र संक्रमण हो जाता है अथवा संक्रमण हो, उन्हे नेति नहीं करनी चाहिए। सर्दी-जुकाम अथवा साइनोसाइटिस के समय जब नाक पूर्ण रूप से बन्द हो, नेति न करें।

लाभ–जल-नेति नासिका-मार्ग और साइनस में जमे हुए श्लेष्मा एवं प्रदूषण को बाहर निकालती है, इससे श्वास-प्रवाह अबाध हो जाता है। इस अभ्यास से श्वसन-मार्ग से सम्बन्धित रोगों को रोकने और नियंत्रित करने में सहायता मिलती है। यह आँख, कान और गले के अच्छे स्वास्थ्य को बनाये रखने में सहायक है।

जल-नेति मुँह के पेशीय तनाव को दूर करती है और अभ्यासी को ताजगी एवं यौवन से परिपूर्ण कर देती है। मस्तिष्क पर इसका शीतल, सौम्य प्रभाव पड़ता है। यह चिन्ता, क्रोध और अवसाद को दूर भगाती है, आलस्य को दूर करती है और सिर में हल्केपन और ताजगी की अनुभूति लाती है।

जल-नेति नासिका में विभिन्न तन्त्रिकाओं के सिरों को उद्दीप्त करती है, जिससे मस्तिष्क के कार्य-कलापों और व्यक्ति के सामान्य स्वास्थ्य में सुधार होता है। दाहिने एवं बायें नासिकाछिद्रों में तथा उनसे सम्बन्धित मस्तिष्क के बायें एवं दायें गोलार्द्धों में सन्तुलन स्थापित होता है। इसके फलस्वरूप सम्पूर्ण शरीर और मन में सामंजस्य एवं सन्तुलन आता है। सबसे महत्त्वपूर्ण लाभ यह है कि नेति आज्ञा-चक्र को जाग्रत करने में सहायक होती है।

अभ्यास टिप्पणी–जल-नेति या तो उकडू बैठकर या खड़े होकर करनी चाहिए। यदि बेसिन में कर रहे हों, तो खड़े होकर और बाहर कर रहे हों, तो बैठकर नेति करना अधिक सुविधाजनक होता है। कुछ अभ्यास

के बाद पूरा भरा नेति लोटा एक नासिकाछिद्र के लिए उपयोग में लाया जा सकता है।

प्रकारान्तरः अभ्यासी गिलास या कटोरे से सीधे नासिकाछिद्र में जल ग्रहण कर सकते हैं। यह इस अभ्यास का मूल स्वरूप है और इसे व्युत्क्रम कपालभाति या उषा-पान कहा जाता है।

नेति के अभ्यास में जल के स्थान पर अन्य द्रव भी उपयोग में लाये जा सकते हैं। इसके अन्तर्गत दुग्ध-नेति (कुनकुने दूध से) और घृत-नेति (कुनकुने घी से) आते हैं। नेति के लिए दही का भी उपयोग किया जा सकता है। यदि घी के बदले तेल का उपयोग किया जाता है, तो तेल प्राकृतिक और बिना रसायन के होना चाहिए। सबसे अधिक प्रभावशाली नेति स्वयं के मूत्र के मध्य प्रवाह से होती है, इसे अमरोली नेति कहा जाता है। यह अभ्यास विशेष रूप से नासिका-मार्ग की सूजन के लिए अधिक लाभप्रद होता है। प्रत्येक द्रव से भिन्न प्रकार का लाभ प्राप्त होता है। इन प्रकारान्तरों में से किसी का भी अभ्यास योग्य शिक्षक के मार्गदर्शन के बिना नहीं करना चाहिए।

सूत्र नेति

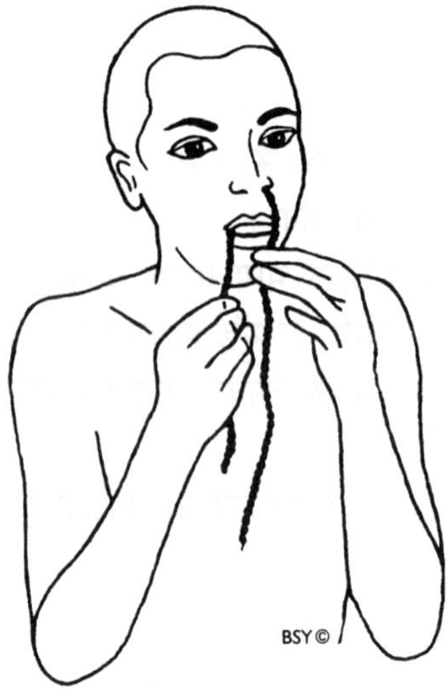

सूत्र नेति (सूत्र द्वारा नासिका की सफाई)

तैयारी–इस अभ्यास में कपास से तैयार एक सूत्र (धागा) को नासिका-मार्ग से प्रवेश करा कर बाहर निकाला जाता है। पारम्परिक विधि में विशेष प्रकार से तैयार किया गया धागा प्रयोग में लाया जाता था। कई लड़ियों को एक साथ कसकर बँटकर तरल मधु-मोम में डाल दिया जाता था। सूत्र की मोटाई लगभग 4 मि. मी. और लम्बाई 36 से 45 मि. मी. होती थी। आजकल एक पतली रबर की नलिका (कैथेटर) को पिघले घी, खाने के तेल, मक्खन या लार से चिकना कर इस अभ्यास को सरलतापूर्वक कर लिया जाता है। नली चिकनी हो जाने पर आसानी से नासिका-मार्ग में फिसलती हुई प्रविष्ट हो जाती है। नलिका का आकार व्यक्ति के नासिका-मार्ग पर निर्भर रहता है। प्रारम्भिक अभ्यासी 4 नम्बर पसन्द कर सकते हैं, परन्तु धीरे-धीरे 6 नम्बर का उपयोग करें।

विधि 1: मूल-अभ्यास

किसी आरामदायक स्थिति में खड़े हों या बैठें या फिर उकडू बैठें।

पूरे शरीर को शिथिल करें।

सिर को थोड़ा पीछे झुकायें। कैथेटर के पतले सिरे या मोम से चिकने

बनाये गये सूत्र के सिरे को हल्के-से और धीरे-से उस नासिकाछिद्र में प्रवेश करायें, जिसमें श्वास का प्रवाह अधिक स्वतंत्र रूप से हो रहा हो। जैसे-जैसे सूत्र अन्दर जाये, उसे घुमाते जायें, ताकि वह आसानी से नासिका में प्रवेश करे। सूत्र के सिरे को हमेशा नीचे नाक की सतह की ओर रखें। उसे कभी सीधे ऊपर न ठेलें, क्योंकि नासिका गुहा नाक के पीछे है न कि नाक के ऊपर।

जब सूत्र गले के पिछले भाग में पहुँच जाए, तब तर्जनी और अँगूठे या मध्यमा और तर्जनी को मुँह में घुसायें। सूत्र को कोमलता से धीरे-धीरे मुँह से बाहर कर लें, केवल कुछ इंच लम्बा सूत्र नासिका से बाहर लटकता छोड़ दें।

प्रारम्भ में इस क्रिया से उबकाई आ सकती है, परन्तु अभ्यास के बाद यह सरल हो जायेगा।

सूत्र या कैथेटर के दोनों सिरों को उँगलियों से पकड़ लें।

बहुत धीरे-धीरे कोमलतापूर्वक उसे आगे-पीछे सरकायें। प्रथम प्रयास में 15 बार से अधिक न खींचें।

नासिका-मार्ग से सूत्र को धीरे-धीरे बाहर कर लें और दूसरे नासिकाछिद्र में प्रवेश कराकर प्रक्रिया की पुनरावृत्ति करें।

विधि 2: उच्च अभ्यास

विधि 1 को पूरा करने के बाद सूत्र को वहीं छोड़ देना चाहिए, ताकि उसका एक सिरा अभी भी एक नासिका में रहे और दूसरा सिरा मुँह से निकला रहे।

एक नासिकाछिद्र से निकल रहे मोमयुक्त सिरे को हल्के से दूसरे नासिकाछिद्र में घुसायें और उस सिरे को मुँह से खींचे।

अन्तिम स्थिति में दोनों मोमयुक्त सिरे मुख-मार्ग से बाहर आते हैं।

दोनों सिरों से कड़े मोम को हटा दें, ताकि धागे फिर से अलग-अलग हो जायें।

दोनों सिरों को एक साथ कस कर मिला दें, ताकि दोनों आपस में फँस जायें। फिर सूत्र को ऐंठ दें, ताकि दोनों सिरे एक-दूसरे से जुड़ जायें। यदि जोड़ अधिक मोटा हो, तो कुछ धागों को काटकर निकाल दें, जिससे कि जोड़ आसानी से नासिकाछिद्रों से होकर निकल जाए।

अब धागा वृत्ताकार हो गया है।

धागे को धीरे-धीरे नासिका में आगे सरकाते हुए जोड़ को मुँह में खींच लें। अन्त में जोड़ दोनों नासिकाछिद्रों के प्रवेश-द्वार के बीच में आ जाना चाहिए।

जोड़ को अलग कर दें।

अब सूत्र एक नासिकाछिद्र से प्रवेश कर दूसरे नासिकाछिद्र से बाहर निकलता है, यह मुँह से होकर नहीं गुजर रहा है।

प्रारम्भ में सूत्र को हल्के से कुछ बार आगे-पीछे खींचें। थोड़ी भी असुविधा महसूस हो, तो अभ्यास तुरन्त बन्द कर दें।

सूत्र के एक सिरे को खींचे और धीरे-धीरे उसे नासिका से बाहर कर लें।

श्वसन– श्वसन मुँह से किया जाता है।

अवधि– इस अभ्यास में लगभग 10 मिनट का समय लगता है।

कुछ दिनों में एक बार या सप्ताह में एक बार अभ्यास कर लेना पर्याप्त है।

सजगता–शारीरिक–शरीर को शिथिल करने और कैथेटर या सूत्र को कोमलता के साथ धीरे-धीरे आगे-पीछे करने पर।

आध्यात्मिक– आज्ञा चक्र पर।

क्रम– सूत्र-नेति का अभ्यास जल-नेति के पूर्व करना चाहिए, क्योंकि जल नेति सूत्र-नेति से निष्कासित होने वाली सभी अशुद्धियों को नासिका से बाहर निकाल देगी।

सावधानियाँ– किसी भी परिस्थिति में बल प्रयोग न करें। नासिका का भीतरी हिस्सा बड़ा कोमल होता है और थोड़ी भी जोर-जबरदस्ती उसे हानि पहुँचा सकती है। यदि बार-बार प्रयत्न करने के बावजूद सूत्र या कैथेटर नासिका-मार्ग में प्रवेश न करे, तो किसी अनुभवी योग शिक्षक से परामर्श लें। नासिका में प्रवेश कराने के पूर्व यह सुनिश्चित कर लें कि सूत्र पूरी तरह स्वच्छ है। जब तक जल नेति में निपुणता प्राप्त न हो जाय, तब तक सूत्र-नेति का अभ्यास न करें।

सीमायें– जिन्हें लम्बे समय से नाक से रक्त-स्राव होता हो, उन्हें सूत्र-नेति नहीं करनी चाहिए। जिन्हें नासिका में फोड़ा या पोलिप हो, या जिनकी नासिका-पट की संरचना में दोष हो, उन्हें पहले योग उपचारक या चिकित्सक से परामर्श कर लेना चाहिए।

लाभ– इसके लाभ जल-नेति से होने वाले लाभों के समान ही हैं। इसके अतिरिक्त सूत्र-नेति नासिका-पट के अपने स्थान से हटने की समस्या

को ठीक कर सकती है। नासिका की हड्डी के टेढ़े होने या मांस बढ़ने के कारण यदि एक या दोनों नासिकाएँ स्वतंत्र रूप से प्रवाहित नहीं हो रही हैं, तो सूत्र-नेति के नियमित घर्षण से कुछ महीनों में ही ये अवरोध दूर हो जाते हैं।

अभ्यास टिप्पणी– यद्यपि कैथेटर से अभ्यास शीघ्र और सरलतापूर्वक हो जाता है, यह नासिका-पथों को उतने प्रभावी ढंग से स्वच्छ नहीं करता जितना कि सूत्र करता है। साथ-ही यदि कैथेटर का उपयोग होता है, तो सूत्र-नेति का उच्च अभ्यास सम्भव नहीं है।

शंख-प्रक्षालन

विधि 1: शंख-प्रक्षालन या वारिसार धौति (पूर्ण पाचन नली की सफाई)

तैयारी– अभ्यास की पूर्व सन्ध्या को हल्का और अर्द्ध तरल भोजन लेने का परामर्श दिया जाता है। स्वच्छ, कुनकुना जल पर्याप्त मात्रा में उपलब्ध रहना चाहिए। साथ-ही अतिरिक्त गर्म जल की व्यवस्था भी रखनी चाहिए, ताकि यदि तैयार किये गये जल का तापमान शरीर के तापमान से नीचे गिर जाय, तो उसमें गर्म जल मिलाया जा सके। जल में प्रति लीटर दो छोटे चम्मच के हिसाब से नमक मिला दें, जिससे कि उसका स्वाद थोड़ा नमकीन हो जाय।

उत्तम कोटि के सफेद चावल और दाल (सम्भव हो तो मूँग दाल) की पतली खिचड़ी भी घी के साथ तैयार करके रखना आवश्यक है। चावल और दाल को एक ही साथ पानी में डाल कर बिना नमक के खिचड़ी पकानी चाहिए। थोड़ी हल्दी डाली जा सकती है। अन्त में घी को खिचड़ी में इस प्रकार मिला देना चाहिए कि वह अर्द्ध तरल हो जाय।

इस खिचड़ी को अभ्यास के बाद 45 मिनट विश्राम करने के पश्चात् और फिर पुन: दिन में खाना होता है।

शंख-प्रक्षालन के पूर्व कोई आसन या शारीरिक श्रम नहीं करना चाहिए और न ही कुछ खाना-पीना चाहिए। यदि अभ्यास के पूर्व आँतों को खाली

न किया जाए, तो इससे आँतों के क्रमाकुंचन में सहायता मिलती है। हल्के और आरामदायक वस्त्र पहनें।

आँत की पूरी सफाई– दो गिलास नमकीन कुनकुना पानी शीघ्रता से पीयें। फिर नीचे दिये गये पाँच आसनों को गत्यात्मक विधि से इसी क्रम में आठ-आठ बार करें।

क) ताड़ासन

ख) तिर्यक् ताड़ासन

ग) कटि चक्रासन

घ) तिर्यक् भुजंगासन

ङ) उदराकर्षणासन

यह एक पूर्ण चक्र हुआ। चक्रों के बीच में विश्राम न करें।

दो गिलास नमकीन कुनकुना पानी और पीयें तथा ऊपर बताये गये पाँचों आसनों को आठ-आठ बार करें।

इस प्रक्रिया को तीसरी बार दुहरायें।

यदि आँतें अभी तक खाली नहीं हुई हैं, तो तीसरे चक्र के बाद शौचालय जायें और देखें कि आँत खाली हो रही है कि नहीं।

अधिक जोर न लगायें।

शौचालय में कुछ मिनट बैठ कर बाहर आ जायें, चाहे आँत खाली हुई हो या न हुई हो। इस समय तक पेट खाली होना अनिवार्य नहीं है।

दो गिलास पानी और पीयें तथा पाँचों अभ्यासों को पुनः आठ-आठ बार दुहरायें। फिर शौचालय जायें, किन्तु आँत को खाली करने के लिए जोर न लगायें।

पानी पीते जायें और आसन करते जायें और दबाव बनने पर शौचालय जाते रहें।

शौचालय में अधिक देर तक न बैठें, एक-दो मिनट बैठना पर्याप्त है।

यहाँ उद्देश्य आन्तरिक दबाव बनाना है, ताकि पेट की सफाई हो सके।

प्रारम्भ में ठोस मल बाहर आयेगा, उसके बाद जल के साथ थोड़ा-थोड़ा मल निकलेगा।

जैसे-जैसे अभ्यास आगे बढ़ेगा, अधिक जल में मल की मात्रा कम होती जायेगी। धीरे-धीरे मटमैला पीला जल और अन्त में लगभग स्वच्छ जल बाहर आयेगा।

आँत से स्वच्छ जल बाहर निकालने के लिए सामान्य रूप से सोलह गिलास पानी पीने की आवश्यकता होती है, किन्तु इसकी मात्रा व्यक्ति-व्यक्ति के अनुसार कम या अधिक हो सकती है।

आपका अभ्यास किस गति से पूर्ण होता है, इसकी तुलना दूसरों से नहीं करनी चाहिए।

अभ्यास का यह चरण विश्रामपूर्वक अपनी गति से पूरा करना चाहिए।

पूरक अभ्यास– आन्तरिक सफाई के 10 मिनट बाद कुंजल-क्रिया और उसके बाद जल-नेति करनी चाहिए।

विश्राम– अभ्यास समाप्त कर लेने के पश्चात् पूर्ण विश्राम अनिवार्य है। स्नान न करें। 45 मिनट तक शवासन में लेटे रहें, परन्तु सोयें नहीं, क्योंकि इससे सिरदर्द या सर्दी हो सकती है।

विश्राम के समय शरीर में गर्मी बनाये रखें।

इस अवधि में मौन रहें।

इस दौरान सम्पूर्ण पाचन-प्रणाली को पुनर्प्राणित होने का अवसर प्रदान किया जाता है।

इस समय मूत्र-त्याग सामान्य घटना है।

विशेष भोजन– शंख-प्रक्षालन के ठीक 45 मिनट बाद विशेष रूप से तैयार की गई खिचड़ी का भोजन करना चाहिए। ठीक समय पर यह भोजन ग्रहण करना आवश्यक है। अभ्यास के समय शरीर का कार्य अव्यवस्थित हो जाता है; 45 मिनट के विश्राम के पश्चात् पाचन-तन्त्र पुनः अपना कार्य प्रारम्भ कर देता है।

खिचड़ी के तीन अवयव पाचन-प्रणाली को सही ढंग से पुनर्व्यवस्थित करने में सहायक होते हैं। जब तक शरीर स्वयं नवीन तहों का निर्माण नहीं कर लेता, तब तक के लिए आँत की दीवारों को अस्थायी रूप से रक्षा कवच प्रदान करने के लिए घी लेना आवश्यक है। चावल कार्बोहाइड्रेट के रूप में सरलतापूर्वक पचने वाला तत्त्व प्रदान करता है और श्लेष्मा उत्पन्न करता है, जो पाचन-नली की आन्तरिक सतह को सुरक्षित रखता है। दाल आहार को सुपाच्य प्रोटीन प्रदान कर शरीर के लिए हर प्रकार से पौष्टिक भोजन का प्रबन्ध कर देती है।

खिचड़ी पर्याप्त मात्रा में खानी चाहिए, जिससे कि आँतों को नया आवरण प्राप्त हो और आहार-नली की दीवारों में फैलाव हो। ऐसा नहीं होने से

उनमें ऐंठन पैदा हो सकती है, क्योंकि वे खाली रहने की अभ्यस्त नहीं हैं। इस आहार से आँत को पोषण ही नहीं मिलता, बल्कि आँतों को पुन: क्रमाकुंचन प्रारम्भ करने में सहायता भी मिलती है। अपच, अतिसार और कब्ज से बचाव के लिए भी यह आहार आवश्यक है।

पुनः विश्राम–भोजन के बाद पुन: विश्राम आवश्यक है। किन्तु ध्यान रहे, पहली बार भोजन लेने के कम-से-कम तीन घण्टे बाद तक सोना नहीं चाहिए। इस अवधि में नींद आने से शरीर में आलस्य और सिर-दर्द पैदा हो सकता है। शेष दिन पूर्ण विश्राम करना चाहिए और दूसरे दिन भी आराम करना चाहिए। इस अवधि में मौन रखने और शारीरिक एवं मानसिक श्रम से बचने का परामर्श दिया जाता है।

दूसरी बार का भोजन–शाम के भोजन के लिए भी खिचड़ी तैयार रहनी चाहिए, जिसे पहली बार लिये गये विशेष भोजन के छ: घण्टे बाद ग्रहण करना है। भूख न रहने पर भी दोनों समय भरपेट भोजन करना चाहिए।

अभ्यास का स्थान–शंख-प्रक्षालन के लिए सर्वोत्तम स्थान आश्रम या कोई खुली जगह हो सकती है, जहाँ ताजी हवा मिल सके। यह भी जरूरी है कि वहाँ शौचालय की उत्तम व्यवस्था हो।

यह अभ्यास मित्र-मण्डली के सदस्यों के साथ मिल-जुल कर करने में आनन्द आता है। वातावरण शान्त और हल्का हो तथा अभ्यास के सम्बन्ध में किसी प्रकार की आशंका न हो। ऐसा नहीं होने से तनाव उत्पन्न हो सकता है, जिससे आँतों के खाली होने की प्रक्रिया बाधित होती है।

मौसम–बहुत अधिक गर्मी या सर्दी होने पर शंख-प्रक्षालन नहीं करना चाहिए। शीत जलवायु में रहने वालों को गर्मी के दिनों में अभ्यास करना चाहिए, जब दिन गर्म और शुष्क हो। यह आवश्यक है, क्योंकि अधिक ठण्ढ के कारण आमाशय और आँत आसानी से सर्द हो जायेंगे। इसी प्रकार, अधिक गर्मी के दिनों में भी यह अभ्यास नहीं करना चाहिए, क्योंकि अधिक पसीना निकलने के कारण थकान पैदा होगी।

अधिक बदली, (अधिक बादल वाले दिन) अधिक तेज वायु या अधिक बरसाती दिन में भी इस अभ्यास को नहीं करना चाहिए। ऋतु-परिवर्तन के दिनों में शंख-प्रक्षालन का अभ्यास सर्वोत्तम होता है।

आवृत्ति–वर्ष में दो से अधिक बार यह अभ्यास नहीं करना चाहिए।

अवधि–इस अभ्यास के लिए एक पूरा दिन अलग कर लेना चाहिए और दूसरा दिन पूर्ण विश्राम के लिए।

सावधानियाँ–लगभग स्वच्छ पानी आने तक ही अभ्यास करना चाहिए, नहीं तो शरीर से पित्त का उत्पादन गहरे पीले जल के रूप में प्रारम्भ हो जायेगा। जब आँत से निकलने वाला जल थोड़ा मटमैला रहे, तभी अभ्यास बन्द कर देना चाहिए। अभ्यास-समाप्ति के बाद 45 मिनटों तक विश्राम की अवधि में नींद नहीं लेनी चाहिए, नहीं तो सिर-दर्द या सर्दी हो सकती है।

प्रथम विशेष भोजन के कम-से-कम दो घण्टे के बाद ही जल या अन्य तरल पदार्थ ग्रहण करना चाहिए। शीतल तरल पदार्थ पाचन-तन्त्र में ठण्ढक पैदा कर देगा। निर्धारित अवधि के पूर्व कुछ भी पीने या खाने से आमाशय और आँत में शरीर द्वारा निर्मित होने वाला नया रक्षा-कवच घुलकर नष्ट हो सकता है।

संध्या-काल तक पंखे या वातानुकूलन का उपयोग नहीं करना चाहिए, क्योंकि सर्दी या ज्वर के प्रकोप से बचने के लिए शरीर को गर्म रखना आवश्यक है। यदि मौसम थोड़ा ठण्ढा हो, तो शरीर के आन्तरिक तापमान को बनाये रखने के लिए कम्बल ओढ़ लेना चाहिए। उस दिन खुली धूप में या अंगीठी के पास नहीं बैठना चाहिए और न ही व्यायाम करना चाहिए।

विश्राम के समय का पालन सावधानीपूर्वक करना चाहिए।

मानसिक परेशानी और तनावपूर्ण परिस्थितियों से दूर रहना चाहिए।

आहार संयम–अभ्यास के कम-से-कम एक महीने बाद तक रासायनिक विधि से तैयार भोजन-सामग्री, संश्लेषित, तीखा, मसालेदार, अम्लीय, जायकेदार और मांसाहारी भोजन बिल्कुल नहीं करना चाहिए। अचार, मिठाई, चॉकलेट, आइसक्रीम या ठण्ढा पेय भी नहीं लेना चाहिए। दूध, छाछ, दही और सभी प्रकार के फल, विशेषकर खट्टे फल, जैसे, नींबू, अंगूर, सन्तरा और अन्नानास नहीं खाने चाहिए। शराब, सिगरेट, चाय, कॉफी, सुपारी और पान तथा अन्य किसी प्रकार के मादक द्रव्य का सेवन नहीं करना चाहिए।

आहार अधिक-से-अधिक शुद्ध, सादा और हल्का होना चाहिए। चावल,

गेहूँ, रोटी, कम अम्लयुक्त सब्जियाँ, फलियाँ, दाल, सोयाबीन और अन्य प्रकार की दालें ली जा सकती हैं।

इस विषय में अपनी सामान्य बुद्धि का उपयोग करना चाहिए। शंख-प्रक्षालन के बाद पाचन प्रणाली अति संवेदनशील हो जाती है, इसलिए शरीर की रक्षा के लिए विशेष सावधानी बरतने की आवश्यकता होती है।

चेतावनी– यह अभ्यास आश्रम या योग-केन्द्र में ही विशेषज्ञ के मार्गदर्शन में करना चाहिए। प्रतिकूल प्रभावों से बचने के लिए सभी मार्ग-निर्देशों एवं संयमों का पूरी तरह पालन करना चाहिए। जो लोग इन नियमों का पालन नहीं कर सकते हैं, उन्हें शंख-प्रक्षालन नहीं करना चाहिए। उनकी आवश्यकताओं की पूर्ति के लिए लघु शंखप्रक्षालन अधिक अनुकूल होगा। एन्टिबायटिक्स जैसी तीव्र ओषधियों का सेवन एक माह के लिये बन्द कर देना चाहिए। नियमित रूप से ली जाने वाली ओषधियाँ अभ्यास के दौरान न लें। अभ्यास के 2-3 दिन पश्चात् इनका सेवन फिर से आरम्भ किया जा सकता है।

सीमायें– हृदय अथवा गुर्दे की समस्या या उच्च रक्तचाप से पीड़ित व्यक्तियों को यह अभ्यास नहीं करना चाहिए। जिन्हें किसी भी प्रकार का रोग हो, विशेषकर जो लोग दवाइयाँ ले रहे हों, वे अपने चिकित्सक से परामर्श करने के बाद ही शंख-प्रक्षालन प्रारम्भ करें। गर्भावस्था में भी यह अभ्यास नहीं करना चाहिए।

लाभ– शारीरिक स्तर पर शंख-प्रक्षालन पाचन सम्बन्धी समस्याओं को दूर करता है। सामान्य रूप से यह यकृत और अन्य पाचन-अंगों एवं ग्रन्थियों को पोषण प्रदान करता है। प्रतिरक्षा-प्रणाली को मजबूत बनाता है। इससे श्लेष्मा की अतिरिक्त मात्रा का निकास हो जाता है और रक्त शुद्ध होता है।

प्राण के स्तर पर, शंख-प्रक्षालन सम्पूर्ण प्राण-शरीर को ऊर्जावान बनाता है, नाड़ियों के अवरोधों को दूर करता है और सभी चक्रों को शुद्ध करता है। पंच-प्राणों में पुन: सामंजस्य स्थापित होता है और ऊर्जा का स्तर ऊँचा उठता है।

मानसिक स्तर पर, यह मन को शान्त करता और चेतना की उच्च अवस्था का मार्ग प्रशस्त करता है। शुद्धिकरण के इस अभ्यास के बाद की गयी कोई भी साधना बड़ी फलदायक होती है।

अभ्यास टिप्पणी–इस अभ्यास में किये जाने वाले पाँचों आसन आँतों के क्रमांकुचन को सक्रिय करते और शुद्धिकरण की क्रिया को बढ़ाते हैं। निर्धारित क्रम से इन आसनों का अभ्यास करने से क्रमशः पहले आमाशय के मुख-द्वार पर स्थित निर्गम-कपाट खुलता है, फिर छोटी आँत के पिछले द्वार का कपाट और अन्त में गुदा-मार्ग की अवरोधिनी खुलती है। ताड़ासन मुख्य रूप से आमाशय पर प्रभाव डालता है और वृहदान्त्र में खिंचाव उत्पन्न करता है; तिर्यक् ताड़ासन छोटी आँत और वृहदान्त्र पर प्रभाव डालता है, कटि चक्रासन छोटी आँत की मालिश करता है; तिर्यक् भुजंगासन और उदराकर्षण आसन आँत के गह्वर, वृहदान्त्र और मलाशय को दबाते हैं और उनकी मालिश करते हैं और मल-त्याग के लिए प्रेरित करते हैं।

जिन्हें जल्दी-जल्दी पानी पीने में कठिनाई हो या जिन्हें उबकाई आती हो, वे प्रत्येक बार में दो की जगह एक गिलास पानी पीयें। उन्हें नमक की मात्रा भी कम कर देनी चाहिए।

टिप्पणी– *शंख-प्रक्षालन शब्द दो शब्दों से मिलकर बना है– शंख और प्रक्षालन। शंख शब्द का प्रयोग आँतों के लिये किया गया है, जिनकी आकृति कन्दरा एवं कुण्डल जैसी होती है। परम्परा के अनुसार इस अभ्यास को वारिसार धौति कहा जाता था, किन्तु अब इसे शंख-प्रक्षालन के नाम से अधिक लोग जानते हैं। वारिसार शब्द दो शब्दों से बना है, वारि (जल) और सार (तत्त्व)। यह अभ्यास काया-कल्प का एक अंग भी है, जो कि काया-शुद्धि और कायारूपान्तरण की एक आयुर्वेदिक विधि है।*

विधि 2: लघु शंख-प्रक्षालन

पूर्ण शंख-प्रक्षालन में बतायी गयी विधि से दो लीटर नमकीन गुनगुना पानी तैयार करें।

जल्दी-जल्दी दो गिलास तैयार जल पीयें।

शंख-प्रक्षालन के पाँच आसनों को आठ-आठ बार करें।

क) ताड़ासन

ख) तिर्यक् ताड़ासन

ग) कटि-चक्रासन

घ) तिर्यक् भुजंगासन

ङ) उदराकर्षणासन

दो गिलास पानी और पीयें तथा पाँचों आसनों की पुन: आठ-आठ आवृत्तियाँ करें।

इस प्रक्रिया को तीसरी बार भी दुहरायें, जो कि अन्तिम आवृत्ति होगी।

शौचालय जायें, किन्तु वहाँ जोर न लगायें, चाहे शौच हो या न हो।

यदि तुरंत मल-त्याग न भी हो, तो थोड़ी देर बाद होगा।

अतिरिक्त अभ्यास–इस अभ्यास के पूरा होने के तुरंत बाद कुंजल-क्रिया और जल-नेति करनी चाहिए।

अभ्यास का समय–लघु का अभ्यास प्रात:काल करना चाहिए, जब पेट पूरी तरह खाली हो और कुछ खाया-पीया न गया हो।

अवधि–इस अभ्यास के लिए एक घण्टे का समय दीजिए।

आवृत्ति–सामान्य स्वास्थ्य के लिए सप्ताह में एक बार पर्याप्त है। किन्तु यदि कब्ज हो, तो इसका अभ्यास प्रतिदिन किया जा सकता है, जब तक कब्ज दूर न हो जाए।

विश्राम–अभ्यास की समाप्ति के पश्चात् कुछ खाने-पीने के पूर्व आधा घण्टा विश्राम करना चाहिए।

संयम–इसके लिए कोई विशेष भोजन निर्धारित नहीं किया गया है। भोजन में विशेष परहेज भी नहीं है। यद्यपि अभ्यास के दिन हल्का शाकाहारी भोजन खाना उत्तम रहेगा।

सावधानियाँ–मल-त्याग के लिए जोर लगाने का प्रयास न करें। यह पूरी तरह स्वाभाविक होना चाहिए।

सीमायें–शंख-प्रक्षालन के समान।

लाभ– लघु शंख-प्रक्षालन में आँतों की सामान्य कार्य-प्रणाली को ठीक करने का प्रयास किया जाता है। आँतों को गतिशील बना कर मल-निष्कासन की यह एक उत्तम और सरल विधि है और ऐसे लोगों के लिए एक आदर्श उपाय है, जो पूर्ण शंख-प्रक्षालन का अभ्यास करने में समर्थ नहीं हैं। पाचन-सम्बन्धी गड़बड़ियों तथा गुर्दों की सफाई के लिये लघु शंख-प्रक्षालन करने का परामर्श दिया जाता है।

अभ्यास टिप्पणी– इस अभ्यास के साथ उपवास करने या हल्का भोजन लेने से अधिक लाभ प्राप्त होता है। दवाई लेते रह सकते हैं।

विधि 3: ता.ति.क. समाधान

शंख प्रक्षालन में बताई गई विधि से 1 लीटर नमकीन कुनकुना पानी तैयार करें अथवा यदि अधिक सर्दी का मौसम न हो तो सामान्य तापमान का शुद्ध जल प्रयोग में लाया जा सकता है।

शंखप्रक्षालन शृंखला के प्रथम तीन आसनों का यहाँ प्रयोग किया जाता है-

क) ताड़ासन

ख) तिर्यक् ताड़ासन

ग) कटि चक्रासन (प्रकारान्तर)

जल्दी-जल्दी 1 गिलास तैयार जल पीयें।

ताड़ासन का 10 बार अभ्यास करें और दूसरा गिलास पानी पीयें।

तिर्यक् ताड़ासन का अभ्यास 10 बार करें और तीसरा गिलास पानी पीयें।

कटि चक्रासन का 10 बार अभ्यास करें और चौथा गिलास पानी पीयें।

शौचालय जायें, परन्तु जोर न लगायें, चाहे शौच हो या न हो।

यदि तुरन्त मल-त्याग न भी हो, कुछ समय बाद होगा।

अभ्यास का समय– त.ति.क. समाधान का अभ्यास प्रात:काल करना चाहिए, जब पेट पूरी तरह खाली हो और कुछ खाया-पीया न गया हो। इसका अभ्यास अन्य आसनों के पूर्व करना चाहिए।

आवृत्ति– सामान्य स्वास्थ्य के लिए सप्ताह में एक बार पर्याप्त है। किन्तु यदि कब्ज हो, तो इसका अभ्यास प्रतिदिन किया जा सकता है, जब तक कब्ज दूर न हो जाए।

संयम–इस अभ्यास के लिए कोई विशेष भोजन निर्धारित नहीं किया गया है। भोजन में विशेष परहेज भी नहीं है।

सावधानियाँ–मल-त्याग के लिए जोर लगाने का प्रयास न करें। यह पूरी तरह स्वाभाविक होना चाहिए।

लाभ–इस अभ्यास से कब्ज तथा उससे सम्बन्धित पाचन समस्याओं से बचाव होता है। इससे शरीर में हल्केपन की अनुभूति होती है और प्रात: जल को प्रथम पेय के रूप में ग्रहण करने की स्वास्थ्यवर्द्धक आदत डालता है।

वातसार धौति (वायु द्वारा आँतों की सफाई)

वातसार धौति

किसी आरामदायक आसन में बैठ जायें।

मुँह खोलें और कौए की चोंच की तरह अपने होठों को सिकोड़ें।

एक ही बार में या कई घूँट भरते हुए खुले मुँह से वायु-ग्रहण कर पेट को भर लें। जो विधि सरल लगे, उसे चुन लें।

पेट को जितना सम्भव हो, वायु से भर लें।

फिर शरीर को पूरी तरह शिथिल करें।

पेट में भरी वायु को बाहर निकालने का प्रयास न करें।

वह अपने समय से बड़ी आँत के द्वारा स्वयं ही बाहर आ जायेगी।

अभ्यास का समय–यह अभ्यास दिन में किसी भी समय किया जा सकता है, किन्तु भोजन के ठीक पूर्व करने से सबसे अधिक लाभ मिलता है। भोजन के बाद इसका अभ्यास नहीं करना चाहिए।

लाभ–यह अभ्यास गैस और उदर-वायु को निष्कासित करता है और पाचन-तन्त्र को उत्प्रेरित करता है।

अभ्यास टिप्पणी–यह अभ्यास भुजंगिनी मुद्रा के समान है। अन्तर इतना है कि भुजंगिनी मुद्रा में डकार के द्वारा उदर-वायु का निष्कासन किया जाता है, जबकि वातसार धौति में इसे आँतों से निकाला जाता है।

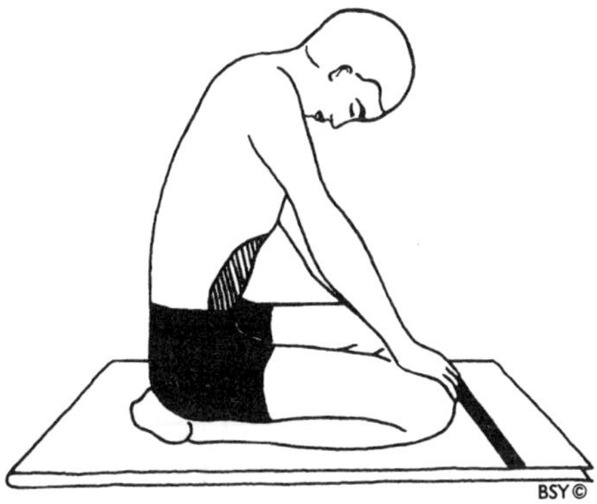

अग्निसार क्रिया या वहिनसार धौति

पैरों के अँगूठों को एक-दूसरे से स्पर्श कराते हुए भद्रासन में अथवा पद्मासन में बैठ जायें।

गहरी श्वास लें।

श्वास छोड़ते हुए फेफड़ों को अधिक-से-अधिक खाली करें।

कोहनियों को सीधा करते हुए थोड़ा आगे की ओर झुकें।

हाथों से घुटनों को नीचे दबायें और जालन्धर बन्ध लगायें।

श्वास को जितनी देर आराम से बाहर रोकना सम्भव हो, उतनी देर उदर की पेशियों को शीघ्रता से सिकोड़ें और फैलायें।

अधिक जोर न लगायें।

जालन्धर बन्ध खोलें।

जब सिर सीधा हो जाए, तब धीमी और गहरी श्वास अन्दर लें।

यह एक चक्र हुआ ।

दूसरा चक्र प्रारम्भ करने के पूर्व श्वास के सामान्य होने तक विश्राम करें।

अवधि– उदर की पेशियों पर स्वैच्छिक नियंत्रण के अभाव में नये अभ्यासियों को शीघ्र ही थकान हो जाने के कारण इस अभ्यास में थोड़ी कठिनाई हो सकती है। दीर्घ काल तक अभ्यास करते हुए पेशियों को धीरे-धीरे, क्रमिक रूप से मजबूत बनाना चाहिए।

प्रारम्भ में, उदर को 10-10 बार सिकोड़ते और फैलाते हुए 3 चक्र

अभ्यास करना पर्याप्त है। नियमित अभ्यास से प्रत्येक चक्र में 50 बार तक उदर का संकुचन और विस्तार किया जा सकता है। श्वास को रोकने की अवधि को अभ्यास के साथ धीरे-धीरे बढ़ायें।

सजगता– शारीरिक–उदर की गति पर।
आध्यात्मिक–मणिपुर चक्र पर।

क्रम–आसनों के बाद। अग्निसार क्रिया का अभ्यास खाली पेट, और यदि सम्भव हो तो प्रातःकाल जलपान के पूर्व तथा शौच होने के बाद करना चाहिए।

सावधानियाँ–ग्रीष्म-काल में यह अभ्यास सावधानीपूर्वक करना चाहिए, क्योंकि इससे शरीर का ताप और रक्तचाप बहुत अधिक बढ़ सकता है। इस काल में हमेशा अग्निसार के बाद शीतलता प्रदान करने वाले प्राणायाम, जैसे–शीतकारी और शीतली का अभ्यास करना चाहिए।

सीमायें–उच्च रक्तचाप, हृदय-रोग, तीव्र ड्यूडेनल या पेप्टिक अल्सर, थायरॉइड ग्रन्थि की अधिक सक्रियता अथवा जीर्ण अतिसार से पीड़ित व्यक्तियों को यह क्रिया नहीं करनी चाहिए। गर्भवती स्त्रियों को भी यह क्रिया नहीं करनी चाहिए।

लाभ–अग्निसार-क्रिया भूख बढ़ाती है और पाचन-क्रिया में सुधार लाती है। यह उदर की मालिश करती है, सम्बन्धित स्नायुओं को उत्प्रेरित करती है, पेशियों को मजबूत बनाती है और उदर के अंगों को पूर्ण स्वस्थ बनाती है। अग्निसार क्रिया पंच प्राणों, विशेषकर समान को उत्प्रेरित करती है और ऊर्जा के स्तर को विशेष रूप से बढ़ाती है। यह उदासी, आलस्य और सुस्ती को दूर करती है।

प्रारम्भिक अभ्यास–श्वान प्राणायाम

भद्रासन में बैठ जायें और दोनों पैरों के अँगूठों को एक-दूसरे के सम्पर्क में रखें।
हाथों को घुटनों पर रखें और आँखें बन्द कर लें। (चित्र देखें)
कुछ मिनटों तक पूरे शरीर को, विशेषकर उदर को शिथिल करें।
भुजाओं को सीधा करें और थोड़ा सामने की ओर झुकें।
सिर को सीधा रखें।
मुँह को पूरा खोलकर जीभ को बाहर निकालें।

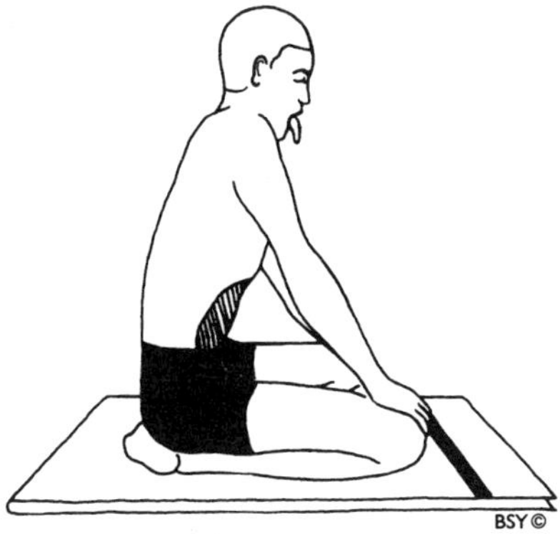

जीभ को बाहर निकाले रखकर मुँह से जल्दी-जल्दी श्वास लें और छोड़ें।
उदर को शीघ्रता से सिकोड़ें और फैलायें।
श्वास छोड़ते समय उदर सिकुड़ना चाहिए और श्वास लेते समय फैलना चाहिए।
श्वसन-क्रिया बिना प्रयास के होनी चाहिए, मानो उदर की गति में तीव्रता के कारण ही ऐसा हो रहा हो। यह क्रिया कुत्ते के हाँफने के समान होनी चाहिए।
वक्ष को जितना सम्भव हो, निश्चल रखें।
अधिक जोर न लगायें।
10 से 20 बार श्वास लें और छोड़ें।
यह एक चक्र हुआ। 3 चक्र अभ्यास करें।
चक्रों के मध्य विश्राम करें और सामान्य श्वसन करें।

सजगता– शारीरिक–उदर की गति के साथ श्वसन का तालमेल बैठाने पर।
आध्यात्मिक–मणिपुर चक्र पर।

अभ्यास टिप्पणी– उदर की पेशियों एवं मध्यपट को मजबूत बनाने और उन पर नियन्त्रण स्थापित करने के लिए यह एक उत्तम क्रिया है। उड्डियान बन्ध और नौलि की तैयारी के लिए प्रारम्भिक अभ्यास के रूप में इसका उपयोग किया जाता है।

टिप्पणी– *अग्नि की प्रकृति पाचन-क्रिया के अनुरूप होती है। यदि उदर के अंग सही ढंग से कार्य नहीं कर रहे हैं, तो पाचन-अग्नि मन्द हो जाती है और उसे हवा देकर प्रज्वलित करना पड़ता है। अग्निसार-क्रिया ठीक*

यही कार्य करती है। साथ-ही वह पाचन-तन्त्र एवं उससे सम्बद्ध अंगों को शुद्ध करती है और भोजन से अधिकतम पोषक तत्त्व ग्रहण करने की क्षमता प्रदान करती है।

वमन धौति

कुंजल क्रिया या वमन धौति

तैयारी–हाथों को धो लें और नाखूनों को अच्छी तरह काट लें।

प्रति व्यक्ति दो लीटर कुनकुना (शरीर के तापमान के अनुरूप) जल तैयार कर लें और रुचि के अनुसार प्रति लीटर एक छोटा चम्मच नमक डालें।

विधि 1: कुंजल क्रिया (पानी वमन करने की क्रिया)

किसी हौज या शौचालय के पास खड़े हो जायें और यदि गर्मी का मौसम हो तो बाहर बगीचे में किसी उचित स्थान या खुली नाली के पास चले जायें। अब तैयार किया गया पानी कम-से-कम छ: गिलास शीघ्रतापूर्वक तब तक पीते जायें जब तक वमन की इच्छा न होने लगे। यह अत्यन्त आवश्यक है कि पानी बहुत जल्दी-जल्दी पीया जाय, घूँट-घूँट करके

नहीं। जब पेट भर जायेगा तो अपने आप वमन करने की इच्छा होगी। सामने झुकें और धड़ को जितना सम्भव हो जमीन के समानान्तर रखें। मुँह खोलें और दाहिने हाथ की मध्यमा और तर्जनी को जीभ के ऊपर अधिक-से-अधिक पीछे ले जायें। जीभ के पिछले भाग को हल्के-से रगड़ें और दबायें। इससे वमन होगा और आमाशय का सम्पूर्ण जल वेग से बाहर आ जायेगा।

यदि पानी बाहर नहीं आता है, तो इसका मतलब है कि उँगलियों के पोर गले में अधिक नीचे तक नहीं पहुँच पाये हैं या जीभ पर दबाव नहीं पड़ रहा है।

अभ्यास करते समय अभ्यासी जितना अधिक तनावरहित रहेगा, अभ्यास उतनी ही सरलता से होगा।

वमन करते समय उँगलियों को मुँह से बाहर निकाला जा सकता है, परन्तु यह आवश्यक नहीं है।

जब पानी बाहर आना बन्द हो जाये, तब फिर से उँगलियों को मुँह के अन्दर डालें और प्रक्रिया को दुहरायें।

जब तक आमाशय बिल्कुल खाली न हो जाय तब तक इस प्रक्रिया को दुहराते जायें।

विधि 2: गज कर्म क्रिया

तैयार किया हुआ कुनकुना, नमकीन पानी कम-से-कम छः गिलास पीयें। आमाशय में जितना आ सके, उतना पानी भर लें, जिससे और गुंजाइश न हो।

पैरों के बीच आरामदायक दूरी रखकर खड़े हो जायें, आगे की ओर झुकें और हाथों को घुटनों पर रखें।

सम्पूर्ण शरीर को शिथिल करें।

मुँह खोलें और गले से 'आह' की फुसफुसाहटभरी आवाज निकालते हुए धीरे-धीरे श्वास अन्दर लें। साथ-ही-साथ उरोस्थि के ठीक नीचे उदर के ऊपरी भाग को संकुचित करें।

पूरी श्वास लेने के बाद उदर के दबाव को बनाये रखते हुए श्वास छोड़ें। यदि यह क्रिया सही ढंग से की जाए, तो पानी मुँह से स्थिर धारा के रूप में बाहर आ जायेगा।

यह आवश्यक है कि पानी के निष्कासन के समय शरीर शिथिल रहे, ताकि पानी निकलने में बाधा न आये।

अतिरिक्त अभ्यास– कुंजल की दोनों विधियों के पश्चात् जल नेति करनी चाहिए।

अभ्यास का समय– कुंजल और गज-कर्म-क्रियाओं के अभ्यास के लिए प्रातः जलपान के पूर्व का समय सर्वोत्तम होता है। यदि मौसम अधिक ठण्ढा हो, तो थोड़ा दिन निकलने के बाद अभ्यास करना चाहिए।

यह अनिवार्य है कि अभ्यास के पूर्व कुछ खाया न जाए।

आवृत्ति– जब तक योग्य शिक्षक द्वारा अन्य निर्देश न दिया गया हो, कुंजल और गज-कर्म-क्रियायें सप्ताह में एक बार की जानी चाहिए।

सावधानियाँ– जब वमन की सहज क्रिया में पानी बाहर आना बन्द हो जाय, तो अभ्यास समाप्त कर दें, क्योंकि यह इस बात का संकेत है कि आमाशय खाली हो गया है। इन अभ्यासों से आमाशय की कुछ भीतरी परतें निकल जाती हैं, परिणामस्वरूप कुछ समय के लिए आमाशय आवरणहीन हो जाता है।

इसलिए परामर्श दिया जाता है कि अभ्यास के पूरा होने के आधे घण्टे बाद हल्का भोजन ही खाया जाए।

सीमायें– हर्निया, उच्च रक्तचाप, अन्तःकपालीय दबाव, हृदय-रोग, दौरा पड़ना, तीव्र पेप्टिक अल्सर या नेत्र-समस्या सहित मधुमेह से ग्रस्त लोगों को ये अभ्यास नहीं करने चाहिए। गर्भावस्था में इनका अभ्यास नहीं करना चाहिए।

लाभ– आमाशय की दीवारों में तीव्र पेशीय संकुचन उत्पन्न कर ये विधियाँ उदर के भी अवयवों को पोषण एवं उद्दीपन प्रदान करती हैं। शरीर से अतिरिक्त श्लेष्मा बाहर निकल जाता है, जिससे श्वसन सम्बन्धी क्रियाओं में सहायता मिलती है।

आन्तरिक एवं बाह्य द्वन्द्वों और दबावों से हृदय में निर्मित और दमित भावनायें एवं कुण्ठायें तथा भावनात्मक अवरोध भी इन विधियों के उपयोग से दूर हो जाते हैं।

अभ्यास टिप्पणी– योग शिक्षक की सलाह लेकर सादा जल प्रयोग में लाया जा सकता है। नमकीन पानी श्लेष्मा को घुलनशील बनाता है और आमाशय में अम्ल के स्राव को रोकता है। इसलिए सामान्य रूप से सादे जल की

अपेक्षा नमकीन जल अच्छा होता है। जिन्हें अधिक कफ या अति-अम्लता की शिकायत हो, उन्हें नमकीन जल का ही उपयोग करना चाहिए।

इन विधियों के उपयोग में सबसे कठिन बाधा वमन करने के प्रति हमारा मानसिक अवरोध है। कुछ लोग प्रथम प्रयास में पानी बाहर नहीं निकाल पाते हैं। उस स्थिति में पेट में जमा पानी सामान्य ढंग से शरीर-संस्थान से बाहर निकल आयेगा।

पेट से निकले पानी का रंग बदला हुआ हो सकता है, विशेषकर पहले कुछ प्रयासों में। पेट में पड़े सड़े भोजन, पित्त या श्लेष्मा के कारण ऐसा हो सकता है।

जब आमाशय पूर्णत: स्वच्छ हो जायेगा, तो उससे निकलने वाला जल भी स्वच्छ होगा।

गज क्रिया कुंजल का उच्च अभ्यास है। इस अभ्यास में उदर की पेशियों को संकुचित कर उदर से पानी को निष्कासित किया जाता है। इस क्रिया के लिए अभ्यास एवं उदर की पेशियों पर अच्छे नियंत्रण की आवश्यकता होती है।

विधि 3: व्याघ्र-क्रिया

पेट में बिना पचा हुआ या आंशिक रूप से पचा हुआ भोजन रहने पर तैयार किया हुआ कुनकुना, नमकीन पानी कम-से-कम छ: गिलास पी लें। पेट में जितना अधिक पानी आ सके, भर लें।

कुंजल क्रिया की भाँति ही आमाशय में भरे पानी को बाहर निकालें। आमाशय का सारा बचा हुआ भोजन वमन के द्वारा बाहर आ जायेगा।

लाभ– यह क्रिया अधिक मात्रा में खाये हुए भोजन या सड़े भोजन से आँतों का बचाव करती है।

यद्यपि आज अपच की गोलियाँ इस कार्य के लिए उपलब्ध हैं, फिर भी सबसे स्वाभाविक एवं कम हानिकारक विधि वमन है।

अभ्यास का समय– भोजन के तीन घण्टे के बाद जब भी पेट में बेचैनी लगे, व्याघ्र-क्रिया की जा सकती है। यदि पेट बहुत अधिक भरा हुआ हो या खराब भोजन कर लिया गया हो, तो यह क्रिया पहले भी की जा सकती है।

आवृत्ति– व्याघ्र-क्रिया तभी की जाय, जब आवश्यकता महसूस हो।

अभ्यास टिप्पणी–व्याघ्र-क्रिया कुंजल-क्रिया की तरह ही की जाती है। इसकी विशेषता यह है कि यह भरे पेट में और अवांछित अवशिष्ट भोजन को पेट से बाहर करने के लिए की जाती है।

***टिप्पणी**– बाघ की आदत होती है कि वह शिकार से अपने पेट को भर लेता है और कोई तीन-चार घण्टे बाद आधे पचे भोजन का वमन कर देता है। यदि भोजन पचने योग्य न हो तो शरीर अनजाने में उसे बाहर निकाल देता है, इस विधि में यह क्रिया स्वैच्छिक रूप से की जाती है। जब अशुद्ध या अधिक मात्रा में भोजन आमाशय में डाल दिया जाता है, शरीर उसे पचाने का प्रयास करता है और इस प्रयत्न में असफल होने पर वह अन्तिम उपाय के रूप में वमन द्वारा बाहर कर देता है। भारीपन, मितली और अपच से छुटकारा पाने का सरलतम उपाय है, मुँह द्वारा वमन करके भोजन को बाहर निकाल देना।*

वस्त्र धौति

वस्त्र धौति (वस्त्र द्वारा सफाई)

तैयारी–इस अभ्यास के लिए एक नये और स्वच्छ कपड़े की आवश्यकता होती है। एक महीन, सादा, बिना कलफ किया मलमल का सफेद कपड़ा सर्वोत्तम है। कृत्रिम वस्त्र का उपयोग नहीं करना चाहिए। वस्त्र 2½ सेन्टीमीटर चौड़ा और 3 मीटर लम्बा होना चाहिए (जीभ से अधिक चौड़ा वस्त्र नहीं होना चाहिए, नहीं तो गले में नीचे जाते समय वह मुड़ सकता है।) कुछ महीनों के अभ्यास के बाद चौड़ाई 5 या 6 सेन्टीमीटर और लम्बाई 6½) मीटर की जा सकती है। घिसे हुए किनारे या ढीले धागों को निकाल देना चाहिए।

अभ्यास के पूर्व वस्त्र को पूरी तरफ स्वच्छ कर गर्म पानी से धो लेना चाहिए। उसके बाद उसे कुनकुने पानी के कटोरे में डाल देना चाहिए। पानी में नमक भी डाला जा सकता है, पर यह आवश्यक नहीं है।

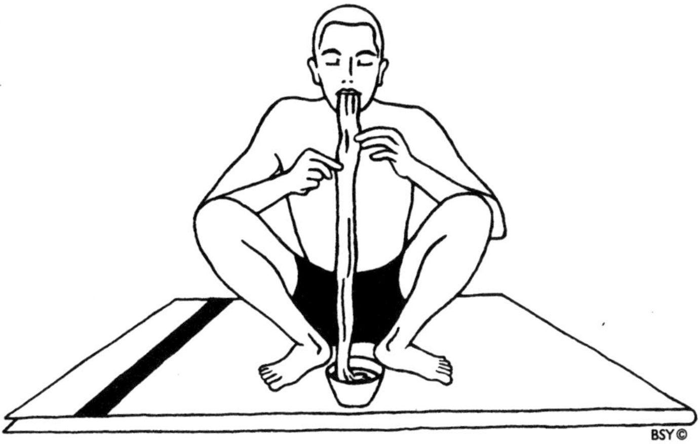

पानी वस्त्र को गीला रखता है, ताकि वह सुगमता से भोजन-नलिका से होते हुए आमाशय के भीतर प्रवेश कर जाए। निगलने में सुगमता लाने के लिए वस्त्र को दूध या मीठे दूध में भी डुबाया जा सकता है।

एक ही वस्त्र को कई बार उपयोग में लाया जा सकता है। अभ्यास के बाद वस्त्र को खौलते जल में उबाल लेना चाहिए, क्योंकि उसमें कफ जम जाता है। उसे अच्छी तरह सुखा लें, संभव हो तो सीधे धूप में सुखायें और फिर साफ-सुथरी जगह पर रख दें।

वस्त्र को निगलना– ऊकडूँ बैठ जायें, एड़ियों को जमीन पर और नितम्बों को ऊपर रखें या किसी छोटी तिपाई पर बैठें।

वस्त्र वाले कटोरे को दोनों पंजों के बीच जमीन पर रख दें।

पूरे शरीर को शिथिल बनायें।

वस्त्र के एक छोर को हाथ में पकड़ लें और दूसरे छोर को बर्तन में ही रहने दें। छोर के दोनों किनारों को मोड़ लें, ताकि वह थोड़ा नुकीला हो जाये। इससे वह गले में आसानी से नीचे चला जायेगा।

पतले छोर को जितनी दूर तक सम्भव हो जीभ के पिछले भाग में रखें और फिर चित्र में दिखाये अनुसार मुँह के बाहर वस्त्र को तर्जनी उँगलियों और अँगूठों से पकड़ लें।

अब वस्त्र को निगलना आरम्भ करें। यदि वह गले में अटकता है और नीचे नहीं जाता, तो एक-दो घूँट गर्म पानी पी लें, किन्तु एक-दो घूँट

ही पीयें, क्योंकि आमाशय को वस्त्र से भरना है, न कि पानी से।

वस्त्र को धीरे-धीरे भोजन चबाने की तरह मुँह में घुमाना है, उसे वास्तव में चबाना नहीं है। इससे प्रचुर मात्रा में लार टपकेगी, जिससे वस्त्र को आसानी से भीतर जाने में मदद मिलेगी।

वस्त्र गले के सबसे निचले भाग में जाकर अटक सकता है और वमन की संवेदना उत्पन्न हो सकती है। कुछ क्षणों के लिए रुक जायें, जब तक यह संवेदना समाप्त न हो जाए और उसके बाद निगलना जारी रखें। एक बार जब वस्त्र थोड़ा और नीचे जाकर, श्वास-नली और भोजन-नली के सन्धि-स्थल को पार कर जाए, तब समस्या हल हो जाएगी और वह सहजता से आमाशय में सरक जायेगा।

जैसे-जैसे छोर अन्न-नलिका में नीचे सरकता जाय, धीरे-धीरे और अधिक वस्त्र को मुँह में घुसाते जायें, किन्तु यह कार्य अतिशीघ्रतापूर्वक न करें, नहीं तो वह मुँह में भर जायेगा और अभ्यास कठिन हो जायेगा।

पूरे वस्त्र को नहीं निगलें, कम-से-कम 30 सेन्टीमीटर वस्त्र मुँह के बाहर रहने दें।

मन्थन–खड़े हो जायें।

पहले दक्षिण और वाम नौलि करें, उसके बाद उदर के स्नायुओं को घुमायें। अन्त में मध्यम नौलि करें।

आमाशय की सफाई के लिए 3 से 5 मिनट नौलि का अभ्यास पर्याप्त है।

प्रारम्भिक अभ्यासियों को केवल एक मिनट तक अभ्यास करना चाहिए।

नौलि के विकल्प के रूप में अग्निसार-क्रिया कर सकते हैं, वस्त्र को आमाशय में 5 से 20 मिनट तक छोड़ सकते हैं, किन्तु उससे अधिक नहीं, क्योंकि उसके बाद वह आँत में प्रवेश करने लगेगा।

वस्त्र को बाहर निकालना–अब वस्त्र को धीरे-धीरे आमाशय से निकालें।

एक बार फिर उकड़ूँ बैठ जायें।

वस्त्र को पकड़ लें और धीरे-धीरे किन्तु दृढ़तापूर्वक उसे खींचे।

अधिक जोर से नहीं खींचे, इससे आमाशय और अन्न-नलिका की कोमल दीवारों को क्षति पहुँच सकती है।

प्रारम्भ में वस्त्र खींचने में थोड़ी रुकावट हो सकती है, किन्तु कुछ क्षणों के बाद वह समाप्त हो जायेगी और वस्त्र सुगमता से बाहर आ जायेगा।

सम्पूर्ण वस्त्र को बाहर निकाल लें और उसे मग या कटोरे में रखें।

क्रम–वस्त्र धौति से पहले नौलि क्रिया के अभ्यास में दक्षता प्राप्त करना आवश्यक है।

अभ्यास का समय–यह अभ्यास प्रात:काल बिना कुछ खाये-पीये करना चाहिए। प्रारम्भ करने के पूर्व आमाशय बिल्कुल खाली रहना चाहिए।

सावधानियाँ–अभ्यास के समय बातचीत न करें। योग्य मार्गदर्शन के बिना यह अभ्यास न करें।

सीमायें–जो लोग उच्च रक्तचाप या हृदय-रोग से पीड़ित हों, जिन्हें दौरा पड़ता हो, पेप्टिक अल्सर, अत्यधिक जठरशोथ, कोई सामान्य रोग या शारीरिक कमजोरी हो, उन्हें यह अभ्यास नहीं करना चाहिए।

शल्यक्रिया के 6 महीने बाद तक, विशेष रूप से उदर की शल्य क्रिया के बाद अथवा गर्भावस्था में यह अभ्यास नहीं करना चाहिए।

लाभ–वस्त्र-धौति से छाती में जमा श्लेष्मा ढीला होकर बाहर निकल आता है, साथ-ही श्वास-नली की पेशियाँ शिथिल होती हैं, जिससे श्वसन-क्रिया में सुधार होता है।

वस्त्र-धौति गले और छाती में प्रबल प्रतिक्रिया उत्पन्न करती है। अभ्यासी को प्रयत्न करके वमन करने की प्रवृत्ति को नियन्त्रित करना होता है। इससे स्वचालित तन्त्रिका-तन्त्र मजबूत होता है। आत्मविश्वास, संकल्प-शक्ति, तथा शरीर के प्रति अनासक्ति के भाव का विकास होता है।

अभ्यास टिप्पणी–वस्त्र को निगलने के लिए कुछ अभ्यास की आवश्यकता हो सकती है। तनावरहित रहने का प्रयास करें, जोर न लगायें। इससे प्रक्रिया अपने आप सरल हो जायेगी। जल्दबाजी न करें, आराम से वस्त्र को निगलें। एक बार जब मन इस विचार को स्वीकार कर लेगा, तब आपको अभ्यास में दक्षता प्राप्त हो जायेगी।

वस्त्र को निगल लेने के बाद आमाशय की मालिश नौलि की मन्थन-क्रिया द्वारा की जानी चाहिए, ताकि वस्त्र आमाशय की दीवारों को रगड़ कर साफ कर दे।

नौलि

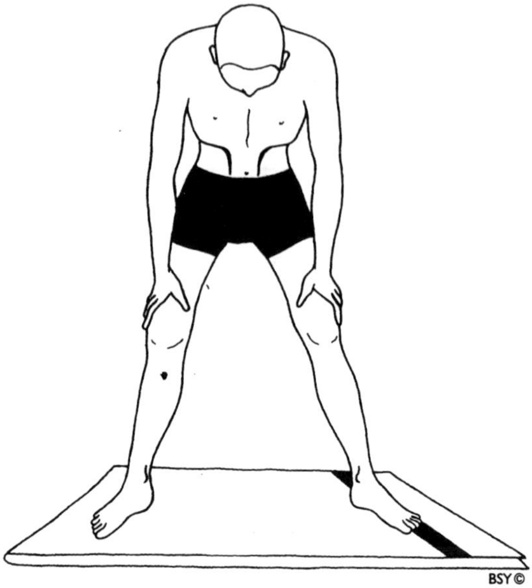

नौलि (उदर की मालिश)

चरण 1: मध्यम नौलि (मध्य उदर संकुचन)

खड़े हो जायें। दोनों पंजों के बीच लगभग एक मीटर की दूरी रखें।

नासिका से गहरी श्वास अन्दर लें और मुँह से बाहर निकालते हुए फेफड़ों को जितना सम्भव हो, खाली करें।

घुटनों को थोड़ा मोड़कर सामने की ओर झुकें और हाथों को घुटनों से ठीक ऊपर जाँघों पर रखें।

उँगलियाँ भीतर या बाहर की ओर रह सकती हैं। शरीर के ऊपरी भाग के वजन को घुटनों के ऊपर इस क्षेत्र पर आराम से टिकायें। भुजायें सीधी रहें। बहिर्कुम्भक करते हुए जालन्धर बन्ध लगायें।

आँखों को खुला रखें और उदर को देखें।

उदर के निचले भाग को सिकोड़ें।

गुदा के पास उदर की पेशियों को इस प्रकार संकुचित करें कि वे उदर के मध्य में लम्ब रूप में एकत्र हो जायें।

बिना जोर लगाये पेशियों को जितना अधिक संकुचित कर सकते हैं, करें। जब तक श्वास को आराम से रोकना सम्भव हो, तब तक संकुचन को बनाये रखें।
संकुचन को शिथिल करें, सिर को ऊपर उठायें और सीधे खड़े हो जायें। उदर को फैलाते हुए धीरे-धीरे गहरी श्वास लें। पूरे शरीर को शिथिल करें।
यह एक चक्र हुआ।
हृदयगति के सामान्य होने तक खड़े होकर विश्राम करें।
फिर अभ्यास की पुनरावृत्ति करें।

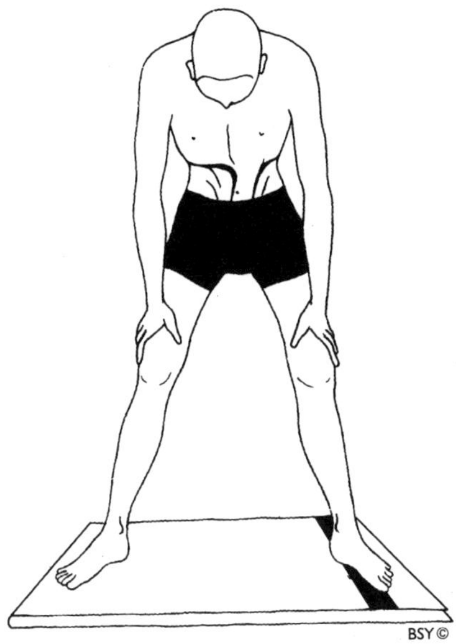

चरण 2: वाम नौलि

उदर के निचले भाग के संकुचन और गुदा के समीप उदर प्रदेश की पेशियों के संकुचित होकर लम्बरूप में मध्य में एकत्र होने तक ऊपर मध्यम नौलि के लिए दिये गये निर्देशों का पालन करें।
गुदा के समीप उदर की पेशियों को बायीं ओर ले जायें।
बिना जोर लगाये पेशियों को जितना सम्भव हो संकुचित करते हुए बायीं ओर ले जायें।
मध्यम नौलि में लौट आयें।

उदर के संकुचन को शिथिल करें, सिर को ऊपर उठायें और सीधे खड़े हो जायें।

उदर को फैलाते हुए धीरे-धीरे गहरी श्वास लें।

यह एक चक्र हुआ।

हृदयगति के सामान्य होने तक खड़े होकर विश्राम करें।

चरण 3 के अभ्यास में जायें।

चरण 3: दक्षिण नौलि

वाम नौलि पूरा करने के पश्चात् उसी प्रकार दायीं ओर अभ्यास करें।

एक चक्र समाप्त करने के पश्चात् सीधे खड़े होने की स्थिति में तब तक विश्राम करें जब तक हृदय-गति सामान्य न हो जाय।

चरण 4: उदर का मन्थन

जब तक पूर्व के तीनों चरणों में दक्षता प्राप्त न हो जाए, तब तक इस चरण का अभ्यास प्रारम्भ न करें।

वाम नौलि करें फिर पेशियों को दाहिनी ओर ले जाकर दक्षिण नौलि करें, फिर पुन: वाम नौलि करें।

पेशियों को एक ओर से दूसरी ओर घुमाते रहें। इस प्रक्रिया को मन्थन कहते हैं। आरम्भ में क्रम से 3 चक्र घुमायें और उसके बाद उदर के संकुचन को शिथिल करें।

अब पहले दक्षिण नौलि से प्रारम्भ करें और इस बार पेशियों को दाहिनी से बायीं, बायीं से दाहिनी ओर क्रमानुसार 3 बार घुमायें।

फिर मध्यम नौलि करें और पेशियों को मध्य में ले आयें।

सिर को ऊपर उठायें और सीधे खड़े हो जायें।

उदर को फैलाते हुए धीरे-धीरे गहरी श्वास लें।

यह एक चक्र हुआ।

हृदय-गति के सामान्य होने तक सीधे खड़े होकर विश्राम करें।

अभ्यास का समय– नौलि का अभ्यास आमाशय के बिल्कुल खाली होने पर, भोजन के कम-से-कम 5-6 घण्टे बाद ही करना चाहिए। सर्वोत्तम समय प्रात:काल है, जिस समय आपने कुछ खाया-पीया न हो।

अवधि– प्रारम्भ में 5 चक्र मध्यम नौलि करें और फिर उसे 10 चक्र तक ले जायें। वाम और दक्षिण नौलियों का अभ्यास एक साथ करना चाहिए, प्रत्येक नौलि का 5 से 10 बार अभ्यास करें।

प्रारम्भ में पेशियों को 5 से 10 बार दायीं तथा बायीं ओर घुमाते हुए उदर का मन्थन करें, और जैसे-जैसे अभ्यास से पेशियों पर नियन्त्रण प्राप्त होता जाए, कुछ महीनों में धीरे-धीरे संख्या बढ़ाते हुए 25 बार तक घुमायें। अधिक जोर न लगायें।

सावधानियाँ– नौलि का अभ्यास कुशल मार्गदर्शन में ही करना चाहिए। यदि नौलि के अभ्यास के दौरान पेट में दर्द का अनुभव हो, तो अभ्यास तुरन्त बन्द कर दें। फिर अभ्यास तब प्रारम्भ करें जब पीड़ा मिट जाय या दूसरे दिन और अधिक सजगता से तथा कम जोर लगाते हुए करें।

सीमायें– जो लोग हृदय-रोग, उच्च रक्तचाप, हर्निया, पथरी, तीव्र पेप्टिक अल्सर से पीड़ित हों या जिनके उदर की हाल ही में शल्य-क्रिया हुई हो, उदर में पीड़ा या कब्ज हो, उन्हें नौलि करने का प्रयास नहीं करना चाहिए। गर्भवती स्त्रियों को नौलि नहीं करनी चाहिए। किन्तु प्रसव के छ: महीने बाद उदर एवं श्रोणि की पेशियों को मजबूत बनाने के लिए इस अभ्यास का परामर्श दिया जाता है।

लाभ– नौलि पेशियों, स्नायुओं, आँतों, प्रजनन, मूत्र एवं उत्सर्जक अंगों सहित सम्पूर्ण उदर-प्रदेश की मालिश और पोषण करती है। यह शरीर में ताप उत्पन्न करती है और भूख, पाचन, स्वांगीकरण, अवशोषण एवं उत्सर्जन क्रिया को उद्दीप्त करती है। यह अन्त:स्रावी प्रणाली के अधिवृक्क घटकों में सन्तुलन लाने में सहायक होती है।

नौलि मणिपुर चक्र को उद्दीप्त और शुद्ध करती है, जो कि प्राण का भण्डार है। यह शरीर में ऊर्जा के प्रवाह में सामंजस्य लाकर मानसिक स्पष्टता एवं मानसिक शक्ति को बढ़ाती है।

अभ्यास टिप्पणी– वाम अथवा दक्षिण नौलि का अभ्यास आरम्भ करने के पूर्व मध्यम नौलि के अभ्यास में दक्षता प्राप्त कर लेनी चाहिए।

नौलि का अभ्यास प्रारम्भ करने के पूर्व अग्निसार-क्रिया और उड्डियान-बन्ध में दक्षता प्राप्त कर लेनी चाहिए।

जब खड़े होकर नौलि का अभ्यास करने में दक्षता प्राप्त हो जाए, तब सिद्धासन/सिद्धयोनि आसन में इसका अभ्यास करना चाहिए।

टिप्पणी– *नौलि शब्द की व्युत्पत्ति नल या नली शब्द से हुई है, यह शरीर की शिराओं या स्नायुओं को दर्शाता है। गुदा के समीप उदर की पेशियों के*

लिए भी संस्कृत के नल शब्द का उपयोग होता है। नौलि को लौलिकी कर्म भी कहा जाता है। लौलिकी शब्द की व्युत्पत्ति लोल से हुई है, जिसका अर्थ होता है, चंचल या 'इधर-उधर झूलना', जो कि इस अभ्यास में किया जाता है। यह अभ्यास सम्पूर्ण उदर को उत्तेजित, आलोड़ित और विलोड़ित करता है। उदर से सम्बन्धित पेशियों एवं स्नायुओं का भी मन्थन होता है।

बस्ति

बस्ति (यौगिक एनिमा)

विधि 1: जल बस्ति (जल द्वारा यौगिक एनिमा)

नाभि तक स्वच्छ जल में खड़े हो जायें। बहती नदी इसके लिए आदर्श स्थान है।

सामने झुक कर हाथों को घुटनों पर रखें।

गुदा-द्वार की अवरोधिनी पेशियों का विस्तार करें, साथ-ही उड्डियान बन्ध लगाकर इस प्रकार नौलि-क्रिया करें कि जल गुदा-मार्ग से ऊपर को चढ़े।

जल को कुछ समय तक आँत में रोकें, फिर गुदा-मार्ग से उसका निष्कासन करें।

लाभ–इससे बड़ी आँत की सफाई और शुद्धि होती है। पुराना मल बाहर निकलता है और उदर-वायु का निष्कासन होता है। प्राणायाम के उच्च अभ्यासी बस्ति का उपयोग अभ्यासों से पेट में उत्पन्न गर्मी को कम करने के लिए करते हैं।

अभ्यास टिप्पणी–यह विधि कुशल मार्गदर्शन में सीखनी चाहिए। अभ्यास को सरल बनाने के लिए प्रारम्भिक अभ्यासी एक छोटी नली को गुदा-द्वार से भीतर डाल कर अभ्यास कर सकते हैं।

प्रकारान्तर: नाभि तक शीतल, ताजे जल में बैठकर अश्विनी मुद्रा करके भी बस्ति के लाभ प्राप्त किये जा सकते हैं।

टिप्पणी–*बस्ति शब्द को वस्ति भी लिखा जाता है। सामान्य रूप से उदर के निचले भाग, पेट, श्रोणि और मूत्राशय को वस्ति प्रदेश कहा जाता है। यह विधि बस्ति-कर्म के रूप में भी जानी जाती है।*

विधि 2: स्थल बस्ति (शुष्क यौगिक एनिमा)

दोनों पैरों को सामने फैलाकर बैठें और पश्चिमोत्तानासन करें।

इस स्थिति में रह कर आँतों में वायु खींचते हुए 25 बार अश्विनी मुद्रा करें।

वायु को कुछ समय तक रोकें और फिर गुदाद्वार से निष्कासित कर दें।

लाभ– यह अभ्यास बड़ी आँत को स्वच्छ करता तथा उदर-वायु का निष्कासन करता है।

विधि 3: मूल शोधन (गुदा की सफाई)

कच्ची नर्म हल्दी की जड़ को धीरे-धीरे गुदा में प्रवेश करायें। विकल्प के रूप में तर्जनी या मध्यमा उँगली भी गुदा-मार्ग से भीतर प्रविष्ट करायी जा सकती है। हल्दी की जड़ या उँगली को गुदा के भीतरी भाग की पेशियों पर 10 बार दाहिनी ओर तथा 10 बार बायीं ओर घुमायें। जड़ या उँगली को बाहर निकाल कर गुदा को शीतल जल से स्वच्छ कर लें।

लाभ–यह अभ्यास गुदा-क्षेत्र का शोधन करता है।

अभ्यास टिप्पणी–इस अभ्यास के लिए हल्दी की जड़ के उपयोग का परामर्श दिया जाता है, क्योंकि इसमें बड़े औषधीय गुण होते हैं। यह एक अच्छा ऐन्टिसेप्टिक तथा रक्त-शोधक है और शारीरिक अशुद्धियों को सामान्य रूप से दूर करती है।

टिप्पणी–मूल का अर्थ 'जड़' या 'आधार' होता है। शोधन का शब्दार्थ शुद्धिकरण है। इस विधि को मूल धौति, गणेश क्रिया या चक्री कर्म भी कहते हैं।

कपालभाति

कपालभाति (अग्र मस्तिष्क की सफाई)

विधि 1: वातक्रम कपालभाति (वायु द्वारा सफाई)

यह अभ्यास कपालभाति प्राणायाम, विधि 1 के समान है (प्राणायाम खण्ड देखें)।

विधि 2: व्युत्क्रम कपालभाति (साइनस की सफाई)

एक कटोरे में गर्म पानी भर लें और उसमें प्रति आधा लीटर में एक छोटे चम्मच के हिसाब से नमक डालें। यह सुनिश्चित कर लें कि नमक अच्छी तरह से घुल जाए।
आराम से खड़े होकर पानी के कटोरे के ऊपर झुकें।
इस स्थिति में शरीर को अधिक-से-अधिक शिथिल करें।
हथेली में पानी भर लें और नासिकाछिद्रों से उसे भीतर खींचें।
पानी को मुँह में आ जाने दें और तब उसे थूक कर बाहर कर दें।
इस प्रकार कई बार अभ्यास करें।
जल-नेति में बतायी गयी विधि से नासिकाछिद्रों को अच्छी तरह शुष्क कर लें।
इस प्रकार अभ्यास पूरा होता है।

विधि 3: शीतक्रम कपालभाति

ऊपर बताई गयी विधि के अनुसार पानी तैयार करें।
आराम से खड़े हो जायें और पानी के कटोरे के ऊपर झुकें।
मुँह में गर्म नमकीन पानी भर लें। किन्तु उसे गटकने की बजाय ऊपर की ओर ठेलें और नासिका-मार्ग से बाहर निकालें।
इस प्रकार कई बार अभ्यास करें।
जल-नेति में बतायी गयी विधि से नासिकाछिद्रों को शुष्क कर लें।
इस प्रकार अभ्यास पूरा होता है।

अभ्यास का समय–सर्वोत्तम समय प्रात:काल है। यद्यपि व्युत्क्रम और शीतक्रम कपालभाति का अभ्यास भोजन के बाद के समय को छोड़कर दिन में किसी भी समय किया जा सकता है।

अवधि–व्युत्क्रम और शीतक्रम कपालभाति के अभ्यास में केवल कुछ मिनटों का समय लगता है, अतः इन्हें प्रतिदिन भी किया जा सकता है।

सीमायें–जिन्हें प्रायः नासिका से रक्त-स्राव होता हो, उन्हें ये अभ्यास नहीं करने चाहिए।

लाभ–व्युत्क्रम और शीतक्रम कपालभाति के अभ्यास से साइनस में जमा कफ बाहर आता है और चेहरे की पेशियों एवं स्नायुओं से तनाव घटता है। अन्य शारीरिक एवं आध्यात्मिक प्रभाव जल नेति के समान ही, पर अधिक गहरे होते हैं।

अभ्यास टिप्पणी–व्युत्क्रम और शीतक्रम कपालभाति प्रारम्भ करने के पूर्व अभ्यासी को जल नेति में निपुण होना चाहिए।

टिप्पणी–*कपाल का अर्थ होता है ललाट, खोपड़ी या मस्तिष्क का अग्र भाग, भाति का अर्थ होता है, 'प्रकाश' या 'आभा'; साथ ही इसका अर्थ 'धारणा' या 'ज्ञान' भी होता है।*

त्राटक

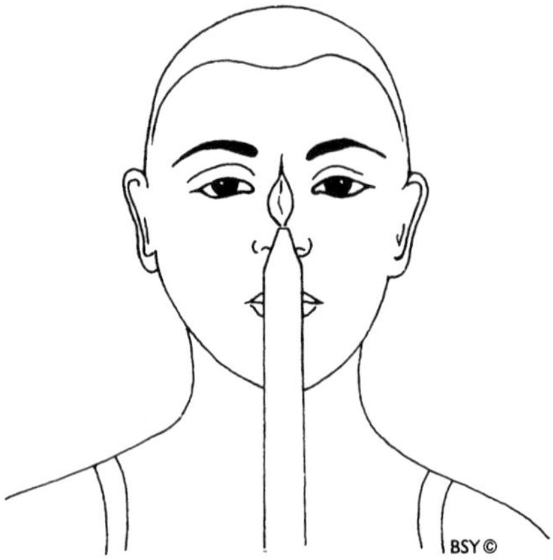

त्राटक

एक मोमबत्ती जला कर उसे एक छोटी मेज पर इस प्रकार रखें कि बैठने पर उसकी लौ आँखों की सीध में रहे।

बत्ती ठीक कर लें और ज्योति को हवा से बचायें ताकि यह स्थिर रहे।

ध्यान के किसी आरामदायक आसन में बैठ जायें, सिर और मेरुदण्ड को सीधा रखें। अपनी स्थिति को इस प्रकार व्यवस्थित करें कि मोमबत्ती शरीर से एक हाथ की दूरी पर रहे।

आँखों को बन्द कर लें और पूरे शरीर को, विशेषकर आँखों को विश्रान्त करें।

कुछ मिनट तक शारीरिक स्थिरता के प्रति सजग रहें। शरीर को पूरे अभ्यास के समय मूर्तिवत् स्थिर रखें।

आँखों को खोल लें और बत्ती की लौ को एकटक देखें।

प्रयास रहे कि अभ्यास के समय नेत्र-गोलकों में कोई गति न आये और पलकें न झपकें।

जोर न लगायें, क्योंकि इससे तनाव पैदा होगा और आँखें झपकेंगी।

अपनी पूरी सजगता को लौ पर इस प्रकार केन्द्रित करें कि शरीर की सजगता न रह जाए।

यदि मन भटकने लगे, तो उसे अभ्यास पर वापस ले आयें।

एक-दो मिनट के बाद जब आँखें थक जायें या उनमें आँसू आने लगें, तो उन्हें धीरे से बन्द कर लें।

बन्द आँखों के सामने शून्य में लौ के प्रतिबिम्ब पर दृष्टि केन्द्रित करें। यदि प्रतिबिम्ब ऊपर-नीचे या दायें-बायें जाए, तो उसे देखें और स्थिर बनाने का प्रयास करें।

यदि लौ का प्रतिबिम्ब धुँधला पड़ने लगे, तो उसे पुनः वापस लाने का प्रयास करें।

जब प्रतिबिम्ब पूरी तरह दिखना बन्द हो जाए, तब धीरे-से आँखों को खोल लें और लौ को पुनः एकटक देखें।

बाह्य त्राटक की प्रक्रिया को दुहरायें।

पुनः आँखों को बन्द करें और आन्तरिक प्रतिबिम्ब पर दृष्टि केन्द्रित करें।

इस प्रक्रिया को 3 या 4 बार दुहरायें।

अन्तिम चक्र पूरा करने के बाद 2-3 बार हाथों को आपस में रगड़कर आँखों पर रखें और फिर आँखों को खोल लें।

इसके साथ अभ्यास पूर्ण होता है।

अभ्यास का समय–त्राटक किसी भी समय किया जा सकता है, किन्तु सर्वोत्तम समय उषाकाल या गोधूलि-बेला है, जब पेट खाली रहता है।

अवधि–प्रारम्भिक अभ्यासी को 1 या 2 मिनट ही दृष्टि को एकाग्र करना चाहिए। सामान्य उद्देश्यों के लिए 10 मिनट का अभ्यास पर्याप्त है। आध्यात्मिक उद्देश्यों के लिए किसी योग्य शिक्षक से परामर्श कर अधिक समय तक त्राटक किया जा सकता है।

अनिद्रा और मानसिक तनाव से ग्रस्त व्यक्तियों को रात में सोने के पूर्व 10 से 15 मिनट तक यह अभ्यास करना चाहिए।

क्रम–त्राटक का अभ्यास शरीर और मन को स्थिर करने के लिये आसन, प्राणायाम, मुद्रा और बन्धों के पश्चात् करना चाहिए।

सावधानियाँ–नेत्र-विकारों, जैसे, नेत्रों में तनाव, निकट-दृष्टि दोष, दृष्टि-वैषम्य और मोतियाबिन्द की प्रारम्भिक स्थिति के लिए भी मोमबत्ती की लौ के स्थान पर आगे के पृष्ठ में दिये गये दूसरे अभ्यासों को करें।

गम्भीर निकट दृष्टि दोष (मायोपिया) की स्थिति में चश्में के साथ ही मोमबत्ती की लौ पर त्राटक किया जाना चाहिए।

सीमायें–ग्लूकोमा के रोगी को त्राटक नहीं करना चाहिए।

मिरगी के रोगी को मोमबत्ती की लौ पर त्राटक नहीं करना चाहिए। (आगे के पृष्ठ पर दिये गये प्रकारान्तर को देखें)।

सूर्य के ऊपर त्राटक न करें, क्योंकि इससे आँखों की सुकुमार झिल्लियाँ क्षतिग्रस्त हो सकती हैं।

लाभ– इस अभ्यास से नेत्र स्वच्छ और उज्ज्वल होते हैं और यह तन्त्रिका-तन्त्र को सन्तुलित कर स्नायविक तनाव से मुक्ति दिलाता है। यह स्मरण-शक्ति को बढ़ाता है और एकाग्रता एवं दृढ़ इच्छा-शक्ति का विकास करता है। यह आज्ञा-चक्र को क्रियाशील बनाता है और ध्यान की तैयारी के लिए एक उत्तम अभ्यास है।

अभ्यास टिप्पणी– जब त्राटक का अभ्यास स्थिर लौ पर किया जाये तो अभ्यास के स्थान में वायु का झोंका नहीं होना चाहिए। अभ्यासी को हमेशा अधिक तनाव से बचना चाहिए। आँखों को बिना झपकाये खुला रखने की क्षमता धीरे-धीरे नियमित अभ्यास से विकसित करनी चाहिए।

संचित मनोग्रन्थियों, समस्याओं एवं दमित विचारों को मन से निकालने के लिए त्राटक एक उत्तम विधि है। इसके द्वारा अभ्यासी यह देख सकता है कि उसके अन्दर से कौन-कौन-सी चीजें बाहर आ रही हैं। यह भी सम्भव है कि ये समस्यायें तीव्र गति से उभरें और मानसिक अशान्ति उत्पन्न कर दें। ऐसी स्थिति में अभ्यास बन्द कर दें और अनुभवी योग शिक्षक से परामर्श करें।

त्राटक से मन केन्द्रित होता है और उसकी चंचल वृत्तियाँ रुक जाती हैं, मन एकाग्र हो जाता है और अन्तर्दृष्टि की जागृति होती है। मन का सम्पूर्ण ध्यान एवं मानसिक शक्ति एक सतत् धारा के रूप में प्रवाहित होने लगती है। एक बार यह स्थिति आ जाने पर मन की सुप्त शक्तियाँ स्वत: जाग्रत होने लगती हैं।

प्रकारान्तर: नेत्र-विकारों, जैसे, नेत्रों में तनाव, दृष्टि-वैषम्य और मोतियाबिन्द की प्रारम्भिक स्थिति के लिए भी मोमबत्ती की लौ पर त्राटक करने के स्थान पर एक काले बिन्दु का उपयोग करना चाहिए। उन्हें दिन में अथवा स्थिर पृष्ठ-भूमि के प्रकाश में अभ्यास करना चाहिए।

मिरगी के रोगी को मोमबत्ती की लौ पर त्राटक नहीं करना चाहिए। उसे दृष्टि केन्द्रित करने के लिये स्थिर पृष्ठ-भूमि के प्रकाश में एक काले बिन्दु अथवा पूर्णत: स्थिर वस्तु का चयन करना चाहिए।

टिप्पणी– *त्राटक का शब्दार्थ होता है 'एकटक देखना'। षट्कर्मों में त्राटक अन्तिम कर्म है। यह शारीरिक अभ्यासों और मानसिक अभ्यासों के बीच एक सोपान की तरह है, जो अभ्यासी को उच्च चेतना की स्थिति में ले जाता है। यह हठयोग एवं राजयोग के बीच एक सेतु का निर्माण करता है। परम्परागत रूप से यह हठयोग का एक अंग है, परन्तु इसे राजयोग का अंश भी माना जा सकता है।*

योग का अतीन्द्रिय शरीर विज्ञान

इस पुस्तक में प्रत्येक अभ्यास के साथ किसी विशेष बिन्दु पर मन को एकाग्र करने का निर्देश दिया गया है। यदि अभ्यासों का उद्देश्य विश्रान्ति एवं अधिकतम शारीरिक लाभ प्राप्त करना है, तो किसी बिन्दु पर एकाग्र होना आवश्यक है। मन को शरीर के किसी विशेष अंग या श्वास पर केन्द्रित करने से उस अभ्यास का प्रभाव बढ़ जाता है। आध्यात्मिक एकाग्रता के लिए कभी-कभी किसी चक्र को भी एकाग्रता के केन्द्र बिन्दु के रूप में उपयोग में लाया जाता है।

शारीरिक स्तर पर चक्रों का सम्बन्ध शरीर में स्थित प्रमुख तन्त्रिका-जालकों एवं अन्त:स्रावी ग्रन्थियों से होता है। कई आसनों का विशेष शक्तिशाली एवं लाभदायक प्रभाव इनमें से एक या अधिक ग्रन्थियों या जालकों पर पड़ता है। उदाहरण के लिए, कण्ठ-क्षेत्र में स्थित थाइराइड ग्रन्थि पर सर्वांगासन एक शक्तिशाली दबाव उत्पन्न करता है। इस ग्रन्थि का सम्बन्ध विशुद्धि चक्र से होता है। इस आसन से थाइराइड ग्रन्थि की अच्छी मालिश हो जाती है और इसकी कार्यशीलता में बहुत सुधार होता है। इसलिए यदि यह आसन करते समय इस चक्र पर सजगता केन्द्रित की जाए, तो इसका लाभ बहुत अधिक बढ़ जायेगा।

चक्र की परिभाषा

चक्र का सामान्य अर्थ 'पहिया' या 'वृत्त' होता है। पर योग के संदर्भ में इसका श्रेष्ठ अर्थ भँवर या चक्रवात होगा। चक्र शरीर के विशेष भागों में स्थित प्राण-शक्ति के

केन्द्र हैं, जो सम्पूर्ण मानव शरीर में व्याप्त प्राण के प्रवाह को नियन्त्रित करते हैं। प्रत्येक चक्र एक स्विच के समान है, जो हमारे दैनिक जीवन में अनजाने में विशेष प्रकार के विचार, व्यवहार तथा भावनात्मक प्रतिक्रियाओं को प्रेरित करते हैं। इनका सम्बन्ध मस्तिष्क के विशिष्ट क्षेत्रों से रहता है और अधिकतर व्यक्तियों में ये अतीन्द्रिय केन्द्र सुषुप्त और निष्क्रिय रहते हैं। योगाभ्यास करते समय चक्रों पर ध्यान करने से शक्ति इन चक्रों की ओर प्रवाहित होती है, जिससे इन चक्रों को सक्रिय बनाने में सहायता मिलती है। ये चक्र क्रियाशील होकर मस्तिष्क के सुप्त क्षेत्रों और अतीन्द्रिय एवं मानसिक शरीरों में उनसे सम्बद्ध क्षमताओं को जाग्रत करते हैं। इससे अभ्यासी चेतना के उन उच्च स्तरों की अनुभूति प्राप्त करता है, जो सामान्यत: उसकी पहुँच के परे होते हैं।

सात मुख्य चक्र हैं, जो मेरुदण्ड के मध्य से होकर प्रवाहित होने वाली सुषुम्ना नाड़ी में स्थित हैं। सुषुम्ना मूलाधार से निकलती और सिर के शीर्ष पर समाप्त होती है। चक्रों का सम्बन्ध नाड़ियों के जाल से है। ये नाड़ियाँ तंत्रिकाओं के समान, किन्तु उनसे अधिक सूक्ष्म होती हैं। चक्रों को प्रतीकात्मक रूप से कमल की पंखुड़ियों के रूप में दर्शाया जाता है। प्रत्येक चक्र की पंखुड़ियों की संख्या और रंग निर्धारित होता है। कमल आध्यात्मिक जीवन की उन तीन अवस्थाओं का प्रतीक है, जिनसे होकर साधक को गुजरना पड़ता है। ये तीन अवस्थायें हैं–अज्ञान, जिज्ञासा और आत्म-साक्षात्कार। यह चेतना की निम्नतम अवस्था से उच्चतम अवस्था तक के आध्यात्मिक विकास का परिचायक है।

बीज-मन्त्रों के साथ अंकित कमल-दल चक्रों एवं नाड़ियों से सम्बद्ध अतीन्द्रिय शक्ति के विविध रूपों को दर्शाते हैं। प्रत्येक चक्र के भीतर एक यन्त्र होता है, जो उससे सम्बद्ध तत्त्व एवं बीज-मन्त्र का ज्यामितीय प्रतीक होता है। यन्त्र के भीतर उसका एक इष्ट देवता होता है, जो दैवी सत्ता के एक विशिष्ट स्वरूप का प्रतीक है। साथ-ही उस देवता का पशु रूप में एक वाहन भी होता है, जो उस चक्र विशेष से सम्बद्ध अन्य अतीन्द्रिय पक्षों को दर्शाता है।

सात चक्रों का वर्णन

मूलाधार चक्र–यह सबसे नीचे का चक्र है, जो पुरुषों में जननेन्द्रिय एवं गुदा के बीच और स्त्रियों में योनि-ग्रीवा के पास स्थित है। मूलाधार चक्र का सम्बन्ध घ्राणेन्द्रिय से है। इसका प्रतीक चार पंखुड़ियों वाला गहरे लाल रंग का

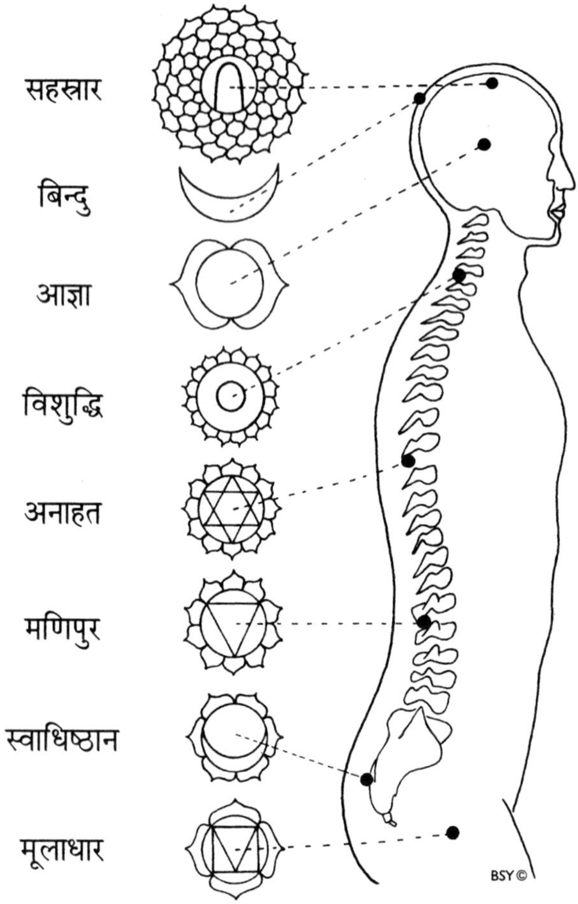

चक्रों की स्थिति

कमल है। इसके केन्द्र में पीला चतुर्भुज है, जो पृथ्वी तत्त्व का यन्त्र है। इसका बीज-मन्त्र 'लं' है। चतुर्भुज के केन्द्र में शक्ति का प्रतीक रक्तवर्णी त्रिभुज है, जिसका शीर्ष नीचे की ओर है। त्रिभुज के भीतर धूम्रवर्णी स्वयंभू लिंग है, जो सूक्ष्म शरीर का प्रतीक है। एक लाल रंग का सर्प, जो सुप्त कुण्डलिनी का प्रतीक है, लिंग के चारों ओर साढ़े तीन फेरा डालकर लिपटा है। लाल त्रिभुज एक हाथी के सहारे टिका है, जिसकी सात सूढ़ें हैं। हाथी पृथ्वी की स्थिरता एवं दृढ़ता का प्रतीक है।

मूलाधार चक्र आद्यशक्ति, कुण्डलिनी शक्ति का निवास स्थान है। कुण्डलिनी वह सर्पिणी है, जो स्वयंभू लिंग को चारों ओर से लपेटकर गहरी तन्द्रा में निमग्न है। यह मानव-जाति और अखिल विश्व की सम्पूर्ण शक्ति का स्रोत है; चाहे वह यौन ऊर्जा हो या भावनात्मक, मानसिक, अतीन्द्रिय या आध्यात्मिक ऊर्जा हो। ऊर्जा तो एक ही है, किन्तु वह जिस चक्र के माध्यम से प्रकट होती है, उसी के अनुरूप गुण और विशेषतायें ग्रहण कर लेती है। योग का उद्देश्य आत्म-शुद्धि एवं मन की एकाग्रता के द्वारा इस प्रसुप्त कुण्डलिनी को जाग्रत कर विभिन्न चक्रों से होते हुए सहस्रार तक ले जाना है, जहाँ शक्ति का परम चेतना (शिव) से संयोग होता है।

आन्तरिक स्थिरता एवं सन्तुलन की प्राप्ति हेतु मूलाधार चक्र पर ध्यान करने के लिए शक्ति एवं दृढ़ता के प्रतीक लाल अधोमुखी त्रिकोण या पीले वर्ग पर दृष्टि केन्द्रित करें।

स्वाधिष्ठान चक्र–मेरुदण्ड में मूलाधार से लगभग दो अंगुल ऊपर और ठीक जननेन्द्रिय के पीछे स्वाधिष्ठान चक्र स्थित है। स्वाधिष्ठान का शाब्दिक अर्थ होता है, 'स्व + अधिष्ठान = अपना आवास'। इस चक्र का प्रतीक गहरे लाल रंग का छः पंखुड़ियों वाला कमल है। केन्द्र में श्वेत अर्द्धचन्द्र है, जो कि अपस् तत्त्व का यन्त्र है, और इसका बीज-मन्त्र है 'वं'। अर्द्धचन्द्र यन्त्र और बीज-मन्त्र मगर पर आरूढ़ हैं, जो कर्मों की भूमिगत गति का परिचायक है।

स्वाधिष्ठान चक्र का सम्बन्ध जिह्वा और जननेन्द्रियों के माध्यम से आनन्द एवं भोग की प्राप्ति से है। स्वाधिष्ठान चक्र में भय से मुक्ति, यौन-सम्बन्ध, इन्द्रिय सुख एवं भोग पर बल दिया गया है। स्वाधिष्ठान चक्र के सक्रिय हो जाने पर तीव्र इच्छायें अथवा उत्कट लालसा जाग्रत होती है।

गहन स्तर पर स्वाधिष्ठान चक्र व्यष्टि एवं समष्टि अवचेतन का स्थान है। यह अतीत की संचित स्मृतियों और संस्कारों का भण्डार है। यह मानव-जाति की सबसे प्राचीन और गहनतम मूल प्रवृत्तियों का केन्द्र है। इस केन्द्र के परिष्करण से मनुष्य पाशविक वृत्तियों से ऊपर उठ जाता है।

इस केन्द्र पर एकाग्रता के लिए रात्रि के आकाश के नीचे काली लहरों से आच्छादित विस्तृत गहरे सागर का मानस-दर्शन करें। सागर से उठने वाला ज्वार चेतना के प्रवाह का परिचायक है।

मणिपुर चक्र–मेरुदण्ड में नाभि के ठीक पीछे मणिपुर चक्र स्थित है। मणिपुर का अर्थ होता है, मणियों का नगर। यह नाम इसलिए दिया गया

है कि अग्नि का केन्द्र होने के कारण यह मणि की भाँति प्रकाशमान और प्राण-शक्ति एवं ऊर्जा का विकिरण करने वाला है। इस चक्र का वर्णन दस पंखुड़ियों वाले चमकीले पीले कमल के रूप में किया गया है। कमल के भीतर अग्नि-तत्त्व का यन्त्र, अग्नि के समान लाल त्रिभुज और बीज-मन्त्र 'रं' अंकित है। मणिपुर का वाहन मेष है, जो दृढ़ता एवं शक्ति का प्रतीक है।

मणिपुर स्वाग्रह, गत्यात्मकता और प्रभुत्व का केन्द्र है। इसका सम्बन्ध दृष्टि और पैर, महत्त्वाकांक्षा और शासन करने की योग्यता एवं संकल्प-शक्ति से है। इसका नकारात्मक पक्ष यह है कि यह निरंकुशता और व्यक्तिगत महत्त्वाकांक्षा की पूर्ति हेतु मानव और भौतिक संसाधनों के दुरुपयोग के रूप में अपनी अभिव्यक्ति कर सकता है।

सूर्य क्षेत्र (मणिपुर चक्र) मुख्य रूप से पाचन की आवश्यक क्रिया और भोजन के चयापचय से सम्बन्धित है। यह आमाशय की ग्रन्थियों, अग्न्याशय, पित्ताशय आदि के कार्यों को नियंत्रित करता है, जो पोषक तत्त्वों को पचाने एवं ग्रहण करने के लिए आवश्यक पाचक द्रव्यों, अम्लों और विविध रसों का उत्पादन एवं स्राव करते हैं। मणिपुर चक्र वह अतीन्द्रिय केन्द्र है जो इन समस्त गतिविधियों तथा भोजन को पाने और अपने को तृप्त करने की मूल प्रवृत्ति का नियन्त्रण करता है।

वृक्क के ऊपर स्थित उपवृक्क (एड्रीनल ग्रन्थि) का सम्बन्ध भी मणिपुर से है। आपातकालीन परिस्थितियों में वे रक्त में एड्रीनलीन का स्राव करती हैं। इससे सभी शारीरिक क्रियायें तीव्र हो जाती हैं और मन चौकस एवं सावधान हो जाता है। साथ-ही हृदय-गति बढ़ जाती है, श्वास तीव्र हो जाती है और अन्य कई परिवर्तन परिलक्षित होते हैं। मनुष्य में सामान्य रूप से संघर्ष या पलायन करने की जो क्षमता होती है, उससे कहीं अधिक क्रियाशीलता के लिए मानव-शरीर तत्पर हो जाता है। जो व्यक्ति आलस्य, निराशा या अपचन और मधुमेह जैसे पाचन-संस्थान के दोषों से पीड़ित हैं, उन्हें मणिपुर चक्र पर इस भावना के साथ ध्यान करना चाहिए कि इस क्षेत्र से ऊर्जा का विकिरण हो रहा है।

इस चक्र पर एकाग्रता के लिए देदीप्यमान सूर्य या अग्नि के गोले का मानस-दर्शन करें। अनुभव करें कि ऊर्जा प्रकाश के रूप में इस क्षेत्र से विकीर्ण होकर सम्पूर्ण शरीर में व्याप्त हो रही है।

अनाहत चक्र–उरोस्थि के पीछे मेरुदण्ड में हृदय के स्तर पर अनाहत चक्र स्थित है। अनाहत का अर्थ होता है, आघातरहित। इस व्यक्त जगत् में

सभी ध्वनियाँ दो वस्तुओं के पारस्परिक घात-प्रतिघात से उत्पन्न कम्पनों या ध्वनि-तरंगों के कारण पैदा होती हैं। परन्तु भौतिक जगत् के परे जो दिव्य ध्वनि है, वही समस्त ध्वनियों का स्रोत है, जिसे 'अनहद' नाद कहते हैं। हृदय वह स्थान है जहाँ यह ध्वनि प्रकट होती है। इस सम्पूर्ण ब्रह्माण्ड की धड़कन को योगी आन्तरिक, अजन्मे और अनन्त स्पन्दनों के रूप में अनुभव कर सकता है।

इस चक्र का प्रतीक बारह पंखुड़ियों वाला नीला कमल है। कमल के मध्य में षट्भुज है, जिसकी रचना दो मिले हुए त्रिभुजों से हुई है। यह वायु-तत्त्व का यन्त्र है। इसका बीज-मन्त्र 'यं' है और वाहन शीघ्रगामी काले रंग का मृग है। यह मृग सतर्कता एवं करुणा का प्रतीक है। अनाहत चक्र का सम्बन्ध स्पर्श की अनुभूति, हाथों (अर्थात् लेन-देन) एवं भावनाओं से है, जिसमें ईर्ष्या जैसे नकारात्मक भाव से लेकर नि:स्वार्थ प्रेम जैसे उच्च सकारात्मक भाव सम्मिलित हैं। इस स्तर पर शुद्धिकरण के पश्चात् वसुधैव कुटुम्बकम् एवं सहिष्णुता के भाव का उदय प्रारम्भ हो जाता है और सभी प्राणियों के प्रति स्वीकृति एवं स्नेह का भाव आने लगता है।

शारीरिक स्तर पर अनाहत का सम्बन्ध हृदय, फेफड़े, रक्त-परिसंचरण एवं श्वसन प्रणालियों से है।

अनाहत चक्र पर ध्यान करने के लिए नीले कमल या दो गुथे हुए त्रिभुजों से निर्मित नीले षट्भुज का मानस-दर्शन करना चाहिए, जिसके मध्य में एक छोटी-सी ज्योति प्रज्वलित है। कल्पना करें कि वायुरहित स्थान पर यह स्थिर, निष्कम्प ज्योति है। यह जीवात्मा का प्रतीक है, जो सभी प्राणियों के अन्त:करण में विद्यमान है और सांसारिक प्रपंचों से अप्रभावित रहती है।

विशुद्धि चक्र–गर्दन के पिछले भाग में कण्ठकूप के पीछे विशुद्धि-चक्र स्थित है, जो शुद्धिकरण का केन्द्र है। इसका प्रतीक सोलह पंखुड़ियों वाला कमल पुष्प है। इस कमल का रंग जामुनी है। कमल के केन्द्र में श्वेत वृत्त है, जो आकाश-तत्त्व का यन्त्र है। इसका बीज-मन्त्र 'हं' है। विशुद्धि चक्र का वाहन सफेद हाथी है। विशुद्धि चक्र में सम्यक् विचार और विवेक का उदय होता है। यहाँ जीवन के द्वैतभाव को स्वीकार किया जाता है, घटनाओं को उनके क्रम में घटने दिया जाता है। विशुद्धि चक्र कान, वाक् तन्तु, कण्ठ-प्रदेश और थाइराइड एवं पैरा थाइराइड ग्रन्थियों को नियन्त्रित करता है। इस चक्र का सम्बंध संचार से है। कण्ठ-केन्द्र वह स्थल है, जहाँ अमृत का आस्वादन किया जाता है। यह अमृत एक मधुर रस है, जो बिन्दु चक्र

में उत्पन्न होकर विशुद्धि में आता है, जहाँ उसे परिशोधित एवं परिष्कृत कर सम्पूर्ण शरीर में उपयोग हेतु प्रेषित किया जाता है।

इस केन्द्र पर एकाग्रता के लिए एक बड़ी सफेद अमृत की बून्द का मानस-दर्शन करें। अनुभव करें कि हिम-सी शीतल मधुर अमृत-बून्दें विशुद्धि में टपक रही हैं, जो आनन्दमय मादक उन्माद प्रदान कर रही हैं।

आज्ञा चक्र–मध्य मस्तिष्क में, भ्रू-मध्य के ठीक पीछे मेरुदण्ड के शीर्ष पर आज्ञा चक्र स्थित है। इस केन्द्र को अन्य कई नामों से भी जाना जाता है, जैसे, तृतीय नेत्र, ज्ञान-चक्षु, त्रिवेणी, गुरु-चक्र और शिव-नेत्र। ध्यान की गहन अवस्था में शिष्य अपने गुरु और ईश्वर से आज्ञा और मार्ग-निर्देश इसी चक्र के माध्यम से प्राप्त करता है।

आज्ञा चक्र का प्रतीक रजत वर्णी दो दल वाला कमल है, जो सूर्य एवं चन्द्र, या पिंगला (धनात्मक प्रवाह) एवं इड़ा (ऋणात्मक-प्रवाह) का प्रतीक हैं। ये दोनों प्राण-प्रवाह, जिनसे द्वैत-भाव की अनुभूति होती है, इस केन्द्र में सुषुम्ना में मिल जाते हैं। कमल के मध्य में पवित्र बीज-मन्त्र ॐ है। इस चक्र का तत्त्व मनस् है। इसी केन्द्र में प्रज्ञा और अन्तर्दृष्टि का विकास होता है। आज्ञा चक्र के जाग्रत होते ही मन स्थिर एवं शक्तिशाली हो जाता है और प्राण के ऊपर पूर्ण नियन्त्रण स्थापित होता है।

आज्ञा चक्र का सम्बन्ध पीयूष-ग्रन्थि से है, जो वयस्क मनुष्यों में प्राय: क्षयग्रस्त हो चुकी रहती है। अतीन्द्रिय स्तर पर यह बिन्दु मानसिक एवं अतीन्द्रिय आयामों के बीच सेतु का निर्माण करता है। अत: दिव्य दृष्टि, दूर-श्रवण एवं दूर-संवेदन जैसी अतीन्द्रिय क्षमताओं को प्रदान करने का श्रेय इस चक्र को जाता है।

विचार भी ऊर्जा का एक अति सूक्ष्म रूप है। आज्ञा-चक्र के जाग्रत हो जाने पर इस केन्द्र के माध्यम से विचार-सम्प्रेषण सम्भव है। यह चेतना की अतल गहराइयों में प्रवेश का अतीन्द्रिय द्वार है। आज्ञा चक्र को जाग्रत करने से बुद्धि, स्मृति एवं एकाग्रता जैसी मानसिक क्षमताओं का विकास होता है।

आज्ञा चक्र पर एकाग्रता साधने के लिए भ्रू-मध्य का उपयोग किया जाता है। इस केन्द्र पर एक छोटी ज्योति या ॐ के प्रतीक का मानस-दर्शन करें और विचारों को आन्तरिक गुरु पर विचरण करने दें।

बिन्दु–सिर के पीछे ऊपरी भाग में, जहाँ हिन्दू ब्राह्मण शिखा रखते हैं, एक विशेष बिन्दु है। बिन्दु का शाब्दिक अर्थ 'बूँद' है। बिन्दु का प्रतीक काली रात्रि में एक लघु अर्द्ध-चन्द्र है।

बिन्दु नाद का केन्द्र है और इस केन्द्र का उपयोग वहाँ उदित होने वाली अतीन्द्रिय ध्वनियों पर एकाग्रता का अभ्यास करने के लिए किया जाता है। भ्रामरी प्राणायाम और षण्मुखी मुद्रा आदि के अभ्यास में नाद की चेतना को विकसित करने के लिए बिन्दु पर एकाग्रता का उपयोग किया जाता है।

सहस्रार–सहस्रार सिर के शीर्ष पर स्थित है। यह उच्चतम चेतना का वास-स्थान है। सहस्रार को हजार पंखुड़ियों वाले दीप्तिमान कमल के रूप में दर्शाया गया है। इसके दलों पर संस्कृत के बावन बीज-मन्त्रों को बीस बार अंकित किया गया है। कमल के मध्य में शुद्ध चेतना का प्रतीक दीप्तिमान ज्योर्तिलिंग है। सहस्रार में ही शिव का शक्ति से, चेतना का पदार्थ एवं ऊर्जा से और जीवात्मा का परमात्मा से संयोग होता है। जब कुण्डलिनी जागती है, तो वह विभिन्न चक्रों से ऊर्ध्व-गमन करती हुई सहस्रार तक जाती है और परम स्रोत में विलीन हो जाती है, जो उसका उद्गम-स्थल भी है। पदार्थ एवं ऊर्जा विशुद्ध चेतना में विलीन हो जाते हैं, जो उन्मादकारी आनन्द की अवस्था है। इस अवस्था को प्राप्त कर योगी परम ज्ञान को प्राप्त करता है और जन्म-मृत्यु के परे चला जाता है।

नाड़ियाँ

नाड़ी शब्द का सामान्य अर्थ 'धारा' या 'प्रवाह' होता है। प्राचीन ग्रन्थों के अनुसार अतीन्द्रिय शरीर में 72,000 नाड़ियाँ हैं। अतीन्द्रिय-दृष्टि सम्पन्न व्यक्ति को ये प्रकाश-धाराओं के रूप में दिखायी पड़ती हैं। आधुनिक काल में नाड़ी को 'तन्त्रिका' के अर्थ में लिया जाता है, किन्तु वास्तव में नाड़ियाँ सूक्ष्म तत्त्वों से निर्मित हैं। चक्रों की भाँति नाड़ियाँ भी भौतिक शरीर का अंश नहीं हैं, हालाँकि वे भौतिक शरीर में स्थित तन्त्रिकाओं के समान हैं। नाड़ियाँ वे सूक्ष्म नलिकायें हैं, जिनमें से प्राण-शक्ति का प्रवाह होता है। अतीन्द्रिय शरीर की बहुसंख्य नाड़ियों में से दस प्रमुख हैं और इनमें से तीन सबसे महत्त्वपूर्ण हैं, जिन्हें इड़ा, पिंगला और सुषुम्ना कहते हैं। इन तीनों में सर्वाधिक महत्त्वपूर्ण सुषुम्ना है। अतीन्द्रिय शरीर की सभी नाड़ियाँ सुषुम्ना के अधीन हैं।

इड़ा, पिंगला और सुषुम्ना

सुषुम्ना नाड़ी एक आध्यात्मिक पथ है और इस पर एकाग्रता लाने के लिये सजगता को मेरुदण्ड के भीतर लाया जाता है। यह मूलाधार चक्र से निकलती

है और सिर के ऊपरी भाग में स्थित सहस्रार में समाप्त होती है। इड़ा नाड़ी मूलाधार की बायीं ओर से निकलकर सर्पाकार आकृति में मेरुदण्ड में स्थित प्रत्येक चक्र को क्रमश: दायीं और बायीं ओर से पार करती हुई अन्त में आज्ञा-चक्र के बायें भाग में समाप्त होती है। पिंगला नाड़ी मूलाधार की दायीं ओर से निकलकर प्रत्येक चक्र को इड़ा की विपरीत दिशा में पार करती हुई आज्ञा के दाहिने भाग में समाप्त होती है। इड़ा और पिंगला हमारे भीतर प्रवाहित दो विपरीत शक्तियों का प्रतिनिधित्व करती हैं। इड़ा निष्क्रिय, अन्तर्मुखी और स्त्री के गुणों वाली है; इसे चन्द्र नाड़ी भी कहा जाता है, जबकि पिंगला सक्रिय, बहिर्मुखी और पुरुष के गुणों वाली है; इसे सूर्य नाड़ी कहा जाता है।

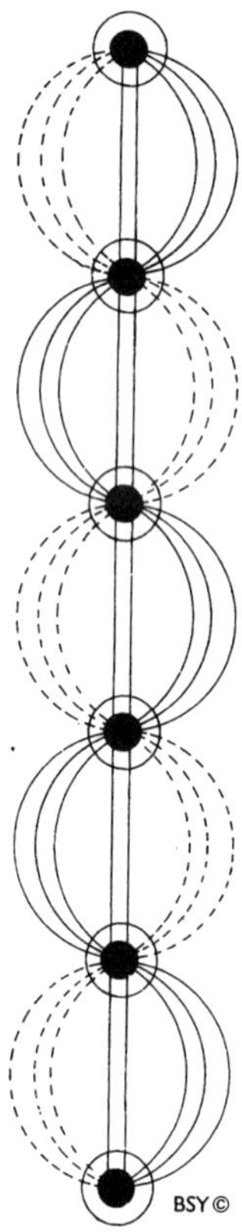

प्राण की धारायें और श्वास

इड़ा, पिंगला और सुषुम्ना प्राण की धारायें हैं, जो एकान्तर क्रम से प्रवाहित होती हैं। किसी विशेष समय में कौन-सी धारा प्रवाहित हो रही है, यह नासिकाछिद्रों में श्वास के प्रवाह को देख कर पता लगाया जा सकता है। यदि बायीं नासिका में अधिक प्रवाह हो, तो इड़ा नाड़ी की प्रधानता रहती है। यदि दायीं नासिका में अधिक प्रवाह हो, तो पिंगला नाड़ी की प्रधानता हो जाती है। यदि दोनों नासिकाओं में समान प्रवाह हो, तो सुषुम्ना नाड़ी की प्रधानता होती है। जब दाहिनी नासिका (पिंगला) प्रवाहित हो रही हो, तब शारीरिक कार्यों, भोजन के पाचन आदि के लिए अधिक प्राण-शक्ति रहती है। इस अवधि में मन बहिर्मुखी रहता है और शरीर में अधिक ताप उत्पन्न होता है। यदि बायीं नासिका (इड़ा) में अधिक प्रवाह हो, तो मानसिक शक्ति की प्रधानता होती है। मन अन्तर्मुखी हो जाता है और इस समय कोई भी मानसिक कार्य किया जा सकता है। निद्रा

के समय इड़ा नाड़ी की प्रधानता रहती है। यदि रात में पिंगला नाड़ी सक्रिय हो जाए, तो मन में बेचैनी होगी और नींद में व्यवधान उत्पन्न होगा। इसी प्रकार यदि भोजन करते समय इड़ा का प्रवाह प्रारम्भ हो जाए, तो पाचन क्रिया शिथिल हो जायेगी और अपचन होगा।

नाड़ी और श्वास के प्रवाह में परिवर्तन

हमारी सभी गतिविधियाँ इन्हीं नाड़ियों के प्रवाह से प्रभावित होती हैं। यह प्रवाह लगभग हर साठ से नब्बे मिनट पर बदलता रहता है। योग के अभ्यासों, जैसे आसन और प्राणायाम के द्वारा स्वेच्छापूर्वक इस प्रवाह में परिवर्तन लाना सम्भव है। उदाहरण के लिए, यदि इड़ा नाड़ी प्रवाहित हो रही हो और शारीरिक कार्य करना हो, तो आवश्यक ऊर्जा प्राप्त करने के लिए श्वास के प्रवाह को पिंगला में दिशान्तरित किया जा सकता है। दूसरी ओर ऊर्जा के प्रवाह के अनुरूप कार्यों को किया जा सकता है।

हठयोग का उद्‌देश्य

हठयोग का मुख्य उद्‌देश्य इड़ा और पिंगला नाड़ियों में प्राण के प्रवाह में सन्तुलन लाना है। 'हठ' शब्द दो बीज मन्त्रों 'हं' (सौर-ऊर्जा का प्रतीक) और 'ठं' (चन्द्र-शक्ति का प्रतीक) से मिलकर बना है। इन दोनों शक्तियों में सन्तुलन लाने के लिए सबसे पहले षट्‌कर्मों से शरीर का शुद्धिकरण आवश्यक है। हठ-योग का उद्‌देश्य इन दोनों प्रवाहों में सन्तुलन लाना है।

जब इड़ा और पिंगला नाड़ियाँ शुद्ध एवं सन्तुलित हो जाती हैं और मन नियन्त्रित हो जाता है, तब सबसे महत्त्वपूर्ण सुषुम्ना नाड़ी में प्रवाह प्रारम्भ होता है। ध्यान में सफलता के लिए सुषुम्ना का प्रवाह अत्यावश्यक है। यदि पिंगला प्रवाहित होगी तो शरीर अशान्त रहेगा; यदि इड़ा प्रवाहित होगी तो मन अति क्रियाशील हो जायेगा। जब सुषुम्ना प्रवाहित होती है तो कुण्डलिनी जाग्रत हो जाती है और चक्रों के माध्यम से ऊर्ध्वगमन करती है।

नाड़ियाँ और तन्त्रिका-तन्त्र

शारीरिक स्तर पर इड़ा और पिंगला स्वचालित तन्त्रिका-तन्त्र के दो पक्षों, अनुकम्पी एवं परानुकम्पी तन्त्रिकाओं के समान हैं। पिंगला नाड़ी अनुकम्पी तन्त्रिका के समान है और इड़ा नाड़ी परानुकम्पी तन्त्रिका के समान है।

अनुकम्पी तन्त्रिका-तन्त्र बाह्य वातावरण से सम्बन्धित कार्यों के उद्दीपन एवं तीव्र क्रियाशीलन के लिए तथा जो अवयव आन्तरिक रूप से अधिक ऊर्जा की खपत करते हैं उनमें विश्रान्ति लाने के लिए उत्तरदायी है। अनुकम्पी तन्त्रिका-तन्त्र हृदय-गति को तेज करता है, रक्त-वाहिकाओं को फैलाता है, श्वसन दर में वृद्धि करता है और आँख, कान एवं अन्य ज्ञानेन्द्रियों की क्षमता को बढ़ाता है। परानुकम्पी तन्त्रिकायें अनुकम्पी तन्त्रिकाओं के विपरीत कार्य करती हैं। वे हृदय-गति को कम करती हैं; रक्त-वाहिकाओं को संकुचित और श्वसन को धीमा करती हैं। इससे व्यक्ति अन्तर्मुखी हो जाता है। इड़ा और पिंगला में प्राण का प्रवाह पूरी तरह अनजाने में, अचेतन रूप से होता रहता है। किन्तु योगाभ्यासों के द्वारा इस पर नियन्त्रण प्राप्त किया जा सकता है।

संवेदनशीलता एवं सजगता

चक्रों और नाड़ियों के स्थान का पता करने और अतीन्द्रिय स्तर पर उनके प्रतीकों एवं मार्गों का मानस-दर्शन करने के लिए दो बातों की आवश्यकता होती है–संवेदनशीलता एवं सजगता। इस पुस्तक में जो भी अभ्यास दिये गये हैं, वे सभी चक्र एवं नाड़ी विशेष के लिए हैं। इन अभ्यासों का वास्तविक उद्देश्य चक्रों एवं नाड़ियों का शुद्धिकरण एवं सन्तुलन है, जिससे कि कुण्डलिनी का जागरण हो और व्यक्ति की चेतना का विस्तार हो। जैसे ही चक्र और नाड़ियाँ समंजित हो जाती हैं, इन सूक्ष्म आयामों के प्रति सजगता में सहज ही वृद्धि होती है और आध्यात्मिक दृष्टि खुल जाती है। अनादि काल से योगियों का यही अनुभव रहा है। अपने भीतर इस अनुभूति को जाग्रत करने के लिए अभ्यासों में नियमितता अनिवार्य है।

अभ्यास सूची